Paramahansa Jógánanda
(5. ledna 1893 – 7. března 1952)
Prémávatár, „Inkarnace lásky" (Viz pozn. na str. **323**)

Autobiografie jogína

Paramahansa Jógánanda

S předmluvou
W. Y. Evans-Wentze, M.A., D.Litt., D.Sc.

„*Neuvidíte-li znamení a zázraky, neuvěříte.*" Jan 4,48

Anglický originál vydalo
Self-Realization Fellowship, Los Angeles, California (Kalifornie):
Autobiography of a Yogi

ISBN: 978-0-87612-083-5

Překlad do češtiny: Self-Realization Fellowship

Copyright © 2024 Self-Realization Fellowship

Všechna práva vyhrazena. Žádná část *Autobiografie jogína (Autobiography of a Yogi)* v *češtině*, s výjimkou krátkých citací v knižních recenzích a jiných případů v souladu s platnými zákony, nesmí být kopírována, ukládána, šířena či uváděna v jakékoli podobě či jakýmkoli způsobem (elektronicky, mechanicky či jinak) nyní známým či v budoucnu vynalezeným – včetně pořizování fotokopií, nahrávání či jakéhokoli jiného způsobu ukládání a opětovného získávání informací – bez předchozího písemného souhlasu Self-Realization Fellowship, 3880 San Rafael Avenue, Los Angeles, California 90065-3219, U.S.A.

Autobiografie jogína vyšla albánsky, anglicky, arabsky, arménsky, ásámsky, bengálsky, bulharsky, česky, čínsky, dánsky, estonsky, filipínsky, finsky, francouzsky, gudžarátsky, hebrejsky, hindsky, holandsky, chorvatsky, indonésky, islandsky, italsky, japonsky, kannadsky, kazašsky, korejsky, litevsky, lotyšsky, maďarsky, malajálamsky, maráthsky, německy, nepálsky, norsky, paňdžábsky, persky, polsky, portugalsky, rumunsky, rusky, řecky, sanskrtsky, sinhálsky, slovinsky, srbsky, španělsky, švédsky, tamilsky, telugsky, thajsky, turecky, ukrajinsky, urdsky, urísky a vietnamsky.

 Schváleno Radou pro mezinárodní publikace Self-Realization Fellowship

Název a logo *Self-Realization Fellowship* (viz výše) jsou vyznačeny na všech knihách, nahrávkách a dalších publikacích SRF a jsou pro čtenáře zárukou toho, že příslušný materiál vznikl ve společnosti založené Paramahansou Jógánandou a věrně předává jeho učení.

První vydání v češtině od Self-Realization Fellowship, 2024
First edition in Czech from Self-Realization Fellowship, 2024
1. vydání, 2024
This printing, 2024

ISBN: 978-0-87612-871-8

1100-J6400

DUCHOVNÍ ODKAZ PARAMAHANSY JÓGÁNANDY

Souborné dílo, přednášky a neformální promluvy

Paramahansa Jógánanda založil v roce 1920 společnost Self-Realization Fellowship[1], aby šířila jeho učení po celém světě a uchovala čistotu a celistvost nauky pro příští generace. Paramahansa Jógánanda byl již od prvních let v Americe velmi plodným spisovatelem i řečníkem a vytvořil obsáhlý a uznávaný soubor děl o jógové meditaci, umění vyrovnaného života a základní jednotě všech velkých náboženství. Dnes jeho jedinečný a dalekosáhlý odkaz žije dál a inspiruje miliony hledačů po celém světě.

V souladu s výslovným přáním tohoto velkého mistra pokračuje Self-Realization Fellowship ve vydávání a zpřístupňování jeho souborného díla. Do něj patří nejen konečné verze všech knih, které za svého života publikoval, ale také mnoho nových titulů, které v době jeho odchodu v roce 1952 ještě nebyly publikovány nebo vycházely na pokračování v časopise Self-Realization Fellowship, a v neposlední řadě i stovky hluboce inspirativních přednášek a neformálních promluv, jež byly zaznamenány, ale za jeho života zůstaly nevytištěny.

Paramahansa Jógánanda osobně vybral a vyškolil několik svých blízkých žáků, kteří stáli v čele publikačního výboru Self-Realization Fellowship, a předal jim konkrétní pokyny ke zpracování a vydávání jeho učení. Členové Rady pro publikace SRF (mniši a mnišky, kteří přijali celoživotní sliby odříkání a nezištné služby) tyto pokyny ctí jako posvátný odkaz, aby univerzální poselství tohoto milovaného světového učitele žilo dál ve své původní síle a autenticitě.

---

[1] „Společenství pro Seberealizaci". Paramahansa Jógánanda vysvětlil, že Self-Realization Fellowship označuje „společenství s Bohem prostřednictvím Seberealizace a přátelství se všemi bytostmi, které hledají pravdu."

Znak společnosti Self-Realization Fellowship (viz nahoře) navrhl Paramahansa Jógánanda identifikační symbol neziskové organizace, kterou založil jako autorizovaný pramen svého učení, . Název a znak SRF se objevují na všech publikacích a nahrávkách Self-Realization Fellowship a poskytují čtenáři záruku, že dané dílo pochází od společnosti založené Paramahansou Jógánandou a tlumočí jeho učení tak, jak je chtěl prezentovat on sám.

Self-Realization Fellowship

Věnováno památce „amerického světce"

LUTHERA BURBANKA

PODĚKOVÁNÍ

Jsem nesmírně vděčen L. V. Prattové [Táramátě] za obsáhlou redakční práci na rukopisu této knihy. Mé díky patří také panu C. Richardu Wrightovi za svolení použít úryvky z jeho cestovních deníků. Dr. W. Y. Evans-Wentzovi jsem zavázán nejen za předmluvu, ale také za jeho rady a povzbuzení.

PARAMAHANSA JÓGÁNANDA

28. října 1945

OBSAH

Seznam ilustrací. . . . . *xii*
Předmluva Dr. W. Y. Evans-Wentze. . . . . *xv*
Úvod . . . . *xvii*

Kapitoly

1. Moji rodiče a rané dětství 1
2. Matčina smrt a mystický amulet. 13
3. Světec se dvěma těly (Svámí Pranabánanda). 21
4. Můj zmařený útěk do Himálaje. 28
5. „Světec mnoha vůní" předvádí své zázraky. 41
6. Svámí Tygr 49
7. Levitující světec (Nágendranáth Bhádurí). 58
8. Velký indický vědec Džagadíš Čandra Bose 64
9. Blažený ctitel a jeho kosmická romance (Mistr Mahášaj). . . . 73
10. Potkávám svého mistra, Šrí Juktéšvara. 82
11. Dva chlapci bez haléře v Brindávanu. 96
12. Léta v poustevně mého mistra 106
13. Světec, který nikdy nespí (Rámgopál Mazumdár) 134
14. Prožitek kosmického vědomí. 141
15. Květáková loupež. 149
16. Jak vyzrát nad hvězdami. 159
17. Šaší a tři safíry 170
18. Muslimský divotvůrce (Afzal Chán). 177
19. Můj mistr, ač v Kalkatě, se zjevuje ve Šrírámpuru 182
20. Jak jsme nejeli do Kašmíru 186

21. Jak jsme navštívili Kašmír 192
22. Srdce kamenné sochy 203
23. Jak jsem získal univerzitní titul 209
24. Jak jsem se stal mnichem řádu svámí 217
25. Bratr Ananta a sestra Naliní 226
26. Věda krijájógy 232
27. Založení školy jógy v Ráňčí 242
28. Znovuzrozený a znovuobjevený Káší 250
29. Jak jsme s Rabíndranáthem Thákurem porovnávali školy ... 255
30. Zákon zázraků 260
31. Rozhovor se Svatou Matkou (Kášimani Láhirí) 271
32. Jak byl Ráma vzkříšen z mrtvých 281
33. Bábádží, jogín-Kristus moderní Indie 290
34. Zhmotnění paláce v Himálaji 299
35. Kristovský život Láhirího Mahášaje 312
36. Bábádžího zájem o Západ 325
37. Odjíždím do Ameriky 334
38. Luther Burbank – světec mezi růžemi 349
39. Terezie Neumannová, katolická stigmatička 355
40. Vracím se do Indie 364
41. Idyla v jižní Indii 378
42. Poslední dny s mým guruem 392
43. Zmrtvýchstání Šrí Juktéšvara 409
44. S Mahátmou Gándhím ve Vardhá 427
45. Bengálská „Matka prostoupená radostí" (Ánandamají Má) 445
46. Jogínka, která nikdy nejí (Giribála) 452
47. Vracím se na Západ 464
48. V kalifornském Encinitas 469
49. Léta 1940–1951 475

Paramahansa Jógánanda: jogín v životě i ve smrti 495
Pamětní známky a mince na počest Paramahansy Jógánandy
    a Láhirího Mahášaje 496
Linie guruů Self-Realization Fellowship 503
Cíle a ideály Self-Realization Fellowship 504

SEZNAM ILUSTRACÍ

Autor *(frontispis)*

Šrí Jógánandova matka Gurru (Gjána Prabha) Ghoš	6
Šrí Jógánandův otec Bhagabatíčaran Ghoš	7
Jógánandadží v šesti letech	11
Jógánandadžího starší bratr Ananta	17
Šrí Jógánandovy sestry: Uma, Roma a Naliní	17
Svámí Pranabánanda, benáreský „světec se dvěma těly"	23
Svámí Kebalánanda, Jógánandův učitel sanskrtu	40
Dům Jógánandadžího rodiny v Kalkatě	40
Nágendranáth Bhádurí, „levitující světec"	61
Džagadíš Čandra Bose, význačný indický vědec	70
Mistr Mahášaj (Mahéndranáth Gupta)	77
Božská Matka	79
Svámí Džňánánanda a Šrí Jógánanda	87
Jógánandův guru Šrí Juktéšvar	90
Meditační svatyně Šrí Juktéšvara ve Šrírámpuru	91
Šrí Jógánanda v roce 1915	91
Šrí Kršna, největší indický prorok	101
Džitendra Mazumdár, kamarád z Brindávanu	103
Rámgopál Mazumdár, „světec, který nikdy nespí"	135
Přímořský ášram Šrí Juktéšvara v Purí ve státě Urísa	146
Šrí Juktéšvar v pozici lotosu	147
Jógánandadží v šestnácti letech	174
Bůh jako Šiva, „Král jogínů"	191
Mezinárodní sídlo Self-Realization Fellowship/ Yogoda Satsanga Society of India	194

Šrí Rádžarši Džanakánanda, bývalý prezident (1952–1955) SRF/YSS 196
Šrí Dájamáta, bývalý (1955–2010) prezidentka SRF / YSS 196
Šrí Mrnálinímáta, bývalý (2011–2017) prezidentka SRF / YSS... 196
Jógánandadží se svým bratrancem Prabháščandrou Ghošem.... 211
Šrí Džagadguru Šankaračárja v sídle SRF / YSS, 1958 221
Šrí Dajámáta v božském spojení 231
Zápaďan v samádhi – Šrí Rádžarši Džanakánanda (J. J. Lynn)... 241
Pobočka společnosti Yogoda Satsanga Math a ášram, Ráňčí..... 249
Káší, žák školy v Ráňčí 253
Rabíndranáth Thákur 256
Šankarímájí Džu, žákyně Trailangy Svámího................. 278
Láhirí Mahášaj 286
Mahávatár Bábádží, guru Láhirího Mahášaje 298
Jeskyně, v níž občas přebývá Mahavatár Bábádží 303
Láhirí Mahášaj, guru Šrí Juktéšvara 315
Pančánan Bhattáčárja, žák Láhirího Mahášaje 322
Pasová fotografie Šrí Jógánandy, 1920..................... 338
Delegáti Kongresu náboženství, Boston 1920 339
Šrí Jógánanda cestou na Aljašku, léto 1924 340
Hodina jógy v Denveru................................... 341
Studenti jógy, Los Angeles 342
Velikonoční bohoslužba za úsvitu, mezinárodní sídlo SRF/ YSS, 1925 343
Šrí Jógánanda u krypty George Washingtona, 1927 344
Šrí Jógánanda v Bílém domě 345
Mexický prezident Emilio Portes Gil se Šrí Jógánandou 347
Jógánandadží u jezera Xochimilco, Mexiko 1929 347
Luther Burbank a Jógánandadží, Santa Rosa 1924 352
Terezie Neumannová, C. R. Wright a Jógánandadží........... 361
Šrí Juktéšvar a Šrí Jógánanda v Kalkatě v roce 1935............ 365
Skupina na terase šrírámpurského ášramu, 1935 368

Šrí Jógánanda v indickém Dámódaru, 1935 369
Školy Jogoda Satsanga v Ráňčí.............................. 370
Šrí Jógánanda ve škole pro domorodé dívky, 1936............. 371
Chlapecká škola Jogoda Satsanga, Ráňčí 371
Jogodamath, Dakšinešvar, Indie............................. 374
Šrí Jógánanda s přáteli na řece Jamuně, Mathura, 1935......... 375
Ramana Mahárši a Jógánandadží............................ 389
Šrí Juktéšvar a Jógánandadží v náboženském průvodu, 1935.... 391
Skupina na dvoře šrírámpurského ášramu, 1935 393
Hodina jógy v Kalkatě, 1935................................. 394
Kršnánanda s ochočenou lvicí na kumbhaméle 398
Šrí Jógánanda se svým tajemníkem C. Richardem Wrightem
  a svámím Kešabánandou v Brindávanu, 1936 402
Památeční svatyně Šrí Juktéšvara v Purí..................... 406
Mahátma Gándhí a Šrí Jógánanda v ášramu ve Vardhá, 1935 430
Ánandamají Má, „Matka prostoupená radostí",
  s Paramahansou Jógánandou........................... 447
Šrí Jógánanda v Tádž Mahálu, Agra, 1936 450
Giribála, bengálská světice, která nejí........................ 460
Paramahansa Jógánanda se Šrí Dajámátou, 1939 470
Paramahansa Jógánanda a Šrí Rádžarsi Džanakánanda, 1933 ... 470
Ášram Self-Realization Fellowship v kalifornském Encinitas.... 472
Šrí Jógánanda na pozemku ášramu SRF v Encinitas, 1940 473
Paramahansa Jógánanda při vysvěcení Jezerní
  svatyně SRF, 1950 476
Jezerní svatyně Self-Realization Fellowship a Gándhího
  památník pro světový mír 477
Kalifornský viceguvernér Hon. Goodwin J. Knight s
  Jógánandadžím při otevření Indického centra, 1951........ 479
Svatyně Self-Realization Fellowship v Hollywoodu (Kalifornie).... 479
Šrí Jógánanda v kalifornském Encinitas, 1950................. 484
Indický velvyslanec B. R. Sen v mezinárodním sídle SRF 489
Šrí Jógánanda hodinu před svým *mahásamádhi*, 7. března 1952 ... 492

PŘEDMLUVA

W. Y. Evans-Wentz, M.A., D.Litt., D.Sc.
Jesus College, Oxford

Autor a překladatel řady klasických děl o józe a duchovních tradicích Východu, jako je *Tibetská jóga a tajné nauky, Velký tibetský jogín Milarepa* a *Tibetská kniha mrtvých*.

Význam Jógánandovy *Autobiografie* je výrazně podpořen skutečností, že se jedná o jednu z mála knih v angličtině pojednávající o indických mudrcích, jejímž autorem žádný novinář ani cizinec, nýbrž příslušník jejich rasy, jenž prošel jejich výcvikem – stručně řečeno, je to *kniha jogína o jogínech*. Jakožto vyprávění očitého svědka o neobyčejných životních příbězích a schopnostech moderních indických světců je hodnota této knihy aktuální a zároveň nadčasová. Jejímu význačnému autorovi, kterého jsem měl tu čest poznat v Indii i v Americe, právem náleží uznání a vděk každého čtenáře. Mezi díly vydanými na Západě patří tento neobvyklý dokument o vlastním životě k těm, které nejvíce odhalují hlubiny indického ducha i srdce a spirituálního bohatství Indie.

Poštěstilo se mi osobně se setkat s jedním z mudrců, jejichž životní příběh je v této knize vylíčen – se Šrí Juktéšvarem Girim. Podobizna tohoto úctyhodného světce byla otištěna na frontispisu mé knihy *Tibetská jóga a tajná učení*.[1] Šrí Juktéšvara jsem potkal v Purí ve státě Urísa na pobřeží Bengálského zálivu. Byl tehdy představeným klidného ášramu na pobřeží a zabýval se převážně duchovním výcvikem skupiny mladých žáků. Živě se tehdy zajímal o blaho obyvatel Spojených států, celého amerického kontinentu i Anglie a dotazoval se mě na aktivity, které v dalekých zemích a zejména v Kalifornii podniká jeho žák Paramahansa Jógánanda, jehož hluboce miloval a kterého v roce 1920 poslal jako svého duchovního vyslance na Západ.

Šrí Juktéšvar byl mužem vlídného vzezření i hlasu, v jehož společnost bylo příjemné se zdržovat a jenž byl plně hoden úcty, kterou mu

---

[1] *Tibetan Yoga and Secret Doctrines*, Oxford University Press, 1958

spontánně prokazovali jeho následovníci. Každý, kdo ho znal, ať už z jeho okruhu či mimo něj, k němu choval ten největší respekt. Živě si vybavuji jeho vysokou, vzpřímenou, asketickou postavu oděnou do šafránového roucha toho, kdo se zřekl světských cílů, když stál ve vchodu své poustevny, aby mě uvítal. Měl dlouhé vlnité vlasy a vousy. Jeho tělo bylo svalnaté a pevné, ale přitom štíhlé a dobře tvarované a měl energickou chůzi.

Pro svůj pozemský pobyt si zvolil posvátné město Purí, kam každý den přicházejí zástupy zbožných hinduistů ze všech koutů Indie, aby završili pouť ke slavnému chrámu Džagannátha, „Pána světa." V Purí Šrí Juktéšvar také v roce 1936 naposled zavřel své smrtelné oči před scénami tohoto přechodného stavu bytí a odešel s vědomím, že jeho inkarnace došla vítězného završení.

Jsem velice rád, že jsem mohl zaznamenat toto svědectví o výsostném charakteru a svatosti Šrí Juktéšvara. Stranil se zástupů a raději se v ústraní plně odevzdal onomu ideálnímu životu, jehož líčení jeho žák Paramahansa Jógánanda zanechal v následujících řádcích pro budoucí pokolení.

ÚVOD

„Setkání s Paramahansou Jógánandou je v mé paměti uchováno jako jedna z nezapomenutelných událostí mého života... Když jsem mu hleděl do tváře, byly mé oči téměř oslepeny zvláštní září – jakýmsi světlem ducha, které z něj vycházelo. Jeho nekonečná vlídnost a odzbrojující laskavost mě zaplavily jako hřejivá sluneční záře... Pochopil jsem, že jeho porozumění a vhled se vztahují i na ty nejobyčejnější problémy, přestože byl mužem Ducha. V něm jsem nalezl skutečného vyslance Indie, nesoucího a šířícího esenci prastaré moudrosti naší země do celého světa."
Dr. Binaj R. Sen, bývalý indický velvyslanec ve Spojených státech

Pro ty, kteří se s Paramahansou Jógánandou osobně setkali, byl jeho život i jeho osobnost přesvědčivým důkazem síly a autenticity odvěké moudrosti, kterou předkládal světu. Bezpočet čtenářů jeho autobiografie potvrdilo, že z jejích stránek vyzařuje stejné světlo duchovní autority, jaké vycházelo z jeho osoby. Když před více než sedmdesáti lety vyšla tato kniha poprvé, byla oslavována jako veledílo, které nevypráví jen příběh života nezpochybnitelné velikosti, ale také jako fascinující úvod do duchovního myšlení Východu, zejména pak jeho jedinečné vědy přímého osobního spojení s Bohem, čímž otvírá západnímu publiku oblast poznání, jež byla doposud přístupná jen několika málo vyvoleným.

Dnes je *Autobiografie jogína* po celém světě ceněna jako klasické dílo duchovní literatury. V tomto úvodu bychom rádi sdíleli něco z neobyčejné historie této knihy.

Napsání tohoto díla bylo předpovězeno dlouho předtím. Jedna ze stěžejních postav renesance jógy v dnešní době, uctívaný mistr Láhirí Mahášaj, prorokoval v devatenáctém století: „Přibližně padesát let po mém odchodu bude díky hlubokému zájmu o jógu na Západě zapsán příběh mého života. Poselství jógy obletí svět. Napomůže budování lidského bratrství – jednoty založené na přímém vnímání Jediného Otce."

Mnoho let poté se o tomto proroctví Šrí Jógánandovi zmínil významný žák Láhirího Mahášaje, svámí Šrí Juktéšvar. „Musíš k šíření tohoto poselství přispět svým dílem a jeho svatý život zaznamenat."

V roce 1945, tedy přesně padesát let po odchodu Láhirího Mahášaje, dokončil Paramahansa Jógánanda svou *Autobiografii jogína*, která bohatě naplnila oba guruovy pokyny: poskytnout první detailní záznam pozoruhodného života Láhirího Mahášaje v angličtině a současně světovému publiku představit starobylou indickou nauku o duši.

Sepsání *Autobiografie jogína* byl úkol, na němž Paramahansa Jógánanda pracoval po mnoho let. Jedna z jeho prvních a nejbližších žaček, Šrí Dajámáta,[1] vzpomíná:

„V roce 1931, kdy jsem přišla na Mount Washington, už Paramahansadží na *Autobiografii* pracoval. Když jsem se jednou během svých kancelářských povinností zdržovala v jeho pracovně, měla jsem možnost nahlédnout do jedné z prvních kapitol, kterou napsal – té o ‚Svámím Tygrovi'. Požádal mě, abych ji uložila, a vysvětlil mi, že bude součástí knihy, kterou píše. Většina textu však vznikla mnohem později, v letech 1937 až 1945."

V období od června 1935 do října 1936 podnikl Šrí Jógánanda cestu do Indie (přes Evropu a Palestinu), aby naposledy navštívil svého gurua svámího Šrí Juktéšvara. Při svém pobytu shromáždil k *Autobiografii* mnoho faktických dat i příběhů o světcích a mudrcích, které poznal a jejichž životy tak nezapomenutelně popsal v této knize. „Nikdy jsem nezapomněl na prosbu Šrí Juktéšvara, abych sepsal životní příběh Láhirího Mahášaje," napsal později. „Během svého pobytu v Indii jsem využíval každé příležitosti k tomu, abych kontaktoval Jógávatárovy přímé žáky a příbuzné. Jejich vyprávění jsem si zaznamenával do objemných poznámek, ověřoval fakta a data, sbíral fotografie, staré dopisy a dokumenty."

Po návratu do Spojených států na konci roku 1936 začal Šrí Jógánanda trávit značnou část svého času v ášramu v Encinitas na jižním pobřeží Kalifornie, který pro něj byl zbudován v době jeho nepřítomnosti.

---

[1] Šrí Dájamáta vstoupila do mnišského společenství, které Paramahansa Jógánanda založil v roce 1931 na Mount Washingtonu nad městem Los Angeles. V letech 1955–2010 byla prezidentkou Self-Realization Fellowship.

Ten se ukázal být ideálním místem, kde se mohl soustředit na dokončení knihy, kterou začal psát o mnoho let dříve.

„Dny strávené v tom poklidném přímořském ášramu jsou v mé paměti stále živé," vypráví Šrí Dajámáta. „Měl tolik dalších úkolů a závazků, že na *Autobiografii* nemohl pracovat každý den. Většinou jí však věnoval své večery a každou volnou chvilku během dne. Až od roku 1939 nebo 1940 se na knihu mohl plně soustředit. A že se na ni opravdu soustředil – od časného rána do dalšího časného rána! Skupinka nás žaček – Táramáta, má sestra Ánandamáta, Šraddhamáta a já – jsme byly přítomny, abychom mu byly po ruce. Každou jednotlivou část předal po napsání Táramátě, která mu dělala redaktorku.

Jak drahé jsou ty vzpomínky! Když psal, vnitřně znovu prožíval všechny ty posvátné prožitky, které zaznamenával. Jeho božským záměrem bylo podělit se o radost a objevy, jež učinil ve společnosti světců a velkých mistrů i ve své osobní realizaci Boha. Často se na chvíli odmlčel s pohledem upřeným vzhůru a jeho tělo znehybnělo, když se pohroužil do stavu *samádhi* – hlubokého spojení s Bohem. Celou místnost naplňovala nesmírně mocná aura božské lásky. Pouhá jeho přítomnost nás v těchto chvílích povznášela do vyššího stavu vědomí.

V roce 1945 konečně nadešel onen radostný den, kdy byla kniha dokončena. Paramahansadží dopsal poslední větu: ‚Pane, dal jsi tomuto mnichovi opravdu velkou rodinu!'; poté odložil pero a radostí zvolal: ‚Hotovo, dílo je dokončeno! Tato kniha změní životy milionů lidí. Bude mým poslem, až tu nebudu.'"

Úkolem Táramáty pak bylo najít vydavatele. Táramátu poznal Paramahansa Jógánanda v roce 1924, když pořádal sérii přednášek a lekcí v San Franciscu. Vynikala vzácným duchovním vhledem, a tak se stala součástí úzkého kruhu jeho nejpokročilejších žáků. Nanejvýš si cenil jejích redaktorských schopností a říkával, že její mysl je jednou z nejbystřejších, jaké kdy poznal. Oceňoval její rozsáhlé znalosti a porozumění moudrosti indických písem a jednou poznamenal: „Kromě mého gurua Šrí Juktéšvardžího není nikdo, s kým by mě tolik bavily hovory o indické filozofii."

Táramáta vzala rukopis do New Yorku. Najít vydavatele však nebyl snadný úkol. Jak tomu nezřídka bývá, lidé s konvenčnějším uvažováním skutečný význam velkého díla na první pohled nerozeznají. Přestože právě narozený atomový věk rozšiřoval kolektivní vědomí lidstva o stále hlubší povědomí o subtilní jednotě hmoty, energie a myšlenky, nebyli tehdejší nakladatelé na kapitoly jako „Zhmotnění paláce v Himálaji" či „Světec se dvěma těly" očividně připraveni.

Po dobu jednoho roku žila Táramáta ve skrovně zařízeném bytě bez topení a teplé vody a postupně obcházela všechna tamní nakladatelství. Nakonec přece jen odeslala telegram s dobrou zprávou. Uznávané newyorské nakladatelství The Philosophical Library s vydáním *Autobiografie* souhlasilo. „Co pro tuto knihu učinila, ani nelze vypovědět..." řekl Šrí Jógánanda. „Nebýt jí, kniha by nikdy nespatřila světlo světa."

Krátce před Vánoci roku 1946 dorazily dlouho očekávané výtisky na Mount Washington.

Čtenáři i světový tisk přijali knihu se slovy uznání a chvály. „V angličtině ani žádném jiném jazyce dosud nebylo napsáno nic, co by se podobalo tomuto podání jógy," psal Columbia University Press v *Review of Religions*. Deník *New York Times* ji označil za „výjimečné vyprávění". V *Newsweeku* se psalo: „Jógánandova kniha je spíše autobiografií duše než těla. Je to fascinující a přehledně anotovaná studie zbožného života, upřímně vylíčená svěžím orientálním stylem."

Následující úryvky byly vyňaty z několika dalších recenzí:

> *San Francisco Chronicle*: „Jógánanda zde předkládá přesvědčivou obhajobu jógy psanou nanejvýš čtivým jazykem a ti, kteří se přišli vysmívat, se možná začnou modlit."
>
> *United Press*: „Jógánanda vykládá takzvané esoterické nauky Východu s krajní upřímností a nadhledem. Přínos jeho knihy spočívá v líčení života naplněného duchovním dobrodružstvím."
>
> *The Times of India*: „Autobiografie tohoto mudrce je nanejvýš poutavým čtením."
>
> *Saturday Review*: „... nevyhnutelně zaujme a zapůsobí na západního čtenáře."
>
> *Grandy's Syndicated Book Reviews*: „Strhující, inspirativní ‚literarita'!"
>
> *West Coast Review of Books*: „Ať je vaše vlastní náboženské přesvědčení jakékoli, v *Autobiografii jogína* najdete radostné potvrzení síly lidské duše."
>
> *News-Sentinel, Fort Wayne, Indiana*: „Hotové zjevení... nesmírně lidské vyprávění... snad lidskému pokolení umožní lépe porozumět sobě samému...

mistrovská autobiografie... úchvatné... vyprávěno s rozkošným důvtipem a strhující upřímností... stejně fascinující jako román."

Sheffield Telegraph, Anglie: „Monumentální dílo."

Poté, co byla kniha přeložena do dalších jazyků začaly se v novinách a časopisech po celém světě objevovat četné další ohlasy.

Il Tempo de Lunedi, Řím: „Stránky, které čtenáře uchvátí, neboť oslovují touhy a přání, jež dřímou v srdci každého člověka."

China Weekly Review, Šanghaj: „Obsah této knihy je nezvyklý... zejména pro současného křesťana, který si z pohodlnosti odsunul zázraky do minulých staletí. Filozofické pasáže jsou nesmírně zajímavé. Jógánanda promlouvá z duchovní roviny vysoko nad náboženskými rozdíly. Tato kniha vskutku stojí za přečtení."

Haagsche Post, Holandsko: „... střípky moudrosti tak hluboké, že si člověk připadá jako očarován a trvale pohnut."

Welt und Wort, německý literární měsíčník: „Mimořádně působivé... Jedinečný přínos *Autobiografie jogína* spočívá v tom, že v ní jogín poprvé porušil mlčení a vypráví nám o svých duchovních prožitcích. Takové vyprávění bývalo až dosud přijímáno skepticky. Dnes je však situace ve světě taková, že je člověk nucen hodnotu takovéto knihy uznat... Autorovým cílem není představit indickou jógu v protikladu ke křesťanskému učení, ale jako jeho spřízněnce – jako dva společníky, kteří ve shodě putují k jedinému velkému cíli."

Eleftheria, Řecko: „Tato kniha čtenáři nekonečně rozšíří myšlenkové obzory, aby si při její četbě záhy uvědomil, že jeho srdce dokáže bít pro všechny lidské bytosti bez rozdílu rasy a barvy pleti. Je to kniha, kterou lze označit za vskutku výjimečnou."

Neue Telta Zeitung, Rakousko: „Jedno z nejhlubších a nejzásadnějších poselství tohoto století."

La Paz, Bolívie: „Dnešní čtenář málokdy narazí na tak krásnou, hlubokou a pravdivou knihu, jako je *Autobiografie jogína*... Je plná vědění a osobních zkušeností... Jedna z jejích nejpůsobivějších kapitol pojednává o záhadách života po fyzické smrti."

Schleswig-Holsteinische Tagespost, Německo: „Na těchto stránkách je s nevídanou přesvědčivostí a srozumítelností vylíčen fascinující život osobnosti tak neslýchané velikosti, že od začátku až do konce musí čtenář tajit dech. Je na místě přiznat tomuto důležitému životopisu moc vyvolat duchovní revoluci."

Brzy bylo připraveno druhé vydání a v roce 1951 třetí. Paramahansa Jógánanda upravil a aktualizoval některé části textu a vypustil pasáže popisující organizační aktivity a plány, které již nebyly aktuální, a také přidal poslední kapitolu, jednu z nejdelších, jež pojednává o letech 1940–1951. V poznámce pod čarou k této nové kapitole uvedl: „Ve třetím vydání této knihy (1951) bylo ke kapitole 49 přidáno mnoho nového materiálu. V odpověď na žádost řady čtenářů prvních dvou vydání jsem v této kapitole zodpověděl různé otázky o Indii, józe a védské filozofii."[2]

„Byl jsem hluboce dojat dopisy od tisíců čtenářů," píše Šrí Jógánanda v poznámce autora k vydání z roku 1951. „Jejich komentáře a skutečnost, že tato kniha byla přeložena do tolika jazyků, ve mně vzbuzují přesvědčení, že Západ nalezl na těchto stránkách kladnou odpověď na otázku: ,Má prastará věda o józe své místo v životě moderního člověka?'"

[2] V sedmém vydání (1956) byly zahrnuty další revize Paramahansy Jógánandy, jak je popsáno v poznámce nakladatele k tomuto vydání:

„Toto americké vydání z roku 1956 obsahuje úpravy, které Paramahansa Jógánanda provedl v roce 1949 pro londýnské vydání z téhož roku, a další úpravy provedené autorem v roce 1951. V ,Poznámce k londýnskému vydání' z 25. října 1949 Paramahansa Jógánanda uvedl: ,Vydání knihy v Londýně mi poskytlo příležitost text upravit a mírně rozšířit. Kromě nového materiálu v poslední kapitole jsem přidal řadu poznámek pod čarou, v nichž odpovídám na otázky, které mi zaslali čtenáři amerického vydání.'

Pozdější revize provedené autorem v roce 1951 měly být součástí čtvrtého amerického vydání (1952). V té době byla práva k *Autobiografii jogína* ve vlastnictví jednoho newyorského nakladatelství. V roce 1946 byla z každé stránky knihy vytvořena galvanoplastická deska. Následné přidání byť jediné čárky ve větě by vyžadovalo rozříznutí kovové desky celé stránky a její opětovné sletování s novým řádkem obsahujícím danou čárku. Vzhledem k nákladům, které by opětovné letování všech desek znamenalo, nezahrnul newyorský nakladatel do čtvrtého vydání žádné autorovy úpravy z roku 1951.

Na konci roku 1953 odkoupilo Self-Realization Fellowship (SRF) od zmíněného newyorského nakladatelství všechna práva na *Autobiografii jogína*. SRF knihu opět vydalo v roce 1954 a 1955 (páté a šesté vydání). V těchto letech však vzhledem k jiným povinnostem nebylo vydavatelské oddělení SRF schopno zanést autorovy úpravy na galvanoplastické desky. Až u sedmého vydání se tento náročný úkol podařilo splnit."

Po roce 1956 byly provedeny některé další ediční úpravy v souladu s pokyny, které obdržela Táramáta od Paramahansy Jógánandy před jeho odchodem.

V prvních vydáních *Autobiografie jogína* byl autorův titul uváděn jako „Paramhansa" podle tehdy běžné praxe v bengálském jazyce, která němé či téměř němé *a* v zápisu vynechávala. V zájmu zachování posvátného významu tohoto titulu, který vychází už z véd, byl v pozdějších vydáních použit standardní přepis ze sanskrtu ve tvaru „Paramahansa", jenž je složen ze slov *parama*, „nejvyšší" a *hansa*, „labuť" – to znamená ten, kdo dosáhl nejvyšší realizace svého pravého božského Já a jeho jednoty s Duchem.

Úvod

S přibývajícími léty se z „tisíců čtenářů" staly miliony a přetrvávající úspěch *Autobiografie jogína* byl čím dál zřejmější. Ještě šedesát let po prvním vydání se tato kniha stále objevuje v žebříčcích nejprodávanějších metafyzických a inspiračních děl. To je věc vskutku nevídaná! Kniha je nyní k dispozici v mnoha jazycích a na řadě univerzit a akademií po celém světě se na ni odkazuje v přednáškách z východní filozofie a náboženství, anglické literatury, psychologie, sociologie, antropologie, historie, a dokonce i firemního managementu. Jak před více než stoletím předpověděl Láhirí Mahášaj, poselství jógy a její starobylé meditativní tradice skutečně obletělo celý svět.

„Paramahansa Jógánanda, jehož nejvíce proslavila jeho *Autobiografie jogína*, která inspirovala miliony čtenářů po celém světě," píše metafyzický časopis *New Frontier* (říjen 1986), „dokázal podobně jako Gándhí vnést spiritualitu do hlavního proudu společnosti. Lze říci, že Jógánanda učinil pro zdomácnění slova ,jóga' v našem slovníku více než kdokoli jiný."

Uznávaný odborník Dr. David Frawley, ředitel Amerického institutu pro védská studia, ve dvouměsíčníku *Yoga International* (říjen/listopad 1996) uvedl: „Jógánandu lze označit za otce jógy na Západě – nikoli pouze oné tělesné jógy, která se všeobecně rozšířila, ale duchovní jógy, vědy o Seberealizaci, která je skutečným významem slova ,jóga'."

Profesor Ášutóšdás z Kalkatské univerzity tvrdí, že „*Autobiografii jogína* lze považovat za upanišadu nové doby. Uspokojuje duchovní žízeň hledačů pravdy po celém světě. Zde v Indii jsme s údivem i okouzlením mohli sledovat fenomenální rozšíření popularity této knihy o indických světcích a filozofii. Cítíme velkou satisfakci a hrdost na to, že onen nesmrtelný nektar indické *sanátana dharmy*, věčných zákonů pravdy, je uchován ve zlatém kalichu *Autobiografie jogína*."

Dokonce i v bývalém Sovětském svazu kniha údajně silně zapůsobila na onen relativně malý okruh čtenářů, kteří k ní v komunistickém režimu měli přístup. V. R. Krišna Ajér, bývalý soudce indického Nejvyššího soudu, vypráví o tom, jak navštívil město nedaleko Petrohradu (tehdy ještě Leningradu) a zeptal se tamní skupiny profesorů, „zda někdy přemýšleli o tom, co se stane, když člověk zemře. Jeden z nich mlčky odešel do svého kabinetu a vrátil se s knihou v ruce – *Autobiografií jogína*. Byl jsem překvapen. V zemi ovládané materialistickou filozofií Marxe a Lenina mi zaměstnanec vládní instituce znenadání ukazuje knihu Paramahansy Jógánandy! ‚Víte, duch Indie nám není cizí,' poznamenal. ‚Vše, co je v té knize zaznamenáno, považujeme za autentické.'"

„Mezi tisíci knih, které každý rok vycházejí," uzavřel článek v *India Journal* (21. dubna 1995), „jsou tituly, které baví, které učí, a které povznášejí. Čtenář může považovat za štěstí, najde-li knihu, která splňuje všechna tato kritéria současně. *Autobiografie jogína* je však ještě vzácnější – je to kniha, která otvírá dveře mysli a ducha."

Knihkupci, recenzenti i čtenáři tuto knihu v posledních letech vyzdvihují jako jedno z nejvlivnějších duchovních děl moderní doby. V roce 1999 byla *Autobiografie jogína* zařazena porotou autorů a odborníků nakladatelství HarperCollins mezi „100 nejlepších duchovních knih století" a Tom Butler-Bowdon ve své knize *50 klasických duchovních děl* z roku 2005 napsal, že tato kniha „je právem uznávána jako jedno z nejzábavnějších a současně nejpodnětnějších duchovních děl, jaké kdy byly napsány".

V poslední kapitole knihy tlumočí Paramahansa Jógánanda hluboké ujištění, které po staletí přinášejí světci a mudrci všech světových náboženství:

> *„Bůh je Láska; jeho plán pro stvoření může vyrůstat jedině z lásky. Nenabízí snad tato prostá myšlenka lidskému srdci větší útěchu než učené úvahy? Každý světec, který kdy pronikl k jádru Reality, potvrzuje, že Boží vesmírný plán existuje a je krásný a plný radosti."*

Zatímco *Autobiografie jogína* žije dál i ve druhém půlstoletí, chováme naději, že všichni čtenáři tohoto inspirativního díla – ti, kteří se s ním setkávají poprvé, i ti, kterým se stalo drahým společníkem na jejich dlouhé životní cestě – nakonec zjistí, že se jejich duše otvírá hlubší víře v transcendentní skutečnost, která leží v srdci zdánlivých tajemství života.

SELF-REALIZATION FELLOWSHIP
Los Angeles, Kalifornie
červenec 2007

VĚČNÝ ZÁKON SPRAVEDLNOSTI

Vlajka Indie, která v roce 1947 získala nezávislost, má na sobě tmavě šafránové, bílé a tmavě zelené pruhy. *Dharma čakra* („Kolo zákona") uprostřed v barvě námořnické modři je reprodukcí motivu z kamenného sloupu v Sarnáthu, který ve 3. století př. n. l. nechal vztyčit císař Ašóka.

Toto kolo bylo zvoleno jako symbol věčného zákona spravedlnosti i jako pocta památce tohoto nejpříkladnějšího panovníka světa. „Jeho čtyřicetiletá vláda nemá v dějinách lidstva obdoby," píše anglický historik H. G. Rawlinson. „V různých dobách byl přirovnáván k Marku Aureliovi, svatému Pavlu či Konstantinovi. V době 250 let před Kristem měl Ašóka odvahu vyjádřit zděšení a výčitky nad následky svého úspěšného vojenského tažení a z vlastní vůle se zřekl války jako politického nástroje."

Po svém otci Ašóka zdědil území Indie, Nepálu, Afghánistánu a Balúčistánu. Jako první panovník s internacionálním smýšlením vysílal náboženská a kulturní poselstva s mnoha dary do Barmy, Cejlonu, Egypta, Sýrie a Makedonie.

„Ašóka, třetí král rodu Maurjů, byl jedním z velkých králů-filozofů světových dějin," poznamenal francouzský orientalista P. Masson-Oursel. „Nikdo jiný nedokázal kombinovat sílu a shovívavost, spravedlnost a dobročinnost tak jako on. Byl živoucím ztělesněním své doby a jeví se nám jako zcela moderní postava. V průběhu své dlouhé vlády dosáhl toho, co se nám může zdát jako pouhé vizionářské přání: zatímco se těšil nejvyšší možné moci, vyjednával mír. Daleko za hranicemi svých vlastních rozsáhlých území se mu podařilo dosáhnout toho, co bylo snem mnoha náboženství – všeobecného řádu, který zahrnuje celé lidstvo."

„*Dharma*" (kosmický zákon) usiluje štěstí všech tvorů. Na svých kamenných výnosech a sloupech, které přetrvaly do dnešní doby, Ašóka láskyplně sděluje poddaným svého rozlehlého království, že štěstí je založeno na morálce a božství.

Moderní Indie, jež usiluje o obnovu svého dřívějšího postavení a prosperity, které v této zemi vládly po tisíciletí, na své státní vlajce vzdala hold památce Ašóky, vládce „drahého bohům".

(Geografie z doby před rokem 1947. Severozápadní část dnes tvoří Pákistán, severovýchodní Bangladéš.)

AUTOBIOGRAFIE JOGÍNA

KAPITOLA 1

Moji rodiče a rané dětství

Příznačným rysem indické kultury bylo odedávna hledání absolutních pravd a s ním neodmyslitelně spjatý vztah mezi guruem[1] a žákem. Má vlastní cesta mě dovedla ke kristovskému mudrci; příběh jeho nádherného života zůstane vytesán navěky. Patřil k oněm velkým mistrům, kteří jsou tím pravým bohatstvím Indie. Zásluhou těchto učitelů, kteří přicházejí v každém pokolení, zůstala naše země ušetřena osudu, jaký stihl starověký Egypt i Babylon.

Mé nejranější vzpomínky sahají až k anachronickým obrysům jedné z mých předchozích inkarnací. Zřetelně jsem si vybavoval dávný život, v němž jsem jako jogín[2] pobýval mezi zasněženými himálajskými vrcholky. Tyto záblesky minulosti mi také prostřednictvím jakéhosi nadčasového spojení poskytly i záblesk mé budoucnosti.

Dodnes si vybavuji ty ponižující pocity nemohoucnosti, jež provázely mé nejranější dětství. S nelibostí jsem si uvědomoval, že nejsem schopen chodit ani se svobodně vyjadřovat. Jak jsem narážel na svou tělesnou bezmoc, celé mé nitro se vzdouvalo pod náporem vroucích proseb o pomoc. Můj bouřlivý citový život se na duševní rovině vyjadřoval v řeči mnoha odlišných národů. Uprostřed této vnitřní změti jazyků jsem si postupně zvykal na bengálské slabiky, které jsem slýchal z úst členů své rodiny. Jak ohromující šíři má mysl nemluvněte! A přece se dospělí domnívají, že se stará jen o prstíky a hračky.

Překotný duševní kvas a neposlušné tělo mě často doháněly k neutišitelným záchvatům pláče. Jasně si vybavuji, jaký zmatek u celé rodiny má vnitřní tíseň vzbuzovala. Zaplavují mě však i radostnější vzpomínky: matčina něžná náruč, mé počáteční nejisté krůčky nebo

---

[1] Duchovní učitel. V *Gurugítě* (verš 17) je guru příhodně popsán jako „ten, jenž rozptyluje temnotu" (z *gu*, „temnota", a *ru*, „to, co rozptyluje").
[2] člověk praktikující jógu neboli „jednotu", prastarou vědu o meditaci o Bohu (viz kap. 26: „Věda krijájógy")

pokusy o první slůvka. Tato raná vítězství, ač bývají záhy zapomenuta, tvoří základ zdravé sebedůvěry.

Mé vzpomínky sahající daleko do minulosti nejsou ničím ojedinělým. Je známo, že řada jogínů si uchovala vědomí sebe sama, aniž bylo přerušeno dramatickým přechodem mezi „životem" a „smrtí" a naopak. Pokud by byl člověk pouhé tělo, jeho ztráta by skutečně znamenala i konec naší identity. Jestliže však zástupy proroků, kteří nás provázejí už celá tisíciletí, promlouvali v pravdě, je člověk ve své podstatě netělesná a všudypřítomná duše.

Ač bývají jasné vzpomínky z nejútlejšího věku neobvyklé, nejsou žádnou vzácností. Na svých cestách po mnoha zemích světa jsem podobné vzpomínky z úst důvěryhodných mužů a žen vyslechl mnohokrát.

Narodil jsem se 5. ledna roku 1893 v Górakhpuru v severovýchodní Indii nedaleko předhůří Himálaje. Zde jsem strávil prvních osm let života. Bylo nás osm potomků – čtyři chlapci a čtyři dívky. Já, Mukundalál Ghoš,[3] jsem se narodil jako druhý syn a čtvrté dítě.

Otec i matka byli Bengálci a patřili do kasty kšatrijů.[4] Oba byli obdařeni svatou povahou. Jejich vzájemná láska byla klidná a důstojná a nikdy se neprojevovala lehkovážně. Dokonalá harmonie panující mezi rodiči představovala pokojný střed pro bouřlivý rej osmi mladých životů.

Můj otec Bhagabatíčaran Ghoš byl laskavý, vážný a občas přísný. My děti jsme ho upřímně milovaly, ale současně jsme si udržovaly uctivý odstup. Otec byl vynikající matematik a logik a spoléhal se především na svůj rozum. Matka byla naopak naší srdcovou královnou a vychovávala nás výhradně svou láskou. Když zemřela, začal i otec více projevovat svou skrytou citlivost. Častokrát jsem si povšiml, jak se jeho pohled náhle proměnil v matčin.

V matčině přítomnosti se nám dostalo prvního hořkosladkého seznámení s náboženskými spisy. Dokázala totiž v *Mahábhárátě* a *Rámájaně*[5] pohotově vyhledat vhodné příběhy, aby podpořila naléhavost kázně. Při těchto příležitostech přicházelo pokárání vždy ruku v ruce s poučením.

---

[3] Jméno Jógánanda jsem přijal v roce 1915, kdy jsem vstoupil do starého mnišského řádu Svámí. V roce 1935 mi můj guru navíc udělil náboženský titul Paramahansa (viz str. 218 a 395).

[4] Druhá kasta, původně kasta vládců a válečníků.

[5] Tyto starobylé eposy jsou pokladnicí indických dějin, mytologie a filozofie.

Moji rodiče a rané dětství

Na znamení úcty k otci nás matka každé odpoledne všechny slavnostně oblékla, abychom jej přivítali po návratu z úřadu. Otec zastával místo zástupce ředitele u jedné z velkých indických společností, Bengálsko-nágpurské železnice. Kvůli jeho zaměstnání se naše rodina musela často stěhovat, a tak jsem své dětství prožil v několika různých městech.

Matka měla vždy štědrou ruku a pomáhala lidem v nouzi. Otec měl také laskavé srdce, ale jeho úcta k zákonu a pořádku se vztahovala i na rodinný rozpočet. Jednou se stalo, že během dvou týdnů rozdala matka na jídlo pro chudé víc, než činil otcův měsíční příjem.

„Žádám tě jen o to, abys svou dobročinnost držela v rozumných mezích," naléhal na ni otec. I takovou mírnou výtku od manžela nesla matka velice těžce. Aniž by dětem jakkoli naznačila, že mezi rodiči došlo k neshodě, zavolala si drožku.

„Sbohem, vracím se domů k matce." To odvěké ultimátum!

Propukli jsme ve zděšený pláč, naštěstí se však v tu chvíli ve dveřích objevil matčin bratr. Pošeptal otci nějakou moudrou radu, která se nejspíše po staletí dědí z generace na generaci. Otec pak pronesl několik smířlivých slov a matka drožku s radostí odvolala. Tak skončil jediný manželský nesvár, který jsem mezi rodiči kdy zaznamenal. Vzpomínám si však na jeden jejich příznačný rozhovor.

„Dej mi, prosím, deset rupií pro tu nebožačku, která stojí před naším domem." Svou prosbu matka doprovodila neodolatelným úsměvem.

„Proč deset? Stačí jedna." Své odmítnutí otec ihned zdůvodnil: „Když mi náhle zemřel otec i prarodiče, poprvé jsem na vlastní kůži poznal, co je chudoba. Mou jedinou snídaní před několikakilometrovou cestou do školy byl malý banán. Později na studiích jsem se ocitl v takové nouzi, že jsem se rozhodl požádat jednoho zámožného soudce o podporu ve výši jedné rupie měsíčně. Odmítl se slovy, že i ta jedna rupie má svou cenu."

„Vidíš sám, jak hořkou vzpomínku v tobě ta odmítnutá rupie zanechala!" Matčino srdce odpovědělo okamžitou logikou. „Chceš snad, aby i tato žena trpce vzpomínala na to, jak jsi jí odepřel deset rupií, které tak naléhavě potřebovala?"

„Vyhrála jsi!" S odvěkým gestem poražených manželů otevřel peněženku. „Zde je deset rupií. Dej je té ženě s mým přáním všeho dobrého!"

Otec měl ve zvyku vše nové nejprve odmítat. Jeho postoj vůči cizí ženě, která si tak rychle získala matčinu přízeň, byl projevem jeho navyklé obezřetnosti. Svou neochotou k okamžitému souhlasu ve skutečnosti jen ctil zásadu „jistota je jistota". Otec vždy jednal rozvážně a soudil uvážlivě. Pokud jsem své početné žádosti dokázal podpořit jedním či dvěma pádnými argumenty, bez výjimky mi k vytouženému cíli dopomohl, ať to byl prázdninový výlet nebo nový motocykl.

Od svých dětí vyžadoval otec již v raném věku přísnou kázeň, avšak jeho postoj k sobě samému byl doslova spartánský. Nikdy kupříkladu nechodil do divadla a raději vyhledával útočiště v duchovním cvičení a četbě *Bhagavadgíty*.[6] Odmítal každou známku přepychu a v jednom páru bot chodil, dokud se nerozpadly. Když se začalo jezdit automobily, jeho synové si je hned pořídili, on však dál spokojeně dojížděl do úřadu tramvají.

Otec nikdy nehromadil peníze, aby získal postavení či moc. Když pomohl se zřízením Kalkatské městské banky, odmítl stát se jejím akcionářem a vzdal se tak jakéhokoli vlastního prospěchu. Spokojil se s tím, že ve svém volném čase vykonal svou občanskou povinnost.

Několik let po jeho odchodu do penze přijel do Indie anglický úředník, který měl zkontrolovat účetní knihy Bengálsko-nágpurské železnice. Angličan ke svému překvapení zjistil, že otec si nikdy nevybral mimořádné odměny, na něž měl nárok.

„Ten člověk pracoval za tři," oznámil účetní zaskočenému vedení společnosti. „Dlužíte mu sto dvacet pět tisíc rupií!" Pokladník otci tedy poslal šek na uvedenou částku, která tehdy odpovídala asi 41 250 dolarům. Pro něho však šlo o událost tak bezvýznamnou, že se o ní doma zapomněl zmínit. Až dlouho poté mu ji připomněl můj nejmladší bratr Bišnu, který si všiml nezvykle vysoké částky na bankovním účtu.

„Proč bych měl jásat nad hmotným prospěchem?" odvětil otec. „Ten, jehož cílem je dosažení vyrovnané mysli, se neraduje ze zisku ani se nermoutí nad ztrátou. Ví, že člověk přichází na tento svět bez jediné rupie a stejně tak jej opouští."

Krátce po svatbě se moji rodiče stali žáky velkého mistra Láhirího Mahášaje z Benáresu. To ještě posílilo otcovu od přírody asketickou povahu. Matka se mé nejstarší sestře Romě jednou svěřila s pozoruhodným tajemstvím: „S otcem spolu sdílíme lože jako muž a žena jen jednou za rok, abychom zplodili dítě."

---

[6] Tato vznešená báseň napsaná v sanskrtu, která je součástí eposu *Mahábhárata*, je hinduistickou biblí. Mahátma Gándhí o ní napsal: „Ti, kdož budou meditovat o *Gítě*, z ní budou čerpat svěží radost a každý den v ní naleznou nové významy. Není jediné duchovní hádanky, kterou by *Gíta* nedokázala rozluštit."

Moji rodiče a rané dětství

Láhiriho Mahášaje poznal otec díky Abináši Bábuovi,[7] zaměstnanci jedné z poboček Bengálsko-nágpurské železnice. V Górakhpuru sytil Abináš mé jinošské uši podmanivými příběhy o mnoha indických světcích. Jeho vyprávění končilo bez výjimky nadšeným chvalozpěvem na vlastního gurua.

„Už jsi slyšel, za jakých neobyčejných okolností se tvůj otec stal žákem Láhiriho Mahášaje?" Tuto tajuplnou otázkou mi položil jedno ospalé letní odpoledne, když jsme seděli v naší zahradě. S nedočkavým úsměvem jsem zakroutil hlavou.

„Před mnoha lety, když jsi ještě nebyl na světě, jsem požádal svého nadřízeného – tvého otce – zda by mne na jeden týden neuvolnil z pracovních povinností, abych mohl jet do Benáresu a navštívit svého gurua. Tvůj otec se mému záměru vysmál.

‚Chceš se snad stát náboženským fanatikem?' dobíral si mne. ‚Jestli to hodláš někam dotáhnout, soustřeď se raději na svou práci v úřadě.'

Když jsem se toho dne smutně ubíral pěšky domů stromovou alejí, setkal jsem se s tvým otcem znovu, když mne míjel v nosítkách. Propustil své sluhy a přidal se ke mně. Chtěl mě utěšit a poukazoval na výhody, jaké snaha o světský úspěch přináší. Jeho slovům jsem však sotva dokázal věnovat pozornost. Mé srdce neustále opakovalo: ‚Láhiri Mahášaji! Nemohu žít, aniž tě spatřím!'

Cesta nás dovedla na okraj poklidné louky s vysokou, šumící trávou, jíž prosvítaly paprsky podvečerního slunce. Zmlkli jsme a s úžasem pozorovali tu nádheru. Náhle se uprostřed louky, jen pár metrů od nás, zjevila postava mého velkého gurua.[8]

‚Bhagabatí, jsi na svého podřízeného příliš přísný!' zazněl v našich užaslých uších jeho hlas. Nato guru zmizel stejně záhadně, jako se objevil. Padl jsem na kolena a začal volat: ‚Láhiri Mahášaji! Láhiri Mahášaji!' Tvůj otec tam chvíli stál zkoprnělý úžasem.

‚Abináši, nejenže ti dám dovolenou, ale dopřeji ji i sobě a hned zítra vyrazíme do Benáresu. Musím se osobně setkat s tím velkým mistrem, který se dokáže zhmotnit, aby se za tebe přimluvil! Vezmu s sebou i svou ženu a požádám Láhiriho Mahášáje, aby nás oba zasvětil do své duchovní cesty. Dovedeš nás k němu?'

---

[7] *Bábu* znamená „pan" a přidává se na konec bengálských jmen.
[8] Fenomenální schopnosti velkých mistrů jsou vysvětleny ve 30. kapitole „Zákon zázraků".

GURRU (Gjána Prabha) GHOŠ
(1868-1904)
Jógánandadžího matka a žačka Láhirího Mahášaje

‚Samozřejmě.' Zázračná odpověď na mou modlitbu a náhlý příznivý zvrat událostí mě naplnily radostí.

Následujícího večera jsme se s tvými rodiči vydali vlakem do Benáresu. Dojeli jsme tam na druhý den, kus cesty urazili v drožce a nakonec jsme museli jít pěšky úzkými, odlehlými uličkami až ke guruovu obydlí. Vešli jsme dovnitř a poklonili se mu. Mistr seděl v lotosové pozici jako obvykle. Zamrkal svýma pronikavýma očima a obrátil je k tvému otci. ‚Bhagabatí, jsi na svého podřízeného příliš přísný!' Pronesl tatáž slova jako dva dny předtím na louce, a poté dodal: ‚Jsem rád, že jsi Abinášovi dovolil mě navštívit a že jsi ho i se svou ženou doprovodil.'

Oběma tvým rodičům se pak k jejich radosti dostalo zasvěcení do duchovní praxe *krijájógy*.[9] Od onoho památného dne mistrova zjevení jsme se s tvým otcem stali blízkými přáteli jako bratři učedníci. Láhirí Mahášaj se velice zajímal o tvé narození. Tvůj život bude jistě spjat s jeho, neboť mistrovo požehnání nikdy nepřijde vniveč."

---

[9] Technika jógy, kterou Láhirí Mahášaj vyučoval a která spočívá v utišení smyslových vznětů, čímž člověku umožňuje dosahovat stále hlubší jednoty s kosmickým vědomím (viz kap. 26).

Moji rodiče a rané dětství

BHAGABATÍČARAN GHOŠ
(1853-1942)
Jógánandadžího otec a žák Láhirího Mahášaje

Láhirí Mahášaj odešel z tohoto světa krátce poté, co jsem do něj já vstoupil. Jeho fotografie ve zdobném rámu se na našem rodinném oltáři vyjímala ve všech městech, kam byl otec svým zaměstnavatelem poslán. Častokrát jsem s matkou ráno a večer meditoval před improvizovanou svatyní, k níž jsme přinášeli obětiny v podobě květin máčených ve vonné santalové pastě. Kadidlem, myrhou i svou společnou vroucností jsme uctívali božství, které v Láhirím Mahášajovi nalezlo plné vyjádření.

Jeho fotografie ovlivnila můj život neobyčejným způsobem. Jak jsem vyrůstal, rostly ve mně i myšlenky na mistra. Při meditaci jsem často vídal, jak jeho postava vystupuje z malého rámečku, bere na sebe živou podobu a usedá přede mnou. Když jsem se pokusil dotknout nohou jeho zářícího těla, proměnil se opět ve fotografii. Jak jsem se přenesl z dětství do chlapeckého věku, přetvořil se postupně i Láhirí Mahášaj v mé mysli z obrazu ohraničeného rámem v živoucí, osvěcující přítomnost. Často jsem se k němu modlil ve chvílích životních zkoušek či zmatků a nacházel v sobě jeho konejšivé vedení.

Zpočátku jsem se rmoutil nad tím, že již není v těle mezi námi. Jakmile jsem však začal objevovat jeho skrytou všudypřítomnost, přestal jsem se trápit. Za svého života často psával žákům, kteří dychtili po setkání s ním: „Proč byste vážili cestu za mým masem a kostmi, když jsem neustále v dosahu vaší *kútasthy* (duchovního zraku)?"

Asi ve věku osmi let se mi dostalo požehnání v podobě zázračného uzdravení skrze guruovu fotografii. Tato zkušenost mou lásku k němu ještě posílila. Při pobytu v našem rodinném sídle v bengálském Ičhápuru jsem onemocněl asijskou cholerou. Můj život visel na vlásku a lékaři prohlásili, že už pro mou záchranu nemohou nic učinit. Matka seděla u mého lůžka a horečně mne pobízela, ať vzhlédnu k fotografii Láhirího Mahášaje, která visela na stěně nad mou hlavou.

„V duchu se mu pokloň!" Věděla, že jsem příliš zesláblý na to, abych jen sepjal ruce. „Projevíš-li opravdovou vroucnost a v duchu před ním poklekneš, bude tvůj život ušetřen!"

Zahleděl jsem se na jeho fotografii a spatřil oslňující světlo, které zalilo mé tělo i celou místnost. Moje nevolnost a další nezvladatelné příznaky nemoci náhle zmizely. Najednou jsem se cítil dost silný na to, abych se sklonil a dotkl se matčiných nohou na znamení úcty k její nezměrné víře v gurua. Matka k fotografii mnohokrát vděčně přitiskla čelo.

„Ó všudypřítomný mistře, děkuji ti, že jsi svým světlem vyléčil mého syna!"

Pochopil jsem, že i ona byla svědkem onoho záblesku, který mě během jediného okamžiku uzdravil z obvykle smrtelné choroby.

Právě tato fotografie je jednou z mých nejvzácnějších cenností. Otci ji věnoval sám Láhirí Mahášaj a nese v sobě posvátnou vibraci. Samotný vznik této fotografie je zázračný. Příběh o jejím pořízení mi vyprávěl otcův duchovní bratr Kálikumár Ráj.

Mistr se prý fotografování vždy bránil. Navzdory jeho protestům však jednou kdosi pořídil jeho snímek se skupinou oddaných ctitelů, mezi nimiž byl i Kálikumár Ráj. K fotografově úžasu se však uprostřed desky, kde očekával postavu Láhirího Mahášaje, objevilo jen prázdné místo, ačkoli žáci sedící kolem něj byli na snímku zachyceni zcela zřetelně. Tento úkaz se stal předmětem četných debat.

Jeden z mistrových žáků jménem Gangádhar Bábu, který byl zkušeným fotografem, se chlubil, že jemu mistrův prchavý obraz zaručeně neunikne. Když guru následujícího rána seděl v lotosové pozici na dřevěné lavičce se zástěnou za zády, dostavil se Gangádhar Bábu se svým vybavením. Aby se pojistil proti neúspěchu, fotografických desek raději exponoval hned dvanáct. Na každé z nich záhy objevil otisk dřevěné lavičky i zástěny, ale mistrova postava opět chyběla.

Se slzami v očích a zhrzenou pýchou vyhledal Gangádhar Bábu gurua. Teprve po mnoha hodinách přerušil Láhirí Mahášaj mlčení výmluvnou poznámkou:

„Jsem Duch. Dokáže snad tvůj přístroj zachytit to, co je všudypřítomné a neviditelné?"

„Vidím, že nikoli! Kdybyste však věděl, svatý mistře, jak dychtivě toužím po zpodobení vašeho tělesného chrámu! Mé vidění bylo až dosud omezené. Teprve dnes jsem si uvědomil, v jaké plnosti ve vás Duch přebývá."

„Přijď tedy zítra ráno. Nechám se od tebe vyfotografovat."

Když žák zaostřil svůj aparát tentokrát, světcova postava se již nezahalila závojem záhadné nepostižitelnosti a ostře vystoupila z desky. Znovu už se mistr nikdy zvěčnit nenechal – alespoň jsem žádný jiný jeho snímek nespatřil.

Tato fotografie je otištěna v této knize.[10] Z jeho světlých rysů a univerzálního vzezření lze jen těžko usuzovat, k jaké rase příslušel. Záhadný úsměv lehce naznačuje jeho radost ze spojení s Bohem. Pootevřené oči, jež prozrazují okrajový zájem o vnější svět, jsou současně zpola zavřené, což je příznakem pohroužení ve vnitřní blaženosti. Lákadla pozemského života jej nechávala chladným, vždy si však byl plně vědom duchovních nesnází hledajících, kteří se k němu uchylovali pro jeho velkorysost.

Nedlouho poté, co jsem byl uzdraven mocí guruovy fotografie, dostalo se mi zásadní duchovní vize. Když jsem jednoho rána seděl na lůžku, upadl jsem náhle do hlubokého snění.

„Co se skrývá za tmou zavřených očí?" Tato neodbytná otázka se zmocnila mé mysli. Náhle před mým vnitřním zrakem objevil prudký záblesk světla. Na širokém zářivém plátně v mém čele se jako miniaturní filmové postavy zjevily božské postavy světců, kteří meditovali v horských jeskyních.

„Kdo jste?" zeptal jsem se nahlas.

[10] Viz str. 286. Kopii této fotografie lze obdržet od Self-Realization Fellowship. Viz také obraz Láhirího Mahášaje na str. 315. Během svého pobytu v Indii v letech 1935–36 pověřil Šrí Paramahansa Jógánanda jednoho bengálského umělce, aby mistra namaloval podle původní fotografie, a později z jeho obraz učinil oficiální portrét Láhirího Mahášaje pro publikace SRF. (Dodnes visí toto plátno v obývacím pokoji Paramahansy Jógánandy na Mt. Washingtonu.) *(pozn. nakl.)*

„Jsme jogíni Himálaje." Tuto nebeskou odpověď lze jen stěží popsat. Srdce se mi prudce rozbušilo.

„Jak jen toužím odejít za vámi do hor a být jako vy!" Vize zmizela, zůstaly jen stříbřité paprsky světla, které se v rozšiřujících kruzích ztrácely v nekonečnu.

„Co je to za podivuhodný jas?"

„Jsem Íšvara.[11] Jsem Světlo." Hlas zněl jako hukot mračen.

„Chci s tebou splynout v jedno!"

Z té pomalu odeznívající božské extáze mi zůstalo trvalé nutkání hledat Boha. „Je věčnou, stále novou Radostí!" Tato vzpomínka ve mně rezonovala ještě dlouho poté, co jsem z onoho vytržení procitl.

Další má raná vzpomínka je vskutku nesmazatelná, a to doslova, neboť mi po ní dodnes zůstala jizva. Seděli jsme s mou starší sestrou Umou jednou časně zrána pod nimbovníkem v naší zahradě v Górakhpuru. Sestra mi pomáhala s bengálskou čítankou, ovšem jen ve chvílích, kdy jsem dokázal odtrhnout pohled od papoušků, kteří na stromě zobali zralé plody.

Uma si postěžovala, že má na noze vřídek, a přinesla si nádobku s mazáním. Natřel jsem si trochu mastičky na předloktí.

„Proč si natíráš zdravou ruku?"

„Cítím, sestřičko, že se mi zítra také udělá vřed. Zkouším tu tvoji mastičku na místě, kde se objeví."

„Lháři jeden!"

Ta slova se mně velice dotkla. „Neříkej mi lháři, dokud neuvidíš, co se stane zítra ráno."

Uma si z mého varování nic nedělala a ještě třikrát svůj posměšek zopakovala. V mém hlase znělo nezlomné odhodlání, když jsem jí pomalu odpověděl:

„Povídám ti, že silou mé vůle se mi zítra na ruce, přesně na tomto místě, udělá velký vřed. A ten tvůj se zanítí a bude dvakrát takový, než je teď!"

Nazítří jsem měl na zmíněném místě pořádný bolák a ten sestřin byl dvakrát větší než den předtím. Uma běžela s křikem za matkou. „Mukunda je čaroděj!" Matka mě přísně poučila, abych moci slov nikdy

---

[11] Sanskrtské označení Boha v podobě vládce vesmíru. Pochází z kořene íš-, „vládnout". V indických posvátných spisech se vyskytuje na tisíc Božích jmen a každé nese jiný odstín filozofického významu. Bůh jako Íšvara je Ten, jehož vůlí jsou v pravidelných cyklech tvořeny a rozpouštěny všechny vesmíry.

Šrí Jógánanda v šesti letech

nezneužíval k újmě druhých. Její radu jsem si vzal k srdci a nikdy se jí nezapomněl řídit.

Bolavý vřed mi nakonec museli vyříznout. Po zákroku chirurga mi zůstala jizva, jež dodnes nezmizela. Na pravém předloktí tak mám trvalou připomínku toho, jakou moc může mít prosté slovo vyřčené člověkem.

V těch obyčejných a zdánlivě neškodných větách, které jsem s hlubokým soustředěním pronesl k Umě, bylo ukryto dost síly na to, aby explodovaly jako bomba a způsobily zcela zřetelné, byť škodlivé následky. Později jsem pochopil, že výbušná vibrační moc řeči může být moudře využita a usměrněna tak, aby člověk svůj život zbavil problémů bez jizev a hádek.[12]

---

[12] Nekonečné možnosti zvuku vycházejí z tvůrčího slova *óm*, kosmické vibrace, jež se ukrývá za veškerou energií atomů. Jakékoli slovo pronesené s jasným uvědoměním a hlubokým soustředěním má potenciál se zhmotnit. Opakování inspirativních slov, ať už nahlas, či

Naše rodina se přestěhovala do Láhauru v provincii Paňdžáb. Tam jsem získal obrázek Božské Matky v podobě bohyně Kálí,[13] který posvěcoval neformální oltářík na balkóně našeho domu. Nabyl jsem nezvratného přesvědčení, že se vyplní všechny modlitby, které na tomto posvátném místě vyslovím. Jednoho dne jsem tam stál s Umou a sledoval, jak dva chlapci pouštějí draky nad střechami dvou budov, jež byly od našeho domu odděleny úzkou uličkou.

„Proč jsi tak zamlklý?" zeptala se Uma a rozverně do mě šťouchla loktem.

„Myslím na to, jak je úžasné, že mi Božská Matka dá cokoli, oč ji požádám."

„Dala by ti i tamhle ty dva draky?" rýpla do mě sestra.

„Proč by ne?" Začal jsem se v duchu modlit, aby mi patřili.

V Indii jsou velmi oblíbené souboje draků přivázaných ke šňůře polepené skelnou drtí. Každý z hráčů se snaží přeříznout provázek soupeřova draka. Vysvobozený drak pak letí nad střechami a všichni se baví tím, že se ho pokoušejí chytit. Stáli jsme s Umou na zastřešeném balkóně ve výklenku domu, takže se zdálo nemožné, aby vysvobozený drak doletěl až k nám; jeho provázek by se přirozeně přehoupl přes střechu.

Chlapci na druhé straně ulice se pustili do souboje. Jeden provázek se přetrhl a drak se okamžitě vydal mým směrem. Nastalo krátké bezvětří a drak zůstal chvíli nehybně viset ve vzduchu. Jeho šňůra se přitom stačila zaplést do kaktusu na střeše protější budovy. Vytvořila se tak dokonalá dlouhá smyčka, za kterou jsem draka mohl chytit. Vítězoslavně jsem svůj úlovek podal Umě.

„To byla jen výjimečná náhoda, ne odpověď na tvou modlitbu. Uvěřím ti, až když k tobě doletí i ten druhý drak." V sestřiných tmavých očích se zračilo více úžasu, než prozrazovala její slova. Pokračoval jsem ve vroucí modlitbě. Druhý hráč náhle škubl šňůrou svého draka tak prudce, až se přetrhla. Drak tančil ve větru a znovu zamířil ke mně. Můj ochotný pomocník kaktus opět vytvořil smyčku, za niž jsem draka mohl chytit. Předal jsem svou druhou trofej Umě.

„Je to tak, Božská Matka ti skutečně naslouchá! Celé je to nějaké podivné!" A s těmito slovy se dala na útěk jako splašená laň.

---

v duchu, je prokazatelně účinné u Couého metody a podobných psychoterapeutických přístupů. Tajemství moci slov spočívá v zesílení vibrační frekvence mysli.

[13] Kálí je symbolem Boha v podobě věčné Matky Přírody.

KAPITOLA 2

Matčina smrt a mystický amulet

Největším matčiným přáním bylo, aby se můj starší bratr oženil. „Až spatřím tvář Anantovy ženy, nastane pro mě ráj na zemi!" Často jsem slýchal, jak těmito slovy vyjadřuje svou silnou, typicky indickou touhu po pokračování rodu.

Když se Ananta zasnoubil, bylo mi kolem jedenácti let. Matka odjela do Kalkaty, kde nadšeně dohlížela na svatební přípravy. Já jsem zůstal s otcem v našem domě v severoindickém Barélí, kam ho po dvou letech v Láhauru přeložili.

Už dříve jsem byl svědkem nádherných svatebních obřadů svých dvou starších sester Romy a Umy, ale v případě Ananty, nejstaršího syna, byly plány vskutku velkolepé. Matka vítala četné příbuzné, kteří se do Kalkaty sjížděli ze vzdálených koutů země. Ubytovala je v pohodlí našeho velkého domu číslo 50 v Amherstově ulici, který jsme nedávno koupili. Vše bylo přichystáno – vybrané lahůdky na hostinu, pestře zdobený trůn, na němž měl být bratr nesen až do domu své nastávající, řady barevných lampionů, ohromní kašírovaní sloni a velbloudi, anglický, skotský a indický orchestr, profesionální baviči i kněží, kteří měli vykonávat starobylé rituály.

Já a můj otec jsme byli plní slavnostního očekávání a oba jsme se měli ke zbytku rodiny připojit před začátkem obřadu. Krátce před oním velkým dnem jsem však měl neblahé vidění.

Stalo se to o půlnoci v Barélí. Spal jsem vedle otce na verandě našeho bungalovu, když mě náhle probudilo zvláštní chvění moskytiéry nad lůžkem. Průsvitný závěs se odhrnul a já spatřil postavu své drahé matky.

„Probuď otce!" Její hlas zněl jako šepot. „Nasedněte hned do příštího vlaku, který vyjíždí ve čtyři hodiny ráno. Pospěšte do Kalkaty, chcete-li mne ještě naposled spatřit!" Po těchto slovech přízračná postava zmizela.

„Otče! Otče! Matka umírá!" Hrůza v mém hlase ho okamžitě vzbudila. Mezi vzlyky jsem mu sdělil onu osudnou novinu.

„To byl jen přelud. Netrap se tím." Otec zareagoval na novou situaci ze zvyku tím, že ji nepřijal. „Matka se těší skvělému zdraví. Kdyby přece jen přišla nějaká špatná zpráva, zítra co nejdříve vyrazíme."

„Nikdy si neodpustíš, že jsi nejel hned!" Ze zoufalství jsem rozhořčeně dodal: „Ani já ti to nikdy nezapomenu!"

Po noci přišlo zádumčivé ráno a s ním i výslovné potvrzení: „Matka vážně nemocná. Svatba odložena. Ihned přijeďte."

Spěšně jsme se tedy vydali na cestu. Na přestupní stanici se k nám připojil jeden z mých strýců. Právě se k nám s rachotem hnal vlak a zlověstně se přibližoval. V mé rozervané duši vyvstalo náhlé rozhodnutí vrhnout se mu pod kola. Zůstal jsem sám bez matky a cítil jsem, že nedokáži čelit světu, který se mi náhle vyjevil v celé své nahotě. Miloval jsem ji jako svou nejdražší přítelkyni. Malicherným tragédiím mého dětství poskytly její konejšivé černé oči vždy bezpečné útočiště.

Na poslední chvíli jsem se však zarazil, abych se strýce zeptal: „Žije ještě?"

Z mé tváře okamžitě vyčetl zoufalství. „To víš, že žije!" Já mu však jen sotva dokázal věřit.

Když jsme dorazili do našeho domu v Kalkatě, čekalo nás už jen setkání se zdrcujícím mystériem smrti. Zhroutil jsem se; jako by ze mne vyprchal všechen život. Uplynulo mnoho let, než do mého srdce vstoupilo smíření. Mé nářky tak dlouho lomcovaly s branami samotného nebe, až konečně přivolaly Božskou Matku. Teprve její slova zcela zhojila mé hnisající rány:

„To já jsem na tebe ve všech tvých životech dohlížela skrze něhu mnohých matek. Ty černé oči, ty ztracené krásné oči, které hledáš, najdeš v mém pohledu!"

Krátce po pohřebních obřadech jsme se s otcem vrátili do Barélí. Každý den jsem časně zrána vycházel na truchlivou pamětní pouť ke košatému stromu *šiuli*, který svým stínem zakrýval hebký zlatozelený trávník před naším bungalovem. V zasněných okamžicích jsem podléhal dojmu, že se jeho bílé jasmínové květy v přičinlivé zbožnosti snášejí na travnatý oltář. Častokrát, když se za svítání mé kanoucí slzy mísily s ranní rosou, pozoroval jsem jakousi zvláštní, nadpozemskou záři, která vycházela nad obzor. V těchto chvílích se mě zmocňovala bolestná touha po Bohu. Cítil jsem, jak mne něco silně táhne k Himálaji.

Jednou nás v Barélí navštívil můj bratranec, který se z oněch posvátných hor právě vrátil. Dychtivě jsem naslouchal jeho vyprávění o jogínech a svámích,[1] kteří žili vysoko v horách.

„Utečme spolu do Himálaje," navrhl jsem jednoho dne Dvárkovi Prasádovi, mladšímu synovi našeho domácího v Barélí. Má slova však nepadla na úrodnou půdu a Dvárka můj plán vyzradil mému staršímu bratrovi, který právě přijel navštívit otce. Místo aby se Ananta nad mým bláhovým chlapeckým nápadem pousmál, rozhodl se dělat si ze mne legraci.

„Kdepak máš oranžové roucho? Bez toho přece svámím být nemůžeš!"

Jeho poznámka mě však nevysvětlitelným způsobem nadchla. Ihned se mi před očima objevil zřetelný výjev – spatřil jsem sám sebe jako mnicha, jenž se toulá po Indii. Možná že ta slova probudila vzpomínku na některý z mých minulých životů. V každém případě jsem si díky nim uvědomil, s jakou přirozenou lehkostí bych nosil oděv onoho starobylého mnišského řádu.

Když jsem si jednou ráno povídal s Dvárkou, pocítil jsem náhle příliv lásky k Bohu, která mne zaplavila jako lavina. Následoval proslov, kterému můj společník nevěnoval velkou pozornost, ovšem já jsem naslouchal sám sobě celým srdcem.

Ještě téhož odpoledne jsem uprchl do Nainítálu v předhůří Himálaje. Ananta se však odhodlaně vydal v mých stopách, a tak jsem byl celý nešťastný přinucen vrátit se do Barélí. Jedinou pouť, která mi byla dovolena, představovala má pravidelná jitřní návštěva u smutečního jasmínu. Mé srdce tak truchlilo po dvou ztracených matkách: po té lidské i té božské.

Trhlina, kterou matčina smrt zanechala v rodinném předivu, se již nezacelila. Otec se za těch téměř čtyřicet let, které mu zbývaly, již nikdy znovu neoženil. Ujal se nelehké dvojrole otce i matky, pečlivě se staral o houf ratolestí a stával se o poznání citlivějším a přístupnějším. Různorodé rodinné problémy řešil s klidem a rozvahou. Po práci v úřadu se jako poustevník uchyloval do cely svého pokoje, aby tam v nerušeném pohroužení cvičil *krijajógu*. Nějaký čas po matčině smrti jsem se mu pokusil najmout anglickou ošetřovatelku, aby se starala

---

[1] Základní význam sanskrtského slova *svámí* je „ten, jenž je sjednocen se svým já (*sva*)." (viz kap. 24)

o drobné domácí práce a on tak měl život trochu pohodlnější. Otec však nad tím jen zakroutil hlavou.

„Péče o mou osobu skončila s odchodem tvé matky." V jeho nepřítomném pohledu se zračila věrnost na celý život. „Od žádné jiné ženy úsluhy nepřijmu."

Čtrnáct měsíců po matčině skonu jsem se dozvěděl, že mi zanechala nanejvýš závažný vzkaz. Její slova zaznamenal Ananta, který byl přítomen u jejího smrtelného lože. Přestože ho požádala, aby mi zprávu předal rok po její smrti, bratr tento okamžik odkládal. Brzy však měl z Barélí odjet do Kalkaty, aby se tam oženil s dívkou, kterou mu matka vybrala,[2] a tak si mne jednoho večera zavolal k sobě.

„Mukundo, zdráhal jsem se předat ti toto podivné poselství." V jeho hlase znělo odevzdání. „Obával jsem se, že v tobě podnítí touhu odejít z domova. Ty však tak jako tak planeš zbožným zanícením. Když jsem tě nedávno zadržel na útěku do Himálaje, dospěl jsem k pevnému rozhodnutí. Splnění svého slavnostního slibu nesmím již déle odkládat." Po těchto slovech mi bratr předal jakousi krabičku a vyřídil mi matčin vzkaz.

„Nechť jsou tato slova mým posledním požehnáním, můj drahý synu Mukundo!" řekla prý matka. „Nadešla hodina, kdy se ti musím svěřit s mnoha neobyčejnými událostmi, k nimž došlo po tvém narození. O cestě, pro niž jsi předurčen, jsem se poprvé dozvěděla, ještě když jsi jako nemluvně ležel v mém náručí. Donesla jsem tě tehdy do domu svého gurua v Benáresu. Láhirí Mahášaj seděl v hluboké meditaci a já jsem na něj přes zástup žáků sotva viděla.

Hladila jsem tě a modlila se, aby si tě velký guru všiml a udělil ti požehnání. Sotva má tichá zbožná prosba zesílila, mistr náhle otevřel oči a pokynul mi, abych přišla blíž. Hlouček přihlížejících se rozestoupil. Poklonila jsem se u jeho svatých nohou. Láhirí Mahášaj si tě posadil na klín a položil ti ruku na čelo na znamení duchovního křtu.

,Milá matko, tvůj syn se stane jogínem. Bude jako duchovní vlak, jenž dopraví mnoho duší do božího království.'

Když vševědoucí guru vyslyšel mou tajnou modlitbu, srdce mi poskočilo radostí. Už krátce před tvým narozením mi prozradil, že půjdeš v jeho šlépějích.

---

[2] Indický obyčej, podle nějž rodiče vybírají svým dětem životního druha, přetrval až do dnešní doby. Procento šťastných manželství je v Indii nezvykle vysoké.

Jógánandadží (stojící) jako student se svým starším bratrem Anantou

Starší sestra Roma (vlevo) a mladší sestra Nalini s Paramahansou Jógánandou v jeho domově v Kalkatě, kde strávil chlapecká léta (1935).

Jógánandadžího starší sestra Uma jako mladá dívka v Górakhpuru

Později jsem byla spolu s tvou sestrou Romou svědkem tvého vidění velkého světla, když jsme tě společně z vedlejšího pokoje sledovaly, jak nehybně ležíš na lůžku. Tvoje tvářička byla zalitá světlem a s železným přesvědčením jsi tehdy prohlásil, že se vydáš do Himálaje hledat Boha.

To vše mne, drahý synu, zpravilo o tom, že tvá cesta je vzdálena pozemským cílům. Dalším potvrzením mi byl ten nejpodivuhodnější zážitek, jaký mne v životě potkal a jenž je důvodem mého posledního vzkazu.

Týká se rozhovoru s jistým mudrcem v Paňdžábu. Když jsme ještě žili v Láhauru, přišel jednoho rána do mého pokoje sluha. ‚Paní, je tu jakýsi podivný sádhu.[3] Trvá na tom, že musí hovořit s Mukundovou matkou.'

Ta prostá slova mne hluboce zasáhla. Okamžitě jsem šla hosta přivítat. Když jsem se mu klaněla k nohám, poznala jsem, že přede mnou stojí skutečný Boží člověk.

‚Matko,' řekl mi, ‚velcí mistři si přejí, abys věděla, že na této zemi již dlouho nesetrváš. Tvá příští nemoc bude tvou poslední.'[4] Následovalo ticho, při němž jsem necítila sebemenší znepokojení, jen záchvěv hlubokého míru. Nato světec pokračoval:

‚Dostaneš do opatrování stříbrný amulet. Nepředám ti jej však dnes. Na důkaz pravdivosti mých slov se tento posvátný předmět zhmotní ve tvých rukou, až budeš zítra meditovat. Na smrtelném loži pak musíš přikázat svému nejstaršímu synovi Anantovi, aby amulet po dobu jednoho roku ponechal u sebe a poté ho předal tvému druhorozenému synovi. Význam talismanu pochopí Mukunda prostřednictvím velkých mistrů. Měl by jej dostat v době, až bude připraven zříci se všech světských nadějí a vydat se na cestu k Bohu. Až tento amulet po několika letech v Mukundových rukách splní svůj účel, sám od sebe zmizí. I kdyby byl ukryt na tom nejtajnějším místě, vrátí se opět tam, odkud přišel.'

Nabídla jsem světci almužnu[5] a s hlubokou úctou se před ním sklonila. Mudrc dar odmítl, požehnal mi a odešel. Když jsem následujícího

---

[3] Poustevník. Člověk oddávající se askezi a duchovní kázni.

[4] Když jsem díky těmto slovům zjistil, že matka o svém brzkém odchodu ve skrytu duše věděla, konečně jsem pochopil, proč s přípravami Anantova sňatku tolik pospíchala. Přestože nakonec zemřela ještě před jeho svatbou, jako matka se jí přirozeně toužila dožít.

[5] Obvyklý projev úcty k sádhuům

Matčina smrt a mystický amulet

večera seděla se sepjatýma rukama v meditaci, zhmotnil se v mých dlaních stříbrný amulet, přesně jak sádhu přislíbil. Dal o sobě vědět chladným, hladkým dotekem. Přes dva roky jsem ho pečlivě střežila a nyní jej svěřuji Anantovi. Netruchli pro mne, neboť můj velký guru mne odevzdá do náruče Nekonečna. Sbohem, mé dítě. Ať tě ochraňuje Vesmírná matka."

Když jsem amulet přebíral, zaplavilo mne jasné světlo a procitlo ve mně mnoho dřímajících vzpomínek. Starodávný oblý talisman byl pokryt nápisy v sanskrtu. Pochopil jsem, že pochází od učitelů z minulých životů, kteří neviditelně vedli mé kroky. Byl zde po pravdě ještě jeden účel, avšak duši amuletu mi není dovoleno odhalit v úplnosti.[6]

---

[6] Tento amulet byl astrálního původu. Takové předměty mají velmi prchavou strukturu a musejí nakonec zmizet ze zemského povrchu (viz kap. 43). Na talismanu byla vyryta mantra čili posvátná průpověď. Možnosti zvuku a lidského hlasu (*vač*) nebyly nikde prozkoumány do takové hloubky jako v Indii. Vibrace *óm*, která zní celým vesmírem (biblické „Slovo" a „zvuk mnoha vod") má tři projevy neboli *guny*: tvoření, zachovávání a ničení (*Taittiríja upanišad* 1,8). Vždy, když člověk pronese nějaké slovo, uvádí do pohybu jednu z těchto tří kvalit *óm*. Toto je oprávněným důvodem, proč všechna svatá písma člověku přikazují mluvit pravdu.

Byla-li sanskrtská mantra na amuletu správně vyslovena, měla duchovně příznivou vibrační moc. Dokonale sestavená abeceda sanskrtského jazyka se skládá z padesáti písmen, přičemž každé z nich má pevnou a neměnnou výslovnost. George Bernard Shaw napsal moudrou a jako vždy i duchaplnou esej o fonetické nedostatečnosti anglické abecedy vycházející z latinky, v níž se dvacet šest písmen marně snaží unést břemeno zvuku. Se svou příslovečnou jízlivostí („i kdyby zavedení anglické abecedy do anglického jazyka mělo znamenat občanskou válku... nebyl bych proti") vyzývá Shaw k přijetí nové abecedy, jež by čítala dvaačtyřicet písmen (viz jeho předmluva k Wilsonově *Zázračnému zrození jazyka*, Philosophical Library, New York). Taková abeceda by se přiblížila fonetické dokonalosti sanskrtu, který díky využití padesáti písmen vylučuje jakékoli chyby ve výslovnosti.

Objev pečetí v údolí Indu vede řadu odborníků k zavržení současné teorie, že Indie si sanskrtskou abecedu „vypůjčila" ze semitských zdrojů. V nedávné době bylo odkryto několik rozsáhlých městských sídlišť v Mohendžodaru a Harappě, která přinášejí důkazy o existenci význačné kultury, jíž „musela na indické půdě předcházet dlouhá historie, což nás přivádí do dob, o nichž si lze vytvářet jen chatrné domněnky" (Sir John Marshall, *Mohenjo-Daro and the Indus Civilization*, 1931).

Je-li starobylá indická představa o pradávné přítomnosti civilizovaného člověka na této planetě správná, je možné vysvětlit, proč sanskrt, nejstarší jazyk světa, je také jazykem nejdokonalejším (viz pozn. na str. 83). Jak říká sir William Jones, zakladatel Asiatic Society: „Ať už je stáří sanskrtu jakékoli, má pozoruhodnou stavbu. Je dokonalejší než řečtina, bohatší než latina a daleko vytříbenější než kterýkoli z obou zmíněných jazyků".

„Od renesance antické vzdělanosti," píše *Encyclopedia Americana*, „nedošlo v dějinách kultury k důležitější události, než je objev sanskrtu [západními učenci] na konci 18. století. Lingvistika, srovnávací gramatika, srovnávací mytologie, religionistika... Všechny tyto obory buď vděčí za svou existenci objevení sanskrtu, nebo byly jeho studiem zásadně ovlivněny."

O tom, jak tento posvátný předmět za velice nešťastných okolností z mého života zmizel a jak jeho ztráta předznamenala setkání s mým guruem, budu vyprávět na jiném místě.

Ovšem ten malý chlapec, jehož snahy o útěk do Himálaje byly dosud pokaždé zmařeny, se nyní den co den na křídlech svého amuletu vydával na dalekou pouť.

KAPITOLA 3

Světec se dvěma těly

„Otče, když slíbím, že se dobrovolně vrátím domů, mohl bych na výlet do Váránasí?"
Mé vášni pro cestování bránil otec jen zřídkakdy. Ještě jako chlapci mi umožnil navštívit řadu měst a poutních míst. Na cestách mě většinou doprovázel alespoň jeden z mých přátel. Cestovali jsme pohodlně první třídou, do které nám otec opatřil jízdenky. Jeho postavení vysokého železničního úředníka přišlo kočovným členům rodiny velmi vhod.
Otec slíbil, že mou prosbu řádně zváží. Nazítří si mě zavolal a předal mi zpáteční jízdenku z Barélí do Váránasí, několik rupií a dva dopisy.
„Mám jistý obchodní návrh pro svého přítele Kedárnátha Bábua z Váránasí, ale bohužel jsem ztratil jeho adresu. Jsem však přesvědčen, že se ti tento dopis podaří doručit prostřednictvím našeho společného přítele svámího Pranabánandy. Svámí je žákem stejného mistra jako já a dosáhl vysokého stupně duchovní realizace. Setkání s ním pro tebe jistě bude přínosné. Tímto druhým dopisem se u něj uvedeš."
Otci se zablesklo v očích a dodal: „Avšak nezapomeň: už žádné útěky z domova!"
Vydal jsem se tedy s nadšením svých dvanácti let na cestu (ačkoli záliba v poznávání nových krajů a neznámých tváří mě neopustila nikdy). Hned jak jsem dorazil do Váránasí, zamířil jsem ke svámího domu. Vstupní dveře byly otevřené, a tak jsem vystoupal až do protáhlé síně v prvním patře. Na vyvýšeném stupínku tam v lotosové pozici seděl poměrně statný muž oděný pouze do bederní roušky. Hlavu i tvář bez vrásek měl čerstvě oholené a na rtech mu pohrával blažený úsměv. Aby rozptýlil mou obavu, že jsem se k němu nemístně vetřel, pozdravil mě jako starého přítele.
„Bába ánand (blaženost mému drahému)," uvítal mě srdečným dětským hlasem. Poklekl jsem a dotkl se jeho nohou.
„Vy jste svámí Pranabánanda?"

Muž přikývl. „Tak ty jsi Bhagabatího syn?" Vyřkl ta slova dřív, než jsem stačil vytáhnout z kapsy otcův dopis. Užasle jsem mu předal list, který mne měl uvést a který nyní pozbyl smyslu.

„Ovšemže ti Kedárnátha Bábua pomohu najít." Světec mne opět zaskočil svou jasnozřivostí. Poté zběžně prolétl dopis a na adresu mého otce pronesl několik laskavých slov.

„Víš, chlapče, dostávám teď dva důchody. Ten první mi byl přiznán na doporučení tvého otce, pro něhož jsem kdysi pracoval v úřadě. Z toho druhého se těším na doporučení nebeského Otce, pro něhož jsem v tomto životě svědomitě splnil své pozemské povinnosti."

Jeho poznámka zněla nanejvýš záhadně. „Jaký důchod dostáváte od nebeského Otce, pane? Snáší vám snad peníze přímo do klína?"

Svámí se zasmál. „Mám na mysli důchod v podobě bezbřehého míru, jenž je mi odměnou za léta hluboké meditace. Po penězích už neprahnu. O těch mých pár skromných hmotných potřeb je bohatě postaráno. Význam tohoto druhého důchodu pochopíš později."

Po těchto slovech světec náš rozhovor náhle přerušil a znehybněl jako socha. Zahalila jej tajuplná aura. V jeho očích nejprve zajiskřilo, jako by zpozoroval něco velmi poutavého, načež jeho pohled zcela otupěl. Toto nesdílné mlčení mě přivádělo do rozpaků; ještě mi ani neřekl, jak se mám setkat s otcovým přítelem! Poněkud neklidně jsem se rozhlížel po holé místnosti, v níž kromě nás dvou nikdo jiný nebyl. Můj pohled padl na jeho dřevěné sandály ležící pod stupínkem.

„Netrap se, mladý pane.[1] Muž, s nímž se potřebuješ setkat, tu bude za půl hodiny." Jogín mi četl myšlenky, ovšem nutno dodat, že to v tu chvíli nebylo nijak obtížné.

Poté se opět pohroužil do tajemného ticha. Když mi hodinky prozradily, že uběhlo třicet minut, svámí otevřel oči.

„Myslím, že Kedárnáth Bábu už je za dveřmi," řekl.

Slyšel jsem, jak se k nám někdo blíží po schodech. Užasl jsem a hlavou mi začaly vířit zmatené myšlenky: „Copak je možné, aby sem byl otcův přítel přivolán, aniž by mu někdo vzkázal? Vždyť od mého příchodu svámí s nikým jiným než se mnou nepromluvil!"

Vyběhl jsem poněkud nezdvořile z místnosti a chvátal dolů po schodech. Asi v polovině jsem narazil na středně vysokého hubeného muže se světlou pletí. Zdálo se, že má naspěch.

---

[1] Celá řada indických světců mě oslovovala čhota mahášaj, „mladý pane".

Světec se dvěma těly

SVÁMÍ PRANABÁNANDA
benáreský „světec se dvěma těly"

„Vy jste Kedárnáth Bábu?" Můj hlas čeřilo vzrušení.

„Ano. Nejsi ty Bhagabatího syn, který tu na mne čeká?" zeptal se s přátelským úsměvem.

„Odkud se tu berete, pane?" Jeho nevysvětlitelná přítomnost ve mně vzbuzovala zmatené podivení.

„Dnešní den je jedna velká záhada! Sotva před hodinou jsem dokončil koupel v Ganze, když ke mně přistoupil svámí Pranabánanda. Netuším, jak mohl vědět, že tam zrovna jsem.

‚V mém domě na tebe čeká Bhagabatího syn,' řekl mi. ‚Půjdeš se mnou?' S radostí jsem souhlasil. Šli jsme těsně vedle sebe, ale ač mám na sobě tyto pevné boty a svámí jen dřevěné sandály, sotva jsem mu stačil.

Náhle se Pranabánandadží zastavil a zeptal se: ‚Jak dlouho ti bude trvat, než ke mně dojdeš?'

‚Tak půl hodiny.'

‚Musím ještě něco zařídit.' Vrhl na mě záhadný pohled. ‚Půjdu napřed. Počkám na tebe u mne doma s Bhagabatího synem.'

Než jsem stačil cokoli namítnout, mihl se kolem mě a zmizel v davu. Spěchal jsem co nejrychleji."

Toto vysvětlení mě zmátlo ještě víc. Zeptal jsem se ho, jak dlouho svámího zná.

„Minulý rok jsme se párkrát setkali, ale dlouho jsem ho neviděl. Byl jsem velmi potěšen, když jsem ho dnes opět potkal na *ghátu*."

„Nemohu uvěřit svým uším! Přicházím snad o rozum? Potkal jste se s ním v nějakém vidění, nebo jste ho skutečně viděl, dotknul se jeho ruky a slyšel jeho kroky?"

„Nechápu, co tím chceš naznačit!" Zrudl rozhořčením. „Já si nevymýšlím. Copak nechápeš, že jedině od svámího jsem se mohl dozvědět, že tu na mne čekáš?"

„Je to skoro hodina, co jsem přišel, a od toho okamžiku jsem z tohoto člověka nespustil zrak!" Vysypal jsem ze sebe celý příběh a zopakoval mu všechna slova, která mezi mnou a svámím padla.

Kedárnáth Bábu vytřeštil oči. „Žijeme ve skutečném světě, nebo se nám to jen zdá? V životě bych nečekal, že budu svědkem takového divu! Považoval jsem svámího za obyčejného člověka, ale teď zjišťuji, že dokáže zhmotnit druhé tělo a jeho prostřednictvím také konat!" Společně jsme vešli do světcova pokoje. Kedárnáth Bábu ukázal na boty pod stupínkem.

„Podívej, toto jsou právě ty sandály, které měl na nohou u *ghátu*," zašeptal. „A na sobě měl pouze bederní roušku, jako teď."

Když se mu příchozí poklonil, obrátil se světec ke mně s překvapeným úsměvem.

„Proč jsi tím vším tak ohromen? Skutečným jogínům je dobře známa skrytá jednota jevového světa. Mohu kdykoli spatřit své žáky ve vzdálené Kalkatě a rozprávět s nimi. I oni mohou tímto způsobem dle libosti překonat jakoukoli překážku z hrubé hmoty."

Svámí se zřejmě rozhodl, že mi poodhalí, jak dokáže pracovat s astrálním rozhlasem a televizí, aby v mé mladistvé hrudi rozdmýchal duchovní zanícení.[2] Já jsem však byl místo nadšení jen němý bázní. Jelikož mi bylo souzeno hledat Boha pod vedením jediného gurua – Šrí Juktéšvara, s nímž jsem se doposud nesetkal, necítil jsem sebemenší pohnutí přijmout Pranabánandu za svého učitele. Pochybovačně jsem se na něj zadíval a přemítal, zda přede mnou sedí on, nebo jeho dvojník.

Mistr se pokusil mé znepokojení rozptýlit tím, že se na mne zahleděl pohledem, který měl moc probouzet duši, a pronesl několik inspirujících slov o svém guruovi.

„Láhirí Mahášaj byl největším jogínem, jakého jsem kdy poznal. Bylo to samo Božství v lidském těle."

Přemítal jsem, jaké zázraky jsou asi zapovězeny mistrovi, jehož pouhý žák dokáže svou vůlí zhmotnit svého dvojníka.

„Povím ti, jak neocenitelná je guruova pomoc. Kdysi jsem ještě s jedním žákem každou noc osm hodin meditoval. Přes den jsme pak pracovali na železničním úřadě. Plnění administrativních povinností se však pro mě stávalo stále obtížnějším a já toužil zasvětit veškerý svůj čas Bohu. Vytrval jsem osm let, po něž jsem trávil polovinu noci meditací. Měl jsem úžasné výsledky; má mysl byla osvěcována neobyčejnými duchovními vhledy. Od Boha mne však stále odděloval tenký závoj. Konečné, neodvolatelné sjednocení mi navzdory nadlidskému úsilí zůstávalo odepřeno. Jednoho večera jsem proto navštívil Láhirího Maháčaje a srdceryvně prosil o jeho božskou přímluvu. Naléhal jsem na něj celou noc.

‚Andělský guru, mé duchovní útrapy jsou tak bolestné, že nesetkám-li se s nejmilejším Bohem tváří v tvář, nebudu již více schopen snášet tento život!'

---

[2] Platnost zákonitostí objevených jogíny prostřednictvím psychických nauk potvrzují po svém i přírodní vědy. Jedna taková ukázka lidských telepatických schopností se například odehrála 26. listopadu 1934 na Královské univerzitě v Římě. „Profesor neuropsychologie Dr. Giuseppe Calligaris stlačoval určité body na těle testovaného subjektu, který reagoval podrobným popisem osob a předmětů nacházejících se za stěnou. Přítomným profesorům Dr. Calligaris vysvětlil, že pokud stimulujeme určité oblasti na pokožce, je subjekt schopen vnímat nadsmyslové vjemy, což mu umožňuje vidět předměty, které by za běžných okolností vnímat nemohl. Aby svému subjektu umožnil vidět předměty na druhé straně stěny, stlačoval mu profesor Calligaris po dobu patnácti minut jistý bod na pravé straně hrudníku. Dr. Calligaris uvedl, že stimulací určitých bodů na těle jsou lidé uschopněni k vnímání předmětů v jakékoli vzdálenosti, a to bez ohledu na to, zda je již někdy dříve viděli či nikoli."

‚Co mohu dělat? Musíš se ponořit ještě hlouběji do meditace.'

‚Snažně tě prosím, ó Bože, můj Mistře! Vidím tě zhmotněného před sebou ve fyzickém těle. Požehnej mi, abych tě dokázal vnímat ve tvé nekonečné podobě!'

Láhirí Mahášaj ke mně laskavě napřáhl ruku. ‚Teď běž a pokračuj v meditaci. Přimluvil jsem se za tebe u Brahmy.'[3]

Nesmírně povznesen jsem se vrátil domů. Oné noci jsem při meditaci dosáhl svého vytouženého životního cíle. Nyní bez ustání požívám svého duchovního důchodu. Od onoho dne nezůstal velebný Stvořitel již nikdy mému zraku skryt za sebemenším závojem klamu."

Pranabánandovu tvář zalilo božské světlo. Do mého srdce vstoupil mír z jiného světa a veškerý strach byl tentam. Světec pokračoval ve svém vyprávění.

„O pár měsíců později jsem se za Láhirím Mahášajem vrátil, abych mu za tento nekonečný dar poděkoval. Pak jsem se mu zmínil ještě o jedné věci.

‚Božský guru, nemohu dál pracovat v úřadě. Prosím, vysvoboď mě. Brahma mě udržuje v neustálém opojení.'

‚Požádej svého zaměstnavatele o odchod do výslužby.'

‚Jaký mám pro tak brzký odchod uvést důvod?'

‚Řekni, co cítíš.'

Následujícího dne jsem tedy podal žádost. Lékař se mě zeptal, na čem se mé předčasné rozhodnutí zakládá.

‚Při práci mne zmáhá podivný, vzdouvající pocit v páteři. Proniká celým tělem a brání mi ve vykonávání mých pracovních povinností.'[4]

---

[3] Bůh ve svém aspektu Stvořitele. Ze sanskrtského kořene *brh-*, „rozpínat se, šířit se". Když v roce 1857 vyšla v *Atlantic Monthly* Emersonova báseň *Brahma*, přijala ji většina čtenářů s rozpaky. Emerson se nad tím pousmál a údajně pronesl: „Ať místo Brahma říkají Hospodin a jejich rozpaky se rozplynou."

[4] K prvnímu prožitku Ducha v hluboké meditaci dochází na oltáři páteře a poté v mozku. Jogín je zaplavován přívaly blaženosti, jejíž vnější projevy se postupně učí zvládat.

V době našeho setkání byl Pranabánanda již plně osvíceným mistrem. K jeho odchodu do výslužby však došlo o mnoho let dříve, kdy ještě nebyl zcela zakotven v *nirvikalpa samádhi* (viz str. 266 a 410 pozn). V tomto dokonalém a neochvějném stavu vědomí již jogín nemá s vykonáváním svých světských povinností nejmenší potíže.

Po odchodu do výslužby napsal Pranabánanda *Pranabgítu*, hluboký komentář k *Bhagavadgítě*, který vyšel v hindštině a bengálštině.

Schopnost zjevovat se ve více než jednom těle je *siddhi* (jogínská schopnost) zmíněná v Pataňdžaliho *Jógasútrách* (viz pozn na str. 525). Tento jev, nazývaný bilokace, se projevoval v životech mnoha světců již od nejstatrších dob. A. P. Schimberg v knize *Story of Therese Neumann* (Bruce Publishing Company) popisuje několik případů, kdy se

Lékař mi bez dalších otázek napsal jednoznačné doporučení k předčasnému odchodu do penze, kterou jsem záhy obdržel. Vím, že skrze lékaře a železniční úředníky včetně tvého otce působila božská vůle Láhirího Mahášaje. Zcela automaticky uposlechli duchovní příkaz velkého gurua a zbavili mne všech závazků, abych mohl žít v nepřerušeném spojení s mým Nejdražším."

Po tomto neobyčejném vyznání se Svámí Pranabánanda opět nadlouho odmlčel. Když jsem se při odchodu uctivě dotknul jeho nohou, dal mi své požehnání:

„Tvůj život náleží cestě odříkání a jógy. Ještě se později setkáme, i s tvým otcem." Čas dal oběma těmto předpovědím za pravdu.[5]

Tma už houstla, když jsme s Kedárnáthem Bábuem odcházeli. Předal jsem mu otcův dopis a on si ho ve světle pouliční lampy přečetl.

„Tvůj otec mi navrhuje, abych přijal vysoký post u kalkatské pobočky jeho společnosti. Jak příjemná představa, moci se těšit alespoň na jeden z důchodů, jaké dostává Svámí Pranabánanda! Není to však možné, neboť nemohu opustit Váránasí. Žel, na dvě těla si ještě musím počkat!"

---

tato křesťanská světice objevila před vzdálenými osobami, které potřebovaly její pomoc, a hovořila s nimi.

[5] viz kapitola 27

KAPITOLA 4

Můj zmařený útěk do Himálaje

„Pod nějakou nenápadnou záminkou se vytrať ze třídy a najmi si drožku. Pak se s ní zastav v uličce, kde na tebe z našeho domu nebude vidět."

Tak zněly mé poslední pokyny Amaru Mitrovi, spolužákovi z gymnázia, který mě chtěl doprovázet na cestě do Himálaje. Pro útěk jsme si zvolili následující den. Bylo nutno jednat obezřetně, neboť můj bratr Ananta na mne dohlížel ostřížím zrakem. Správně tušil, že spřádám plány na brzký útěk, a byl odhodlán učinit jim přítrž. Amulet tiše působil jako duchovní kvásek v mém nitru. Doufal jsem, že mezi himálajskými sněhy naleznu mistra, jehož tvář se mi zjevovala ve viděních.

Naše rodina nyní žila v Kalkatě, kam otce natrvalo přeložili. Jak velí patriarchální indický obyčej, přivedl si Ananta svou nevěstu k nám, aby s námi žila pod jednou střechou. Zde jsem se v podkrovním pokojíku denně oddával meditacím a připravoval svou mysl na božské hledání.

Ono památné ráno s sebou přineslo déšť, který nevěstil nic dobrého. Jakmile jsem na ulici zaslech kola Amarovy drožky, spěšně jsem svázal dohromady deku, sandály, dvě bederní roušky, modlitební růženec, obrázek Láhirího Mahášaje a výtisk *Bhagavadgíty*. Ranec jsem pak vyhodil ze svého okna v druhém patře, seběhl jsem po schodech dolů a minul strýce, který zrovna ve dveřích kupoval ryby.

„Kam ten spěch?" zeptal se a podezřívavě mě přejel pohledem.

Odpověděl jsem mu vyhýbavým úsměvem a zamířil do uličky. Sebral jsem ze země své zavazadlo a se spikleneckou opatrností nasedl k Amarovi. Nechali jsme se odvézt na tržiště Čándníčauk. Celé měsíce jsme si šetřili z kapesného na svačinu, abychom si mohli opatřit anglické oblečení. Počítali jsme s tím, že můj důvtipný bratr se zhostí role detektiva, a doufali jsme, že v evropském převleku ho přelstíme.

Cestou na nádraží jsme se ještě zastavili pro mého bratrance Džatína Ghoše, kterému jsem říkal Džatínda. Nedávno se obrátil na víru a také toužil nalézt v Himálaji svého gurua. Převlékl se do nového obleku, který jsme již pro něj měli přichystaný. Jak důmyslná kamufláž, říkali jsme si a nechali se ovládnout nadšením.

„Teď už nám chybí jen plátěné boty." Zavedl jsem své společníky do krámu, kde byla vystavena obuv s gumovými podrážkami. „Výrobky z kůže získané porážením zvířat nemají na naší posvátné pouti místo." Zastavil jsem se na ulici a strhl koženou vazbu *Bhagavadgíty* i řemínky ze své *solatopí*, tropické helmy anglické výroby.

Na nádraží jsme si koupili lístky do Bardhamánu, kde jsme hodlali přestoupit na spoj do Hardváru, jenž leží v himálajském předhůří. Jakmile se vlak dal do pohybu a unášel nás pryč z Kalkaty, dal jsem hlasitý průchod některým ze svých nadšených očekávání.

„Jen si představte!" zvolal jsem. „Dostaneme zasvěcení od mistrů a zažijeme vytržení v kosmickém vědomí. Naše těla budou nabita tak silným magnetismem, že divoké šelmy zkrotnou a přijdou až k nám. Z tygrů se stanou pouhé domácí kočky, které jen čekají na naše pohlazení!"

Tato poznámka, jíž jsem se snažil vylíčit scénu v mých očích doslova i metaforicky uchvacující, vzbudila na Amarových rtech nadšený úsměv. Džatínda však odvrátil zrak a upřel ho na ubíhající krajinu za oknem.

Následovalo dlouhé mlčení, které můj bratranec prolomil návrhem: „Rozdělíme si peníze na třetiny a v Bardhamánu si jízdenku koupíme každý sám. Tak nás na nádraží nikdo nebude podezřívat, že jsme společně na útěku."

Lehkověrně jsem na jeho nápad přistoupil. Za soumraku náš vlak konečně zastavil v Bardhamánu. Džatínda vešel do nádražní pokladny a já s Amarem jsme se posadili na nástupišti. Patnáct minut jsme čekali a poté jsme se po něm začali shánět. Hledali jsme všude a v zoufalých obavách vyvolávali jeho jméno. Náš společník však nadobro zmizel v neproniknutelné temnotě, do níž se malé nádraží pohroužilo.

Byl jsem tím zcela zdrcen a propadl jsem jakési podivné otupělosti. Jak jen mohl Bůh tuto nešťastnou událost dopustit? Můj první pečlivě naplánovaný útěk za ním s nádechem romantického dobrodružství skončil krutým zmarem.

„Amare, musíme se vrátit domů." Rozplakal jsem se jako dítě. „Džatíndův zrádný odchod je špatným znamením. Naše cesta je odsouzena k nezdaru."

„Toto má být tvá láska k Bohu? Necháš se odradit hned první lehkou zkouškou v podobě proradného společníka?"

Amarova zmínka o Boží zkoušce stačila, aby mé srdce opět pookřálo. Občerstvili jsme se proslulými bardhamánskými sladkostmi, *sítábhogem* („potravou bohyně") a *motíčúrem* („hrudkami sladkých perel"), a pár hodin nato jsme už seděli ve vlaku směřujícím přes Barélí do Hardváru. Když jsme následujícího dne přestupovali v Mughalsaráji, probírali jsme při čekání na nástupišti záležitost zásadního významu.

„Amare, je dost možné, že nás již zakrátko budou vyslýchat drážní úředníci. Důvtip mého bratra není radno podceňovat! Ať se ale stane cokoli, nebudu mluvit nepravdu."

„Mukundo, nechci po tobě nic víc, než abys zůstal zticha. Když začnu mluvit, zdrž se smíchu i úšklebků."

V tu chvíli mne zastavil přednosta stanice. Byl to Evropan a mával přede mnou telegramem, o jehož obsahu jsem ani na vteřinu nezapochyboval.

„Prcháš z domova v hněvu?"

„Nikoli!" Byl jsem mu vděčný, že svou otázku formuloval právě takto, neboť mi tím umožnil dát mu jednoznačnou odpověď. Moc dobře jsem věděl, že za mým nezvyklým jednáním nestojí hněv, nýbrž ta „nejbožnější melancholie".

Úředník se tedy obrátil na Amara. Souboj důvtipu, jenž následoval, mi jen stěží dovolil uchovat si stoickou vážnost, která se po mně vyžadovala.

„Kde je ten třetí?" Muž do svého hlasu vložil veškerou svou autoritu. „A mluv pravdu!"

„Máte na nose brýle, pane. Nevidíte snad, že jsme jen dva?" Amar se drze usmál. „Nejsem kouzelník, abych zde na vaši žádost vyčaroval třetího z nás."

Přednosta byl touto nestydatostí viditelně popuzen a rychle zvolil nový směr útoku.

„Jak se jmenuješ?"

„Říkají mi Thomas. Jsem synem anglické matky a indického otce, který přijal křesťanskou víru."

„Jak se jmenuje tvůj přítel?"

„Říkám mu Thompson."

V ten okamžik dosáhlo mé potlačované veselí vrcholu. Bez zbytečných okolků jsem vykročil k vlaku, který příhodně zapískal k odjezdu. Amar mě následoval spolu s přednostou, který byl natolik důvěřivý a ochotný, že nás osobně usadil do kupé pro evropské cestující. Očividně se mu příčila představa, že by měli dva mladí napůl Angličané sedět v nižší třídě spolu s domorodci. Poté, co se s námi uctivě rozloučil a odešel, jsem se svalil do sedadla a propukl v bouřlivý smích. Na Amarově tváři se zračilo bezstarostné uspokojení z toho, že právě přechytračil ostříleného evropského úředníka.

Na nástupišti se mi podařilo onen telegram přečíst. Byl od mého bratra Ananty a stálo v něm: „Tři bengálští chlapci v anglickém oděvu na útěku z domova přes Mughalsaráj do Hardváru. Zadržte je do mého příjezdu. Za vaše služby štědrá odměna."

„Amare, říkal jsem ti, ať doma nenecháváš jízdní řády!" Vyčítavě jsem se na něj podíval. „Bratr je tam musel najít i s tvými poznámkami."

Můj přítel zahanbeně přiznal svou chybu. Krátce jsme se zastavili v Barélí, kde už na nás čekal Dvárka Prasád[1] s dalším telegramem od Ananty. Snažil se nás hrdinsky zdržet, podařilo se mi jej však přesvědčit, že náš útěk není žádný lehkovážný rozmar. Stejně jako minule, i tentokrát Dvárka mé pozvání na cestu do Himálaje odmítl.

Když náš vlak stál té noci na nádraží a já dřímal v polospánku, probudil Amara další zvědavý úředník. I on ale padl za oběť neodolatelnému kouzlu „Thomase" a „Thompsona". Za úsvitu nás vlak vítězoslavně dovezl do Hardváru. V dálce se přívětivě rýsovaly majestátní hory. Spěšně jsme se prodrali nádražím a vmísili se do volnosti pouličního davu. Ze všeho nejdříve jsme se převlékli do místního oděvu, neboť Anantovi se nějak podařilo naše evropské přestrojení prohlédnout. Mou mysl však tížila neblahá předtucha, že budeme stejně brzy lapeni.

Usoudili jsme, že je na místě z Hardváru ihned odjet, a tak jsme si koupili jízdenky, abychom pokračovali v cestě dále na sever do městečka Rišikéš, které bylo odedávna posvěcováno šlépějemi mnoha mistrů. Zatímco já jsem již seděl ve vlaku, Amar se ještě zdržel na nástupišti, když tu jej znehybněl náhlý výkřik strážníka. Náš nežádaný ochránce nás odvedl na policejní stanici a zabavil nám peníze. Zdvořile nám vysvětlil, že je jeho povinností nás zadržet, dokud nedorazí můj starší bratr.

Když se dozvěděl, že cílem záškoláků je Himálaj, rozhodl se s námi podělit o vskutku neobyčejný příběh.

„Vidím, že vám učarovali svatí muži! Avšak s větším Božím služebníkem, jehož jsem potkal zrovna včera, se nikde nesetkáte. S kolegou jsme jej spatřili poprvé před pěti dny. Zrovna jsme hlídkovali u Gangy

---

[1] zmíněn na str. 15

a intenzivně pátrali po jistém vrahovi. Měli jsme rozkaz dopadnout jej za každou cenu, živého či mrtvého. Bylo známo, že okrádá poutníky v přestrojení za sádhua. Kousek od nás jsme zahlédli postavu, která povšechně odpovídala zločincovu popisu. Na naši výzvu, aby zastavil, muž neodpověděl, a tak jsme se za ním rozběhli, abychom ho zadrželi. Když jsem se k němu zezadu přiblížil, ohnal jsem se po něm sekyrkou tak prudce, že jsem mu téměř oddělil pravou paži od těla.

Aniž by vykřikl bolestí nebo jen věnoval pohled oné strašlivé ráně, pokračoval ten neznámý k našemu úžasu dál ve svižné chůzi. Když jsme ho předběhli a zastoupili mu cestu, jen k nám poklidným hlasem pronesl: ‚Nejsem vrah, kterého hledáte.'

V nejhlubším zděšení jsem si uvědomil, že jsem právě těžce zranil nevinného člověka – mudrce vskutku božského vzezření. Padl jsem mu k nohám a prosil o odpuštění. Hned jsem si také strhl z hlavy turban, abych jím zastavil proudy krve řinoucí se z rány.

‚Synu, stal se jen nešťastný omyl.' Světec se na mne zahleděl očima plnýma laskavosti. ‚Jdi a nic si nevyčítej. Má nejdražší Matka se už o mne postará.' S těmito slovy přitlačil volně visící paži zpět k pahýlu a hle! Zůstala na místě a krvácení nevysvětlitelně ustalo.

‚Za tři dny za mnou přijď tam k tomu stromu a uvidíš, že budu zcela zdráv. Tak se zbavíš výčitek.'

Včera jsme se na to místo s kolegou spěchali podívat. Sádhu tam skutečně byl a dovolil nám, abychom si jeho paži zblízka prohlédli. Nebyla na ní jediná jizva ani stopa po zranění!

‚Putuji přes Rišikéš do himálajské samoty,' řekl sádhu, požehnal nám a vytratil se. Cítím, že můj život byl jeho svatostí posvěcen."

Své vyprávění zakončil strážník zbožným zvoláním. Ten zážitek jím očividně pohnul v míře, která přesahovala jeho všední hlubiny. S patetickým gestem nám podal výstřižek z novin, jenž pojednával o právě vylíčeném zázraku. Byl notně přibarvený, jak bývá zvykem u bulvárního tisku (který má žel své věrné čtenáře i v Indii), a reportérova verze tudíž vyzněla poněkud přehnaně: světci byla málem odťata nikoli paže, ale rovnou hlava!

S Amarem jsme litovali, že jsme přišli o setkání s takovým velkým jogínem, který po Kristově způsobu dokázal odpustit člověku, jenž mu ublížil. Indie sice za poslední dvě staletí po materiální stránce velmi zchudla, stále však může čerpat z nepřeberné pokladnice Božího bohatství. Občas tak u cesty můžete potkat skutečného duchovního obra, jako se to poštěstilo tomuto prostému strážníkovi.

Poděkovali jsme mu, že svým neuvěřitelným příběhem ulehčil našemu trápení. Muž zákona nám zřejmě chtěl naznačit, že má víc štěstí než my: s osvíceným mudrcem se setkal bez jakékoli námahy, zatímco naše usilovné hledání neskončilo u nohou mistra, nýbrž na nevlídné policejní stanici.

Tak blízko Himálaje, a přitom stále v zajetí, svěřil jsem se Amarovi, že se nyní cítím dvojnásob podnícen, abych usiloval o vysvobození.

„Jakmile se naskytne příležitost, prchneme. Do posvátné Rišikéše můžeme dojít i pěšky," prohlásil jsem a povzbudivě se usmál.

Můj druh však od chvíle, kdy nás připravili o finanční jistotu, propadl pesimismu.

„Když se vydáme na cestu přes nebezpečnou džungli, neskončíme ve městě svatých, ale v tygřím žaludku!"

Ananta a Amarův bratr dorazili za tři dny. Amar svého příbuzného uvítal s cituplnou úlevou. Já jsem se však s neslavným koncem výpravy nemínil smířit, a tak se ode mě Anantovi dostalo jen trpkých výčitek.

„Vím, jak se cítíš," konejšil mě bratr. „Nechci po tobě víc, než abys mě doprovodil do Váránasí, setkal se tam s jedním moudrým mužem a potom se pár dní zdržel v Kalkatě u našeho otce, který měl o tebe velký strach. Poté budeš moci v hledání svého mistra pokračovat."

V tu chvíli se do našeho hovoru vložil Amar, aby mi oznámil, že už nemá v úmyslu se se mnou vracet do Hardváru. V kruhu rodiny se cítil lépe. Já jsem si však byl jistý, že se hledání svého gurua nikdy nevzdám.

Všichni jsme se tedy vydali vlakem do Váránasí. Zde jsem zažil okamžitou a výjimečnou odpověď na svou modlitbu.

Ananta na mne totiž předem uchystal malou lest. Ještě než pro mě dojel do Hardváru, zastavil se ve Váránasí a domluvil mi tam setkání s jistým znalcem svatých písem. Pandit mu i se svým synem slíbil, že se mi záměr stát se *sannjásinem*[2] pokusí rozmluvit.

Ananta mě tedy přivedl až do jejich domu. Ve dvoře nás přivítal učencův syn, nadšením překypující mladý muž, a hned se mne snažil zaujmout dlouhou filozofickou rozpravou. Prohlašoval, že jasnozřivě nahlíží do mé budoucnosti a mou touhu stát se mnichem mi rozmlouval.

---

[2] doslova „tím, který se zřekl (světa)"; ze sanskrtského slovesného kořene „odvrhnout, opustit"

„Budeš-li i nadále prchat před svými všedními povinnostmi, budeš se neustále potýkat s protivenstvím a Boha nikdy nenalezneš! Bez zkušenosti tohoto světa nemůžeš odčinit svou minulou karmu."[3]

V odpověď na jeho přesvědčování mi do úst vstoupila nesmrtelná slova z *Bhagavadgíty*:[4] „Dokonce i člověk s tou nejtěžší karmou, jenž se odvrátí od všeho, aby se mi bez ustání oddával, se rychle zbaví následků svých špatných činů. Záhy se stane velkodušným a získá věčný mír. Věz najisto, že kdo ve Mně skládá svou důvěru, nikdy nezahyne."

Avšak mladíkova působivě znějící předpověď mou důvěrou přece jen mírně otřásla. Celým svým srdcem jsem se v duchu vroucně modlil k Bohu:

„Snažně tě prosím, zbav mě zmatku a odpověz mi teď a tady, zda si přeješ, abych vedl život mnišský, nebo život světský!"

V té chvíli jsem zahlédl přímo před panditovým domem stát sádhua vznešeného vzezření. Očividně již nějakou dobu vypjatému rozhovoru mezi mnou a samozvaným jasnovidcem naslouchal, neboť na mne zavolal, abych k němu přišel. Z jeho očí plných klidu vycházela obrovská síla.

„Nedopřávej tomu hlupci sluchu, chlapče. V odpověď na tvou modlitbu mi Bůh říká, abych tě ujistil, že jedinou cestou v tomto životě je pro tebe cesta odříkání."

S úžasem a vděčností nad tímto jednoznačným poselstvím jsem se šťastně usmál.

„Přestaň se bavit s tím člověkem a vrať se!" volal na mě ze dvora onen „hlupec". Svatý posel zvedl ruku na znamení požehnání a pomalu odkráčel.

„Ten sádhu je stejný blázen jako ty," poznamenal trefně šedovlasý učenec. On i jeho syn se na mě zachmuřeně zahleděli. „Slyšel jsem, že i on prý opustil domov, aby hledal Boha."

Obrátil jsem se k nim zády a oznámil Anantovi, že s našimi hostiteli nehodlám déle diskutovat. Můj zklamaný bratr souhlasil s okamžitým odjezdem, a tak jsme již brzy seděli ve vlaku do Kalkaty.

Cestou domů jsem neudržel svou sžíravou zvědavost a otázal se Ananty: „Prozraď mi, jak jsi vypátral, že jsem uprchl se dvěma společníky?" Bratr se lišácky usmál.

---

[3] následky minulých činů v tomto nebo minulých životech; ze sanskrtského slovesa *kr-*, „činit"

[4] *Bhagavadgíta*, Zpěv 9, verše 30–31

„Ve škole jsem zjistil, že Amar odešel z hodiny a už se nevrátil. Následující den jsem se hned ráno vydal do jeho domu a objevil tam označený jízdní řád. Amarův otec právě odjížděl v drožce a rozmlouval s vozkou. ‚Můj syn se mnou dnes ráno do školy nepojede, protože zmizel!' naříkal.

‚Slyšel jsem od kolegy drožkáře, že váš syn a další dva chlapci v evropském oděvu nastoupili do vlaku na háorském nádraží,' pravil. ‚Prý mu darovali své kožené boty.'

Měl jsem tedy tři indicie – jízdní řád, trojici chlapců a anglický oděv."

Naslouchal jsem Anantovým odhalením se směsicí pobavení a trpkosti. Štědrost, kterou jsme tomu drožkáři projevili, očividně nebyla na místě!

„Bez prodlení jsem rozeslal telegramy přednostům všech stanic, které si Amar podtrhl v jízdním řádu. Označil i Barélí, a tak jsem poslal zprávu tvému příteli Dvárkovi. Když jsem se pak začal vyptávat v naší kalkatské čtvrti, dozvěděl jsem se, že bratranec Džatínda byl jednu noc pryč, ale hned ráno se oblečený v evropských šatech vrátil domů. Navštívil jsem ho a pozval na večeři. Džatínda byl mým přátelským vystupováním tak odzbrojen, že si ani nevšiml, že jsem jej zavedl na policejní stanici. Tam se kolem něj srotilo několik strážníků, které jsem předem vybral pro jejich odstrašující vzezření. Pod jejich výhružnými pohledy se Džatínda uvolil objasnit své podivné chování.

‚Vyrazili jsme do Himálaje v povznesené duchovní náladě,' začal své vyprávění. ‚Nadchl jsem se představou, že se tam setkáme s velkými mistry. Jakmile se však Mukunda zmínil, že naše extáze v himálajských jeskyních uhrane tygry tak, že zkrotnou a budou posedávat vedle nás jako neškodná koťátka, mé odhodlání vzalo za své a na čele mi vyrazil pot. Co pak? pomyslel jsem si. Co když dravá povaha tygrů kouzlu našeho duchovního transu nepodlehne? Budou se k nám i pak tulit jako domácí kočky? V duchu už jsem se viděl v tygřím žaludku, do něhož nedobrovolně vstoupím nikoli vcelku, ale po kouskách!'"

Můj hněv nad Džatíndovým zběhnutím se rozplynul v salvě smíchu. Toto rozverné vysvětlení bohatě vyvážilo všechno trápení, které mi způsobil. Musím se přiznat k pocitu mírného zadostiučinění, že ani Džatínda se setkání se strážci zákona nakonec nevyhnul.

„Ananto,⁵ ty jsi rozený detektiv!" Můj pobavený pohled v sobě nezapřel jistou rozmrzelost. „A Džatíndovi řeknu, že jsem rád, že ke svému činu nebyl veden zrádnou povahou, jak se zprvu zdálo, ale ostražitým pudem sebezáchovy!"

Po návratu do Kalkaty mne otec dojemně požádal, abych své toulavé nohy pozdržel alespoň do doby, než dokončím studia na gymnáziu. Za mé nepřítomnosti zosnoval malou lest a zařídil, aby k nám pravidelně docházel pandit Svámí Kebalánanda.

„Tento moudrý muž tě bude vyučovat sanskrtu," oznámil mi rozhodně.

Doufal, že mou náboženskou touhu uspokojí lekce od učeného filozofa. Situace se však nevědomky obrátila: můj nový učitel mi ani zdaleka nepředkládal suchopárné vědomosti, ale namísto toho dál rozdmýchával uhlíky mé horoucí touhy po Bohu. Otec totiž neměl ani tušení, že Svámí Kebalánanda je ve skutečnosti významným žákem Láhirího Mahášaje. Tento nepřekonatelný guru měl tisíce žáků, které k němu tiše vábil jeho neodolatelný božský magnetismus. Později jsem se dozvěděl, že Láhirí Mahášaj o Kebalánandovi často hovořil jako o *ršim*, osvíceném mudrci.⁶

Půvabný obličej mého učitele rámovaly husté kadeře. Měl bezelstné, dětsky průzračné tmavé oči. Každý pohyb jeho štíhlého těla se vyznačoval uvolněnou rozvážností. Byl vždy laskavý a přívětivý a nestále spočíval pevně zakotven v nekonečném vědomí. Strávili jsme spolu mnoho šťastných hodin pohroužení do hluboké krijajógové meditace.

Kebalánanda byl uznávanou autoritou na starobylé *šástry* neboli posvátné knihy. Svou erudicí si vysloužil titul Šástrí Mahášaj, kterým byl obvykle oslovován. Zato mé znalosti sanskrtu pokročily pramálo. Využíval jsem i té nejmenší příležitosti k tomu, abychom namísto nezáživné gramatiky hovořili o józe a Láhirím Mahášajovi. Jednoho dne učitel vyhověl mým prosbám a rozvyprávěl se o svém životě s mistrem.

---

⁵ Vždy jsem ho oslovoval *Anantada*. *Da* je zdvořilostní přípona, kterou sourozenci připojují ke jménu svého nejstaršího bratra.

⁶ V době našeho setkání Kebalánanda ještě nebyl mnichem řádu svámí a byl znám jako Šástrí Mahášaj. Aby nedošlo k záměně mezi Láhirím Mahášajem a mistrem Mahášajem (kap. 9), odkazuji se na svého učitele sanskrtu pouze jeho pozdějším mnišským jménem Svámí Kebalánanda. Nedávno vyšel jeho životopis v bengálštině. Kebalánanda se narodil v bengálském okrese Khulna v roce 1863 a své tělo opustil v Benáresu ve věku osmdesáti let. Jeho rodné jméno znělo Ášutoš Čatterdži.

„Dostalo se mi vzácného požehnání žít po deset let v těsné blízkosti Láhirího Mahášaje. Jeho dům ve Váránasí byl cílem mé každodenní večerní pouti. Guru byl stále přítomen v malém předpokoji v prvním patře. Sedával v lotosové pozici na dřevěném sedátku bez opěradla v půlkruhu svých žáků, kteří jej obklopovali jako věnec z květin. Oči mu zářily a tančily božskou radostí. Byly vždy přivřené a vnitřní teleskopickou zornicí hleděly do sféry věčné blaženosti. Málokdy mluvil dlouho. Čas od času padl jeho pohled na žáka, který potřeboval pomoci, a v tu chvíli z něj začala prýštit léčivá slova jako lavina světla.

Pokaždé, když na mě mistr pohlédl, rozpučel se v mém nitru nepopsatelný mír. Byl jsem prostoupen jeho vůní, jako by vycházela z nekonečného lotosu. Být s ním, aniž bychom si za mnoho dní vyměnili jediné slovo, byla zkušenost, která proměnila celé mé bytí. Kdykoli na cestě mého rozjímání vyvstala nějaká neviditelná překážka, meditoval jsem u guruových nohou. U nich jsem snadno pronikal i do těch nejvzácnějších stavů. V přítomnosti menších učitelů mi takové vjemy unikaly. Mistr byl jako živoucí Boží chrám, jehož tajná vrátka všem žákům otevírala jejich zbožná oddanost.

Láhirí Mahášaj nebyl žádný sečtělý vykladač písem. Do ,Boží knihovny' se nořil bez jakéhokoli úsilí. Pěna slov a proudy myšlenek tryskaly z jeho vševědoucnosti jako z bezedné fontány. Vlastnil kouzelný klíč, kterým odemykal hluboké filozofické poznání, jež bylo před dávnými věky vloženo do véd.[7] Když byl požádán, aby ozřejmil určité roviny vědomí zmíněné ve starých spisech, s úsměvem přitakal.

,Vstoupím do těchto stavů a vzápětí vám vylíčím, co v nich prožívám.' Tím se zcela odlišoval od učitelů, kteří si písmo ukládají do paměti a svým žákům předkládají jen abstraktní myšlenky, jež sami neuskutečnili.

,Vylož prosím tyto posvátné verše tak, jak chápeš jejich význam,' vyzýval často málomluvný mudrc žáka sedícího poblíž. ,Povedu tvé myšlenky, aby byl výklad přednesen správně.' Tímto způsobem byla

---

[7] Do dnešní doby se dochovalo přes 100 kanonických knih čtyř starobylých véd. Emerson vzdal védskému myšlení hold ve svém *Deníku*: „Je vznešené jako horko a noc a dechberoucí oceán. Zahrnuje v sobě každý náboženský vznět, všechny velkodušné mravní hodnoty, jež jedna po druhé navštěvují každého šlechetného básnického ducha... Nemá smysl tu knihu zavrhovat: věřím-li sám sobě v lese či loďce na jezeře, příroda ze mě v tom okamžiku činí bráhmana. Věčná nutnost, věčné vyrovnání, nezměrná moc, neporušené ticho... Toto je vyznáním véd. Pokoj, čistota a bezpodmínečné zřeknutí se všeho – tyto všeléky smyjí každý váš hřích a přivedou vás k blaženosti osmi bohů."

sepsána řada pronikavých vhledů Láhirího Mahášaje do smyslu starých spisů i s obsáhlými komentáři různých žáků.

Mistr nikdy nenabádal k otrocké víře. ‚Slova jsou pouhá skořápka,' říkával. ‚Přesvědčení o Boží přítomnosti čerpejte ze svého vlastního, radostného spojení v meditaci.'

Bez ohledu na to, jakému problému žák čelil, doporučoval guru jako řešení pokaždé *krijájógu*.

‚Až nebudu přítomen v tomto těle, abych vás vedl, neztratí jogínský klíč nic ze své účinnosti. Tuto techniku nelze svázat do knih, uložit do polic a zapomenout jako pouhou inspirativní teorii. Vytrvale pokračujte ve své cestě k vysvobození skrze *kriju*, jejíž síla spočívá v její praxi.'

Já sám považuji *kriju* za nejúčinnější nástroj spásy prostřednictvím vlastního úsilí, jaký kdy člověk vyvinul pro hledání božské podstaty." Tímto upřímným vyznáním zakončil Kebalánanda své vyprávění. „Působením *krije* se všemohoucí Bůh, jenž se ukrývá v každém člověku, viditelně vtělil do podoby Láhirího Mahášaje a mnoha jeho žáků."

Láhirí Mahášaj kdysi v Kebalánandově přítomnosti učinil vpravdě kristovský zázrak. Když mi můj ctihodný učitel jednoho dne ten příběh vyprávěl, odvrátil svůj pohled daleko od sanskrtských textů rozložených na stole před námi.

„Jeden mistrův nevidomý žák, Rámu, ve mně vzbuzoval účastný soucit. Proč by mělo být jeho očím zapovězeno světlo, když tak věrně slouží našemu mistrovi, v němž září plnost Božství? Jednoho rána jsem se rozhodl, že s Rámuem promluvím, ale on celé hodiny trpělivě seděl a ovíval gurua *pankhou*, vějířem z palmových listů. Když konečně místnost opustil, vydal jsem se za ním.

‚Rámu, jak dlouho už jsi slepý?'

‚Od narození, pane. Mým očím se nikdy nedostalo požehnání spatřit slunce.'

‚Náš všemocný guru ti může pomoci. Co kdybys ho zkusil poprosit?'

Následujícího dne přistoupil Rámu zdráhavě k Láhirímu Mahášajovi. Skoro se styděl požádat, aby k duchovní hojnosti, které se mu dostávalo, byl přidán i štědrý díl fyzického zdraví.

‚Mistře, ve vás dlí Ten, který osvěcuje celý vesmír. Snažně vás proto prosím, vneste jeho světlo do mých očí, abych mohl vidět i ten slabší jas slunce.'

‚Rámu, jak se zdá, kdosi tě navedl, abys mne dostal do svízelné situace. Nemám moc uzdravování.'

Můj zmařený útěk do Himálaje

‚Ale pane, nekonečný Bůh ve vás uzdravovat jistě umí.'
‚To je ovšem něco zcela jiného, Rámu. Bůh nezná žádných omezení! Ten, který rozsvěcuje hvězdy i buňky těla tajemnou září života, bezpochyby dokáže vnést jas zření i do tvých očí.' Po těchto slovech se mistr dotkl Rámuova čela v místě mezi obočím.[8]
‚Soustřeď svou mysl do tohoto místa a po dobu sedmi dnů pronášej jméno proroka Rámy.[9] Vyjde pro tebe slunce s jasem neobyčejné nádhery.'
A vskutku – za týden se mistrova slova naplnila. Rámu poprvé spatřil velebnou tvář přírody. Vševědoucí guru svému žákovi uložil, aby opakoval jméno Rámy, kterého miloval nade všechny svaté. Rámuova víra byla půdou zkypřenou jeho zbožnou oddaností, z níž vyklíčilo guruovo mocné semínko trvalého uzdravení." Kebalánanda se na okamžik odmlčel a poté svému mistrovi složil další poctu.

„U všech zázraků, které kdy Láhirí Mahášaj vykonal, bylo zcela zjevné, že nikdy nedovolil podstatě ega,[10] aby se považovalo za jejich příčinu. Tím, že se dokonale odevzdal svrchované uzdravující moci, mistr umožnil, aby skrze něj volně proudila.

Všechna těla, která Láhirí Mahášaj zázračně uzdravil, nakonec strávily plameny pohřební hranice. Avšak ta tichá duchovní probuzení, která podnítil, a kristovští žáci, které vychoval, jsou jeho nepomíjejícími zázraky."

Sanskrtský učenec se ze mě nikdy nestal, avšak Kebalánanda mě vyučil v daleko vznešenější gramatice.

---

[8] Sídlo „jediného" či duchovního oka. V okamžiku smrti je vědomí člověka obvykle vtaženo do tohoto posvátného místa, což vysvětluje, proč jsou oči zesnulých většinou obráceny vzhůru.

[9] ústřední božská postava sanskrtského eposu *Rámájana*

[10] Podstata ega, *ahankára* (dosl. „já konám"), je kořenem dualismu či zdánlivé oddělenosti člověka od jeho Stvořitele. *Ahankára* uvrhuje lidské bytosti pod nadvládu *máji* (kosmického klamu), na jejímž základě se subjekt (ego) mylně jeví jako objekt a tvorové považují za stvořitele sami sebe (viz pozn. na str. 42, str. 253-54, pozn. na str. 270).
„Vůbec nic nekonám, měl by usoudit ten, jenž je ukázněný a zná pravdu... Uvědomuje si přitom, že to jen smysly se zabývají smyslovými předměty." (5,8-9)
„Kdo vidí, že činy koná vesměs příroda a že on činitelem není, ten vpravdě vidí." (13,29)
„Ačkoli jsem nezrozený a nepomíjivý ve svém já a přestože jsem pánem tvorstva, vstupuji do své přírody a přicházím na svět svou vlastní vidinou." (4,6)
„Neboť tuto mou božskou vidinu obdařenou kvalitami přírody lze stěží překonat. Pouze ti, kdo se uchýlí ke mně, tuto vidinu překročí." (7,14)
Bhagavadgíta (překlad Jan Filipský, Jaroslav Vacek)

Dům v Kalkatě, kde Paramahansa Jógánanda žil až do července roku 1915, kdy složil slib odříkání jako sannjásin (mnich) starobylého řádu svámí

SVÁMÍ KEBALÁNANDA
Jógánandadžího milovaný učitel sanskrtu

KAPITOLA 5

„Světec mnoha vůní" předvádí své zázraky

„Všechno má určenou chvíli a veškeré dění pod nebem svůj čas."[1]
Neznal jsem toto Šalamounovo moudro, abych se jím utěšoval, a tak pokaždé, když jsem vyšel z domova, jsem se pátravě rozhlížel kolem a hledal tvář mého osudem předurčeného gurua. Naše cesty se však neměly protnout dříve, než jsem dokončil gymnázium.

Uplynuly ještě dva roky od chvíle, co jsem se s Amarem pokusil uprchnout do Himálaje, než konečně nadešel onen slavný den a do mého života vstoupil Šrí Juktéšvar. V době mezi tím jsem potkal řadu jiných mudrců – „světce mnoha vůní", svámího Tygra, Nagendranátha Bhádurího, mistra Mahášaje a slavného bengálského vědce Džagadíše Čandru Boseho.

Mé setkání se „světcem mnoha vůní" mělo dvě předehry, jednu harmonickou a druhou komickou.

„Bůh je prostý. Vše ostatní je složité. Nehledej absolutní hodnoty v relativním světě přírody."

Tato hlubokomyslná pravda dolehla nenuceně k mému uchu, když jsem mlčky stál před chrámovou sochou bohyně Kálí.[2] Otočil jsem se a spatřil vysokého muže, jehož oděv – či spíše jeho nedostatek – prozrazoval, že se jedná o potulného sádhua.

„Ve zmatku mých myšlenek se vyznáte, jen co je pravda!" Vděčně jsem se usmál. „Ta podivná směsice laskavých i děsivých tváří přírody, které Kálí symbolizuje, už zmátla moudřejší hlavy, než je ta má."

---

[1] Kazatel 3,1
[2] Kálí představuje princip věčné přírody. Tradičně se vyobrazuje jako ženská postava se čtyřma rukama, která stojí na ležícím bohu Šivovi neboli nekonečném Božství, neboť veškeré dění v přírodě či jevovém světě vyvěrá z latentního Ducha. Čtyři ruce symbolizují její základní atributy – dva tvořivé a dva ničivé, tedy duální podstatu hmoty,, hmotného stvoření.

„Málo je těch, kterým se její záhadu podaří rozluštit! Dobro a zlo představuje nelehkou hádanku, kterou život staví před každý lidský rozum jako tajemnou sfingu. Většina lidí se o řešení ani nepokusí a zaplatí za to svým životem – ten trest je stejný dnes jako v dobách Théb. Tu a tam se však objeví osamělá, z davu vyčnívající postava, která se odmítne smířit s porážkou. Z dvojnosti *máji*[3] pak vyzdvihne pravdu nedělitelné jednoty."

„Hovoříte přesvědčivě, pane."

„Dlouho jsem se cvičil v upřímné introspekci, v té nadmíru bolestné cestě k moudrosti. Sebezpytování, neúnavné pozorování vlastních myšlenek, je tvrdou, ba přímo zdrcující zkušeností, jež dokáže vyrvat z kořenů i to nejodolnější ego. Opravdové zkoumání sebe sama vytváří mudrce s téměř matematickou jistotou. Zato cesta takzvaně svobodného vyjadřování, tedy uznávání jen vlastního názoru, plodí egoisty, kteří si činí nárok na právoplatnost svých soukromých výkladů Boha a vesmíru."

„Nepochybuji, že před tak nadutou originalitou se pravda pokorně stáhne do ústraní." Rozhovor s tímto mužem si mne podmaňoval víc a a víc.

„Člověk nemůže porozumět žádné věčné pravdě, dokud se neosvobodí od domýšlivosti. V lidské mysli obnažené až na její staleté, slizké dno se to jen hemží všemožnými klamy tohoto světa. Řež na bitevním poli se jeví jako malichernost, když se člověk poprvé utká se svými vnitřními nepřáteli. To nejsou žádní smrtelní protivníci, které by bylo možno zastrašit přehlídkou síly! Jsou všudypřítomní, nikdy člověku nedopřejí oddechu, pronásledují jej i ve spánku a ohánějí se zbraněmi, jež děsí svou záludností. Tito žoldáci nevědomých žádostí usilují o život jednoho každého z nás. Bláhový je ten, kdo pohřbí své ideály a trpně se odevzdá běžnému lidskému údělu. Lze ho snad považovat za něco jiného než za tvora strnulého, bezmocného a sebou samým potupeného?"

---

[3] Kosmická iluze, doslova „ta, jež vyměřuje". *Mája* je magická síla stvoření, jejímž působením jsou v Nezměrném a Nerozdílném zdánlivě přítomna omezení a rozdíly.
Emerson napsal o *Máji* následující báseň:
Nemožné proniknout je Máji dílo
bezpočet sítí svých již nastražilo.
Barvité iluze vždy před nás staví,
jednu lež za druhou ze sebe dáví:
Svůdnici záludné dychtivě uvěří,
každý kdo zatouží po klamu pápěří.

„Světec mnoha vůní" předvádí své zázraky

„Ctihodný pane, cožpak nemáte žádného soucitu k zmateným lidským zástupům?"

Mudrc se na okamžik odmlčel a pak poněkud vyhýbavě odpověděl:

„Milovat neviditelného Boha, pokladnici všech ctností, a s ním i viditelného člověka, jemuž se ctnosti očividně nedostává, je často ošidné. Lidský důvtip je však jako zrádné bludiště. Vnitřní zkoumání záhy odhalí jednu věc, jež je společná každé lidské mysli – pokrevní spříznění se sobeckými pohnutkami. Alespoň v tomto ohledu se projevuje všelidské bratrství. Po tomto poznání, jež nás všechny staví na roveň, se dostavuje údivná pokora. Ta pak dozrává v soucit s bližními, jež jsou prozatím slepí k uzdravujícím silám duše, které čekají na odhalení."

„Velcí duchové všech věků soucítili s utrpením světa stejně jako vy, pane."

„Jen povrchní člověk ztrácí vnímavost vůči životním útrapám druhých, když na něj dolehnou jeho vlastní malicherné strasti."

Sádhuův přísný obličej teď viditelně zjihl. „Ten, jenž pitvá své nitro skalpelem sebezkoumání, ví, kam až sahá soucit s veškerenstvem. Je oproštěn od ohlušujících nároků svého vlastního ega. Teprve na takové půdě vzkvétá láska k Bohu. Stvoření se konečně obrací ke svému Stvořiteli, když už pro nic jiného, tak proto, aby se v zoufalství ptalo: ‚Proč, Bože, proč?' Potupným bičem strasti je člověk dohnán až do nekonečné Přítomnosti, k níž by jej měla přivábit spíše její nádhera."

Postávali jsme s mudrcem v kalkatském chrámu Kálíghát, kam jsem se přišel na vlastní oči přesvědčit o jeho proslulé kráse. Můj náhodný společník však jeho okázalou důstojnost odbyl mávnutím ruky.

„Cihly ani malta k nám nevysílají žádnou melodii. Lidské srdce se otevírá jen zpěvu bytí."

Zvolna jsme došli ke sluncem zalitému vchodu, kde se rojily zástupy věřících.

„Jsi mladý." Mudrc si mě důkladně prohlížel. „Indie je také mladá. Dávní *ršiové*[4] nám zanechali nesmazatelné vzory pro duchovní život. Jejich prastaré výroky zcela postačují i pro tuto dobu a zemi. Zásady ukázněného života dosud nevyšly z módy, dodnes Indii utvářejí a o jejich důmyslnost je nepřipravily ani záludnosti materialismu. Platnost véd prověřoval skeptický čas po mnoho tisíciletí – déle, než se bezradní učenci vůbec odváží spočítat. Považuj je tedy za své dědictví."

---

[4] *Ršijové*, doslova „zřeci" a autoři véd, žili v blíže neurčených dávných dobách.

Když jsem se s výřečným sádhuem uctivě loučil, vyjevil mi svou jasnozřivou předtuchu: „Krátce poté, co odsud odejdeš, přihodí se ti něco neobvyklého."

Opustil jsem chrámové prostory a bezcílně bloumal kolem. Jakmile jsem se ocitl za jedním rohem, narazil jsem na starého známého – jednoho z těch neodbytných chlapíků, jejichž konverzační schopnosti nehledí na čas a zahrávají si s nekonečnem.

„Hned tě nechám jít," sliboval, „jen až mi povíš, co všechno se událo za ta léta, co jsme se neviděli."

„To je ale paradox! Nezlob se, opravdu spěchám."

On mě však chytil za ruku a začal ze mě mámit drobky informací. Je jako hladový vlk, pomyslel jsem si pobaveně. Čím déle jsem mluvil, tím lačnější byl po novinkách. V duchu jsem prosil bohyni Kálí, aby mi poskytla nějaký elegantní způsob úniku.

V tu chvíli se můj společník zničehonic otočil a odešel. Oddychl jsem si úlevou a přidal do kroku, abych unikl případnému dalšímu záchvatu povídavé horečky. Znenadání jsem za sebou zaslechl svižné kroky, a tak jsem ještě zrychlil. Neodvažoval jsem se ohlédnout. Mladík mne však dohonil a bodře mi stiskl rameno.

„Zapomněl jsem ti říct o Gandha Bábovi („světci mnoha vůní'), který svou návštěvou právě poctil támhleten dům."

Ukázal přitom na stavení vzdálené jen pár metrů od nás.

„Musíš ho vidět, je zvláštní. Třeba se ti přihodí něco neobvyklého. Sbohem!" dodal a kupodivu skutečně zmizel.

Hlavou mi okamžitě probleskla tatáž předpověď od sádhua z Kálíghátu. Zvědavě jsem vešel do domu, kde jsem byl uveden do prostorné síně. Na tlustém oranžovém koberci byli roztroušeni lidé sedící po orientálním způsobu. K uším mi dolehl uctivý šepot:

„Podívej se na Gandha Bábu tam na té levhartí kůži. Dokáže obdařit přirozenou vůní jakoukoli květinu, která žádnou vůni nemá, je schopen probudit k životu zvadlý květ či způsobit, aby něčí pleť nádherně voněla."

Pohlédl jsem přímo na světce. Jeho bystrý zrak spočinul na mně. Byl zavalitý, měl vousy, tmavou pleť a velké zářící oči.

„Rád tě vidím, synu. Pověz mi, po čem toužíš. Rád bys nějakou vůni?"

„K čemu?" Jeho poznámka mi připadala poněkud dětinská.

„Abys svým nosem okusil zázrak."

„Využíváte Boha, aby pro vás vyráběl pachy?"

„Světec mnoha vůní" předvádí své zázraky

„Co na tom? Bůh je tvoří tak jako tak."
„To ano, avšak Bůh tvoří křehké lahvičky čerstvých kvítků, aby je vzápětí zahodil. Umíte snad zhmotnit květiny?"
„Ovšem, ale obvykle tvořím vůně, mladý příteli."
„Připravíte všechny voňavkáře o živobytí."
„Ponechám jim jejich řemeslo! Mým cílem je pouze ukazovat Boží moc."
„Copak je nutné Boha dokazovat? Nekoná snad zázraky ve všem a všude?"
„To ano, ale i my bychom měli projevovat něco z jeho nekonečné tvůrčí pestrosti."
„Jak dlouho vám zvládnutí tohoto umění trvalo?"
„Dvanáct let."
„Tolik času, abyste se naučil vyrábět vůně astrálním způsobem? Mám dojem, ctihodný pane svatý, že jste promrhal tucet let na něčem, co si lze za pár rupií opatřit v každém květinářství."
„Vůně však vadnou spolu s květy."
„Vůně vadnou spolu se smrtí. Proč bych měl toužit po něčem, co dělá radost jen mému pomíjivému tělu?"
„A mně dělá radost tvé filozofování, mladíku. Natáhni pravou ruku," vyzval mne a učinil gesto požehnání.

Nacházel jsem se od Gandha Báby jen pár kroků a on ani nikdo jiný nebyl tak blízko, aby přišel s mým tělem do styku. Napřáhl jsem ruku, aniž by se jí jogín dotkl.

„Jakou chceš vůni?"
„Růži."
„Budiž."

K mému úžasu ze středu mé dlaně vytryskla omamná vůně růží. S úsměvem jsem z nedaleké vázy vytáhl velkou bílou květinu bez zápachu.

„Může tento květ vonět po jasmínu?"
„Budiž."

Z okvětních plátků se okamžitě začala linout jasmínová vůně. Poděkoval jsem divotvorci za jeho představení a posadil se k jednomu z jeho žáků. Ten mi prozradil, že Gandha Bába, jehož pravé jméno znělo Višuddhánanda, pronikl do mnoha udivujících tajemství jógy pod vedením jistého mistra v Tibetu. Byl jsem ujištěn, že onen tibetský jogín se dožil více než tisíce let.

45

„Jeho žák Gandha Báa nekoná vždy své zázraky s vůněmi tímto prostým způsobem, jehož jsi byl právě svědkem." Žák hovořil o svém mistrovi se zjevnou hrdostí. „Jeho postupy se velmi liší podle různosti povah. Je mistrem zázraků. Mezi jeho ctitele patří mnoho představitelů kalkatské inteligence."

Uvnitř jsem již byl přesvědčen, že jejich řady nerozšířím. Guru, který byl až příliš doslovným „mistrem zázraků", neodpovídal mému vkusu. Zdvořile jsem Gandha Bábovi poděkoval a odešel. Když jsem se pak zamyšleně ubíral k domovu, přemítal jsem o těch třech různorodých setkáních, která mi dnešní den přinesl.

Ve dveřích mě uvítala sestra Uma.

„Ale podívejme, odkdy používáš parfém?"

Beze slova jsem ji pobídl, aby si přivoněla k mé ruce.

„Úchvatná růžová vůně! A jak neobvykle silná!"

Pomyslel jsem si, že je spíš „silně neobvyklá", a mlčky dal sestře pod nos astrálně provoněný květ.

„Zbožňuji jasmín!" Sebrala mi jej z ruky, několikrát přivoněla ke květu, o kterém dobře věděla, že běžně nevoní, a když pokaždé ucítila jasmín, objevil se jí ve tváři komický, zaskočený výraz. Její reakce rozptýlila mé podezření, že mě Gandha Bába uvedl do hypnotického stavu, v němž bych vůně vnímal jen já.

Později jsem se od svého přítele Alakánandy doslechl, že „světec mnoha vůní" vládne i schopností, kterou bych přál milionům hladovějících na celém světě.

„Asi se stovkou dalších hostů jsem seděl v Gandha Bábově domě v Bardhamánu," vyprávěl mi Alakánanda. „Byla to velká sláva. Jelikož je tento jogín proslulý svou schopností materializovat předměty jen tak ze vzduchu, v žertu jsem ho požádal, aby zhmotnil pár mandarinek, které tou dobou už nerostly. Placky *luči*,5 které měl každý před sebou na talíři z banánových listů, se okamžitě vzedmuly. Jak se vzápětí ukázalo, v každé z nich se objevila oloupaná mandarinka. Zakousl jsem se do té své s mírnými obavami, ale byla výtečná."

O mnoho let později jsem díky vnitřní realizaci pochopil, jak Gandha Bába svých zázraků dosahoval. Tato metoda je žel mimo dosah hladových zástupů tohoto světa.

5   kulaté chlebové placky

„Světec mnoha vůní" předvádí své zázraky

Různé smyslové podněty, na které člověk reaguje – hmatové, zrakové, chuťové, sluchové a čichové – vznikají díky změnám vibrací elektronů a protonů. Tyto vibrace jsou dále řízeny *pránou* čili „životrony", silami jemnějšími než energie atomů, jež jsou na úrovni idejí obdařeny pěti charakteristickými sensorickými substancemi.

Gandha Bába, jenž byl schopen se pomocí jistých jógových praktik sladit s pránickou silou, dokázal životrony přimět k tomu, aby přeskupily svou vibrační strukturu a zhmotnily žádaný výsledek. Jím vytvářené vůně, plody i další zázraky byly zhmotněním zemských vibrací, nikoli subjektivními pocity vyvolanými hypnózou.

Hypnózu dnes využívají lékaři u menších operací jako jistý duševní chloroform u osob, jež by použití anestezie mohlo ohrozit na životě. Časté navozování hypnotického stavu je však škodlivé; po určité době se projeví negativní psychické následky, které poškozují mozkové buňky. Hypnóza je neoprávněným vniknutím do vědomí druhého člověka.[6] Její dočasné působení nemá nic společného se zázraky, které konají lidé s božskou realizací. Praví světci bdí v Bohu a změny v tomto snovém světě činí skrze vůli harmonicky sladěnou se snícím Tvůrcem tohoto vesmíru.[7]

Divy toho druhu, jaké předváděl „světec mnoha vůní", jsou sice působivé, ovšem duchovně zcela bezcenné. Jsou dobré snad jen k pobavení a od vážného hledání Boha člověka spíše odvádějí.

Okázalé předvádění neobyčejných schopností praví mistři odsuzují. Perský mystik Abú Said se jednou vysmál jistým *fakírům* (muslimským asketům), kteří byli pyšní na svou zázračnou moc, jíž dokázali poroučet vodě, vzduchu i prostoru.

„Žába je ve vodě také doma," poznamenal Abú Said s mírným opovržením. „Vrána a sup se také bez potíží vznášejí ve vzduchu. A pro ďábla je snadné být přítomen současně na východě i na západě. Opravdovým

---

6 Studie vědomí prováděné západními psychology se ve většině omezují na zkoumání podvědomé mysli a duševních poruch, které se léčí psychiatricky a pomocí psychoanalýzy. Existuje však jen velmi málo výzkumů o původu a základním utváření normálních duševních stavů a jejich emočních a volních projevů, což je natolik zásadní téma, že jej indická filozofie nikdy nepřehlížela. V systémech sánkhji a jógy platí přesná klasifikace různých souvztažností u normálních duševních pochodů jakož i precizní charakteristika funkcí *buddhi* (rozlišujícího intelektu), *ahankáry* (principu jáství) a *manasu* (mysli či smyslového vědomí).

7 „Celý vesmír je zastoupen v každé své částici. Vše je stvořeno z jedné skryté látky. V jediné kapce rosy zrcadlí se celý svět. Pravá nauka o všudypřítomnosti spočívá v tom, že Bůh ve své celistvosti se vyjevuje v každém mechu, každé pavučině." Emerson, *Compensation*.

člověkem je však ten, kdo ve spravedlnosti dlí mezi svými lidskými druhy, kdo nakupuje a prodává, ale ani na okamžik nezapomíná na Boha!"[8] Při jiné příležitosti vyjádřil tento velký učitel své pojetí zbožného života těmito slovy: „Odkládej stranou, co máš v hlavě (sobecké touhy a ctižádost), rozdávej ochotně, co máš v rukou, a nikdy neuhýbej před ranami protivenství!"

Ani nestranný mudrc z Kálíghátu, ani jogín vycvičený v Tibetu mou touhu po guruovi neuspokojili. Mé srdce nepotřebovalo žádného učitele, aby bylo schopno rozpoznávat, a o to halasněji dokázalo vyjádřit své spontánní uznání, neboť z vnitřního ticha vystoupilo jen tu a tam. Když jsem se pak se svým mistrem konečně setkal, poučoval mne o velikosti opravdového člověka pouze svým vznešeným příkladem.

---

[8] „Kupuj a prodávej, ale nikdy nezapomínej na Boha!" Ideálem je, aby ruka a srdce jednaly v souladu. Někteří západní autoři tvrdí, že cílem hinduismu je plachý „únik" do nečinnosti a lhostejnost k dění ve společnosti. Čtyřdílný védský plán pro život je však šitý na míru každému jednotlivci, neboť polovinu času vyčleňuje na studium a povinnosti těch, kdo pečují o rodinu, a druhou polovinu na kontemplaci a meditační praxi. (viz pozn. na str. 243)

K tomu, aby člověk pevně zakotvil v Já, je nezbytná samota, poté se však mistři vracejí do světa, aby mu prokázali dobrodiní. Dokonce i světci, kteří se nevěnují žádné vnější činnosti, mají díky svým myšlenkám a posvátným vibracím pro svět větší přínos než usilovné konání dobra neosvícených lidí. Tyto vznešené bytosti, každá po svém a často navzdory protivenství, nezištně usilují o to, aby inspirovaly a povznášely své bližní. Žádný hinduistický náboženský ani společenský ideál není čistě negativní. *Ahinsa*, „neubližování", nazývaná v *Mahábháratě* „úplnou ctností" (*sakala dharma*), je pozitivním příkazem v tom smyslu, že ten, kdo nepomáhá druhým, jim svým způsobem ubližuje.

Bhagavadgíta (3,4-8) poukazuje na to, že činnost je lidské přirozenosti vlastní. Lenost je jednoduše „nesprávná činnost".

Člověk se nevymaní z vlivu činů tím, že nebude činy podnikat,
ani nedojde dokonalosti tím, že se vzdá světa.
Neboť věru nikdo nesetrvá ani na okamžik v nečinnosti.
Vždyť každý je bez vlastní vůle poháněn
k činnosti kvalitami zrozenými z přírody.
Konej dílo, které je tvým údělem,
neboť čin je lepší než nečinnost.
Ani vlastní tělo by nebylo možno
udržet při životě bez činu!
(překlad Jan Filipský, Jaroslav Vacek)

KAPITOLA 6

Svámí Tygr

„Už vím, kde bydlí Svámí Tygr. Hned zítra za ním zajdeme!"
S tímto lákavým návrhem za mnou přišel Čandí, můj spolužák z gymnázia. I já jsem hořel touhou po setkání se světcem, který předtím, než se stal mnichem, chytal tygry a bojoval s nimi holýma rukama. Představa tak nevídaných kousků ve mně probouzela chlapecké nadšení.

S následujícím ránem se dostavil i zimní chlad, my jsme však na cestu vyrazili zvesela. Po dlouhém bloudění po kalkatském předměstí Bhabánípur jsme konečně našli ten správný dům. Důrazně jsem zabušil dvěma železnými kruhy na dveřích; navzdory tomu rámusu nám přišel otevřít sluha plouživým krokem až po nějaké chvíli. Jeho ironický úsměv naznačoval, že ani hluční návštěvníci nejsou s to narušit hluboký mír zdejšího svatého příbytku.

Já i můj společník jsme si jeho němé výtky povšimli, a proto jsme s vděčností přijali, že nás uvedl do přijímacího pokoje. Dlouhé čekání, jež následovalo, v nás vzbuzovalo nepříjemné tušení. Nepsaným zákonem všech hledačů pravdy v Indii je trpělivost a mistr někdy žákovu dychtivost po setkání záměrně podrobuje zkoušce. Na Západě tento psychologický trik s oblibou využívají lékaři a zubaři.

Když nás sluha konečně zavolal, vešli jsme s Čandím do místnosti na spaní. Slavný Svámí Sohong[1] tam seděl na lůžku. Pohled na jeho obrovité tělo nás zcela ochromil. Jen jsme tam stáli a beze slova na něj zírali. Nikdy v životě jsme neviděli takovou hruď a ty bicepsy – jako nafouklé kopací míče! Svámího hrůzu nahánějící, přitom však klidná hlava seděla na mohutném krku a jeho obličej zdobily splývavé kadeře, vousy a knír. Z jeho tmavých očí vyzařovalo něco z holubice a něco z tygra. Jeho jediným oděvem byla tygří kůže ovázaná kolem svalnatého pasu.

---

[1] *Sohong* či *Sóham* bylo mistrovo mnišské jméno. Mezi lidmi byl znám jako „Svámí Tygr".

Když se nám vrátil hlas, pozdravili jsme a vyjádřili svůj obdiv nad jeho chrabrostí v aréně divokých šelem.

„Prozradil byste nám, jak je možné podmanit si holýma rukama to nejdravější zvíře džungle, královského tygra bengálského?"

„Chlapci, bojovat s tygry je pro mě maličkost. Kdyby bylo třeba, zvládl bych to i dnes," řekl a nevinně se zasmál. „Vy pohlížíte na tygry jako na tygry, pro mne to však jsou domácí kočky."

„Svámídží, možná bych zvládl vtisknout svému podvědomí myšlenku, že tygři jsou jen mazlíčci, ale dokázal bych o tom přesvědčit i samotné tygry?"

„To víš, že potřebuješ také sílu. Nelze čekat vítězství od dítěte, které si představuje, že tygr je zvířátko k mazlení! Mně však jako zbraň stačí jen silné paže."

Po těchto slovech nás vybídl, abychom ho následovali na dvůr, kde udeřil pěstí do okraje zdi. Jedna cihla spadla na dláždění a otvorem, jenž zel ve zdivu jako díra po vyraženém zubu, neohroženě nakouklo dovnitř modré nebe. Úžasem jsem se zapotácel. Pomyslel jsem si, že dokáže-li někdo jedinou ranou vytlouct ze zdi pevně zasazenou cihlu, jistě se nerozpakuje zpřerážet tesáky tygrům.

„Stejnou fyzickou sílu jako já má mnoho lidí, schází jim však chladná sebedůvěra. Ti, kdo jsou silní na těle, nikoli však na duchu, mohou při pouhém spatření této divoké šelmy v džungli upadnout do mdlob. Tygr ve své přirozené dravosti i prostředí je něco zcela jiného než ta nebohá cirkusová atrakce krmená opiem!

Nejeden muž obdařený herkulovskou silou padl při útoku bengálského tygra za oběť vlastní hrůze a nejubožejší bezmoci. Tygr tak přinutil člověka, že v něm nedokáže vzbudit strach větší než bázlivé kotě. Avšak člověk s dostatečně silným tělem a bezmezným odhodláním dokáže položit tygra na lopatky a vnutit mu přesvědčení, že to on je před člověkem bezbranný. Kolikrát jsem právě toto dokázal!"

Byl jsem ochoten bezvýhradně věřit tomu, že tento obr stojící přede mnou tygry na domácí kočky skutečně proměňuje. Zdálo se, že je svámí výchovně naladěn, a tak jsme s Čandím dál uctivě naslouchali.

„Svalům vládne mysl. Jak mohutná je rána kladivem, je závislé na tom, kolik síly se do ní vloží. Síla vyjádřená nástrojem lidského těla je pak dána dravostí vůle a odvahy. Tělo je doslova budováno a živeno myslí. Pod tlakem sklonů z minulých životů pronikají postupně do lidského vědomí silné a slabé stránky. Ty se projevují jako návyky, jež se pak stávají příčinou zrodu žádoucího či naopak nežádoucího těla. Tělesná slabost je tedy duševního původu a tělo spoutané návyky jako v začarovaném kruhu podkopává mysl. Když pán domu dopustí, aby mu sluha poroučel, stane se z něj brzy samovládce. Stejným způsobem se nechává zotročovat mysl, jestliže ustoupí diktátu těla."

Pozoruhodný svámí pak na naše naléhání souhlasil, že nám prozradí něco ze svého života.

„Zápasit s tygry bylo to první, co jsem se chtěl v životě naučit. Vůli jsem měl silnou, ale tělo slabé."

Nedokázal jsem v sobě zadržet překvapení. Připadlo mi neuvěřitelné, aby tento silák, jenž se nyní honosí „plecemi Atlantů, jež klenbu nebeskou podpírají," vůbec kdy okusil, co je to slabost.

„S nezlomnou vytrvalostí jsem však pěstoval myšlenky na zdraví a sílu, a tak jsem svůj nedostatek překonal. Mám tedy všechny pádné důvody velebit nesmlouvavou sílu ducha, v níž jsem objevil toho pravého pokořitele bengálských tygrů."

„Velectěný svámí, myslíte, že i já bych mohl krotit tygry holýma rukama?" Bylo to poprvé a také naposled, kdy mi tato prapodivná touha vytanula na mysli.

„Ovšem," odpověděl s úsměvem. „Je však mnoho druhů tygrů; někteří z nich se toulají i džunglí lidských tužeb. Když budeš tlouct šelmy do bezvědomí, nevzejde z toho žádný duchovní užitek. Staň se raději vítězem nad niternými slídiči."

„Pověděl byste nám, mistře, jak jste se z krotitele divokých tygrů stal krotitelem divokých žádostí?"

Svámí Tygr se odmlčel. Jeho pohled se počal ztrácet v dálavách a svolávat vzpomínky z let dávno minulých. Rozpoznal jsem v jeho obličeji téměř neznatelné zaváhání, zda mé žádosti vyhovět. Nakonec se v tichém souhlasu pousmál.

„Když můj věhlas dosáhl vrcholu, přinesl s sebou opojení mou vlastní pýchou. Rozhodl jsem se, že budu s tygry nejen zápasit, ale budu s nimi provádět i všelijaké kousky. Zatoužil jsem po tom, aby se mým přičiněním ty nezkrotné šelmy chovaly jako domácí zvířata. Začal jsem své umění předvádět veřejně a těšil se značnému úspěchu.

Jednou večer do mého pokoje vstoupil se zasmušilou tváří můj otec. ‚Synu, přináším ti varovná slova. Chci tě uchránit před neblahou hrozbou, jež se nad tebou vznáší a již vyvolávají mlýnská kola příčiny a následku.'

‚Snad nevěříš na osud, otče! Mám snad dopřát pověrám, aby zkalily mocný tok mého snažení?'

‚Slepému osudu nevěřím, můj synu. Věřím však ve spravedlivý zákon odplaty, jak o něm učí naše svatá písma. V říši džungle jsi vzbudil velkou nevoli, která se může brzy obrátit proti tobě.'

‚Žasnu, otče! Cožpak ti není známo, že tygři jsou sice krásní tvorové, ale neznají slitování? Kdo ví, snad jim mé rány vtlučou do jejich dutých palic špetku rozumnosti. Jsem jako ředitel lesní školy, který jim dává poučení o dobrém vychování!

Rozuměj, otče, jsem krotitel tygrů, nikoli jejich zákeřný lovec. Jak by mi mé bohulibé počínání mohlo přivodit něco zlého? Nenuť mne, prosím, abych na svém životě něco měnil.'"

Napjatě jsme s Čandím naslouchali, neboť jsme dobře rozuměli, jak těžké měl tehdy rozhodování. V Indii nebývá zvykem, aby potomek nevyhověl přání svých rodičů. Svámí Tygr pokračoval:

„Otec mé vysvětlení přijal s kamennou tváří a poté s vážností v hlase pravil:

‚Donutil jsi mne, abych tě zpravil o neblahé věštbě, kterou jsem obdržel od jednoho svatého muže. Zjevil se přede mnou, když jsem seděl na verandě pohroužen do své každodenní meditace.

Drahý příteli, pravil sádhu, přicházím s poselstvím pro tvého svévolného syna. Ať zanechá svého bezohledného počínání, dokud je čas. Neučiní-li tak, způsobí mu jeho příští střet s tygrem těžkou újmu a po šest měsíců bude bojovat o svůj život. Poté zavrhne své staré způsoby a stane se mnichem.'

Ta historka na mě neudělala pražádný dojem. Měl jsem zato, že otec ve své lehkověrnosti padl za oběť nějakému pomatenému blouznivci."

Svámí Tygr svou zpověď doprovodil netrpělivým gestem, jako by chtěl svou starou nerozvážnost odehnat pryč. Na dlouho se v místnosti rozhostilo ponuré mlčení a zdálo se, jako by na nás zcela zapomněl. Když opět vzal za volný konec svého vyprávění, jeho hlas zněl zamlkle.

„Nedlouho po otcově varování jsem se ocitl v sídelním městě země kučbihárské. Zdejší malebná krajina pro mě byla něčím novým a já se těšil na příjemnou změnu. Tak jako všude, kde jsem se objevil, pronásledovaly mne ulicemi davy zvědavců. Co chvíli jsem zaslechl, jak si lidé mezi sebou šeptají:

‚To je ten silák, co zápasí s divokými tygry!'

‚To jsou nohy, nebo klády?'

‚Koukněte na ten obličej! Do toho se dozajista vtělil sám tygří král!'
To víte, pacholci z ulice jsou spolehlivější než poslední vydání novin! A jak se díky babským klevetám i zpozdilá zvěst nezadržitelně šíří ode dveří ke dveřím! Za pár hodin tak bylo díky mé přítomnosti celé město na nohou.

Když jsem večer poklidně odpočíval, zaslechl jsem náhle dusot koňských kopyt, který ustal přímo před mým prahem. Dovnitř vešlo několik urostlých strážníků v turbanech.

Byl jsem zaskočen. ‚Od těch poslušných nástrojů lidské spravedlnosti se člověk může dočkat všeho,' pomyslel jsem si. ‚Zajisté mne budou obtěžovat záležitostmi, o nichž nemám nejmenší tušení.' Vyslanci se však přede mnou s nečekanou zdvořilostí uklonili.

‚Ctěný cizinče, byli jsme vysláni mladým rádžou z Kučbiháru, abychom vám vyřídili jeho srdečný pozdrav. Bude pocťen, navštívíte-li jej zítra ráno v jeho paláci.'

Chvíli jsem o té nečekané vyhlídce přemýšlel. Z nějakého skrytého důvodu jsem pocítil palčivou lítost nad tím, že byl můj poklidný výlet takto přerušen. Prosebná uctivost strážců pořádku mne však dojala, a tak jsem souhlasil.

Celého zmateného mne pak na druhý den s přehnanou ochotou doprovodili ze dveří ke skvostnému kočáru se čtyřspřežím. Sluha mi celou cestu držel nad hlavou zdobený slunečník, aby na mne nepražilo slunce. Kochal jsem se spanilou jízdou městem i jeho lesnatým okolím. U bran paláce mě přivítal sám královský potomek. Zdvořile mi nabídl svůj vlastní trůn potažený zlatým brokátem a sám se s úsměvem usadil do skrovnějšího křesla.

‚Všechna ta zdvořilost mne jistě bude něco stát,' přemítal jsem v rostoucím údivu. Úmysly mladého rádži vyšly najevo už po několika úvodních větách.

‚Ve městě se proslýchá, že dokážeš holýma rukama zápasit s divokými tygry. Je tomu skutečně tak?'

Přisvědčil jsem.

‚To je k nevíře! Nejsi snad Bengálec z Kalkaty, kde se všichni krmí jen bílou rýží? Pověz mi popravdě: nezápolíš jen s neškodnou zvířecí havětí vykrmovanou opiem?' Hlas měl zvýšený a kousavý a jeho řeč kalil venkovský přízvuk.

Přešel jsem ten urážlivý dotaz bez odpovědi.

‚Vyzývám tě tedy, aby ses utkal s Rádžábégamem,[2] mým tygrem, který byl odchycen teprve nedávno. Pokud ho úspěšně přemůžeš, spoutáš řetězem a odejdeš z klece po svých, dám ti ho! A k tomu dostaneš tisíce rupií a mnoho dalších darů. Odmítneš-li však mou nabídku, rozhlásím o tobě po celé zemi, že jsi obyčejný podvodník!'

Ta nestoudná a povýšená slova mě zasáhla jako rána z děla. Zlostně jsem ze sebe vychrlil, že výzvu přijímám. Rádža, samým vzrušením nadzvednutý v křesle, se opět pomalu usadil a na tváři se mu rozehrál zvrhlý úsměv. Připomněl mi římské císaře, kteří s pobavením vháněli křesťany do arén plných dravé zvěře. Rádža pokračoval:

‚Klání se uskuteční ode dneška za týden. Do té doby ale tygra neuvidíš.'

Netuším, jestli se obával, že šelmu uhranu svým pohledem, nebo jí tajně podstrčím opium.

Odešel jsem z paláce a ke svému pobavení jsem se musel smířit s tím, že pocty královského slunečníku ani okázalého kočáru se mi tentokrát nedostane.

Následující týden jsem soustavně připravoval své tělo i mysl na nadcházející tvrdou zkoušku. Od svého sluhy jsem se dozvídal prapodivné zkazky. Zlověstné světcovo proroctví nějakým řízením proniklo až do těchto končin a na své cestě řádně zbytnělo. Mnozí prostí venkované věřili, že do kučbihárského tygra se vtělil nějaký zlý, bohy prokletý duch, jenž na sebe za nocí bere všelijaké hrůzyplné podoby. Tento tygří démon byl prý seslán, aby mě pokořil.

Podle jiné povídačky prý byly v Rádžábégamovi vyslyšeny zvířecí modlitby k tygřímu nebi. Měl se stát nástrojem, který konečně ztrestá toho smělého dvojnožce, jenž tak nestoudně ponížil celé tygří plémě. Ten slizký, bezzubý lidský tvor se opovážil vyzvat na souboj tygra vyzbrojeného drápy a statnými údy! Zášť všech pokořených tygrů se slila v jednu mohutnou sílu, která – jak tvrdili vesničané – uvedla do chodu skryté zákony a nabubřelému krotiteli šelem přivodí zasloužený pád.

Sluha mě také zpravil o tom, že rádža je přípravami na ten nadcházející střet mezi člověkem a dravou šelmou celý posedlý. Sám dohlížel nad zbudováním ohromného stanového pavilonu, který byl odolný proti prudkému větru a pojal tisíce diváků. Jeho středu vévodil Rádžábégam

---

[2] „Princ princezna" – šelma takto byla pojmenována na znamení toho, že v sobě spojovala dravost tygra i tygřice.

v mohutné železné kleci, kolem níž se rozkládal zajištěný vnější prostor. Z vězňova hrdla vycházel neutuchající řev, při němž všem tuhla krev v žilách. Krmili ho spoře, aby ještě rozdmýchali jeho běsnící choutky. Rádža zřejmě předpokládal, že já budu tím soustem za odměnu!

Davy z města i širokého okolí mezitím nedočkavě skupovaly lístky na ten výjimečný zápas. A když konečně nastal ten velký den, stovky zájemců se musely vrátit domů s nepořízenou, neboť nezbylo jediné volné místo. Mnoho zvědavců se však protlačilo dovnitř skulinami nebo se mačkalo na stísněném prostranství pod ochozy."

Jak se svámího vyprávění blížilo k vyvrcholení, narůstalo i mé vzrušení; také Čandí poslouchal v němém úžasu.

„A tu jsem do toho uši drásajícího řevu z tygřího chřtánu a povyku zděšených davů tiše vstoupil já. Nechránil mne žádný oděv, jen skromný bederní pás. Nadzvedl jsem západku na dveřích do zabezpečeného prostoru a nevzrušeně ji za sebou zavřel. Tygr vycítil krev. Vrhl se na mříže klece, až se s rachotem rozezvučely, a přichystal mi úděsné přivítání. Publikum ztichlo v soucitné hrůze; stál jsem tam jako bezbranné jehně vydané na pospas běsnícímu netvorovi.

Vmžiku jsem se ocitl v kleci. Sotva jsem však stačil za sebou zavřít dvířka, Rádžábégam se na mne vrhl a ohavně mi rozdrásal pravou paži. Lidská krev, ten nejopojnější nápoj, jaký tygr zná, se řinula z rány v mohutných proudech. Zdálo se, že světcovo proroctví se co nevidět naplní.

Okamžitě jsem se vzpamatoval z otřesu, jež mi toto vůbec první vážnější zranění způsobilo. Abych nedráždil tygra zkrvavenými prsty, vsunul jsem ruku za bederní pás a levou pěstí se rozpřáhl k ráně. Zapraskaly kosti, zvíře se zapotácelo, zakroužilo na protější straně klece a v křečovitém skoku se vrhlo proti mně. Bez prodlení mu ovšem na hlavu dopadl můj pověstný pěstní trest.

Lačnost po krvi však na Rádžábégama působila stejně jako obluzující první doušek na chorobného pijana. Jeho výpady, přerušované jen ohlušujícím řevem, nabývaly na zběsilosti. Drápům a tesákům jsem se mohl bránit jen jednou rukou, a to mne činilo mnohem zranitelnějším. Já však dál pokračoval ve své omračující odvetě. Zbroceni krví jeden od druhého sváděli jsme boj na život a na smrt. Krev stříkala na všechny strany, z hrdla té bestie se draly výbuchy bolesti a nenasytné dravosti a klec se pomalu měnila v hotové peklo.

‚Zastřelte ho!' – ‚Zabte toho tygra!' ozývalo se z ochozů. Zápolil jsem však s tím zvířetem v tak zběsilém tempu, že výstřel biřice minul cíl. Sebral jsem nakonec veškerou svou vůli, zběsile se rozeřval a zasadil šelmě poslední drtivou ránu. Tygr padl na zem a zůstal nehybně ležet."

„Jako kotě!" zvolal jsem.

Svámí se mi odměnil srdečným smíchem, načež pokračoval ve svém strhujícím vyprávění.

„Rádžábégam byl konečně přemožen. Abych však jeho královskou pýchu pokořil ještě víc, rozdrásanýma rukama jsem mu troufale rozevřel tlamu a na vypjatou chvíli do té zející, smrtelné pasti vložil svou hlavu. Rozhlédl jsem se po řetěze. Vytáhl jsem jeden z hromady na zemi a připoutal tygra za krk k mříži. Poté jsem vítězně zamířil k východu.

Avšak ten vtělený ďábel měl v sobě výdrž hodnou svého domnělého původu. Vzepjal se z posledních sil ke skoku tak mohutnému, až se řetěz přetrhl, a dopadl na má záda. Rameno mi pevně sevřel ve svých čelistech a strhl mne na zem. Stačil však okamžik, abych jej opět svíral pod sebou. Pod náporem mých nemilosrdných úderů upadla ta proradná šelma do mrákot. Tentokrát jsem ji spoutal s větší pečlivostí a pomalým krokem se odbelhal z klece.

Ocitl jsem se v nové bouři, tentokrát však plné nadšeného jásotu, který jako by vyrážel z jediného obřího hrdla. Mé tělo bylo strašlivě zřízeno, splnil jsem všechny tři podmínky: ztloukl jsem tygra do bezvědomí, spoutal jej řetězem a vyšel z klece bez cizí pomoci. Navíc jsem tu výbojnou šelmu zřídil a zastrašil natolik, že blahovolně přehlédla i příhodnou trofej – mou hlavu ve své tlamě!

Když mi ošetřili rány, ověnčili mě květinami a dostalo se mi všech možných poct. K nohám se mi sypaly zlaté mince. V celém městě propukly velkolepé oslavy. Všude se donekonečna rozprávělo o mém vítězství nad jedním z největších a nejděsivějších tygrů, jakého kdo kdy spatřil. Jak bylo slíbeno, dostal jsem darem i Rádžábégama, těšit z něj jsem se však nedokázal. V mém srdci se mezitím odehrála niterná proměna. Jako bych v té chvíli, kdy jsem vycházel z klece, zavřel dvířka i za svou pozemskou ctižádostí.

Dolehlo na mne strastiplné období. Roznemohl jsem se na otravu krve a po šest měsíců jsem těžce zápolil o holý život. Když jsem se zotavil natolik, abych mohl Kučbihár opustit, vrátil jsem se do svého rodného města.

‚Konečně vím, že mým učitelem je onen svatý muž, jenž mi poslal své moudré varování,' doznal jsem pokorně otci. ‚Kdybych jen věděl, kde ho hledat!' Má touha musela být opravdová, neboť jednoho dne se světec bez ohlášení objevil.

,Dost bylo krocení tygrů,' pravil s tichým ujištěním. ,Pojď se mnou a já tě naučím, jak si podmaňovat šelmy nevědomosti, které se potulují džunglemi lidské mysli. Jsi zvyklý na obecenstvo. Ať se jím od nynějška stanou hvězdná mračna andělů, jež budeš bavit svým strhujícím mistrovstvím v józe!'

Můj svatý guru mě zasvětil do duchovní cesty a otevřel brány mé duše pokryté rzí a vzdorující dlouhou zahálkou. Brzy jsme se společně vydali do Himálaje, kde započal můj výcvik."

Poklonili jsme se s Čandím svámímu až k nohám plni vděčnosti za to strhující vyprávění o jednom bouřlivém životě. Za tu dlouhou čekací zkoušku ve studené předsíni jsme se nakonec cítili bohatě odměněni.

KAPITOLA 7

Levitující světec

„Včera večer jsem na jednom setkání viděl jogína, který se vznášel několik stop nad zemí!" S touto ohromující zprávou za mnou přišel můj přítel Upendramohan Čaudhurí.

Nadšeně jsem se na něj usmál. „Nech mě hádat: Nebyl to Bhádurí Mahášaj z Horní okružní ulice?"

Upendra přikývl a poněkud posmutněl, že mi nepřináší žádnou novinu. Mí přátelé dobře věděli o mém zaujetí pro svaté muže a s radostí mě naváděli na každou novou stopu.

„Tento jogín bydlí nedaleko od našeho domu, takže ho často navštěvuji." Má slova probudila v Upendrově tváři živé zaujetí, a tak jsem pokračoval:

„Viděl jsem ho provádět vskutku pozoruhodné kousky. Dokonale ovládá různé *pránájámy*[1] uváděné v prastaré osmidílné józe, o níž pojednává Pataňdžali[2]. Jednou před mýma očima Bhádurí Mahášaj provedl *bhastrika pránájámu* s tak působivou silou, že se až zdálo, jako by se v místnosti rozpoutala skutečná bouře. Poté svůj hřmotný dech utišil a znehybněl ve vysokém stavu nadvědomí.[3] Ten klid po bouři byl tak pronikavý, že na něj nelze zapomenout."

---

[1] Techniky ovládání životní síly (*prány*) prostřednictvím regulace dýchání. *Bhastrika pránájáma* („kovářské měchy") zklidňuje a ustaluje mysl.

[2] Nejvýznamnější starověký vykladač jógy.

[3] Profesor Jules-Bois ze Sorbonny roku 1928 prohlásil, že francouzští psychologové zkoumali a uznali nadvědomí, které je ve své velkoleposti „přesným opakem podvědomé mysli, jak ji chápe Freud, a zahrnuje schopnosti, jež činí člověka člověkem a nikoli jen nadzvířetem". Tento francouzský vědec dále vysvětlil, že probuzení vyššího vědomí „nesmí být zaměňováno za couéismus či hypnózu. Existence nadvědomé mysli je již dávno uznávána ve filozofii a v podstatě odpovídá oné Nadduši, o níž hovoří Emerson. Teprve nedávno však byla uznána i vědou." (Viz pozn. na str. 124)

V eseji *Nadduše* Emerson napsal: „Člověk jest průčelím chrámu, v němž přebývá všecka moudrost a všecka dobrota. Co obyčejně chápeme a nazýváme člověkem – tím člověkem, jenž jí, pije, seje, počítá – neoznačuje člověka takového, jaký je, nýbrž jak se

„Slyšel jsem, že tento světec nikdy nevychází z domu," poznamenal Upendra poněkud nevěřícně.

„Přesně tak. Posledních dvacet pět let se zdržuje výhradně uvnitř. Tuto zásadu, jíž si sám stanovil, mírně porušuje jen v období svátků, kdy vychází až na chodník před domem. Shromažďují se tam žebráci, protože světec Bhádurí je znám svým laskavým srdcem."

„Jak se může vznášet ve vzduchu navzdory zemské přitažlivosti?"

„Po cvičení určitých *pránájám* ztrácí jogínovo tělo svou hrubou hmotnost. Pak může levitovat nebo třeba skákat jako žába. Je známo, že i světci, kteří žádnou jógu nepraktikují, se ve stavu horoucí oddanosti k Bohu vznesou nad zem."

„Rád bych se o tomto mudrci dozvěděl víc. Chodíš na jeho večerní setkání?" Upendrovy oči zajiskřily zvědavostí.

„Ano, často. Velice mě baví důvtip skrytý v jeho moudrosti. Občas svým nepolevujícím smíchem narušuji důstojnost celého shromáždění. Světec tím není nijak pobouřen, ovšem jeho žáci mě doslova probodávají pohledem!"

Když jsem se toho odpoledne vracel ze školy domů, vzal jsem to kolem obydlí, v němž Bhádurí Mahášaj trávil svůj poustevnický život, a rozhodl jsem se ho navštívit. Jogín se obvykle stranil veřejnosti. Jeho soukromí střežil jediný žák, který přebýval v přízemí. Byl poněkud pedantské povahy a úřednicky mne zpovídal, zda mám „sjednanou schůzku". Guru se objevil v pravý čas, aby mě zachránil před okamžitým vykázáním.

„Mukunda může přijít, kdy chce." V mudrcových očích se zajiskřilo. „Nežiji v ústraní kvůli svému vlastnímu pohodlí, ale kvůli pohodlí druhých. Světští lidé nemají v oblibě upřímnost, která je připravuje o iluze. Světci jsou jevem nejen vzácným, nýbrž i znepokojivým. I ve svatých písmech druhé často uvádějí do rozpaků."

Následoval jsem Bhádurího Mahášaje do jeho strohého příbytku v horním patře, ze kterého scházel jen zřídka. Mistři bývají často lhostejní k vřavě tohoto světa a unikají jeho pozornosti až do doby, než jim čas dá za pravdu. Současníky mudrce nebývají pouze ti, kdo se vyskytují v těsné přítomnosti.

---

nám zkresleně jeví. K takovému člověku příliš úcty nechováme, avšak před duší, jejímž jest tento tělesný člověk pouhým orgánem, uctivě bychom poklekli, jen kdyby ji nechal více zjevovati se ve svých skutcích... Jednou svou stranou zůstáváme stále obráceni ku hloubkám duchovní přirozenosti, ku všem vlastnostem božským." (Ralph Waldo Emerson: *Essaye. Část I.* Praha: Jan Laichter, 1912. Z anglického originálu přeložil Jan Mrazík.)

Autobiografie jogína

„Mahárši,[4] jste první z jogínů, které jsem zatím poznal, kdo nikdy nevychází ven."

„Bůh někdy zasazuje své svaté do nečekané půdy, abychom snad nepropadli dojmu, že je vázán nějakými pravidly!"

Mudrc se posadil do lotosové pozice a jeho energické tělo znehybnělo. Ani v sedmdesáti letech nevykazoval žádné neblahé příznaky pokročilého věku či sedavého způsobu života. Měl statnou, vzpřímenou postavu a zdál se v každém ohledu dokonalý. Měl tvář ršiho, jak ji líčí starobylé spisy. Jeho vznešený obličej zdobil bohatý plnovous, vždy sedával rovně a jeho klidné oči se upínaly k všudypřítomnosti.

Pohroužili jsme se společně do meditace. Asi po hodině mne probral jeho vlídný hlas.

„Často se nořís do vnitřního ticha, avšak dospěl jsi již k *anubhavě*?"[5] Připomněl mi, abych miloval Boha více než meditaci. „Nezaměňuj metodu za cíl."

Nabídl mi mango. S oním dobrosrdečným důvtipem, v němž jsem při jeho vážné povaze nacházel tolikeré potěšení, světec poznamenal: „*Džalajóga* (splynutí s potravou) se u lidí těší zpravidla větší oblibě než *dhjánajóga* (splynutí s Bohem)."

Při té jogínské slovní hříčce jsem propukl v nezřízený smích.

„Jak ty se umíš smát!" Jeho pohled prostoupil láskyplný jas. Mistrův obličej býval vždy vážný, a přesto jím téměř neznatelně prosvítal extatický úsměv. Ve velkých lotosových očích se zračil skrytý božský smích.

„Tyto dopisy přišly až z daleké Ameriky," poznamenal světec a ukázal na několik tlustých obálek na stole. „Dopisuji si s několika společnostmi, jejichž členové se zajímají o jógu. Objevují Indii znovu, tentokrát s lepším orientačním smyslem než Kolumbus. Jsem rád, že jim mohu být nápomocen. Poznání o józe je stejně jako denní světlo zdarma dostupné všem, kdo jej přijímají.

Co ršiové považovali za důležité pro lidskou spásu, není třeba pro Západ nijak ředit. Východ a Západ se sice liší zevní zkušeností, ale duši mají stejnou a nemohou se zdárně rozvíjet, pokud nebudou provádět nějakou podobu jógy založenou na vnitřní kázni."

Světec na mně spočinul svýma pokojnýma očima. Tehdy jsem si ještě neuvědomoval, že se v těch slovech ukrýval jasnozřivý pokyn.

---

[4] „Velký mudrci"
[5] skutečné vnímání Boha

Levitující světec

NÁGENDRANÁTH BHÁDURÍ
„levitující světec"

Až nyní, při psaní těchto řádků, mi naplno dochází smysl jeho příležitostných narážek na to, že já sám jednoho dne přenesu učení Indie do Ameriky.

„Mahárši, přál bych si, abyste napsal o józe knihu, jež by byla ku prospěchu celému světu."

„Cvičím žáky. Oni a jejich pokračovatelé tak poslouží jako živé knihy, jež odolají přirozenému působení zubu času a nepřirozenému výkladu kritiků."

Zůstal jsem s jogínem o samotě až do večerního příchodu jeho žáků. Bhádurí Mahášaj pak zahájil jednu ze svých neopakovatelných promluv. Jako tichá voda smýval naplaveniny z duší svých posluchačů a unášel je k Bohu. Svá strhující podobenství pronášel v bezchybné bengálštině.

Onoho večera vykládal Bhádurí různé filozofické myšlenky spojené s životem Mírábáí, středověké rádžpútské princezny, která se vzdala života na královském dvoře, aby byla blíže společenství svatých. Sanátana Gósvámí, jeden velký *sannjásin*, ji odmítl, protože byla žena. Když si však vyslechl její odpověď, pokorně jí padl k nohám.

„Vzkažte mistrovi," prohlásila, „že jsem netušila, že kromě Boha je ve vesmíru ještě nějaký jiný muž. Nejsme snad před ním my všichni ženami?" (Ve svatých písmech je Bůh považován za jediný pozitivní tvůrčí princip a vše jím stvořené za pouhou pasivní *máju*.)

Mírábáí složila mnoho extatických písní, které se v Indii dodnes těší velké oblibě. Takto zní jedna z nich:

> Kdyby bylo možno dospět k Bohu koupelí očistnou,
> nechť se co nejdříve stanu velrybou v hlubinách.
> Kdyby pojídáním kořínků a plodů poznat se dal,
> s radostí vezmu na sebe podobu kozí.
> Kdyby jej zjevilo odříkávání růženců,
> modlit se budu na tom největším z nich.
> Kdyby k nalezení Boha stačilo klanět se sochám kamenným,
> pokorně bych uctívala skálu až k nebi se pnoucí.
> Kdyby bylo možno jej pozřít pitím mléka,
> mnoho telátek i dětí důvěrně by jej znalo.
> Kdyby Boha přivolalo zřeknutí se manželky,
> nebyly by všude tisíce eunuchů?
> Mírábáí však ví, že k nalezení Boha
> jedině Lásky je zapotřebí.

Mistr seděl v jógové pozici a několik žáků mu do sandálů, které ležely vedle něj, vhodilo pár rupií. Tímto uctivým darem žák dává najevo, že skládá ke guruovým nohám své hmotné statky. Vděční přátelé jsou jen Bůh v přestrojení, který se takto stará o své věrné.

„Jste úžasný, mistře!" prohlásil jeden z žáků při odchodu a na důstojného jogína se obdivně zahleděl. „Zřekl jste se bohatství i pohodlí, abyste hledal Boha a nás učil moudrosti." Bylo totiž dobře známo, že Bhádurí Mahášaj se již v raném věku vzdal velkého rodinného jmění a cílevědomě nastoupil cestu jógy.

„Převracíš to naruby!" Ve světcově tváři se zračila mírná výtka. „Zřekl jsem se pár mizerných rupií a několika mrzkých radovánek pro kosmickou říši nekonečné blaženosti. Jak bych se tedy mohl o něco připravit? Znám tu radost, když se mohu o tento poklad podělit. Je to snad nějaká oběť? To zaslepení světští lidé jsou skutečnými askety. Pro hrst pozemských hraček se vzdávají božského bohatství, kterému se nic nevyrovná!"

Musel jsem se pousmát nad tímto paradoxním pohledem na odříkání, které každému ctnostnému žebrákovi nasazuje na hlavu královskou korunu a ze všech nadutých boháčů činí nevědomé mučedníky.

„Božský řád se stará o naši budoucnost uváženěji než kterákoli pojišťovna." Mistrova závěrečná slova v sobě nesla prověřené vyznání jeho víry. „Svět je plný lidí, kteří rozpačitě věří ve vnější jistoty. Jejich zatrpklé myšlenky jsou jako jizvy na čele. Ten, který nám od prvního nadechnutí dává vzduch a mléko, dobře ví, jak se každý den postarat o své věrné."

Ve svých poutích ze školy ke dveřím světcovy poustevny jsem pokračoval i nadále. S tichým zanícením mi pomáhal dosáhnout *anubhavy*. Jednoho dne se ale přestěhoval na ulici Rámmohana Ráje daleko od mého domova, kde mu jeho oddaní žáci postavili nový ášram známý jako Nagendra math.[6]

Přestože tím svůj příběh předbíhám o mnoho let, uvedu na tomto místě poslední slova, která ke mně Bhádurí Mahášaj pronesl. Krátce před tím, než jsem se vydal na Západ, jsem jej vyhledal a pokorně před ním poklekl, aby mi naposledy požehnal.

„Vyprav se do Ameriky, synu. Jako štít ti poslouží důstojnost starobylé Indie. Vítězství máš napsáno na čele. Ušlechtilí lidé té daleké země tě přijmou s otevřenou náručí."

---

[6] Jeho celé jméno znělo Nagendranáth Bhádurí. *Math* je v prvotním smyslu označením pro klášter, výraz se však často používá i pro ášram.

Mezi „levitující světce" křesťanského světa patřil i svatý Josef Kopertinský, který žil v 17. století. Jeho pozoruhodné schopnosti dosvědčilo mnoho očitých svědků. U svatého Josefa se projevovala jistá roztržitost ve světských záležitostech, která ve skutečnosti vyvěrala z rozpomenutí na božskou podstatu. Jeho řádoví bratři mu raději zakazovali obsluhovat u společného stolu, aby se náhodou nevznesl ke stropu i s jídlem. Tento světec byl nanejvýš nezpůsobilý vykonávat své pozemské povinnosti jednoduše proto, že nebyl schopen držet se při zemi příliš dlouho. Často stačil pouhý pohled na sochu nějaké svaté postavy a svatý Josef se cítil natolik povznesen, že ve vzduchu v tu chvíli kroužili dva svatí – jeden z kamene a druhý z masa a kostí.

Svatá Tereza z Ávily, jejíž duše dospěla k neobyčejným výšinám ducha, shledávala onu beztížnost vlastního těla velmi rušivou. Na jejích bedrech leželo mnoho organizačních povinností a marně se pokoušela svým „povznášejícím" zážitkům bránit. „Jakákoli opatření jsou zbytečná," napsala, „jestliže Bůh rozhodne jinak." Tělo svaté Terezy, které leží v kostele ve španělském městě Alba, již po čtyři století odolává rozkladu a stále kolem sebe šíří květinovou vůni. Na tomto místě již došlo k nesčetným zázrakům.

KAPITOLA 8

Velký indický vědec Džagadíš Čandra Bose

„Bose svými vynálezy na principu bezdrátového přenosu předběhl Marconiho."

Tato provokativní poznámka mě přiměla přistoupit blíže ke skupince profesorů, kteří postávali na chodníku a byli zabráni do vědecké debaty. Lituji, pokud tehdy byla mou motivací čirá národní hrdost, ale nemohu popřít hluboký zájem o případy, kdy může Indie hrát významnou roli nejen v metafyzice, ale i ve fyzice.

„Jak to myslíte, pane?"

Profesor své tvrzení ochotně vysvětlil: „Bose jako první vynalezl bezdrátový koherer a přístroj k určování lomu elektrických vln, svou práci však nikdy komerčně nezúročil. Záhy obrátil pozornost od anorganického světa k organickému. Jeho revoluční objevy v oblasti fyziologie rostlin předčí dokonce i jeho převratné úspěchy ve fyzice."

Zdvořile jsem svému učiteli poděkoval, načež on ještě dodal: „Tento velký vědec je mým kolegou na Presidenční akademii."

Druhého dne jsem slavného mudrce navštívil v jeho domě, který stál nedaleko od našeho tehdejšího bydliště. Již dlouho jsem jej z uctivé vzdálenosti obdivoval. Tento vážný a samotářský botanik mě vlídně přivítal. Byl to pohledný, statný muž kolem padesátky s hustými vlasy, širokým čelem a zahloubaným pohledem snílka. Preciznost, s níž se vyjadřoval, prozrazovala celoživotní návyk vědce.

„Nedávno jsem se vrátil z návštěvy několika vědeckých společností na Západě. Jejich členové projevili značný zájem o mé citlivé přístroje, jež dokazují nedělitelnou jednotu všeho živého.[1] Takzvaný Boseho

---

[1] „Každá věda musí být transcendentální, jinak pomine. Botanika se konečně přibližuje k té správné teorii – učebnicemi přírodopisu budou od nynějška Brahmovi avatárové." Emerson.

crescograf dokáže zvětšovat až desetmilionkrát. Mikroskop, který zvětšuje v řádu pouze několik tisíců, přinesl do biologie zásadní pokrok. Crescograf však otvírá zcela netušené pole možností."

„Pane, učinil jste opravdu mnoho pro to, abyste uspíšil okamžik, kdy se Východ se Západem obejmou v neosobní náruči vědy."

„Dostalo se mi vzdělání v Cambridgi. Západní přístup, který každou teorii podrobuje přísnému experimentálnímu ověřování, je vskutku obdivuhodný! Tato empirická metoda jde u mne ruku v ruce s nadáním pro introspekci, které je mým východním dědictvím. Sloučení těchto dvou přístupů mi dovolilo prolomit mlčení v oblastech přírodního světa, jež k nám byly dlouho nesdílné. Výmluvné záznamy mého crescografu[2] dokazují i těm největším skeptikům, že rostliny mají citlivou nervovou soustavu a vedou pestrý citový život. Láska, nenávist, radost, strach, rozkoš, bolest, vzrušení, otupělost a nesčetné další typické reakce na vnější podněty jsou u rostlin stejně rozšířené jako u zvířat."

„Pane profesore, než jste se objevil vy, zdál se být ten jedinečný tep života v celém stvoření jen pouhou básnickou představou! Znal jsem jednoho světce, který nedokázal utrhnout květinu. ,Mám snad oloupit růži o její hrdost na vlastní krásu? Mám svou neomaleností potupit její důstojnost?' Vaše objevy jeho soucitné smýšlení potvrzují přímo doslovně."

„Básník má k pravdě důvěrně blízko, zatímco vědec se k ní dobírá velmi těžkopádně. Zastav se za mnou někdy v laboratoři a přesvědč se sám, že můj crescograf nelže."

S vděčností jsem jeho nabídku přijal a rozloučil se. Později se ke mně doneslo, že botanik z Presidenční akademie odešel a chystal se otevřít vlastní výzkumné středisko v Kalkatě.

Slavnostního otevření Boseho institutu jsem se osobně zúčastnil. Po areálu se procházely stovky nadšených návštěvníků. Umělecká výzdoba a duchovní symbolika tohoto nového sídla vědy mě zcela uchvátily. Vstupní brána je zbudována z pozůstatků starobylého chrámu. Za lotosovým[3] jezírkem stojí plastika ženské postavy s pochodní v ruce, jež vyjadřuje indickou úctu k ženství jako nehynoucí nositelce světla.

---

[2] Z latinského kořene *crescere*, „zvětšovat". Za svůj crescograf a další vynálezy byl Bose v roce 1917 povýšen do šlechtického stavu.

[3] Květ lotosu je v Indii odpradávna považován za symbol božství. Jeho rozvíjející se lístky odkazují na rozkvět duše. Skutečnost, že jeho čistá krása vyrůstá z bahna, je příslibem duchovní naděje.

V zahradě stojí malá svatyně zasvěcená nejvyšší Podstatě skryté za všemi jevy. Nepřítomnost jakýchkoli vyobrazení na oltáři vyjadřuje myšlenku, že božství není svázáno se žádnou konkrétní podobou.

Řeč, kterou profesor Bose při této slavnostní příležitosti pronesl, jako by zaznívala z úst moudrého ršiho dávných dob.

„Otevírám dnes tento institut nikoli jako laboratoř, nýbrž jako chrám." Jeho slavnostní vážnost se snesla na zaplněné auditorium jako neviditelný závoj. „Můj výzkum mne mimoděk dovedl až na pomezí fyziky a fyziologie. Ke svému údivu jsem zjistil, že hranice mizí a naopak se vynořují styčné body mezi říší živé a neživé přírody. Náhle jsem viděl, že anorganická hmota není ani zdaleka netečná, neboť je rozechvívána působením bezpočtu sil.

Zdálo se, že kovy, rostliny i živočichové reagují na základě stejného zákona. Všechny vykazují v podstatě stejné projevy únavy a útlumu, zotavení a vzpruhy jakož i trvalé ztráty citlivosti, již spojujeme se smrtí. Tento jejich ohromující společný rys mě naplnil úžasem a s velkou nadějí jsem své experimentálně podložené závěry přednesl před Královskou společností. Přítomní fyziologové mi však doporučili, abych raději zůstal u fyziky, v níž mám úspěch jistý, a jejich poli působnosti se raději vyhnul. Bezděčně jsem se ocitl v hájemství mně neznámého kastovního systému a porušil jeho etiketu.

Narazil jsem tu také na podvědomý náboženský předsudek, který směšuje nevědomost s vírou. Často se zapomíná, že Ten, jenž nás obklopil tímto stále se rozvíjejícím tajemstvím stvoření, do nás také zasel touhu ptát se a rozumět. Po mnoha letech nepochopení ze strany druhých jsem došel k závěru, že život člověka plně oddaného vědě je nevyhnutelně naplněn nikdy nekončícím zápasem. Je jeho posláním odevzdat svůj život jako planoucí oběť a přijímat zisk i ztrátu, úspěch i selhání, jako by mezi nimi nebylo rozdílu.

Nejvýznamnější světové vědecké společnosti mé teorie a výsledky nakonec přijaly a uznaly význam indického přínosu vědě.[4] Může se snad

---

4 „Domníváme se, že žádný studijní obor na významné univerzitě, a to zejména v případě humanitních věd, nemůže být považován za plně kvalifikovaný, nemá-li ve svých řadách náležitě vzdělaného odborníka na poznatky, jež v daném oboru nabyli Indové. Rovněž se domníváme, že každá vysoká škola, která se snaží připravit své absolventy na intelektuální činnost ve světě, v němž budou žít, musí mít mezi svými pedagogy kompetentního znalce indické civilizace." Z článku profesora W. Normana Browna z Pennsylvánské university zveřejněného v květnovém čísle *Bulletinu* Americké rady učených společností ve Washingtonu roku 1939.

duch Indie někdy spokojit s něčím malým, něčím omezeným? Díky nepřetržité živé tradici a nezdolné síle obrody se tato země dokázala popasovat s bezpočtem proměn. Vždy tu přicházeli na svět jedinci, kteří pohrdli lákavou okamžitou odměnou a místo toho usilovali o uskutečnění nejvyšších ideálů života – nikoli skrze nečinné odříkání, ale prostřednictvím činorodého úsilí. Slaboch, který se vyhýbá střetu a nic nezíská, se nemá čeho zříkat. Jedině ten, kdo bojoval a zvítězil, může obohatit svět o plody své vítězné zkušenosti.

Výzkumy v oblasti reakcí hmoty, které jsme již v našich laboratořích uskutečnili, a nečekané objevy ze života rostlin otevírají široké pole pro bádání ve fyzice, fyziologii, medicíně, zemědělství, dokonce i psychologii. Problémy doposud považované za neřešitelné se nyní přesouvají do sféry experimentálního ověřování.

Velkolepých úspěchů však nelze dosáhnout bez přísné exaktnosti. Odtud pramení dlouhá řada mnou navržených, vysoce citlivých přístrojů a aparátů, které před vámi dnes leží ve vitrínách ve vstupní hale. Jsou připomínkou dlouholetých snah proniknout klamným zdáním až k samotné realitě, která zůstává lidským zrakem nespatřena, a dokladem nepřetržitého úsilí, vytrvalosti a vynalézavosti, bez nichž se překonávání lidských omezení neobejde. Každý tvořivý vědec ví, že skutečnou laboratoří je naše mysl, jež odhaluje zákony pravdy překryté iluzemi.

Přednášky, které se zde budou konat, nebudou jen opakovat vědomosti získané z druhé ruky. Budou ohlašovat nové objevy, jež budou poprvé demonstrovány v těchto prostorách. Díky pravidelnému publikování výsledků práce našeho institutu tyto příspěvky indické vědy proniknou do celého světa. Stanou se veřejným vlastnictvím. Žádný z našich objevů nebude nikdy patentován. Duch naší národní kultury nás zavazuje, abychom poznání nikdy nezneuctili jeho využitím k osobnímu prospěchu.

Mým dalším přáním je, aby zdejší prostory a vybavení sloužily v co největší míře vědcům ze všech zemí. Touto vstřícností se snažíme pokračovat v tradicích naší země. Již před dvěma a půl tisíci lety přijímala Indie na svých starověkých univerzitách v Nálandě a Takšašile učence ze všech koutů světa.

Ač věda nenáleží Východu ani Západu, neboť ve své univerzálnosti překračuje hranice národů, je Indie přímo předurčena k tomu, aby vědu výjimečným způsobem obohacovala.⁵ Plamenná indická představivost, která i z hromady zdánlivě rozporuplných faktů dokáže vyčíst nový řád, je držena na uzdě vrozenou soustředěností. Tato vnitřní ukázněnost jí dává sílu s nekonečnou trpělivostí udržovat mysl u hledání pravdy."

Když vědec pronášel svá závěrečná slova, vstoupily mi do očí slzy. Není snad právě ona „trpělivost" synonymem pro Indii, jež uvádí do rozpaků čas i historiky?

Brzy po otevření jsem Boseho výzkumné středisko navštívil znovu. Velký botanik nezapomněl na svůj slib a vzal mě do své tiché laboratoře.

„Připojíme crescograf k této kapradině. Zvětšení je obrovské. Kdybychom ve stejném poměru zvětšili pohyb hlemýždě, zdálo by se nám, že uhání vpřed jako expresní vlak!"

Dychtivě jsem upřel svůj zrak k plátnu, na němž se odrážel zvětšený stín kapradiny. Téměř neznatelné pohyby života byly nyní jasně viditelné; rostlina před mýma užaslýma očima pomaličku rostla. Vědec se dotkl vrcholku kapradiny malou kovovou tyčinkou. Probíhající němohra se naráz zastavila, ovšem jakmile byla tyčinka oddálena, rostlina se ke svému výmluvnému rytmickému tanci ihned vrátila.

⁵ Indové již ve starověku dobře znali atomovou strukturu hmoty. Jedním ze šesti systémů indické filozofie je *vaišéšika*, jejíž název pochází ze sanskrtského výrazu *višéša* ve smyslu „nejmenší možné jsoucno". Jedním z předních vykladačů *vaišéšiky* byl Aulúkja, zvaný také Kanáda, "Pojídač atomů", který žil asi před 2 800 lety.

V dubnovém čísle časopisu *East-West* vyšel roku 1934 článek, v němž Táramáta shrnula vědecké poznatky *vaišišéky* následovně: „Přestože je moderní teorie atomu všeobecně považována za čerstvý výdobytek vědeckého pokroku, již mnohem dříve ji výstižně formuloval Kanáda zvaný ‚Pojídač atomů'. Sanskrtský výraz *anu* lze správně přeložit jako ‚atom' v pozdějším doslovném řeckém významu ‚nerozetnutý' čili nedělitelný. K dalším zajímavým vědeckým poznatkům, jež jsou v pojednáních *vaišéšiky* v době před naším letopočtem zaznamenány, patří například tyto: (1) pohyb jehel směrem k magnetům, (2) koloběh vody v rostlinách, (3) inertní, strukturu postrádající *ákáša* čili éter, jež je základem pro přenos jemných sil, (4) sluneční záření jako hlavní příčina všech ostatních zdrojů tepla, (5) teplo jako příčina molekulárních změn, (6) gravitační zákon vyvolávaný silou, jež je inherentní atomům tvořícím zemskou strukturu, (7) kinetická povaha veškeré energie; kauzalita založená na výdeji energie nebo přenášení pohybu, (8) celkový zánik vesmíru v důsledku rozpadu atomů, (9) vyzařování tepla a světelných paprsků, nepředstavitelně malých částic, jež vystřelují všemi směry obrovskou rychlostí (moderní teorie ‚kosmických paprsků'), (10) relativita času a prostoru.

Vaišéšika přisuzovala vznik světa atomům, jež jsou svou podstatou věčné, respektive jejich specifickým neměnným rysům. Předpokládala, že jsou tyto atomy v nepřetržitém kmitavém pohybu. Nedávno objevený fakt, že atom je vlastně miniaturní sluneční soustava, by pro filozofy *vaišéšiky* nebyl žádnou novinkou, neboť oni sami redukovali čas až na nejzazší matematický pojem, podle nějž nejmenší jednotku času (*kála*) představuje doba, za níž atom urazí v prostoru vzdálenost rovnou své velikosti."

Velký indický vědec Džagadíš Čandra Bose

„Právě jsi se mohl přesvědčit, že i sebemenší zásah zvenčí může na citlivé tkáně rostliny působit škodlivě," poznamenal Bose. „Teď se dobře dívej. Podám rostlině chloroform a vzápětí protilátku."
Chloroform růst zcela zastavil, po podání protilátky však rostlina znovu obživla. Mlčenlivá gesta evoluce odehrávající se na plátně přede mnou byla poutavější než zápletka jakéhokoli filmu. Můj společník (jež na sebe v tu chvíli vzal zápornou roli) poté do části kapradiny vnikl ostrým hrotem; její křečovité záškuby prozrazovaly bolest. Když pak nařízl stonek břitvou, stín se začal prudce zmítat a poté znehybněl v posledním znamení smrti.

„Pomocí chloroformu se mi podařilo úspěšně přesadit obrovský strom. Obvykle tito lesní velikáni záhy po přemístění hynou." Při vyprávění o své spásné operaci se Džagadíš spokojeně usmál. „Záznamy z mého citlivého přístroje prokázaly, že i stromy mají oběhovou soustavu – pohyb mízy je srovnatelný s krevním tlakem v těle živočichů. Stoupání mízy nelze vysvětlit na základě běžně uváděných mechanických zákonů, jako je vzlínavost. Crescograf odhalil, že se za tímto záhadným jevem skrývá činnost živých buněk. Z trubice válcového tvaru, jež se táhne celým stromem, vycházejí peristaltické vlny, které plní tutéž funkci jako srdce živočichů. Čím hlouběji pronikáme, tím je zřejmější, že v rozmanitosti přírody existuje univerzální plán, který spojuje všechny formy života."

Pak velký vědec ukázal na další přístroj vlastní výroby.

„Ukážu ti pár pokusů s kusem plechu. Životní síla kovu reaguje souhlasně a nesouhlasně na vnější podněty. Jeho reakce budou zaznamenány inkoustem."

S hlubokým zaujetím jsem sledoval graf, který zachycoval charakteristické vlnění atomové struktury. Když profesor kápl na plech chloroform, záznam vibrací ustal. Znovu se rozběhl, teprve když se kov začal pozvolna vracet do normálního stavu. Poté můj společník kápl na kov jedovatou chemikálii. Plech se zachvěl ve smrtelné křeči a jehla dramaticky zapsala zprávu o jeho skonu na papír.

„Mé přístroje prokázaly, že kovy, jako například ocel používaná k výrobě nůžek a strojů, podléhají únavě a při pravidelném odpočinku se jim výkonnost znovu navrací," pokračoval vědec. „Použití elektrického proudu či vysokého tlaku tep života v kovech vážně poškozuje nebo zcela umrtvuje."

DŽAGADÍŠ ČANDRA BOSE
význačný indický fyzik, botanik a vynálezce crescografu

Rozhlédl jsem se po nespočetných vynálezech všude kolem, jež vydávaly výmluvné svědectví o profesorově neúnavné genialitě.

„Pane, je politováníhodné, že se vaše skvělé přístroje hojněji nevyužívají k rychlejšímu rozvoji zemědělství. Nedaly by se některé z nich použít například k rychlým laboratorním rozborům, jež by odhalily vliv různých typů hnojiv na růst rostlin?"

„Máš pravdu. Příští generace budou mé přístroje využívat v hojnější míře. Vědec se jen zřídka dočká uznání za svého života. Musí se spokojit s radostí, již mu přináší jeho činorodá služba."

Vyjádřil jsem neúnavnému vědci upřímnou vděčnost a rozloučil se. „Je vůbec možné, aby se ta obdivuhodná plodnost jeho génia někdy vyčerpala?" pomyslel jsem si.

V následujících letech se ukázal spíše opak. Bose vynalezl složitý přístroj zvaný rezonanční kardiograf a poté se věnoval rozsáhlému výzkumu početného indického rostlinstva. Objevil ohromné množství do té doby netušených léčivých látek. Kardiograf je sestrojen s bezchybnou přesností, díky níž je možné zaznamenávat na grafu dění v setinách sekundy. Rezonanční záznamy měří téměř neznatelné pulsy v rostlinných, zvířecích i lidských tkáních. Velký botanik předpověděl, že pokusy dnes konané na živých zvířatech se začnou provádět na rostlinách.

„Když srovnáváme záznamy účinků určitého léku na rostliny a na zvířata, pozorujeme až zarážející shody," uvedl profesor. „Vše, co existuje v člověku, má svůj předobraz v rostlinách. Experimenty s rostlinstvem přispějí ke snížení zvířecího i lidského utrpení."

O mnoho let později byly Boseho průkopnické poznatky o rostlinách potvrzeny prací dalších vědců. *The New York Times* referovaly o výzkumech prováděných roku 1938 na Kolumbijské univerzitě:

> V posledních letech bylo prokázáno, že při přenosu nervových signálů mezi mozkem a ostatními částmi těla vznikají drobné elektrické impulsy. Tyto impulsy byly snímány citlivými galvanometry a několikamilionkrát zesíleny moderním amplifikátorem. Dosud nebyla vynalezena žádná uspokojivá metoda pro zkoumání drah, jimiž se impulsy v nervových vláknech živých zvířat a lidí šíří, neboť se pohybují obrovskou rychlostí.
>
> Dr. K. S. Cole a dr. H. J. Curtis zjistili, že dlouhé buňky parožnatky, sladkovodní rostliny často používané v akváriích, jsou s buňkami nervových vláken téměř totožné. Vlákny parožnatky se navíc při podráždění šíří elektrické vlny, které se s výjimkou rychlosti ve všech ohledech podobají vlnám nervových vláken u zvířat a lidí. Bylo zjištěno, že elektrické nervové impulsy rostlin jsou mnohem pomalejší než u živočichů. Vědci z Kolumbijské univerzity tohoto objevu využili k pořízení zpomalených filmových záběrů průchodu elektrických impulsů nervy.
>
> Parožnatka se tak může stát jakousi rosettskou deskou pro rozluštění přísně střežených tajemství na pomezí ducha a hmoty.

Věrným přítelem tohoto idealistického indického vědce byl básník Rabíndranáth Thákur. Tento vznešený bengálský pěvec mu věnoval následující verše:

> Poustevníku, zvolej slovy hymnu z véd,
> jenž Sáman je zván: „Procitni! Vstaň!"
> Tvá slova ať míří k panditům,
> co učenost prázdnou na odiv staví,
> a z planých sporů, jež nikam nevedou,
> zpěvem svým vzbuď nadutce,
> ať na zem sestoupí
> a v přírody tvář pohlédnou.
> K ohni tvému obětnímu
> nechť svorně zasednou.
> Pak Indie, domovina naše prastará

se k sobě opět navrátí, i k práci pilné,
i k povinnosti, i k vytržení v meditaci vroucí;
nechť znovu usedne, pokojná,
lačnosti a sváru prostá, bez poskvrny
na svůj trůn vznešený, jenž náleží jí:
na trůn učitelky všeho světa.[6]

---

[6] Thákurovu báseň otištěnou v šántiniketanském čtvrtletníku *The Visvabharati Quarterly* přeložil z bengálštiny do angličtiny Manmohan Ghoš.

„Hymnus zvaný *Sáman*" zmíněný v Thákurově verši je Sámavéda, jedna ze čtyř véd. Zbylé tři se nazývají Rgvéda, Jadžurvéda a Atharvavéda. Tyto posvátné texty pojednávají o podstatě Brahma – Boha-Stvořitele, jenž se v individuální bytosti projevuje jako átman, duše. Slovo Brahma se odvozuje od kořene *brh*, „rozpínat se", jímž je vyjádřeno védské pojetí božské síly samovolného růstu, propukání tvůrčí aktivity. Říká se, že vesmír se odvíjí (*vikurute*) z Brahma podobně jako pavoučí síť z pavouka. Lze říci, že podstatou véd je vědomé splynutí átmana s Brahma, tedy duše s Duchem.

Védánta, závěrečný či shrnující oddíl véd, inspirovala mnoho velkých západních myslitelů. Francouzský historik Victor Cousin řekl: „Když pozorně čteme monumentální filozofická díla Orientu – zejména pak ta indická – objevíme v nich mnoho pravd natolik hlubokých, že jsme nuceni sklonit se před moudrostí Východu a v této kolébce lidského pokolení rozpoznat rodiště té nejvyšší filozofie." Schlegel poznamenal: „I ta nejvznešenější filozofie Evropanů, idealismus rozumu formulovaný řeckými filozofy, se ve srovnání s živostí a mohutností orientálního idealismu jeví jako slabá Prometheova jiskra v záplavě slunečního svitu."

Védy (od kořene *vid*, vědět) jsou jedinými texty obsáhlé indické literatury, jimž není přisuzováno lidské autorství. Rgvéda (10.90.9) připisuje těmto hymnům božský původ a říká, že pocházejí „z dávných dob," jen přeodčné do nového jazyka (3.39.2). Védy jsou v každém věku znovu zjevovány ršiům, „zřecům", a říká se, že jsou obdařeny *nitjatvou*, „plností nadčasovou."

Védy byly ršijům vyjeveny prostřednictvím zvuku, jsou „sluchem přijaté" (šruti). Jedná se v podstatě o literaturu obřadního zpěvu a přednesu. Proto oněch 100 000 dvojverší, z nichž se védy skládají, nebylo po mnoho tisíciletí písemně zaznamenáno, ale pouze ústně předáváno kněžími – bráhmany. Papír i kámen podléhají zubu času. Védy přetrvaly věky, neboť si ršiové uvědomovali, že v jejich předávání je duch nadřazen hmotě. Existuje snad něco lepšího než „pergamen srdce"?

Zachováváním zvláštního pořádku (*ánupúrví*), v němž jsou slova véd řazena, a s pomocí fonologických pravidel pro kombinování hlásek a slabik (*sandhi* a *sanátana*) jakož i matematickým ověřováním správnosti zapamatovaných textů bráhmani jedinečným způsobem zachovávali védy v jejich původní čistotě už od mlhavého dávnověku. Každá slabika (*akšara*) védského slova je obdařena významem a silou (viz str. 320-21).

KAPITOLA 9

Blažený ctitel a jeho kosmická romance

„Posaď se, prosím, mladý pane. Právě hovořím se svou božskou Matkou."

Tiše a pln bázně jsem vešel do místnosti. Andělské vzezření mistra Mahášaje mě doslova oslnilo. Se svým hedvábným bílým vousem a velkýma zářivýma očima se zdál být hotovým ztělesněním čistoty. Pozvednutá brada a sepjaté ruce mne zpravily o tom, že jsem svou první návštěvou mistra vyrušil uprostřed modlitby.

Jeho prostá slova na uvítanou měla na mou mysl nanejvýš zdrcující dopad. Hořké odloučení plynoucí z matčiny smrti jsem považoval za míru nejvyššího utrpení. Nyní mne však prudce zasáhlo vědomí odloučenosti od mé božské Matky a mou duši zachvátila nepopsatelná muka. S nářkem jsem se zhroutil k zemi.

„Upokoj se, mladý pane!" pravil světec pohnut soucitem.

Jako trosečník uprostřed oceánu smutku jsem se v zoufalství chytil mistrových nohou, v nichž jsem v tu chvíli viděl svůj jediný záchranný člun.

„Svatý pane, přimluvte se za mne! Zeptejte se božské Matky, zda v jejích očích dojdu milosti!"

Posvátný slib takovéto přímluvy se nedává snadno; mistr se odmlčel.

Byl jsem nade vší pochybnost přesvědčen, že mistr Mahášaj s vesmírnou Matkou důvěrně rozmlouvá. V hlubokém zahanbení jsem si uvědomil, jak slepé jsou mé oči k té, jež se v přítomném okamžiku zjevuje nezkalenému zraku světcovu. Bezostyšně jsem mu svíral nohy, hluchý k jeho vlídnému nesouhlasu, a znovu a znovu jsem jej úpěnlivě prosil, aby se za mne přimluvil.

„Přednesu mé Nejmilejší tvou prosbu." Mistrovu kapitulaci doprovázel váhavý, soucitný úsměv.

Jaká moc vycházela z těch pár slov! Konečně se tedy má bytost dočká vysvobození z onoho bouřlivého vyhnanství!

„Pamatujte na svůj slib, pane! Brzy se pro její vzkaz vrátím." V mém hlase, který se ještě před malou chvílí zalykal zármutkem, znělo nyní radostné očekávání.

Když jsem scházel po dlouhém schodišti, byl jsem přemožen vzpomínkami. Tento dům na Amherstově ulici číslo 50, jejž dnes mistr Mahášaj obýval, posloužil kdysi jako domov mé rodiny a stal se dějištěm matčiny smrti. Zde mé lidské srdce puklo nad ztrátou pozemské matky a dnes zde byl můj duch jako by ukřižován nepřítomností Matky božské. Ty posvátné stěny, tiší svědkové mých bolestných útrap i konečného uzdravení!

Nedočkavě jsem zamířil zpátky domů. Uchýlil jsem se do ústraní svého podkrovního pokojíku a zůstal pohroužen v meditaci až do deseti hodin. Tmu teplé indické noci náhle rozzářilo ohromující vidění.

Obklopena oslňující svatozáří stanula přede mnou božská Matka. Její něžně se usmívající tvář byla ztělesněním vší nádhery.

„Vždycky jsem tě milovala! Navždycky tě budu milovat!"

Zatímco nebeské tóny ještě doznívaly v ovzduší, její podoba se rozplynula.

Sotva se následujícího rána vyhouplo slunce nad obzor, spěchal jsem mistra Mahášaje navštívit podruhé. Vystoupal jsem po schodech domu prostoupeného palčivými vzpomínkami až k jeho pokoji ve třetím patře. Koule na zavřených dveřích byla ovázána kusem látky, což zřejmě mělo naznačit, že světec si nepřeje být rušen. Sotva jsem se rozpačitě zastavil na posledním schodu, mistrova ruka dveře náhle otevřela. Poklekl jsem u jeho svatých nohou. V rozpustilé náladě jsem si na obličej nasadil masku vážnosti, abych skryl své božské povznesení.

„Přicházím, pane – přiznávám, že velmi brzy – pro váš vzkaz. Zdalipak se o mně naše milovaná Matka zmínila?"

„Ty jeden darebo!"

Víc neřekl. Má předstíraná vážnost na něj očividně neudělala žádný dojem.

„Proč hovoříte tak tajemně, tak vyhýbavě? Copak světci neumějí mluvit jasně?" Nejspíš jsem se cítil poněkud vyveden z míry.

„Musíš mě zkoušet?" Jeho klidné oči byly plné pochopení. „Mohu snad dnes ráno dodat jediné slovo k tomu nádhernému ujištění, kterého se ti dostalo včera v deset hodin večer od naší Matky samotné?"

Blažený ctitel a jeho kosmická romance

Mistr Mahášaj měl moc nad stavidly mé duše. Znovu jsem mu padl k nohám. Tentokrát však mé slzy nepramenily z nesnesitelné bolesti, nýbrž z nezadržitelné blaženosti.

„Domníváš se snad, že se tvá zbožná láska nedotkla nekonečného Milosrdenství? Boží mateřství, které ctíš v podobě lidské i božské, nemůže nechat tvůj opuštěný nářek bez odpovědi."

Kdo byl tento prostý světec, jehož sebemenší prosba vyslaná Duchu tohoto vesmíru se setkávala s tak líbeznou odezvou? Jeho úloha ve světě byla skromná, jak se sluší na nejpokornějšího člověka, kterého jsem kdy poznal. Mistr Mahášaj[1] vedl v domě na Amherstově ulici malé gymnázium pro chlapce. Z jeho úst nikdy nevycházela kárává slova; k udržení kázně nepotřeboval žádné předpisy ani rákosku. V těchto skrovných třídách se vyučovala matematika vyššího řádu a chemie lásky, o nichž se nepíše v žádné učebnici.

Moudrost přenášel na druhé svou nakažlivou duchovní silou, nikoli bezduchými poučkami. Světec stravovaný bezelstným zanícením k božské Matce už nepožadoval větších projevů úcty, než jaké příslušejí dítěti.

„Nejsem tvým guruem. Ten přijde o něco později," řekl mi. „Pod jeho vedením se tvé prožívání Boha, jehož dnes vnímáš skrze svou lásku a oddanost, přetaví v bezbřehou moudrost."

Do domu na Amherstově ulici jsem chodíval každé odpoledne. Vyhledával jsem božský pohár mistra Mahášaje, z jehož přetékající plnosti zbylo vždy několik kapek i pro mne. Do té doby jsem se před nikým nesklonil z čiré úcty; nyní jsem však považoval za velikou výsadu, že mohu kráčet po stejné zemi, kterou svými šlépějemi posvětil mistr Mahášaj.

„Pane, přijměte prosím tento čampakový věnec, který jsem upletl jen pro vás," řekl jsem mu jednou večer, když jsem dorazil s květinovou girlandou v ruce. On však plaše odstoupil a opakovaně mou poctu odmítl. Až když viděl, jak mne jeho odmítnutí ranilo, se nakonec souhlasně usmál.

„Jelikož jsme oba oddáni Matce, můžeš položit svůj věnec na tento tělesný chrám jako obětinu té, která dlí uvnitř." V jeho neobzírné povaze nezbylo místa ani pro ten nejmenší sebestředný úmysl.

---

[1] Mistr Mahášaj bylo uctivé oslovení, jímž byl obvykle titulován. Jeho rodné jméno znělo Mahendranáth Gupta, svá literární díla však podepisoval prostým „M".

„Co kdybychom se zítra společně vydali do dakšinešvarského chrámu, který navěky posvětil můj guru?" Mistr Mahášaj byl žákem kristovského mistra Šrí Rámakrišny Paramahansy.

Na cestu dlouhou čtyři míle jsme se následujícího rána vypravili lodí po Ganze. Vstoupili jsme do chrámu bohyně Kálí, jejž zdobí devět kupolí a v němž spočívá socha božské Matky a Šivy na vyleštěném stříbrném lotosu s tisíci pečlivě tepanými okvětními lístky. Mistr Mahášaj zářil radostí. Byl zcela pohlcen nekonečnou romancí se svou Nejmilejší. Když pronášel její jméno, mé uchvácené srdce jako by se rozpadalo na tisíc lotosových lístků.

Později jsme se při procházce po tomto posvátném místě zastavili v tamaryškovém háji. Drobné plody tohoto stromu připomínající manu symbolizovaly nebeský pokrm, který mistr Mahášaj rozdával. Bez ustání vzýval Boha. Já jsem seděl bez hnutí na trávě uprostřed růžového chmýří tamaryškových květů. Dočasně jsem opustil své tělo a vznášel se v nebeských výšinách.

Toto byla první z mnoha poutí do Dakšinešvaru ve společnosti mého svatého učitele. Díky němu jsem poznal, jak nádherný je Bůh v podobě Matky neboli Božího milosrdenství. O aspekt Otce, tedy Boží spravedlnost, tento světec s dětskou duší příliš velký zájem nejevil. Přísné, exaktní matematické soudy byly jeho laskavé povaze zcela cizí.

„Mohl by být pozemským obrazem nebeských andělů!" pomyslel jsem si láskyplně, když jsem ho jednou pozoroval při modlitbách. Bez náznaku odsudku či kritiky hleděl na svět očima dávno důvěrně obeznámenýma s Prvotní čistotou. Jeho tělo, mysl, řeč i jednání byly v přirozeném souladu s prostotou jeho duše.

„Tak pravil můj mistr." Touto poctou bez výjimky zakončoval každou svou moudrou radu a zříkal se tím jakéhokoli osobního vyjádření. Jeho ztotožnění se Šrí Rámakrišnou bylo tak hluboké, že už ani své myšlenky nepovažoval za vlastní.

Ruku v ruce jsme se jednoho večera procházeli nedaleko jeho školy. Mou radost náhle zkalil příchod jistého známého, který se nás jal obtěžovat dlouhým, domýšlivým proslovem.

„Vidím, že přítomnost této osoby tě nijak zvlášť netěší," pošeptal mi světec, aniž by si ten nadutec něčeho všiml, neboť byl zcela zabrán do svého monologu. „Promluvil jsem o tom s božskou Matkou; ví o naší svízelné situaci. Slíbila mi, že jakmile dojdeme tam k tomu červenému domu, připomene mu něco naléhavějšího."

Blažený ctitel a jeho kosmická romance

MISTR MAHÁŠAJ
„blažený ctitel"

Dychtivě jsem upíral zrak k místu naší spásy. Jen co jsme došli k jeho červeným dveřím, muž se náhle nevysvětlitelně otočil a v půli věty odešel, aniž se rozloučil. V ovzduší narušeném jeho přítomností opět zavládl mír.

Jindy jsem se zase sám procházel nedaleko Háorského vlakového nádraží. Zastavil jsem se na chvíli u jednoho chrámu a v duchu se pohoršoval nad skupinkou lidí s bubnem a činely, kteří cosi divoce prozpěvovali.

„Jak bezbožně a mechanicky vyslovují Boží jméno!" pomyslel jsem si. Náhle jsem ke svému překvapení spatřil mistra Mahášaje, který se ke mně blížil rychlým krokem.

„Kde se tu berete, pane?"

Světec ponechal mou otázku bez odpovědi a namísto toho zareagoval na mou myšlenku. „Není snad pravda, mladý pane, že jméno naší Nejmilejší zní opojně z každých úst, ať jsou moudrá, nebo bláhová?" Láskyplně mi položil svou ruku na rameno a já byl náhle unášen na jeho kouzelném koberci do Milostiplné přítomnosti.

„Chtěl bys vidět bioskop?" zeptal se mě mistr Mahášaj jednoho odpoledne tajemně; to slovo se tehdy v Indii používalo místo biografu. Souhlasil jsem, neboť jsem se rád nacházel v jeho společnosti bez ohledu na okolnosti. Svižnou chůzí jsme došli do parku naproti Kalkatské univerzitě. Můj společník ukázal na lavičku nedaleko jezírka, jemuž se říká Goldíghi.

„Posaďme se tu na pár minut. Můj mistr mi vždycky říkal, ať medituji, kdykoli spatřím vodní hladinu. Její poklidnost nám připomíná bezbřehé Boží ticho. Jako se ve vodě odrážejí všechny věci, zrcadlí se i celý vesmír v jezeře Kosmické mysli. Tak často říkal můj *gurudéva*."[2]

Krátce nato jsme vstoupili do univerzitního sálu, kde právě probíhala přednáška. Byla nesnesitelně nudná, ač ji občas zpestřovalo promítání obrázků na průsvitných foliích, které však nebyly o nic zajímavější.

„Toto je tedy ten bioskop, který mi chtěl mistr ukázat!" Propadal jsem netrpělivosti, ale nechtěl jsem svou rozmrzelost na sobě nechat znát, abych se světce nedotkl. On se však ke mně důvěrně naklonil.

„Mladý pane, vidím, že tento bioskop tě netěší. Zmínil jsem se o tom božské Matce. Plně s námi soucítí. Řekla mi, že světlo teď zhasne a nerozsvítí se, dokud se odsud nevytratíme."

Sotva jeho šepot dozněl, ponořil se sál do tmy. Profesor, jehož pronikavý hlas na okamžik překvapeně zmlkl, nato pronesl: „Zdá se, že tu máme nějakou poruchu na elektrického vedení." To už jsme ale s mistrem Mahášajem překročili práh do bezpečí. Když jsem se z chodby ohlédl, viděl jsem, že se sál opět rozzářil světlem.

„Mladý pane, tento bioskop tě zklamal, ale myslím, že jiný se ti bude určitě líbit." Stáli jsme se světcem na chodníku před univerzitní budovou. Zlehka mě plácl do prsou na straně srdce.

Nastalo ticho, v němž se všechno proměnilo. Jako oněměl zvukový film, když se porouchá reproduktor, tak i Boží ruka jakýmsi podivným zázrakem umlčela všechen pozemský ruch. Chodci i projíždějící

---

[2] „Božský učitel", běžné sanskrtské oslovení duchovního učitele. *Guru* („osvícený učitel") v kombinaci s *déva* („bůh") vyjadřuje hlubokou úctu a respekt. V textu překládáno jako „mistr".

BOŽSKÁ MATKA

Božská Matka je aspektem Boha, který je činný v tvoření: je to šakti čili moc transcendentního Božství. Je známá pod mnoha jmény podle vlastností, které vyjadřuje. Na tomto vyobrazení její zvednuté ruce značí univerzální požehnání. V druhém páru rukou symbolicky drží růženec (oddanost), stránky svatého písma (vzdělanost a moudrost) a džbán s posvátnou vodou (očista).

tramvaje, automobily, volská spřežení i drožky s železnými koly, to vše se bezhlučně míhalo kolem. Dění, které se odvíjelo po stranách i za mými zády, jsem mohl sledovat stejně snadno jako to, jež jsem měl přímo před sebou, jako bych byl obdařen nějakým všudypřítomným zrakem. Celé to činorodé hemžení v této malé kalkatské čtvrti se přede mnou odehrávalo bez jediného hlesnutí. Tento panoramatický výjev prostupovalo měkké světlo podobné záři ohně, která matně prosvítá pod tenkou vrstvou popela.

Mé vlastní tělo teď nebylo ničím víc než jedním z mnoha stínů, jen zcela nehybným, zatímco ostatní se mlčky mihotaly sem a tam. Několik mých chlapeckých přátel prošlo bez zastavení těsně kolem mne; i když se mi dívali přímo do tváře, nepoznali mě.

Tato jedinečná pantomima ve mně probudila nevýslovnou extázi. Hlubokými doušky jsem pil z fontány blaženosti. Náhle mě mistr Mahášaj znovu lehce uhodil do prsou. Vřava tohoto světa opět dolehla na mé vzpírající se uši. Zapotácel jsem se, jako bych byl prudce vytržen ze sna. To transcendentální víno zmizelo z mého dosahu.

„Mladý pane, vidím, že druhý bioskop[3] už je podle tvého vkusu." Světec se usmál. Pln vděčnosti jsem se mu chtěl vrhnout k nohám. „Teď už se mi nemůžeš takto klanět," pravil. „Víš, že i ve tvém chrámu přebývá Bůh. Nedovolím božské Matce, aby se skrze tvé ruce dotýkala mých nohou!"

Pokud nás snad někdo pozoroval, jak s neokázalým mistrem odcházíme z přelidněného chodníku, bezpochyby nás podezříval z opilosti. Zdálo se mi, že i padající večerní stíny jsou účastně zmámené Bohem.

Když se dnes snažím chabými slovy vystihnout vlídnost mistra Mahášaje a dalších světců s hlubokým duchovním vhledem, jejichž cesty se zkřížily s mou vlastní poutí, kladu si otázku, zda tehdy tušili, že o mnoho let později budu na Západě psát o jejich zbožných životech. Taková jasnozřivost by pro mne nebyla žádným překvapením a odvažuji se doufat, že ani pro mé čtenáře, kteří se mnou došli až sem.

Světci ze všech náboženství dosáhli uvědomění Boha prostřednictvím prosté představy nejvyšší vesmírné bytosti, již milovali nade vše. Protože Absolutno je *nirguna*, „bez vlastností", a *ačintja*, „nepředstavitelné", bylo v lidských myšlenkách i touhách ždy zosobňováno jako Matka Všehomíra. Kombinace víry v osobního Boha s filozofií Absolutna je prastarým výdobytkem indického myšlení, které je rozvedeno ve védách a v *Bhagavadgítě*. Toto „smíření protikladů" dokáže současně uspokojit naše srdce i hlavu. *Bhakti* (zbožná oddanost) a *džňána* (moudrost) jsou ve své podstatě jedno a totéž. *Prapatti*, „hledání útočiště" v Bohu, a *šaranágati*, „vržení se do náruče Božího milosrdenství", jsou ve skutečnosti cesty vedoucí k nejvyššímu poznání.

---

[3] Websterův Nový mezinárodní slovník (1934) uvádí jako jeden z méně častých významů tohoto slova i tuto definici: „Pohled na život; to, co takový pohled poskytuje." Použití tohoto slova mistrem Mahášajem bylo tedy až příznačně důvodné.

Blažený ctitel a jeho kosmická romance

Pokora mistra Mahášaje i všech dalších světců vyvěrá z toho, že si jsou plně vědomi své naprosté závislosti (šéšatva) na Bohu jako jediném Životě a Soudci. Jelikož samotnou podstatou Boha je Blaženost, člověk, který žije s Bohem v souladu, prožívá přirozenou, ničím nespoutanou radost. „První z tužeb duše a vůle je radost."[4]

Ctitelé Boha ve všech dobách, kteří k němu v dětském duchu přistupovali jako k Matce, potvrzují, že si s nimi nikdy nepřestává hrát. V životě mistra Mahášaje se tato božská hra projevovala v situacích významných i nevýznamných. V Božích očích není nic velké ani malé. Mohlo by snad nebe nést velkolepé hvězdné stavby Vegy či Arkturu, kdyby Bůh s vytříbenou precizností nevytvořil i nepatrný atom? Rozlišování na „podstatné" a „nepodstatné" je Bohu jistě neznámé, jinak by se celý vesmír zhroutil kvůli jedinému chybějícímu špendlíku!

---

[4] Sv. Jan od Kříže. Tělo tohoto okouzlujícího křesťanského světce, který zemřel v roce 1591, bylo v roce 1859 exhumováno a nalezeno v neporušeném stavu.
Sir Francis Younghusband (*Atlantic Monthly*, pros. 1936) o svém vlastním prožitku kosmické radosti napsal: „Zaplavilo mě cosi mnohem většího než nespoutané veselí či euforie. Byl jsem celý bez sebe intenzitou radosti a s touto nepopsatelnou, téměř nesnesitelnou radostí mi bylo vyjeveno poznání, že tento svět je ve své podstatě dobrý. Nabyl jsem nezpochybnitelného přesvědčení, že lidé jsou jádru dobří a že zlí jsou jen na povrchu."

KAPITOLA 10

Potkávám svého mistra, Šrí Juktéšvara

„Víra v Boha dokáže způsobit jakýkoli zázrak s jedinou výjimkou – nelze složit zkoušku bez učení." Znechuceně jsem odložil „motivační" knihu, kterou jsem ve volné chvíli listoval.

„Tato výjimka prozrazuje naprostý nedostatek víry jejího autora," pomyslel jsem si. „Ten chudák má větší úctu k ponocování nad knihami."

Svému otci jsem dal slib, že dokončím gymnázium. Nemohu však tvrdit, že bych v tom byl nějak zvlášť přičinlivý. S ubíhajícími měsíci jsem se nacházel čím dál méně ve školní lavici a čím dál častěji v zapadlých koutech na kalkatských *ghátech*. Přilehlá žároviště, za nocí obzvlášť děsivá, jsou vyhledávaným místem jogínů. Ten, kdo hledá nesmrtelnou podstatu, se nesmí nechat odradit pohledem na pár obnažených lebek. Z pochmurné hromady kostí zřetelně vyplyne lidská nedostatečnost. Mé ponocování bylo tedy poněkud jiné povahy, než jaké měl na mysli učený autor.

Týden závěrečných zkoušek na Hindu High School, již jsem navštěvoval, se blížil mílovými kroky. Jak známo, toto období neúprosné pravdy umí studentům nahnat stejnou hrůzu jako duchové ze záhrobí. Má mysl však byla klidná. Rozhodl jsem se těm duchům čelit poznáním, které jsem křísil k životu z hrobek věků a o němž se ve školních učebnách mlčí. Chybělo mi však umění Svámího Pranabánandy, který se bez velkého úsilí dokázal zjevovat na dvou místech současně. Ač se to mnohým může zdát nelogické, uvažoval jsem tak, že Bůh si mého dilematu povšimne a vysvobodí mě z něj. Tato iracionalita zbožného člověka pramení z tisíců nevysvětlitelných případů, v nichž Bůh svým zásahem člověku nečekaně pomohl z nesnází.

„Buď zdráv, Mukundo! V poslední době tě skoro nevídám," oslovil mě jednoho odpoledne spolužák na Garparské ulici.

"Buď zdráv, Nantu! Jak se zdá, má neviditelná přítomnost ve škole mě přivedla do velkých nesnází," svěřil jsem se příteli, když mne pozdravil přátelským pohledem.

Nantu, který byl vynikajícím studentem, se od srdce rozesmál. Nedalo se popřít, že na mé svízelné situaci bylo něco komického.

"Vždyť vůbec nejsi připraven na závěrečné zkoušky," řekl. "Myslím, že se tě budu muset ujmout."

Ta prostá slova zněla mým uším jako božský příslib. S dychtivostí jsem přítele doprovodil až domů, kde mi ochotně vysvětlil řešení několika úloh, o nichž předpokládal, že nám budou s největší pravděpodobností zadány.

"Tyto otázky jsou jako návnady, na něž se chytí mnoho důvěřivých studentů. Zapamatuj si mé odpovědi a vyvázneš bez úhony."

Když jsem odcházel, noc se již chýlila ke konci. Dmul jsem se nezaslouženou erudicí a vroucně se modlil, aby mi těch pár příštích kritických dnů vydržela. Nantu mě doučil v několika předmětech, ale v časové tísni zapomněl na sanskrt. V horlivosti jsem Bohu připomněl jeho opomenutí.

Následujícího rána jsem vyrazil na procházku a v kolébavém rytmu kroků vstřebával nově nabyté vědomosti. Přecházel jsem právě zkratkou přes plevelem zarostlý pozemek na rohu ulice, když vtom padl můj zrak na několik poletujících listů potištěného papíru. Vítězně jsem je lapil – byly to sanskrtské verše! Vyhledal jsem jednoho učence, který mi pomohl s mým rozpačitým výkladem. Jeho sytý hlas se přitom rozezníval zpěvným a libozvučným jazykem starobylé nádhery.[1]

"Tyto vzácné, málo známé verše ti u zkoušky ze sanskrtu příliš nepomohou." Učenec se nad textem zatvářil skepticky.

Znalost této konkrétní básně mi nicméně umožnila, abych zkoušku ze sanskrtu následující den úspěšně složil. Díky Nantuově prozíravé pomoci jsem získal nejnižší potřebné známky i ve všech ostatních předmětech.

Otec byl potěšen, že jsem dodržel slovo a svá studia dokončil. Za svůj úspěch jsem vděčil Bohu; cítil jsem, že to byl On, kdo mne poslal

---

[1] *Sanskrta*, „vytříbený, úplný". Sanskrt je starší sestrou všech indoevropských jazyků. Jeho abeceda se nazývá *dévanágarí*, doslova „příbytek bohů". „Kdo zná mou gramatiku, zná Boha!" Tento hold vzdal matematické a psychologické dokonalosti sanskrtu velký jazykozpytec starověké Indie Pánini. Kdo dokáže sledovat jazyk až k jeho kořenům, dojde nakonec k samotné vševědoucnosti.

k Nantuovi a kdo mne vedl na mé nezvyklé procházce přes zanedbaný pozemek. Hned dvakrát tak Bůh rozverně a v pravý čas přispěchal k mé záchraně.

Opět se mi do rukou dostala ona zavržená kniha, jejíž autor popíral roli Boha ve skládání zkoušek. Neubránil jsem s úsměvu, když jsem si v duchu pomyslel:

„Kdybych tomu chlapíkovi prozradil, že meditace mezi mrtvolami je zkratkou ke školnímu vysvědčení, jen bych tím prohloubil jeho rozpaky!"

S čerstvě nabytou důstojností jsem začal otevřeně plánovat svůj odchod z domu. Spolu s mladým přítelem Džitendrou Mazumdárem[2] jsem se rozhodl vstoupit do ášramu Šrí Bhárat Dharma Mahámandal v Benáresu[3] a podstoupit zdejší duchovní výcvik.

Jednoho dne mne však při představě odloučení od rodiny přepadl smutek. Od matčiny smrti jsem se velmi sblížil se svými mladšími bratry Sánandou a Bišnuem a nejmladší sestrou Thamu. Spěchal jsem proto hned do svého útočiště – malého podkrovního pokojíku, který byl svědkem mnohých výjevů z mé bouřlivé *sádhany*.[4] Po dvouhodinové záplavě slz jsem cítil hlubokou proměnu, jako bych byl očištěn nějakým alchymickým prostředkem. Veškerá připoutanost[5] zmizela a mé odhodlání hledat Boha jako svého nejdůvěrnějšího Přítele dozrálo k nezlomnosti.

„Naposledy tě žádám," pravil otec viditelně zdrcen, když jsem za ním přišel pro požehnání, „abys mne ani své truchlící bratry a sestry neopouštěl."

„Drahý otče, nedokážu ani vypovědět, jak jsi mi drahý. Ještě větší je však má láska k nebeskému Otci, který mne obdaroval dokonalým otcem na zemi. Nech mě jít, abych se jednoho dne vrátil s hlubším porozuměním Bohu."

---

[2] Nejedná se o Džatíndu (Džatína Ghoše), kterého si čtenář pamatuje pro jeho včasnou obavu z tygrů.

[3] Po získání nezávislosti byl do původní podoby navrácen pravopis řady indických slov, která byla během britské nadvlády poangličtěna. Proto se nyní Benáres častěji označuje jako Váránasí nebo svým ještě starším názvem Káší.

[4] Stezka či přípravná cesta k Bohu.

[5] Hinduistické spisy učí, že připoutanost k rodině je klamná, pokud člověku brání v hledání Dárce všech požehnání včetně požehnání milujících příbuzných, o požehnání života samotného nemluvě. Podobně i Ježíš učil: „Kdo miluje otce nebo matku víc nežli mne, není mne hoden." (Matouš 10,37)

Se zdráhavým souhlasem svého otce jsem se tedy připojil k Džitendrovi, který už v benáreském ášramu pobýval. Po příjezdu mě srdečně uvítal jeho mladý představený svámí Dajánanda. Tento vysoký štíhlý muž hloubavého vzezření na mě učinil dobrý dojem. Z jeho půvabného obličeje vyzařoval buddhovský klid.

Potěšilo mě, že se v mém novém domově nachází podkroví, kde se mi dařilo trávit časné ranní a večerní hodiny. Ostatní obyvatelé ášramu, kteří toho o meditaci příliš nevěděli, se domnívali, že bych měl veškerý čas věnovat organizačním povinnostem. Za svou odpolední kancelářskou práci jsem od nich sklízel chválu.

„Nesnaž se dopadnout Boha příliš brzy!" ozvalo se za mnou posměšně, když jsem se jednou dřív než obvykle ubíral do svého podkrovního útočiště. Zašel jsem tedy za Dajánandou, který právě trávil čas ve své svatyňce s výhledem na Gangu.

„Svámídží,[6] nechápu, co se zde po mně žádá. Usiluji o přímé uvědomování Boha. Bez něj mne neuspokojí žádná hodnost, vyznání ani prospěšná práce."

Mnich v oranžovém rouše mě přátelsky poplácal po rameni a naoko pokáral několik žáků poblíž. „Nechte Mukundu na pokoji. Sám přijde na to, jak to u nás chodí."

Zdvořile jsem skryl své pochyby. Žáci odešli z místnosti, aniž by si z napomenutí dělali těžkou hlavu. Dajánanda měl však na srdci ještě něco.

„Mukundo, vím, že otec ti pravidelně posílá peníze. Pošli mu je prosím zpět, tady je nepotřebuješ. A druhé kázeňské pravidlo se týká jídla. Nikdy nedávej najevo, že máš hlad."

Nedokázal jsem říct, zda mi můj žaludek kouká z očí, ale že ho mám prázdný, jsem věděl zcela bezpečně. První jídlo v ášramu se s neměnnou pravidelností podávalo vždy v poledne a já byl z domova zvyklý na vydatnou snídani už o deváté.

Ta tříhodinová prodleva byla den ode dne méně a méně snesitelná. Pryč byly doby, kdy jsem v Kalkatě káral kuchaře za desetiminutové zpoždění. Teď jsem se snažil svou chuť k jídlu ovládnout; právě jsem skončil čtyřiadvacetihodinový půst, a na nadcházející poledne jsem se proto těšil dvojnásob.

---

6 *Dží* je tradiční zdvořilostní přípona, používaná zejména při přímém oslovení, např. „svámídží", „gurudží", „Šrí Juktéšvardží".

„Dajánandadžího vlak má zpoždění. Najíme se, až dorazí," oznámil mi Džitendra zdrcující novinu. K uvítání svámího, který byl čtrnáct dní nepřítomen, se chystala hostina se spoustou lahůdek. Vzduchem se linuly lákavé vůně, já však nemohl polknout nic než pýchu nad svým včerejším půstem.

„Popožeň ten vlak, Bože!" Věřil jsem, že prosba k nebeskému Chlebodárci není zahrnuta v zákazu, kterým mě Dajánanda umlčel. Boží pozornost však byla zaměřena jinam a hodiny se úmorně vlekly. Když se náš představený konečně objevil v bráně, padala už tma. Uvítal jsem ho s nepředstíranou radostí.

„Jídlo začneme podávat, až se Dajánandadží vykoupe a dokončí meditaci," pronesl Džitendra, když se ke mně opět snesl jako zlověstný pták.

Byl jsem na pokraji zhroucení. Můj mladý žaludek, který nebyl zvyklý strádat, s trýznivou urputností protestoval. Před očima se mi jako přízraky zjevovaly oběti hladomoru, které jsem kdesi viděl na fotografiích.

„Další nebožák, kterého za pár chvil skolí smrt vyhladověním, čeká v tomto ášramu," pomyslel jsem si. Hrozba záhuby byla odvrácena až v devět hodin. Jak nadpozemská to úleva! Vzpomínka na tuto pozdní večeři je v mých vzpomínkách stále živá jako jeden z nejpamátnějších okamžiků mého života.

Ač jsem byl hluboce zabrán do jídla, nemohl jsem si nevšimnout, že Dajánanda svá sousta polykal, jako by byl duchem nepřítomen. Nad mé nízké požitky byl očividně povznesen.

„Copak vy jste neměl hlad, svámídží?" zeptal jsem se, když jsem se blaženě přejeden ocitl s naším představeným sám v jeho pracovně.

„Ovšem že měl!" odpověděl. „Poslední čtyři dny jsem nejedl ani nepil. Ve vlaku zásadně nic nepožívám, neboť bývá plný cizorodých vibrací světských lidí. Přísně dodržuji pravidla pro mnichy svého řádu, jež jsou stanovena v šástrách.[7]

---

[7] Šástry, doslova „svaté knihy", zahrnují čtyři druhy písem: *šruti*, *smrti*, *purány* a *tantry*. Tyto obsáhlé spisy pojednávají o všech stránkách náboženského a společenského života jakož i oblastech práva, lékařství, architektury či umění. Šruti jsou „sluchem přijatá" či „zjevená" písma, védy. Smrti čili „paměti předávané" tradice byly nakonec v dávné minulosti sepsány do *Mahábháraty* a *Rámájany*, nejobsáhlejších veršovaných eposů lidstva. Purány, kterých je celkem osmnáct, jsou „pradávné" alegorické příběhy. Tantry, doslovně „obřady" či „rituály", jsou pojednání, která sdělují hluboké pravdy pod závojem detailní symboliky.

Potkávám svého mistra, Šrí Juktéšvara

Šrí Jógánanda a Svámí Džňánánanda, guru Svámího Dajánandy, v ášramu Mahámandal v Benáresu (7. února 1936). V tradičním projevu úcty se Jógánanda posadil u nohou Džňánánandadžího, představeného tohoto ášramu. Zde se Jógánandadží v chlapeckém věku věnoval duchovní disciplíně, než v roce 1910 potkal svého mistra, Svámího Šrí Juktéšvara.

Leží mi však na srdci některé organizační problémy. Proto jsem dnešní večeři poněkud zanedbal. Ale kam bych spěchal? Zítra si dám záležet, abych se pořádně najedl." A vesele se zasmál.

Dusil jsem se vlastní hanbou. Na muka uplynulého dne se však nedalo tak snadno zapomenout, a tak jsem si neodpustil další poznámku:

„Svámídží, jsem zmaten vašimi pokyny. Když nikdy nepožádám o jídlo, může se stát, že mi nikdo žádné nedá. Mám tedy zemřít hlady?"

„Tak zemři!" Jeho šokující rada proťala vzduch. „Jen zemři, Mukundo, když musíš! Nikdy však nevěř tomu, že jsi živ jen z jídla a nikoli z Boží moci. Ten, jenž stvořil každou živinu a obdařil nás chutí k jídlu, se jistě postará, aby člověk jemu oddaný měl co do úst. Nedomnívej se, že je to rýže, co tě udržuje naživu, ani že jsi zabezpečen díky penězům či péči druhých. Mohli by ti nějak pomoci, kdyby ti Bůh odňal dech života? Ti druzí jsou jen jeho nástroje. Je to snad nějaká tvá dovednost či zásluha, že tvůj žaludek umí trávit potravu? Použij meč svého rozlišování, Mukundo! Přetni řetěz prostředníků a vnímej onu jedinou Příčinu!"

Jeho pronikavá slova mě zasáhla až na dřeň. Tatam byl onen odvěký klam, jímž se naléhavé potřeby těla snaží obelstít duši. Na místě jsem tenkrát pocítil dokonalou soběstačnost ducha. V kolika cizích městech jsem měl později možnost si ve svém kočovném životě ověřit prospěšnost této lekce z benáreské poustevny!

Jediná cenná věc, kterou jsem si vzal z Kalkaty s sebou, byl sádhuův stříbrný amulet, jejž mi odkázala má matka. Celé roky jsem ho opatroval a teď ležel pečlivě ukryt v mém pokoji. Jednoho rána jsem skříňku odemkl, abych se opět posilnil jeho poselstvím. Víčko skříňky bylo neporušené, ale amulet byl pryč! Zarmouceně jsem roztrhl váček, v němž byl předtím uschován, a nabyl tak nezpochybnitelnou jistotu. Amulet zmizel, přesně jak sádhu předpověděl – do éteru, z něhož byl přivolán.

Mé vztahy s Dajánandovými následovníky se neustále zhoršovaly. Osazenstvo ášramu se stále více odcizovalo, má odhodlaná odtažitost je dráždila. Nesmlouvavá vytrvalost v meditaci o Ideálu, pro který jsem se vzdal domova i všech světských ambicí, vzbuzovala malichernou kritiku, jež se na mne snášela ze všech stran.

Jednoho dne za svítání jsem vešel do své podkrovní komůrky rozpolcen duchovním zoufalstvím a rozhodnut modlit se tak dlouho, dokud nedostanu odpověď.

„Milosrdná Matko vesmíru, uč mě ty sama skrze vize nebo skrze gurua, kterého mi sešleš!"

Míjely hodiny a mé prosebné nářky zůstávaly bez odezvy. Náhle jsem ucítil, jako bych byl tělesně vyzdvižen do jakési sféry bez hranic.

„Dnes se setkáš se svým mistrem!" pronesl božsky znějící ženský hlas, který přicházel odevšad a zároveň odnikud.

Tento nadpozemský zážitek byl náhle přerušen křikem, jehož původ byl zcela přízemní. Z kuchyně v přízemí na mě volal mladý kněz přezdívaný Habu.

„Mukundo, nech už těch meditací! Musíme jít něco vyřídit."

Jindy bych nejspíš reagoval podrážděně, ale teď jsem si jen otřel uslzený obličej a pokorně uposlechl příkazu. S Habuem jsme se vydali na vzdálené tržiště v bengálské čtvrti Benáresu. Nelítostné indické slunce ještě ani nevystoupalo do nadhlavníku a my jsme už čile nakupovali

Potkávám svého mistra, Šrí Juktéšvara

na bazarech. Proráželi jsme si cestu pestrobarevnými davy hospodyň, průvodců, kněží, skromně oděných vdov, důstojných bráhmanů a všudypřítomných posvátných krav. Když jsme míjeli nenápadnou postranní uličku, bezděky jsem do ní zabrousil pohledem.

Na jejím konci stál bez hnutí muž kristovského vzezření, oděný v okrovém rouše svámího. Okamžitě mi připadal povědomý, jako bych jej znal odnepaměti. Chvíli jsem na něj zaujatě zíral, pak se mne ale zmocnily pochyby.

„Nejspíš si toho potulného mnicha pleteš s někým, koho znáš," pomyslel jsem si. „Jdi dál, snílku."

Po deseti minutách mi ztěžkly nohy tak, že už jsem nedokázal jít dál – jako by se proměnily v kámen. S námahou jsem se otočil a mé nohy byly najednou zase v pořádku. Když jsem však chtěl pokračovat v chůzi, opět se mne zmocnila ta podivná tíže.

„Ten světec mě k sobě přitahuje jako magnet!" S touto myšlenkou jsem navršil všechny své nákupy do Habuovy náruče. Ještě před chvílí udiveně pozoroval mou výstřední chůzi a teď vyprskl smíchy.

„Co je to s tebou? Zbláznil ses?"

Hluboké pohnutí mi nedovolilo na jeho poznámku reagovat; beze slova jsem se dal do běhu.

Jako na křídlech jsem spěchal zpátky po vlastních šlépějích, až jsem doběhl do té úzké uličky. Okamžitě jsem spatřil onu klidem prostoupenou postavu, která upřeně hleděla mým směrem. Ještě pár nedočkavých kroků a padl jsem mu k nohám.

„Gurudévo!" Byla to tatáž božská tvář, která se mi zjevovala v bezpočtu vidění. Pokojné oči zasazené v hlavě podobající se lvu, jíž lemovala špičatá bradka a splývavé kadeře, často hleděly z šera mých snivých nocí a skrývaly v sobě příslib, kterému jsem plně nerozuměl.

„Můj drahý, konečně jsi ke mně přišel!" opakoval můj guru bengálsky stále dokola a hlas se mu chvěl radostí. „Tolik let už na tebe čekám!"

Splynuli jsme spolu v mlčenlivé jednotě; slova se zdála nadbytečná. Všechna sdělení plynula v bezhlesém zpěvu z mistrova srdce do žákova. Anténou nevyvratitelného nazírání jsem cítil, že můj guru zná Boha a dovede mě k němu. Zatemnění tohoto života zmizelo v křehkém úsvitu vzpomínek na minulé životy. To drama času! Minulost, přítomnost i budoucnost jsou jen jeho věčně se opakující výjevy. Toto nebylo první slunce, které mě zastihlo u těchto svatých nohou!

ŠRÍ JUKTÉŠVAR (1855-1936)
Džňánavatár, „Inkarnace moudrosti" žák Láhirího Mahášaje a guru Šrí Jógánandy paramguru všech krijájogínů SRF-YSS

Meditační svatyně svámího Šrí Juktéšvara byla vysvěcena v roce 1977 na místě jeho ášramu ve Šrírámpuru. Při stavbě bylo použito několik cihel z původního ášramu. Architektura svatyně je inspirována návrhem Paramahansy Jógánandy.

Jógánandadží v roce 1915 na zadním sedadle motocyklu, který mu věnoval jeho otec. „Jezdil jsem na něm všude," řekl, „hlavně na návštěvy za svým mistrem Šrí Juktéšvardžím do jeho šrírámpurského ášramu."

Guru mě vzal za ruku a odvedl mne do svého přechodného sídla ve čtvrti Ránamahal. Jeho atletická postava se nesla pevným krokem. Byl vysoký, vzpřímený, a ač mu tehdy bylo kolem pětapadesáti let, působil rázně a činorodě jako mladík. V jeho velkých tmavých očích se zračila moudrost nedozírné hloubky. Lehce zvlněné vlasy zjemňovaly obličej vyzařující nezpochybnitelnou moc. Síla se v něm citlivě snoubila s mírností.

Když jsme pak přicházeli ke kamenné terase s výhledem na Gangu, řekl láskyplně:

„Věnuji ti své poustevny a vše, co mi patří."

„Pane, přicházím pro moudrost a uvědomění Boha. To jsou vaše poklady, po nichž toužím!"

Rychlý indický soumrak už začal spouštět svou oponu, než můj mistr opět promluvil. Z jeho očí vyzařovala nepředstavitelná něha.

„Dávám ti svou bezvýhradnou lásku."

Jak vzácná slova! Než se mým uším znovu dostalo dalšího potvrzení jeho lásky, uplynulo čtvrt století. Zanícená řeč byla jeho rtům cizí; jeho bezbřehému srdci lépe vyhovovalo mlčení.

„Budeš mou bezpodmínečnou lásku opětovat?" zeptal se a zahleděl se na mě s dětskou důvěřivostí.

„Budu vás milovat navěky, gurudévo!"

„Běžná lidská láska je sobecká, temně zakořeněná v touhách a jejich uspokojování. Božská láska nezná podmínek, hranic ani proměn. Pod ochromujícím dotekem čisté lásky se nevyzpytatelná povaha lidského srdce jednou provždy rozplyne." Nato pokorně dodal: „Pokud bys někdy zjistil, že se odchyluji od stavu vědomí Boha, slib mi, že vezmeš mou hlavu do klína a opět mě přivedeš k té kosmické Lásce, kterou oba uctíváme."

Pak v houstnoucí tmě vstal a zavedl mě dovnitř. Zatímco jsme pojídali manga a mandlové sladkosti, nenápadně zapřádal do svého hovoru důvěrnou znalost mé povahy. Žasl jsem nad šíří jeho moudrosti, jež se citlivě mísila s vrozenou skromností.

„Netruchli pro svůj amulet. Naplnil svůj účel." Podoben božskému zrcadlu, můj guru zjevně zachytil obraz celého mého života.

„Mistře, živoucí skutečnost vaší přítomnosti je radostí, která předčí všechny symboly."

„Nastal čas na změnu, jelikož tvá situace v ášramu je poněkud nešťastná."

O svém životě jsem se mu slovem nezmínil; v této chvíli se to zdálo zcela zbytečné! Z jeho přirozeného, samozřejmého chování jsem vyrozuměl, že nestojí o žádné projevy halasného obdivu nad jeho jasnozřivostí.

„Měl by ses vrátit do Kalkaty. Proč z lásky k lidstvu vylučovat vlastní příbuzné?"

Jeho návrh ve mně vzbudil zděšení. Moje rodina totiž můj návrat předpovídala, přestože jsem na jejich četné prosebné dopisy vůbec nereagoval. „Jen ať se ptáček proletí po metafyzickém nebi," poznamenal jednou Ananta. „Jeho křídla se v tom těžkém ovzduší brzy unaví. Ještě uvidíme, jak se opět snese k domovu, složí křídla a pokorně spočine v rodném hnízdě." Toto odrazující podobenství bylo stále živě zapsáno v mé paměti a snášet se ke Kalkatě jsem v žádném případě nehodlal.

„Domů se nevrátím, pane, ale vás budu následovat kamkoli. Dejte mi prosím svou adresu a prozraďte mi své jméno."

„Jsem svámí Šrí Juktéšvar Giri. Můj hlavní ášram je v Šrírámpuru v Rájghátské ulici. Zde jsem jen na pár dní, abych navštívil svou matku."

Žasl jsem nad tím, jak spletitými způsoby si Bůh pohrává se svými oddanými. Šrírámpur je vzdálen pouhých dvanáct mil od Kalkaty, přesto jsem v těch končinách na svého gurua nikdy nenarazil. Abychom se setkali, museli jsme putovat až do starobylého města Káší (Benáres), jež je posvěceno vzpomínkami na Láhiriho Mahášaje. Zdejší půdu svými šlépějemi požehnal i Buddha, Šankaráčárja[8] a další, Kristu podobní jogíni.

---

[8] Šankaráčárja (Šankara), největší z indických myslitelů, byl žákem Góvindy Jatiho a jeho gurua Gaudapády. Šankara je autorem proslulého komentáře ke Gaudapádovu pojednání *Mándúkjakárika*. S nevyvratitelnou logikou a vybroušeným, podmanivým stylem interpretuje Šankara védántskou filozofii v přísně *advaitském* (neduálním, monistickém) duchu. Tento velký monista skládal také básně prodchnuté zbožným zanícením. Refrén jeho *Modlitby k božské Matce za odpuštění hříchů* zní: „Ač špatných synů mnoho se zrodilo, špatné matky nikdy nebylo."

Šankarův žák Sanandana napsal komentář k *Brahmasútrám* (védántské filozofii). Rukopis zničily plameny, ale Šankara (který jej jednou zběžně pročetl) ho svému žákovi slovo od slova nadiktoval znovu. Tento text, známý jako *Pančapádiká*, studují učenci do dnešních dnů.

Čéla Sanandana obdržel nové jméno po jedné půvabné příhodě. Jednoho dne seděl u řeky a uslyšel, jak ho Šankara volá z druhého břehu. Sanandana bez okolků vstoupil do vody. Jeho víra i chodidla nalezly současně pevnou půdu, když Šankara v prudkém proudu řeky zhmotnil chodník z lotosových květů. Od té doby se tomuto žákovi říkalo Padmapáda, „lotosová noha".

V *Pančapádice* složil Padmapáda svému guruovi mnoho láskyplných poct. Šankara sám je autorem těchto krásných veršů: „V žádném ze tří světů není známo nic, co by mohlo se rovnat pravému guruovi. I kdyby kámen mudrců skutečností byl, dokázal by

„Přijdeš za mnou za čtyři týdny." V hlasu Šrí Juktéšvara poprvé zazněl přísný tón. „Nyní, když jsem se ti svěřil se svou věčnou náklonností a vyjevil svou radost z toho, že jsem tě našel, máš dojem, že na mou žádost nemusíš brát ohled. Proto až se setkáme příště, budeš muset opět probudit můj zájem. Nepřijmu tě za žáka jen tak. Budeš se muset podrobit mému přísnému výcviku s bezvýhradnou poslušností."

Zarytě jsem mlčel. Guru rychle prohlédl mé trápení.

„Myslíš si, že se ti příbuzní vysmějí?"

„Nevrátím se."

„Vrátíš se za třicet dní."

„Nikdy!"

Aniž bych nastalé napětí rozptýlil, uctivě jsem se poklonil k jeho nohám a odešel. Když jsem se půlnoční tmou vracel do ášramu, přemítal jsem, proč to zázračné setkání skončilo v tak rozladěném tónu. Ty dvouramenné váhy *máji*, jež každou radost vyvažují zármutkem! Mé mladé srdce ještě nebylo dostatečně poddajné, aby se nechalo přetvářet guruovým dotekem.

Příštího rána jsem si všiml, že nepřátelství obyvatel ášramu vůči mně ještě zesílilo. Ztrpčovali mé dny nepolevujícími schválnostmi. Po třech týdnech odjel Dajánanda na konferenci do Bombaje a nad mou nešťastnou hlavou se rozpoutalo hotové peklo.

„Mukunda je příživník, který jen zneužívá pohostinnosti ášramu a ničím ji neoplácí." Když jsem zaslechl tuto poznámku, poprvé jsem zalitoval, že jsem uposlechl a všechny peníze poslal otci zpátky. S těžkým srdcem jsem vyhledal Džitendru, svého jediného přítele.

---

proměnit jen železo ve zlato, nikdy však v další kámen mudrců. Ctihodný učitel však tvoří bytost sobě rovnou z žáka, jenž útočiště u jeho nohou nalezl. Guru proto nemá sobě rovného." (*Stero veršů*, 1)

Šankara byl jedinečnou kombinací světce, učence a muže činu. Ač se dožil pouhých dvaatřiceti let, mnoho z nich strávil strastiplným putováním do všech koutů Indie, kde šířil svou nauku *advaity*. Miliony lidí se nadšeně shromažďovaly, aby naslouchaly konejšivému proudu moudrosti, jenž se linul z úst bosého mladého mnicha.

Šankarovo reformní úsilí zasáhlo i do uspořádání starého mnišského řádu svámí (viz pozn. na str. 318-19). Založil také čtyři *mathy* (mnišská vzdělávací centra) – na jihu ve Šringérí, na východě v Purí, na západě ve Dvárace a v Badrínáthu na himálajském severu.

Tyto čtyři *mathy*, štědře podporované místními vládci i prostým lidem, poskytovaly bezplatné vzdělání v sanskrtu, logice a védantské filozofii. Šankarovým cílem v rozmístění *mathů* do čtyř cípů země byla potřeba šířit náboženskou a národní jednotu po celém rozlehlém území Indie. Stejně jako v minulosti nacházejí i dnes zbožní hinduisté stravu a přístřeší v četných čaurí a *satramech* (místech odpočinku podél poutních cest), o něž pečují obecní dobrodinci.

„Odcházím. Vyřiď prosím Dajánandadžímu mé uctivé pozdravy, až se vrátí."

„Odejdu s tebou! Mé snahy o meditaci zde nejsou vítány o nic víc než ty tvé," pronesl Džitendra rozhodně.

„Potkal jsem kristovského světce z Šrírámpuru. Co kdybychom jej společně navštívili?"

A tak se ptáček začal připravovat, aby se snesl nebezpečně blízko Kalkaty!

KAPITOLA 11

Dva chlapci bez haléře v Brindávanu

„Mukundo, zasloužil bys, aby tě otec vydědil! Jen pošetile marníš svůj život," hřmělo mi v uších kázání staršího bratra.

Spolu s Džitendrou jsme zčerstva (což je pouhý řečnický obrat, neboť jsme byli celí zaprášení) po cestě vlakem dorazili k Anantovi, který byl nedávno přeložen z Kalkaty do starobylého města Ágra. Bratr pracoval jako dozorující účetní pro ministerstvo veřejných prací.

„Jak dobře víš, Ananto, stojím jen o dědictví nebeského Otce."

„ Bůh počká; nejdřív peníze. Kdo ví? Život může být příliš dlouhý."

„Nejdřív Bůh, peníze jsou jeho otrokem. Kdo ví? Život může být příliš krátký."

Moje příkrá odpověď vyplynula z nutnosti okamžiku a neskrývala se za ní žádná předtucha. (Anantův život se bohužel skutečně završil předčasně.)[1]

„To bude zřejmě nějaké poustevnické moudro. Ovšem jak vidím, Benáres jsi opustil." Anantovi zasvítily oči zadostiučiněním. Stále doufal, že se mu podaří připoutat má křídla k rodnému hnízdu.

„Můj pobyt v Benáresu nebyl zbytečný. Nalezl jsem tam vše, po čem mé srdce toužilo. A buď si jistý, že to není tvůj pandit ani jeho syn."

Oba jsme se při té vzpomínce srdečně zasmáli. Ananta musel sám uznat, že „jasnozřivec" z Benáresu, kterého vybral, se ukázal být spíše krátkozraký.

„Jaké máš nyní plány, můj toulavý bratře?"

„Džitendra mě přemluvil k návštěvě Ágry. Prohlédneme si krásy Tádž Mahalu,"[2] odpověděl jsem. „Pak pojedeme za mým guruem, jehož jsem právě nalezl a který má ášram v Šrírámpuru."

[1] viz kap. 25
[2] světoznámé mauzoleum

Ananta se vlídně postaral o naše pohodlí. Během večera jsem si několikrát všiml, jak na mne zamyšleně upíná zrak.

„Ten pohled znám," pomyslel jsem si. „Něco na mě chystá!"

Rozuzlení přišlo při brzké snídani.

„Cítíš se tedy na otcově majetku zcela nezávislý," navázal Ananta nevinně na svou narážku z předešlého dne.

„Jsem si vědom své závislosti na Bohu."

„To jsou laciná slova. Život tě dosud šetřil. Jaká by to ale byla rána, kdybys byl nucen spoléhat se při obstarávání stravy a přístřeší výhradně na neviditelnou ruku? Brzy bys žebral na ulici!"

„Nikdy! Nevložil bych větší důvěru do kolemjdoucích než do Boha. Svým věrným dokáže kromě žebrácké misky poskytnout tisíc jiných možností k obživě."

„Zase jen prázdné řeči! Co kdybychom tu tvou vznešenou filozofii podrobili zkoušce v našem skutečném světě?"

„Souhlasím! Myslíš snad, že Bůh patří jen do světa planých spekulací?"

„To se ještě uvidí. Dnes dostaneš příležitost mé obzory buď rozšířit, nebo mě utvrdit v mém přesvědčení." Ananta se na vypjatou chvíli odmlčel a pak pomalým vážným tónem pokračoval.

„Navrhuji, že tě i s tvým učednickým druhem Džitendrou dnes ráno posadím na vlak do nedalekého Brindávanu. Nesmíte si však s sebou vzít jedinou rupii. Nesmíte žebrat o peníze ani o jídlo. Nikomu nesmíte prozradit, jak na tom jste. Nesmíte vynechat jediné z pravidelných denních jídel a nesmíte v Brindávanu uvíznout. Pokud se do mého domu vrátíte před dnešní půlnocí, aniž byste porušili jedinou podmínku této zkoušky, pak budu nejužaslejším člověkem v Ágře!"

„Výzva se přijímá." V mém hlase ani srdci nebylo nejmenšího náznaku zaváhání. Hlavou mi probleskly vděčné vzpomínky na okamžité božské zásahy, jichž se mi v životě dostalo: mé vyléčení ze smrtelné cholery díky modlitbě k obrazu Láhiriho Mahášaje; rozverný dárek sestře Umě v podobě dvou draků nad láhaurskými střechami; amulet z Baréllí, který mi v pravou chvíli přinesl povzbuzení v mém zoufalství; rozhodné poselství z úst neznámého benáreského *sádhua* před panditovým domem; vize božské Matky a její vznešená slova plná lásky; její rychlá pomoc prostřednictvím mistra Mahášaje při mých malicherných nesnázích; poučení v posledním okamžiku, díky němuž mi do kapsy spadlo maturitní vysvědčení; a nakonec požehnání nejvyšší, můj živý mistr, jenž vystoupil z mlhy mých celoživotních snů. Nikdy bych nepřipustil, že má „filozofie" neobstojí, ani kdyby mělo jít o tu nejobtížnější zkoušku na světě.

„Tvé odhodlání tě ctí. Hned vás odvezu na nádraží." Nato se Ananta obrátil na Džitendru, který na vše zíral s otevřenými ústy. „Ty pojedeš také – jako svědek a jako zřejmá druhá oběť."

Půl hodiny poté jsme již s Džitendrou drželi v ruce jednosměrné jízdenky. V odlehlém koutě nádraží jsme podstoupili osobní prohlídku. Ananta se rychle ke své spokojenosti přesvědčil, že u sebe neukrýváme žádné tajné zásoby. Naše prostá *dhótí*[3] neskrývala víc, než bylo třeba.

Jakmile však do vážené říše finanční jistoty vtrhla víra, ozval se můj přítel namítavě: „Ananto, dejte mi pro jistotu jednu či dvě rupie, abych vám v případě nouze mohl poslat telegram."

„Džitendro!" ohradil jsem se prudce a vyčítavě. „Odmítám ve zkoušce pokračovat, budeš-li mít u sebe jako pojistku sebemenší obnos."

„Když on má cinkot mincí v sobě cosi uklidňujícího." Vrhl jsem na Džitendru přísný pohled a on zmlkl.

„Mukundo, nejsem bezcitný." Do Anantova hlasu se vloudil náznak pokory. Možná na něj dolehlo svědomí – snad proto, že posílá dva chlapce bez prostředků do neznámého města, snad proto, že byl k náboženství příliš skeptický. „Pokud nějakým řízením náhody či vyšší moci vyjdeš z brindávanské zkoušky úspěšně, požádám tě, abys mě přijal za svého žáka."

Tento slib zněl poněkud nemístně, ač dobře ladil s touto svérázovou situací. Nejstarší bratr v indické rodině jen málokdy ustoupí svým mladším sourozencům. Dostává se mu nejvyšší úcty a poslušnosti hned po otci. Nebyl už ale čas, abych na jeho slova reagoval; náš vlak zrovna pískal k odjezdu.

Zatímco lokomotiva polykala kilometry, Džitendra zůstával pohroužen v pochmurném mlčení. Nakonec v sobě sebral odvahu, naklonil se ke mně a bolestivě mě štípnul na citlivém místě.

„Nevidím nic, co by nasvědčovalo tomu, že se Bůh postará o naše příští jídlo."

„Mlč, ty nevěřící Tomáši! Pán pracuje pro nás."

---

[3] *Dhótí* je pruh látky ovázaný kolem pasu a zakrývající nohy.

„Nemohl bys tedy zařídit, aby si trochu pospíšil? Umírám hlady už při představě, jaký úděl nás čeká. Odjel jsem z Benáresu, abych navštívil slavné mauzoleum, ne aby mě pochovali do vlastního!"

„Nezoufej, Džitendro! Vždyť již brzy poprvé spatříme svaté divy Brindávanu.[4] Pomyšlení na to, že budu kráčet po půdě posvěcené šlépějemi Šrí Kršny, ve mně probouzí hlubokou radost."

Dveře našeho kupé se náhle otevřely; dovnitř vešli dva muži a posadili se. V příští stanici jsme měli vystoupit.

„Máte v Brindávanu nějaké přátele, chlapci?" Cizinec sedící naproti mně projevil překvapivý zájem.

„Do toho vám nic není!" Nezdvořile jsem odvrátil zrak.

„Nejspíš prcháte od své rodiny okouzleni Zlodějem srdcí.[5] I já jsem zbožné povahy. Postarám se, abyste měli co jíst a kam se ukrýt před tímto strašným vedrem."

„Nedělejte si starosti, pane. Jste velice laskav, ale mýlíte se; neprcháme z domova."

Dál už náš rozhovor nepokračoval, neboť vlak zastavil. Když jsme s Džitendrou vystoupili, naši náhodní společníci nás vzali pod paží a přivolali drožku.

Dojeli jsme k majestátnímu klášteru zasazenému mezi neopadavými stromy na dobře udržovaném pozemku. Bylo vidět, že naši dobrodinci tu nejsou poprvé. Usměvavý mladík nás všechny beze slova odvedl do přijímací místnosti. Brzy k mám vešla postarší, důstojně vyhlížející dáma.

„Gaurímá, princové se nemohli dostavit," oznámil jeden z těch mužů naší hostitelce. „Na poslední chvíli byli nuceni změnit plány a posílají uctivou omluvu. Přivedli jsme však jiné dva hosty. Setkali jsme se ve vlaku a hned na mne zapůsobili jako upřímní ctitelé Šrí Kršny. Nuže sbohem, mladí přátelé." Naši dva známí zamířili ke dveřím. „Dá-li Bůh, znovu se setkáme."

„Buďte vítáni," pronesla Gaurímá s mateřským úsměvem. „Lepší den k návštěvě jste si nemohli vybrat. Očekávala jsem dva královské patrony našeho kláštera. Byla by velká škoda, kdyby mé kuchařské umění nikdo neocenil!"

---

[4] Brindávan leží na břehu Jamuny a je jakýmsi hinduistickým Jeruzalémem. V tomto městě konal avatár Kršna své velkolepé činy pro dobro lidstva.

[5] Hari; oblíbené jméno, kterým Šrí Kršnu označují jeho ctitelé.

Tato přívětivá slova měla na Džitendru překvapivý účinek: okamžitě propukl v pláč. Onen neblahý „úděl", jehož se v Brindávanu obával, se právě ukázal být královskou hostinou. S takovým prudkým zvratem se jeho rozum nedokázal popasovat. Naše hostitelka na něj zvídavě pohlédla, ale zdržela se poznámek; nejspíš měla s výstředním chováním dospívajících mladíků své zkušenosti.

Byl ohlášen čas k obědu a Gaurímá nás odvedla na jídelní terasu, jíž prostupovala lahodná kořeněná vůně, načež zmizela v přilehlé kuchyni.

Na ten okamžik jsem čekal. Vybral jsem si vhodné místo na Džitendrově těle a uštědřil mu štípanec stejně bolestivý, jakým mne předtím poctil on.

„Jak vidíš, nevěřící Tomáši, Bůh nezahálí, a dokonce si pospíšil!"

Hostitelka se vrátila s *pankhou*. Neúnavně nás s ní po orientálním způsobu ovívala, zatímco jsme seděli uvelebeni na sedátku ze složených zdobených dek. Žáci ášramu běhali sem a tam a položili před nás kolem třiceti chodů. To již nebylo možné nazývat jednoduše jídlem; byl to přímo „opulentní hodokvas". Od chvíle, co jsme se s Džitendrou ocitli na této planetě, ani jeden z nás takové vybrané pochoutky ještě neokusil.

„Tyto lahůdky jsou vskutku hodné princů, ctihodná matko! Neumím si představit, co museli vaši patroni považovat za naléhavější povinnosti, než zúčastnit se vaší hostiny! Dopřála jste nám vzpomínku na celý život!"

Mlčenlivost, k níž jsme se Anantovi zavázali, nám bránila té laskavé dámě vysvětlit, že naše děkovná slova mají dvojnásobný význam. Přinejmenším naše upřímnost však byla očividná. Odcházeli jsme s jejím požehnáním i lákavou pozvánkou k opětovné návštěvě.

Venku panovalo nelítostné horko. Uchýlili jsme se tedy do stínu vzrostlého kadambového stromu u brány ášramu. Nato se ozvala ostrá slova: Džitendru opět přemohly pochybnosti.

„Dostal jsi mě do pěkné kaše! Ten oběd byl jen dílem náhody. Jak si ale můžeme prohlédnout krásy tohoto města, když nemáme ani *pais*? A jak mě vůbec dostaneš zpátky k Anantovi?"

„Když máš plné břicho, rychle zapomínáš na Boha!" Ač má slova nebyla zahořklá, nesla v sobě přece jen jistou výtku. Jak rychle z lidské mysli dokáže vyprchat vzpomínka na Boží přízeň! Přesto není na světě člověka, který by se někdy nedočkal vyslyšení svých modliteb.

„Možná, ale sotvakdy zapomenu na svou pošetilost, že jsem se nechal zlákat na tuhle výpravu s takovým ztřeštěncem, jako jsi ty!"

BHAGAVÁN (PÁN) KRŠNA
milovaný indický avatár

„Mlč, Džitendro! Stejný Bůh, který nás nasytil, nám teď ukáže Brindávan a zajistí náš návrat do Ágry."

V té chvíli se k nám svižným krokem blížil jakýsi štíhlý, sympatický mladík. Zastavil před naším stromem a přede mnou se poklonil.

„Drahý příteli, ty a tvůj společník očividně nejste zdejší. Dovolte mi, abych byl vaším hostitelem a průvodcem."

Je takřka nemožné, aby Ind zbledl, ale z Džitendrova obličeje náhle vyprchala všechna zdravá barva. Zdvořile jsem nabídku odmítl.

„Přece mě jen tak neodmítneš!" Za všech jiných okolností by cizincovo znepokojení vyznělo komicky.

„Proč by ne?"

„Protože jsi můj guru." Jeho oči se na mne důvěřivě obrátily. „Při polední pobožnosti se mi zjevil ctihodný Kršna a ukázal mi dvě opuštěné postavy sedící přímo pod tímto stromem. Tvář jedné z nich patřila tobě, mistře! Častokrát jsem ji vídal v meditaci. Budu nadmíru potěšen, přijmeš-li mé skromné služby!"

„I já mám radost, že jsi mne nakonec našel. Ani Bůh, ani člověk nás neopustili!" Ač jsem seděl bez hnutí a jen se usmíval na ten nadšený obličej přede mnou, v duchu jsem se děkovně vrhl k Božím nohám.

„Drazí přátelé, poctíte můj dům svou návštěvou?"

„Jsi laskav, ale není to možné. Jsme již hosty mého bratra v Ágře."

„Věnujte mi tedy alespoň vzpomínku na naši společnou prohlídku našeho města."

S radostí jsem souhlasil. Mladý muž, který se představil jako Pratáp Čatterdži, hned přivolal drožku. Navštívili jsme slavný Madanamóhanův chrám a další brindávanské svatyně zasvěcené Kršnovi. Než jsme stačili dokončit chrámové pobožnosti, padla tma.

„Když dovolíte, dojdu pro trochu *sandeše*[6]." Pratáp vešel do krámku nedaleko vlakového nádraží. Spolu s Džitendrou jsme loudavě pokračovali dál širokou ulicí, která se nyní v chladivém ovzduší zaplnila lidmi. Náš přítel se dlouho nevracel, nakonec se však objevil s náručí plnou sladkostí.

„Dopřej mi, prosím, alespoň tuto náboženskou zásluhu," řekl Pratáp s prosebným úsměvem a podal mi hrst rupiových bankovek se dvěma lístky do Ágry, které právě zakoupil.

Přijal jsem je s vděčností, která patřila neviditelné ruce. Cožpak její štědrost dalece nepřesáhla naše potřeby, i když se jí Ananta vysmíval?

Vyhledali jsme nerušené místo nedaleko nádraží.

„Pratápe, nyní tě poučím o *krijájóze* Láhirího Mahášaje, největšího jogína naší doby. Jeho technika bude tvým guruem."

Za půl hodiny bylo zasvěcení hotovo. „Krijájóga je tvým čintámanim,"[7] řekl jsem novému žáku. „Tato technika, která je, jak vidíš, jednoduchá, představuje umění, jež je schopno urychlit duchovní vývoj člověka. Naše svatá písma učí, že převtělujícímu se egu trvá milion let, než dospěje k vysvobození z *máji*. *Krijájóga* tuto přirozenou dobu výrazně zkracuje. Stejně jako lze urychlit růst rostliny daleko za běžnou

---

[6] indická cukrovinka

[7] mytologický klenot, jenž má moc plnit všechna přání; též jedno ze jmen Boha

Dva chlapci bez haléře v Brindávanu

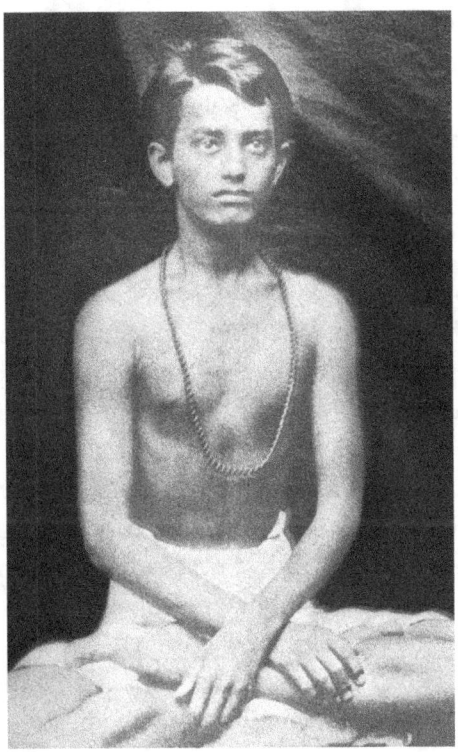

Džitendra Mazumdár, Jógánandadžího společník ve „zkoušce bez haléře"

mez, jak dokázal Džagadíš Čandra Bose, tak i duševní vývoj člověka je možné urychlit pomocí exaktních metod. Buď ve svém cvičení důsledný a přiblížíš se Guruovi všech guruů."

„Jsem přešťasten, že jsem konečně nalezl jogínský klíč, který jsem tak dlouho hledal!" Pratáp nakonec zamyšleně dodal: „Přetne pouta mého smyslového otroctví a vysvobodí mě pro vyšší sféry. Má dnešní vize Kršny může pro mne znamenat jen to nejvyšší dobro."

Chvíli jsme seděli v mlčenlivém porozumění a pak jsme se pomalým krokem vydali k nádraží. Když jsem nastupoval do vlaku, byl jsem naplněn radostí, pro Džitendru však byl tento den ve znamení slz. Mé vřelé rozloučení s Pratápem doprovázely potlačované vzlyky obou mých společníků. Opět se Džitendra cestou utápěl v lítosti. Tentokrát však nikoli nad svým osudem, nýbrž nad sebou samým.

„Jak plytká byla má víra; a srdce jako z kamene! Již nikdy nebudu pochybovat o Boží ochraně."

Blížila se půlnoc. Obě „Popelky", jež byly bez prostředků vyslány do světa, vstoupily do Anantovy ložnice. Jak sám lehkovážně předpověděl, dal se z jeho tváře vyčíst dokonalý úžas. Beze slova jsem zasypal stůl bankovkami.

„Pravdu, Džitendro!" prohodil Ananta v žertu. „Nemá ten mladík na svědomí loupež?"

Jak se však bratr dozvídal celý příběh, jeho nálada postupně střízlivěla, až zcela zvážněla.

„Zákon nabídky a poptávky sahá do jemnějších oblastí, než jsem tušil," prohlásil Ananta s duchovním zanícením, jaké jsem u něj nikdy předtím nezaznamenal. „Teď poprvé chápu, proč jsi tak lhostejný vůči plným truhlám a hromadění přízemních pozemských jistot."

Přestože již bylo pozdě, trval bratr na tom, abych mu udělil *dikšu*[8] do *krijájógy*. „Guru" Mukunda tak musel během jediného večera vzít na svá bedra zodpovědnost za dva nevyžádané „učedníky".

Snídani jsme následujícího dne pojedli společně v družné náladě, jaká předešlého rána chyběla.

Usmál jsem se na Džitendru. „O Tádž Mahal nepřijdeš. Než se vydáme do Šrírámpuru, zajdeme se na něj podívat."

Rozloučili jsme se s Anantou a zakrátko už jsme zírali na chloubu Ágry – majestátní Tádž Mahal. Tento zázrak z bílého mramoru blyštící se ve slunečním světle je zjevením čisté symetrie. Je posazen v dokonalé harmonii mezi tmavými cypřiši, lesklými trávníky a poklidným zákrutem řeky. Úchvatný interiér zdobí krajkově jemné kamenořezby vykládané polodrahokamy. Z mramoru se vynořují vytříbené květinové vzory a ladné křivky v hnědých a fialových odstínech. Světlo z kupole dopadá na náhrobky císaře Šáhdžahána a Mumtáz Mahal, královny jeho říše i srdce.

Ale dost bylo pamětihodností. Toužil jsem po svém guruovi. Zanedlouho jsme s Džitendrou seděli ve vlaku mířícím na jih do Bengálska.

„Mukundo, už několik měsíců jsem neviděl svou rodinu. Rozmyslel jsem si to; tvého mistra v Šrírámpuru navštívím možná někdy jindy."

Můj přítel, který byl, mírně řečeno, poněkud nerozhodné povahy, se se mnou v Kalkatě rozloučil. Lokálka mne pak brzy dovezla do Šrírámpuru, který leží jen dvanáct mil na sever.

---

[8] duchovní zasvěcení, ze sanskrtského slovesného kořene *dikš*, „zasvětit se (něčemu)"

Zachvěl jsem se podivem, když jsem si uvědomil, že od setkání s mým guruem v Benáresu uplynulo osmadvacet dní. „Přijdeš za mnou za čtyři týdny." A teď jsem tu stál s bušícím srdcem ve dvoře jeho poustevny v tiché ulici Rájghát. Poprvé jsem vstoupil do míst, v nichž jsem měl tu nejlepší část deseti následujících let strávit ve společnosti indického *džňánávatára,* „vtělení moudrosti".

KAPITOLA 12

Léta v poustevně mého mistra

„Tak jsi přišel," přivítal mě Šrí Juktéšvar, jenž seděl na tygří kůži na podlaze svého pokoje s balkonem. Jeho hlas vyzněl chladně, chování neosobně.

„Ano, drahý mistře. Jsem tu, abych vás následoval." Poklekl jsem a dotkl se jeho nohou.

„Copak to jde, když nedbáš mých přání?"

„S tím je konec, gurudží! Vaše přání mi bude od nynějška rozkazem."

„To už zní lépe. Nyní mohu převzít zodpovědnost za tvůj život."

„Ochotně vám toto břímě svěřím, mistře."

„Mým prvním požadavkem tedy je, aby ses vrátil domů ke své rodině. Chci, abys nastoupil na univerzitu v Kalkatě. Musíš pokračovat ve svém vzdělávání."

„Dobře, pane." Cítil jsem zklamání, ale nedal jsem na sobě nic znát. Copak mě ty dotěrné knihy nepřestanou pronásledovat? Nejdřív otec, a teď i Šrí Juktéšvar!

„Jednoho dne se vydáš na Západ. Tamní lidé budou k naší prastaré moudrosti vnímavější, bude-li ten zvláštní učitel z Indie mít univerzitní titul."

„Vy to víte nejlépe, gurudží." Mé chmury se rozplynuly. Zmínka o cestě na Západ zněla záhadně a vzdáleně, ale příležitost potěšit mistra mou poslušností byla živelně bezprostřední.

„Kalkata není daleko. Přijeď za mnou, kdykoli budeš mít čas."

„Pokud možno každý den, mistře! S vděčností přijímám vaši autoritu v každém ohledu mého života – pod jednou podmínkou."

„A to?"

„Že mi slíbíte odhalit Boha."

Následovala hodinová slovní tahanice. Mistr své slovo musí dodržet, a nedává ho tedy jen tak. Důsledky takového slibu otevírají rozsáhlé metafyzické obzory. Guru musí být se Stvořitelem v neobyčejně důvěrném styku, než se zaručí za jeho zjevení! Cítil jsem, že Šrí Juktéšvar je s Bohem v jednotě, a jako jeho žák jsem byl odhodlán své výhody využít.

„Máš velké požadavky." Poté mistr se soucitnou definitivností vyřkl svůj souhlas:

„Tvé přání budiž i mým přáním."

V tu chvíli z mého srdce spadl celoživotní stín. Neurčité hledání a bloudění bylo u konce. Nalezl jsem své věčné útočiště v pravém guruovi.

„Pojď, ukážu ti poustevnu." Mistr se zvedl z tygří kůže. Rozhlédl jsem se kolem sebe a všiml si obrazu pověšeného na zdi, který byl ozdoben trsem jasmínových květů.

„Láhirí Mahášaj!" zvolal jsem užasle.

„Ano, můj božský guru." Hlas Šrí Juktéšvara se zachvěl úctou. „Jako člověk i jako jogín byl větší než jakýkoli jiný učitel, jehož život jsem měl možnost posoudit."

Mlčky jsem se před známým obrazem poklonil. Má duše spěchala složit hold mistrovi, jenž neměl sobě rovného a jehož požehnání vedlo mé kroky od dětství až do této chvíle.

Guru mě provedl celým svým domem i jeho okolím. Rozlehlá, starobylá a mohutně stavěná poustevna měla skromné nádvoří lemované masivním sloupořadím. Vnější zdi byly obrostlé mechem. Nad plochou šedou střechou poletovali holubi a bezostyšně si osobovali ášramové prostory. Vzadu se rozprostírala přívětivá zahrada, v níž rostly chlebovníky, mangovníky a banánovníky. Do dvora ze tří stran shlížely balustrádami lemované balkóny patřící k místnostem v horním patře budovy. Prostorná přízemní dvorana s vysokým stropem podepřeným řadou sloupů se využívala, jak mne mistr poučil, především během každoročního svátku *Durgapúdža*.[1] Úzké schodiště vedlo do mistrova obývacího pokoje s malým balkónem do ulice. Ášram byl zařízen prostě, vše bylo jednoduché, čisté a účelné. Bylo tu i několik židlí, lavic a stolů v západním stylu.

Mistr mi nabídl, abych se zdržel přes noc. Večeři v podobě zeleninového kari přinesli dva mladí žáci, kteří podstupovali zdejší výcvik.

---

[1] „Uctívání bohyně Durgy." Jedná se o hlavní svátek bengálského kalendáře a na většině míst trvá devět dní v měsíci ašvinu (září–říjen). *Durga*, doslova „Nedostupná", je jedním z aspektů Božské Matky, Šakti, jež ztělesňuje ženskou tvořivou sílu. Durga se tradičně považuje za ničitelku všeho zla.

„Gurudží, vyprávějte mi prosím o svém životě." Posadil jsem se na slaměnou rohož vedle jeho tygří kůže. Zdálo se, jako by přátelské hvězdy zářily jen kousek od balkónu.

„Mé rodné jméno je Prijanáth Karár. Narodil jsem se[2] zde v Šrírámpuru, kde byl můj otec zámožným obchodníkem. Odkázal mi toto sídlo po předcích, které je nyní mou poustevnou. Do školy jsem moc nechodil; formální výuka mi připadala zdlouhavá a povrchní. Sotva jsem dospěl, ujal jsem se rodinných povinností. Mám jednu dceru, která je nyní vdaná. Má střední léta byla požehnána vedením Láhirího Mahášaje. Po smrti své ženy jsem vstoupil do řádu svámí a přijal nové jméno Šrí Juktéšvar Giri.[3] To je můj životní příběh v kostce."

Mistr se usmál, když spatřil můj dychtivý výraz. Jako všechny životopisné črty, i jeho slova obsáhla jen zevní údaje, aniž by vyjevila niterného člověka.

„Gurudží, rád bych slyšel nějaké příběhy z vašeho dětství."

„Pár ti jich povím; a z každého plyne nějaké ponaučení." Při tomto varování zajiskřily Šrí Juktéšvarovi oči. „Jednou se mě matka snažila postrašit děsivým příběhem o duchovi, který přebývá v tmavé komoře. Okamžitě jsem tam šel a byl jsem velmi zklamán, že jsem tam ducha nenašel. Od té doby mi matka už žádnou strašidelnou historku nevyprávěla. Ponaučení: pohlédni strachu do tváře a přestane tě pronásledovat.

Další dávnou vzpomínkou je mé přání vlastnit ošklivého psa, který patřil jednomu sousedovi. Celé týdny jsem doma vyváděl, jen abych ho získal. Ke všem nabídkám zvířátek přívětivějšího vzhledu jsem byl hluchý. Ponaučení: připoutanost zaslepuje a předmětu touhy propůjčuje klamavý lesk přitažlivosti.

Třetí příběh se týká tvárnosti mladé mysli. Moje matka občas říkávala: ‚Člověk, který přijme práci podřízeného, se stane otrokem.' Toto přesvědčení se tak nesmazatelně zapsalo do mé mysli, že jsem odmítal všechna zaměstnání i poté, co jsem se oženil. Prostředky na živobytí jsem získával tím, že jsem zděděné prostředky investoval do pozemků. Ponaučení: citlivému dětskému sluchu by se měly předkládat jen dobré a podnětné názory. Představy z raného dětství zůstávají v mysli hluboce vyryty na velmi dlouho."

---

[2] Šrí Juktéšvar se narodil 10. května 1855.

[3] *Juktéšvar* znamená „sjednocen s Íšvarou" (jedno z Božích jmen). *Giri* je označení jedné z deseti větví starobylého řádu svámí. Šrí znamená „svatý"; není to jméno, nýbrž uctivé oslovení.

Mistr se ponořil do nehybného mlčení. Okolo půlnoci mě zavedl k úzkému lůžku. První noc pod guruovou střechou jsem spal tvrdě a sladce.

Následujícího rána se Šrí Juktéšvar rozhodl, že mi udělí své zasvěcení do *krijajógy*. Techniku jsem již obdržel od dvou žáků Láhirího Mahášaje – od mého otce a soukromého učitele sanskrtu Svámího Kebalánandy. Mistr byl však obdařen silou, jež měla moc proměňovat; pod jeho dotekem se celá má bytost ocitla v úchvatném světle, jako by ji naráz zalila záře bezpočtu planoucích sluncí. I ty nejskrytější kouty mého srdce byly zasaženy záplavou nepopsatelné blaženosti.

Teprve vpodvečer následujícího dne jsem se dokázal přimět, abych se rozloučil a odjel zpátky do Kalkaty.

„Vrátíš se za třicet dní." Když jsem vešel do dveří svého domova, vstoupilo se mnou i naplnění této mistrovy předpovědi. Nikdo z mých příbuzných však nepronesl jedinou uštěpačnou poznámku k návratu „toulavého ptáčka", jak jsem se obával.

Vystoupal jsem po schodech do svého podkrovního pokojíku a láskyplně se po něm rozhlédl, jako bych měl před sebou živoucí bytost. „Byl jsi svědkem mých meditací, slz i bouří mé *sádhany*. Nyní jsem však konečně zakotvil v přístavu svého božského učitele."

„Synu, jsem šťastný za nás oba." Seděli jsme s otcem ve večerním tichu. „Našel jsi svého gurua podobně zázračným způsobem, jako jsem našel kdysi já toho svého. Svatá ruka Láhirího Mahášaje opatruje naše životy. Nakonec se ukázalo, že tvým mistrem není žádný nepřístupný himálajský světec, ale člověk, který žije nedaleko odsud. Mé modlitby byly vyslyšeny – neztratil jsem tě navždy z dohledu, když jsi odešel hledat Boha."

Otec byl také potěšen, když jsem mu sdělil, že hodlám pokračovat ve studiích, a zařídil vše potřebné. Hned následující den jsem byl zapsán na nedalekou univerzitu Scottish Church College v Kalkatě.

Šťastné měsíce rychle míjely. Mí čtenáři se jistě snadno dovtípí, že jsem se v akademických prostorách vyskytoval jen zřídka. Šrírámpurská poustevna byla příliš neodolatelným lákadlem. Mistr přijímal mou stálou přítomnost bez výhrad. K mé úlevě se o chrámech vzdělanosti zmiňoval jen zřídkakdy. Ač bylo všem jasné, že ze mě učenec nikdy nevyroste, podařilo se mi pokaždé získat tu nejnižší možnou známku, abych byl připuštěn k dalšímu studiu.

Každodenní život v ášramu plynul hladce a málokdy vybočoval ze zajetých kolejí. Můj guru se budil už před úsvitem. Vleže nebo někdy vsedě na lůžku se pohroužil do stavu *samádhi*.[4] Poznat, že mistr procitl ze spánku, bylo nadmíru prosté: náhle totiž ustalo ohlušující chrápání.[5] Ozval se jeden či dva povzdechy, případně tělesný pohyb, a pak už jen bezdeché ticho: to se mistr ponořil do hluboké jogínské radosti.

Místo snídaně následovala dlouhá procházka podél Gangy. Ty ranní potulky s guruem – jak skutečné a živé jsou i dnes! Vzpomínku na ně snadno křísím v paměti a často kráčím po jeho boku. Zatímco jitřní slunce ohřívá řeku, jeho hlas zní nezkalenou moudrostí sytě jako zvon.

Pak přišla na řadu koupel a po ní oběd. Jeho pečlivou přípravu podle mistrových denních pokynů obstarávali mladí žáci. Můj guru byl vegetarián. Než však vstoupil do mnišského řádu, jedl i vejce a ryby. Svým žákům doporučoval, aby se živili jakoukoli prostou stravou, která vyhovuje jejich tělesné konstituci.

Mistr jedl málo. Často jen rýži obarvenou kurkumou či šťávou z řepy nebo špenátu a lehce zalitou přepuštěným buvolím máslem zvaným *ghí*. Jindy míval luštěninový *dál* nebo *čhana*[6] kari se zeleninou, jako dezert mango či pomeranč s rýžovým pudinkem nebo šťávu z chlebovníku.

Odpoledne přicházely návštěvy. Ze světa se do klidné poustevny hrnul neustálý proud lidí. Guru jednal se všemi hosty zdvořile a laskavě. Mistr – ten, jenž si uvědomuje sám sebe jako všudypřítomnou duši, nikoli jako tělo či ego – vnímá ve všech lidech až zarážející podobnost.

Nestrannost světců pramení z jejich moudrosti. Nejsou již ovlivňováni proměnlivými tvářemi *máji*, nepodléhají dojmům libosti či nelibosti, jež matou úsudek neosvícených lidí. Šrí Juktéšvar neprokazoval žádnou zvláštní úctu mocným, bohatým či úspěšným ani neshlížel spatra na jiné za to, že byli chudobní či nevzdělaní. Uctivě naslouchal slovům pravdy z úst dítěte a jindy otevřeně přecházel bez povšimnutí řeč ješitného pandita.

Osmá hodina byla časem večeře; tou dobou se někdy zdržovali opozdilí hosté. Guru nikdy nejedl sám; žádný host neodcházel z jeho

---

[4] Dosl. „společně zaměřit". *Samádhi* je blažený nadvědomý stav, v němž jogín vnímá jednotu individualizované duše a kosmického Ducha.

[5] Podle fyziologů je chrápání příznakem dokonalého uvolnění.

[6] *Dál* je hustá polévka z půleného hrachu či jiných luštěnin. Čhana je sýr z čerstvého sraženého mléka, často krájený na kostičky a osmažený na kari s bramborami.

ášramu hladový či nespokojený. Šrí Juktéšvara nic nezaskočilo a nikdy nebyl vyveden z míry nečekanou návštěvou; stačilo pár pohotových pokynů žákům a ze skromných zásob se vykouzlila velkolepá hostina. Přesto byl spořivý a s málem prostředků dokázal uskutečnit mnohé. „Dopřej si pohodlí podle své peněženky," říkával často. „Rozmařilost způsobuje trápení." Ať šlo o přijímání hostů, stavební práce, opravy či jiné praktické záležitosti, projevoval mistr neotřelou nápaditost tvořivého ducha.

Za tichých večerů jsme byli často svědky guruových rozprav, hotových nadčasových pokladů. Každé jeho slovo byla vybroušená moudrost. Jeho vyjadřování se vyznačovalo vznešenou sebejistotou. Bylo zcela neopakovatelné; nepoznal jsem nikoho, kdo by mluvil jako on. Své myšlenky nejprve vážil na citlivých vahách rozlišování, než jim dovolil odít se do zevního roucha slov. Všeprostupující, až fyzicky hmatatelná esence pravdy z něj vycházela jako vonný dech duše. Vždy jsem si byl vědom toho, že se nacházím v přítomnosti živoucího projevení Boha. Má hlava se samovolně skláněla pod vahou jeho božství.

Pokud si hosté začali všímat, že se Šrí Juktéšvar pomalu ztrácí v nekonečném Božství, rychle s nimi zapředl hovor. Stavět na odiv své vnitřní pohroužení mu bylo proti mysli. Setrvával v neustálé jednotě s Bohem, a tak s ním nepotřeboval být o samotě v nějaký zvláštní čas. Seberealizovaný mistr se již obejde bez odrazového můstku meditace. „Květ opadne, když se objeví plod." Světci se však často dál drží svých dřívějších duchovních zvyků, aby šli příkladem svým žákům.

Když se přiblížila půlnoc, stávalo se, že se můj guru s nenuceností dítěte poddal spánku. S rozestýláním si nedělal starosti. Často se prostě položil jen tak bez polštáře na úzkou rozkládací pohovku za svým obvyklým sedátkem z tygří kůže.

Filozofické debaty, jež se protáhly přes celou noc, nebyly žádnou vzácností; naléhavostí svého zájmu je mohl vyvolat kterýkoli z žáků. Necítil jsem při nich únavu, neměl jsem nejmenší nutkání ke spánku; zcela jsem si vystačil s mistrovými oživujícími slovy. „Hle, už svítá! Pojďme se projít ke Ganze." Takto se končila nejedna poučná noc.

První měsíce se Šrí Juktéšvarem se završily užitečnou lekcí, která by se dala pojmenovat „Jak vyzrát na komára." V mém rodném domě se na noc vždy rozvěšovaly ochranné sítě. Ke svému zděšení jsem brzy zjistil, v šrírámpurské poustevně nebyl tento prozíravý zvyk zaveden.

Komáři tak byli všudypřítomní a já byl brzy poštípán od hlavy až k patě. Guru se nade mnou slitoval.

„Pořiď si síť a druhou vezmi pro mě." Zasmál se a dodal: „Kdybys koupil jednu jen pro sebe, všichni komáři se pustí do mě!"

S vděkem jsem poslechl. Pokaždé, když jsem v Šrírámpuru přespával, mě guru před spaním vyzval, abych ochranné sítě natáhl.

Jednoho večera nás však obklopilo mračno komárů a mistr na svůj obvyklý pokyn zapomněl. Nervózně jsem naslouchal lačnému hmyzímu bzukotu. Když jsem se ukládal ke spánku, vyslal jsem ke komárům smířlivou modlitbu. O půl hodiny později jsem hlasitě zakašlal, abych upoutal guruovu pozornost. Myslel jsem, že se zblázním nejen ze všech těch štípanců, ale zvláště z toho pisklavého koncertu, jímž komáři svůj krvežíznivý rej doprovázeli.

Mistr se však ani nepohnul, a tak jsem se k němu opatrně připlížil. Nedýchal. To bylo poprvé, co jsem jej zblízka pozoroval v jogínském transu, a ten pohled mě naplnil zděšením.

„Muselo mu selhat srdce!" Přiložil jsem mu k nosu zrcátko; nezamlžilo se. Abych se ujistil, na několik minut jsem mu zacpal ústa i nosní dírky. Tělo měl studené a nehybné. Jako omráčený jsem se obrátil ke dveřím, abych přivolal pomoc.

„Ale, ale! Náš vědec provádí pokusy? Můj nebohý nos!" Mistrův hlas se otřásal smíchy. „Proč si nejdeš lehnout? Má se snad kvůli tobě změnit celý svět? Změň sám sebe: zbav se myšlenky na obtěžující komáry."

Pokorně jsem se vrátil na lůžko. Neodvážil se mi přiblížit jediný hmyzí vetřelec. Pochopil jsem, že guru předtím souhlasil se sítěmi jen proto, aby mi udělal radost; on si z komárů ve skutečnosti vůbec nic nedělal. Svou jogínskou mocí jim zabránil, aby jej štípali, anebo, pokud chtěl, uchýlil se do své niterné nezranitelnosti.

„To mi ukázal záměrně," pomyslel jsem si. „Toto je stav, který se musím snažit dosáhnout." Opravdový jogín dokáže vstoupit do nadvědomí a setrvávat v něm navzdory všem rušivým vlivům, kterých je na této zemi stále víc než dost, ať je to bzučení komárů či oslňující jas slunce. V prvním stavu *samádhi* (*sabikalpa*) se jogín odstřihne od veškerých smyslových výpovědí zevního světa. Za to je odměněn zvuky a výjevy z vnitřních sfér, jež jsou čistší než neposkvrněný Eden.[7]

---

[7] Všudypřítomné schopnosti, díky nimž jogín vidí, chutná, čichá, hmatá a slyší bez použití smyslových orgánů zaměřených vně, jsou v díle *Taittiríjáranjaka* popsány následovně: „Slepý provrtal perlu, bezruký ji navlékl na nit, bezkrký ji nosil a němý ji chválil."

Užiteční komáři posloužili i k dalšímu včasnému poučení, jehož se mi v ášramu dostalo. Právě se zvolna snášel soumrak a můj guru svým nedostižným způsobem vykládal staré posvátné texty. Seděl jsem u jeho nohou a naplňoval mne dokonalý mír. Do této idyly náhle vnikl neurvalý komár, který se dožadoval mé pozornosti. Když mi zapíchl svou jedovou injekci do stehna, automaticky jsem zvedl ruku, abych jej ztrestal. Vykonání rozsudku však bylo na okamžik odloženo, neboť se mi vybavil Pataňdžaliho aforismus o *ahinse* (neubližování).[8]

„Proč jsi dílo nedokončil?"

„Mistře! Chcete snad obhajovat zabíjení?"

„Nikoli, ale ve své mysli jsi už smrtelnou ránu zasadil."

„Tomu nerozumím."

„*Ahinsou* měl Pataňdžali na mysli zbavení se *touhy* zabíjet." Šrí Juktéšvar četl v mých duševních pochodech jako v otevřené knize. „Tento svět není pro doslovné uplatňování *ahinsy* vhodně zařízen. Člověk může být donucen hubit škodlivé tvory. Není však ničím nucen, aby při tom pociťoval hněv či nevraživost. Všechny formy života mají stejné právo dýchat vzduch *máji*. Světec, který pozná tajemství stvoření, žije v souladu se všemi rozmanitými projevy přírody. Tuto pravdu může pochopit každý, kdo překoná touhu ničit."

„Gurudží, měl by snad člověk raději obětovat svůj život divoké šelmě, než ji zabít?"

„Nikoli, lidské tělo je vzácný dar. Má nejvyšší evoluční hodnotu díky jedinečnému mozku a páteřním centrům. Ty umožňují pokročilému adeptu plně chápat a vyjadřovat i ty nejvznešenější stránky božství. Takto není vybavena žádná z nižších forem života. Je pravda, že je-li člověk donucen zabít zvíře či jakoukoli jinou živou bytost, dopouští se menšího hříchu. Ovšem posvátné šástry učí, že připraví-li se člověk svévolně o své tělo, páchá závažný přestupek proti zákonu karmy."

Vydechl jsem úlevou; ne vždy se totiž člověk od svatých písmem dočká shovívavosti ke svým přirozeným sklonům.

Pokud vím, s levhartem ani tygrem se mistr nikdy tváří v tvář nesetkal. Jednou však na něj zaútočila smrtící kobra, již přemohl svou láskou. Ke střetu došlo v Purí, kde měl guru svůj přímořský ášram. S mistrem tam byl tehdy Praphulla, mladý žák Šrí Juktéšvara z pozdějších let.

---

[8] „V přítomnosti člověka, jenž dosáhl dokonalosti v *ahimse* (nenásilí), nevyvstává [v žádném tvoru] nevraživost." (*Jógasútry* 2,35)

„Seděli jsme venku nedaleko poustevny," vyprávěl mi Praphulla. „Najednou se kousek od nás objevila kobra, jeden a půl metru čiré hrůzy. Kápi měla zuřivě roztaženou mířila přímo k nám. Mistr se na uvítanou zachichotal, jako by se zdravil s dítětem. Strnulý strachem jsem pozoroval, jak Šrí Juktéšvardží začal rytmicky tleskat.[9] On tomu strašlivému návštěvníkovi ještě dopřával zábavu! Skoro jsem nedýchal a v duchu se úpěnlivě modlil. Had byl teď jen kousek od mistra a zcela znehybněl, jako by byl jeho přívětivostí magneticky přitahován. Hrozivá kápě se postupně stáhla, plaz se prosmýkl mistrovi mezi chodidly a zmizel v křoví.

Proč Mistr pohyboval rukama a proč na ně kobra nezaútočila, jsem si tehdy nedokázal vysvětlit," dodal Praphulla. „Později jsem však pochopil, že náš božský guru se nikdy neobával, že by mu mohl nějaký živý tvor ublížit."

Jednou odpoledne jsem si povšiml, že mě Šrí Juktéšvar upřeně pozoruje.

„Jsi příliš hubený, Mukundo."

Jeho poznámka mne zasáhla na citlivém místě. Na své zapadlé oči a vyzáblý vzhled jsem nebyl zrovna pyšný. Od dětství jsem trpěl chronickými poruchami trávení. Na polici v mém pokoji stálo mnoho lahviček s posilňujícími léky, ale žádný z nich nepomáhal. Někdy jsem se zarmouceně ptal sám sebe, zda má život s tak neduživým tělem vůbec smysl.

„Léky mají svá omezení, ale božská tvůrčí životní síla nikoli. Věř tomu: budeš opět zdravý a silný."

Mistrova slova mě okamžitě přesvědčila, že jejich pravdu budu moci prokázat ve svém vlastním životě. Žádný jiný léčitel (a že jsem jich do té doby vyzkoušel) ve mně nedokázal probudit tak silnou důvěru.

Každým dnem jsem se cítil zdravější a silnější. Díky skrytému požehnání Šrí Juktéšvara jsem během dvou týdnů dosáhl váhy, o jakou jsem v minulosti marně usiloval. Mé žaludeční potíže zmizely a už se nikdy nevrátily.

Později se mi několikrát poštěstilo být očitým svědkem, jak guru někoho zázračně vyléčil z cukrovky, epilepsie, tuberkulózy či ochrnutí.

---

[9] Kobra prudce útočí na jakýkoli pohybující se předmět ve svém dosahu. Ve většině případů je jedinou nadějí na záchranu naprostá nehybnost. Kobra je v Indii velice obávaným hadem, jenž zde každý rok připraví o život kolem pěti tisíc lidí.

Léta v poustevně mého mistra

„Také jsem se před lety marně snažil přibrat," řekl mi mistr krátce poté, co mě uzdravil. „Když jsem se zotavoval z vážné nemoci, navštívil jsem Láhirího Mahášaje v Benáresu.

,Pane,' řekl jsem, ,byl jsem těžce nemocen a ztratil jsem hodně váhy.'

,To vidím, Juktéšvare;[10] učinil ses nemocným, a teď si myslíš, že jsi hubený.'

Taková odpověď byla daleka té, jakou jsem očekával, guru však povzbudivě dodal: ,Dohlédnu na to; jsem si jist, že už zítra ti bude o poznání lépe.'

Má vnímavá mysl tato slova pochopila jako znamení, že mne mistr tajně léčí. Na druhý den jsem jej hned ráno vyhledal a vítězoslavně zvolal: ,Již se cítím mnohem lépe!'

,Skutečně! Dal ses dohromady.'

,Ne, mistře!' protestoval jsem. ,To vy jste mi pomohl. Dnes poprvé po mnoha týdnech v sobě cítím nějakou sílu.'

,Máš pravdu, tvá nemoc byla dosti vážná. Tvé tělo je ale stále oslabené. Kdo ví, jak na tom bude zítra?'

Při představě, že by se mé potíže mohly vrátit, mi přeběhl mráz po zádech. Nazítří ráno jsem se k Láhirímu Mahášajovi sotva dovlekl.

,Pane, už mi zase není dobře.'

Guru na mě tázavě pohlédl. ,Podívejme! Opět sis přitížil.'

Má trpělivost byla v koncích. ,Gurudévo,' řekl jsem, ,já vím, že si ze mě každý den tropíte posměch. Ale nerozumím, proč nevěříte mým pravdivým slovům.'

,Že se jednou cítíš dobře a pak zase špatně, je ve skutečnosti dílem tvých myšlenek.' Guru se na mě láskyplně zadíval. ,Sám jsi se přesvědčil, jak se tvé zdraví přesně řídilo tvým vlastním podvědomým očekáváním. Myšlenka je síla, podobně jako elektřina nebo zemská přitažlivost. Lidská mysl je jiskrou všemocného Božího vědomí. Ukázal jsem ti, že všechno, v co tvá mocná mysl velmi silně uvěří, se okamžitě stane skutečností.'

Věděl jsem, že Láhirí Mahášaj nikdy nemluví zbůhdarma, a tak jsem se jej s hlubokou úctou a vděčností otázal: ,Mistře, budu-li si myslet, že jsem zdráv a že jsem získal zpět svou ztracenou váhu, opravdu se to stane?'

---

[10] Láhirí Mahášaj ve skutečnosti řekl „Prijo" (mistrovo první jméno), nikoli „Juktéšvare" (mnišské jméno, které můj guru přijal až po smrti Láhirího Mahášaje). (viz str. 108) Jméno „Juktéšvar" je zde a na několika dalších místech v knize použito proto, aby nedošlo k záměně s jinými jmény.

‚Přesně tak, dokonce v této samé chvíli,' odvětil guru se vší vážností a svůj pohled soustředil do mých očí.

Okamžitě jsem pocítil, jak ve mně stoupla nejen síla, ale i tělesná hmotnost. Láhirí Mahášaj se pohroužil do ticha. Po několika hodinách strávených u jeho nohou jsem se vrátil do domu své matky, kde jsem při návštěvách Benáresu přebýval.

‚Co je to s tebou, synu? Jsi celý oteklý, netrpíš vodnatelností?' Matka nemohla uvěřit svým očím. Mé tělo bylo teď silné a statné jako před nemocí.

Zvážil jsem se a zjistil jsem, že za jediný den jsem přibral třiadvacet kilogramů; ty už mi natrvalo zůstaly. Přátelé a známí, kteří mne z dřívějška znali hubeného, nevycházeli z údivu. Několik jich na základě tohoto zázraku změnilo způsob života a stali se žáky Láhirího Mahášaje.

Můj guru byl probuzený v Bohu a věděl, že tento svět není nic než zhmotnělý sen Stvořitele. Jelikož si byl plně vědom své jednoty s božským Snílkem, dokázal Láhirí Mahášaj snové atomy tohoto jevového světa zhmotňovat, odhmotňovat či přetvářet."[11]

„Celému stvoření vládnou zákony," dodal Šrí Juktéšvar na závěr. „Principy, které působí ve vnějším vesmíru a jež mohou objevovat vědci, se nazývají přírodní zákony. Existují však i jemnější zákony, které vládnou skrytým duchovním rovinám a vnitřní oblasti vědomí; tyto principy lze poznat prostřednictvím vědy jógy. Není to fyzik, kdo plně rozumí pravé povaze hmoty, nýbrž mistr, jenž dosáhl Seberealizace. Díky tomuto poznání dokázal Kristus vrátit na místo sluhovo ucho poté, co mu ho odťal jeden z jeho učedníků."[12]

Můj guru byl jedinečným vykladačem svatých písem. Mnoho mých nejšťastnějších vzpomínek je spojeno s jeho promluvami. Perly svých myšlenek však neházel do popela nepozornosti či hlouposti. Stačil jediný neklidný pohyb mého těla či chvilková ztráta duchapřítomnosti a mistr svůj výklad okamžitě ukončil.

„Nejsi tu." Touto poznámkou přerušil Šrí Juktéšvar jednou odpoledne svou řeč. Jako obvykle střežil mou pozornost s neúprosnou bedlivostí.

---

[11] „Proto vám pravím: Věřte, že všecko, oč v modlitbě prosíte, je vám dáno, a budete to mít." (Marek 11,24) Mistři sjednocení s Bohem jsou schopni předávat své božské realizace pokročilým žákům, jak při této příležitosti učinil Láhirí Mahášaj se Šrí Juktéšvarem.

[12] „A jeden z nich napadl sluhu velekněžova a uťal mu pravé ucho. Ježíš však řekl: ‚Přestaňte s tím!' Dotkl se jeho ucha a uzdravil ho." (Lukáš 22,50–51)

"Gurudží!" ohradil jsem se se známkou dotčení v hlase. „Ani jsem se nepohnul, má víčka se nezachvěla. Mohu zopakovat každé vaše slovo!"
„A přesto jsi nebyl plně se mnou. Tvůj vzdor mě nutí poznamenat, že jsi na pozadí své mysli stavěl tři budovy. Jednu na lesnatých pláních, druhou na kopci a třetí na břehu oceánu."
Tyto matně utvářené myšlenky byly opravdu v mé mysli téměř podvědomě přítomné. Kajícně jsem na něj pohlédl.
„Co nadělám s mistrem, který vidí i do mých nahodilých představ?"
„Sám jsi mi to právo dal. Hluboké pravdy, které zde vykládám, lze pochopit jen při plném soustředění. Není-li to nutné, nikdy soukromí mysli druhých nenarušuji. Nepozorovaně se toulat ve vlastních myšlenkách je přirozeným právem každého člověka. Ani Bůh do nich nevstupuje nezván, proto se tak neodvažuji činit ani já."
„Vy jste vždy vítán, mistře!"
„Tvé stavitelské sny se zhmotní později. Teď je čas na studium!"
Můj guru takto mimochodem a svým příznačným prostým způsobem odhalil, že jsou mu známy tři nadcházející milníky mého života. Již od útlého mládí se mi v záhadných záblescích zjevovaly tři budovy, každá v jiném prostředí. Tyto tři vize se nakonec uskutečnily přesně v pořadí, v jakém je zmínil Šrí Juktéšvar. Nejprve jsem založil školu jógy pro chlapce v rovinaté krajině Ráňčí, poté americké ústředí na vrcholu pahorku v Los Angeles a nakonec poustevnu v kalifornském Encinitas s výhledem na Tichý oceán.
Mistr nikdy povýšenecky neprohlašoval: „Prorokuji, že se stane to a to." Spíše naznačil: „Nemyslíš, že by se něco takového mohlo stát?" V jeho prostých slovech se však skrývala jasnozřivá moc. Nikdy nebral svá slova zpět; jeho nenápadné předpovědi se nikdy neukázaly být mylné.
Šrí Juktéšvar byl rezervovaný a ve svém jednání pragmatický. V ničem nepřipomínal vyhýbavého či ztřeštěného vizionáře. Stál nohama pevně na zemi a jeho hlava kotvila v nebeském přístavišti. Měl uznání pro praktické lidi. „Svatost neznamená hloupost. Božské vnímání nepřipravuje člověka o rozum," říkával. „Z činorodých projevů ctnosti povstává ta nejpronikavější inteligence."
Guru nebyl nakloněn diskuzím o nadpřirozených jevech. Jediné, co na něm bylo „nadpřirozené," byla aura dokonalé prostoty. V hovoru se vyhýbal přepjatým výrokům, zato jeho skutky byly mnohomluvné. Mnozí učitelé mluvili o zázracích, ale nikdy žádný nepředvedli. Šrí

Juktéšvar o skrytých zákonech hovořil zřídkakdy, ale potají s nimi zacházel, kdykoli uznal za vhodné.

„Člověk, jenž dosáhl Seberealizace, nekoná zázraky, dokud nedostane vnitřní pokyn," vysvětloval mistr. „Bůh si nepřeje, aby se tajemství jeho stvoření vyjevovalo na potkání.[13] Každý jedinec na tomto světě má navíc nezcizitelné právo na svou svobodnou vůli. Světec do této nezávislosti nijak nezasahuje."

Mistrovo obvyklé mlčení mělo původ v jeho hlubokém vnímání nekonečného Božství. Nezbýval mu tak čas na všemožná „zjevení", jimiž se ustavičně zaneprazdňují učitelé, kteří ještě nedosáhli Seberealizace. V indických svatých písmech se praví: „U člověka mělkého ducha vyvolají rybky nicotných myšlenek vždy veliké pozdvižení. V mysli širé jako oceán však i velryby inspirace sotva zčeří hladinu."

Vzhledem k mistrovu neokázalému zevnějšku v něm jen málo současníků rozpoznalo víc než člověka. Příslovečného „blázna, který nedokáže skrýt svou moudrost", můj hlubokomyslný a mlčenlivý mistr nikdy nepřipomínal.

Ač se jako všichni ostatní zrodil na tomto světě coby smrtelník, dosáhl Šrí Juktéšvar jednoty s Vládcem času a prostoru. Neznal žádnou nepřekonatelnou překážku, jež by bránila splynutí lidského s božským. Jak jsem později pochopil, takové překážky platí pouze pro člověka, jenž nemá dostatek duchovní odvahy.

Pokaždé, když jsem se dotýkal svatých nohou Šrí Juktéšvara, byl jsem rozechvělý vzrušením. Žák je uctivým kontaktem s mistrem duchovně magnetizován; vzniká při tom zvláštní náboj. Nežádoucí návykové mechanismy v mozku oddaného žáka jsou pak často jakoby vypalovány a drážky, v nichž jsou zapsány jeho světské sklony, jsou narušeny. Alespoň na okamžik se před ním může nadzvednout tajemný závoj *máji*, aby letmo zahlédl blaženou skutečnost. Kdykoli jsem před svým guruem poklekl, jak je v Indii zvykem, celé mé tělo se rozzářilo osvobozujícím jasem.

„I když Láhirí Mahášaj jen mlčel," řekl mi mistr, „nebo hovořil o jiném než výlučně náboženském tématu, uvědomoval jsem si, že mi neustále předává nevýslovné poznání."

---

[13] „Nedávejte psům, co je svaté. Neházejte perly před svině, nebo je nohama zašlapou, otočí se a roztrhají vás." (Matouš 7,6)

Šrí Juktéšvar na mě působil podobně. Když jsem přišel do ášramu ve ztrápeném nebo netečném rozpoložení mysli, můj postoj se nepozorovaně proměnil. Stačilo jen pohlédnout na mého gurua a prostoupil mne léčivý klid. Každý den s ním znamenal nový prožitek radosti, vnitřního pokoje a moudrosti. Nikdy jsem ho nezažil zmateného nebo opojeného chtivostí, hněvem či lidskou připoutaností.

„Pomalu se začíná snášet tma *máji*. Pospěšme domů do svého nitra." Touto výzvou mistr neustále připomínal svým žákům, že potřebují cvičit *krijajógu*. Někdy se stalo, že nový žák zapochyboval, zda je vůbec hoden jógu praktikovat.

„Zapomeň na minulost," konejšil ho Šrí Juktéšvar. „Odvanulé životy každého člověka zatemňuje mnoho hanebností. Lidské jednání je vždy nespolehlivé, dokud nezakotví v Božství. V budoucnu se všechno zlepší, jestliže nyní vyvineš duchovní úsilí."

U mistra v poustevně vždy žili nějací mladí čélové (žáci). O jejich duševní a duchovní vzdělání se zajímal celý život. Ještě krátce před svým odchodem přijal k výcviku dva šestileté chlapce a jednoho šestnáctiletého mladíka. Všem, které měl v péči, se dostávalo důkladného výcviku. Není náhoda, že v některých jazycích jsou výrazy pro žáka a disciplínu spřízněné jak etymologicky, tak prakticky.

Obyvatelé ášramu svého gurua milovali a ctili. Stačilo, aby slabě zatleskal, a hned dychtivě přispěchali. Když byl v mlčenlivé či odtažité náladě, nikdo se neodvážil promluvit. A když se rozezněl jeho bodrý smích, děti na něj hleděly, jako by byl jedním z nich.

Šrí Juktéšvar zřídkakdy žádal druhé o osobní službu ani nepřijal pomoc od čély, nebyla-li nabídnuta s radostí. Sám si vypral šaty, jestliže žáci tuto výsadu zanedbali.

Jeho obvyklým oděvem bylo tradiční okrové roucho mnichů řádu svámí. Uvnitř nosil střevíce bez tkaniček vyrobené z tygří nebo jelení kůže, jak velel jogínský obyčej.

Šrí Juktéšvar hovořil plynně anglicky, francouzsky, bengálsky a hindsky, obstojně ovládal i sanskrt. K osvojení angličtiny a sanskrtu své mladé žáky trpělivě vedl důmyslnými zkratkami, které sám vynalezl.

Nelpěl přehnaně na svém těle, ale byl na něj opatrný. Zdůrazňoval, že Božství se může náležitě projevovat jen tam, kde panuje fyzické a duševní zdraví. Odmítal všechny krajnosti. Žákovi, který chtěl držet dlouhý půst, řekl se smíchem: „Proč nehodit psovi kost?"[14]

Šrí Juktéšvar se těšil výtečnému zdraví; nikdy jsem jej neviděl nemocného.[15] Z úcty ke světskému zvyku však svým žákům nebránil obracet se na lékaře, jestliže sami cítili potřebu. Říkal jim: „Doktoři by měli konat svou práci se znalostí Božích zákonů, které se vztahují na hmotu." Vyzdvihoval ovšem nadřazenost duševní stránky léčby a často opakoval: „Moudrost je nejlepším očistným prostředkem." Svým čélům také říkával:

„Tělo je zrádný přítel. Dávejte mu jen to, co mu náleží, avšak nic víc. Bolest i slast jsou dočasné; snášejte všechny podvojnosti s klidem a současně se snažte vymanit z jejich moci. Představivost je branou, jíž vstupuje nemoc i uzdravení. Nevěřte v reálnost choroby, ani když onemocníte, a zneuznaný návštěvník prchne!"

Mezi mistrovými žáky bylo mnoho lékařů. „Ti, kdo studovali fyziologii, by měli učinit další krok a zkoumat vědu duše," nabádal. „Hned za mechanismem těla se ukrývá jemná duchovní struktura."[16]

Šrí Juktéšvar svým žákům radil, aby ve svém životě spojovali to nejlepší ze Západu i Východu. On sám se vnějšími zvyky projevoval jako činorodý Zápaďan, ovšem ve svém nitru byl duchovní Orientálec. Měl uznání pro pokroková, důmyslná a hygienická západní řešení i pro náboženské ideály, které Východu propůjčují jeho věkem posvěcenou auru.

Disciplína pro mě nebyla ničím novým; doma byl otec přísný a Ananta často až tvrdý. Výcvik Šrí Juktéšvara však nelze popsat jinak než jako drastický. Můj guru byl perfekcionista a ke svým žákům byl nadmíru kritický, ať šlo o běžné záležitosti, nebo o nepatrné odchylky od zavedených způsobů.

---

[14] Guru považoval půst za ideální přirozenou metodu očisty, ovšem tento žák se až přehnaně věnoval svému tělu.

[15] Jednou onemocněl v Kašmíru, když jsem s ním nebyl (viz str. 199).

[16] Odvážný lékař a držitel Nobelovy ceny za fyziologii Charles Robert Richet napsal: „Metafyzika ještě není oficiálně uznanou vědou, ale jednou se jí stane... V Edinburghu se mi podařilo stovku fyziologů přesvědčit, že pět smyslů není jediným naším nástrojem poznání a že jistá část reality někdy k rozumu doputuje i jinými cestami. To, že je daný úkaz vzácný, ještě neznamená, že neexistuje. Je-li studium nějakého jevu obtížné, měli bychom to brát jako důvod, proč se mu vyhýbat? Ti, kdo metafyziku odsuzují jako okultní vědu, se budou jednou stydět jako ti, kteří kdysi odsuzovali chemii se zdůvodněním, že je to jen iluzorní hledání kamene mudrců. Pokud jde o zákony, existují pouze Lavoisierovy, Bernardovy, Pasteurovy – vždy a všude jsou důsledkem čistě *experimentálním*. Přivítejme tedy tuto novou vědu, která změní orientaci lidského myšlení."

„Dobré vychování bez upřímnosti je jako mrtvá kráska," poznamenal při jedné vhodné příležitosti. „Přímočarost bez zdvořilosti je jako skalpel – účinná, ale nepříjemná. Upřímnost spojená se slušností je nápomocná a hodná úcty."

S mým duchovním pokrokem byl mistr zřejmě spokojen, neboť se o něm zmiňoval jen zřídka; v ostatních ohledech mé uši neunikly častému kárání. Mými hlavními prohřešky byla roztržitost, občasné propadání zádumčivosti, nedodržování jistých pravidel etikety a příležitostná nesystematičnost.

„Všimni si, jak jsou činnosti tvého otce Bhagabatího uspořádané a po všech stránkách vyvážené," poukazoval guru. Tito dva žáci Láhirího Mahášaje se setkali brzy po mé první návštěvě šrírámpurské poustevny. Otec a mistr k sobě chovali hluboký vzájemný obdiv. Každý z nich vybudoval úctyhodný vnitřní život na základech z duchovní žuly, které nenahlodal zub času.

Od jednoho ze svých dočasných učitelů z raných let jsem obdržel několik mylných ponaučení. Bylo mi tehdy řečeno, že čéla se nemusí příliš zatěžovat světskými povinnostmi. Když jsem své úkoly zanedbal či odbyl, nedostalo se mi za to pokárání. Lidská přirozenost takovou výchovu ochotně vstřebá. Pod mistrovou nelítostnou rákoskou jsem se však z oné příjemné iluze nezodpovědnosti brzy vyléčil.

„Ti, kdo jsou příliš dobří pro tento svět, zdobí svou přítomností nějaký jiný," poznamenal mistr jednoho dne. „Dokud volně dýcháš vzduch této země, je tvou povinností vděčně na ní vykonávat nějakou službu. Jen ten, kdo zcela ovládl stav, v němž je dýchání zastaveno,[17] je osvobozen od požadavků tohoto vesmíru." Pak úsečně dodal: „Až dosáhneš konečné dokonalosti, neopomenu tě na to upozornit."

Mého gurua nebylo možné uplatit, a to ani láskou. Nebyl shovívavý k nikomu, kdo se jako já uvolil stát jeho žákem. Ať jsme se spolu nacházeli mezi jeho učedníky, mezi cizími lidmi nebo zůstali osamotě, vždy mluvil otevřeně a káral přísně. Jeho výtce neuniklo sebemenší upadnutí do povrchnosti či nedůslednosti. Takováto výchova, jež nemilosrdně drtila mé ego, byla stěží k vydržení, já však byl pevně odhodlán nechat Šrí Juktéšvara, aby vyhladil všechny záhyby mé duševní tkaniny. A zatímco se on lopotil s touto titánskou transformací, já se mnohokrát otřásal pod tíhou jeho kázeňského kladiva.

---

[17] *samádhi* – nadvědomí

„Pokud se ti má slova nelíbí, můžeš kdykoli odejít," ujišťoval mě mistr. „Nechci po tobě nic než tvé vlastní zdokonalení. Zůstaň jen tehdy, pokud cítíš, že ti to prospívá."

Jsem mu nesmírně vděčný za ty pokořující rány, které uštědřil mé pýše. Někdy jsem měl pocit, jako by, čistě metaforicky, odhaloval a vytrhával každý nemocný zub v mých čelistech. Tvrdé jádro egoismu lze stěží odstranit jinak než hrubou silou. Teprve po jeho zmizení se Božství konečně ukáže volná cesta. Dokud je srdce zatvrzelé sobectvím, je každá jeho snaha marná.

Šrí Juktéšvar byl obdařen pronikavou intuicí; často vůbec nedbal na to, co člověk právě říká, a reagoval na jeho nevyslovené myšlenky. Slova, která člověk používá, a skutečné myšlenky, jež se za nimi skrývají, si mohou být na hony vzdálené. „Svým klidem," říkával guru, „se snaž vnímat myšlenky schované za změtí lidské výřečnosti."

Věci, které dokáže odhalit božský vhled, však bývají pro světské uši bolestivé, a tak u povrchních žáků mistr nebýval oblíben. Zato ti moudří, kterých bylo vždy pomálu, jej chovali v hluboké úctě.

Troufám si tvrdit, že Šrí Juktéšvar mohl být tím nejvyhledávanějším guruem v Indii, kdyby jeho slova nebyla tak přímočará a kritická.

„Na ty, kdo ke mně přicházejí, abych je vycvičil, jsem tvrdý," svěřil se mi. „Takový je můj způsob; ber, nebo nech být. Nikdy nedělám kompromisy. Ty však budeš ke svým žákům mnohem laskavější; to je zase tvůj způsob. Já se snažím pročišťovat jen ohněm přísnosti, jehož plameny šlehají nad míru, již jsou lidé běžně schopni snášet. Vlídný přístup založený na lásce však také proměňuje. Metoda neoblomnosti i metoda ústupnosti jsou stejně účinné, jsou-li použity moudře." Pak dodal: „Vydáš se do cizích zemí, kde se přímá zteč na ego nesetkává s pochopením. Na Západě nemůže žádný učitel šířit poselství Indie, není-li hojně obdařen vstřícnou trpělivostí a shovívavostí." (Raději pomlčím, kolikrát jsem si v Americe na tato mistrova slova vzpomněl!)

Ač guruovo neúprosné vyjadřování nedovolilo, aby měl za svého života mnoho učedníků, díky narůstajícímu počtu upřímných následovníků jeho učení žije duch Šrí Juktéšvara v tomto světě dál. Dobyvatelé jako Alexander Veliký usilují o nadvládu nad novým územím, avšak mistři jako Šrí Juktéšvar dobývají říše mnohem rozsáhlejší – v lidských duších.

Mistr měl ve zvyku poukazovat na prosté, bezvýznamné nedostatky svých žáků s až přehnanou vážností. Jednoho dne přijel Šrí Juktéšvara do Šrírámpuru navštívit můj otec. Pravděpodobně očekával, že o mně uslyší pár pochvalných slov. Jaké ovšem bylo jeho zděšení, když mu byl místo toho předložen dlouhý výčet mých nedostatků. Bez prodlení spěchal rovnou za mnou.

„Z toho, co mi řekl tvůj guru, bych čekal, že tu najdu nemohoucí trosku!" Plakal a smál se zároveň.

Jedinou příčinou mistrovy tehdejší nelibosti byla skutečnost, že jsem se navzdory jeho mírnému nesouhlasu snažil přivést jistého muže na duchovní cestu.

V rozhořčení jsem běžel za guruem. Přijal mě se sklopeným pohledem, jako by si byl vědom své viny. Bylo to poprvé a naposled, kdy přede mnou tento božský lev zkrotl. Vychutnal jsem si ten jedinečný okamžik do poslední kapky.

„Pane, proč jste mě před mým nebohým otcem tak nelítostně odsoudil? Bylo to spravedlivé?"

„Už to nikdy neudělám," pravil mistr omluvně.

Ta slova mě okamžitě odzbrojila. Jak pohotově přiznal ten velký muž svou chybu! Otcův klid mistr od té doby již nikdy nenarušil, ovšem mě dál nelítostně rozpitvával, kdykoli a kdekoli uznal za vhodné.

Noví žáci mistrovi v jeho vyčerpávající kritice druhých často přizvukovali. Moudří jako sám guru! Vzorné příklady bezchybného rozlišování! Kdo však útočí, měl by také mít čím se bránit. Tito pomlouvační žáci překotně prchali, jakmile mistr před ostatními vystřelil jejich směrem několik šípů ze svého analytického toulce.

„Přecitlivělé vnitřní slabiny, bouřící se při sebemenším doteku kritiky, jsou jako nemocné části těla, které se brání i tomu nejjemnějšímu zacházení," poznamenal Šrí Juktéšvar pobaveně na adresu těchto přelétavců.

Mnoho žáků má o guruovi svou předem utvořenou představu, podle níž hodnotí jeho slova a činy. Takoví si často stěžovali, že Šrí Juktéšvarovi nerozumí.

„Vy zase nerozumíte Bohu!" opáčil jsem při jedné takové příležitosti. „Kdyby vám byl světec jasně srozumitelný, byli byste sami světci!" Cožpak může někdo mezi tolika záhadami tohoto světa dýchat nevysvětlitelný vzduch a požadovat, aby ihned porozuměl bezbřehé povaze mistra?

Žáci přicházeli a většinou odcházeli. Ti, kteří toužili po snadné cestě – na níž se jim dostane okamžité přízně a povzbuzujícího uznání zásluh – ji v ášramu nenašli. Mistr svým žákům nabízel útočiště a starostlivý dohled, jenž nebyl omezen časem, mnozí z nich se však lakotně dožadovali také balzámu na své ego. Takoví se brzy rozloučili; před trochou pokory se raději nechali bez ustání pokořovat světským životem. Mistrovy spalující paprsky – přímý a pronikavý sluneční jas jeho moudrosti – byly pro jejich duchovní chorobu příliš intenzivní. Vyhledali raději menšího učitele, který jim poskytl stín lichotek a možnost pokračovat v křečovité dřímotě vlastní nevědomosti.

Během prvních měsíců strávených s mistrem jsem zažíval sžíravý strach z jeho pokárání. Brzy jsem zjistil, že své slovní pitvání zaživa vykonával výhradně na těch, kteří jej tak jako já požádali, aby je naučil disciplíně. Jestliže se nějaký jiný žák cítil dotčený jeho výtkami a ohradil se, Šrí Juktéšvar zmlkl. Jeho slova nebyla nikdy vyřčena v hněvu, nýbrž s nestrannou, odosobněnou moudrostí.

Na náhodné návštěvníky se mistrovy výtky nezaměřovaly; k jejich nedostatkům se vyjadřoval málokdy, i když byly do očí bijící. Avšak vůči žákům, kteří se k němu uchýlili, cítil Šrí Juktéšvar velkou zodpovědnost. Věru odvážný je guru, který na sebe vezme úkol přetavit tu egem prorostlou rudu lidství! Světcova neohroženost pramení z jeho soucitu s klopýtajícími slepci tohoto světa – s lidmi obluzenými *májou*.

Když jsem zanechal svého skrytého vzdoru, zjistil jsem, že kárání zřetelně ubylo. Mistrovo srdce jakýmsi zvláštním způsobem změklo a od té doby ke mně projevoval jistou shovívavost. Časem jsem zbořil všechny zdi rozumového odůvodňování a podvědomých[18] výhrad, jimiž se lidská osobnost obvykle zaštiťuje. Odměnou mi bylo nenucené, bezprostřední souznění s mým guruem. Tehdy jsem v něm odhalil bezelstnou, ohleduplnou a mlčky milující bytost. On však neměl ve zvyku dávat najevo své city, a tak mi nevěnoval jediné slovo náklonnosti.

Jelikož jsem povahy v zásadě zbožné, zpočátku mě znepokojovalo, že se můj guru, prostoupený duchem *džňány*, vyjadřuje převážně z pohledu chladné duchovní matematiky, jako by postrádal *bhakti*.[19] Když jsem se však sladil s jeho povahou, zjistil jsem, že má vroucí

---

[18] „Naše vědomé i podvědomé bytí je korunováno nadvědomím," řekl Rabbi Israel H. Levinthal na přednášce v New Yorku. „Anglický psycholog F. W. H. Myers před mnoha lety prohlásil, že v hlubinách našeho bytí je ukryta hora odpadků i pokladnice plná klenotů. Na rozdíl od psychologie, která se zaměřuje výhradně na zkoumání podvědomí, soustřeďuje nová psychologie svou pozornost na onu pokladnici – oblast nadvědomí, která jediná může vysvětlit ušlechtilé, nesobecké a hrdinské jednání člověka."

[19] *džňána*, moudrost, a *bhakti*, zbožná oddanost – dvě z hlavních cest k Bohu

láska k Bohu nijak nepolevila, ale naopak vzrostla. Seberealizovaný mistr je plně schopen vést jakékoli žáky v přirozeném souladu s jejich převažujícími sklony.

Můj vztah ke Šrí Juktéšvarovi byl do značné míry nevyslovený, přesto se vyznačoval jistou skrytou výřečností. Často jsem za svými myšlenkami nacházel jeho mlčenlivý podpis, takže slova pozbyla účelu. Tiše jsem sedával vedle něho a cítil, jak svým vnitřním bohatstvím pokojně zaplavuje celou mou bytost.

O letních prázdninách po mém prvním roce na univerzitě se významně projevila mistrova nestranná spravedlnost. Těšil jsem se, jak v Šrírámpuru strávím několik nepřerušovaných měsíců se svým guruem.

„Můžeš si vzít na starosti ášram." Mistr měl z mého nadšeného příjezdu radost. „Tvou povinností bude přijímat hosty a dohlížet na práci ostatních žáků."

Dva týdny nato byl do výcviku přijat Kumár, mladý vesničan z východního Bengálska. Vynikal bystrostí rozumu a okamžitě si získal mistrovu přízeň. Z nějakého záhadného důvodu zaujal Šrí Juktéšvar k novici nekritický postoj.

„Mukundo, předej své povinnosti Kumárovi. Ty budeš zametat a vařit," nařídil mistr poté, co hoch v ášramu pobýval sotva měsíc.

Jakmile byl Kumár povýšen do řídicí funkce, propukla v ášramu hotová domácí tyranie. Ostatní žáci v tiché vzpouře nadále chodili pro každodenní pokyny za mnou. Tato situace trvala tři týdny; jednoho dne jsem pak zaslechl rozhovor mezi Kumárem a mistrem.

„Mukunda je nemožný!" čílil se ten chlapec. „Učinil jste mne vedoucím, ale ostatní chodí za ním a poslouchají jeho!"

„Proto jsem ho poslal do kuchyně a tebe do pokoje pro hosty – abys pochopil, že správný vůdce chce druhým sloužit, nikoli je ovládat." Mistrův ostrý tón byl pro Kumára novinkou. „Chtěl jsi Mukundovo postavení, ale neprokázal jsi, že jsi jej hoden. Teď se vrať ke své původní práci pomocného kuchaře."

Po této potupné příhodě zaujal mistr ke Kumárovi opět nezvykle shovívavý postoj. Kdo vyřeší to tajemství přitažlivosti? V Kumárovi objevil náš guru okouzlující zřídlo, které však ostatním žákům žádné osvěžení nepřinášelo. Ač se nový chlapec zjevně stal mistrovým oblíbencem, nijak mě to nermoutilo. Takovéto osobní zvláštnosti jsou vlastní i mistrům a obrazu života dodávají vítanou pestrost. Má povaha se jen málokdy nechá ovládnout detailem; u Šrí Juktéšvara jsem hledal něco hlubšího než zevní chvály.

Jednoho dne se na mne Kumár bez příčiny jedovatě obořil. Hluboce mne tím ranil.

„Dej si pozor, abys svou nabubřelostí nepraskl!" Přidal jsem varování, které jsem intuitivně cítil jako pravdivé: „Jestli své způsoby nezměníš, budeš jednoho dne vyzván, abys náš ášram opustil."

Kumár se sarkasticky zasmál a zopakoval má slova guruovi, který právě vstoupil do místnosti. Krotce jsem se stáhl do kouta s jistotou, že budu pokárán.

„Možná má Mukunda pravdu," odpověděl mladíkovi mistr s nezvyklou strohostí.

O rok později se Kumár vydal na návštěvu svého domova. Nedbal přitom tichého nesouhlasu Šrí Juktéšvara, který o pohybu svých žáků nikdy autoritativně nerozhodoval. Když se chlapec po několika měsících do Šrírámpuru vrátil, došlo u něj k nepříjemně nápadné proměně. Tatam byl onen vznešený Kumár s tváří zářící poklidem. Před námi stál tuctový venkovan, který si za tu krátkou dobu osvojil spoustu špatných návyků.

Mistr si mě zavolal a se zlomeným srdcem se rozhovořil o tom, že se už chlapec pro mnišský život v poustevně nehodí.

„Mukundo, nechám na tobě, abys Kumárovi sdělil, že má zítra z ášramu odejít; já toho nejsem schopen!" Do očí mu vstoupily slzy, rychle se však ovládl. „Ten hoch by nikdy neklesl tak hluboko, kdyby mě poslechl, neodjel a nestýkal se s nežádoucími společníky. Odmítl mou ochranu; jeho guruem tak musí být i nadále krutý svět."

Z Kumárova odchodu jsem neměl žádnou obzvláštní radost; smutně jsem přemítal nad tím, jak snadno může člověk, který si dokázal získat mistrovu lásku, podlehnout světským lákadlům. Potěšení, jež přináší víno a pohlavní pud, je v tělesném člověku hluboce zakořeněno; na to, aby si jej uvědomoval, nepotřebuje nijak vytříbené vnímání. Tenata smyslů jsou jako věčně zelený oleandr s omamnými růžovými květy: všechny části této rostliny jsou jedovaté.[20] Krajina našeho uzdravení

---

[20] „V bdělém stavu vynakládá člověk nesmírné úsilí, aby mohl zakoušet smyslové uspokojení. Jakmile se celá soustava smyslových orgánů unaví, zapomene i na rozkoš, kterou má po ruce, a oddá se spánku, aby spočinul v duši, své vlastní přirozenosti," napsal velký védántista Šankara. „Nadsmyslná blaženost je takto nadmíru snadno dosažitelná a dalece převyšuje smyslové rozkoše, jež vždy končí omrzelostí."

leží v našem nitru a září štěstím, které slepě hledáme vně ve všech možných směrech.

„Bystrý rozum je dvojsečný," poznamenal jednou mistr na vrub Kumárova mimořádného důvtipu. „Lze jej využívat konstruktivně i destruktivně, stejně jako nůž – buď k vyříznutí vředu nevědomosti, nebo k odříznutí vlastní hlavy. Rozum je možné správně vést až poté, co se mysl podřídí nevyhnutelnosti duchovních zákonů."

Můj guru se volně stýkal se svými žáky i žákyněmi a ke všem se choval jako ke svým dětem. Vnímal rovnost jejich duší, a tak mezi nimi nečinil rozdíly a neprojevoval žádnou zaujatost.

„Ve spánku nevíš, zda jsi mužem, nebo ženou," řekl. „Jako se muž převlečený do dámských šatů nestane ženou, stejně tak i duše, ať se převlékne za muže či za ženu, zůstane beze změny. Duše je neměnným a nezkresleným obrazem Boha."

Ženám se Šrí Juktéšvar nikdy nevyhýbal ani je nevinil z toho, že jsou příčinou „mužských poklesků". Poukazoval na to, že i ženy musí čelit pokušení ze strany opačného pohlaví. Jednou jsem se mistra zeptal, proč jistý velký starověký světec nazval ženy „branou do pekla".

„V mládí musela klid jeho mysli velmi narušovat nějaká dívka," odpověděl guru posměšně. „Jinak by neodsuzoval ženu, ale nedokonalost svého sebeovládání."

Jestliže se některý z návštěvníků odvážil vyprávět v poustevně nějakou lechtivou historku, zachovával mistr neúčastné mlčení. „Nedopusťte, aby vás zasáhl vyzývavý bič pohledné tváře," říkal svým žákům. „Cožpak mohou mít otroci smyslů ze světa opravdové potěšení? Jeho vybrané chutě jim unikají, zatímco se plahočí jen přízemním bahnem. Člověku podléhajícímu živelným vášním nezůstává nic z jemného rozlišování."

Žáci usilující o vysvobození z klamu pohlavní žádostivosti, jejž působí *mája*, dostávali od mistra trpělivé a chápavé rady.

„Tak jako má hlad – nikoli nenasytnost – svůj právoplatný účel, byl do nás přírodou vložen i pohlavní pud výhradně proto, abychom zajistili pokračování druhu, nikoli abychom v sobě rozdmýchávali bezuzdné vášně," vysvětloval guru. „Zničte špatné touhy už nyní, jinak s vámi zůstanou, až se vaše astrální tělo oddělí od své tělesné schránky. I když je tělo slabé, mysl musí zůstat odolná. Sužuje-li vás nějaké pokušení, překonejte ho nestrannou rozvahou a nezlomnou vůlí. Každou přirozenou vášeň lze ovládnout."

Uchovávejte svou sílu. Buďte jako širý oceán, který tiše pohlcuje všechny přítoky smyslů. Dennodenně oživované smyslové žádosti vysávají váš vnitřní mír. Jsou jako děravá nádoba, jejímiž otvory uniká životodárná voda do vyprahlé půdy materialismu. Mohutný, podněcující vznět škodlivé touhy je největším nepřítelem lidské spokojenosti. Choďte po světě jako lvi sebeovládání; nenechte se sekýrovat žábami smyslových sklonů!"

Opravdu oddaný žák je nakonec osvobozen od všech pudových nutkání. Svou potřebu lidského citu přetvoří ve výlučnou touhu po Bohu – lásku samotářskou, neboť všudypřítomnou.

Mistrova matka žila v benáreské čtvrti Ránamahal, kde jsem svého gurua poprvé navštívil. Ač vlídná a laskavá, byla to nicméně žena velice vyhraněných názorů. Jednoho dne jsem stál na balkoně jejího domu a sledoval, jak spolu matka a syn hovoří. Svým klidným, rozvážným způsobem se ji mistr snažil o něčem přesvědčit. Zjevně se mu to nepodařilo, neboť matka rázně zakroutila hlavou.

„Ne, ne, synu, hned odejdi! Tvá moudrá slova nejsou pro mě! Nejsem tvá žákyně!"

Šrí Juktéšvar bez dalších dohadů ustoupil jako pokárané dítě. Veliká úcta k matce i v jejích pošetilých náladách na mě hluboce zapůsobila. Viděla v něm stále jen svého malého hocha, nikoli mudrce. Tato bezvýznamná událost měla v sobě cosi kouzelného: vrhla nové světlo na guruovu neobyčejnou povahu – vnitřně pokornou a navenek nezlomnou.

Řádové předpisy nedovolují svámím udržovat světské vazby poté, co je formálně zpřetrhali. Nesmějí vykonávat rodinné obřady, které jsou pro hlavu rodiny povinností. Avšak samotný Šankara, jenž tento starobylý řád nově uspořádal, toto nařízení porušil. Po smrti své milované matky zapálil pohřební hranici s jejím tělem nebeským ohněm, který vyšlehl z jeho zvednuté dlaně.

I Šrí Juktéšvar tato omezení ignoroval, ačkoli ne tak působivě. Když skonala jeho matka, zařídil v Benáresu u posvátné Gangy obřad, při němž bylo její tělo zpopelněno, a pohostil mnoho bráhmanů, jak bylo u hospodářů zvykem.

Zákazy obsažené v šástrách měly svámím pomoci překonat omezení, s nimiž se doposud ztotožňovali. Šankara i Šrí Juktéšvar ve svém bytí zcela splynuli s nadosobním Duchem a žádná pravidla ke své záchraně již nepotřebovali. Někdy také mistři záměrně ignorují kánon, aby poukázali na dodržování principu, jenž je nadřazený formě a na ní nezávislý. Proto Ježíš trhal obilné klasy v den odpočinku. Nevyhnutelným kritikům vzkázal: „Sobota je učiněna pro člověka, ne člověk pro sobotu."[21]

Kromě svatých písem četl Šrí Juktéšvar jen málo. Přesto byl vždy obeznámen s posledními vědeckými objevy a nejnovějšími poznatky.[22] Byl výtečným společníkem v debatě a rád si se svými hosty vyměňoval názory na všemožná témata. Jeho pohotový důvtip a nevázaný smích oživily každou diskuzi. Mistr často míval vážný, ale nikdy zasmušilý výraz. „Když člověk hledá Boha, nemusí se tvářit utrápeně," citoval z Bible.[23] „Pamatujte, že až Boha naleznete, bude to pohřeb všeho trápení."

Mnozí z filozofů, profesorů, právníků a vědců, kteří přicházeli do ášramu poprvé, měli za to, že se setkají s ortodoxním náboženským fanatikem. Jejich povýšený úsměv či pobaveně smířlivý pohled občas prozradily, že nově příchozí nečeká víc než pár pobožných klišé. Když se však s mistrem dali do řeči a zjistili, jak detailní má přehled o jejich vyhraněném oboru, loučili se návštěvníci jen neochotně.

Šrí Juktéšvar byl k návštěvám většinou vlídný a přívětivý; vítal je s až okouzlující srdečností. Zatvrzelí egoisté však někdy utrpěli šok, který s nimi řádně zacloumal. Narazili u mistra buď na mrazivou lhostejnost, nebo na nezlomný odpor. Buď led, nebo železo!

Jednou s mým guruem takto zkřížil meče jistý známý chemik. Odmítal připustit existenci Boha, jelikož věda doposud nevynalezla žádný přístroj, jenž by jej dokázal odhalit.

„Vám se tedy z nějakého záhadného důvodu nedaří izolovat ve zkumavkách Nejvyšší moc?" Mistr na chemika přísně upřel zrak. „Doporučuji vám provést nový experiment: po dobu čtyřiadvaceti hodin nepřetržitě pozorujte své myšlenky. Pak už se nepřítomnosti Boha divit nebudete."

Podobnou ránu utržil i jeden uznávaný učenec. Stalo se tak při jeho první návštěvě ášramu. Trámy se otřásaly, když host odříkával pasáže z *Mahábháraty*, *upanišad*[24] a Šankarových *bháší* (komentářů).

---

[21] Marek 2,27

[22] Mistr se dokázal okamžitě naladit na mysl jakéhokoli člověka, kdykoli se tak rozhodl (jogínská schopnost popsaná v Pataňdžaliho *Jógasútrách* 3,19). Jeho schopnost, kterou lze přirovnat k lidskému rádiu, a podstata myšlenek jsou vysvětleny na str. 151.

[23] Matouš 6,16

[24] *Upanišady* či *védánta* (dosl. „završení véd"), jež jsou součástí každé ze čtyř véd, v sobě shrnují podstatu náboženské nauky hinduismu. Schopenhauer vyzdvihoval jejich „hluboké, originální a vznešené myšlenky" a řekl: „Přístup k védám [prostřednictvím západních

„Čekám, kdy konečně uslyším vás," pronesl mistr tázavě, jako by dosud bylo ticho. Pandit byl zaskočen.

„Citátů tu zazněly přehršle." Seděl jsem stranou v uctivé vzdálenosti od návštěvníka a mistrova slova ve mě vyvolala záchvat nezadržitelného smíchu. „Ovšem jaký osobitý komentář nám můžete předložit ze svého vlastního, jedinečného života? Který posvátný text jste strávil a můžete jej považovat za svůj? Jakým způsobem změnily tyto nadčasové pravdy vaši povahu? Nebo se snad spokojíte s tím, že budete jen mechanicky opakovat moudra jiných jako bezduchý gramofon?"

„Vzdávám se!" Učencovo zahanbení působilo komicky. „Nic z toho jsem v sobě neuskutečnil."

Možná vůbec poprvé v životě pochopil, že žádná přesně zasazená pomlka v přednesu svatých textů nenahradí tíživou pomlku v jeho vlastním duchovním životě.

„Tito bezduší dogmatici až příliš zavánějí učeností," podotkl guru, když vytrestaný učenec odešel. „Domnívají se, že filozofie je jen lehká intelektuální rozcvička. Své vznosné myšlenky úzkostlivě chrání před syrovosti vnějšího světa i před nesmlouvavou vnitřní disciplínou!"

I při jiných příležitostech zdůrazňoval mistr marnost pouhé knižní učenosti.

„Nepleťte si porozumění s rozšířenou slovní zásobou," poznamenal. „Posvátná písma jsou prospěšná tím, že podněcují touhu po vnitřní realizaci, jestliže je vstřebáváte pomalu jedno po druhém. Jinak může neustálé rozumové studium vést k ješitnosti, falešnému uspokojení a nestráveným vědomostem."

Šrí Juktéšvar se s námi podělil o jednu vlastní zkušenost se studiem svatých písem. Odehrála se v jedné lesní poustevně ve východním Bengálsku, kde se dodržoval postup, jemuž vyučoval proslulý učitel Dabru Ballav. Jeho metoda, jednoduchá a obtížná zároveň, bývala ve staré Indii zcela běžná.

Dabru Ballav shromáždil své žáky kolem sebe v lesní samotě. Před nimi ležela otevřená posvátná *Bhagavadgíta*. Půl hodiny upřeně hleděli na jednu pasáž a pak zavřeli oči. Uběhla další půlhodina. Poté mistr pronesl krátký komentář. Bez pohnutí nehybně meditovali další hodinu. Konečně guru promluvil.

---

překladů *upanišad*] je v mých očích největším privilegiem, jehož se nám v tomto století ve srovnání s předchozími dostalo."

„Porozuměli jste tomu verši?"

„Ano, pane," prohlásil odvážně jeden z přítomných.

„Nikoli úplně. Hledej onu životodárnou duchovní sílu, která těmto slovům propůjčila moc obnovovat ducha Indie století za stoletím." V tichu uplynula další hodina. Pak mistr žáky propustil a obrátil se na Šrí Juktéšvara.

„Znáš *Bhagavadgítu?*"

„Ne, pane, ve skutečnosti ji neznám, ač jsem ji očima i myslí prošel již mnohokrát."

„Stovky žáků mi odpověděly jinak!" Velký mudrc se na mistra usmál na znamení požehnání. „Když se člověk zaneprazdňuje tím, že dává na odiv své znalosti písem, kolik mu zbude času, aby se uvnitř tiše nořil pro perly nevyčíslitelné hodnoty?"

Své vlastní žáky vedl Šrí Juktéšvar při studiu toutéž intenzivní metodou jednobodového soustředění. „Moudrost nepřijímáte očima, ale svými atomy," říkal. „Teprve až vaše přesvědčení o určité pravdě překročí hranice vašeho mozku a prostoupí celé vaše bytí, můžete začít nesměle ručit za její smysl." Odrazoval žáky od sklonu považovat knižní vědomosti za nutný předpoklad k duchovní realizaci.

„V jediné větě vyjádřili *ršiové* tak hlubokou pravdu, že s ní mají co dělat celá pokolení učených vykladačů. Nekonečné spory nad mrtvou literou jsou pro líného ducha. Je snad jiná myšlenka, jež dokáže osvobodit rychleji než myšlenka, že ,Bůh je' – či dokonce jen ,Bůh'?"

Člověk se však k prostotě nevrací snadno. Pro toho, kdo klade důraz na rozumovou stránku, je „Bůh" na předním místě jen zřídka; obvykle je to spíše učená nabubřelost. Jeho ego je hrdé, že si dokázalo přivlastnit takovou erudici.

Lidé pyšní na své statky či světské postavení obvykle přidali ke svému bohatství i velkou porci pokory. Do přímořského ášramu v Purí přišel jednou jistý místní soudní úředník a požádal o rozhovor. Tento muž, jenž byl proslulý svou bezohledností, měl moc připravit nás o ášram. Upozornil jsem na to gurua. Ten se však s nesmlouvavým výrazem posadil a ani nepovstal, aby hosta pozdravil.

Poněkud nesvůj jsem se posadil u vchodu na zem. Šrí Juktéšvar mě opomněl poslat pro židli, a tak se musel úředník spokojit s dřevěnou bednou. Jeho zřejmé očekávání, že se jeho důležitosti dostane okázalého uznání, se ani v nejmenším nenaplnilo.

Nato se rozvinula metafyzická debata. Host se stále beznadějněji zaplétal do svých scestných výkladů písem. A čím víc pozbývala jeho slova smyslu, tím víc narůstal jeho vztek.

„Je vám známo, že jsem složil magisterskou zkoušku s nejlepším prospěchem?" Rozum ho sice opustil, ale rozkřikovat se nezapomněl.

„Vážený pane, zapomínáte, že tady nejste v soudní síni," odvětil mistr s klidem. „Z vašich dětinských poznámek se dá usuzovat, že vaše akademická kariéra nebyla nijak oslnivá. Univerzitní titul nemá s védským poznáním naprosto nic společného. Školy nechrlí světce každý semestr v houfech jako účetní."

Po udivené odmlce se návštěvník srdečně rozesmál.

„Toto je mé první setkání s nebeským úředníkem," prohlásil. Později předložil formální žádost, zaobalenou do právnických pojmů, bez kterých se očividně nedokázal obejít, aby byl „zkušebně" přijat za žáka.

Několikrát se stalo, že Šrí Juktéšvar stejně jako Láhirí Mahášaj odrazoval „nezralé" žáky od vstupu do řádu svámí.

„Člověk, jenž nosí okrové roucho, ačkoli nedosáhl realizace Boha, obelhává společnost," říkali oba mistři. „Zapomeňte na vnější symboly odříkání, které vám mohou uškodit probuzením falešné pýchy. Jediné, na čem záleží, je váš vytrvalý, každodenní duchovní pokrok, a k tomu používejte *krijájógu*."

Při posuzování velikosti člověka používá světec neměnné kritérium, které se zcela liší od proměnlivých měřítek tohoto světa. Lidstvo – ve vlastních očích tak rozmanité – se v očích mistra dělí pouze na dvě skupiny: na nevědomé, kteří se o Boha nezajímají, a na moudré, kteří jej hledají.

Guru osobně dohlížel na vše, co souviselo se správou jeho majetku. Nejeden vychytralý ničema se jej pokusil připravit o pozemky, které zdědil po předcích. Díky své rozhodnosti Šrí Juktéšvar na každého protivníka vyzrál, a když to bylo nutné, neváhal jej hnát až před soud. Všechny tyto nepříjemné zkušenosti podstupoval proto, aby se nikdy nemusel stát žebravým guruem nebo břemenem pro své žáky.

Finanční nezávislost byla i jedním z důvodů, proč byly mému znepokojivě přímočarému guruovi cizí jakékoli diplomatické úskoky. Na rozdíl od učitelů, kteří se museli podbízet svým podporovatelům lichotkami, byl můj guru odolný vůči zjevným i skrytým vlivům bohatství jiných. Nikdy jsem ho neslyšel ani náznakem požádat o peníze. Výcvik v jeho ášramu byl pro všechny žáky bezplatný.

Jednoho dne se do šrírámpurského ášramu dostavil zástupce soudu, aby Šrí Juktéšvarovi doručil předvolání. Spolu s žákem jménem Kánái jsme muže zavedli k mistrovi.

Úředník se k mistrovi choval urážlivě. „Prospěje vám, když vystoupíte ze stínu svého ášramu a přijdete se nadýchat poctivého vzduchu soudní síně," prohlásil s opovržením

Neovládl jsem se. „Ještě jedno nestoudné slovo a půjdete k zemi!" Výhružně jsem k němu vykročil.

I Kánái se na muže rozkřikl. „Bídáku! Jak se odvažujete tak nehorázně rouhat na této posvátné půdě?"

Mistr nám však zastoupil cestu, jako by chtěl toho muže bránit. „Uklidněte se. Ten člověk jen koná svou zákonnou povinnost."

Úředník, viditelně vyvedený z míry takovým různorodým přijetím, se uctivě omluvil a kvapně se vytratil.

Bylo pro mne ohromujícím zjištěním, že mistr s tak plamennou vůlí dokáže zachovávat uvnitř takový klid. Přesně odpovídal védské definici Božího člověka: „Když jde o laskavost, jemnější než květina. Když o zásadu, silnější než hrom."

Na tomto světě se vždycky najdou tací, kteří, řečeno slovy básníka Browninga, „nesnesou světlo, jsouce sami tmou". Občas se stalo, že se na Šrí Juktéšvara obořil nějaký cizí člověk, jehož rozohnilo jakési domnělé příkoří. Nepohnutelný guru jej vždy zdvořile vyslechl a pečlivě zkoumal sám sebe, zda na obvinění není přece jen zrnko pravdy. V takových okamžicích mi obvykle vytanul na mysli jeden mistrův nenapodobitelný postřeh: „Někteří lidé se snaží vyčnívat nad druhými tím, že jim stínají hlavy!"

Neochvějný, vyrovnaný klid světce je působivější než všechna kázání. „Lepším než hrdina je muž pomalý k hněvu, a kdo panuje nad myslí svou, je nad dobyvatele měst."[25]

Často jsem si říkal, že můj majestátní mistr se mohl snadno stát císařem či vojevůdcem, před nímž se třese celý svět, kdyby jeho mysl byla zaměřena na slávu či světský úspěch. On se však místo toho rozhodl zdolávat ony niterné pevnosti hněvu a sobectví, jejichž pádem se měří velikost člověka.

---

[25] Přísloví 16,32

KAPITOLA 13

Světec, který nikdy nespí

„Dovolte mi prosím odejít do Himálaje. Věřím, že v nerušené samotě dosáhnu trvalého spojení s Bohem."
S těmito nevděčnými slovy jsem se jednou obrátil na svého mistra. Stižen jednou z oněch nevypočitatelných iluzí, které oddaného žáka občas přemohou, jsem pociťoval narůstající nevoli vůči povinnostem v poustevně i studiu na univerzitě. Budiž mi slabou polehčující okolností, že jsem svůj návrh přednesl v době, kdy jsem Šrí Juktéšvara znal sotva půl roku; ještě jsem totiž nestačil plně rozpoznat jeho výjimečnost.
„V Himálaji žije mnoho horalů, avšak Boha nevnímají," odpověděl guru pomalu a prostě. „Moudrost je lepší hledat u realizovaného člověka, nikoli u netečné hory."
Jako bych přeslechl mistrovu jasnou narážku na to, že on, nikoli hora, je mým učitelem a svou prosbu jsem zopakoval. Šrí Juktéšvar mi nedal žádnou odpověď. Jeho mlčení jsem si vyložil jako souhlas, což bylo vysvětlení ošidné, ale pohodlné.
Ještě tentýž večer jsem se doma v Kalkatě připravil na cestu. Svázal jsem pár věcí do deky a vzpomněl si na podobný ranec, který jsem před pár lety potajmu shazoval z okna svého podkrovního pokojíku. Napadlo mě, zda to není další neblahý začátek mého útěku do Himálaje. Prvně jsem byl plný duchovního nadšení; tentokrát mě však trápilo svědomí, že opouštím svého gurua.
Příštího rána jsem navštívil profesora Behárího, jenž mne vyučoval sanskrt na Scottish Church College.
„Pane, zmínil jste se mi o svém přátelství s velkým žákem Láhirího Mahášaje. Dejte mi prosím jeho adresu."
„Myslíš Rámgopála Mazumdára? Říkám mu ,světec, který nikdy nespí'. Stále bdí ve stavu extatického vědomí. Jeho domovem je Ranbádžpur nedaleko Tárakešvaru."

Světec, který nikdy nespí

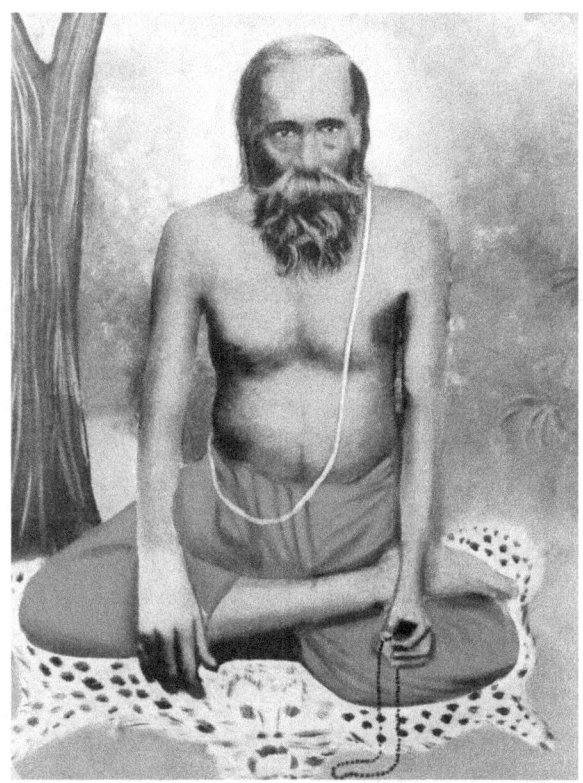

Rámgopál Mazumdár, „světec, který nikdy nespí"

Uctivě jsem panditovi poděkoval a bez prodlení nastoupil na vlak směřující do Tárakešvaru. Doufal jsem, že své pochyby rozptýlím, když od „světce, který nikdy nespí," dostanu svolení věnovat se meditaci v himálajské samotě. Pandit Behárí mi řekl, že Rámgopál došel osvícení po mnoha letech cvičení *krijájógy* v odlehlých jeskyních Bengálska.

V Tárakešvaru jsem zamířil do tamní slavné svatyně. Hinduisté ji chovají v podobné úctě jako katolíci francouzské Lurdy. V Tárakešvaru se událo mnoho zázračných uzdravení, jedno dokonce v mé vlastní rodině.

„Celý týden jsem proseděla v chrámu," vyprávěla mi jednou má nejstarší teta. „Držela jsem úplný půst a modlila se za uzdravení tvého strýce Sárady z chronické nemoci. A sedmého dne se mi v ruce zhmotnila bylina! Z jejích listů jsem připravila odvar a dala ho tvému strýci vypít. Jeho nemoc okamžitě zmizela a už se nikdy nevrátila."

Vstoupil jsem do slavné tárakešvarské svatyně; zdejším oltářem není nic než kulatý kámen. Jeho obvod bez počátku a bez konce názorně vystihuje Boží nekonečnost. Kosmickým abstrakcím rozumí v Indii i prostí rolníci; návštěvníci ze Západu je dokonce často viní, že na abstrakcích přežívají!

Má nálada v tu chvíli byla natolik odměřená, že jsem necítil potřebu se před kamenným symbolem poklonit. Boha přece máme hledat jedině ve své duši, přemítal jsem.

Odešel jsem z chrámu, aniž bych poklekl, a svižným krokem vyrazil do vzdálené vesnice Ranbádžpuru. Nebyl jsem si jistý, kudy jít. Když jsem se zeptal na cestu kolemjdoucího, přiměl jsem jej ke zdlouhavému přemítání.

„Až dojdete na křižovatku, dejte se doprava a jděte pořád dál," pronesl nakonec tajemně.

Následoval jsem jeho pokynu a ubíral se podél břehu nějakého kanálu. Setmělo se; okolí vesnice ukryté v džungli ožilo blikáním světlušek a vytím nedalekých šakalů. Měsíc svítil příliš slabě, než aby mi byl nápomocen, a tak jsem další dvě hodiny pokračoval v klopýtavé chůzi.

Tu jsem zaslechl vítaný cinkot kravského zvonce. Sláva! Mé opakované volání nakonec přivolalo nějakého vesničana.

„Hledám Rámgopála Bábua."

„V naší vesnici nikdo takový nežije," odtušil muž nevrle. „Ty asi budeš nějaký prolhaný špion."

V naději, že rozptýlím podezření v jeho politikou narušené mysli, jsem mu dojemně vylíčil svůj úděl. Vzal mě k sobě domů a nabídl mi svou pohostinnost.

„Ranbádžpur je odsud daleko," poznamenal. „Na té křižovatce jsi měl zahnout doleva, ne doprava."

Můj předešlý informátor je pro hotový postrach poutníků, přemítal jsem posmutněle. Po chutném jídle z celozrnné rýže, čočkového *dálu* a bramborového kari se syrovými banány jsem se uchýlil do přístřešku na dvorku. Kdesi v dálce zpívali vesničané za hlasitého doprovodu *mridangy*[1] a činelů. Na spánek jsem té noci neměl ani pomyšlení; v hloubi duše jsem se modlil, abych byl doveden k osaměle žijícímu jogínovi Rámgopálovi.

Když se škvírami v chýši prodraly první ranní paprsky, vyrazil jsem do Ranbádžpuru. Cestou přes členitá rýžová pole jsem se trmácel požatými strništi té pichlavé rostliny a obcházel náspy vyschlé hlíny. Občas

---

[1] Ruční buben, který se často používá jako hudební doprovod zpěvu zbožných písní (*kírtanu*) při náboženských obřadech a průvodech.

jsem narazil na nějakého venkovana, který mě pokaždé ujistil, že můj cíl je vzdálen „sotva jeden *króš*" (tři kilometry). Za šest hodin se slunce vítězoslavně posunulo od obzoru až k nadhlavníku, ale já jsem začínal mít pocit, že už navěky zůstanu od Ranbádžpuru vzdálen jeden *króš*.

V časném odpoledni jsem se stále pohyboval světem nekonečných rýžovišť. Horko řinoucí se z nebe, před nímž nebylo úniku, mě spalovalo téměř k zemdlení. Náhle jsem před sebou spatřil jakéhosi muže, jak nenuceným krokem kráčí směrem ke mně. Sotva jsem se odvažoval vyslovit svou obvyklou otázku v předtuše, že opět uslyším „sotva jeden *króš*".

Neznámý zastavil vedle mě. Byl nevysoký a štíhlý, nepůsobil ničím zvláštním s výjimkou neobyčejně pronikavých tmavých očí.

„Chystal jsem se z Ranbádžpuru odjet, ale tvůj úmysl byl dobrý, a tak jsem na tebe počkal." Pohrozil prstem přímo před mým užaslým obličejem. „Myslíš si snad, že je moudré mne jen tak neohlášeně přepadnout? Profesor Behárí neměl právo dávat ti mou adresu."

Usoudil jsem, že představovat se v přítomnosti tohoto mistra by bylo jen plýtváním slovy, a tak jsem tam, poněkud zklamán jeho přijetím, jen mlčky stál. Jeho další poznámka přišla jako blesk z čistého nebe.

„Pověz mi, kde podle tebe sídlí Bůh?"

„Přece ve mně a všude kolem." Nepochybně jsem vypadal stejně zmateně, jako jsem se cítil.

„Takže prostupuje vším, že?" Světec se ušklíbl. „Tak proč ses tedy, mladý muži, včera opomněl poklonit tomu nekonečnému Bohu v kamenném symbolu, když jsi stál v tárakešvarském chrámu?[2] Tvá pýcha ti přivodila trest v podobě venkovana, který se neobtěžoval rozlišováním mezi nalevo a napravo. Ještě dnes sis kvůli tomu vytrpěl mnoho nepohody!"

Bezvýhradně jsem souhlasil a žasl nad tím, jaké všudypřítomné oko se ukrývá v tomto nenápadném těle přede mnou. Z jogína vyzařovala léčivá síla; i na poli spalovaném slunečním žárem jsem se cítil okamžitě svěží.

„Věřící člověk má sklon myslet si, že jeho cesta k Bohu je tou jedinou," řekl. „Jóga, jejímž prostřednictvím nacházíme božství ve svém nitru, je nepochybně cestou nejvyšší, jak nás učil Láhirí Mahášaj. Když však

---

[2] „Člověk, který se před ničím neskloní, nedokáže unést břemeno sebe sama." F. M. Dostojevskij, *Běsi*.

objevíme Boha uvnitř, brzy ho vnímáme i vně. Svatyně v Tárakešvaru i jinde jsou právem uctívány jako mocná ohniska duchovní síly."

Světcův káravý postoj se zcela vytratil; pohled mu změkl soucitem. Poplácal mě po rameni.

„Mladý jogíne, vidím, že utíkáš od svého mistra. On má vše, co potřebuješ. Měl by ses k němu vrátit." Pak dodal: „Hory nemohou být tvým guruem." Navlas stejnou myšlenku o dva dny dříve vyslovil i Šrí Juktéšvar.

„Ve vesmíru není nic, co by mistry nutilo žít výhradně v horách." Můj společník na mě zkoumavě pohlédl. „Himálaj v Indii ani Tibetu nemá na světce výhradní právo. To, co se člověk neobtěžuje nalézt ve svém nitru, nenajde, ani když bude své tělo přenášet z místa na místo. Je-li však oddaný žák ochoten jít za duchovním osvícením třeba až na konec světa, jeho guru se objeví poblíž."

Mlčky jsem souhlasil při vzpomínce na svou modlitbu v benáreské poustevně, po níž jsem se v uličce plné lidí setkal se Šrí Juktéšvarem.

„Máš nějaký pokojík, kde se můžeš zavřít a být osamotě?"

„Ano." Neuniklo mi, s jak znepokojujícím tempem světec dokázal přecházet od věcí obecných k osobním.

„To je tvá jeskyně." Jogín na mne upřel svůj osvícený pohled, který mi zůstal navěky v paměti. „To je tvá posvátná hora. Tam najdeš Boží království."

Tato prostá slova v jediném okamžiku vypudila z mé hlavy celoživotní posedlost Himálajem. Na rozpáleném rýžovém poli jsem procitl ze sna o horách a věčném sněhu.

„Mladý muži, tvá žízeň po Bohu je obdivuhodná. Cítím k tobě velkou lásku." Rámgopál mě vzal za ruku a dovedl mě do malebné vesničky na mýtině uprostřed džungle. Domy z nepálených cihel byly pokryty listy z kokosových palem a jejich vchody zdobily čerstvé tropické květy.

Světec mě usadil na stinnou bambusovou terasu své chýše. Poté, co mne pohostil slazeným nápojem z limetky a kouskem cukrkandlu, jsme vešli na dvorek a usedli do lotosové pozice. Uplynuly čtyři hodiny v meditaci. Otevřel jsem oči a viděl, že měsícem zalitá jogínova postava se ani nepohnula. Zatímco jsem svému žaludku důrazně připomínal, že nejen chlebem živ je člověk, Rámgopál se zvedl.

„Vidím, že umíráš hlady," řekl. „Jídlo bude za chviličku."

V hliněné peci na dvorku rozdělal oheň. Za chvíli už jsme jedli rýži s dálem podávanou na velkých banánových listech. Hostitel zdvořile odmítl mou pomoc při vaření. Přísloví „host je Bůh" se v Indii zbožně dodržuje už od nepaměti. Na svých pozdějších cestách po světě jsem s potěšením zjistil, že podobná úcta k hostům je na venkově pravidlem i v mnoha jiných zemích. U obyvatel měst otupuje ostří pohostinnosti přemíra neznámých tváří.

Vřava světa se zdála být téměř neuchopitelně vzdálená, když jsem seděl vedle tohoto jogína v odlehlé vísce uprostřed džungle. Vnitřek chýše tajemně osvěcoval jemný svit. Rámgopál mi z několika potrhaných dek ustlal na zemi a sám se posadil na slaměnou rohož. Přemožen jeho duchovním magnetismem jsem se odvážil vznést prosbu.

„Pane, neudělil byste mi *samádhi*?"

„Drahý příteli, rád bych ti předal tuto božskou zkušenost, ale nepřísluší mi to." Světec se na mě zahleděl přivřenýma očima. „Již brzy ti ji předá tvůj mistr. Tvé tělo ještě není zcela připraveno. Tak jako by malou žárovku spálilo příliš vysoké elektrické napětí, ani tvé nervy nejsou zatím uzpůsobeny na kosmický proud. Kdybych ti předal tuto bezmeznou extázi už teď, pálilo by to, jako by každou tvou buňku zachvátil oheň."

Jogín se zamyslel a pokračoval: „Žádáš po mě osvícení, a já se zatím musím ptát sám sebe – při své bezvýznamnosti a při té troše meditace, kterou mám za sebou – zda se mi podařilo potěšit Boha a jakou cenu budu mít v jeho očích, až nadejde čas konečného zúčtování."

„Pane, cožpak Boha nehledáte už dlouho a celým svým srdcem?"

„Moc jsem toho zatím nedokázal. Behárí ti o mém životě jistě vyprávěl. Dvacet let jsem přebýval v jedné odloučené jeskyni a medioval osmnáct hodin denně. Pak jsem se přesunul do ještě nepřístupnější jeskyně, kde jsem zůstal dvacet pět let a každý den trávil dvacet hodin ve stavu jogínského sjednocení. Spát jsem nepotřeboval, neboť jsem byl neustále s Bohem. Mé tělo si odpočinulo více v nehybném tichu nadvědomí než v nedokonalém klidu běžného podvědomého stavu.

Ve spánku se uvolní svaly, avšak srdce, plíce a oběhová soustava stále pracují, aniž by se jim dostalo nějakého odpočinku. V nadvědomí jsou však funkce všech vnitřních orgánů utlumeny a nabíjeny kosmickou energií. Díky tomu už celé roky nemám potřebu spánku." Pak dodal: „Přijde doba, kdy se bez spánku obejdeš i ty."

„Svatá dobroto, vy už tak dlouho meditujete, a přesto si nejste jist Boží přízní?" zvolal jsem užasle. „Co potom my, obyčejní smrtelníci?"

„Cožpak nechápeš, milý hochu, že Bůh je Věčnost sama? Je pošetilost očekávat, že jej lze plně poznat po pětačtyřiceti letech meditace.

Bábádží nás nicméně ujišťuje, že i trocha meditace nás uchrání před děsivým strachem ze smrti a posmrtných stavů. Neupínej svůj duchovní ideál k malým vrcholkům, ale zaměř jej ke hvězdě úplného dosažení božství. Když se budeš pilně snažit, dospěješ k němu."

Uchvácen touto vyhlídkou jsem jej požádal o další poučení. Vyprávěl mi podivuhodný příběh o svém prvním setkání s Bábádžím, guruem Láhirího Mahášaje.[3] Okolo půlnoci Rámgopál zmlkl a já se uložil na své deky. Když jsem zavřel oči, spatřil jsem světelné záblesky – bezmezný prostor v mém nitru byl jako komnata tekutého světla. Otevřel jsem oči a spatřil tutéž oslňující záři. Místnost se stala součástí nekonečné klenby, kterou jsem viděl vnitřním zrakem.

„Proč nespíš?" zeptal se jogín.

„Pane, jak bych mohl spát, když kolem mě šlehají blesky, ať mám oči otevřené či zavřené?"

„Je požehnáním získat tuto zkušenost. Není snadné spatřit duchovní záření." A světec dodal pár laskavých slov.

Za svítání mi Rámgopál věnoval cukrový špalek a řekl, že je čas, abych šel. Při loučení jsem cítil takovou lítost, až mi po tvářích kanuly slzy.

„Nenechám tě odejít s prázdnou," pravil jogín láskyplně. „Něco pro tebe udělám."

Usmál se a upřeně se na mě zadíval. Znehybněl jsem, jako bych vrostl do země; vibrace míru vycházející ze světce zaplavily celé mé bytí. Byl jsem okamžitě uzdraven z bolesti zad, která mě pravidelně trápila už několik let.

Jako vyměněný a vykoupaný v moři zářivé radosti jsem už neměl důvod k slzám. Dotkl jsem se Rámgopálových nohou a vešel do džungle. Musel jsem si proklestit cestu hustým tropickým porostem i mnoha rýžovými poli, než jsem konečně doputoval do Tárakešvaru.

Podruhé jsem jako poutník vstoupil do slavné svatyně a tentokrát jsem se před jejím oltářem poklonil až na zem. Kulatý kámen se před mým vnitřním zrakem rozepnul do šíře a proměnil se v kosmické kruhy: prstenec za prstencem, sféra za sférou, vše bylo prodchnuto božstvím.

O hodinu později jsem se naplněn štěstím ubíral vlakem do Kalkaty. Mé putování neskončilo v horách čnících až do nebes, ale v himálajsky vznešené přítomnosti mého mistra.

---

[3] viz str. 295-96

KAPITOLA 14

Prožitek kosmického vědomí

„Tak jsem zpátky, gurudží." Můj provinilý výraz mluvil za vše.

„Pojďme do kuchyně; podíváme se, jestli tam nezbylo něco k jídlu," řekl Šrí Juktéšvar nenuceně, jako by nás od posledního setkání nedělily dny ale pár hodin.

„Musel jsem vás zklamat, mistře, když jsem zničehonic odešel od svých povinností. Čekal jsem, že se na mne budete zlobit."

„Ale kdepak! Hněv pramení jen ze zmařených tužeb. Já od druhých nic nečekám, a tak jejich skutky nemohou být v rozporu s mým přáním. Nikdy bych tě nevyužil ke svým cílům. Jsem spokojen, jen když ty jsi opravdu spokojen."

„O Boží lásce se často mluví, pane, avšak dnes se mi dostalo jejího skutečného projevu přímo od vaší andělské osoby! V tomto světě ani otec neodpouští snadno synovi, který svévolně zanechá otcovského řemesla. Vy však neprojevujete sebemenší roztrpčení, ačkoli vám mnoho mých nedokončených úkolů muselo způsobit značné nepříjemnosti."

Zahleděli jsme se jeden druhému do očí, v nichž se zatřpytily slzy. Zaplavila mě vlna blaženosti; došlo mi, že Bůh v podobě mého gurua právě rozpíná omezenou horlivost mého srdce v rozlehlé dálavy vesmírné lásky.

Pár dní nato jsem hned zrána zamířil do mistrova prázdného pokoje. Chtěl jsem meditovat, ale mé vzpurné myšlenky se tomuto chvályhodnému záměru stavěly na odpor. Prchaly přede mnou na všechny strany jako ptáci před lovcem.

„Mukundo!" zazněl hlas Šrí Juktéšvara ze vzdáleného balkonu.

Cítil jsem se stejně vzdorovitě jako mé myšlenky. „Mistr mě vždy nabádá, abych meditoval," zamumlal jsem si pro sebe. „Neměl by mě rušit, když dobře ví, proč jsem do jeho pokoje přišel."

Opět na mne zavolal; zatvrzele jsem mlčel. Potřetí již v jeho hlase byla patrná výtka.

„Já medituji, pane!" ohradil jsem se umíněně.

„Vím, jak medituješ!" zakřičel guru. „Tvá mysl je rozptýlená jako listí ve vichru. Přijď za mnou."

Zklamán, že jsem byl prohlédnut, jsem zkroušeně došel až k mistrovi.

„Ubohý chlapče, hory ti nemohou dát to, po čem toužíš," konejšil mě mistr laskavě. Hloubka jeho tichého pohledu byla nezměrná. „Touha tvého srdce dojde naplnění."

Šrí Juktéšvar se zřídkakdy vyjadřoval v hádankách; byl jsem jeho slovy zmaten. Vtom mě zlehka uhodil do hrudi těsně nad srdcem.

Mé tělo znehybnělo a dech jako by mi vysál z plic nějaký ohromný magnet. Duše a mysl se okamžitě vymanily z tělesných pout a všemi póry se řinuly ven jako pronikavé tekuté světlo. Tělo bylo jakoby mrtvé; přesto jsem si intenzivně uvědomoval, že nikdy předtím jsem nebyl tak plně živ. Můj pocit identity už nebyl úzce vymezen tělem, ale zahrnoval i atomy v mém okolí. Lidé na vzdálených ulicích jako by se zlehka pohybovali po mém vlastním okraji. Matně průhlednou půdou prosvítaly kořeny rostlin a stromů; rozpoznával jsem, jak v nich koluje míza.

Celé mé okolí přede mnou leželo zcela obnažené. Mé obvyklé čelní vidění se změnilo v bezmezný sférický zrak, jímž jsem vnímal všechno současně. Zátylkem jsem viděl postavy, které procházely daleko ode mě Raighátskou ulicí, a všiml jsem si také bílé krávy, která se ke mně líným krokem blížila. Když došla k otevřeným dveřím ášramu, jako bych ji spatřil svýma fyzickýma očima. Viděl jsem ji však zcela zřetelně i poté, co zmizela za cihlovou zdí dvora.

Všechny objekty v mém panoramatickém zorném poli se mihotaly a chvěly jako v nějakém zrychleném filmu. Mé vlastní tělo i tělo mistrovo, dvůr se sloupořadím, nábytek a podlaha, stromy a sluneční svit, to vše se chvílemi prudce zachvělo, až nakonec vše splynulo v jedno světélkující moře, jako se krystalky cukru rozpustí ve sklenici vody, když se s ní zatřese. Sjednocující světlo se střídalo se zhmotnělými tvary a v těchto metamorfózách se vyjevoval zákon příčiny a následku ve stvoření.

Nedozírné, poklidné břehy mé duše zaplavil oceán radosti. Uvědomil jsem si, že Boží Duch je nevyčerpatelnou blažeností; jeho tělo je utkáno z nesčetných paprsků světla. Vzdouvající se zář ve mně začala pohlcovat města, kontinenty, planetu, sluneční a hvězdné soustavy, křehké mlhoviny, plovoucí vesmíry. Celý kosmos, jemně zářící jako noční město v dálce, se třpytil v nekonečnu mého bytí. Na nejvzdálenějších okrajích za ostrými obrysy Země to oslnivé světlo mírně sláblo;

tam jsem nazíral měkkou, nepolevující záři. Byla nepopsatelně jemná; obrazy planet byly utvářeny z hrubšího světla.[1]

Božské paprsky se řinuly z jakéhosi věčného Zdroje a z jejich planoucího jasu se rodily galaxie proměňované aurami nevýslovné nádhery. Znovu a znovu jsem sledoval, jak ony tvůrčí paprsky hutněly v souhvězdí, aby se pak rozptýlily v širé plochy průsvitné ohnivé záře. V rytmických proměnách se miliardy světů rozplývaly v mlhavém svitu, jejž pak pohltila planoucí nebeská klenba.

Rozpoznal jsem, že středem vesmíru je intuitivně vnímaný bod v mém vlastním srdci. Oslňující záře proudila z mého nitra do každého dílku vesmírné struktury. Blažená *amrta*, nektar nesmrtelnosti, skrze mne pulzovala jako těkající rtuť. Slyšel jsem tvůrčí hlas Boha, který zněl jako óm,[2] chvění kosmického motoru.

Náhle se do mých plic vrátil dech. S až nesnesitelným zklamáním jsem si uvědomil, že má nekonečná bezmeznost je pryč. Opět jsem byl uvězněn v té potupné kleci těla, jež je jen stěží schopna pojmout Ducha. Jako marnotratný syn jsem opustil svůj makrokosmický domov a sám sebe uvěznil v těsném mikrokosmu.

Můj guru stál bez hnutí přede mnou; z vděčnosti za tento prožitek kosmického vědomí, po kterém jsem tak dlouho prahnul, jsem se chtěl vrhnout k jeho svatým nohám. On mne však zarazil a tiše pronesl:

„Nesmíš se příliš opájet extází. Na tomto světě tě čeká ještě spousta práce. Pojď, zameteme balkon. Pak se půjdeme projít ke Ganze."

Přinesl jsem koště; věděl jsem, že mě mistr učí, jak v životě udržovat rovnováhu. Duše se musí rozepnout přes vesmírné propasti, zatímco tělo vykonává své všednodenní povinnosti.

Když jsme později se Šrí Juktéšvarem vyšli na procházku, byl jsem stále uchvácen nevýslovným vytržením. Viděl jsem naše těla jako dva astrální obrazy pohybující se cestou podél řeky, jejichž esencí bylo samo světlo.

„Boží Duch udržuje každý tvar i každou sílu v tomto vesmíru. On sám však dlí nade vším v blaženém, nestvořeném prázdnu, jež se nachází mimo světy vibrujících jevů a dějů,"[3] vysvětloval mistr. „Světci,

---

1 Světlo jako podstata stvoření je popsáno v kapitole 30.
2 „Na počátku bylo Slovo, to Slovo bylo u Boha a to Slovo bylo Bůh." (Jan 1,1)
3 „Otec nikoho nesoudí, ale všechen soud dal do rukou Synovi." (Jan 5,22) „Boha nikdy nikdo neviděl; jednorozený Syn, který je v náručí Otcově, nám o něm řekl." (Jan 1,18) „(Ježíš Kristus) vynesl na světlo smysl tajemství od věků ukrytého v Bohu, jenž vše stvořil

kteří dospějí k uvědomění svého Já ještě na zemi, vedou podobnou dvojí existenci. Svědomitě vykonávají své pozemské dílo, zatímco jsou neustále ponořeni ve vnitřním blahu.

Bůh stvořil všechny lidi z bezmezné radosti svého bytí. Ačkoli jsou duše bolestně stěsnané v těle, Bůh přesto čeká, že se nakonec povznesou nad každé ztotožnění se svými smysly a znovu s ním splynou v jedno, neboť jsou stvořeny k jeho obrazu."

Tato kosmická vize mi navždy vštípila mnohá ponaučení. Díky každodennímu ztišování myšlenek jsem se dokázal osvobodit od klamného přesvědčení, že mé tělo je jen útvarem z masa a kostí, a překračovat tak tvrdou půdu hmoty. Poznával jsem, že dech a neklidná mysl jsou jako bouře, jež bičuje oceán světla a tím vyvolává vzdouvání vln hmotných tvarů – země, oblohy, lidí, zvířat, ptáků, stromů. Jedině zklidněním těchto bouří lze vnímat nekonečného Boha jako Jediné Světlo. Pokaždé, když jsem tyto dvě přirozené vřavy utišil, spatřil jsem, jak se mnohočetné vlny stvoření rozpouštějí a slévají v jediné moře světla, podobně jako se vlny oceánu poklidně rozplynou v jednotě, když ustoupí bouře.

Mistr předává božskou zkušenost kosmického vědomí až poté, co jeho žák posílí svou mysl meditací natolik, aby jej onen ohromující rozhled nevyvedl z míry. Pouhá snaživost rozumu či otevřenost mysli nedostačují. Jedině náležité rozšíření vědomí pomocí pravidelného cvičení jógy a vroucí oddanosti *bhakti* může žáka připravit na to, že onen osvobozující šok z všudypřítomnosti dokáže vstřebat.

Upřímného žáka tato božská zkušenost potkává s přirozenou nevyhnutelností. Jeho prudká touha začne neodolatelnou silou přitahovat Boha. Touto magnetickou vroucností je Bůh v podobě kosmického Zjevení vtahován do záběru vědomí hledajícího.

---

skrze Ježíše Krista." (Efezským 3,9) „Kdo věří ve mne, i on bude činit skutky, které já činím, a ještě větší, neboť já jdu k Otci." (Jan 14,12) „Ale Přímluvce, Duch svatý, kterého pošle Otec ve jménu mém, ten vás naučí všemu a připomene vám všecko, co jsem vám řekl." (Jan 14,26)

Tato biblická slova odkazují k trojí podstatě Boha jako Otce, Syna a Ducha svatého (v indických písmech označované jako *sat, tat* a *óm*). Bůh Otec je Neprojevené Absolutno, jež existuje *mimo* vibrace stvoření. Bůh Syn je Kristovské vědomí (Brahma či *Kútastha čaitanja*) existující *ve* vibracích stvoření. Toto Kristovské vědomí je „jednorozené" čili jediný odraz nestvořeného, nekonečného Božství. Vnějším projevením všudypřítomného Kristovského vědomí, jeho „svědkem" (Zjevení Janovo 3,14), je óm, Slovo či Duch svatý: neviditelná božská moc, jediný činitel, jediná příčinná a hybná síla, jež prostřednictvím vibrací udržuje v chodu veškeré stvoření. Óm, onen blažený Utěšitel, se odhaluje sluchu v meditaci a zjevuje oddanému žákovi nejvyšší Pravdu tím, že mu „všecko připomene."

Prožitek kosmického vědomí

V pozdějších letech jsem složil báseň nazvanou *Samádhi*, v níž jsem se pokusil zachytit záblesk jeho nádhery:

Zmizely závoje světla a stínu,
odvanul mlžný opar všech strastí,
odpluly úsvity prchavých radostí,
pryč je i šero mámení smyslů.
Láska a nenávist, zdraví a nemoc, život a smrt:
není již falešných stínů na plátně duality.
Bouře *máji* utichla
jako mávnutím kouzelného proutku hluboké intuice.
Přítomnost, minulost, budoucnost – už neplatí pro mne,
jen věčně přítomné Já, Já plynoucí ve všem.
Planety, stálice, mezihvězdný prach, země,
sopečné výbuchy zkázy konce světů,
tavicí pec stvoření,
ledovce tichých rentgenových paprsků, žhnoucí záplavy elektronů,
myšlenky všech lidí minulých, současných i těch, co teprv přijdou,
každé stéblo trávy, já sám i celé lidstvo,
každičké zrnko vesmírného prachu,
hněv, chtivost, dobro a zlo, spása i chtíč,
to vše jsem pozřel a proměnil
v širý oceán krve mého vlastního, jediného Bytí.
Doutnající radost, tolikrát rozdmýchaná meditací
a zaslepující mé uslzené oči,
propukla v nehynoucí plamen blaženosti,
pohltila mé slzy, mou podobu, mé všechno.
Ty jsi já, já jsem Ty,
poznávající, poznávané i poznání Jedno jsou!
Ztišené, ničím nepřerušené rozechvění, věčně živoucí a věčně nový mír.
Blaženost *samádhi*, jež se vymyká každé představě, každému očekávání!
Není to ani nevědomí, ani duševní chloroform,
z nějž nelze se svobodně vrátit;
samádhi rozpíná říši mého vědomí
za hranice smrtelné schránky
až k nejzazšímu okraji věčnosti,
kde Já, Kosmické Moře,
shlížím na toto nepatrné ego, jež ve Mně se vzdouvá.
Je slyšet hukot atomů v pohybu,
temná zem, hory i údolí, hle! Jako žhnoucí kapalina!
Plynoucí moře se mění v opary mlhovin!
Óm jimi provívá, tajuplně rozhrnuje jejich závoje,
náhle zjevují se oceány, zářící elektrony,

až nakonec, s posledním úderem kosmického bubnu,[4]
hrubá světla mizí ve věčných paprscích
všeprostupující blaženosti.
Z radosti jsem vzešel, pro radost žiji, v posvátné radosti se rozplývám.
Jsem oceánem mysli, vpíjím do sebe všechny vlny stvoření.
Čtyři závoje pevných, kapalných, plynných látek i světla
zvedají se jeden po druhém.
Já, přítomen ve všem, vstupuji do svého Velkého Já.
Navždy mizí nesouvislé, mihotavé stíny smrtelné paměti;
Bezmračně čistá je má duševní obloha –
    pode mnou, přede mnou i vysoko nade mnou.
Věčnost a Já, jediný spojitý paprsek.
Já, nepatrná bublina smíchu,
jsem samo Moře všeho Veselí.

Šrí Juktéšvar mě naučil, jak tento posvátný prožitek kdykoli přivolat a jak ho předat druhým,[5] jsou-li jejich intuitivní kanály dostatečně rozvinuty. Po dobu několika měsíců jsem vstupoval do extatického

[4] Óm, tvůrčí vibrace, jež udílí vnější podobu všemu stvoření.
[5] Kosmickou vizi jsem přenesl na mnoho *krijajogínů* z Východu i Západu. Jeden z nich, James J. Lynn, je zachycen v *samádhi* na fotografii na str. 241.

přímořský ášram Šrí Juktéšvara v Purí ve státě Urísa nedaleko Bengálského zálivu
(viz též fotografie na str. 406)

spojení a denně jsem si stále více uvědomoval, proč *upanišady* hlásají, že Bůh je *rasa*, „to nejslastnější". Jednoho dne jsem však za mistrem přišel s problémem.

„Pane, chtěl bych vědět, kdy najdu Boha."

„Už jsi ho našel."

„To bych neřekl, pane!"

Guru se usmál. „Zajisté nečekáš žádnou vznešenou postavu, co sedí na trůnu v nějakém sterilním koutě vesmíru. Zřejmě si však představuješ, že důkazem nalezení Boha je nabytí zázračných sil. Člověk může získat moc nad celým vesmírem, a přesto mu bude Bůh stále unikat. Měřítkem duchovního pokroku nejsou zevní schopnosti, ale pouze hloubka blaženosti, kterou člověk zakouší v meditaci.

Svámí Šrí Juktéšvar v pozici lotosu

Bůh je stále nová radost. Je nevyčerpatelný; Jak budeš v následujících letech pokračovat v meditacích, bude tě Bůh pokaždé překvapovat svou bezbřehou nápaditostí. Lidé s vroucí oddaností, jakou máš ty, kteří už našli cestu k Bohu, jej nikdy nezatouží vyměnit za jiné štěstí. Je tak svůdný a přitažlivý, že člověka ani nenapadne pomyslet na něco jiného.

Jak rychle nás omrzí pozemské radosti! Touha po materiálních věcech nebere konce; člověk nikdy není zcela spokojen a plahočí se od jednoho cíle k druhému. To ‚něco jiného', co hledá, je Bůh, který jediný mu může zaručit trvalou radost.

Tužby po zevních věcech nás vyhánějí z ráje, který nosíme v sobě; nabízejí nám falešné rozkoše, které pouze předstírají štěstí duše. Prostřednictvím božské meditace však ten ztracený ráj brzy nalezneme. V Bohu je věčná Novost, jíž nelze předvídat, a tak jej nikdy nebudeme mít dost. Lze se snad přesytit blažeností, která je po celou věčnost tak rozkošně rozmanitá?"

„Teď už rozumím, proč světci o Bohu říkají, že je nezměrný. Ani věčně trvající život by nestačil k jeho úplnému docenění."

„To je pravda; avšak současně je nám tím nejbližším a nejdražším. Když se mysl pomocí *krijájógy* zbaví smyslových překážek, poskytne nám meditace hned dvojí důkaz Boha. Stále nová radost je důkazem jeho existence, který nás přesvědčí do posledního atomu. V meditaci se nám také dostává jeho okamžitého vedení, příhodné odpovědi na všechny nesnáze a těžkosti."

„Rozumím, gurudží; rozřešil jste můj problém," usmál jsem se vděčně. „Teď už vím, že jsem Boha našel, protože kdykoli se mi radost z meditace podvědomě vrací v době, kdy se věnuji nějaké jiné činnosti, jsem decentně nasměrován ke správnému jednání i v těch nejmenších detailech."

„Dokud nezjistíme, jak se sladit s Boží vůlí, jejíž ‚správný směr' bývá pro sobecký rozum nezřídka nepochopitelný, bude lidský život plný utrpení," řekl mistr. „Jedině Bůh radí neomylně – vždyť kdo jiný než on nese tíhu celého vesmíru na svých bedrech?"

KAPITOLA 15

Květáková loupež

„Mám pro vás dárek, mistře! Těchto šest obrovských květáků jsem zasadil vlastníma rukama. Dohlížel jsem na jejich růst jako matka, která opečovává své děti." S obřadními fanfárami jsem mistrovi předal košík se zeleninou.

„Děkuji!" Šrí Juktéšvar projevil své uznání vřelým úsměvem. „Nech je, prosím, zatím ve svém pokoji. Zítra je budu potřebovat na zvláštní večeři."

Právě jsem dorazil do Purí,[1] abych u svého gurua strávil letní prázdniny v jeho přímořské poustevně. Tento příjemný jednopatrový příbytek, který mistr za pomoci svých žáků postavil, stál přímo na břehu Bengálského zálivu.

Příštího rána jsem se probudil brzy, osvěžen slaným mořským vánkem a poklidným kouzlem našeho malého ášramu. Mistr už na mne volal svým melodickým hlasem; pohlédl jsem hrdě na své výpěstky a pečlivě je uložil pod postel.

„Pojďme na pláž." Mistr kráčel v čele, následován neuspořádanou skupinkou několika mladých žáků. Guru se na nás zadíval a vlídně nás pokáral:

„Naši bratři ze Západu obvykle pochodují hrdě jako jeden muž. Seřaďte se prosím do dvojstupu a držte stejný krok." Šrí Juktéšvar sledoval, jak plníme jeho pokyn, a hned se dal do zpěvu: „Hej hou, chlapci jdou pěkně v řadě za sebou!" Nemohl jsem se ubránit obdivu nad tím, s jakou lehkostí mistr stačil svižnému tempu svých mladých učedníků.

„Stát!" Zvolal guru náhle a vyhledal mě pohledem. „Nezapomněl jsi zamknout zadní vchod do ášramu?"

„Myslím, že ne, pane."

---

[1] Město Purí ležící asi 500 km jižně od Kalkaty je známým poutním místem uctívačů Kršny; na jeho počest se tu každoročně slaví dva velké svátky zvané *snánajátra* a *rathajátra*.

Šrí Juktéšvar nějakou chvíli mlčel a na jeho rtech bylo vidět potlačovaný úsměv. „Ne, ty jsi na to zapomněl," řekl nakonec. „Božské rozjímání nemůže být omluvou pro zevní lehkomyslnost. Zanedbal jsi svou povinnost zabezpečit ášram a budeš po zásluze potrestán."

Myslel jsem, že nejasně žertuje, když dodal: „Z tvých šesti květáků zbude brzy jen pět."

Na mistrův povel jsme se obrátili čelem vzad a pochodovali zpět, až jsme se zastavili kousek od poustevny.

„Chvíli tu počkáme. Mukundo, dívej se doleva a sleduj cestu, která vede za tamtím pozemkem. Za okamžik po ní přijde jeden muž. Právě on se stane vykonavatelem tvého trestu."

Znepokojení, jež ve mně mistrovy tajuplné poznámky vyvolaly, jsem na sobě nedal znát. Vzápětí se na cestě objevil jakýsi venkovan; pohyboval se směšnou taneční chůzí a nesouvisle máchal rukama. Téměř jsem znehybněl zvědavostí a nemohl od toho legračního představení odtrhnout zrak. Když se nám ten člověk začal ztrácet z dohledu, řekl Šrí Juktéšvar: „Teď se vrátí."

Vesničan okamžitě změnil směr a zamířil k zadnímu vchodu do našeho ášramu. Přešel přes písčitý úsek a zadní brankou vešel dovnitř. Nechal jsem ji odemčenou, přesně jak řekl guru. Zakrátko se objevil znovu, tentokrát s jedním z mých drahocenných květáků v náručí. Nyní se však nesl se vší důstojností, ověnčen velkolepostí právě nabytého majetku.

Fraška odvíjející se před našimi zraky, v níž mi připadla úloha zaskočené oběti, mě ovšem nevyvedla z míry natolik, abych se za zlodějem rozhořčeně nerozběhl. Na půli cesty mě však mistr přivolal zpátky. Od hlavy až k patě se otřásal smíchy.

„Ten nebožák zatoužil po květáku," vysvětloval mezi salvami smíchu. „Tak mě napadlo, že by mohl dostat jeden z těch tvých, když byly tak mizerně střežené!"

Spěchal jsem do svého pokoje, kde jsem zjistil, že zloděj – očividně posedlý touhou po zelenině – ponechal bez povšimnutí mé zlaté prsteny, hodinky i peníze, jež se povalovaly na přikrývce každému na očích. Místo toho se plazil pod postelí pro košík s květáky, před běžným zrakem zcela utajený, aby se předmětu své bezuzdné vášně zmocnil.

Večer jsem mistra požádal, aby mi k celé příhodě (na níž jsem shledával několik nepochopitelných prvků) podal vysvětlení.

Guru jen pomalu zavrtěl hlavou. „Jednou to pochopíš. Věda už brzy odhalí mnohé z těchto skrytých zákonů."

Když několik let poté celý svět užasl nad zázrakem rozhlasového vysílání, hned jsem si na mistrovu předpověď vzpomněl. Odvěké představy o čase a prostoru tehdy vzaly v jediném okamžiku za své; ničí domov už nebyl tak malý, aby do něj nemohl vstoupit Londýn nebo Kalkata! I ten nejzatvrzelejší rozum byl nucen přijmout tento nezvratný důkaz, že v jistém smyslu je člověk všudypřítomný.

„Zápletku" oné květákové komedie lze nejlépe pochopit pomocí analogie s rozhlasovým přijímačem.[2] Můj guru totiž fungoval jako dokonalé lidské rádio. Myšlenky nejsou ve skutečnosti nic jiného než velmi jemné vibrace, jež se šíří éterem. Tak jako správně naladěný rozhlasový přijímač zachytí požadovanou hudební skladbu mezi tisíci jinými programy přicházejícími ze všech směrů, dokázal i Šrí Juktéšvar mezi nesčetnými myšlenkami vysílajících lidských myslí ve světě citlivě zachytit jednu určitou myšlenku (v tomto případě myšlenku slabomyslného jedince toužícího po květáku). Jakmile mistr cestou na pláž zaznamenal bezelstnou touhu onoho vesničana, byl ihned svolný jí vyjít vstříc. Božské oko Šrí Juktéšvara spatřilo muže tančícího ulicí dříve, než se zviditelnil zraku jeho žáků. Mé opomenutí uzamknout dveře ášramu poskytlo mistrovi příhodnou záminku k tomu, aby mne o můj drahocenný výpěstek připravil.

[2] Rádiový mikroskop, sestrojený v roce 1939, odhalil nový svět doposud neznámých paprsků. „Člověk jakož i všechny ostatní formy zdánlivě inertní hmoty neustále vysílá paprsky, které tento přístroj ,vidí'," napsala tisková agentura Associated Press. „Pro ty, kdo věří v telepatii, mimosmyslové vnímání a jasnovidectví, představuje tato zpráva první vědecký důkaz existence neviditelných paprsků, které skutečně putují od jednoho člověka k druhému. Tento rádiový přístroj je vlastně vysokofrekvenční spektroskop. S chladnou, nevyzařující hmotou provádí totéž co spektroskop odhalující atomy, z nichž jsou složeny hvězdy. Existenci takovýchto paprsků vycházejících z člověka a všech živých bytostí vědci řadu let předpokládali. Dnes tedy máme první experimentální důkaz jejich existence. Tento objev ukazuje, že každý atom a každá molekula v přírodě jsou jako rozhlasová stanice s nepřetržitým vysíláním... Dokonce i po smrti vyzařuje matérie, která byla člověkem, do okolí velmi jemné paprsky. Vlnové délky těchto paprsků se pohybují od kratších, jež se dnes používají v rozhlasovém vysílání, až po ty nejdelší rádiové vlny. Tyto vlny vytvářejí téměř nepředstavitelnou změť. Vyskytují se v milionech. Jediná velká molekula může vysílat až milion různých vlnových délek současně. Delší vlny tohoto druhu se šíří s lehkostí a rychlostí rádiových vln... Mezi novými rádiovými vlnami a známými paprsky, jako je například světlo, se objevuje jeden překvapivý rozdíl. Je jím ona dlouhá doba, dosahující až tisíců let, po kterou tyto rádiové vlny mohou z nenarušené hmoty vyzařovat."

Poté, co Šrí Juktéšvar takto zafungoval jako přijímač, využil své mocné vůle a projevil se jako vysílač.³ V této roli venkovana úspěšně navedl, aby obrátil směr svých kroků a došel až do konkrétního pokoje, z nějž si nevzal nic než jeden jediný květák.

Intuice je vedení duše, které v člověku přirozeně vyvstává v okamžicích, kdy je mysl klidná. Snad každý někdy zažil nevysvětlitelně přesnou „předtuchu" anebo úspěšně vyslal svou myšlenku k někomu jinému.

Lidská mysl osvobozená od rušivých vlivů či „atmosférických poruch" vnitřního neklidu má schopnost zastávat všechny funkce složitých rádiových mechanismů – vysílat i přijímat myšlenky a odrušit ty nežádoucí. Jako je výkon rozhlasového vysílače omezen množstvím elektrického proudu, který má k dispozici, tak je i efektivita lidského rádia závislá na síle vůle daného člověka.

Vibrace všech myšlenek zůstávají ve vesmíru navěky. V hlubokém soustředění je mistr schopen odhalit myšlenky jakéhokoli člověka, ať je živ, nebo již zemřel. Myšlenky mají univerzální, nikoli individuální původ; skutečnost nelze stvořit, nýbrž jen vnímat. Všechny mylné myšlenky člověka jsou důsledkem menší či větší nedokonalosti v jeho vnímání. Cílem jógové vědy je zklidnit mysl natolik, aby bez zkreslení naslouchala neomylnému vedení vnitřního Hlasu.

Televize a rozhlas přinesly okamžitý obraz a zvuk vzdálených osob do milionů domácností; je to pro vědu první nesmělý náznak toho, že člověk je všeprostupující duch. Přestože ego usiluje těmi nejbarbarštějšími způsoby o jeho zotročení, není člověk tělem omezeným na jedno místo v prostoru, nýbrž je ve své podstatě všudypřítomná duše.

> „Může docházet k velice zvláštním, velice překvapivým a zdánlivě velice nepravděpodobným jevům, nicméně až se tyto jevy potvrdí, nebudou nás ani v nejmenším udivovat, tak jako nás dnes už neudivuje nic z toho, s čím nás věda za poslední století seznámila," prohlásil Charles Robert Richet,⁴ laureát Nobelovy ceny za fyziologii. „Předpokládá se, že jevy, které dnes bez údivu přijímáme, v nás tento údiv nevyvolávají proto, že jim rozumíme. To je ovšem omyl. Že nás nepřekvapují, není dáno tím, že jim rozumíme, ale prostě tím, že jsme si na ně zvykli. Pokud by nás totiž mělo udivovat vše, co nechápeme, udivovalo by nás úplně všechno – pád kamene vyhozeného do vzduchu, žalud, ze kterého vyroste dub, rtuť, která se při zahřátí rozpíná, či železo přitahované magnetem.

---

³ viz poznámka na str. 252
⁴ autor pojednání *Our Sixth Sense* („Náš šestý smysl", Londýn: Rider & Co.)

Dnešní věda je k smíchu… Všechny ty překvapivé pravdy, které objeví naši potomci, jsou již nyní všude kolem nás, bijí nás do očí, abych tak řekl, ale my je přesto nevidíme. Nestačí však tvrdit, že je nevidíme; my je vidět nechceme, neboť kdykoli se objeví nějaký nečekaný a neznámý fakt, snažíme se jej zasadit do rámce nám známého, přijatého poznání a pobuřuje nás, když se někdo odvažuje s ním dále experimentovat."

Pár dní poté, co jsem byl tak neslavně oloupen o květák, došlo k jedné humorné příhodě. Nemohli jsme nalézt jistou petrolejovou lampu. Jelikož jsem byl nedlouho předtím svědkem guruovy vševědoucnosti, domníval jsem se, že nám předvede, jak snadné je ztracenou lampu nalézt.

Mistr si mého očekávání všiml. Se strojenou vážností se na lampu dotazoval všech obyvatel ášramu. Jeden chlapec přiznal, že lampu použil, když šel na dvůr ke studni.

Šrí Juktéšvar tedy nařídil: „Hledejte lampu u studny!"

Spěchal jsem tam, ale lampa nikde. Zklamaně jsem se vrátil za guruem. Od srdce se zasmál a z mého zklamání si nedělal žádné výčitky.

„Je smůla, že jsem tě ke zmizelé lampě nemohl dovést, ale nejsem jasnovidec!" A s jiskrou v očích dodal: „I do Sherlocka Holmese mám stále daleko!"

Pochopil jsem, že mistr nikdy nevystavuje na odiv svou moc, je-li k tomu vyzván, nebo jde-li o malichernosti.

Příjemné týdny plynuly dál. Šrí Juktéšvar se chystal uspořádat náboženský průvod. Požádal mě, abych vedl procesí žáků městem Purí a po pláži. Onen sváteční den, jenž připadl na letní slunovrat, se ohlásil nebývalým horkem.

„Gurudží, jak mám bosé žáky převést přes žhavý písek?" zeptal jsem se bezradně.

„Prozradím ti tajemství," odpověděl mistr. „Bůh vám sešle deštník z mraků a vy pod ním bez úhony projdete."

S úlevou jsem tedy svolal průvod. Naše skupinka vyšla z ášramu s praporem naší *satsangy*.[5] Navrhl jej Šrí Juktéšvar a byl na něm vyobrazen symbol jediného oka,[6] teleskopického zraku intuice.

---

[5] Sat je doslova „bytí", tedy „podstata, pravda, realita". *Sanga* je „sdružení". Šrí Juktéšvar nazval organizaci svého ášramu *Satsanga*, „spříznění s pravdou".

[6] „Je-li tedy tvé oko čisté (též prosté, jedno), celé tvé tělo bude mít světlo." (Matouš 6,22) V hluboké meditaci se toto nepárové či duchovní oko stává viditelným uprostřed čela. V písmech se tato vševědoucí zřítelnice označuje jako třetí oko, hvězda východu, vnitřní oko, holubice sestupující z nebes, oko Šivovo, oko intuice apod.

Sotva jsme vykročili z brány ášramu, na nebi se jako nějakým kouzlem nakupily mraky. K překvapeným výkřikům všech přítomných se přidal i lehký deštík, který zchladil ulice města i rozpálenou pláž.

Chladivé kapky se snášely po celou dobu průvodu, který trval dvě hodiny. Přesně v okamžiku, kdy se naše skupinka navrátila do poustevny, mraky i s deštěm se rozplynuly.

„Vidíš, jak s námi Bůh soucítí," odpověděl mistr, když jsem mu vyjádřil svou vděčnost. „Vyslyší každého a činí se pro všechny. Stejně jako na mou prosbu seslal déšť, splní každé upřímné přání těch, kdo jsou mu oddáni. Lidé si málokdy uvědomují, jak často Bůh jejich modlitby slyší. Nestraní jen několika vyvoleným, ale naslouchá všem, kdo se na něj s důvěrou obrátí. Jeho děti by měly vždy chovat neochvějnou víru v láskyplnou dobrotu svého všudypřítomného Otce."[7]

Šrí Juktéšvar pořádal čtyřikrát do roka oslavy slunovratu a rovnodennosti, na které se sjížděli jeho žáci zblízka i zdaleka. Oslavy zimního slunovratu se konaly v Šrírámpuru; ta první, jíž jsem se zúčastnil, ve mně zanechala trvalé požehnání.

Oslavy začínaly ráno bosým procesím v ulicích. Hlasy stovek žáků se rozeznívaly půvabnými náboženskými písněmi. Několik hudebníků hrálo na flétny, *kholy* a *kartály* (bubny a činely). Nadšení obyvatelé města zasypávali cesty květinami a brali s povděkem, že je naše halasné chvály požehnaného Božího jména na chvíli vyrušily od všednodenních starostí. Dlouhý průvod končil na dvoře ášramu. Tam jsme se shromáždili kolem gurua a žáci na horních balkónech na nás sypali květy měsíčků.

Mnozí z hostů vystoupali nahoru do patra, kde byli pohoštěni pudinkem z chány a pomerančů. Protlačil jsem se ke skupince svých duchovních bratří, kteří byli toho dne pověřeni prací v kuchyni. Jídlo pro tak početné shromáždění se muselo vařit venku v obrovských kotlích. Z narychlo postavených cihlových pecí na dřevo se valil kouř, který náš štípal do očí, my jsme se však při práci vesele smáli. Náboženské svátky se v Indii nikdy nepovažují za obtěžující povinnost; každý věřící ochotně přiloží ruku k dílu a přispěje penězi, rýží, zeleninou či nějakou službou.

Mistr brzy přišel mezi nás, aby dohlédl na detaily hostiny. Měl pořád plné ruce práce a dokázal držet krok s těmi nejčilejšími mladíky.

---

[7] „Neslyší snad ten, jenž učinil ucho? Nedívá se snad ten, jenž vytvořil oko? Neumí snad trestat ten, jenž kárá pronárody, ten, jenž učí člověka, co by měl vědět?" (Žalmy 94,9–10)

Květáková loupež

V prvním patře probíhal *sankírtan*, skupinový zpěv za doprovodu ručního harmonia a indických bubnů. Šrí Juktéšvar uznale naslouchal. Měl dokonalý hudební sluch.

„Zpívají falešně!" Mistr opustil kuchaře a spěchal za hudebníky. Za chvíli se melodie rozezněla znovu, tentokrát ve správné tónině.

Nejstarší písemné doklady o hudební nauce na světě jsou uchovány v *Sámavédě*. Hudba, malířství a divadlo jsou v Indii považovány za božská umění. Prvními hudebníky byli Brahma, Višnu a Šiva – věčná Trojice. Šiva v podobě Natárádži, kosmického Tanečníka, je v písmech vylíčen jako původce nekonečné škály rytmů vznikání, trvání a zanikání vesmíru, zatímco Brahma a Višnu zdůrazňovali aspekt času – Brahma řinčením činelů a Višnu bubnováním na posvátnou *mrdangu*.

Bohyně moudrosti Sarasvatí je zobrazována při hře na *vínu*, matku všech strunných nástrojů. Kršna, vtělení Višnua, je v indickém umění zpodobován s flétnou, na níž hraje okouzlující melodii, která lidské duše bloudící v iluzi *máji* volá zpět do jejich skutečného domova.

Základními kameny indické hudby jsou *rágy* neboli pevné melodické stupnice. Ze šesti základních *rág* se odvozuje 126 *ráginí* (manželek) a *putrů* (synů). Každá *rága* má alespoň pět tónů: hlavní tón (*vádí* neboli krále), vedlejší tón (*samavádí* neboli prvního ministra), podpůrné tóny (*anuvádí* čili pomocníky) a disonantní tón (*vivádí* čili protivníka).

Každé z šesti hlavních *rág* přirozeně odpovídá určitá denní doba a roční období i hlavní božstvo, které jí propůjčuje zvláštní moc. První *rága hindóla* se tak hraje pouze na jaře za svítání, aby probudila náladu univerzální lásky, druhá *rága dípaka* se hraje za letních večerů a vzbuzuje soucit, třetí *rága mégha* je melodií poledne v období dešťů a dodává odvahu, čtvrtá *rága bhairava* se hraje ráno v srpnu, září a říjnu za účelem dosažení klidu, pátá *rága šrí* je určena pro dobu podzimního soumraku, za něhož podněcuje k čisté lásce, a konečně šestá *rága málkauša* je slyšet o zimní půlnoci a vyvolává chrabrost.

Tyto zákony zvukové spřízněnosti mezi přírodou a člověkem odhalili již staří ršiové. Jelikož příroda je zpředmětněním prvotního zvuku, Slova či vibrace óm, může člověk použitím určitých *manter* či melodických průpovědí získat vládu nad všemi přírodními jevy.[8] Historické záznamy vyprávějí o pozoruhodných schopnostech hudebníka Mijána

---

[8] Zmínky o zaříkadlech, jež mají moc poroučet přírodě, najdeme v lidových tradicích všech národů. Američtí indiáni vyvinuli účinné zvukové rituály pro přivolání deště a větru. Velký indický hudebník Tánsén zase dokázal silou svého zpěvu uhasit oheň.

Tánséna, jenž působil v 16. století na dvoře Akbara Velikého. Když mu císař jednou přikázal zazpívat noční *rágu* za poledního slunce, pronesl Tánsén *mantru*, pod jejímž vlivem se celý palác okamžitě zahalil do tmy.

Indická hudba dělí oktávu na dvaadvacet šruti neboli čtvrttónů. Tyto mikrotonální intervaly umožňují jemné odstíny hudebního výrazu, které jsou západní chromatickou stupnicí s dvanácti půltóny nedosažitelné. Každý ze sedmi základních tónů oktávy je v hinduistické mytologii spojen s barvou a přirozeným zvukem ptáka či zvířete: *do* se zelenou a pávem, *re* s červenou a skřivanem, *mi* se zlatou a kozou, *fa* se žlutobílou a volavkou, *sol* s černou a slavíkem, *la* se žlutou a koněm a *si* s kombinací všech barev a slonem.

Indická hudba rozlišuje sedmdesát dva *thát* neboli stupnic. Hudebník tak má tvůrčí prostor pro nekonečnou improvizaci kolem pevné tradiční melodie, *rágy*; soustředí se na pocit či typickou náladu základního tématu a rozvíjí ji až na samé hranice své vlastní originality. Indický hudebník nečte předepsané noty; při každém hraní znovu a znovu odívá nahou kostru *rágy*, často se omezuje na jedinou melodickou sekvenci a opakováním zvýrazňuje všechny její jemné mikrotonální a rytmické variace.

Půvabu a moci opakujícího se zvuku, jen lehce obměňovaného na sto rozličných způsobů, porozuměl mezi západními skladateli například Johann Sebastian Bach.

Sanskrtská literatura dále popisuje sto dvacet *tál* čili časomír. Tradiční zakladatel indické hudby Bharata prý ve zpěvu skřivana dokázal rozlišit třicet dva druhů *tál*. Původ *tály* či rytmu vychází z lidského pohybu – například z dvojího taktu chůze či trojího taktu dechu ve spánku, v němž je nádech dvakrát delší než výdech.

V Indii se za nejdokonalejší nástroj zvuku odedávna považoval lidský hlas. Indická hudba se proto do velké míry omezuje na hlasový rozsah tří oktáv. Ze stejného důvodu se klade větší důraz na melodii (vztahy mezi následnými notami) než na harmonii (vztahy mezi notami současně znějícími).

V roce 1926 předvedl kalifornský přírodovědec Charles Kellogg sboru newyorských hasičů účinek tonální vibrace na oheň. „Nástrojem, který připomínal zvětšený houslový smyčec, rychle přejel po hliníkové ladičce, která zaskřípěla jako silná atmosférická porucha v rádiu. Přes půl metru vysoký žlutý plamen hořícího plynu, jenž plápolal v duté skleněné trubici, se okamžitě zmenšil na patnáct centimetrů a proměnil se v blikající modrý plamínek. Další pohyb smyčcem a další skřípavá vibrace plamen uhasily."

Indická hudba je subjektivním, duchovním a individualistickým uměním, jehož cílem není symfonická dokonalost, ale osobní souznění s Nadduší. Všechny slavné indické písně složili lidé hluboce oddaní Bohu. Sanskrtský výraz pro „hudebníka" je *bhagavatár*, „ten, kdo pěje chválu na Boha".

Sankírtany neboli hudební shromáždění jsou účinnou formou jógy či duchovní disciplíny, která vyžaduje intenzivní soustředění a vnor do zárodečné myšlenky a zvuku. Jelikož člověk sám je projevem tvůrčího Slova, má na něj zvuk silný a okamžitý účinek. Velkolepá náboženská hudba Východu i Západu přináší člověku radost, protože svými vibracemi dočasně probouzí jedno z jeho okultních páteřních center.[9] V těchto blažených okamžicích se mu vrací matná vzpomínka na jeho božský původ.

Sankírtan linoucí se v den svátku z mistrova pokoje ve druhém patře byl inspirací i pro kuchaře činící se mezi kouřícími hrnci. Společně s mými duchovními bratry jsem radostně zpíval refrény a tleskal rukama do rytmu.

Okolo západu slunce jsme pohostili návštěvníky stovkami porcí *khičuri* (rýže s čočkou), zeleninového kari a rýžového pudinku. Na dvoře jsme rozprostřeli bavlněné deky; nedlouho poté se nad celým shromážděním rozklenula hvězdná obloha a všichni s tichým soustředěním naslouchali moudrosti prýštící z úst Šrí Juktéšvara. Ve svých veřejných promluvách guru zdůrazňoval hodnotu *krijájógy* a život

---

[9] Probuzení okultních mozkomíšních center (čaker, astrálních lotosů) je posvátným cílem jogína. Západní vykladači křesťanských písem nepochopili, že kniha Zjevení v Novém zákoně obsahuje symbolický výklad jógové nauky, jak ji Janovi a dalším blízkým žákům předal Ježíš Kristus. Jan (Zjevení 1,20) zmiňuje „tajemství sedmi hvězd" a „sedmi církví". Tyto symboly odkazují na sedm světelných lotosů, o nichž se v jógových pojednáních hovoří jako o sedmi „padacích mostech" v mozkomíšním provazci. Těmito Bohem připravenými „východy" jogín prostřednictvím exaktní meditace uniká z vězení těla a navrací se ke své skutečné totožnosti, jíž je Duch (viz kapitola 26).

Sedmé centrum, „lotos s tisíci okvětními lístky" v mozku, je trůnem nekonečného vědomí. Ve stavu božského osvícení jogín vnímá Brahmu neboli Boha stvořitele jako Padmadžu, „z lotosu zrozeného".

Název „lotosová pozice" má původ v tom, že v této tradiční poloze jogín vnímá různé barvy lotosů mozkomíšních center. Každý lotos (*padma*) má charakteristický počet okvětních lístků či paprsků *prány* (životní síly). *Padmy* jsou také známy jako čakry neboli kola.

Lotosová pozice (*padmásana*) udržuje páteř zpříma a chrání trup před nebezpečím pádu vpřed či vzad ve stavu transu (*savikalpa samádhi*). Proto je oblíbenou jógovou meditační pozicí. Pro začátečníka však může být *padmásana* obtížná a neměla by být prováděna bez dohledu zkušeného *hathajogína*.

naplněný sebeúctou, vnitřním klidem, odhodláním, prostou stravou a pravidelným cvičením.

Potom skupina nejmladších žáků zazpívala několik zbožných písní; setkání bylo zakončeno radostným *sankírtanem*. Od deseti do půlnoci obyvatelé ášramu myli nádobí a uklízeli dvůr. Guru si mě zavolal k sobě.

„Jsem potěšen tvou nadšenou prací během dneška i celého týdne příprav. Chci tě mít u sebe; dnes můžeš spát v mé posteli."

Nikdy jsem ani nedoufal, že bych mohl být touto výsadou poctěn. Chvíli jsme seděli ve stavu soustředěného božského ztišení. Asi deset minut potom, co jsme se uložili ke spánku, mistr vstal a začal se oblékat.

„Co se děje, pane?" Radost z toho, že budu spát vedle gurua, začala tonout v nejistotě.

„Myslím, že brzy dorazí několik žáků, kteří zmeškali vlak. Připravíme jim něco k jídlu."

„Gurudží, v jednu hodinu po půlnoci už přece nikdo nepřijede!"

„Jen zůstaň ležet; máš za sebou náročný den. Já ale půjdu."

Když jsem slyšel mistrův rozhodný tón, vyskočil jsem a následoval ho do kuchyňky, již jsme každodenně používali a která sousedila s vnitřním balkónem v prvním patře. Za chvíli už se vařila rýže a *dál*.

Guru se láskyplně usmál. „Dnes v noci jsi přemohl únavu a obavu z těžké práce; v budoucnu tě proto už nikdy nebudou trápit."

Sotva vyřknul toto celoživotní požehnání, ozvaly se na dvoře kroky. Seběhl jsem dolů a přivítal skupinu žáků.

„Drahý bratře," řekl jeden z nich, „opravdu neradi mistra v tuto hodinu rušíme. Spletli jsme se v jízdním řádu, ale cítili jsme, že se nemůžeme vrátit domů, aniž bychom spatřili našeho gurua."

„Mistr vás očekává, a dokonce vám právě připravuje něco k snědku."

Vtom se ozval mistrův přívětivý hlas. Zavedl jsem udivené návštěvníky do kuchyně. Mistr se ke mně otočil a mrknul na mě.

„Když jste si to s našimi hosty všechno vyříkali, jsi jistě rád, že jim opravdu ujel vlak!"

Půl hodiny poté jsem jej následoval do ložnice a nemohl se dočkat té cti, až konečně ulehnu vedle svého božského gurua.

KAPITOLA 16

Jak vyzrát nad hvězdami

„Mukundo, proč sis ještě nepořídil astrologický náramek?"
„Myslíte, že bych měl, mistře? Nevěřím na věštění z hvězd."
„To není otázka víry; na vše bychom se měli dívat pohledem vědy a ptát se, zda je to pravda. Zákon zemské přitažlivosti fungoval stejně dobře před Newtonem jako po něm. Vesmír by byl velmi chaotický, kdyby jeho zákony nemohly platit bez dobrozdání lidské víry.

Dnešní nevalnou pověst prastaré nauky o hvězdách mají na svědomí šarlatáni. Astrologie je z matematického[1] i filozofického hlediska příliš obsáhlá na to, aby ji mohl správně pochopit někdo, kdo není obdařen hlubokým poznáním. S tím, že nevědomci nedokážou z oblohy číst a vidí na ní jen klikyháky místo písma, se musí v tomto nedokonalém světě počítat. Neměli bychom však zavrhovat moudrost společně s těmito ‚mudrci'.

---

[1] Z astronomických údajů ve staroindické literatuře dokázali vědci datovat dobu, v níž jejich autoři žili. Odborné znalosti ršiů byly mimořádně rozsáhlé; v *Kaušítakíbráhmaně* nacházíme exaktní astronomické pasáže, z nichž je patrné, že už v roce 3100 př. n. l. byli Indové značně pokročilí v astronomii, která měla i praktické využití při určování příznivé doby pro konání obřadů. V únorovém vydání časopisu *East-West* z roku 1934 napsala Táramáta o souboru védských astronomických pojednání zvaných *džjótiš*: „Obsahují vědecké poznatky, díky nimž se držela Indie v popředí všech starověkých civilizací a jež z ní učinily Mekku všech, kdo toužili po poznání. *Brahmagupta*, jedno z děl z tohoto souboru, je astronomické pojednání o tématech, jako je heliocentrický pohyb planet v naší sluneční soustavě, sklon ekliptiky, sférický tvar Země, odražené světlo Měsíce, každodenní rotace Země kolem vlastní osy, přítomnost pevných hvězd v Mléčné dráze, zákon gravitace a další vědecká fakta, která západní svět objevil až s příchodem Mikuláše Koperníka a Isaaka Newtona."

Takzvané „arabské číslice", které sehrály nezastupitelnou úlohu v rozvoji západní matematiky, se do Evropy dostaly v 9. století prostřednictvím Arabů z Indie, kde byl tento způsob zápisu čísel vyvinut již ve starověku. Více se o obsáhlém odkazu indické vědy dočteme v těchto publikacích: sir P. C. Roy: *History of Hindu Chemistry* („Dějiny indické chemie"); B. N. Seal: *Positive Sciences of the Ancient Hindus* („Praktické vědy starých Indů"), B. K. Sarkar: *Hindu Achievements in Exact Science* („Úspěchy Indů v exaktních vědách") a *The Positive Background of Hindu Sociology* („O původu indických společenských věd"); U. C. Dutt: *Materia Medica of the Hindus* („Indická Materia Medica").

Všechny části stvoření jsou spolu provázány a vzájemně na sebe působí. Vyvážený rytmus vesmíru je založen na vzájemnosti," pokračoval guru. „Člověk ve své pozemské podobě musí bojovat se dvěma druhy sil – nejprve s bouří ve svém vlastním bytí, již působí směsice zemského, vodního, ohnivého, vzdušného a éterického elementu; a zadruhé s vlivem vnějších rozkladných sil přírody. Dokud se člověk potýká se svou smrtelností, je ovlivňován bezpočtem proměnlivých dějů na nebi i zemi.

Astrologie zkoumá reakce člověka na planetární podněty. Hvězdy se neprojevují žádnou vědomou náklonností či nevražitostí; pouze vysílají příznivé či nepříznivé záření. Samy o sobě lidstvu nepomáhají ani neškodí, nabízejí však jistý zákonitý způsob, jak zevně vyvažovat příčiny a následky, které každý člověk uvedl v minulosti do pohybu.

Dítě se narodí přesně v den a hodinu, kdy jsou nebeské paprsky v matematické shodě s jeho osobní karmou. Jeho horoskop představuje složitý, mnohovrstevnatý portrét, který odhaluje jeho nezměnitelnou minulost a její pravděpodobné budoucí důsledky. Správně vyložit takový horoskop ale dokáže jen člověk obdařený intuitivní moudrostí, a těch je pomálu.

Zpráva nepřehlédnutelně vyhlášená na obloze v okamžiku zrození nemá upozorňovat na osud – důsledek dobrých a špatných skutků z minulosti – ale podnítit vůli, aby se člověk pokusil uniknout z područí tohoto vesmíru. Co učinil, může také odčinit. Nikdo jiný než člověk sám není původcem příčin, jejichž následky se nyní v jeho životě projevují. Může tedy překonat všechna omezení, neboť je sám vyvolal svými vlastními činy a také má po ruce duchovní zdroje, které tlaku planet nepodléhají.

Pověrčivá bázeň z astrologických předpovědí z člověka činí automat, který je jako otrok závislý na mechanickém vedení. Moudrý člověk nad svými planetami – jinými slovy nad svou minulostí – vítězí tím, že svou důvěru přesouvá ze stvoření na Stvořitele. Čím více si uvědomuje svou jednotu s Duchem, tím menší má nad ním hmota moc. Duše je vždy svobodná. Je nesmrtelná, protože je nezrozená. Hvězdy jí nemohou poroučet.

Člověk je duše a má tělo. Jestliže se správně ztotožní s tím, čím je, oprostí se od všeho, co jej spoutává a svádí. Dokud však setrvává ve zmatku ze ztráty své duchovní paměti, jemuž uvykl, bude se muset smířit s pouty a omezením zákonů prostředí, v němž žije.

Bůh je harmonie; ti, kdo jsou mu oddaní a jsou s ním sladěni, se nikdy nedopustí chybného činu. Jejich skutky budou správně a přirozeně načasovány tak, aby byly v souladu s astrologickými zákony. Po hluboké modlitbě a meditaci zůstávají ve spojení se svým božským vědomím; není větší moci než tato vnitřní ochrana."

„Proč tedy, drahý mistře, žádáte, abych nosil astrologický náramek?" K otázce jsem se odhodlal po dlouhém mlčení, v němž jsem se pokoušel vstřebat mistrův vytříbený výklad,, který obsahoval pro mě zcela nové myšlenky.

„Cestovatel může zahodit mapy, teprve až dorazí do svého cíle. Během cesty však využívá každou vhodnou zkratku. Staří *ršiové* objevili mnoho způsobů, jak zkrátit dobu, po kterou je člověk ve vyhnanství klamu. Zákon karmy má jisté mechanické rysy, které mohou prsty moudrosti obratně ovlivňovat.

Veškeré lidské útrapy povstávají z nějakého porušení vesmírného zákona. Svaté knihy poukazují na to, že člověk musí dostát zákonům přírody, aniž by znevážil Boží všemohoucnost. Má říkat: ‚Pane, důvěřuji ti a vím, že mi můžeš pomoci, ale i já udělám vše, co je v mých silách, abych odčinil vše špatné, čeho jsem se dopustil.' Neblahé následky minulých činů mohou být zmírněny či zcela odstraněny mnoha způsoby – modlitbou, silou vůle, jógovou meditací, poradou se světci či s pomocí astrologických náramků.

Tak jako dům může být opatřen měděným hromosvodem, který pohltí úder blesku, lze i chrám našeho těla různými způsoby chránit. Ve vesmíru neustále proudí elektrické a magnetické záření, které příznivě i nepříznivě působí na lidské tělo. Naši *ršiové* se již v dávných dobách zamýšleli nad tím, jak se nepříznivému působení jemných kosmických vlivů bránit. Objevili, že čisté kovy vyzařují astrální světlo, které zápornou přitažlivost planet účinně odráží. Zjistili také, že jsou tomu nápomocné i určité kombinace rostlin. Nejúčinnější jsou však nejméně dvoukarátové drahokamy bez kazu.

Mimo Indii bylo praktické preventivní využití astrologie vážně zkoumáno jen zřídka. Jednou nepříliš známou skutečností zůstává, že drahokamy, kovy a rostlinné přípravky jsou bezcenné, nemají-li požadovanou hmotnost a není-li léčivý prostředek nošen přímo na kůži."

„Vaší rady samozřejmě uposlechnu a náramek si hned pořídím, mistře. Představa, že vyzraji na hvězdy, se mi skutečně líbí!"

„Pro všeobecné účely doporučuji nosit náramek vyrobený ze zlata, stříbra a mědi. Pro zvláštní účel však chci, aby sis pořídil náramek ze stříbra a olova." Šrí Juktéšvar přidal přesné instrukce.

„Co myslíte oním zvláštním účelem, gurudží?"

„Hvězdy o tebe brzy projeví ,nepřátelský' zájem, Mukundo. Neměj strach, budeš ochráněn. Přibližně za měsíc ti začnou tvá játra působit veliké potíže. Nemoc má trvat šest měsíců, ale díky astrologickému náramku se tato doba zkrátí na čtyřiadvacet dní."

Následující den jsem zašel za klenotníkem a brzy jsem měl na ruce náramek. Těšil jsem se skvělému zdraví a mistrovu předpověď jsem zcela pustil z hlavy. Guru odjel ze Šrírámpuru do Váránasí. Třicet dní po našem rozhovoru jsem náhle pocítil bolest v oblasti jater. Následující týdny se proměnily v jednu velkou noční můru plnou palčivých bolestí. Nechtěl jsem mistra obtěžovat a rozhodl jsem se, že touto zkouškou odvážně projdu sám.

Třiadvacet dní nesnesitelných muk však mé odhodlání oslabilo, a tak jsem se čtyřiadvacátý den vypravil vlakem do Váránasí. Šrí Juktéšvar mě přivítal s nezvyklou vřelostí, ale nedal mi příležitost, abych se mu se svým trápením svěřil v soukromí. Toho dne jej navštívilo mnoho oddaných žáků jen proto, aby dostali jeho *daršan*.[2] Churavý a přehlížený jsem seděl v koutě. Teprve po večeři hosté konečně odešli. Guru si mě zavolal na balkon.

„Jistě jsi přijel kvůli svým potížím s játry." Šrí Juktéšvar měl odvrácený pohled; přecházel sem a tam a chvílemi zastínil měsíční světlo. „Jestli si dobře vzpomínám, je ti špatně již dvacet čtyři dní, že?"

„Ano, pane."

„Zkus dělat břišní cviky, které jsem tě naučil."

„Mistře, kdybyste věděl, jak moc trpím, nežádal byste po mně, abych cvičil." Přesto jsem se chabě pokusil jeho pokynu uposlechnout.

„Říkáš, že máš bolesti. Já tvrdím, že nemáš žádné. Jak je takový rozpor možný?" Guru na mě tázavě pohlédl.

Zmocnil se mě zmatek a hned nato radostná úleva. Tatam byla nepřetržitá muka, pro něž jsem už týdny téměř nespal; po slovech Šrí Juktéšvara všechno trápení zmizelo, jako by mne nikdy nepotkalo.

Chtěl jsem před ním samou vděčností padnout na kolena, on mne ale rychle zastavil.

[2] požehnání plynoucí z pouhého pohledu na světce

„Nebuď jako malý. Vstaň a těš se z krásy měsíce nad Gangou."
Když jsem však mlčky stanul vedle něho, všiml jsem si, jak mu oči zářily radostí. Z toho jsem vyrozuměl, že chce, abych věděl, že mě uzdravil Bůh a nikoli on.

Dodnes ten těžký náramek ze stříbra a olova nosím jako připomínku na onen dávno minulý a mému srdci drahý den, kdy jsem se opět přesvědčil, že žiji s bytostí vskutku nadlidskou. Kdykoli jsem pak ke Šrí Juktéšvarovi přivedl své přátele, aby je uzdravil, vždy doporučoval nosit drahokamy nebo náramek[3] a vyzdvihoval jejich přínos jako doklad astrologické moudrosti.

Vůči astrologii jsem byl zaujatý již od dětství, částečně proto, že jsem viděl, jak otrocky se jí mnoho lidí podřizuje, a zčásti i kvůli předpovědi našeho rodinného astrologa: „Třikrát se oženíš, dvakrát budeš vdovcem." Dlouho jsem nad tou záležitostí dumal a připadal si jako koza čekající před chrámem trojího manželství, až bude obětována.

„Měl by ses smířit se svým osudem," podotkl jednou můj bratr Ananta. „Ve tvém horoskopu se správně psalo, že v dětství utečeš z domu do hor, ale budeš přinucen k návratu. I předpověď tvých manželství se bezpochyby vyplní."

Jednou v noci jsem měl jasné vnuknutí, že je tato předpověď zcela mylná. Svitek s horoskopem jsem spálil a popel nasypal do papírového sáčku, na který jsem napsal: „Semena minulé karmy nevyklíčí, jsou-li sežehnuta ohněm božské moudrosti." Sáček jsem umístil na dobře viditelné místo; Ananta si mou vzdorovitou poznámku ihned přečetl.

„Zničit pravdu není tak snadné jako spálit tenhle svitek," zasmál se pohrdavě.

Je však pravdou, že než jsem dosáhl dospělosti, pokusila se má rodina třikrát dohodnout zásnuby. Pokaždé jsem se však jejich plánům odmítl podřídit,[4] neboť jsem věděl, že má láska k Bohu je mocnější než každé přesvědčování astrologů.

„Čím hlubší je naše sebeuvědomění, tím více ovlivňujeme vesmír svými jemnými duchovními vibracemi a tím méně se necháváme

---

[3] viz pozn. na str. 230
[4] Jedna z dívek, kterou mi rodina vybrala jako potenciální manželku, se později provdala za mého bratrance Prabháščandru Ghoše (viz fotografie na str. 211). [Šrí Ghoš byl od roku 1936 až do své smrti v roce 1975 místopředsedou Yogoda Satsanga Society of India (viz str. 376; pozn nakl.)]

ovlivnit proměnlivostí jevů." Tato inspirující mistrova slova se mi často vybavovala v mysli.

Občas jsem astrology požádal, aby podle postavení planet zjistili, která období jsou pro mě nejméně příznivá, a přesto jsem tehdy dokázal dosáhnout všeho, co jsem si předsevzal. Je pravda, že mému úspěchu předcházely v těchto obdobích zvlášť obtížné překážky. Mé přesvědčení se však nakonec pokaždé potvrdilo: víra v Boží ochranu a správné uplatnění vůle, kterou Bůh člověka obdařil, jsou síly mocnější než ty, které přicházejí z nebe.

Časem jsem pochopil, že zápis ve hvězdách v okamžiku našeho narození neznamená, že člověk je pouhou loutkou své vlastní minulosti. Jeho poselství spíše podněcuje k pocitu hrdosti; samotná nebesa se snaží probudit v člověku odhodlání osvobodit se od všech omezení. Bůh stvořil každého člověka jako duši obdařenou individualitou, a tedy jako nepostradatelnou součást vesmírné struktury, ať už v dočasné roli budovatele či příživníka. Rozhodne-li se tak, je jeho osvobození konečné a okamžité; nezávisí totiž na vítězstvích vnějších, nýbrž vnitřních.

Šrí Juktéšvar objevil matematickou spojitost mezi precesním cyklem trvajícím 24 000 let a dnešní dobou.[5] Tento cyklus je rozdělen na vzestupnou a sestupnou polovinu, z nichž každá trvá 12 000 let. Každá polovina se skládá ze čtyř věků zvaných *jugy* a pojmenovaných *kali*, *dvápara*, *tréta* a *satja*, které odpovídají řeckým představám o železném, bronzovém, stříbrném a zlatém věku.

Různými výpočty dospěl můj guru k závěru, že poslední *kalijuga*, železný věk vzestupné poloviny, začala přibližně v roce 500 n. l. Železný věk, který trvá 1200 let, je obdobím materialismu a skončil kolem roku 1700. Po něm nastala *dváparajuga*, 2400 let trvající období rozvoje elektrických a atomových energií – věk telegrafu, rozhlasu, letadel a dalších pokořitelů prostoru.

V roce 4100 n. l. započne *trétajuga*, která bude trvat 3600 let a bude se vyznačovat všeobecnou znalostí telepatické komunikace a dalších pokořitelů času. Během 4800 let *satjajugy*, posledního věku vzestupné poloviny cyklu, dospěje lidský rozum k plnému rozkvětu a člověk bude žít a pracovat v souladu s Božím plánem.

---

[5] Tyto cykly jsou popsány v první části Šrí Juktéšvarovy knihy *The Holy Science* („Posvátná věda") vydané společností Self-Realization Fellowship.

V roce 12 500 nastane počátek sestupné poloviny cyklu, kterou zahájí sestupný zlatý věk v délce 4800 let a která potrvá dalších 12 000 let. Člověk se bude postupně propadat do nevědomosti. Tyto cykly jsou věčným koloběhem *máji*, protikladů a relativity jevového vesmíru.[6] Lidé unikají jeden po druhém z vězení duality stvoření a procitají ve vědomí své nedílné božské jednoty se Stvořitelem.

Mistr rozšířil nejen mé povědomí o astrologii, ale i o svatých písmech celého světa. Posvátné texty pokládal na neposkvrněný stůl své mysli, kde je pitval skalpelem intuitivního nazírání a odděloval omyly a vsuvky pozdějších učenců od pravd původně vyjádřených proroky.

„Upři pohled na špičku nosu." Tento nesprávný výklad jednoho verše z *Bhagavadgíty*,[7] který je přijímaný jak východními pandity, tak i západními překladateli, vzbuzoval u mistra posměšnou kritiku.

„Cesta jogína je už tak dost svízelná," poznamenal. „Proč mu ještě radit, aby se k tomu učil šilhat? Skutečný význam pojmu *násikágra* je ,počátek nosu', nikoli ,špička nosu'. Nos má počátek v místě mezi obočím, v sídle duchovního zraku."[8]

Jeden sánkhjový[9] aforismus zní: *íšvarásiddhé*[10] („Stvořitele nelze odvodit" či „Boha nelze dokázat"). Především na základě tohoto výroku považuje většina učenců celou tuto filozofickou školu za ateistickou.

---

[6] Indická písma zasazují současný světový věk do *kalijugy* mnohem delšího vesmírného cyklu, než je prostý cyklus precese bodu jarní rovnodennosti trvající 24 000 let, jímž se zabýval Šrí Juktéšvar. Vesmírný cyklus uváděný v posvátných spisech trvá 4 300 560 000 let a vyměřuje jeden Den stvoření. Toto obrovské číslo je založeno na vztahu mezi délkou solárního roku a násobkem čísla π (3,1416, poměru mezi obvodem a průměrem kruhu).

Doba trvání celého vesmíru je podle starověkých vidců 314 159 000 000 000 solárních let neboli „jeden Brahmův věk".

Indická písma uvádějí, že planeta, jako je ta naše, nakonec zanikne ze dvou důvodů: její obyvatelé jako celek se stanou buď zcela dobrými, nebo zcela špatnými. Celosvětová mysl tím vygeneruje sílu, která uvolní atomy, jež tuto planetu drží pohromadě.

Čas od času se objeví děsivá proroctví, jež oznamují blížící se „konec světa". Planetární cykly se však řídí přesným Božím plánem. Žádný takový zánik Země není na obzoru; naši planetu v její současné podobě čeká ještě mnoho vzestupných a sestupných precesních cyklů.

[7] *Bhagavadgíta* 6,13

[8] „Světlem tvého těla je oko. Je-li tvé oko čisté, i celé tvé tělo má světlo. Je-li však tvé oko špatné, i tvé tělo je ve tmě. Hleď tedy, ať světlo v tobě není tmou." (Lukáš 11,34–35)

[9] Jeden ze šesti systémů hinduistické filozofie. *Sánkhja* hlásá konečné osvobození skrze poznání pětadvaceti principů, počínaje *prakrti*, čili přírodou, a konče *purušou*, neboli duší.

[10] *Sankhya Aphorisms* („Sánkhjové aforismy"), 1,92

„Ten verš není ateistický," vysvětloval Šrí Juktéšvar. „Znamená jen tolik, že pro neosvíceného člověka, který je ve všech svých konečných soudech závislý na svých smyslech, musí důkaz Boha zůstat nepoznaný, a tedy neexistující. Skuteční znalci *sánkhji*, obdaření neochvějným vhledem zrozeným z meditace, chápou, že Bůh nejenže existuje, ale je také poznatelný."

S okouzlující srozumitelností vykládal mistr i křesťanskou Bibli. Bylo to právě díky mému hinduistickému guruovi, který nikdy nebyl členem žádné církve, že jsem se naučil rozumět nesmrtelné podstatě Bible a chápat pravdivost Kristova výroku – bezpochyby jednoho z nejradikálnějších, jaké kdy byly proneseny: „Nebe a země pominou, ale má slova nepominou."[11]

Velcí indičtí mistři vedou své životy podle stejných božských ideálů, na jakých stavěl i Ježíš; on sám je ostatně prohlásil za své příbuzenstvo: „Neboť kdo činí vůli mého Otce v nebesích, to je můj bratr, má sestra i matka."[12] – „Zůstanete-li v mém slovu," pravil Kristus, „jste opravdu mými učedníky. Poznáte pravdu a pravda vás učiní svobodnými."[13] Kristu podobní indičtí jogíni, plně svobodní a páni sami nad sebou, jsou součástí nesmrtelného bratrstva – těch, kdo dosáhli osvobozujícího poznání Jediného Otce.

„Příběh o Adamovi a Evě je pro mě nesrozumitelný!" poznamenal jsem jednou se zjevným podrážděním, když jsem si nad touto alegorií poprvé lámal hlavu. „Proč Bůh nepotrestal jen pár, který se provinil, ale i jeho nevinné, dosud nenarozené potomstvo?"

Mistr se pobaveně usmál, spíše však nad mou urputností než nevědomostí. „Genesis je hluboce symbolická kniha, již nelze chápat doslova," vysvětloval. „Strom života je ve skutečnosti lidské tělo. Mícha je jako obrácený strom s vlasy místo kořenů a dostředivými a odstředivými nervy místo větví. Strom nervové soustavy nese mnoho lahodných plodů, tedy zrakových, sluchových, čichových, chuťových a hmatových vjemů. Ty člověk může po právu vychutnávat, ovšem prožitek pohlavní rozkoše, onoho ,jablka' ve středu těla (,uprostřed zahrady'), mu byl

---

[11] Matouš 24,35
[12] Matouš 12,50
[13] Jan 8,31–32. Svatý Jan dosvědčuje: „Těm pak, kteří ho přijali a věří v jeho jméno, dal moc stát se Božími dětmi (těm, kteří jsou ustáleni ve všudypřítomném kristovském vědomí)." (Jan 1,12)

zapovězen.[14] Had představuje svinutou páteřní energii, která dráždí pohlavní nervy. Adam je rozum a Eva cit. Když je cit neboli Evino vědomí v člověku přemoženo pohlavním pudem, jeho rozum, Adam, podlehne rovněž.[15]

Bůh stvořil lidské pokolení tím, že ze své vůle zhmotnil mužské a ženské tělo; a obdařil tento nový živočišný druh schopností plodit potomky podobným ‚neposkvrněným' či božským způsobem.[16] Jelikož jeho projevení v individualizované duši bylo doposud omezeno na zvířata spoutaná pudy a rozumově ne zcela vyvinutá, stvořil Bůh první lidská těla, symbolicky pojmenovaná Adam a Eva. Do nich pak přenesl duše či božskou esenci dvou zvířat, aby se mohla dál přirozeně vyvíjet na vyšší úroveň.[17] V Adamovi čili muži převažoval rozum, v Evě čili ženě měl navrch cit. Tak se vyjádřila dualita či polarita, jež je podstatou světa jevů. Rozum a cit zůstávají v ráji radostného soužití tak dlouho, dokud lidskou mysl nesvede hadí energie živočišných sklonů.

Lidské tělo tedy nebylo pouze výsledkem evoluce ze zvířat, ale vzniklo zvláštním tvůrčím aktem Boha. Zvířecí podoby byly příliš hrubé na to, aby dokázaly plně vyjádřit božství; jedinému člověku byl předán potenciálně vševědoucí ‚lotos s tisíci okvětními lístky' v mozku i citlivě probuzená okultní centra v páteři.

Bůh či božské vědomí přítomné v prvním stvořeném páru oba vybízelo, že mohou zakoušet všechny lidské vjemy s jedinou výjimkou – kromě pohlavních rozkoší.[18] Ty jim byly zapovězeny, aby lidstvo neupadlo do nižšího, zvířecího způsobu rozmnožování. Varování, aby neoživovali podvědomě přítomné živočišné vzpomínky, však Adam s Evou nedbali. Začali se opět rozmnožovat jako zvířata, a proto padli ze stavu nebeské blaženosti, která byla původnímu dokonalému člověku

---

14 „Plody ze stromů v zahradě jíst smíme. Jen o plodech ze stromu, který je uprostřed zahrady, Bůh řekl: ‚Nejezte z něho, ani se ho nedotkněte, abyste nezemřeli.'" (Genesis 3,2–3)

15 „‚Žena, kterou jsi mi dal, aby při mně stála, ta mi dala z toho stromu a já jsem jedl.' Žena odpověděla: ‚Had mě podvedl a já jsem jedla.'" (Genesis 3,12–13)

16 „Bůh stvořil člověka, aby byl jeho obrazem, stvořil ho, aby byl obrazem Božím, jako muže a ženu je stvořil. A Bůh jim požehnal a řekl jim: ‚Ploďte a množte se, naplňte zemi a podmaňte ji.'" (Genesis 1,27–28)

17 „I vytvořil Hospodin Bůh člověka, prach ze země, a vdechl mu v chřípí dech života. Tak se stal člověk živým tvorem." (Genesis 2,7)

18 „Nejzchytralejší ze vší polní zvěře (tj. ze všech tělesných smyslů), kterou Hospodin Bůh učinil, byl had (pohlavnost)." (Genesis 3,1)

vlastní. Když ‚poznali, že jsou nazí', přišli o vědomí nesmrtelnosti, přesně jak je Bůh varoval; sami se vydali do područí zákona hmoty, podle něhož musí po zrození těla následovat jeho smrt.

Poznání ‚dobra a zla', které Evě slíbil had, se vztahuje k dualistickému prožívání protikladů, jemuž smrtelníci pod nadvládou *máji* podléhají. Když člověk zneužije rozum a cit, když vědomí Adama a Evy upadne do klamu, vzdává se svého práva vstoupit do nebeské zahrady božské soběstačnosti.[19] Je osobní odpovědností každého člověka navrátit své ‚rodiče' – svou dvojí přirozenost – k sjednocené harmonii neboli Edenu."

Když Šrí Juktéšvar svůj výklad dokončil, začal jsem na stránky Genesis pohlížet s novou úctou.

„Drahý mistře," řekl jsem, „to je poprvé, co se vůči Adamovi a Evě cítím opravdu synovsky zavázán!"[20]

---

[19] „A Hospodin Bůh vysadil zahradu v Edenu na východě a postavil tam člověka, kterého vytvořil." (Genesis 2,8) „Proto jej Hospodin Bůh vyhnal ze zahrady v Edenu, aby obdělával zemi, z níž byl vzat." (Genesis 3,23) Vědomí božského člověka, jehož Bůh původně stvořil, bylo soustředěno ve všemohoucím oku na čele (na východě). O výjimečné tvůrčí schopnosti své vůle, koncentrované v tomto místě, člověk přišel, když začal „obdělávat půdu" své tělesné přirozenosti.

[20] Indická verze příběhu o Adamovi a Evě je zapsaná ve starobylé puráně Šrímad Bhágavata. První muž a žena (bytosti ve fyzické podobě) se jmenovali Svajambhuva Manu („člověk zrozený ze Stvořitele") a jeho družka Šatarúpa („ta, jež má stovky obrazů či podob"). Jejich dcery se provdaly za *Pradžapátie* (dokonalé bytosti, jež na sebe mohly vzít tělesnou podobu). Z těchto prvních božských rodů pochází lidské pokolení.

Na Východě ani na Západě jsem neslyšel nikoho, kdo by dokázal vykládat křesťanské Písmo s tak hlubokým duchovním vhledem, jaký měl Šrí Juktéšvar. „Teologové si Kristova slova v některých pasážích nesprávně vyložili," řekl mistr. „Například verše: ‚Já jsem ta cesta, pravda i život. Nikdo nepřichází k Otci než skrze mne.' (Jan 14,6). Ježíš tím nikdy nechtěl říci, že on je jediným Božím Synem, ale že žádný člověk nemůže dosáhnout bezmezného Absolutna, transcendentního Otce nad vším stvořeným, dokud se v něm nejprve neprojeví ‚Syn', ono oživující kristovské vědomí, jež ve všem stvořeném přítomno. Ježíš byl s tímto kristovským vědomím v plné jednotě a ztotožněn natolik, že se jeho ego již dávno rozplynulo." (viz pozn. na str. 143-44)

Když Pavel píše: „Bůh... stvořil všechny věci skrze Ježíše Krista" (Efezským 3,9), a když Ježíš říká: „Dříve než se Abraham narodil, já jsem," (Jan 8,58), je podstatou jejich slov čirá nadosobnost.

Jistá duchovní bázlivost vede mnoho světských lidí k tomu, aby se spokojili s vírou, že Božím Synem byl jen jeden člověk. „Kristus byl výjimečný stvořitelský počin," uvažují, „jak bych jej potom já, obyčejný smrtelník, mohl napodobit?" Všichni lidé však byli stvořeni Bohem a jednoho dne budou muset uposlechnout Kristova příkazu: „Buďte tedy dokonalí, jako je dokonalý váš nebeský Otec" (Matouš 5,48). „Hleďte, jak velikou lásku nám Otec daroval: byli jsme nazváni dětmi Božími, a jsme jimi." (1. Janův 3,1)

Znalost zákona karmy a jeho přímého důsledku, reinkarnace (viz pozn. na str. 253-54, str. 312-13 a kap. 43), je patrná z mnoha biblických pasáží, jako například: „Kdo prolije krev člověka, toho krev bude člověkem prolita" (Genesis 9,6). Jestliže každý vrah musí být také zabit „člověkem", pak tento reaktivní proces očividně v mnoha případech vyžaduje víc než jeden lidský život. Ani dnešní moderní policie na to není dost rychlá!

Raná křesťanská církev nauku o reinkarnaci přijímala. Obhajovali ji gnostici a mnozí církevní otcové včetně Klementa Alexandrijského, proslulého Órigena (oba žili ve 3. století) a svatého Jeronýma (5. století). Na Druhém konstantinopolském koncilu v roce 553 n. l. však byla poprvé prohlášena za kacířskou; mnoho křesťanů se tehdy domnívalo, že taková nauka ponechává člověku příliš času a prostoru, než aby jej povzbuzovala k úsilí o okamžitou spásu. Potlačované pravdy však vedou k znepokojivému množství omylů. Miliony lidí nevyužily svůj „jediný život" k hledání Boha, ale k vyhledávání požitků tohoto světa, které se jim tak výjimečně nabízejí a které brzy navždy ztratí! Ve skutečnosti se člověk převtěluje na zemi, dokud znovu vědomě nenabude svého postavení Božího syna.

KAPITOLA 17

Šaší a tři safíry

„Jelikož máte s mým synem o svámím Juktéšvarovi tak vysoké mínění, půjdu se na něj podívat." Tón doktora Nárájančandry Ráje naznačoval, že chce jen vyhovět rozmaru dvou mladých bláznů. V duchu nejlepších tradic těch, co se snaží druhé obrátit na svou víru, jsem pečlivě skryl své pobouření.

Tento zvěrolékař byl ve věcech náboženství zapřisáhlým skeptikem. Jeho mladší syn Santoš mě snažně prosil, abych se jeho otce pokusil nějak přesvědčit. Plody mé nedocenitelné pomoci však zatím nebyly nikde vidět.

Následujícího dne mě doktor Ráj doprovodil do šrírámpurského ášramu. Po krátkém rozhovoru, který vyplňovalo převážně stoické mlčení na obou stranách, se návštěvník úsečně rozloučil a odešel.

„Proč mi sem vodíš mrtvé?" zeptal se mě Šrí Juktéšvar s tázavým pohledem, sotva se za pochybovačem z Kalkaty zavřely dveře.

„Ale pane, vždyť doktor je živý až moc!"

„Brzy však zemře."

Byl jsem otřesen. „To bude pro jeho syna strašná rána, pane! Santoš stále doufá, že se mu ještě podaří zvrátit otcovo materialistické přesvědčení. Prosím vás, mistře, pomozte tomu muži!"

„Dobře, ale jen kvůli tobě." Mistrův obličej vypadal netečně. „Ten domýšlivý koňský felčar to sice netuší, ale má pokročilou cukrovku. Za patnáct dní ulehne a lékaři jej prohlásí za beznadějný případ. Jeho vyměřený čas pro odchod z tohoto světa je ode dneška za šest týdnů. Díky tvé přímluvě se však v tento den uzdraví. Má to však jednu podmínku: musíš ho přimět, aby nosil astrologický náramek. Jistě se tomu bude vzpírat stejně divoce jako hřebec před operací," zasmál se mistr pro sebe.

V nastalém tichu jsem horečně přemítal, jak to na doktora co nejdůvtipněji navléci, načež Šrí Juktéšvar prozradil další podrobnosti.

„Jakmile se mu přilepší, doporuč mu, aby přestal jíst maso. On se však tou radou odmítne řídit a po šesti měsících, právě když se bude cítit nejlíp, nečekaně zemře." Nato guru dodal: „Jeho život mu bude o půl roku prodloužen jen na tvou prosbu."

Příštího dne jsem tedy Santošovi poradil, aby u klenotníka objednal náramek. Týden nato byl hotový, ale doktor Ráj ho odmítl nosit.

„Jsem zdravý jako řípa. S těmi astrologickými pověrami na mě žádný dojem neučiníte," prohlásil doktor vzdorně.

S pobavením jsem si vzpomněl, jak mistr doktora výstižně přirovnal mezkovitému koni. Uplynulo dalších sedm dní; doktor náhle onemocněl a pokorně souhlasil, že si náramek nasadí. Dva týdny poté mi jeho ošetřující lékař oznámil, že pacient nemá sebemenší naději na uzdravení. S hrozivými podrobnostmi mi vylíčil škody, které cukrovka v jeho těle napáchala.

Zavrtěl jsem hlavou. „Můj guru řekl, že po měsíci se doktor Ráj z nemoci uzdraví."

Lékař se na mne nevěřícně zahleděl. Po dvou týdnech mě však vyhledal s omluvou ve tváři.

„Doktor Ráj se zcela uzdravil!" zvolal. „To je ten nejpřekvapivější případ, s jakým jsem se ve své praxi setkal. Ještě nikdy jsem nebyl svědkem toho, aby se umírající tak nevysvětlitelně vyléčil. Ten tvůj guru musí být skutečný prorok!"

Po jediném rozhovoru, při kterém jsem mu zopakoval mistrovo doporučení ohledně bezmasé stravy, jsem se s doktorem Rájem šest měsíců neviděl. Až jednou večer se za mnou zastavil na kus řeči, zrovna když jsem seděl na verandě našeho rodinného domu na Garparské ulici.

„Vyřiď svému učiteli, že díky pravidelné konzumaci masa jsem opět nabyl svou původní sílu. Jeho nevědeckými názory na stravování jsem se nenechal zmást." Musel jsem uznat, že doktor Ráj na první pohled doslova kypěl zdravím.

Na druhý den však ke mně přiběhl Santoš, který bydlel hned v sousedství. „Náš otec dnes ráno náhle zemřel!"

Tento případ patří k tomu nejpodivnějšímu, co jsem s mistrem zažil. Uzdravil vzpurného zvěrolékaře navzdory jeho nevíře a jen díky mé upřímné prosbě prodloužil jeho vymezený pobyt na zemi o šest měsíců. V odpověď na vroucí modlitbu věrného žáka neznala laskavost Šrí Juktéšvara hranic.

Možnost vodit ke guruovi mé přátele z univerzity bylo výsadou, na kterou jsem byl náležitě hrdý. Mnozí z nich – alespoň v ášramu – odkládali módní akademický pláštík náboženské skepse.

Jeden z mých přátel jménem Šaší strávil v Šrírámpuru mnoho šťastných víkendů. Mistr si chlapce nadmíru oblíbil a spílal mu, že je v soukromém životě až příliš divoký a nevázaný.

„Šaší, jestli se nepolepšíš, do roka vážně onemocníš." Šrí Juktéšvar se na mého přítele zahleděl s láskyplným rozhořčením. „Mukunda je mi svědkem; později neříkej, že jsem tě nevaroval."

Šaší se zasmál. „Mistře, nechám na vás, abyste v mém smutném případu zařídil shovívavou přízeň vesmíru. Můj duch by souhlasil, ale vůle je slabá. Jste mým jediným spasitelem na zemi; v nic jiného nevěřím."

„Měl bys aspoň nosit dvoukarátový modrý safír. Pomůže ti."

„Takovou věc si nemohu dovolit. I kdyby mne postihly nějaké potíže, drahý gurudží, pevně věřím, že mne ochráníte."

„Ode dneška za rok přineseš tři safíry," odpověděl Šrí Juktéšvar. „To už ale budou zbytečné."

K různým variacím tohoto rozhovoru docházelo pravidelně. „Nedokážu se polepšit!" říkával Šaší s komickým zoufalstvím. „Má důvěra ve vás, mistře, je pro mě víc než kámen!"

Uběhl rok. Jednoho dne jsem gurua navštívil v domě jeho kalkatského žáka Narena Bábua. Asi v deset dopoledne, když jsme s mistrem seděli v obývacím pokoji v prvním patře, jsem uslyšel, jak se otevřely vchodové dveře. Mistr se stroze napřímil.

„To je Šaší," pronesl vážně. „Rok se s rokem sešel, obě jeho plíce jsou nevratně poškozené. Neřídil se mou radou; jdi mu říct, že ho nechci vidět."

Napůl zkoprnělý mistrovou přísností jsem seběhl po schodišti. Šaší už vycházel nahoru.

„Mukundo! Doufám, že je mistr tu. Měl jsem tušení, že ho tady najdu."

„Je tu, ale nechce být rušen."

Šaší se rozplakal a prosmýkl se nahoru kolem mě. Vrhl se Šrí Juktéšvarovi k nohám a položil k nim tři nádherné safíry.

„Vševědoucí guru, doktoři tvrdí, že mám plicní tuberkulózu. Dávají mi jen tři měsíce života! Pokorně vás prosím o pomoc; vím, že mě můžete uzdravit!"

„Není trochu pozdě na to, aby ses strachoval o svůj život? Odnes si své drahokamy. Čas, kdy byly k užitku, vypršel." Po těchto slovech zůstal mistr sedět jako sfinga v neústupném mlčení, narušovaném jen chlapcovými vzlyky a prosbami o slitování.

Intuice mi říkala, že Šrí Juktéšvar jen prověřuje hloubku Šašího víry v božskou uzdravující moc. Nepřekvapilo mě proto, když po hodině napjatého mlčení na mého přítele ležícího u jeho nohou účastně pohlédl.

„Vstávej, Šaší. Takové pozdvižení v cizím domě! Vrať safíry klenotníkovi, teď už jsou zbytečným výdajem. Pořiď si místo nich astrologický náramek a nos ho. Neboj se, za pár týdnů budeš v pořádku."

Šašího uslzený obličej se rozzářil úsměvem, jako když slunce náhle vysvitne nad zmáčenou krajinou. „Nejmilejší guru, mám dál užívat medicíny, které mi lékaři předepsali?"

„Jak chceš – vypij je nebo vyhoď, na tom nezáleží. Spíš si slunce vymění místo s měsícem, než že ty zemřeš na tuberkulózu." Pak příkře dodal: „A teď jdi, než si to rozmyslím!"

Můj přítel se nervózně uklonil a spěšně se rozloučil. Během následujících týdnů jsem ho několikrát navštívil a se zděšením sledoval, jak se jeho stav neustále zhoršuje.

„Šaší se nedožije rána." Tato slova z úst jeho lékaře a pohled na mého přítele vyhublého na kost mne přiměly se rychle vydat na cestu do Šrírámpuru. Guru si mou plačtivou zprávu vyslechl s netečným výrazem v obličeji.

„Proč mne sem s tím přijíždíš obtěžovat? Vždyť jsi sám slyšel, jak jsem Šašího ujistil, že se uzdraví."

S hlubokou bázní jsem se před mistrem poklonil a zacouval ke dveřím. Šrí Juktéšvar nepronesl jediné slovo na rozloučenou a ponořil se do ticha. Jeho přivřené oči ani nemrkly a jejich pohled se ztrácel v jiném světě.

Ihned jsem se vrátil do Kalkaty k Šašímu. S úžasem jsem spatřil, jak můj přítel sedí na posteli a pije mléko.

„Mukundo! Stal se zázrak! Před čtyřmi hodinami jsem v tomto pokoji pocítil mistrovu přítomnost a mé strašlivé příznaky okamžitě zmizely. Cítím, že díky jeho milosti jsem zcela uzdraven."

Za pár týdnů byl Šaší silnější a zdravější než kdy dřív.[1] Jeho reakce na toto uzdravení však byla poznamenána nevděkem: Šrí Juktéšvara

---

[1] V roce 1936 jsem se od přítele dozvěděl, že Šaší se dosud těší skvělému zdraví.

navštěvoval jen zřídka. Jednou se mi svěřil, že svého předchozího způsobu života tak hořce lituje, že se stydí mistrovi přijít na oči.

Z toho jsem byl nucen usoudit, že Šašího choroba měla paradoxně opačný účinek a ještě více jeho vůli zatvrdila a zhoršila jeho chování.

První dva roky mého studia na Scottish Church College se chýlily ke konci. Má docházka byla dosti nárazová; učení jsem věnoval jen tolik času, abych udržel příměří se svou rodinou. Pravidelně k nám docházeli dva soukromí učitelé a já býval pravidelně nepřítomen: to je jediná pravidelnost v mé akademické kariéře, k níž se dnes mohu přiznat!

Šrí Jógánanda v šestnácti letech

Po dvou letech úspěšného studia na indické univerzitě získá student první, nižší diplom; může se pak těšit na další dva roky studia a bakalářský titul.

Závěrečné zkoušky pro nabytí prvního diplomu se zlověstně rýsovaly na obzoru. Prchl jsem do Purí, kam se můj mistr právě na pár týdnů uchýlil. Tajně jsem doufal, že řekne, že se u zkoušek nebudu muset ukázat, a tak jsem se mu svěřil se svou nepřipraveností.

Šrí Juktéšvar se na mě útěšně usmál. „Bezvýhradně ses věnoval duchovním povinnostem a studium jsi tak zákonitě zanedbával. Celý příští týden se pečlivě věnuj učebnicím a zkouškami projdeš bez úhony."

Vrátil jsem se tedy do Kalkaty a urputně zaháněl oprávněné pochyby, které mě tu a tam přepadaly. Při pohledu na horu knih, jež se vršila na mém stole, jsem si připadal jako cestovatel ztracený v divočině.

V jedné dlouhé meditaci se mi však dostalo vnuknutí, od nějž jsem si sliboval, že ušetřím spoustu námahy. Každou učebnici jsem poslepu otevřel a prostudoval jen ty stránky, které se mi takto ukázaly. Poté, co jsem se tohoto způsobu držel osmnáct hodin denně celý týden, začal jsem se považovat za mistra v biflování.

Příští dny v univerzitních zkušebnách daly mému zdánlivě nahodilému postupu za pravdu. Bylo to sice o vlásek, ale všemi testy jsem zdárně prošel. Gratulace přátel a příbuzných se vtipně mísily s hlasitým údivem.

Když se Šrí Juktéšvar vrátil z Purí, měl pro mne příjemné překvapení. „Tvá studia v Kalkatě skončila," řekl. „Zařídím, abys poslední dva roky absolvoval zde v Šrírámpuru."

Byl jsem zmaten. „Ale mistře, v tomto městě přece žádné bakalářské vzdělání není." Jediná zdejší univerzitní instituce, Šrírampurská kolej, nabízela pouze nižší dvouleté studium.

Mistr se potutelně usmál. „Jsem už moc starý na to, abych kvůli tobě pořádal sbírku na novou kolej. Zřejmě mi nezbude, než to zařídit přes někoho jiného."

O dva měsíce později prezident Šrírámpurské koleje profesor Howells veřejně oznámil, že se mu podařilo získat dostatečné finanční prostředky na otevření čtyřletých studijních oborů. Zdejší kolej se tak stala pobočkou Kalkatské univerzity. Byl jsem jedním z prvních studentů, kteří se v Šrírámpuru k bakalářskému studiu zapsali.

„Gurudží, jste ke mně tak laskav! Už dlouho toužím odejít z Kalkaty a být vám denně nablízku zde v Šrírámpuru. Profesor Howells vůbec netuší, kolik je vám za vaši tichou pomoc dlužen!"

Šrí Juktéšvar na mě pohlédl s předstíranou vážností. „Teď už nebudeš muset trávit tolik hodin ve vlaku; zbude ti spousta volného času na studium! Možná se přestaneš biflovat na poslední chvíli a staneš se konečně řádným studentem."

Jeho tónu ale jaksi chyběla přesvědčivost.[2]

---

[2] Tak jako mnoho jiných mudrců byl i Šrí Juktéšvar zklamán materialistickým zaměřením moderního vzdělávání. Jen málo škol vykládá duchovní zákony nezbytné ke šťastnému životu a sotvakde se učí, že moudrost spočívá v „bohabojnosti", tedy v bázni před naším Stvořitelem.

Mladí lidé, kteří dnes na středních a vysokých školách slyší, že člověk je pouze „vyšším živočichem", se často stávají ateisty. Nemají potřebu zkoumat svou duši ani se ve své podstatě nepovažují za „Boží obraz". Emerson podotkl: „Jen to, co máme v sobě, můžeme vidět vně. Jestliže nepotkáváme žádné bohy, je to proto, že v sobě žádné nenosíme." Kdo se domnívá, že jeho zvířecí podstata je jeho jedinou realitou, je odříznutý od jakýchkoli božských ambic.

Vzdělávací systém, který neprezentuje Ducha jako ústřední skutečnost lidské existence, předkládá *avidju*, falešné poznání. „Vždyť říkáš: Jsem bohat, mám všecko a nic už nepotřebuji! A nevíš, že jsi ubohý, bědný a nuzný, slepý a nahý." (Zjevení Janovo 3,17)

Ideálního vzdělávání se mladým lidem dostávalo ve starověké Indii. Ve věku devíti let byl žák přijat „jako syn" do *gurukuly* (guruovy domácnosti, jež platila za sídlo poznání). „Moderní chlapec tráví [ročně] ve škole osminu svého času. Ind v ní však dříve trávil veškerý čas," píše profesor S. V. Vénkatéšvara v díle *Indian Culture Through the Ages* („Indická kultura v průběhu času", sv. 1; Longmans, Green & Co.). „Vládla zde zdravá solidarita a zodpovědnost a také se tu naskýtalo mnoho příležitostí pro zdokonalování v soběstačnosti a posilování individuality. Panovala zde vysoká úroveň kultury a osobní disciplíny i přísná úcta k povinnosti, nezištné činnosti a sebeobětování, jež se pojily se sebeúctou a respektem k druhým; stejně tak zde platil i vysoký standard akademické vážnosti jakož i pocit ušlechtilosti a vyššího smyslu lidského života."

KAPITOLA 18

Muslimský divotvůrce

„Právě v této místnosti, kde teď spáváš, předvedl před lety přímo před mýma očima jeden muslimský divotvůrce čtyři zázraky."

S tímto sdělením přišel Šrí Juktéšvar, když mě poprvé navštívil v mém novém bydlišti. Hned po nástupu na Šrírámpurskou kolej jsem si pronajal pokoj na nedaleké ubytovně nesoucí název *Panthí*.[1] Byla to starosvětská cihlová budova stojící na břehu Gangy.

„Taková náhoda, mistře! Skutečně se v těchto čerstvě vymalovaných zdech ukrývají tak dávné vzpomínky?" Rozhlédl jsem se po svém stroze zařízeném pokoji s novým zájmem.

„Je to dlouhý příběh," usmál se guru nostalgicky. „Ten fakír[2] se jmenoval Afzal Chán. Své neobyčejné schopnosti získal díky náhodnému setkání s jedním indickým jogínem.

‚Chlapče, mám žízeň. Přines mi trochu vody.' Tak kdysi Afzala v jeho dětství v malé východobengálské vesnici oslovil jeden zaprášený *sannjásin*.

‚Jsem muslim, pane. Copak můžete vy, hinduista, přijmout vodu z mých rukou?'

‚Líbí se mi tvá upřímnost, synu. Já se však nedržím omezujících pravidel zkaženého sektářství. Běž a rychle mi přines vodu!'

Afzalovu uctivou poslušnost odměnil jogín laskavým pohledem. ‚Máš dobrou karmu z minulých životů,' pronesl vážně. ‚Naučím tě jógovou techniku, s jejíž pomocí získáš vládu nad jedním z neviditelných světů. Neobyčejnou moc, jíž budeš vládnout, ovšem musíš používat k ušlechtilým cílům; nikdy ji nezneužij ve svůj prospěch! Vidím, že si v sobě z minulosti neseš i několik semen zhoubných sklonů. Nezalévej je čerstvými špatnými skutky, aby nevyklíčila. Tvá minulá karma je

---

[1] studentská kolej; odvozeno z výrazu *pantha*: poutník, hledač poznání
[2] muslimský jogín; z arabského *faqir*, chudý; původně se tento výraz používal k označení derviše, který přijal slib chudoby.

natolik spletitá, že v tomto životě musíš uvést do souladu své jogínské schopnosti s nejvyššími cíli, jež druhým přinášejí to nejvyšší dobro.'

Mistr pak udiveného chlapce zasvětil do složité techniky a zmizel.

Afzal po dvacet let poctivě prováděl své jógové cvičení. Jeho zázračné kousky začaly budit čím dál větší pozornost. Zdá se, že jej neustále doprovázel nějaký odtělený duch, kterému říkal Hazrat. Tato neviditelná bytost dokázala fakírovi splnit jakékoli přání.

Afzal však nedbal mistrových slov a začal se svými schopnostmi zle nakládat. Jakýkoli předmět, který vzal do ruky a pak položil na jiné místo, záhy mizel beze stopy. Tato zneklidňující možnost učinila z muslima nevítaného hosta.

Čas od času navštěvoval velká klenotnictví v Kalkatě a vydával se za zájemce o koupi. Každý šperk, kterého se dotkl, krátce po jeho odchodu vitríny zmizel. Afzala často následovaly stovky žáků, kteří doufali, že se jeho tajnému umění přiučí. Fakír je někdy zval, aby jej doprovázeli na cestách. Na nádraží vzal do ruky balíček jízdenek. Hned nato jej ale vrátil zpátky do výdejního okénka se slovy: ‚Rozmyslel jsem si to, teď je kupovat nebudu.' Jakmile však i se svou početnou družinou nastoupil do vlaku, měl Afzal všechny jízdenky bezpečně ve svých rukách.[3]

Tyto pozoruhodné kousky vyvolávaly všeobecné pobouření; bengálští klenotníci a prodavači jízdenek propadali zoufalství. Policisté, kteří se Afzala snažili zatknout, byli bezmocní. Fakír se totiž dokázal veškerých usvědčujících důkazů zbavit tak, že prostě řekl: ‚Hazrate, dej to pryč.'"

Šrí Juktéšvar vstal a vyšel na balkon mého pokoje, odkud bylo vidět na Gangu. Následoval jsem ho, neboť jsem prahl dozvědět se o tom záhadném muslimském Arsènu Lupinovi víc.

„Tato studentská panthí tehdy patřila jednomu mému příteli. Ten se s Afzalem seznámil a pozval ho sem. Sezval také asi dvacet sousedů včetně mě. Byl jsem ještě mladík a nechvalně proslulý fakír ve mně probouzel živou zvědavost," zasmál se mistr. „Raději jsem si s sebou nebral nic cenného. Afzal si mě všetečně prohlédl a poznamenal:

‚Máš silné ruce. Běž do zahrady, najdi tam hladký kámen a křídou na něj napiš své jméno. Potom hoď kámen do Gangy co nejdál od břehu.'

Poslechl jsem. Jakmile kámen zmizel daleko ve vlnách, muslim mě znovu oslovil:

[3] Od otce jsem se později dozvěděl, že obětí Afzala Chána se stal i jeho zaměstnavatel – Bengálsko-nágpurská železnice.

‚Teď jdi před dům a naber do džbánu vodu z Gangy.'

Když jsem se vrátil s nádobou plnou vody, zvolal fakír: ‚Hazrate, dej kámen do džbánu!'

Kámen se v něm okamžitě objevil. Vyjmul jsem jej ze džbánu a našel na něm svůj podpis, stejně čitelný, jako když jsem ho napsal.

Bábu,[4] jeden z mých přátel, který byl na setkání přítomen, měl u sebe těžké starožitné hodinky a řetízek, obojí ze zlata. Fakír si je se neblahým obdivem prohlížel. Obojí vzápětí zmizelo.

‚Afzale, vrať mi prosím mé cennosti, je to rodinná památka!' Bábu měl slzy na krajíčku.

Muslim chvíli stoicky mlčel a pak řekl: ‚V železném trezoru máš pět set rupií. Přines mi je a já ti povím, kde své hodinky najdeš.'

Nešťastný Bábu tedy pospíchal domů. Brzy se vrátil a odevzdal Afzalovi požadovanou sumu.

‚Jdi k lávce poblíž svého domu,' řekl fakír Bábuovi. ‚Tam přikaž Hazratovi, aby ti hodinky a řetízek vrátil.'

Bábu chvatně odešel. Když se vrátil, měl na tváři úsměv plný úlevy a na sobě pro jistotu žádné cennosti.

‚Když jsem Hazratovi přikázal, co jsi mi řekl,' oznámil, ‚hodinky mi spadly ze vzduchu přímo do pravé ruky. Všechny vás ujišťuji, že jsem své rodinné dědictví zamkl do trezoru, než jsem se sem vrátil!'

Bábuovi přátelé, kteří byli svědky této tragikomedie s výkupným, na Afzala hleděli s rozhořčením. Ten se na ně obrátil se smířlivou nabídkou:

‚Řekněte si o jakýkoli nápoj a Hazrat vám ho přinese.'

Někteří chtěli mléko, jiní ovocné šťávy. Ani mě nepřekvapilo, když si rozrušený Bábu poručil whisky. Muslim vydal příkaz a poslušný Hazrat seslal uzavřené nádoby, které s žuchnutím dopadly na podlahu. Každý našel k pití to, o co předtím požádal.

Příslib čtvrtého působivého kousku toho dne nepochybně potěšil našeho hostitele: Afzal se totiž nabídl, že okamžitě zajistí pro všechny oběd.

‚Poručme si ta nejdražší jídla,' navrhl Bábu sklesle. ‚Chci si za svých pět set rupií pořádně pochutnat. A všechno ať je servírováno na zlatých podnosech!'

---

[4] Na jméno mistrova přítele si nevzpomínám, proto na něj odkazuji obecným výrazem „Bábu" (pan).

Jakmile každý z přítomných vyslovil své přání, obrátil se fakír na neúnavného Hazrata. Následoval velký rámus; odnikud u našich nohou přistávaly zlaté podnosy plné vybraných pokrmů z kari, horké placky *lučí* a spousty všelijakého ovoce, které už v tuto dobu nikde nerostlo. Všechno jídlo bylo vskutku lahodné. Po asi hodinové hostině jsme se chystali k odchodu. Najednou jsme uslyšeli hlasitý zvuk, jako by někdo dával nádobí na sebe. Ohlédli jsme se – a hle! Po nablýskaných podnosech a zbytcích jídla nebylo ani památky."

„Gurudží," přerušil jsem mistra, „když si Afzal mohl tak snadno obstarat věci jako zlaté podnosy, proč vlastně prahl po majetku druhých?"

„Fakír nebyl duchovně příliš pokročilý," vysvětlil Šrí Juktéšvar. „Zvládnutí jisté jógové techniky mu umožnilo přístup do astrální sféry, v níž se každé přání okamžitě zhmotní. Prostřednictvím astrální bytosti jménem Hazrat dokázal tento muslim z moci své vůle přivolat z éterické energie atomy jakéhokoli předmětu. Struktura takto astrálně zhmotněných předmětů je ovšem prchavá; neudrží pohromadě dlouho.[5] Afzal stále toužil po světském bohatství, které se sice nabývá s větší námahou, bývá však mnohem trvanlivější."

Rozesmál jsem se. „I to ovšem někdy nevysvětlitelně zmizí!"

„Afzal nebyl člověkem s božskou realizací," pokračoval mistr. „Skuteční světci, kteří žijí v souznění se všemohoucím Stvořitelem, konají zázraky trvalé a prospěšné povahy. Afzal byl pouze obyčejný člověk s neobyčejnou schopností proniknout do jemnohmotného světa, do nějž běžní smrtelníci obyčejně před smrtí nevstupují."

„Teď už tomu rozumím, gurudží. Zdá se, že život po životě má jisté poutavé rysy."

Mistr přisvědčil. „Od onoho dne jsem se s Afzalem už nikdy nesetkal, ale o pár let později mě navštívil Bábu a přinesl mi výstřižek z novin, v němž se psalo o muslimově veřejném doznání. Z něj jsem se dozvěděl o podrobnostech, o nichž jsem ti právě řekl, i o jeho zasvěcení od hinduistického gurua v raném věku."

Šrí Juktéšvar si vzpomínal, že v závěru tištěného článku se psalo zhruba toto: „Já, Afzal Chán, píši tato slova jako akt pokání a jako varování těm, kdo touží po zázračných schopnostech. Po mnoho let jsem zneužíval neobyčejné dary, které jsem získal milostí Boha a svého

---

[5] Stejně jako můj stříbrný amulet, taktéž astrálně zhmotněný předmět, který nakonec zmizel z povrchu země. (Astrální svět je popsán v kapitole 43.)

mistra. Byl jsem opilý sobectvím a propadl jsem pocitu, že stojím nad běžnými mravními zákony. Nakonec však přišel den zúčtování.

Nedávno jsem na silnici u Kalkaty potkal starce. S bolestí se belhal a v ruce nesl něco blyštivého, co vypadalo jako zlato. S chtivostí v srdci jsem ho oslovil.

,Jsem slavný fakír Afzal Chán. Co to máš?'

,Tento valoun zlata je můj jediný hmotný majetek; pro fakíra není ničím zajímavý. Prosím vás, pane, uzdravte mě, abych přestal kulhat.'

Dotkl jsem se valounu a bez odpovědi odešel. Stařec kulhal za mnou. Záhy v zoufalství vykřikl: ,Moje zlato je pryč!'

Nevšímal jsem si ho, on však náhle promluvil mocným hlasem, který nečekaně vyšel z jeho chatrného těla:

,Ty jsi mne nepoznal?'

Nezmohl jsem se na slovo a stál ohromen opožděným zjištěním, že ten obyčejný starý mrzák není nikdo jiný než onen světec, který mě kdysi dávno zasvětil do jógy. Stařec se napřímil; jeho tělo vmžiku zesílilo a omládlo.

,Tak je to!' Můj guru se na mě zahleděl plamenným pohledem. ,Na vlastní oči jsem se přesvědčil, že své schopnosti nevyužíváš k tomu, abys pomáhal trpícím, ale okrádáš je jako prašivý zloděj! Tímto ti tvé nadpřirozené dary odnímám; Hazrat je od tebe nyní osvobozen. Už nebudeš postrachem Bengálska!'

V zoufalství jsem Hazrata zavolal; on se však mému vnitřnímu zraku poprvé nezjevil. Tu se z mých očí zvedl temný závoj a já zřetelně viděl, jak hanebný život jsem do této chvíle vedl.

,Můj guru, děkuji vám za to, že jste mne přišel zbavit mého léta trvajícího pobloudnění,' vzlykal jsem u jeho nohou. ,Slibuji, že se zřeknu svých pozemských žádostí. Odejdu do hor, abych tam v osamění meditoval o Bohu v naději, že odčiním svou zkaženou minulost.'

Mistr na mě pohlédl s tichým soucitem. ,Vidím, že jsi upřímný,' pravil nakonec. ,Protože jsi první roky zachovával naprostou poslušnost a protože nyní činíš pokání, ponechám ti jednu výhodu. Všechny tvé ostatní dary jsou ti zapovězeny, ale kdykoli budeš potřebovat jídlo či oděv, můžeš o ně Hazrata požádat a on ti je opatří. Teď jdi a v samotě hor se bezvýhradně oddávej božskému poznání.'

Po těchto slovech guru zmizel; zůstal jsem sám jen se svými slzami a úvahami. Sbohem, světe! Odcházím, abych hledat odpuštění mé vesmírné Lásky."

KAPITOLA 19

Můj mistr, ač ve Kalkatě, se zjevuje v Šrírámpuru

„Často mě přepadají ateistické pochybnosti. Někdy mě však pronásleduje mučivá domněnka: Co když existují nevyužité možnosti ducha? Neuniká člověku jeho skutečný osud, když je nezkoumá?"

Těmito poznámkami mne zahrnul Dvidžen Bábu, můj spolubydlící ze studentské ubytovny Panthí, když jsem mu nabídl, aby se setkal s mým guruem.

„Šrí Juktéšvardží tě zasvětí do *krijájógy*," odpověděl jsem. „Ta utišuje zmatek duality božskou vnitřní jistotou."

Onoho večera mě Dvidžen doprovodil do ášramu. V mistrově přítomnosti zažil můj přítel tak hluboký duchovní mír, že se brzy stal jeho pravidelným návštěvníkem.

Malicherné starosti všedního života neuspokojují naše nejniternější potřeby; člověk v sobě má vrozený i hlad po moudrosti. Šrí Juktéšvarova slova Dvidžena inspirovala k tomu, aby se v sobě snažil objevit opravdovější já než ono plytké ego tohoto pomíjivého vtělení.

S Dvidženem jsme společně usilovali o bakalářský titul na Šrírámpurské koleji, a tak jsme si zvykli hned po výuce chodit společně do ášramu. Často jsme vídali Šrí Juktéšvara, jak stojí na svém balkóně v prvním patře a s úsměvem nás vítá.

Jednou odpoledne na nás však už ve dveřích čekal mladý žák Kánáj se smutnou zprávou:

„Mistr tu není. Dostal naléhavý vzkaz a musel odjet do Kalkaty."

Následující den mi od gurua přišel poštou lístek. „Odjíždím z Kalkaty ve středu ráno," psal. „Přijďte s Dvidženem na šrírámpurské nádraží k vlaku, který přijíždí v devět hodin."

Ve středu ráno okolo půl deváté však na mou mysl začala neodbytně doléhat telepatická zpráva od mistra: „Mám zpoždění. Nechoďte na devátou."

Sdělil jsem tento nový pokyn Dvidženovi, který už byl oblečen k odchodu.

„Ty a tvá intuice!" Přítelův hlas zněl posměšně. „Věřím jedině mistrovu psanému slovu."

Pokrčil jsem rameny a s tichou rezignací se posadil. Dvidžen něco rozčileně zamumlal, zamířil ke dveřím a hlučně je za sebou zabouchl.

V pokoji bylo docela šero, a tak jsem se přesunul blíž k oknu, z něhož bylo vidět do ulice. Chabý sluneční svit náhle zmohutněl v pronikavou záři, v níž se okno s železnými mřížemi zcela rozplynulo. Na tomto oslňujícím pozadí se zjevila jasná zhmotněná postava Šrí Juktéšvara!

Vyveden z míry téměř k úleku, jsem vstal ze židle a padl před ním na kolena. Na znamení obvyklého uctivého pozdravu u mistrových nohou jsem se dotkl jeho střevíců. Dobře jsem je znal; byly z oranžového barveného plátna a měly podrážku z lýka. Jeho okrové roucho se o mě otřelo a já zřetelně cítil nejen tkaninu jeho oděvu, ale i drsný povrch jeho obuvi a tlak prstů v nich. Byl jsem příliš ohromen, než abych se zmohl na slovo, a tak jsem se napřímil a tázavě na něj pohlédl.

„Potěšilo mě, že jsi můj telepatický vzkaz přijal." Mistrův hlas byl klidný a zněl zcela obyčejně. „Právě jsem v Kalkatě dokončil své záležitosti a dorazím do Šrírámpuru vlakem v deset."

Zatímco jsem němě zíral, Šrí Juktéšvar pokračoval: „Toto není žádné vidění, ale mé tělo z masa a kostí. Dostal jsem příkaz od Boha, abych ti poskytl tuto zkušenost, kterou lze na zemi získat jen výjimečně. Sejdeme se na nádraží. S Dvidženem mě uvidíte, jak jdu směrem k vám, oblečen jako teď. Přede mnou půjde jeden spolucestující – chlapec nesoucí stříbrnou konvici."

Guru mi položil obě ruce na hlavu a pronesl tiché požehnání. Když na závěr vyslovil „*tabe ási*",[1] uslyšel jsem podivné zahřmění.[2] Jeho tělo se v pronikavém světle začalo postupně rozplývat. Nejprve zmizely nohy, pak trup a nakonec hlava, jako když se svinuje pergamen. Až do samého konce jsem cítil jeho prsty, jež lehce spočívaly na mých vlasech.

---

[1] bengálský výraz pro „sbohem"; doslova jde o paradoxní příslib: „Potom přijdu."
[2] charakteristický zvuk při odhmotnění atomů fyzického těla

Záře pominula a přede mnou zůstalo jen zamřížované okno a bledé paprsky slunečního světla.

Zůstal jsem napůl omámen a nebyl jsem si jistý, zda jsem se nestal obětí halucinace. Zanedlouho do pokoje vstoupil zkroušený Dvidžen.

„Mistr nepřijel v devět ani o půl desáté," oznámil mi poněkud omluvně.

„Pojďme; vím, že přijede v deset." Vzal jsem Dvidžena za ruku a přes jeho protesty ho násilím táhl s sebou. Asi za deset minut jsme byli na nádraží, právě když lokomotiva se supěním brzdila.

„Celý vlak je naplněn světlem mistrovy aury! Je tam!" volal jsem radostně.

„Nezdá se ti to?" poznamenal Dvidžen posměšně.

„Počkejme tady." Zpravil jsem svého přítele o podrobnostech, kterak se k nám guru přiblíží. Když jsem svůj popis dokončoval, objevil se před námi Šrí Juktéšvar ve stejném oděvu, v jakém jsem ho viděl nedlouho předtím. Pomalu kráčel za chlapcem, který nesl stříbrnou konvici.

Na okamžik mě zachvátila vlna mrazivého strachu, neboť jsem si uvědomil, jak neobyčejně podivná byla má zkušenost. Cítil jsem, jak mi materialistický svět dvacátého století mizí před očima; vrátil jsem se snad do dávných časů, kdy se Ježíš zjevil Petrovi na moři?

Když Šrí Juktéšvar, kristovský jogín moderní doby, došel k místu, kde jsme s Dvidženem stáli neschopní slova, usmál se na mého přítele a poznamenal:

„I tobě jsem tu zprávu poslal, ale nedokázal jsi ji přijmout."

Dvidžen mlčel, ale podezřívavě se na mě podíval. Když jsme gurua doprovodili do ášramu, pokračovali jsme s přítelem v cestě na kolej. Najednou se Dvidžen na ulici zastavil. Z každého póru jeho těla čišelo rozhořčení.

„Takže mistr mi poslal zprávu! A tys mi ji zatajil! Žádám vysvětlení."

„Je snad mou vinou, že je tvé duševní zrcadlo natolik roztřesené, že mistrovy pokyny nedokážeš zachytit?" opáčil jsem.

Hněv v Dvidženově tváři v mžiku vyprchal. „Už rozumím," řekl posmutněle. „Ale vysvětli mi, prosím, jak jsi mohl vědět o tom chlapci s konvičkou?"

Když jsem příběh o mistrově fenomenálním zjevení z rána dovyprávěl, stáli jsme před Šrírámpurskou kolejí.

„Vyprávění o schopnostech našeho gurua, které jsem právě vyslechl," prohlásil Dvidžen, „ve mně budí dojem, že sebelepší univerzita na světě je ve skutečnosti jen mateřská školka."[3]

---

[3] „Byly mi zjeveny takové věci, že vše, co jsem dosud napsal, v mých očích nyní nemá větší hodnotu než prázdná sláma."
Tak odpověděl Tomáš Akvinský, zvaný „kníže scholastiků", na úzkostné naléhání svého tajemníka, aby dokončil svůj spis *Summa Theologiae*. Jednoho dne roku 1273 během mše v neapolském kostele prožil svatý Tomáš hlubokou mystickou zkušenost. Velkolepost božského poznání jej přemohla natolik, že od té doby již nejevil žádný zájem o rozumovou učenost.
Viz Sokratova slova (v Platónově dialogu *Faidros*): „Pokud jde o mne, jediné, co vím, je, že nic nevím."

KAPITOLA 20

Jak jsme nejeli do Kašmíru

„Otče, rád bych pozval mistra a čtyři přátele, aby mě doprovázeli na prázdninovém výletě do himálajského předhůří. Dal bys mi šest jízdenek do Kašmíru a peníze na cestovní výdaje?"

Přesně jak jsem čekal, otec se srdečně rozesmál. „Tuhle báchorku mi předkládáš už potřetí. Nežádal jsi mě náhodou o totéž loni i předloni? Na poslední chvíli Šrí Juktéšvar opět odmítne jet."

„To je pravda, otče. Nevím, proč mi guru nechce dát k cestě do Kašmíru jasné slovo.[1] Ale když mu řeknu, že už od tebe mám lístky, věřím, že tentokrát bude určitě souhlasit."

V tu chvíli má slova otce ještě nepřesvědčila, ale následujícího dne mi po několika posměšných, avšak dobrosrdečných připomínkách předal šest jízdenek a svazek desetirupiových bankovek.

„Nedomnívám se, že by k tvé teoretické cestě byly zapotřebí tak praktické rekvizity," poznamenal, „ale tady je máš."

Hned odpoledne jsem se se svým úlovkem pochlubil Šrí Juktéšvarovi. Usmál se sice mému nadšení, ale jeho slova zněla vyhýbavě: „Rád bych jel. Ještě uvidíme." Když jsem jeho mladému žáku Kánájovi nabídl, aby nás na cestě doprovodil, mistr to nijak nekomentoval. Pozval jsem také tři další přátele – Rádžendranátha Mitru, Džotina Odiho a ještě jednoho chlapce. Datum odjezdu bylo stanoveno na následující pondělí.

V sobotu a v neděli jsem zůstal v Kalkatě na svatebních oslavách jednoho z mých bratranců, které probíhaly v mém rodném domě. V pondělí brzy ráno jsem se svými zavazadly vypravil do Šrírámpuru. U vchodu do ášramu jsem potkal Rádžendru.

„Mistr se šel projít. Prý nikam nepojede."

---

[1] Přestože mi mistr nedal žádné vysvětlení, jeho neochota navštívit Kašmír v předchozích dvou letech mohla být způsobena vědomím toho, že ještě nedozrál čas pro nemoc, kterou tam měl prodělat (viz str. 198 a dále).

Ta zpráva mě zarmoutila a současně utvrdila v umíněnosti. „Třetí příležitost vysmát se mým plánům na cestu do Kašmíru už otci nedám. My ostatní pojedeme."

Rádžendra souhlasil; já odešel z ášramu hledat nějakého sluhu. Věděl jsem, že Kánáj bez mistra nepojede, a potřebovali jsme někoho, kdo se bude starat o zavazadla. Vzpomněl jsem si na Behárího, bývalého sluhu v domě mé rodiny, který teď pracoval u jednoho kantora ve Šrírámpuru. Svižným krokem jsem za ním vyrazil, ale cestou jsem před křesťanským kostelem nedaleko budovy šrírámpurského soudu narazil na mistra.

„Kam jdeš?" Šrí Juktéšvarův obličej nejevil známky úsměvu. „Slyšel jsem, pane, že vy ani Kánáj se k nám na plánovanou cestu nepřidáte. Hledám Behárího. Možná si vzpomenete, jak loni tolik toužil spatřit Kašmír, že se k nám chtěl přidat bez nároku na odměnu."

„Vzpomínám si. Nemyslím si ovšem, že by se Behárímu tentokrát chtělo."

Ta slova mě popudila. „Vždyť na tuhle příležitost dychtivě čeká!"

Guru bez dalšího slova pokračoval v chůzi a já se zanedlouho objevil před kantorovým domem. Behárí byl zrovna na dvorku a pozdravil mě s přátelskou vřelostí, která se však rázem vytratila, jakmile jsem se zmínil o Kašmíru. Jen cosi omluvně zamumlal, otočil se a zmizel v domě svého nového pána. Ještě půl hodiny jsem tam čekal a nervózně ujišťoval sám sebe, že Behárího zpoždění je způsobeno přípravami na cestu. Nakonec jsem zaklepal na dveře.

„Behárí asi před půl hodinou odešel zadním vchodem," oznámil mi jakýsi muž. Na rtech mu hrál lehký úsměv.

Smutně jsem odešel a dumal nad tím, zda snad mé pozvání nebylo příliš naléhavé, nebo zda tu zapůsobil mistrův neviditelný vliv. Když jsem procházel kolem kostela, opět jsem spatřil svého gurua, jak pomalu kráčí přímo ke mně. Ani nepočkal, až mu podám zprávu, a zvolal:

„Takže Behárí nepojede! Co máš v plánu teď?"

Cítil jsem se jako vzdorovité dítě odhodlané vzepřít se svému pánovitému otci. „Poprosím strýce, aby mi půjčil svého sluhu Láldhárího."

„Běž tedy za strýcem, když myslíš," odvětil Šrí Juktéšvar s úsměškem. „Obávám se však, že ti ta návštěva nebude dvakrát příjemná."

Pln obav i vzdoru jsem se s guruem rozloučil a vešel do budovy šrírámpurského soudu. Sárada Ghoš, státní zástupce a otcův bratr, mě přijal vlídně.

„Odjíždím dnes s několika přáteli do Kašmíru," řekl jsem mu. „Celé roky se na tuto himálajskou cestu těším."

„To rád slyším, Mukundo. Mohu ti tvůj výlet nějak zpříjemnit?"

Tato přívětivá slova mě povzbudila. „Drahý strýčku," řekl jsem, „půjčil bys mi svého sluhu Láldhárího?"

Má prostá žádost zaúčinkovala jako zemětřesení. Strýc vyskočil tak prudce, že převrátil židli, papíry na stole se rozletěly na všechny strany a jeho kokosová vodní dýmka s dlouhou troubelí se hlučně poroučela na podlahu.

„To je vrchol samolibosti!" vykřikl a celý se přitom třásl vzteky. „Vskutku bláznivý nápad! A kdo se bude starat o mě, když mi mého jediného sluhu odvlečeš pro své povyražení?"

Skryl jsem své překvapení a nemohl se zbavit dojmu, že tato náhlá proměna laskavé masky mého strýce je jen další hádankou tohoto dne, jenž se vymykal všemu srozumitelnému. Můj odchod z budovy soudu byl spíš kvapný než důstojný.

Vrátil jsem se do ášramu, kde se mezitím v očekávání sešli mí přátelé. Vzrůstalo ve mně přesvědčení, že za mistrovým chováním stojí nějaký důvodný, ač zcela nejasný motiv. Přepadly mě výčitky z toho, že jsem se snažil vzepřít guruově vůli.

„Mukundo, nechtěl bys tu se mnou ještě chvíli zůstat?" otázal se Šrí Juktéšvar. „Rádžendra může s ostatními vyrazit napřed a počkat na tebe v Kalkatě. Poslední večerní vlak z Kalkaty do Kašmíru bez potíží stihnete."

„Bez vás nepojedu, pane," pronesl jsem smutně.

Mí přátelé mé poznámce nevěnovali sebemenší pozornost. Zavolali si drožku a odjeli se všemi zavazadly. Posadil jsem se spolu s Kánájem mlčky u guruových nohou. Po půlhodině mlčení mistr vstal a vykročil směrem k terase v prvním patře, která sloužila jako jídelna.

„Kánáji, přines prosím Mukundovi něco k jídlu. Brzy mu jede vlak."

Když jsem vstával ze složené deky, na níž jsem seděl, zapotácel jsem se náhle nevolností a nesnesitelnou křečí v útrobách. Bodavá bolest byla tak prudká, jako bych byl uvržen do jakéhosi děsivého pekla. Tápavě jsem se dobelhal ke guruovi a zhroutil se před ním se všemi příznaky obávané asijské cholery. Šrí Juktéšvar s Kánájem mě odnesli hlavní místnost.

V agónii jsem zvolal: „Mistře, odevzdávám vám svůj život!" Byl jsem si téměř jist, že rychle vyprchává a nenávratně se vzdaluje od břehů mého těla.

Šrí Juktéšvar si položil mou hlavu na klín a s andělskou něhou mě hladil po čele.

„Vidíš, co by se bylo stalo, kdybys teď čekal na nádraží se svými přáteli," řekl. „Musel jsem se o tebe postarat tímto zvláštním způsobem, neboť ses rozhodl pochybovat, zda je můj úsudek o tvé cestě v tuto dobu správný."

Konečně jsem pochopil. Jelikož velcí mistři málokdy považují za vhodné otevřeně projevovat svou moc, náhodný pozorovatel událostí onoho dne by je nejspíš pokládal za zcela přirozené. Guruův zásah byl příliš skrytý, než aby mohl být rozpoznán. Nenápadně působil svou vůlí na Behárího, mého strýce, Rádžendru i ostatní. Snad každý kromě mě považoval všechny ty situace za logické a normální.

Šrí Juktéšvar nikdy nezanedbal své společenské povinnosti, a tak Kánáje pověřil, aby došel pro lékaře a informoval mého strýce.

„Mistře," protestoval jsem, „uzdravit mne můžete jedině vy. Na doktora už je pozdě."

„Jsi pod ochranou Božího milosrdenství, synu. S lékařem si nedělej starosti; nenajde tě v tomto stavu. Už jsi vyléčen."

Jen co mistr domluvil, mé mučivé utrpení pominulo. S námahou jsem se posadil. Brzy dorazil lékař a pečlivě mě prohlédl.

„Zdá se, že jsi z nejhoršího venku," pravil. „Odeberu pár vzorků a pošlu je do laboratoře."

Následujícího rána lékař přispěchal zpátky. Seděl jsem v dobré náladě na lůžku.

„Podívejme, ty si tu sedíš, vesele klábosíš, a přitom jsi jen o vlásek unikl smrti!" Lehce mne poplácal po ruce. „Když jsem z odebraných vzorků zjistil, že jsi onemocněl asijskou cholerou, ani jsem nečekal, že tě tu ještě najdu živého. Máš štěstí, mládenče, že tvůj guru vládne zázračnými léčivými schopnostmi. Tím jsem si jist!"

Bez výhrad jsem souhlasil. Když se lékař chystal k odchodu, objevili se ve dveřích Rádžendra a Odi. Když pohlédli na lékaře a poté na můj sinalý obličej, rozhořčení v jejich tváři vystřídal soucit.

„Měli jsme na tebe zlost, když ses neukázal u vlaku, jak zněla domluva. Tys onemocněl?"

„Ano." Neubránil jsem se smíchu, když mí přátelé shodili svá zavazadla do stejného kouta, kde ležela včera. Na jazyk mi přišla slova starého námořnického popěvku:

„Do Španěl po ránu loď má vyplula; před soumrakem byla zpět, z místa se nehnula!"

Do pokoje vešel mistr. Jako zotavující se pacient jsem se osmělil a dovolil si jej láskyplně chytit za ruku.

„Gurudží," řekl jsem, „od svých dvanácti let jsem podnikl už několik neúspěšných pokusů, jak se přiblížit Himálaji. Teď jsem konečně pochopil, že bez vašeho požehnání mě bohyně Párvatí[2] nepřijme!"

---

[2] Dosl. „bohyně hor". Párvatí je v mytologii líčena jako dcera krále Himálaje (dosl. „Příbytku sněhu"), jehož domovem je jistý horský vrchol na tibetské hranici. Užaslí cestovatelé, kteří pod tímto nedostupným štítem procházejí, vidí v dálce obrovský sněhový útvar připomínající palác s ledovými kopulemi a věžičkami.

Párvatí, Kálí, Durga, Uma a další bohyně jsou aspekty Džaganmátrí, „Božské matky světa", která má různá jména podle toho, jaké plní funkce. Bůh neboli Šiva (viz pozn. na str. 287) ve svém transcendentálním aspektu *para* je ve stvoření nečinný. Jeho šakti (energie, aktivující síla) je přenesena na jeho „družky", plodivé „ženské" síly, které umožňují, že se kosmos může nekonečně rozvíjet.

Mýtické příběhy v *puránách* označují Himálaj za Šivův příbytek. Bohyně Ganga sestoupila z nebes, aby se stala hlavním božstvem stejnojmenné řeky pramenící v himálajských výšinách; Ganga tedy v poetickém podání stéká z nebes na zem skrze kadeře Šivy, „Krále jogínů" a Ničitele-Obnovovatele hinduistické božské trojice. „Indický Shakespeare" Kálidása nazval Himálaj „nakupeným smíchem Šivy". „Čtenář si snad zvládne představit tu řadu bílých zubů," píše F. W. Thomas v knize *The Legacy of India* („Odkaz Indie", Oxford), „ale úplná představa mu stále může unikat, dokud neporozumí postavě onoho velkého Askety, po věky trůnícího ve světě nebetyčných hor, tam, kde Ganga při svém sestupu z nebes protéká jeho zcuchanými kadeřemi, jimž jako korunní klenot vévodí srpek měsíce."

V indickém umění je Šiva často zobrazován v sametově černé antilopí kůži symbolizující temnotu a mystérium Noci – jediný oděv toho, který je *digambara* neboli „ nebem oděný". Jisté šivaistické sekty nenosí žádný oděv na znamení úcty k Bohu, který nevlastní nic – a přitom vše.

K Šivovým vyznavačům „oděným nebem" patřila ve 14. století Lalla Jógíšvarí („Nejvyšší mistryně jógy"), jedna ze svatých patronek Kašmíru. Jistý pobouřený současník se jí zeptal, proč chodí nahá. „A proč bych nemohla?" odtušila Lalla jízlivě. „Nevidím kolem žádné lidi." V poněkud drastickém způsobu uvažování této světice si ten, komu chybí realizace Boha, nezaslouží být nazýván „člověkem". Praktikovala jistou techniku blízkou *krijájóze*, jejíž osvobozující moc opěvovala v četných čtyřverších. Zde překládám jedno z nich:

Z jakého trpkého žalu jsem ještě nepila?
Bezpočet zrození a smrtí jsem zažila.
Hle! V poháru svém jen nektar mám,
jejž ovládlým dechem polykám.

Jak jsme nejeli do Kašmíru

BŮH ŠIVA
Šiva je ztělesněním ducha askeze a představuje aspekt Ničitele-Obnovitele trojjediné podstaty Boha (Stvořitel, Udržovatel, Ničitel). Pro symbolické znázornění jeho transcendentní podstaty je Šiva zobrazen, jak sedí v blaženosti samádhi mezi himálajskými vrcholy. Náhrdelník z hadů (*nága kundala*) a náramky vyjadřují ovládnutí klamu a tvůrčí sílu.

Světice nezemřela běžnou smrtí, ale odhmotnila své tělo v ohni. Později se truchlícím obyvatelům svého města zjevila v živé podobě zavinuté do zlatého šatu – konečně cele oděna!

KAPITOLA 21

Jak jsme navštívili Kašmír

„Teď už jsi na cestu dost silný. Pojedu do Kašmíru s tebou," oznámil mi Šrí Juktéšvar dva dny po mém zázračném vyléčení z asijské cholery.

Ještě téhož večera vyrazila naše šestičlenná skupina vlakem na sever. První poklidnou zastávkou na naší cestě byla Šimla, město trůnící jako královna na kopcích Himálaje. Procházeli jsme se jeho strmými uličkami a obdivovali úchvatné výhledy.

„Anglické jahody na prodej!" vyvolávala stařenka dřepící na malebném tržišti pod širým nebem.

Mistr byl na to zvláštní červené ovoce zvědavý. Koupil ho celý košík a nabídl mně a Kánájovi, kteří jsme zrovna stáli nablízku. Ochutnal jsem jednu jahodu a hned ji vyplivl na zem.

„To je ale kyselé ovoce! To už nikdy jíst nebudu!"

Guru se zasmál. „Ještě si jahody oblíbíš, až budeš v Americe. U večeře je tvá hostitelka bude podávat s cukrem a smetanou. Rozmačká je vidličkou, ty ochutnáš a řekneš: ‚To jsou ale výtečné jahody!' A pak si vzpomeneš na tento den."

(Mistrova předpověď se mi vytratila z mysli, ale po mnoha letech, krátce po mém příjezdu do Ameriky, se mi opět připomenula. Byl jsem hostem na večeři u paní Alice T. Haseyové [sestry Jógamáty] ve West Sommervillu ve státě Massachusetts. Když se na stůl podával jahodový dezert, vzala hostitelka vidličku, rozmačkala mi jahody na talíři a přidala do nich cukr a smetanu. „Tohle ovoce je trochu kyselé. Myslím, že takhle vám bude chutnat lépe," poznamenala. Ochutnal jsem. „To jsou ale výtečné jahody!" zvolal jsem. V tu chvíli se z bezedné sluje mé paměti vynořila guruova předpověď ze Šimly. S úžasem jsem si uvědomil, že jeho mysl sladěná s Bohem dokázala číst ve sledu karmických událostí, jež se vznášely v éteru budoucnosti.)

Naše výprava brzy zamířila ze Šimly vlakem do Rávalpindí. Tam jsme si najali velký krytý kočár tažený párem koní na sedmidenní cestu do Šrínagaru, hlavního města Kašmíru. Druhý den naší pouti na sever se nám naskytl pohled na ohromující rozlehlost velehor. Zatímco železná kola kočáru skřípala po rozpálených kamenitých cestách, užasle jsme sledovali proměňující se výhledy na velkolepost Himálaje.

„Pane," obrátil se Odi na mistra, „je mi velkým potěšením kochat se těmito úchvatnými výjevy ve vaší svaté přítomnosti."

Odiho slova uznání mě zahřála u srdce, neboť jsem byl patronem této cesty. Šrí Juktéšvar mou myšlenku zachytil; natočil se ke mně a zašeptal:

„Jen si tolik nelichoť; víc než okolní krajina uchvacuje Odiho vyhlídka na to, že se od nás vzdálí a bude si moct zakouřit."[1]

Byl jsem pohoršen. „Pane," řekl jsem polohlasem, „nenarušujte prosím náš soulad těmito nepříjemnými slovy. Nemohu uvěřit, že by Odi toužil po cigaretě." Znepokojeně jsem pohlédl na svého obvykle neústupného gurua.

„Dobrá, dobrá, nic Odimu neřeknu," pousmál se mistr. „Sám brzy uvidíš, že jen co kočár zastaví, chopí se příležitosti."

Vůz dorazil k malému zájezdnímu hostinci. Když naše koně odváděli k napajedlu, zeptal se Odi: „Nevadilo by vám, mistře, kdybych se chvilku svezl s kočím? Rád bych zůstal na čerstvém vzduchu."

Šrí Juktéšvar mu dal svolení, ale směrem ke mně tlumeně poznamenal: „Netouží ani tak po čerstvém vzduchu jako po čerstvé vůni tabáku."

Kočár se opět hlučně rozjel po prašné cestě. Mistr na mě mrkl a vybídl mne: „Vystrč hlavu ze dveří a podívej se, co dělá Odi se vzduchem."

Poslechl jsem a s pohoršením zíral, jak Odi vydechuje obláčky cigaretového kouře. Omluvně jsem na mistra pohlédl.

„Jako vždy jste měl pravdu, mistře. Odi si spolu s výhledy užívá také tabákového dýmu." Mého přítele zřejmě podaroval kočí; byl jsem si jistý, že si z Kalkaty žádné cigarety nevzal.

Jeli jsme dál po spletitých horských cestách a kochali se vyhlídkami na řeky, údolí, strmé skalní útesy a zástupy vrcholů. Každý večer jsme zastavili v nějakém venkovském hostinci a uvařili si jídlo. Šrí Juktéšvar věnoval zvláštní péči mé stravě a trval na tom, abych při každém jídle pil limetkovou šťávu. Byl jsem ještě slabý, ale můj stav se každým dnem zlepšoval, ačkoli se zdálo, že náš drkotající kočár byl zkonstruován výlučně pro nepohodlí cestujících.

---

[1] Kouření v přítomnosti starších a nadřízených se v Indii považuje za projev neúcty.

Administrativní budova v mezinárodním ústředí Self-Realization Fellowship (Yogoda Satsanga Society of India), které Šrí Jógánanda založil na hoře Washington v kalifornském Los Angeles v roce 1925.

Jak jsme navštívili Kašmír

Naše srdce překypovala radostným očekáváním, když jsme se blížili kašmírskému vnitrozemí – zemskému ráji s lotosovými jezery, pastvinami posetými květy, plovoucími zahradami, obytnými čluny pod pestrými baldachýny, řekou Džihlam s četnými mosty, a to vše kolem dokola obepnuté himálajskými horstvy.

Do Šrínagaru jsme přijeli alejí vysokých stromů, které jako by nás vítaly. Pronajali jsme si pokoje v jednopatrovém hostinci s výhledem na vznešené horské štíty. Nebyla zde tekoucí voda, muselo se chodit k nedaleké studni. Letní počasí nemohlo být lepší: dny teplé a mírně chladné noci.

Podnikli jsme pouť k prastarému šrínagarskému chrámu zasvěcenému Svámímu Šankarovi. Při pohledu na klášter posazený na vrcholku hory a hrdě čnící k modrému nebi jsem náhle upadl do extatického transu; měl jsem vidění jakéhosi panského sídla na vrcholu kopce v nějaké daleké zemi. Šankarův vznešený chrám se proměnil ve stavbu, v níž jsem mnoho let poté na americkém kontinentě zřídil hlavní ústředí organizace Self-Realization Fellowship. (Když jsem poprvé navštívil Los Angeles a spatřil rozlehlou budovu na hřebeni Mount Washingtonu, ihned jsem ji ze svých dávných vidění nejen z Kašmíru rozpoznal.)

Strávili jsme ve Šrínagaru pár dní a pak jsme pokračovali do Gulmárgu („Horské cesty květin") v nadmořské výšce 2600 metrů. Tam jsem se poprvé projel na velkém koni. Rádžendra se posadil na malého klusáka, jehož srdce plálo touhou po rychlosti. Odhodlali jsme se vyjet na velice strmý Khilanmárg; cesta vedla hustým lesem, v němž rostlo plno stromových hub a mlhou zahalené stezky skýtaly nejedno nebezpečí. Rádžendrův koník však nedopřál mému přerostlému hřebci chvilku oddechu, a to ani v těch nejzrádnějších zákrutách; hnal se neúnavně dál a dál a nestaral se o nic než svůj požitek ze soupeření.

Za vysilující dostih jsme byli odměněni strhujícím výhledem. Poprvé v tomto životě se mi naskytl pohled na zasněžený Himálaj, jehož řady kupících se vrcholků připomínaly siluety obrovských ledních medvědů. Očima jsem vítězně hltal nekonečné dálavy mrazivých hor, jež se tyčily proti slunečné modré obloze.

S mými mladými přáteli jsme pak v kabátech vesele váleli sudy po třpytivých sněhobílých svazích. Cestou dolů jsme v dálce spatřili rozlehlý koberec žlutých květů, který zcela proměnil nehostinnost kopců.

Náš další výlet nás zavedl do slavných „zahrad rozkoší" císaře Džahángíra v Šalimaru a Nišatbághu. Starobylý palác v Nišatbághu je

PŘÍMÍ ŽÁCI PARAMAHANSY JÓGÁNANDY A JEHO POKRAČOVATELÉ VE FUNKCI DUCHOVNÍHO VŮDCE SRF / YSS (zleva doprava) Šrí Rádžarši Džanakánanda, duchovní vůdce a prezident společnosti Self-Realization Fellowship/Yogoda Satsanga Society of India v letech 1952-1955.

V únoru 1955 Rádžaršiho Džanakánandu nahradila Šrí Dájamáta, která tuto funkci vykonávala 55 let až do své smrti v roce 2010. Další blízká žačka Mrnálinímáta, kterou velký mistr vybral a vycvičil jako pokračovatele svého díla, plnila tuto roli od roku 2011 až do svého skonu o šest let později. Současným prezidentem a duchovním vůdcem SRF / YSS je Bratr Čidánanda, který byl 40 let mnichem této organizace. Další informace o linii SRF / YSS naleznete na webových stránkách www.yogananda-srf.org.

postaven přímo na přírodním vodopádu. Dravý proud řítící se dolů z hor je důmyslnými překážkami regulován tak, aby protékal přes barevné terasy a tryskal z fontán mezi úchvatnými květinovými záhony. Voda se vine i několika místnostmi paláce a nakonec se vlévá do jezera pod ním. Rozlehlé zahrady hýří všemi barvami – rostou tu růže, jasmíny, lilie, hledíky, macešky, levandule i vlčí máky. Zahrady jsou obklopeny smaragdovou hradbou ze symetrických řad činárů,[2] cypřišů a třešní; hned za nimi se k nebi tyčí bělostná strohost Himálaje.

Kašmírské hrozny se v Kalkatě považují za vzácnou lahůdku. Rádžendra, který stále mluvil o tom, jak si v Kašmíru na hroznech pochutnáme, však ke svému zklamání zjistil, že tu nejsou žádné velké vinice. Tu a tam jsem si z jeho nepodložených očekávání tropil žerty.

„Uf, jsem tak přejedený hrozny, že už neudělám ani krok!" říkal jsem. „Cítím, jak ve mně ty neviditelné hrozny kvasí!" Později jsme se dozvěděli, že ony sladké hrozny se hojně pěstují v Kábulu západně od Kašmíru. Místo hroznů jsme si tedy dali zmrzlinu z *rabri* (silně zahuštěného mléka) ochucenou celými pistáciemi.

Podnikli jsme několik vyjížděk v šikárách, malých člunech stíněných rudě vyšívanými baldachýny, v nichž jsme brázdili spletité kanály jezera Dál, síť úzkých průplavů připomínající vodní pavučinu. Návštěvník zde žasne nad četnými plovoucími zahradami nahrubo zbudovanými z klád a hlíny; pohled na zeleninu a melouny rostoucí uprostřed širých vodních ploch je vskutku nečekaný. Tu a tam lze též spatřit rolníka, jemuž se příčí „připoutanost k půdě," a tak za sebou vleče svůj čtyřhranný kousek „země", aby s ním zakotvil na novém místě tohoto rozvětveného jezera.

V terasovitém údolí je možné najít dokonalou ukázku všech krás tohoto světa. Kašmírská dáma nosí korunu hor, je ověnčena jezery a oděna květy. Když jsem v pozdějších letech zcestoval mnoho cizích zemí, pochopil jsem, proč se o Kašmíru často hovoří jako o nejmalebnějším místě na světě. Má v sobě něco z kouzla švýcarských Alp, skotského Loch Lomondu i půvabných anglických jezer. Americký cestovatel zase najde v Kašmíru mnohé, co mu připomene drsnou krásu Aljašky i Pikes Peaku nedaleko Denveru.

V soutěži o nejkrásnější krajinu bych udělil první cenu buď úchvatnému pohledu na mexické jezero Xochimilco, kde se nebe, hory a topoly odráží v nesčetných vodních uličkách mezi hravými rybkami, nebo

---

[2] orientální platan

kašmírským jezerům střeženým jako sličné panny pod přísným dohledem Himálaje. Tato dvě místa jsou v mé paměti zapsána jako ty nejmalebnější kouty světa.

Užasle jsem však hleděl i na divy Aljašky, Yellowstonského národního parku a Grand Canyonu v Coloradu. Yellowstone je zřejmě jediným místem na světě, kde může člověk spatřit tolik gejzírů, jež chrlí vodu vysoko do vzduchu s pravidelností hodinek. V této sopečné krajině zanechala příroda ukázku světa z dávných časů: horké sirné prameny, jezírka v opálových a safírových odstínech, prudké gejzíry a volně se potulující medvědy, vlky, bizony a další divokou zvěř. Když jsem projížděl silnicemi Wyomingu k „Ďáblovým barevným hrncům" s bublajícím horkým bahnem a pozoroval klokotající prameny, prskající vřídla a fontány ze sopečných výparů, musel jsem přiznat, že Yellowstone si zaslouží zvláštní uznání za jedinečnost.

V Yosemitském parku v Kalifornii zase rostou prastaré majestátní sekvoje, mohutné sloupy pnoucí se až do nebes jako přírodní zelené katedrály, jež navrhoval sám božský architekt. Ač se i Orient může pyšnit velkolepými vodopády, žádný z nich se nevyrovná strhující kráse Niagary ve státě New York na hranicích s Kanadou. Podivuhodnou pohádkovou krajinu najde člověk i v Mamutí jeskyni v Kentucky a Carlsbadské jeskyni v Novém Mexiku. Dlouhé stalaktity visící ze stropů a zrcadlící se v podzemních vodách nabízejí pohled do jiných světů, které si lze jen představovat.

Kašmířané jsou proslulí svou krásou. Většina z nich má bílou pleť jako Evropané i podobné rysy a stavbu kostí; mnozí z nich mají modré oči a světlé vlasy. V západním oděvu vypadají jako Američané. Chlad Himálaje skýtá obyvatelům Kašmíru úlevu před žhnoucím sluncem a šetří jejich světlou pleť. Jak člověk cestuje na jih Indie až do tropických zeměpisných šířek, potkává stále tmavší obyvatele.

Po několika šťastných týdnech strávených v Kašmíru jsem byl nucen se chystat k návratu do Bengálska, kde mě čekal podzimní semestr na Šrírámpurské koleji. Šrí Juktéšvar, Kánáj a Odi hodlali ve Šrínagaru ještě nějaký čas zůstat. Krátce před mým odjezdem mistr naznačil, že jeho tělo bude v Kašmíru podrobeno velkému strádání.

„Vždyť se těšíte dokonalému zdraví, pane," zaprotestoval jsem.

„Je možné, že z tohoto světa nadobro odejdu."

„Gurudží!" S prosebným gestem jsem mu padl k nohám. „Slibte mi, že své tělo ještě neopustíte! Nejsem zdaleka připraven pokračovat bez vás."

Šrí Juktéšvar mlčel, ale usmál se na mě tak soucitně, že jsem se uklidnil. Nerad, ale přece jsem odjel.

„Mistr vážně nemocen." Telegram od Odiho mě zastihl krátce po návratu do Šrírámpuru.

„Pane," telegrafoval jsem guruovi zoufale nazpět, „žádal jsem vás o slib, že mě neopustíte. Zachovejte prosím své tělo, jinak zemřu také."

„Staň se, jak žádáš," zněla mistrova odpověď z Kašmíru.

Za pár dní přišel od Odiho dopis, že se mistr uzdravil. Když se guru dva týdny nato vrátil, se zarmoucením jsem zjistil, že jeho tělo vážilo sotva polovinu své obvyklé váhy.

V ohni vysoké horečky spálil Šrí Juktéšvar v Kašmíru mnoho hříchů svých žáků pro jejich dobro. Vysoce pokročilí jogíni ovládají metafyzickou metodu fyzického přenosu nemoci. Tak jako může silný člověk pomoci slabšímu nést těžké břímě, dokáže i duchovní nadčlověk zmírnit tělesné a duševní obtíže svých žáků tím, že na sebe vezme část jejich karmické zátěže. Jako se bohatý člověk vzdá určité částky, aby za svého marnotratného syna zaplatil vysoký dluh a zachránil jej před neblahými důsledky jeho pošetilosti, tak i mistr dobrovolně obětuje část z bohatství svého těla, aby ulehčil utrpení svým žákům.[3]

Pomocí tajné jógové metody spojí světec svou mysl a astrální tělo s myslí a astrálním tělem trpícího a nemoc zcela nebo zčásti přenese na svou fyzickou schránku. Jelikož každý mistr již sklidil Boha na poli svého těla, nedělá si o svou hmotnou podobu starosti. I když dopustí, aby jeho tělo onemocnělo a ulevilo tak druhým od jejich strádání, jeho mysl, která již nemůže být ničím znečištěna, zůstává nedotčena. Cítí se šťasten, že tímto způsobem může druhým pomoci. Dosáhnout konečné spásy v Bohu ve skutečnosti znamená, že lidské tělo zcela naplnilo svůj účel; pak už jej mistr používá způsobem, jenž uzná za vhodný.

Úkolem gurua ve světě je zmírňovat utrpení lidstva, ať už duchovními prostředky, srozumitelnou radou, silou své vůle či fyzickým přenosem choroby. Mistr se může kdykoli uchýlit do nadvědomí, a tak tělesnou chorobu ani nevnímá. Někdy se ovšem rozhodne stoicky

---

[3] Metafyzický přenos chorob znalo mnoho křesťanských světců včetně Terezie Neumannové (viz str. 361).

fyzickou bolest snášet, aby šel svým žákům příkladem. Tím, že na sebe převezme neduhy druhých, může jogín učinit zadost karmickému zákonu příčiny a následku v jejich zastoupení. Tento zákon působí mechanicky či matematicky; člověk obdařený božskou moudrostí dokáže jeho chod s vědeckou exaktností ovlivňovat.

Duchovní zákon od mistra nevyžaduje, aby pokaždé, když někoho uzdraví, sám onemocněl. K vyléčení obvykle dochází díky světcově znalosti různých metod okamžitého uzdravení, které duchovnímu léčiteli nepůsobí žádnou újmu. Ve vzácných případech však může mistr, který chce rozvoj svých žáků výrazně urychlit, k odstranění velké části jejich nežádoucí karmy záměrně použít své tělo.

Ježíš sám sebe označoval za výkupné za hříchy mnohých. Při své božské moci[4] by Kristus nikdy nemohl být vystaven smrti ukřižováním, pokud by se dobrovolně nepodřídil nesmlouvavému kosmickému zákonu příčiny a následku. Vzal tak na sebe důsledky karmy druhých, především svých učedníků. Tímto způsobem byli mimořádně očištěni a uschopněni přijmout všudypřítomné vědomí čili Ducha svatého, který na ně později sestoupil.[5]

Jen mistr, který dosáhl Seberealizace, může předat svou životní sílu druhým nebo na své tělo přenést jejich nemoci. Obyčejný člověk tuto jógovou metodu léčby používat nemůže; není to ani žádoucí, neboť neduživé tělo je překážkou hluboké meditace. V indických svatých písmech se učí, že je jednoznačnou povinností člověka udržovat své tělo v dobrém stavu; jinak totiž jeho mysl nedokáže setrvávat ve zbožném soustředění.

Velmi silná mysl se však dokáže přenést za veškeré tělesné těžkosti a dosáhnout realizace Boha i jim navzdory. Mnozí světci nebrali na svou chorobu ohled a byli ve svém božském hledání úspěšní. Svatý František z Assisi, který byl sám vážně postižen četnými tělesnými neduhy, uzdravoval druhé a dokonce křísil mrtvé.

Kdysi jsem znal jednoho indického světce, který měl v mládí polovinu těla posetou boláky. Měl natolik vážnou cukrovku, že pro něj bylo obtížné klidně sedět déle než patnáct minut. Jeho duchovní úsilí však bylo nezdolné. „Pane," modlil se, „vstoupíš do mého poničeného

---

[4] Těsně před tím, než byl Ježíš odveden a ukřižován, pravil: „Či myslíš, že bych nemohl poprosit svého Otce, a poslal by mi ihned víc než dvanáct legií andělů? Ale jak by se potom splnila Písma, že to tak musí být?" (Matouš 26,53–54)

[5] Skutky apoštolů 1,8; 2,1–4.

chrámu?" Neutuchající silou vůle tento světec postupně dosáhl toho, že dokázal ponořený do extatického transu sedět v lotosové pozici osmnáct hodin denně. „Po třech letech," řekl mi, „ve mně vzplálo nekonečné Světlo. Radoval jsem se z jeho nádhery a na tělo zapomněl. Později jsem zjistil, že se skrze Boží milost zcela uzdravilo."

Jeden historicky doložený případ náhlého uzdravení se týká císaře Bábura (1483–1530), zakladatele mughalské říše v Indii. Jeho syn, princ Humájún,[6] jednou vážně onemocněl. Otec se modlil se zoufalým odhodláním, aby choroba přešla na něj a syn zůstal ušetřen. Humájún se uzdravil, avšak Bábur okamžitě ochořel a zemřel na stejnou nemoc, která předtím postihla jeho syna.

Mnozí lidé si myslí, že velký mistr by měl být zdravý a silný jako Sandow.[7] Tato domněnka je ovšem neodůvodněná. Churavé tělo ještě neznamená, že se guruovi nedostává božských sil, stejně jako celoživotní zdraví není nutně známkou vnitřního osvícení. Předpoklady, jimiž se mistr odlišuje, nejsou povahy tělesné, nýbrž duchovní.

Mnoho zmatených hledačů ze Západu se mylně domnívá, že ten, kdo dokáže výmluvně hovořit či psát o metafyzice, musí být mistrem. Důkazem, že někdo dospěl ke skutečnému duchovnímu mistrovství, je výhradně schopnost kdykoli vstoupit do stavu bez dechu (*savikalpa samádhi*) a dosažení trvalé blaženosti (*nirvikalpa samádhi*).[8] Ršiové poukazovali na to, že pouze těmito schopnostmi může lidská bytost prokázat, že pokořila *máju*, dualistickou kosmickou iluzi. Jen takový člověk pak může z hloubi své realizace říci: „Ékam sat" („pouze Jedno jest").

> „Tam, kde trvá dvojnost zapříčiněná nevědomostí, vidí člověk všechny věci oddělené od Já," napsal velký monista Šankara. „Když je vše rozpoznáno jako Já, ani jediný atom není vnímán jako něco jiného než Já. Jakmile povstane poznání této Skutečnosti, není možné sklízet plody minulých činů vzhledem k neskutečnosti těla, podobně jako po probuzení nemůže pokračovat sen."

---

[6] Humájún se stal otcem Akbara Velikého. Akbar nejprve s islámským zápalem pronásledoval hinduisty. „Když jsem však došel k poznání, zaplavil mě stud," řekl později. „Zázraky se přece dějí v chrámech každého náboženství." Následně nechal vypracovat překlad *Bhagavadgíty* do perštiny a pozval na svůj dvůr několik jezuitů z Říma. Akbar nesprávně, avšak s láskou připisoval Kristu následující výrok (vytesaný na Vítězném oblouku v Akbarově novém městě Fatéhpur Síkrí): „Ježíš, syn Marie (pokoj s ní), pravil: *Svět je most. Přejdi po něm, ale nestav na něm dům.*"

[7] Německý sportovec (zemřel r. 1925), který proslul jako „nejsilnější člověk světa."

[8] viz str. 235 a pozn. na str. 410

Autobiografie jogína

Vzít na sebe karmu svých žáků dokáží jen velcí guruové. Šrí Juktéšvar by ve Šrínagaru[9] netrpěl, pokud by od Ducha v sobě nedostal svolení, aby touto zvláštní cestou pomohl svým žákům. Jen málo světců bylo vybaveno citlivější moudrostí pro vykonávání Božích příkazů než můj s Bohem souznící mistr.

Když jsem se osmělil pronést několik soucitných slov na adresu jeho vyhublé postavy, odvětil guru rozverně:

„Má to i nějaké výhody; konečně se vejdu do svých malých *gaňdži* (nátělníků), která jsem už léta neměl na sobě!"

Jak jsem se zaposlouchal do mistrova bodrého smíchu, vybavila se mi slova svatého Františka Saleského: „Smutný světec, toť světec hodný politování!"

---

[9] Šrínagar, hlavní město Kašmíru, založil ve 3. století př. n. l. císař Ašóka. Vystavěl zde 500 klášterů, z nichž 100 ještě stálo, když Kašmír o 1000 let později navštívil čínský poutník Süan-cang. Když další čínský cestovatel, Fa-sien (5. stol.), spatřil ruiny Ašókova rozlehlého paláce v Pátaliputře (dnešní Patně), napsal, že se tato stavba vyznačovala tak neuvěřitelně krásnou architekturou a dekorativními sochami, že „nemohla býti postavena rukou smrtelníka".

KAPITOLA 22

Srdce kamenné sochy

„Jako oddaná indická manželka si nechci stěžovat na svého muže. Toužebně si však přeji, aby upustil od svých materialistických názorů. Činí mu radost, když může zesměšňovat obrázky světců v mé meditační místnosti. Bratříčku, pevně věřím, že mu můžeš pomoci. Uděláš to pro mne?"

Má nejstarší sestra Roma se na mne prosebně zahleděla při mé krátké návštěvě v jejím domě na kalkatské ulici Giríše Vidjaratny. Její prosba mne dojala, neboť sestra na mě měla v mládí hluboký duchovní vliv a po matčině smrti se láskyplně snažila zaplnit prázdné místo v rodinném kruhu.

„Drahá sestro, ovšemže učiním vše, co bude v mých silách." Usmál jsem se a byl jsem odhodlán zahnat chmury z její tváře, ačkoli jindy býval její výraz klidný a veselý.

Chvíli jsme s Romou mlčky seděli a v modlitbě prosili o vedení. O rok dříve mě sestra požádala, abych ji zasvětil do *krijájógy*, v níž od té doby udělala výrazné pokroky.

Náhle jsem dostal vnuknutí. „Zítra jedu do chrámu bohyně Kálí v Dakšinešvaru," řekl jsem. „Pojeď se mnou a pokus se přesvědčit svého muže, aby nás doprovodil. Cítím, že ve vibracích toho posvátného místa se Božská Matka dotkne jeho srdce. Ale neprozraď mu, proč chceme, aby jel s námi."

Sestra s nadějí souhlasila. Na druhý den časně ráno jsem s potěšením zjistil, že Roma s manželem už jsou připraveni na cestu. Zatímco naše drožka drkotala po Horní okružní ulici směrem k Dakšinešvaru, můj švagr Satíščandra Bose se bavil znevažováním poslání guruů. Všiml jsem si, jak Roma tiše pláče.

„Hlavu vzhůru, sestřičko!" zašeptal jsem jí. „Nedovol, aby tvůj muž uvěřil, že jeho posměšky bereme vážně."

„Jak se těm nemožným podvodníkům můžeš obdivovat, Mukundo?" ptal se Satíš. „Vždyť *sádhuové* odpuzují už svým zjevem. Jsou buď vyzáblí jako kostlivci, nebo bezbožně vypasení jako sloni!"

Otřásal jsem se smíchy, což Satíše podráždilo, a tak se uraženě odmlčel. Když naše drožka vjížděla na půdu dakšinešvarského chrámu, sarkasticky se ušklíbl.

„Tuším správně, že jste vymysleli tenhle výlet, abyste mě napravili?" Když jsem se od něj bez odpovědi odvrátil, chytil mě za paži. „Ctihodný mnichu," řekl mi, „hlavně nezapomeň zařídit, aby nám tu poskytli řádný oběd." Satíš se hodlal mermomocí vyhnout jakémukoli hovoru s duchovními.

„Teď jdu meditovat. O oběd neměj strach," odtušil jsem příkře. „Božská Matka se o něj postará."

„Na Božskou Matku nespoléhám ani v nejmenším. Za mé jídlo neseš zodpovědnost ty," prohlásil Satíš a v jeho hlase byl znát výhružný tón.

Pokračoval jsem sám ke krytému sloupořadí, jež stojí v průčelí velkého chrámu bohyně Kálí (Boha v podobě matky Přírody). Vybral jsem si stinné místo u jednoho ze sloupů, posadil se a zaujal lotosovou pozici. Přestože bylo teprve kolem sedmé hodiny, věděl jsem, že ranní slunce začne brzy žhnout.

Upadl jsem do zbožného transu a svět ustoupil do pozadí. Soustředil jsem svou mysl na bohyni Kálí. Její socha zde v Dakšinešvaru byla předmětem zvláštní úcty velkého mistra Šrí Rámakrišny Paramahansy. V odpověď na jeho zoufalé prosby na sebe tato kamenná bohyně často brala živou podobu a rozmlouvala s ním.

„Mlčenlivá Matko z kamene," modlil jsem se, „na prosbu svého oddaného ctitele Rámakrišny jsi se naplnila životem. Vyslyš prosím také toužebný nářek tohoto svého syna!"

Mé usilovné zanícení nezadržitelně vzrůstalo, provázeno hlubokým božským mírem. Když však uplynulo pět hodin a bohyně, k jejíž představě jsem se vnitřně upínal, stále neodpovídala, začínal jsem se cítit poněkud zkroušeně. Bůh nás někdy zkouší tím, že naplnění našich proseb odkládá. Nakonec se však vytrvalému vyznavači zjeví v té podobě, která je mu nejdražší. Zbožný křesťan uvidí Ježíše, zatímco hinduista spatří Kršnu, bohyni Kálí nebo rozpínající se Světlo, je-li jeho uctívání nadosobní.

Zdráhavě jsem otevřel oči a uviděl, jak kněz v souladu s poledním obyčejem zamyká brány chrámu. Vstal jsem ze svého stinného místa pod sloupořadím a vyšel na nádvoří. Jeho kamennou dlažbu rozpalovalo polední slunce; bolestivě jsem si popálil bosé nohy.

„Božská Matko," ohradil jsem se v duchu, „nepřišla jsi ke mně ve vidění a nyní jsi se ukryla za zavřenými dveřmi chrámu. Chtěl jsem ti dnes předložit zvláštní modlitbu za svého švagra."

Má niterná žádost byla okamžitě vyslyšena. Nejprve mi po zádech a pod nohama projela příjemná studená vlna, která mne zbavila veškerého nepohodlí. Poté se k mému úžasu chrám mnohonásobně zvětšil. Jeho velká brána se pomalu otevřela a odhalila kamennou podobu bohyně Kálí. Socha se postupně proměnila v živou postavu, která mi s úsměvem pokynula na pozdrav a naplnila mě nepopsatelnou radostí. Z mých plic byl jako nějakým mystickým pístem vysát všechen vzduch a mé tělo znehybnělo, aniž by se však stalo bezvládným.

Následovalo extatické rozšíření vědomí. Jasně jsem dohlédl několik mil za řeku Gangu po mé levici, viděl jsem i celé okolí Dakšinešvaru za chrámem. Zdi všech budov se průzračně mihotaly a v dálce za nimi jsem pozoroval procházející návštěvníky.

Ačkoli jsem nedýchal a mé tělo setrvávalo ve stavu zvláštní netečnosti, mohl jsem volně pohybovat rukama i nohama. Několik minut jsem zkoušel otvírat a zavírat oči; v obou případech jsem zřetelně viděl celé dakšinešvarské panorama.

Duchovní zrak proniká jako rentgenový paprsek veškerou hmotou; božské oko má střed všude a obvod nikde. Stál jsem na sluncem zalitém nádvoří a znovu jsem si uvědomil, že když člověk přestane být marnotratným Božím dítětem okouzleným tímto hmotným světem, jenž je ve skutečnosti pouhým snem, bezpodstatným jako bublina, vrátí se mu dědictví jeho věčného království. Má-li člověk, tísnící se ve své omezené osobnosti, potřebu z toho všeho uniknout, je snad lepšího úniku než všudypřítomnosti?

Jedinými neobyčejně zvětšenými objekty v tomto posvátném prožitku byly chrám a postava bohyně. Všechno ostatní se jevilo v obvyklých rozměrech, ačkoli vše bylo zastřeno svatozáří měkkého světla v bílých, modrých a duhově pastelových odstínech. Mé tělo jako by bylo z něčeho éterického, připraveno se kdykoli vznést nad zem. Byl jsem si plně vědom svého hmotného okolí, rozhlížel jsem se kolem sebe a učinil pár kroků, aniž bych tím trvání této blažené vize narušil.

Za zdmi chrámu jsem náhle zahlédl svého švagra, jak sedí pod trnitými větvemi posvátného bilvového stromu. Bez úsilí jsem byl schopen nahlížet do běhu jeho myšlenek. V posvátné atmosféře Dakšinešvaru se cítil mírně povznesen, jeho mysl se však zaobírala nelichotivými úvahami o mé osobě. Obrátil jsem se přímo k milostivé postavě Bohyně.

„Božská Matko," prosil jsem, „učiníš duchovní proměnu manžela mé sestry?"

Ta nádherná bytost, která až dosud mlčela, konečně promluvila. „Tvé přání je splněno!"

Radostně jsem na Satíše pohlédl. Jako by si instinktivně uvědomoval, že na něho právě působí nějaká duchovní síla, se rozhořčeně zvedl ze země. Viděl jsem ho za chrámem, jak běží, blíží se ke mně a hrozí pěstí.

Všeobjímající vize se rozplynula. Vznešenou bohyni už jsem neviděl; chrám pozbyl průhlednosti a navrátil se do svých běžných rozměrů. Na mé nebohé tělo opět plnou silou dopadaly žhavé sluneční paprsky. Spěšně jsem se ukryl do stínu sloupů, kam mě rozhněvaný Satíš následoval. Podíval jsem se na hodinky; byla jedna, božská vize tedy trvala přesně hodinu.

„Ty jeden blázne!" rozohnil se na mne švagr. „Hodiny tu sedíš se zkříženýma nohama a tupě zíráš. Celou dobu chodím sem a tam a pozoruji tě. Kde je naše jídlo? Chrám je zavřený. Nepostaral ses nám o oběd a teď už je pozdě!"

Vytržení, které jsem cítil v přítomnosti bohyně, ze mne stále nevyprchalo. Zvolal jsem: „Božská Matka nás nasytí!"

„V tuto chvíli a na tomto místě," vykřikoval Satíš, „bych rád viděl, jak nás ta tvoje Matka nakrmí jídlem, které před tím nikdo nedojednal!"

Sotva to dořekl, přešel přes nádvoří chrámový kněz a vstoupil mezi nás.

„Synu," promluvil na mne, „pozoroval jsem tvou tvář, jak po celé hodiny v meditaci září klidem. Zahlédl jsem vás, když jste dnes ráno přijížděli, a pocítil jsem nutkání odložit vám stranou něco k obědu. Je sice proti chrámovým předpisům podávat jídlo těm, kdo o to předem nepožádali, ale ve vašem případě jsem učinil výjimku."

Poděkoval jsem mu a pohlédl Satíšovi přímo do očí. Celý zrudl a s tichou kajícností sklopil zrak. Když nám přinesli plné talíře, na nichž byly dokonce i manga, ačkoli v té době bylo dávno po sklizni, všiml jsem si, že švagrovi příliš nechutnalo. Byl zmaten a hluboce ponořen v oceánu myšlenek.

Na zpáteční cestě do Kalkaty se na mě Satíš čas od času prosebně zadíval očima, v nichž se zračilo jisté obměkčení. Nepromluvil jediné slovo od chvíle, kdy se objevil onen laskavý kněz, jenž přišel jakoby v odpověď na Satíšovu pochybnost.

Na druhý den odpoledne jsem sestru opět navštívil. Přivítala mě s nestrojenou vřelostí.

„Bratříčku," zvolala, „stal se zázrak! Včera večer se přede mnou můj manžel rozplakal. ‚Milovaná déví,'[1] řekl mi, ‚jsem nevýslovně šťasten, že plán tvého bratra na mou nápravu přinesl své ovoce. Odčiním všechno zlé, čeho jsem se vůči tobě dopustil. Ode dneška bude naše velká ložnice sloužit výhradně jako místo pro rodinnou pobožnost a z tvé meditační místnůstky si uděláme ložnici. Upřímně lituji, že jsem se tvému bratrovi posmíval. Za to, jak ostudně jsem se choval, se potrestám tím, že s Mukundou nepromluvím, dokud neučiním pokrok na duchovní cestě. Od nynějška budu z hloubi duše hledat Božskou Matku; jednou ji určitě najdu!'"

Po mnoha letech, v roce 1936, jsem Satíše navštívil v Dillí. S velkým potěšením jsem shledal, že v Seberealizaci značně pokročil a byl požehnán vizí Božské Matky. Když jsem u něj pobýval, všiml jsem si, že tajně tráví většinu noci v hluboké meditaci, přestože trpěl vážnou chorobou a přes den byl zaměstnán v úřadě.

Do mysli mi vstoupilo tušení, že život mého švagra nebude mít dlouhého trvání. Roma jako by mi četla myšlenky.

„Bratříčku," řekla mi, „já jsem zdravá a můj manžel nemocný. Chci však, abys věděl, že jako oddaná manželka zemřu jako první.[2] Můj odchod na sebe nenechá dlouho čekat."

Její zlověstná slova mě zaskočila, ale rozpoznal jsem jejich palčivou pravdivost. Byl jsem v Americe, když má sestra asi osmnáct měsíců po své předpovědi zemřela. Můj nejmladší bratr Bišnu mi později vyprávěl, jak k tomu došlo.

„Roma nás opustila, když byla se Satíšem v Kalkatě," řekl Bišnu. „Toho rána se oblékla do svých svatebních šatů.

‚Nač ten oděv?' zeptal se Satíš.

‚Dnes ti na této zemi sloužím poslední den,' odpověděla Roma. Krátce nato ji postihla náhlá srdeční slabost. Když chtěl její syn běžet pro pomoc, řekla:

---

[1] bohyně, dosl. „zářící", ze sanskrtského slovesného kořene *div*, zářit
[2] Hinduistická manželka věří, že pokud zemře dřív než její manžel, je to známkou duchovní pokročilosti a důkazem jejích věrných služeb manželovi, takzvaný „odchod uprostřed díla".

‚Neopouštěj mě, synu; je to zbytečné. Odejdu dřív, než lékař dorazí.' Deset minut poté, ležíc zbožně u manželových nohou, Roma vědomě, pokojně a bezbolestně opustila své tělo.

Po manželčině smrti se Satíš začal velice stranit lidí. Jednou jsme se společně dívali na fotografii usmívající se Romy.

‚Proč se usmíváš?' zvolal náhle Satíš, jako by jeho žena byla s námi. ‚Myslíš si, žes to chytře zařídila, když jsi odešla přede mnou? Dokážu ti, že beze mne dlouho nezůstaneš; brzy se vydám za tebou.'

Přestože tentokrát se Satíš ze své nemoci zcela uzdravil a těšil se skvělému zdraví, krátce po této zvláštní poznámce pronesené k fotografii své manželky bez zjevné příčiny zemřel."

Takto prorocky zesnula má milovaná sestra Roma i její manžel Satíš – ten, který se v dakšinešvarském chrámu proměnil z obyčejného světského člověka v tichého světce.

KAPITOLA 23

Jak jsem získal univerzitní titul

„Ignoruješ úkoly z učebnice filozofie. Zřejmě spoléháš na to, že díky nějaké zahálčivé‚intuici' uspěješ u zkoušky. Pokud ovšem ke studiu nezaujmeš zodpovědnější postoj, osobně se postarám, abys tímto ročníkem neprošel."

Profesor D. C. Ghošál ze Šrírámpurské koleje ke mně hovořil přísným tónem. Kdybych u něj úspěšně nesložil závěrečnou písemnou zkoušku, nebyl bych připuštěn k souhrnným závěrečným zkouškám. Ty zadávala fakulta Kalkatské univerzity, pod níž Šrírámpurská kolej spadala. Jestliže student na indické univerzitě u bakalářských zkoušek propadne v jediném předmětu, musí příští rok znovu skládat zkoušky ze všech ostatních.

Mí učitelé ze Šrírámpurské koleje se ke mně většinou chovali shovívavě, s jistou mírou pobavení: „Mukunda je poněkud zpitý náboženstvím." S tímto stručným konstatováním mě taktně ušetřili trapné snahy odpovídat na otázky kladené při výuce a spoléhali na to, že závěrečná písemná zkouška mě ze seznamu studentů kandidátů na bakalářské zkoušky vyřadí. Mínění mých spolužáků se výstižně odráželo v přezdívce, kterou mne častovali: bláznivý mnich.

Proti výhrůžce profesora Ghošála, že mě nenechá projít z filozofie, jsem použil důmyslný trik. Když měly být veřejně vyhlášeny výsledky závěrečné zkoušky, požádal jsem jednoho spolužáka, aby mě doprovodil do profesorovy pracovny.

„Pojď se mnou, potřebuji svědka," řekl jsem mu. „Velice by mě zklamalo, kdyby se mi učitele nepodařilo přelstít."

Když jsem se profesora Ghošála zeptal, jakou jsem dostal známku, zavrtěl hlavou.

„Mezi těmi, kteří prošli, bohužel nejsi," pronesl vítězoslavně. Začal se prohrabovat hromadou papírů na stole. „Tvá práce tady vůbec není. Takže jsi neuspěl prostě proto, že ses ke zkoušce nedostavil."

„Ale já u ní byl, pane," pousmál jsem se. „Mohl bych si svou písemnou práci najít sám?"

Zaskočený profesor souhlasil. Brzy jsem ji našel; obezřetně jsem z ní totiž vynechal všechny zmínky, jež by mě mohly identifikovat, s výjimkou svého studentského čísla. Žádný „výstražný praporek" tedy učitele neupozornil, že se jedná o mou maličkost, a mé odpovědi ohodnotil vysokým počtem bodů, přestože nebyly vyšperkovány citacemi z učebnic.[1]

Profesor můj trik prohlédl a rozohnil se: „Nic než trocha štěstí!" Načež s nadějí dodal: „U bakalářských zkoušek stejně propadneš!"

Na připouštěcí zkoušky z ostatních předmětů jsem se trochu připravoval, zejména s přispěním svého drahého přítele a bratrance Prabháščandry Ghoše, syna mého strýce Sárady. S odřenýma ušima, ale zdárně – i když s těmi nejnižšími přípustnými známkami – jsem se prokousal všemi závěrečnými testy.

Po čtyřech letech studia jsem tedy byl konečně oprávněn usilovat o bakalářský titul. Nijak jsem ovšem nepředpokládal, že této výsady využiji. Závěrečné zkoušky na Šrírámpurské koleji byly hračkou ve srovnání s přísnými bakalářskými zkouškami, které zadávala Kalkatská univerzita. Při téměř každodenních návštěvách u Šrí Juktéšvara mi pro vysedávání ve studovnách příliš času nezbývalo. Překvapení u mých spolužáků vyvolávala spíše má přítomnost než absence.

Téměř každé ráno jsem kolem půl desáté nasedal na kolo. V jedné ruce jsem měl obětinu pro mistra – pár květin ze zahrady studentského *panthí*. Guru mě obvykle přátelsky pozdravil a pozval na oběd. Pokaždé jsem jeho pozvání dychtivě přijal a radoval se, že po zbytek dne nemusím myslet na školu. Po hodinách strávených se Šrí Juktéšvarem, při nichž jsem hltal proud jeho neporovnatelné moudrosti nebo pomáhal s povinnostmi v ášramu, jsem okolo půlnoci neochotně odjížděl zpět na ubytovnu. Občas jsem u mistra zůstal přes noc, to když jsem hovoru s ním propadl natolik, že jsem si sotva povšiml přicházejícího svítání.

---

[1] Abych byl k profesoru Ghošálovi spravedlivý, musím přiznat, že naše napjaté vztahy nebyly zapříčiněny žádnou chybou z jeho strany, ale výhradně mou absencí na jeho hodinách.
  Profesor Ghošál je vynikajícím řečníkem s obsáhlými filozofickými znalostmi. V pozdějších letech jsme dospěli k srdečnému porozumění.

Jak jsem získal univerzitní titul

Prabháščandra Ghoš a Paramahansa Jógánanda v Kalkatě v prosinci roku 1919. Šrí Ghoš, Jógánandův bratranec, celoživotní přítel a žák, byl téměř čtyřicet let, až do svého skonu v roce 1975, viceprezidentem společnosti Yogoda Satsanga Society of India.

Jednou večer kolem jedenácté hodiny, když jsem si nazouval boty[2] a chystal se na zpáteční cestu, se mě mistr vážně zeptal:

„Kdy ti začínají bakalářské zkoušky?"

„Za pět dní, pane."

„Doufám, že jsi na ně připraven."

S jednou botou ve vzduchu jsem ztuhl jako přikovaný. „Ale mistře," namítl jsem, „sám víte, že jsem celé dny trávil s vámi, nikoli s profesory. Copak se mohu dopustit takové frašky a zjevit se u náročných zkoušek?"

[2] V indickém ášramu si žák vždy zouvá boty.

Šrí Juktéšvar na mne obrátil své pronikavé oči. „Musíš tam jít." Jeho tón zněl chladně a nesmlouvavě. „Nesmíme dát tvému otci ani dalším příbuzným důvod, aby tě kritizovali za to, že jsi dal přednost životu v ášramu. Slib mi jen, že se ke zkouškám dostavíš a odpovíš nejlépe, jak umíš."

Nedokázal jsem potlačit slzy. Měl jsem pocit, že mistrův příkaz nedává smysl a jeho starost je přinejmenším opožděná.

„Půjdu tam, když si to přejete," vzlykal jsem. „Ale nezbývá už dost času, abych se řádně připravil." Sám pro sebe jsem zamumlal: „Místo odpovědí na otázky zaplním papír vaším učením!"

Když jsem následující den v obvyklou hodinu vkročil do ášramu, předal jsem sklesle Šrí Juktéšvarovi svou kytici. Můj zkroušený výraz ho rozesmál.

„Mukundo, copak už tě někdy Bůh u zkoušky či někdy jindy zklamal?"

„Nikoli, pane," odpověděl jsem vřele. Vděčné vzpomínky mě zaplavily jako oživující povodeň.

„V cestě za akademickými poctami ti nebránila lenost, ale horlivost pro Boha," pravil guru laskavě. Po krátké odmlce zacitoval z Bible: „Hledejte především Boží království a jeho spravedlnost, a všechno ostatní vám bude přidáno."[3]

Snad po tisící jsem pocítil, jak ze mne bylo v mistrově přítomnosti sňato těžké břímě. Když jsme dojedli časný oběd, navrhl mistr, abych se vrátil do *panthí*.

„Ještě s tebou bydlí tvůj přítel Rameščandra Datta?"

„Ano, pane."

„Obrať se na něj. Bůh mu vnukne, aby ti se zkouškami pomohl."

„Dobrá, mistře. Ale Rameš je velice zaneprázdněn. Je premiant našeho ročníku a má náročnější studijní program než ostatní."

Mistr nad mými obavami mávl rukou. „Rameš si na tebe čas najde. Teď už jdi."

Dojel jsem tedy na kole zpátky do *panthí*. První, koho jsem před ubytovnou potkal, byl učený Rameš. Jako by ten den neměl co na práci, ochotně na mou nesmělou žádost přistoupil.

„Ale ovšem! Jsem ti k službám." Ten den a několik dalších se mnou strávil mnoho hodin a doučoval mě z různých předmětů.

[3] Matouš 6,33

„Domnívám se, že u zkoušky z anglické literatury se mnoho otázek bude tentokrát týkat Childe Haroldovy pouti," řekl mi. „Musíme si ihned opatřit atlas."

Spěchal jsem tedy ke strýci Sáradovi, abych si od něj atlas vypůjčil. Rameš označil na mapě Evropy místa, která Byronův romantický cestovatel navštívil.

Několik spolužáků se kolem nás shluklo a poslouchalo Ramešovo doučování. „Rameš ti radí špatně," řekl mi jeden z nich, když jsme skončili. „Většinou se jen polovina otázek týká knih; ta druhá se zaměřuje na životy autorů."

Když jsem pak usedl ke zkoušce z anglické literatury, při pohledu na otázky mi začaly po tvářích stékat slzy vděčnosti, až smáčely papír. Přišel ke mně dozorující student a přátelsky se mě zeptal, je-li vše v pořádku.

„Můj velký guru předpověděl, že mi Rameš pomůže," vysvětloval jsem. „Podívej, v zadání jsou přesně ty otázky, které mě Rameš doučoval!" Nato jsem dodal: „Naštěstí pro mě je tu letos velice málo otázek o britských autorech, jejichž životní osudy jsou pro mě zahaleny neproniknutelným tajemstvím!"

Když jsem se vrátil na ubytovnu, zavládlo tam hotové pozdvižení. Chlapci, kteří se předtím posmívali mé víře v Ramešovo doučování, mě teď zasypávali ohlušujícími gratulacemi. Během zkouškového týdne jsem s Ramešem trávil co nejvíc času a on formuloval otázky, které měli podle jeho mínění profesoři zadat. Den co den se tyto otázky téměř slovo od slova objevovaly na zkušebních arších.

Po koleji se rozneslo, že se děje něco blízkého zázraku a že studium věčně nepřítomného bláznivého mnicha bude zřejmě korunováno úspěchem. Nijak jsem se nesnažil tajit, co je pravou příčinou. Zdejší profesoři byli bezmocní; zadání zaslané fakultou Kalkatské univerzity nemohli nijak změnit.

Když jsem jednou ráno přemýšlel o zkoušce z anglické literatury, uvědomil jsem si, že jsem se dopustil závažné chyby. Některé otázky byly rozděleny na dvě části: A nebo B a C nebo D. Místo abych zodpověděl po jedné otázce z každé části, odpověděl jsem na obě otázky v první části a druhou část zcela přehlédl. Nejvyšší počet bodů, jakého jsem mohl takto dosáhnout, byl třicet tři, tedy o tři méně než šestatřicet bodů potřebných k jejímu úspěšnému složení.

Spěchal jsem za mistrem a vylíčil mu své trápení.

„Pane, dopustil jsem se neomluvitelného omylu. Nezasloužím si Boží požehnání skrze Rameše; nejsem ho hoden!"

„Hlavu vzhůru, Mukundo," prohodil Šrí Juktéšvar konejšivým, bezstarostným hlasem a ukázal na modrou oblohu. „Spíš si slunce a měsíc vymění místo na nebi, než abys ty nezískal titul!"

Odešel jsem z ášramu o poznání klidnější, ačkoli se zdálo matematicky nemožné, abych prošel. Párkrát jsem se ustaraně zahleděl na oblohu. Zdálo se, že vládce dne se bezpečně drží své oběžné dráhy.

Když jsem se vrátil do *panthí*, zaslechl jsem, jak jeden spolužák poznamenal: „Zrovna jsem se dozvěděl, že letos poprvé snížili počet bodů nutný pro úspěšné složení zkoušky z anglické literatury."

Vrazil jsem do pokoje tak prudce, že ke mně všichni v úleku otočili hlavy. Nedočkavě jsem se začal vyptávat.

„Dlouhovlasý mnichu," řekl se smíchem, „Odkud ten náhlý zájem o pozemské vědomosti? A k čemu ten humbuk o hodině dvanácté? Mohu však potvrdit, že počet bodů opravdu snížili na třicet tři."

Několika radostnými skoky jsem se přenesl do svého pokoje, kde jsem padl na kolena a chválil matematickou bezchybnost svého Božího Otce.

Každý den mne rozechvívalo vědomí jakési duchovní Přítomnosti, jež mne, jak jsem zřetelně cítil, vedla skrze Rameše. Také v souvislosti s mou zkouškou z bengálštiny došlo k pozoruhodné příhodě. Rameš mě v tomto předmětu nedoučoval, ale právě v den, kdy jsem jedno ráno z ubytovny na zmíněnou zkoušku odcházel, na mě zavolal.

„To je Rameš," řekl mi netrpělivě jiný spolužák. „Nevracej se, nebo přijedeme pozdě."

Nedbal jsem jeho slov a rozběhl jsem se zpátky.

„Pro Bengálce je zkouška z bengálštiny většinou hračka," povídá Rameš. „Mám ale takové tušení, že letos chtějí profesoři studenty vraždit jako neviňátka, a tak se budou ptát na povinnou literaturu." Poté mi nastínil dva příběhy ze života Bidjáságara, slavného bengálského filantropa 19. století.

Poděkoval jsem Ramešovi a uháněl na kole do školy. Tam jsem zjistil, že zadání z bengálštiny se skládá ze dvou částí. První úkol zněl: „Uveďte dva příklady Bidjáságarovy dobročinnosti."[4] Když jsem na papír

---

[4] Přesné znění otázky jsem už zapomněl, ale pamatuji si, že se týkala příběhů o Bidjáságarovi, které mi Rameš právě vyprávěl. Pandit Íšvarčandra byl díky své erudici po celém Bengálsku známý jako *Bidjáságar* („Oceán vědění").

přenesl své čerstvě nabyté znalosti, zašeptal jsem několik děkovných slov za to, že jsem v poslední chvíli dal na Ramešovo zavolání. Kdybych totiž nevěděl nic o Bidjáságarových dobrých skutcích (ke kterým jsem od nynějška počítal i jeho dobrodiní prokázané mně osobně), nikdy bych zkoušku z bengálštiny nesložil.

Druhý úkol požadoval: „Napište v bengálštině esej o životě člověka, který vás nejvíce inspiroval." Drahý čtenáři, nemusím snad prozrazovat, komu jsem svou esej věnoval. Jak jsem plnil jednu stránku za druhou chvalozpěvy na svého gurua, musel jsem se usmívat při pomyšlení, že se právě naplňuje předpověď, kterou jsem vyslovil nedlouho předtím: „Místo odpovědí na otázky zaplním papír vaším učením!"

Co se zkoušky z filozofie týče, necítil jsem potřebu žádat Rameše o pomoc. Důvěřoval jsem svému dlouhému výcviku pod vedením Šrí Juktéšvara a výkladům z učebnic jsem nevěnoval pozornost. Nejvyšší počet bodů ze všech předmětů jsem nakonec obdržel právě za písemnou práci z filozofie. V těch ostatních jsem prošel jen taktak.

S radostí musím ještě zaznamenat, že můj nesobecký přítel Rameš získal svůj titul *cum laude*, tedy s vyznamenáním.

Když se otec dozvěděl, že jsem dokončil studia, byl samý úsměv. „Stěží bych si pomyslel, že to dokážeš, Mukundo," přiznal se. „Trávíš s mistrem tolik času." Guru, jak se zdá, otcovu nevyřčenou kritiku vytušil správně.

Po mnoho let jsem si nebyl jist, zda jednou nadejde den, kdy budu moci ke svému jménu přidat bakalářský titul „A.B". Málokdy jej používám, aniž bych si vzpomněl, že to byl Boží dar, jenž mi byl udělen z poněkud nejasných důvodů. Občas slyším, jak si některý vysokoškolsky vzdělaný člověk povzdechne, že mu ze studií v hlavě příliš znalostí nezůstalo. Toto přiznání je mi útěchou v mé nezpochybnitelné akademické nedostatečnosti.

Onoho červnového dne roku 1915, kdy jsem získal titul z Kalkatské univerzity, jsem poklekl u guruových nohou a poděkoval mu za všechna požehnání, jež se z jeho života[5] přelila do toho mého.

---

5   Moc ovlivňovat mysl druhých a běh událostí je jednou z *vibhúti* (jogínských schopností) zmíněných v Pataňdžaliho *Jógasútrách* 3,24, kde je vysvětlena jako důsledek „všeobjímajícího soucitu". [K odborným pojednáním o *Sútrách* patří *Yoga-System of Patanjali* („Pataňdžaliho jógový systém", sv. 17, Oriental Series, Harvard University) a Dasguptova *Yoga Philosophy* („Filozofie jógy", Trubner's, London).]
    Všechna písma tvrdí, že Bůh stvořil člověka ke svému všemohoucímu obrazu. Vláda nad vesmírem se nám zdá nadpřirozená, ale ve skutečnosti je tato moc vlastní a přirozená

„Vstaň, Mukundo," řekl mistr shovívavě. „Bohu prostě přišlo jednodušší, abys dostudoval, než aby po nebi přesouval slunce s měsícem!"

---

každému, kdo se „správně upamatuje" na svůj božský původ. Člověk, který dospěl k božské realizaci, jako v případě Šrí Juktéšvara, je prost principu ega (*ahankára*) a z něj povstávajících osobních tužeb. Skutky skutečných mistrů je dějí v nenuceném souladu s *ritou*, přirozenou spravedlností. Slovy Ralpha W. Emersona: „Všichni velcí lidé se stávají nikoli ctnostnými, nýbrž Ctností; pak je smysl stvoření zodpovězen a Bůh má ze svého díla radost".

Zázraky může konat každý člověk s božskou realizací, neboť stejně jako Kristus rozumí jemnohmotným zákonům stvoření; ne všichni mistři se však rozhodnou svých výjimečných schopností využívat (viz pozn. na str. 224). Každý světec v sobě Boha zrcadlí po svém; ve světě, kde ani dvě zrnka písku nejsou zcela stejná, je takové individuální vyjadřování nevyhnutelné.

Bohem osvícené světce nelze svazovat žádnými neměnnými pravidly: někteří z nich zázraky činí, jiní nikoli; jedni jsou nečinní, zatímco jiní (kupříkladu starověký indický král Džanaka či svatá Terezie z Ávily) konají velká díla; někteří vyučují, cestují a přijímají žáky, zatímco jiní prožijí svůj život tiše a nenápadně jako stín. Žádný světský kritik nedokáže číst z tajného svitku karmy (minulých činů), která pro každého světce píše jiný scénář.

KAPITOLA 24

Jak jsem se stal mnichem řádu svámí

„Mistře, otec na mě naléhá, abych přijal významnou pozici u Bengálsko-nágpurské dráhy. Já jsem to však rázně odmítl." S nadějemi jsem dodal: „Neučinil byste mě mnichem řádu svámí, pane?" Prosebně jsem se na gurua zadíval. V předchozích letech mistr tuto mou žádost několikrát odmítl, aby vyzkoušel hloubku mého odhodlání. Tentokrát se však laskavě usmál.

„Dobrá, zítra tě zasvětím." Pak tiše pokračoval: „Jsem rád, že jsi ve svém přání stát se mnichem vytrval. Láhirí Mahášaj často říkával: ‚Když nepozveš Boha, aby byl tvým letním hostem, v zimě tvého života už nepřijde.'"

„Ctěný mistře, svého přání patřit ke stejnému řádu jako vy bych se nikdy nevzdal." S nezměrnou láskou jsem se na něj usmál.

„Svobodný se stará o věci Páně, jak by se líbil Bohu, ale ženatý se stará o světské věci, jak by se zalíbil ženě."[1] Zamýšlel jsem se nad životem mnoha svých přátel, kteří se oženili poté, co se věnovali nějaké duchovní disciplíně. Jakmile byli strženi vlnami světských povinností, brzy na své odhodlání hluboce meditovat zapomněli.

Nedokázal jsem si představit, že bych měl ve svém životě Bohu přidělit druhé místo[2]. To jemu jedinému patří celý vesmír, to on tiše, život za životem, zasypává člověka dary. Je jen jediná věc, kterou mu člověk může nabídnout na oplátku – svou lásku, kterou má volbu si ponechat, nebo věnovat.

Za tím, že Stvořitel svou přítomnost v tomto stvoření tak pracně zahalil tajemstvím, mohla stát jen jediná pohnutka, jediná křehká touha: aby jej člověk hledal ze své vlastní, svobodné vůle. Jak sametově

---

[1] 1. Korintským 7,32–33
[2] „Kdo nabízí Bohu druhé místo, nenabízí mu žádné." Ruskin

hebkou rukavicí té nejhlubší pokory pokryl Bůh železnou ruku své všemohoucnosti!

Následující den se stal jedním z nejpamátnějších v mém životě. Vzpomínám si, že to bylo jeden slunečný čtvrtek v červenci roku 1915, pár týdnů po dokončení mých univerzitních studií. Na vnitřním balkonu svého šrírámpurského ášramu namočil mistr nový kus bílého hedvábí do okrového barviva, tradičního odstínu řádu svámí. Když látka uschla, ovinul mi ji guru kolem těla jako roucho toho, jenž se zřekl světa.

„Jednoho dne se vydáš na Západ, kde dávají přednost hedvábí," pravil. „Proto jsem pro tebe symbolicky zvolil tuto látku namísto obvyklé bavlny."

V Indii, kde si mniši osvojují ideál chudoby, je pohled na svámího oděného v hedvábí nezvyklý. Mnoho jogínů hedvábný šat přesto nosí, neboť zadržuje jisté jemné tělesné vyzařování lépe než bavlna.

„Nemám rád obřady," poznamenal Šrí Juktéšvar. „Vysvětím tě na svámího po způsobu *vidvat* (bez obřadu)."

Složité zasvěcení do řádu svámí zvané *vividiša* zahrnuje ohňový obřad, při němž se provádí symbolický pohřební rituál. Fyzické tělo žáka je znázorněno jako mrtvé a spáleno v plamenech moudrosti. Nový svámí poté obdrží mantru, například „Tento átman je Brahma",[3] „Ty jsi To" nebo „Já jsem On". Šrí Juktéšvar však vyznával jednoduchost, a tak vynechal všechny ceremonie a pouze mě vyzval, abych si zvolil nové jméno.

„Dám ti možnost, aby sis jej vybral sám," řekl s úsměvem.

„Jógánanda,"[4] odpověděl jsem po krátkém zamyšlení. To jméno znamená „blaženost (ánanda) skrze božské sjednocení (jóga)".

„Budiž. Vzdej se tedy svého rodného jméno Mukundalál Ghoš. Od nynějška budeš zván Jógánanda z větve Giri řádu svámí."

Když jsem před Šrí Jukréšvarem klečel a poprvé ho slyšel vyslovit mé nové jméno, zaplavila mé srdce hluboká vděčnost. Jak láskyplně a neúnavně se staral, aby se chlapec Mukunda jednoho dne proměnil v mnicha Jógánandu! Radostně jsem zazpíval několik veršů z dlouhého sanskrtského zpěvu svámího Šankary:[5]

---

[3] Doslova „Tato duše je Duch". Nejvyšší Duch, Nestvořený, je ničím nepodmíněný (*néti néti*, ani to, ani to), ale často se ve védantě označuje jako *sat-čit-ánanda*, tj. bytí-vědomí-blaženost.

[4] Jméno Jógánanda je mezi svámími poměrně běžné.

[5] Šankara se často označuje jako Šankaráčárja; áčárja znamená „náboženský učitel". Datování Šankarova života je předmětem častých učených sporů. Několik záznamů naznačuje, že

> Ani mysl ani rozum, ani jáství ani cit,
> ani nebe, ani země či kov – nic z toho nejsem já.
> Já jsem On, já jsem On, Blažený Duch, já jsem On!
> Zrození, smrt ani kastu nemám,
> nemám otce ani matku.
> Já jsem On, já jsem On, Blažený Duch, já jsem On!
> Jsem nade všemi představami, jsem beztvarý,
> prostupuji údy všeho živého.
> Otroctví se nebojím; jsem volný, navždy volný,
> já jsem On, já jsem On, Blažený Duch, já jsem On!

Každý svámí náleží k mnišskému řádu, který je v Indii ctěn od nepaměti. Do jeho současné podoby jej před mnoha staletími přebudoval Šankaráčárja a od té doby stojí v jeho čele nepřerušená linie ctihodných učitelů, v níž každý nástupce nese titul Džagadguru Šrí Šankaráčárja. K řádu svámí se hlásí možná až milion mnichů; ke vstupu do řádu je třeba zasvěcení od člověka, který je sám svámí. Všichni mniši řádu jsou tak součástí duchovní posloupnosti začínající společným guruem, kterým je Ádi („první") Šankaráčárja. Skládají sliby chudoby (nepřipoutanosti k majetku), cudnosti a poslušnosti k vůdci či duchovní autoritě. Katolické mnišské řády se tomuto starobylejšímu řádu v mnohém podobají.

Ke svému novému jménu přidává svámí také zvláštní přívlastek, který vyjadřuje jeho formální příslušnost k jedné z deseti řádových větví. K těmto *dašanámí* neboli deseti označením patří i větev *Giri* (hora), k níž přísluší svámí Šrí Juktéšvar a tím pádem i já. Mezi další větve patří *Ságara* (moře), *Bháratí* (země), *Purí* (oblast), *Sarasvatí* (moudrost přírody), *Tírtha* (poutní místo) a Áranja (les).

---

tento nedostižný monista žil v 6. století př. n. l., mudrc Ánandagiri uvádí léta 44–12 př. n. l. Západní historikové kladou Šankaru do 8. či počátku 9. století n. l. Má tedy blízko k jakékoli době!

Zesnulý Džagadguru Šrí Šankaráčárja z prastarého Góvardhanmatu v Purí, Jeho Svatost Bháratí Kršna Tírtha, podnikl v roce 1958 tříměsíční návštěvu Spojených států. Bylo to vůbec poprvé, kdy se nějaký Šankaráčárja vydal na Západ. Jeho přelomovou cestu tehdy sponzorovala Self-Realization Fellowship. Džagadguru přednášel na nejvýznamnějších amerických univerzitách a zúčastnil se debaty o světovém míru s význačným historikem Arnoldem Toynbeem.

V roce 1959 přijal Šrí Šankaráčárja z Purí pozvání Šrí Dájamáty, prezidentky SRF, aby jako zástupce guruů Self-Realization Fellowship a Yogoda Satsanga Society of India zasvětil dva mnichy Yogoda Satsanga do řádu svámí. Tento obřad vykonal v chrámu Šrí Juktéšvara v ášramu Yogoda Satsangy v Purí. *(pozn. nakl.)*

Svámího mnišské jméno, které obvykle končí slovem ánanda (nejvyšší blaženost), vyjadřuje touhu dosáhnout vysvobození prostřednictvím určité cesty, stavu nebo božské vlastnosti – lásky, moudrosti, rozlišovací schopnosti, zbožnosti, služby či jógy. Jeho přídomek naznačuje souznění s přírodou.

Ideál nesobecké služby celému lidstvu a zřeknutí se osobních vazeb a tužeb vede většinu svámích k tomu, že se věnují humanitární a vzdělávací činnosti v Indii a někdy i v cizích zemích. Svámí se vzdává všech předsudků spojených s kastou, vyznáním, třídou, barvou pleti, pohlavím i rasou a řídí se principem lidské sounáležitosti. Jeho cílem je absolutní jednota s Duchem. Své bdělé i spící vědomí prosycuje myšlenkou „já jsem On" a bezstarostně prochází tímto světem, v němž sice žije, ale jemuž nepatří. Jedině tak může ospravedlnit svůj titul *svámí*, jímž je ten, kdo usiluje o dosažení jednoty se *Sva* čili Sebou Samým.

Šrí Juktéšvar byl současně svámím i jogínem. Svámí, jenž je příslušností k uznávanému řádu formálně mnichem, nemusí být vždy jogínem. Může být ženatý i svobodný, plnit světské povinnosti nebo být spjat s určitou náboženskou vírou.

Svámí se může vydat i výlučnou cestou suchopárného filozofování a chladného odříkání, zatímco jogín se vždy drží jednoznačné, postupné metody, jejíž pomocí ukázňuje tělo i mysl a pozvolna osvobozuje svou duši. Jogín nepovažuje nic za jisté jen podle pocitů či víry a věnuje se důsledně prověřeným soustavným cvičením, jež pro stejný účel využívali již staří ršiové. V každém období indických dějin se objevovali lidé, kteří se díky józe stali skutečně svobodnými – opravdovými kristovskými jogíny.

Tak jako každou jinou vědu mohou i jógu využívat lidé v každé době a v každém koutu světa. Teorie některých neznalých autorů, kteří tvrdí, že pro obyvatele Západu je jóga „nebezpečná" či „nevhodná", je naprosto mylná a mnoho upřímných hledajících bohužel odrazuje od toho, aby čerpali z jejích četných požehnání.

Jóga představuje metodu, jak zkrotit přirozené víření myšlenek, které všem lidem bez rozdílu a bez ohledu na to, v jaké části světa žijí, brání spatřit jejich skutečnou podstatu, Ducha. Jóga je jako léčivé sluneční světlo stejně prospěšná obyvatelům Východu i Západu. Myšlenky většiny lidí jsou neklidné a vrtkavé, a proto je jóga – věda o ovládnutí mysli – nanejvýš potřebná.

ŠRÍ ŠANKARÁČÁRJA V SÍDLE SRF-YSS
Šrí Džagadguru Šankaráčárja Bharati Kršna Tírtha z indického Purí v mezinárodním sídle společnosti Self-Realization Fellowship v Los Angeles (založeném v roce 1925 Paramahansou Jógánandou). V roce 1958 podnikl Džagadguru, nejvyšší představený řádu svámí, tříměsíční cestu po USA, kterou spozorovalo Self-Realization Fellowship. Bylo to vůbec poprvé v dějinách tohoto starobylého řádu, kdy se nějaký Šankaračárja vydal na Západ. (Viz pozn. na str. 219)

Starověký rši Pataňdžali[6] definuje jógu jako „vyrovnání vzdouvajících se vln ve vědomí".[7] Jeho krátké mistrovské dílo *Jógasútry* tvoří základ jednoho ze šesti systémů indické filozofie. Na rozdíl od západních filozofií obsahuje tato šestice systémů[8] nauky nejen teoretické, ale i praktické. Po prozkoumání všech myslitelných ontologických otázek dospěly tyto systémy k šesti jasně vymezeným disciplínám, jež mají za cíl trvalé odstranění utrpení a dosažení nadčasové blaženosti.

Pozdější *upanišady* obhajují jógu jako systém, který ze všech šesti obsahuje ty nejúčinnější metody pro dosažení přímého vnímání pravdy. Prostřednictvím praktických technik jógy se člověk navždy přenáší za vyprahlé sféry spekulací a z vlastní zkušenosti rozpoznává skutečnou Podstatu.

Pataňdžaliho systém jógy je znám jako osmistupňová stezka.[9] Prvními stupni jsou (1) *jama* (zásady etického jednání) a (2) *nijama* (dodržování náboženských předpisů). *Jama* zahrnuje neubližování druhým, pravdomluvnost, nekradení, cudnost a nebažení po majetku jiných. *Nijama* předepisuje čistotu těla i mysli, spokojenost za všech okolností, sebekázeň, sebepoznávání (kontemplaci) a oddanost Bohu a guruovi.

Dalšími stupni jsou (3) ásana (správná tělesná poloha), v níž je třeba držet páteř zpříma a tělo nehybné v pohodlné meditační pozici;

---

[6] Není známo, kdy přesně Pataňdžali žil, řada odborníků jej nicméně zařazuje do 2. století př. n. l. Ršiové sepsali pojednání na velké množství témat s tak pronikavým vhledem, že ani po staletích nebyla překonána; a přesto mudrci, k překvapení konsternovaných historiků, nevěnovali sebemenší důležitost tomu, aby ke svému literárnímu odkazu připsali datum a zpečetili jej svým podpisem. Dobře totiž věděli, že jejich krátký život má pouze dočasný význam, že je jen zábleskem nekonečně většího Života, že pravda je nadčasová, a nelze ji tudíž opatřit ochrannou známkou ani není jejich soukromým vlastnictvím.

[7] „Čitta-vrtti-niródha" (*Jógasútry* 1,2), což lze také přeložit jako „zastavení změn obsahu mysli". Čitta je zastřešující pojem pro myslící princip, který zahrnuje pránické životní síly, *manas* (mysl či smyslové vědomí), *ahankáru* (jáství) a *buddhi* (intuitivní rozum). Vrtti (doslova „vír") označuje vlny myšlenek a emocí, které bez ustání vznikají a zanikají v lidském vědomí. *Niródha* značí vyrovnání, utišení, ovládnutí.

[8] Šest ortodoxních (na védách založených) systémů tvoří *sánkhja*, jóga, *védánta*, *mímánsa*, *njája* a *vaišéšika*. Akademicky zaměření čtenáři jistě ocení nuance a široký záběr těchto starobylých nauk, jež jsou shrnuty v díle *A History of Indian Philosophy*, Vol. I („Dějiny indické filozofie", Cambridge University Press) prof. Suréndranátha Dásgupty.

[9] Nezaměňovat s „ušlechtilou osmidílnou stezkou" v buddhismu, jež je vodítkem pro lidské jednání a která je složena z následujících kroků: (1) správný náhled, (2) správný záměr, (3) správná řeč, (4) správné jednání, (5) správné živobytí, (6) správné úsilí, (7) správné pamatování (na Já) a (8) správná realizace (*samádhi*).

(4) *pránájáma* (ovládnutí *prány*, jemnohmotných životních energií) a (5) *pratjáhára* (odpoutání smyslů od vnějších předmětů).

Poslední kroky představují jógu jako takovou: (6) *dhárana* (soustředění), udržování mysli u jedné myšlenky; (7) *dhjána* (meditace) a (8) *samádhi* (dosažení nadvědomé zkušenosti). Tato osmidílná cesta jógy vede ke konečnému cíli, Absolutnu (*kaivalja*), v němž jogín realizuje pravdu přesahující rozumové chápání.

Někdo může položit otázku: „Kdo je větší, svámí, nebo jogín?" Jestliže je dosaženo jednoty s Bohem, rozdíly mezi jednotlivými cestami se stírají. *Bhagavadgíta* nicméně zdůrazňuje, že metody jógy jsou všeobsáhlé. Její techniky nejsou určeny pouze pro osoby jednoho typu a založení, jako třeba pro několik málo jedinců inklinujících ke klášternímu životu; jóga nevyžaduje žádnou formální příslušnost. Jógová věda uspokojuje všeobecnou potřebu, a proto má přirozenou všeobecnou působnost.

Pravý jogín může zůstávat v tomto světě a dál plnit své povinnosti; pohybuje se v něm jako máslo na vodě, nikoli jako nestlučené mléko neukázněného člověčenstva, které se snadno rozředí. Plnění pozemských povinností nemusí člověka oddělovat od Boha, ovšem za předpokladu, že zůstane duševně oproštěn od sobeckých tužeb a plní svou úlohu v životě jako ochotný nástroj Prozřetelnosti.

Existuje mnoho ušlechtilých lidí, kteří v současnosti žijí v tělech Američanů, Evropanů či jiných národů, jež nepatří hinduistům, a ač možná nikdy neslyšeli slova *jogín* ani *svámí*, jsou jejich dokonalými příklady. Díky své nezištné službě lidstvu, stupni ovládnutí vášní a myšlenek, oddané lásce k Bohu či mimořádné schopnosti koncentrace jsou v jistém smyslu jogíny; sami si stanovili stejný cíl, jaký má i jóga, tedy ovládnutí sebe sama. A tito lidé by se mohli povznést k ještě větším výšinám, kdyby jim někdo předal exaktní jógovou nauku, která umožňuje vědomější usměrnění vlastní mysli i svého života.

Někteří západní autoři poznali jógu jen zběžně a porozuměli jí nesprávně, nicméně její kritici nikdy nepatřili k jejím praktikům. Z mnoha hlubokomyslných poct, jichž se józe dostalo, lze zmínit slova slavného švýcarského psychologa C. G. Junga:[10]

---

[10] Jung se v roce 1937 zúčastnil Indického vědeckého kongresu a obdržel čestný doktorát Kalkatské univerzity.

„Jestliže se nějaká náboženská metoda prohlašuje za ‚vědeckou‘, může si být jista, že na Západě najde své publikum. Jóga tato očekávání naplňuje. Ponecháme-li stranou kouzlo nového a fascinaci tím, co chápeme jen zpola, existuje dobrý důvod, aby měla jóga tolik příznivců. Nabízí totiž možnost kontrolovatelné zkušenosti, a tím uspokojuje vědeckou potřebu ‚faktů‘; kromě toho svou šíří a hloubkou, úctyhodnému stáří, nauce a metodě, které zahrnují každou fázi života, slibuje dosáhnout netušených možností.

Každá náboženská či filozofická praxe představuje psychologickou disciplínu, tedy metodu duševní hygieny. Různorodé, ryze tělesné postupy jógy[11] jsou také hygienou fyziologickou, která stojí výše než běžná gymnastika a dechová cvičení, jelikož není pouze mechanistická a vědecká, ale také filozofická; prostřednictvím tréninku propojuje jednotlivé části těla s celkem ducha, což je zřejmé například ve cvičeních *pránájámy*, kde je *prána* jak dechem, tak univerzální dynamikou kosmu.

Praxe jógy by nebyla účinná bez pojmů a myšlenek, na nichž je založena. Jóga kombinuje tělesno a duchovno s mimořádnou úplností.

Na Východě, kde tyto ideály a praktiky vznikly a kde nepřerušená tradice po několik tisíciletí budovala nezbytné duchovní základy, je jóga, jak upřímně věřím, vhodnou a dokonalou metodou pro sloučení těla a mysli v jednotu, kterou lze sotva zpochybnit. Tato jednota vytváří psychologický předpoklad umožňující intuitivní poznání, jež přesahuje běžné vědomí."

Blíží se doba, kdy bude i na Západě vnitřní věda sebeovládání považována za stejně důležitou jako zevní dobývání přírody. V atomovém věku lidská mysl vystřízliví a rozšíří se o nyní již nezpochybnitelnou pravdu: že hmota je ve skutečnosti koncentrovanou energií. Lidská mysl v sobě může a také musí osvobodit energie mocnější než ty, které jsou ukryty v kameni a kovu, aby se onen atomový obr, který se právě utrhl ze řetězu, neobrátil proti světu a bezhlavě jej nezničil. Nepřímým přínosem obav lidstva z atomové hrozby se tak může stát zvýšený praktický zájem o nauku jógy[12] – ten nejlepší „protiatomový kryt" na světě.

---

[11] Jung zde hovoří o *hathajóze*, specializované větvi tělesných pozic a technik pro zdraví a dlouhověkost. *Hathajóga* je užitečná a přináší působivé výsledky na úrovni těla, ovšem jogíni, kteří usilují o duchovní vysvobození, využívají tento druh jógy jen málo.

[12] Mnoho neinformovaných lidí spojuje s jógou pouze *hathajógu* nebo považuje jógu za jakousi „magii", temné a záhadné rituály umožňující dosažení nevídaných schopností. Když však o józe hovoří odborníci, mají na mysli systém vyložený v *Jógasútrách* (jinak též *Pataňdžaliho aforismech*), jenž se někdy označuje pojmem rádža („královská") *jóga*.

Jak jsem se stal mnichem řádu svámí

Toto pojednání obsahuje filozofické myšlenky takové hloubky, že inspirovaly některé z největších indických myslitelů k sepsání obsáhlých komentářů, včetně osvíceného mistra Sadášivéndry (viz pozn. na str. 387).

Tak jako v ostatních pěti ortodoxních filozofických systémech (založených na védách) je i v *Jógasútrách* za nezbytnou průpravu pro zdravé filozofické zkoumání považována „magie" mravní čistoty („deset přikázání" *jamy* a *nijamy*). Tento osobní předpoklad, na němž se na Západě tolik netrvá, zajistil všem šesti indickým disciplínám trvalou životaschopnost. Kosmický řád (*rita*), který podpírá tento vesmír, se neliší od mravního řádu, který vládne lidskému osudu. Ten, kdo není ochoten dodržovat univerzální mravní zásady, není opravdově odhodlán pátrat po pravdě.

Třetí oddíl *Jógasúter* zmiňuje různé zázračné projevy moci jogínů (*vibhuti* a *siddhi*). Skutečné poznání vždy představuje moc. Cesta jógy je rozdělena do čtyř stádií a každé z nich se projevuje svým jedinečným *vibhuti*. Když jogín dosáhne určité moci, pozná, že úspěšně prošel zkouškou jednoho ze čtyř stádií. Nabytí těchto charakteristických sil či schopností je dokladem vědecké struktury systému jógy, který nedovoluje klamné představy o vlastním „duchovním pokroku". Vždy je třeba důkazu!

Pataňdžali upozorňuje, že jediným cílem jogína by měla být jednota s Duchem, nikoli dosažení *vibhuti*, jež jsou pouhými květy podél posvátné cesty. Nechť hledá Věčného dárce, nikoli jeho výjimečné dary! Bůh se neodhalí nikomu, kdo se spokojí s něčím menším. Usilující jogín se proto těmto mimořádným silám pečlivě vyhýbá, neboť by v něm mohly probudit falešnou pýchu a odvést jej od vstupu do nejvyššího stavu *kajvalja*.

Když jogín dosáhne svého Nekonečného cíle, *vibhuti* využívá nebo nevyužívá podle svého vlastního uvážení. Všechny své činy, ať prosté či zázračné, poté vykonává bez toho, aby jej karmicky poutaly. Železné piliny karmy jsou přitahovány pouze tam, kde stále existuje magnet osobního ega.

KAPITOLA 25

Bratr Ananta a sestra Naliní

„Ananta nebude dlouho živ; písek jeho karmy pro tento život již přetekl."

Tato neúprosná slova vstoupila do mého vnitřního vědomí, když jsem jednou ráno seděl v hluboké meditaci. Krátce poté, co jsem vstoupil do řádu svámí, jsem staršího bratra Anantu navštívil v Górakhpuru, kde jsem se narodil. Náhlá nemoc ho upoutala na lůžko a já jsem o něj starostlivě pečoval.

Toto vážné, niterné oznámení mne naplnilo zármutkem. Cítil jsem, že v Górakhpuru nedokážu zůstat a bezmocně přihlížet bratrovu odchodu. Navzdory nechápavé kritice svých příbuzných jsem odplul první lodí z Indie. Loď se plavila podél Barmy a přes Čínské moře do Japonska. Vylodil jsem se v Kóbe, kde jsem strávil jen pár dní. Na to, abych se obdivoval místním pamětihodnostem, mi bylo příliš těžko u srdce.

Na zpáteční cestě do Indie se loď zastavila v Šanghaji. Tam mě lodní lékař dr. Mišra zavedl do několika krámků se suvenýry, kde jsem vybral pár dárků pro Šrí Juktéšvara, svou rodinu a přátele. Pro Anantu jsem pořídil velkou dřevořezbu z bambusu. Jakmile mi ji však čínský prodavač předal do rukou, upustil jsem ji na zem a vykřikl: „To jsem koupil pro svého drahého zesnulého bratra!"

Zaplavilo mě jasné uvědomění, že jeho duše byla právě osvobozena v Nekonečnu. V suvenýru se po pádu objevila zřetelná, symbolická prasklina. S pláčem jsem na něj napsal: „Mému milovanému Anantovi, který již není."

Lékař, který mi dělal společníka, mě se sarkastickým úsměvem pozoroval.

„Neplačte," poznamenal. „Schovejte si slzy, až budete mít jistotu, že je opravdu mrtev."

Když naše loď dorazila do Kalkaty, byl dr. Mišra opět se mnou. V přístavu mě čekal můj nejmladší bratr Bišnu.

„Vím, že Ananta už není mezi živými," řekl jsem mu, ještě než stačil promluvit. „Pověz mně a tady doktorovi, kdy zemřel."

Bišnu uvedl datum, které přesně odpovídalo dnu, kdy jsem v Šanghaji nakupoval suvenýry.

„Hleďme!" zvolal dr. Mišra. „Jen ať se to neroznese! Jinak profesoři medicíny přidají k už tak dlouhému studiu ještě rok telepatie!"

Když jsem dorazil domů, otec mne přivítal ve vřelém objetí. „Tak jsi přijel," řekl láskyplně. Z očí mu skanuly dvě velké slzy. Neměl ve zvyku projevovat city a do té doby mi nikdy takto otevřeně nedal najevo svou náklonnost. Navenek byl přísným otcem, ale uvnitř měl mateřsky něžné srdce. Tuto dvojí rodičovskou úlohu zastával ve všech rodinných záležitostech.

Brzy po Anantově skonu byla božským uzdravením ze spárů smrti vytržena má mladší sestra Naliní. Než však začnu vyprávět její příběh, musím se vrátit k několika dřívějším obdobím z našeho života.

V dětství nebyl můj vztah k Naliní z nejšťastnějších. Byl jsem sice velmi hubený, ale ona ještě hubenější. Z nevědomé pohnutky, kterou by psychologové jistě bez obtíží diagnostikovali, jsem se sestře pro její vzhled často posmíval a ona mi nemilosrdnou upřímností raného mládí oplácela. Někdy zasáhla naše matka a dočasně tyto dětské sváry ukončila jemným pohlavkem, kterým počastovala mně jakožto staršího sourozence.

Sotva dovršila školní léta, byla Naliní zasnoubena s dr. Pančánanem Bosem, sympatickým mladým lékařem z Kalkaty. V náležitém čase jim byl vystrojen bohatý svatební obřad. O svatebním večeru jsem se přidal k početné skupině rozveselených příbuzných v obývacím pokoji našeho kalkatského domu. Ženich seděl vedle Naliní a opíral se o obrovský polštář prošívaný zlatem. Ani nádherné hedvábné sárí[1] purpurové barvy bohužel nedokázalo zakrýt sestřiny hranaté tvary. Ukryl jsem se za polštář svého nového švagra a přátelsky se na něj zazubil. Svou nevěstu poprvé spatřil až v den svatby a teprve tehdy zjistil, co mu v manželské loterii připadlo.

Doktor Bose vycítil mé sympatie, nenápadně ukázal na Naliní a zašeptal mi do ucha: „Pověz mi, co má tohle být?"

„To víte, doktore," odpověděl jsem, „kostra pro vaše pokusy!"

---

[1] elegantně ovinutý šat indických žen

Jak roky míjely, stal se doktor Bose oblíbencem celé rodiny, na nějž se obraceli vždy, když někdo onemocněl. Brzy jsme se spřátelili a často jsme spolu žertovali, většinou na účet Naliní.

„Je to medicínská kuriozita," poznamenal jednou švagr. „Vyzkoušel jsem na tvou hubenou sestru všechno možné – olej z tresčích jater, máslo, slad, med, ryby, maso, vejce i spoustu posilňujících prostředků – ale ona se nenafoukne ani o gram!"

Pár dní nato jsem se u nich opět zastavil. Během několika minut jsem vyřídil, co jsem potřeboval, a chystal se k odchodu v domnění, že si mě Naliní ani nevšimla. Když jsem ale došel k vchodovým dveřím, uslyšel jsem její hlas – zněl srdečně, ale rozhodně.

„Bratře, stůj. Tentokrát mi neutečeš. Potřebuji s tebou mluvit."

Vyšel jsem po schodech do jejího pokoje. K mému překvapení jsem ji tam našel v slzách.

„Bratříčku," řekla mi, „zakopejme válečnou sekyru. Vidím, že teď pevně kráčíš po duchovní cestě. Chci být ve všech ohledech jako ty." S nadějí v hlase dodala: „Vypadáš teď jako zdravý a statný muž. Pomůžeš i mně? Manžel se ke mně ani nepřiblíží, a já ho přitom tak miluji! Mým hlavním přáním však je pokročit v realizaci Boha, i kdybych měla zůstat hubená[2] a odpudivá."

Její prosba se mne dotkla hluboko u srdce. Naše nové přátelství rychle sílilo, až mne Naliní jednoho dne požádala, zda by se mohla stát mou žačkou.

„Cvič mě, jak uznáš za vhodné. Důvěřuji víc Bohu než posilňujícím prostředkům." Sebrala celou náruč léků a vylila je do okapu pod oknem.

Abych vyzkoušel její víru, vyzval jsem ji, aby ze své stravy vynechala veškeré ryby, maso a vejce.

Po několika měsících, během nichž Naliní pečlivě dodržovala různá pravidla, která jsem jí určil, a navzdory četným obtížím vytrvala ve své vegetariánské stravě, jsem ji navštívil.

„Sestřičko, svědomitě dodržuješ duchovní příkazy. Tvá odměna na sebe nenechá dlouho čekat." Škodolibě jsem se usmál. „Jak buclatá chceš být? Jako naše tetička, která už si roky nevidí na špičky?"

„To ne! Ale toužím být tak statná jako ty."

---

[2] V Indii je většina lidí hubených, takže přiměřená kyprost je považována za žádoucí.

Bratr Ananta a sestra Nalini

Slavnostně jsem tedy pronesl: „Z milosti Boží, tak jako jsem vždy mluvil pravdu, hovořím pravdivě i teď.³ Skrze Boží požehnání se tvé tělo začne proměňovat a do měsíce budeš vážit stejně jako já."

Tato slova, pronesená z hloubi srdce, se opravdu vyplnila. Za třicet dní se váha Nalini vyrovnala mé. Zaoblila se a zkrásněla; manžel se do ní hluboce zamiloval. Jejich manželství, které začalo tak nepříznivě, se nakonec naplnilo dokonalým štěstím.

Po návratu z Japonska jsem se dozvěděl, že v mé nepřítomnosti se Nalini nakazila břišním tyfem. Spěchal jsem k ní a s hrůzou zjistil, že je vyzáblá na kost. V té době již ležela v komatu.

Švagr mi řekl: „Než jí mysl zatemnila choroba, často opakovala: ‚Kdyby tu byl můj bratr Mukunda, nezašlo by to se mnou tak daleko.'" Pak v slzách dodal: „Já ani mí kolegové lékaři nevidíme žádný paprsek naděje. Po dlouhém zápolení s tyfem se teď přidala ještě úplavice s krvácením."

Modlitbami jsem se snažil zatřást nebem i zemí. Najal jsem anglo-indickou ošetřovatelku, která se mnou plně spolupracovala, a použil jsem na sestru různé léčebné metody jógy. Úplavice zmizela.

Dr. Bose však jen žalostně zavrtěl hlavou. „Nekrvácí, protože už v sobě prostě nemá kapku krve."

„Uzdraví se," odpověděl jsem odhodlaně. „Do sedmi dnů bude horečka pryč."

Po týdnu jsem ke své radosti pozoroval, jak Nalini otevřela oči a s láskyplnou vděčností na mě pohlédla. Od toho dne už se rychle zotavovala. Ačkoli se znovu vrátila na svou obvyklou váhu, zůstala jí na nemoc, která se jí málem stala osudnou, jedna smutná upomínka: ochrnula na obě nohy. Indičtí i angličtí specialisté ji prohlásili za beznadějného mrzáka.

Neutuchající boj za její život, který jsem vedl s pomocí modliteb, mě velmi vyčerpal. Odjel jsem proto do Šrírámpuru, abych požádal

---

3   Hinduistické spisy uvádějí, že ti, kdo mají ve zvyku mluvit pravdu, získají schopnost měnit svá slova ve skutečnost. Co od srdce vysloví, to se vyplní. (*Jógasútry* 2,36)

Jelikož světy jsou postaveny na pravdě, všechna písma ji vyzdvihují jako ctnost, skrze niž může člověk uvést svůj život do souladu s nekonečným Bohem. Mahátma Gándhí často říkával: „Pravda je Bůh"; celý život usiloval o dokonalou pravdu v myšlení, řeči i činech. Indickou společnost prostupuje ideál *satji* (pravdy) po celou její historii. Marco Polo uvádí, že *bráhmani* „by za nic na světě nevyslovili lež". William Sleeman, anglický soudce žijící v Indii, ve svém díle *Journey Through Oudh in 1849-50* („Cesta přes Avadh v letech 1849-50") píše: „Zažil jsem stovky případů, v nichž majetek, svoboda či dokonce život člověka závisel na tom, zda zalže; on to však odmítl."

o pomoc Šrí Juktéšvara. Když jsem mu vyprávěl o údělu své sestry, jeho oči se naplnily hlubokým soucitem.

„Za měsíc budou nohy tvé sestry opět v pořádku," řekl a dodal: „Ať nosí na kůži náramek s neprovrtanou dvoukarátovou perlou zasazenou do přezky."

S radostnou úlevou jsem mu padl k nohám.

„Pane, jste mistr. Vaše slovo, že se uzdraví, úplně stačí. Pokud na tom však trváte, okamžitě jí tu perlu opatřím."

Guru přikývl. „Ano, učiň tak." Poté začal přesně líčit tělesné i duševní vlastnosti Naliní, ačkoli ji nikdy neviděl.

„To je astrologický rozbor, mistře?" zeptal jsem se. „Vždyť neznáte den ani hodinu jejího narození."

Šrí Juktéšvar se usmál. „Existuje i hlubší astrologie nezávislá na svědectví kalendářů a hodin. Každý člověk je součástí Stvořitele či Kosmického člověka. Má nejen pozemské, ale i nebeské tělo. Lidské oko vidí jen fyzickou podobu, ale vnitřní zrak proniká do větší hloubky, až k vesmírnému vzorci, jehož je každý člověk nedílnou a nezaměnitelnou součástí."

Vrátil jsem se do Kalkaty a koupil Naliní perlu.[4] O měsíc později se její ochrnuté nohy zcela uzdravily.

Sestra mě požádala, abych svému guruovi vyřídil její nejhlubší vděk. Vyslechl si její vzkaz beze slova. Když jsem však odcházel, pronesl významnou poznámku:

„Mnoho lékařů tvé sestře řeklo, že nikdy nebude moci mít děti. Ujisti ji, že do pár let přivede na svět dvě dcery."

O několik let později Naliní ke své velké radosti porodila holčičku a za pár let i druhou.

---

[4] Perly a drahokamy stejně jako kovy a rostliny v přímém styku s lidskou kůží působí elektromagneticky na tělesné buňky. Lidský organismus obsahuje uhlík a různé kovové prvky, které jsou přítomny také v rostlinách, kovech a drahokamech. Objevy ršiů v těchto oblastech budou fyziology jednoho dne nepochybně potvrzeny. Citlivé lidské tělo se svými proudy elektrické životní síly je zahaleno řadou dosud neprobádaných tajemství.

Ačkoli drahokamy a kovové náramky mají na tělo léčivý účinek, Šrí Juktéšvar je doporučoval ještě z jiného důvodu. Mistři si nikdy nepřejí vypadat jako velcí léčitelé; tím skutečným Léčitelem je totiž pouze Bůh. Světci proto často různě skrývají schopnosti, jež od Boha pokorně přijali. Lidé většinou vkládají důvěru do hmatatelných věcí; když přicházeli k mému guruovi pro uzdravení, doporučil jim, aby nosili náramek či drahokam, jenž probudil jejich víru a také odvrátil pozornost od jeho osoby. Náramky a drahokamy nesly kromě svých vnitřních elektromagnetických léčivých sil také mistrovo skryté duchovní požehnání.

ŠRÍ DAJÁMÁTA V BOŽSKÉM SPOJENÍ
Šrí Dajámáta, prezidentka společnosti Self-Realization Fellowship/Yogoda Satsanga Society of India, pohroužená do meditace při návštěvě Indie v roce 1968. „Paramahansa Jógánanda nám ukazoval cestu," napsala, „nejen svými slovy a božským příkladem, ale i tím, že nám předal exaktní metody meditace. Žízeň duše nelze uspokojit pouhým čtením o pravdě. Člověk musí pít plnými doušky z pramene pravdy – Boha. Právě to znamená realizace Já: přímou zkušenost Boha."

Jak naznačuje její jméno, byla Dajámáta skutečnou „Matkou soucitu;" hlavním tématem jejího života byla láska k Bohu a sdílení jeho lásky se všemi.

KAPITOLA 26

Věda krijájógy

Krijájóga, tak často zmiňovaná na těchto stránkách, se vdnešní Indii dostala do obecného povědomí díky Láhirímu Mahášajovi, guruovi mého gurua. Výraz *krijá* pochází ze sanskrtského kořene *kr-*, jenž znamená „dělat, jednat, reagovat"; tentýž kořen se objevuje ve slově *karma*, které označuje přirozený princip příčiny a následku. *Krijájóga* je tedy „sjednocení (*jóga*) s nekonečným Bohem skrze určité úkony či rituály (*krijá*)". Jogín, který tuto techniku svědomitě provádí, se postupně osvobozuje od karmy, zákonitého řetězce vyvažování příčin a následků.

Vzhledem k jistým prastarým jogínským předpisům nemohu v knize určené široké veřejnosti podat úplný výklad *krijájógy*. Technice jako takové by se žák měl naučit od *krijávana (krijájogína)* zplnomocněného společností Self-Realization Fellowship (Yogoda Satsanga Society of India).[1] Zde tedy musí postačit obecný úvod.

Krijájóga je prostá psychofyziologická metoda, s jejíž pomocí se lidská krev zbavuje oxidu uhličitého a sytí se kyslíkem. Atomy tohoto přebytkového kyslíku se přeměňují v proud životní síly, která oživuje mozek a centra v páteři. Tím, že jogín zastaví hromadění žilní krve, dokáže omezit či zcela zastavit rozpad tkání. Pokročilý jogín přeměňuje své buňky v energii. Proroci jako Elijáš, Ježíš nebo Kabír byli dávnými mistry ve využívání *krijájógy* či podobné techniky, s jejíž pomocí dokázali libovolně zhmotnit či odhmotnit své tělo.

Krijájóga je prastará věda. Láhirí Mahášaj se jí naučil od svého velkého gurua Bábádžího, který tuto techniku znovu objevil a očistil

---

[1] Paramahansa Jógánanda zplnomocnil ty, kteří ho měli následovat ve funkci prezidenta a duchovního vůdce společnosti Self-Realization Fellowship / Yogoda Satsanga Society of India, k předávání instrukcí a zasvěcení do *krijájógy* způsobilým žákům nebo jmenovat k tomuto účelu vysvěceného zástupce SRF/YSS. Zajistil také trvalé šíření vědy *krijájógy* prostřednictvím korespondenčních lekcí, jež lze obdržet z mezinárodního ústředí SRF v Los Angeles (viz str. 498). *(pozn. nakl.)*

poté, co byla v Temném věku ztracena. Bábádží ji pojmenoval jednoduše *krijájóga*.

„*Krijájóga*, kterou tvým prostřednictvím předávám světu v tomto devatenáctém století," pravil Bábádží Láhirímu Mahášajovi, „je vzkříšením stejné vědy, jakou před několika tisíci lety předal Kršna Ardžunovi a jaká byla později známa Pataňdžalimu i Kristovi, svatému Janovi, svatému Pavlovi a dalším učedníkům."

Kršna, největší z indických proroků, se o *krijájóze* dvakrát zmiňuje v *Bhagavadgítě*. V jednom verši říká: „Obětováním nádechu ve výdechu a obětováním výdechu v nádechu jogín oba dechy vyrovná; tím uvolní *pránu* ze srdce a získává kontrolu nad svou životní silou."[2] Ve výkladu to znamená: „Zklidněním činnosti plic a srdce získává jogín zvýšený přísun *prány* (životní síly), čímž zastavuje rozklad v těle; ovládnutím ápany (energie vylučovacích procesů) současně zastavuje růstové přeměny v těle. Tímto způsobem jogín neutralizuje rozklad i růst a naučí se ovládat životní sílu."

Jiný verš Gíty praví: „Věčného vysvobození dosáhne ten znalec meditace (*muni*), jenž hledaje Nejvyšší cíl dokáže se odpoutat od jevů zevních tak, že upne zrak svůj do bodu mezi obočím a zastaví rovnoměrné proudění *prány* a ápany v nosních dírkách a plicích, ovládne své smyslové ústrojí a rozmysl a zbaví se touhy, strachu a hněvu."[3]

Kršna se také zmiňuje o tom,[4] že právě on v jedné ze svých předchozích inkarnací poučil v dávnověku o nehynoucí józe zasvěcence Vivasvána, který ji pak předal velkému zákonodárci Manuovi.[5] Ten poté zasvětil Ikšvákua, zakladatele indické dynastie slunečních válečníků. Královskou jógu, jež takto přecházela z jednoho na druhého, uchovávali ršiové až do nástupu materialistického věku.[6] Poté, vinou

---

[2] Bhagavadgíta 4,29

[3] tamtéž 5,27–28; další vysvětlení vědy o dechu viz str. 485-88

[4] tamtéž 4,1–2

[5] Předhistorický autor díla *Mánavadharmašástra* neboli *Zákonů Manuových*. Tato ustanovení kanonizovaného zvykového práva platí v Indii dodnes.

[6] Začátek materialistického věku přišel podle indických svatých písem v roce 3102 př. n. l. Tento rok byl počátkem poslední sestupné *dváparajugy* rovnodenního cyklu a také počátkem *kalijugy* univerzálního cyklu (viz str. 164). Většina antropologů věří, že před deseti tisíci lety žilo lidstvo v barbarské době kamenné, a dochované tradice o prastarých civilizacích Lemurie, Atlantidy, Indie, Číny, Japonska, Egypta, Mexika a mnoha dalších zemí jedním rázem zavrhuje jako pouhé „mýty".

kněžského utajování i lhostejnosti lidí, se tato posvátná nauka nakonec stala nedostupnou.

Starověký mudrc Pataňdžali, nejvýznamnější šiřitel jógy, zmiňuje *krijájógu* hned dvakrát: „*Krijájóga* se skládá z tělesné kázně, duševní sebevlády a rozjímání nad óm."[7] Pataňdžali hovoří o Bohu jako o skutečném kosmickém zvuku, jejž je možné slyšet v meditaci.[8] Óm je Tvůrčí slovo, hukot vibrujícího motoru stvoření, svědek[9] Boží přítomnosti. I začátečník v józe může tento ohromující zvuk brzy zaslechnout. Skrze toto blažené duchovní povzbuzení nabude jistoty, že je ve skutečném spojení s nebeskými oblastmi.

Podruhé odkazuje Pataňdžali ke *krijájóze* čili technice ovládnutí životní síly těmito slovy: „Osvobození lze dosáhnout takovou *pránájámou*, jež se provádí rozpojením koloběhu nádechů a výdechů."[10]

Krijájógu či techniku jí velmi podobnou znal i svatý Pavel, který s její pomocí dokázal vypínat a zapínat životní energii ve smyslech. Proto byl oprávněn říci: „Každý den umírám, skrze slávu naši, kterou mám v Kristu Ježíši, Pánu našem."[11] Metodou soustředění veškeré životní síly dovnitř (zatímco obvykle je zaměřena navenek do smyslového světa, čímž mu propůjčuje zdánlivou přesvědčivost) prožíval svatý Pavel každý den skutečné jogínské sjednocení s „radostí" (blažeností) kristovského vědomí. V tomto povznášejícím stavu si uvědomoval, že je vůči smyslovým klamům „mrtev", čili osvobozen od světa *máji*.

V počátečních stavech sjednocení s Bohem (*savikalpa samádhi*) splyne vědomí člověka s Vesmírným duchem; jeho životní síla se odpoutá od těla, které se jeví jako „mrtvé", tedy nehybné a strnulé. Jogín si pozastavení životních funkcí svého těla plně uvědomuje. Jak ovšem postupuje k vyšším duchovním stavům (*nirvikalpa samádhi*), spojuje se

---

[7] *Jógasútry* 2,1. Pojmem *krijájóga* odkazoval Pataňdžali buď na techniku, kterou později učil Bábádží, nebo na jinou, jí velmi podobnou. Že Pataňdžali hovořil o konkrétní technice ovládnutí životní síly, dokazuje jeho aforismus v *Jógasútrách* 2,49 (citovaný na této straně).

[8] tamtéž 1,27

[9] „Toto praví ten, jehož jméno jest Amen, *svědek* věrný a pravý, počátek stvoření Božího." (Zjevení 3,14) „Na počátku bylo Slovo, to Slovo bylo u Boha, to Slovo bylo Bůh. To bylo na počátku u Boha. Všechno povstalo skrze ně (Slovo či óm) a bez něho nepovstalo nic, co jest." (Jan 1,1–3) Védské Óm se stalo posvátným slovem *húm* Tibeťanů, *amin* muslimů a *amen* Egypťanů, Řeků, Římanů, Židů a křesťanů. Jeho význam v hebrejštině je „jistý, věrný".

[10] *Jógasútry* 2,49

[11] 1. Korintským 15,31. Svatý Pavel odkazoval na *všudypřítomnost* Kristova vědomí.

s Bohem už bez toho, aby jeho tělo znehybnělo, a za běžného bdělého vědomí, dokonce i při vykonávání světských povinností.[12]

„Krijájóga je nástroj, jímž je možno urychlit vývoj člověka," vysvětloval svým žákům Šrí Juktéšvar. „Jogíni již v dávných dobách zjistili, že tajemství kosmického vědomí je niterně spjato s ovládnutím dechu. Toto je jedinečný a nehynoucí příspěvek Indie do světové pokladnice poznání. Životní síla, která se za běžných okolností vyčerpává na udržení srdeční činnosti, musí být uvolněna pro vyšší činnost prostřednictvím metody, která zklidňuje a zastavuje neustálé požadavky dýchání."

Krijájogín duševně zaměří svou životní sílu tak, aby obíhala nahoru a dolů kolem šesti páteřních center (tj. kolem míšní, šíjové, hřbetní, bederní, křížové a kostrční pleteně), která odpovídají dvanácti astrálním znamením zvěrokruhu, symbolickému Kosmickému člověku. Půlminutový oběh energie kolem citlivé míchy vyvolává miniaturní pokrok v evoluci jedince; takováto půlminutová krija odpovídá jednomu roku přirozeného duchovního vývoje.

Astrální systém lidské bytosti se šesti (vzhledem k polaritě dvanácti) vnitřními konstelacemi, jež obíhají kolem slunce vševědoucího duchovního oka, je provázán s hmotným sluncem a dvanácti znameními zvěrokruhu. Všichni lidé tedy podléhají vlivu vnitřního i vnějšího vesmíru. Ršiové v dávných časech zjistili, že pozemské i nebeské prostředí posouvá člověka na jeho přirozené cestě ve dvanáctiletých cyklech. Písma uvádějí, že člověk potřebuje milion let přirozeného, nemocemi nepřerušovaného vývoje, než svůj mozek zdokonalí natolik, aby dosáhl kosmického vědomí.

Tisíc krijí provedených za osm a půl hodiny přináší jogínovi za jediný den stejný výsledek jako jeden tisíc let přirozeného vývoje, tedy 365 000 let vývoje za jeden rok. Za tři roky tak může jogín uvážlivým vlastním úsilím dosáhnout stejného účinku, k němuž potřebuje příroda milion let. Zkratkou krijájógy se pochopitelně mohou vydat pouze velmi vyspělí jogíni, kteří pod guruovým vedením pečlivě připravovali své tělo a mozek na zvládnutí síly, kterou tato intenzivní praxe probouzí.

Začátečník v krijájóze provádí techniku pouze dvakrát denně čtrnáct- až čtyřiadvacetkrát po sobě. Mnoho jogínů dosahuje vysvobození za šest, dvanáct, čtyřiadvacet či osmačtyřicet let. Jogín, který zemře

---

[12] Sanskrtský výraz vikalpa znamená „rozdílnost, nestejnost". Savikalpa je stav samádhi „s rozdílem", nirvikalpa je stav „bez rozdílu". To znamená, že v savikalpa samádhi si jogín stále uchovává sotva znatelný pocit oddělenosti od Boha. V nirvikalpa samádhi si svou jednostejnost s Duchem již plně uvědomuje.

před dosažením plné realizace, si ze svého dřívějšího úsilí vloženého do *krijájógy* přenáší dobrou karmu; v novém životě je pak přirozeně poháněn ke svému nekonečnému Cíli.

Tělo průměrného člověka je jako padesátiwattová žárovka, která není schopna snést miliardu wattů elektřiny probuzené nadměrným cvičením *krijájógy*. Postupným a pravidelným navyšováním počtu jednoduchých a snadno pochopitelných technik *krijájógy* se lidské tělo den po dni astrálně přetváří, až je nakonec schopno v sobě projevit nekonečný potenciál kosmické energie, jež představuje první ve hmotě činný projev Ducha.

Krijájóga nemá nic společného s nevědeckými dechovými cviky, které vyučují mnozí zanícení, avšak pomýlení nadšenci. Snahy o násilné zadržování dechu v plicích jsou nepřirozené a rozhodně nepříjemné. Praxe *krijájógy* je naproti tomu od samého počátku doprovázena pocity vnitřního míru a povznášejícími, oživujícími vjemy v páteři.

Tato prastará jógová technika přeměňuje dech v obsah mysli. Po dosažení určitého duchovního pokroku dokáže člověk vnímat dech jako duševní koncept, jako počin mysli, snový dech.

Matematickou souvislost mezi dechovou frekvencí člověka a proměnami stavů vědomí lze ilustrovat na mnoha příkladech. Člověk, jehož pozornost je plně zaměstnaná, například nějakým složitým logickým problémem nebo snahou o zvládnutí nějakého obtížného fyzického výkonu, automaticky dýchá velmi pomalu. Soustředění pozornosti je podmíněno pomalým dýcháním; naproti tomu rychlý či nepravidelný dech je nevyhnutelným průvodním jevem škodlivých emočních stavů, jako je strach, vášnivá touha či hněv. Neklidná opice dýchá dvaatřicetkrát za minutu, kdežto člověk v průměru jen osmnáctkrát. Slon, želva, had a další tvorové známí svou dlouhověkostí dýchají pomaleji než člověk. Například želva obrovská, která se dožívá až tří set let, se nadechne jen čtyřikrát za minutu.

Osvěžující účinky spánku jsou dány tím, že si člověk přestane dočasně uvědomovat své tělo a dýchání. Spící člověk se vlastně stává jogínem; každou noc nevědomky provádí jogínský rituál, v němž se oprošťuje od svého ztotožnění s tělem a nechá splynout svou životní sílu s léčivými proudy v hlavní části mozku a v šesti nižších dynamech – centrech v páteři. Spící člověk se tak nevědomky nabíjí kosmickou energií, která udržuje veškerý život.

Cílevědomý jogín provádí tento jednoduchý, přirozený proces s plným vědomím, nikoli nevědomě jako člověk ve spánku. *Krijájogín*

Věda krijájógy

používá svou techniku k tomu, aby nasytil a naplnil všechny své tělesné buňky nehynoucím světlem a udržel je tak v duchovně zmagnetizovaném stavu. Exaktním postupem činí dýchání zbytečným a v době věnované praxi neupadá do negativních stavů spánku, nevědomí ani smrti.

U lidí podléhajících *máji* čili přírodnímu zákonu směřuje proud životní energie do vnějšího světa; energie se tak spotřebuje a vyplýtvá smysly. Praxe *krijájógy* toto proudění obrací: životní síla je duševně zaměřena do vnitřního vesmíru, kde se opět slučuje s jemnohmotnými energiemi v páteři. Toto umocnění životní síly obnovuje tělesné i mozkové buňky jogína duchovním elixírem.

Lidé, kteří se nechávají vést pouze přírodou a jejím božským záměrem, dosáhnou působením správné potravy, slunečního světla a harmonických myšlenek Seberealizace za milion let. K nepatrnému zjemnění mozkové struktury je třeba dvanáct let normálního zdravého života; aby se nervová síť dostatečně očistila a byla schopna projevit kosmické vědomí, je zapotřebí milionu slunovratů. *Krijájogín* se však s využitím duchovní vědy vyvazuje z nutnosti pečlivě dodržovat po toto dlouhé období přírodní zákony.

Tím, že *krijájóga* vyvazuje z pout dechu, jenž svazuje duši k tělu, prodlužuje život a rozšiřuje vědomí až do nekonečna. Tato jógová technika ukončuje přetahovanou mezi myslí a smysly pohlcenými hmotou a osvobozuje oddaného žáka, aby se mohl znovu přihlásit o své dědictví věčného království. Pak už bude vědět, že jeho skutečné bytí není poutáno ani tělesnou schránkou, ani dechem – příznakem smrtelníkovy podrobenosti vzduchu a elementárním přírodním potřebám.

Krijájogín dokonale ovládne své tělo i mysl a nakonec dosáhne vítězství i nad „posledním nepřítelem",[13] smrtí.

> Ze Smrti budeš živ, jak smrt je z lidí živa,
> však v smrti samé Smrti se nesmrtelnost skrývá.[14]

---

[13] Jako poslední nepřítel bude přemožena smrt" (1. Korintským 15,26). Neporušenost těla Paramahansy Jógánandy po jeho smrti (viz str. 495) se stala důkazem, že byl skutečným adeptem *krijájógy*. Ne všichni velcí mistři se však po své smrti projevují tím, že jejich tělo nepodlehne přirozenému rozkladu (viz pozn. str. 297). Indická písma uvádějí, že k takovýmto zázrakům dochází jen z nějakého zvláštního důvodu. V případě Paramahansadžího byla tímto „zvláštním důvodem" jistě nutnost přesvědčit Západ o významu jógy. Bábádží a Šrí Juktéšvardží Jógánandadžímu přikázali, aby sloužil Západu; Paramahansadží tuto důvěru naplnil nejen svým životem, ale i ve své smrti. *(pozn. nakl.)*

[14] Shakespeare: *Sonet 146*

Introspekce čili „sezení v tichu" je nevědecká snaha o odtržení mysli od smyslů, jež jsou vzájemně svázané životní silou. Rozjímající mysl, jež se pokouší o návrat k božství, je proudy životní energie neustále strhávána zpět ke smyslům. *Krijájóga*, která ovládá mysl *přímo* prostřednictvím životní síly, je nejjednodušší, nejúčinnější a nejvědečtější cestou k Bohu. Vedle pomalé, nejisté teologické cesty připomínající volský povoz lze *krijájógu* právem označit za cestu „leteckou".

Věda o józe je založena na empirickém zhodnocení všech dostupných koncentračních a meditačních technik. Jóga umožňuje libovolně zapínat a vypínat proud životní síly, který směřuje do pěti smyslových „telefonů" zraku, sluchu, čichu, chuti a hmatu. Jakmile jogín dosáhne schopnosti odpojovat smysly, může kdykoli snadno spojit svou mysl s božskými oblastmi nebo se světem hmoty. Není už proti vlastní vůli unášen životní silou zpět k pozemské sféře bezuzdných citů a neklidných myšlenek.

Život pokročilého krijájogína již neovlivňují následky minulých činů, ale výhradně podněty vycházející z jeho duše. Věrný žák se tak vyhýbá zdlouhavé evoluční výchově dobrých i špatných činů v běžném pozemském životě, která jeho srdci s orlími křídly připadá těžkopádná a pomalejší hlemýždě.

Ta nejvyšší metoda pro život duše přináší jogínovi svobodu; jakmile se vymaní z vězení svého ega, začne zakoušet širé ovzduší všudypřítomnosti. Područí života pod působením přírodních zákonů se naproti tomu odvíjí v až potupně se vlekoucím tempu. Jestliže člověk podřizuje svůj život výhradně evolučnímu řádu, nemůže přírodu přimět k žádnému úlevnému zrychlení. I když se nijak neproviňuje vůči zákonům, jež vládnou jeho tělu a mysli, bude se muset po milion let převlékat do nových a nových inkarnací, než dojde konečného vysvobození.

Jogínské metody, jež člověku umožňují oprostit se teleskopickou rychlostí od ztotožňování v rovině těla a mysli ve prospěch osobitosti duše, jsou určeny všem, v nichž představa tisíců tisíciletí budí pobouření. Pro běžného člověka se tato číselná hranice posouvá ještě dále, neboť jen sotva žije v souladu s přírodou, natožpak se svou duší; místo toho se zaplétá do nepřirozených osidel a svým tělem i myšlenkami se proviňuje proti vlídné moudrosti přírody. Takovému člověku k vysvobození nepostačí ani dva miliony let.

Člověk hrubého založení si jen málokdy – pokud vůbec – uvědomuje, že jeho tělo je královstvím, nad nímž z trůnu v jeho mozkovně panuje duše jako císař spolu se šesti knížaty v páteřních centrech či sférách vědomí. Tato teokracie vládne zástupům poslušných poddaných: sedmadvaceti bilionům buněk (obdařených zjevnou, ač zdánlivě automatickou inteligencí, jejímž prostřednictvím plní všechny úkoly spojené s tělesnými projevy růstu, přeměny i zániku) a padesáti milionům myšlenek, pocitů a proměnlivých fází lidského vědomí, jež v průměrném, šedesát let trvajícím životě vyvstanou.

Jakákoli zdánlivá vzpoura v lidském těle či mysli proti duši-císaři, projevující se jako nemoc či nerozumné jednání, není způsobena neposlušností oněch pokorných poddaných, nýbrž dřívějším či současným zneužitím své osobní, svobodné vůle, jež byla člověku dána současně s duší a jež mu nikdy nemůže být odňata.

Člověk se ztotožňuje s plytkým egem a považuje za samozřejmé, že on je tím, kdo myslí, rozhoduje, cítí, tráví potravu a udržuje se při životě, aniž by se zamyslel (stačí jen málo) a přiznal si, že ve svém obyčejném životě není ničím než loutkou svých minulých činů (karmy) a přírody či prostředí. Rozumové reakce, pocity, nálady a zvyky každého člověka jsou pouze důsledky minulých příčin, ať už z tohoto života či z životů minulých. Jeho královská duše je však nad tyto vlivy vysoko povznesena. *Krijájogín* odmítá pomíjivé pravdy a svobody a přenáší se přes všechna rozčarování a zklamání do svého nespoutaného Bytí. Písma celého světa prohlašují, že člověk není pomíjivé tělo, ale živoucí duše; v *krijájóze* nachází metodu, jak toto posvátné sdělení potvrdit.

„Vnější rituály nemohou zničit nevědomost, neboť se vzájemně nevylučují," píše Šankara ve svém proslulém *Steru veršů*. „Nevědomost může být zničena jedině dovršeným poznáním... A poznání nemůže být dosaženo jiným způsobem než zodpovězením otázek: ,Kdo jsem? Jak se zrodil tento vesmír? Kdo je jeho stvořitelem? Jaká je jeho hmotná příčina?' Toto je to pravé dotazování." Rozum však nemá na tyto otázky žádnou odpověď; proto ršiové vyvinuli jógu jako techniku duchovního zkoumání.

Pravý jogín, jenž brání svým myšlenkám, vůli a pocitům, aby se klamně ztotožňovaly s touhami těla, a spojuje svou mysl s nadvědomými silami v páteřních svatyních, žije v tomto světě tak, jak Bůh zamýšlel; není poháněn ani popudy z minulosti, ani čerstvými vzněty lidské bláhovosti. Dojde naplnění své nejvyšší touhy a bezpečně spočine v konečném přístavu nevyčerpatelně blaženého Ducha.

Kršna zmiňuje spolehlivou a metodickou účinnost jógy a vyzdvihuje technického jogína těmito slovy: „Jogín je víc než asketi ukázňující tělo, je pokládán za nadřazeného i následovníkům cesty poznání (*džňánajógy*) nebo cesty skutků (*karmajógy*). Proto se staň jogínem, Ardžuno!"[15]

Krijájóga je skutečným „ohňovým obřadem", jenž je v Gítě častokrát veleben. Jogín obětuje své lidské tužby v monoteistickém obřadním ohni zasvěceném Bohu, s nímž se nic nemůže srovnávat. Toto je ten pravý ohňový rituál jogínů, v němž se minulé i současné touhy stávají palivem, jejž stravuje božská láska. Nejvyšší Plamen přijímá obětinu všeho lidského blouznění a člověk je očištěn od každé strusky. Když jsou jeho metaforické kosti zbaveny veškerého žádostivého masa a jeho karmická kostra vybělena sluncem moudrosti, stává se konečně čistým tvorem, jenž neuráží člověka ani Stvořitele.

---

[15] *Bhagavadgíta* 6,46

Neobyčejně léčivé účinky a omlazující působení zástavy dýchání na tělo i mysl začíná objevovat také moderní věda. Dr. Alvan L. Barach z lékařské fakulty Kolumbijské univerzity v New Yorku vyvinul lokální terapii, která navrací zdraví mnoha nemocným tuberkulózou pomocí plicní relaxace. Pobyt ve vyrovnávací tlakové komoře pacientovi umožňuje, aby přestal dýchat. Deník *New York Times* z 1. února 1947 ocitoval dr. Baracha následovně: „Účinek zástavy dýchání na centrální nervovou soustavu je mimořádně zajímavý. Dochází k nápadnému oslabení impulzů k pohybu kosterního svalstva končetin. Pacient může ležet v komoře po mnoho hodin, aniž by pohnul rukama či změnil polohu. Když se vědomé dýchání zastaví, zmizí chuť na cigaretu, a to i u pacientů, kteří jsou zvyklí kouřit dvě krabičky denně. V mnoha případech dochází k takovému uvolnění, že pacient nevyžaduje žádné jiné rozptýlení pozornosti." V roce 1951 dr. Barach veřejně potvrdil přínos tohoto léčebného postupu, který podle jeho slov „poskytuje oddech nejen plicím, ale celému tělu a podle všeho i mysli. Kupříkladu srdeční činnost se snižuje o třetinu. Naši pacienti se přestávají trápit. A nikdo z nich se nenudí."

Díky těmto skutečnostem začínají lidé chápat, jak je možné, že jogíni dokážou nehnutě sedět dlouhou dobu, aniž by je neposedné tělo či mysl nutily do činnosti. Pouze v takovémto klidu může duše znovu najít svou cestu k Bohu. Běžní lidé sice musejí pobývat v tlakové komoře, aby dosáhli jistého přínosu zástavy dechu, avšak jogín k získání těchto výhod pro tělo, mysl a také uvědomění duše nepotřebuje nic než techniku *krijájógy*.

Věda krijájógy

ZÁPAĎAN V SAMÁDHI
Rádžarsí Džanakánanda (James L. Lynn)
Na soukromé pláži v kalifornském Encinitas v lednu 1937, po pěti letech každodenní praxe krijájógy, obdržel James J. Lynn v samádhi (nadvědomí) Blaženou Vizi: zjevení nekonečného Boha v jeho uvnitř přítomné slávě.
„Vyrovnaný život Jamese J. Lynna může posloužit jako příklad všem lidem," řekl Jógánanda. James J. Lynn svědomitě plnil své světské povinnosti, přesto si však dokázal každý den najít čas na hlubokou meditaci o Bohu. Tento úspěšný byznysmen se tak stal osvíceným krijájogínem. (viz str. 355, 469–471)
Paramahansadží o něm často hovořil jako o „svatém Lynnovi" a v roce 1951 mu udělil mnišské jméno Rádžarši Džanakánanda (po duchovně význačném indickém králi Džanakovi). Titul rádžarši, doslova „královský rši," je odvozen od slov rádža („král") a rši („velký světec").

KAPITOLA 27

Založení školy jógy v Ráňčí

„Proč máš takový odpor k organizační práci?"

Mistrova otázka mě poněkud zaskočila. Pravdou ovšem je, že v té době jsem byl vnitřně přesvědčen, že organizace jsou něco jako „vosí hnízda".

„Je to nevděčný úkol, pane," odpověděl jsem. „Ať se vedoucí snaží sebevíc, vždycky je terčem kritiky."

„Chceš snad všechnu božskou čhanu (tvaroh) jen pro sebe?" Guru svou výtku doprovodil přísným pohledem. „Mohl bys snad ty či kdokoli jiný dosáhnout prostřednictvím jógy jednoty s Bohem, nebýt posloupnosti velkorysých mistrů, kteří jsou ochotní podělit se o své poznání s ostatními?" Pak dodal: „Bůh je med a organizace jsou úly; obojího je třeba. Každá vnější forma bez ducha je jistě zbytečná, proč však nezakládat rušné úly plné duchovního nektaru?"

Jeho rada na mne hluboce zapůsobila. I když jsem nahlas nic neodpověděl, v mém srdci se vzedmulo skálopevné odhodlání: co mi budou síly stačit, budu se svými bližními sdílet osvobozující pravdy, které jsem poznal u nohou svého gurua. „Pane," modlil jsem se, „ať tvá láska navždy svítí na svatyni mé oddanosti a ať jsem schopen probouzet tvou lásku ve všech srdcích."

Při jedné dřívější příležitosti, ještě než jsem vstoupil do mnišského řádu, pronesl Šrí Juktéšvar zcela nečekanou poznámku:

„Ve stáří ti bude chybět společnost manželky," řekl tenkrát. „Nemyslíš, že muž, jenž se stará o rodinu a vykonává poctivou práci, aby uživil svou ženu a děti, plní v Božích očích též úlohu hodnou chvály?"

„Ale pane," ohradil jsem se zděšeně, „vždyť víte, že v tomto životě toužím jen po své vesmírné lásce!"

Mistr se rozesmál s takovou chutí, že jsem pochopil, že ta slova byla jen zkouškou mé víry.

Založení školy jógy v Ráňčí

„Pamatuj," řekl rozvážně, „že ten, kdo odmítá své běžné světské povinnosti, se může ospravedlnit jen tím, že převezme odpovědnost za ještě větší rodinu."

Mému srdci byl vždy blízký ideál řádného vzdělávání mládeže. Zřetelně jsem viděl žalostné výsledky obecného školství zaměřeného pouze na rozvoj těla a rozumu. Mravní a duchovní hodnoty, bez jejichž pochopení a uznání se člověk jen sotva dobere spokojenosti, v obvyklých osnovách zcela chyběly. Proto jsem byl pevně rozhodnut založit školu, v níž by se mladí chlapci mohli rozvíjet až do dovršení plného mužství. První krok k tomuto cíli jsem učinil se sedmi dětmi v bengálské vesničce Dihika.

O rok později, v roce 1918, jsem díky štědrosti sira Maníndračandry Nandího, mahárádži z Kásimbázáru, mohl svou rychle se rozrůstající skupinku přestěhovat do Ráňčí. Toto město v Biháru, vzdálené asi 300 kilometrů od Kalkaty, je požehnáno jedním z nejzdravějších podnebí v celé Indii. Kásimbázárský palác v Ráňčí se stal hlavní budovou nové školy, které jsem dal název *jogoda satsanga brahmačarja vidjálaja*.[1]

Poskytoval jsem výuku pro obecné a vyšší vzdělání. Zahrnovala předměty zemědělských, průmyslových, obchodních i akademických oborů. Po vzoru vzdělávacích ideálů ršiů, jejichž lesní ášramy byly kdysi centry světské i náboženské vzdělanosti indické mládeže, jsem většinu výuky vedl venku.

Chlapci se v Ráňčí učili také jógové meditaci a jedinečnému zdravotnímu a tělovýchovnému systému, jejž jsem nazval *jogoda* a jehož principy jsem objevil v roce 1916.

Uvědomil jsem si, že lidské tělo je jako elektrická baterie, a usoudil jsem, že by mohlo být přímým působením lidské vůle dobíjeno energií. Jelikož žádný úkon nebo čin není možný bez účasti vůle, může člověk tuto prvotní hybnou sílu využít k obnovení své energie, aniž by k tomu potřeboval složité náčiní nebo mechanické cvičení. S použitím

---

[1] *Vidjálaja*, škola. *Brahmačarja* zde označuje jedno ze čtyř stádií ve védském plánu lidského života: (1) učedník žijící v celibátu (*brahmačárin*); hospodář se světskými a rodinnými povinnostmi (*grhastha*); (3) poustevník (*vánaprastha*); (4) poutník či lesní muž osvobozený od všech pozemských starostí (*sannjásin*). Tento ideální životní plán, ač není v současné Indii příliš dodržován, má přesto dodnes řadu věrných následovníků. Všechna čtyři stadia se odvíjejí pod celoživotním vedením gurua.

Další informace o škole *Jogoda satsanga* v Ráňčí jsou uvedeny v kapitole 40.

[Dnešní Ráňčí se nachází na správním území svazového státu Džárkhand, který byl v roce 2000 zřízen z jižní části Biháru. Ráňčí je hlavním městem Džárkhandu. – pozn. nakl.]

jednoduchých technik *jogody* může člověk vědomě a okamžitě svou životní sílu (soustředěnou v prodloužené míše) dobíjet z nevyčerpatelné zásobárny kosmické energie.

Chlapci na můj výcvik v systému *jogoda* reagovali výborně; rozvinuli v sobě mimořádnou schopnost přesouvat životní energii z jedné části těla do druhé a sedět v dokonalé vnitřní rovnováze v náročných ásanách (polohách).[2] Dokázali podávat takové silové a vytrvalostní výkony, jakých nebyli schopni ani mnozí zdatní dospělí.

Školu v Ráňčí navštěvoval i můj nejmladší bratr Bišnučaran Ghoš, jenž se později stal věhlasným kulturistou. Společně s jedním ze svých žáků odjel v letech 1938–39 na Západ, kde předváděl svou sílu a schopnost ovládat svaly. Profesoři z Kolumbijské univerzity v New Yorku a mnoha dalších institucí v Americe i Evropě žasli nad těmito ukázkami nadvlády ducha nad tělem.[3]

Na konci prvního roku jsme obdrželi dva tisíce žádostí o přijetí. Škola, která byla v té době výhradně internátní, však dokázala pojmout pouze stovku žáků. Brzy tedy přibyla i možnost docházkového studia.

Ve *vidjálaji* jsem musel těm nejmladším nahrazovat otce i matku a potýkal se s mnoha organizačními těžkostmi. Často jsem si vzpomenul na Kristova slova: „Amen, pravím vám, není nikoho, kdo opustil dům nebo bratry nebo sestry nebo matku nebo otce nebo děti nebo pole pro mne a pro evangelium, aby nyní, v tomto čase, nedostal spolu s pronásledováním stokrát více domů, bratří, sester, matek, dětí i polí a v přicházejícím věku život věčný."[4]

Šrí Juktéšvar vykládal tato slova následovně: „Ten, kdo se vzdá obvyklých životních zkušeností manželství a vychovávání vlastního potomstva, aby na sebe vzal vyšší zodpovědnost za své bližní („stokrát více domů, bratří"), koná práci, kterou často provází pronásledování ze strany nechápavého světa. Takové ztotožňování s vyšším celkem však žákovi pomáhá překonat sobectví a přináší božskou odměnu."

Jednoho dne přijel do Ráňčí můj otec, aby mi dal rodičovské požehnání, které mi tak dlouho odpíral, neboť ho ranilo, když jsem odmítl jeho nabídku zaměstnání u Bengálsko-nágpurské železnice.

---

[2] V reakci na rostoucí zájem o ásany (jógové pozice) vyšlo mnoho ilustrovaných publikací.
[3] Bišnučaran Ghoš zemřel v Kalkatě 9. července 1970. *(pozn. nakl.)*
[4] Marek 10,29–30

Založení školy jógy v Ráňčí

„Synu," pravil, „už jsem s tvou životní volbou smířen. Mám radost, když tě vidím uprostřed těchto šťastných a nadšených mladých lidí; patříš sem, ne mezi bezduchá čísla jízdních řádů." Ukázal na skupinku asi deseti chlapců, kteří se mi neustále lepili na paty. „Měl jsem jen osm dětí," poznamenal a v očích se mu zajiskřilo, „ale soucítím s tebou!"

Bylo nám poskytnuto i dvacet pět akrů úrodné půdy, a tak jsme se s žáky a učiteli každý den věnovali také péči o záhony a dalším pracím na čerstvém vzduchu. Měli jsme spoustu domácích zvířat, mezi nimi i mladého jelínka, kterého děti přímo zbožňovaly. Já sám jsem si jej oblíbil natolik, že jsem jej nechával spát ve svém pokoji. Se svítáním si ten roztomilý tvor často přicházel k mé posteli pro ranní pomazlení.

Jednoho dne jsem musel něco vyřídit ve městě Ráňčí, a tak jsem koloucha nakrmil dříve než obvykle. Chlapcům jsem řekl, aby mu až do mého návratu nedávali nic jíst. Jeden z nich však neposlechl a dal mu velké množství mléka. Když jsem se večer vrátil, oznámili mi smutnou novinu: „Jelen je skoro mrtvý. Přejedl se."

V slzách jsem vzal bezvládné zvíře na klín. Úpěnlivě jsem se modlil k Bohu, aby jeho život ušetřil. Po několika hodinách otevřel tvoreček oči, postavil se a nejistě udělal pár kroků. Celá škola se otřásala radostí.

Té noci se mi však dostalo hlubokého ponaučení, na které nikdy nezapomenu. Zůstal jsem s kolouchem vzhůru až do dvou hodin, kdy jsem usnul. Zvíře se mi zjevilo ve snu a promluvilo ke mně:

„Držíš mě tu. Prosím, nech mne odejít!"

„Dobrá," odpověděl jsem mu.

Okamžitě jsem se probudil a zvolal: „Chlapci, jelínek umírá!" Děti se ke mně kvapem seběhly.

Spěchal jsem do rohu místnosti, kam jsem našeho mazlíčka předtím uložil. Naposledy s námahou vstal, doklopýtal ke mně a padl mi k nohám mrtev.

Podle hromadné karmy, která určuje a řídí osudy zvířat, jelínkův život vypršel a on byl připraven přejít do vyšší vývojové formy. Svou silnou náklonností, která byla – jak jsem si později uvědomil – sobecká, a svými horlivými modlitbami se mi však dařilo držet jej v mezích zvířecí podoby, z níž se jeho duše marně snažila vyprostit. Duše mladého jelena mi musela přednést svou prosbu ve snu, protože bez mého laskavého svolení nechtěla nebo nemohla jít. Teprve až jsem dal svůj souhlas, odešla.

Veškerý zármutek ze mě spadl; znovu jsem si uvědomil, že Bůh chce, aby jeho děti milovaly vše jako součást jeho samého a nedomnívaly se, že smrtí vše končí. Člověk žijící v nevědomosti vidí pouze nepřekonatelnou zeď smrti, která zdánlivě navždy ukrývá jeho blízké. Avšak člověk nepřipoutaný, který miluje druhé jako projevy Boha, chápe, že ve smrti se jeho drazí pouze vracejí k Bohu, aby se v něm opět nadýchali radosti.

Z malých a skromných počátků se škola v Ráňčí proměnila v instituci, která se v dnešním Biháru a Bengálsku těší dobrému jménu. Mnohé učební obory jsou podporovány dobrovolnými přispěvateli, kteří mají radost, že se tu stále udržují vzdělávací ideály dávných ršiů. Vzkvétající pobočky byly založeny také v Medinípuru a Lakšmanpuru.

V ústředí školy v Ráňčí je i zdravotnické oddělení, které zdejším chudým poskytuje zdarma léky a lékařskou péči. Počet ošetřených pacientů dosahuje v průměru 18 000 ročně. Vidjálaja se prosadila i ve sportovních soutěžích a ve vědě – řada absolventů z Ráňčí se později vyznamenala i na akademické půdě.

V posledních třech desetiletích poctilo školu svou návštěvou mnoho význačných osobností Východu i Západu. V roce 1918 strávil v Ráňčí několik dní svámí Pranabánanda, „světec se dvěma těly" z Benáresu. Když tento velký mistr sledoval malebné výjevy s výukou ve stínu stromů a pozoroval, jak večer chlapci celé hodiny nehnutě sedí v jógové meditaci, byl hluboce dojat.

„Mé srdce se dme radostí, když vidím, jak se v této škole naplňují ideály náležité výchovy mládeže, jež zastával Láhirí Mahášaj. Nechť ji provází mistrovo požehnání!"

Jeden mladík sedící po mém boku se odvážil položit velkému jogínovi otázku.

„Pane," řekl, „mám se stát mnichem? Bude můj život zasvěcen Bohu?"

Ač se svámí Pranabánanda pousmál, jeho oči se pronikavě zahleděly do budoucnosti.

„Chlapče," odpověděl, „až vyrosteš, čeká na tebe krásná nevěsta." (Nakonec se tento žák opravdu oženil, přestože se mnoho let připravoval na vstup do řádu svámí.)

Nedlouho po návštěvě svámího Pranabánandy v Ráňčí jsem doprovodil svého otce do jednoho domu v Kalkatě, kde tento jogín dočasně pobýval. Náhle mi na mysli vytanula jeho předpověď, již pronesl před mnoha lety: „Ještě se později setkáme, i s tvým otcem."

Když otec vešel do místnosti, velký jogín vstal a s láskyplnou úctou ho objal.

„Bhagabatí," řekl, „co je s tebou? Cožpak nevidíš, jak tvůj syn chvátá k Bohu?" Celý jsem zrudl nad tou chválou vynesenou před mým otcem. Svámí pokračoval: „Vzpomeň si, jak náš požehnaný guru často říkával: ‚Banat, banat, ban džáj.'[5] Bez ustání tedy pokračuj v *krijájóze* a rychle dospěj k božským branám."

Pranabánandovo tělo, které při mé první památné návštěvě v Benáresu vypadalo tak zdravě a silně, neslo nyní jasné známky stáří, ačkoli se ještě stále držel obdivuhodně zpříma.

„Svámídží," zeptal jsem se a zahleděl se mu přímo do očí, „povězte mi, prosím: cítíte postupující věk? Jak vaše tělo slábne, umenšuje se i vaše vnímání Boha?"

Jogín se andělsky usmál. „Můj milovaný je teď se mnou víc než kdy dřív." Jeho naprostá jistota odzbrojila mou mysl a duši. Pranabánanda pokračoval: „Stále žiji ze dvou důchodů – jeden dostávám tady od Bhagabatího, druhý shůry." Světec ukázal prstem k nebi a na okamžik upadl do extáze, obličej rozzářený božským jasem. Vskutku výmluvná odpověď na mou otázku!

Všiml jsem si, že v pokoji je mnoho rostlin a balíčků semínek, a zeptal se, jaký je jejich účel.

„Natrvalo jsem opustil Benáres," řekl Panabánanda, „a jsem na cestě do Himáláje. Hodlám tam otevřít ášram pro své žáky. Z těchto semen vyroste špenát a další zelenina. Mí drazí budou žít prostě a trávit čas v blažené jednotě s Bohem. Nic jiného není třeba."

Otec se svého spolubratra zeptal, kdy se vrátí do Kalkaty.

„Už nikdy," odpověděl světec. „Jak předpověděl Láhirí Mahášaj, v tomto roce navždy opustím milovaný Benáres a odejdu do Himáláje, kde odložím svou smrtelnou schránku."

Při těchto slovech mi do očí vstoupily slzy, ale svámí se pokojně usmál. Připomínal malé, nebeské dítě, jež v bezpečí spočívá na klíně své Božské Matky. Břímě let nemá na plnou moc velkých jogínů nad vlastními duchovními silami žádný vliv. Své tělo dokáže kdykoli obnovit. Někdy se však postupující stáří ani nesnaží zpomalit a nechávají svou karmu, aby se na fyzické rovině vyčerpala; jejich tělo jim poslouží jako

---

[5] Jedna z oblíbených poznámek Láhirího Mahášaje, s jejíž pomocí své žáky podněcoval, aby vytrvali v meditaci. Doslova znamená: „Dělat, dělat, jednou bude uděláno." Tuto myšlenku lze volně přeložit jako: „Snaž se, snaž, a jednoho dne se dočkáš božského Cíle."

nástroj k úspoře času, jež zabrání, aby se zbytky karmy musely vyčerpat v nové inkarnaci.

Mnoho měsíců poté jsem potkal svého starého přítele Sanandana, který byl jedním z Pranabánandových blízkých žáků.

„Můj ctihodný guru odešel," řekl mi s pláčem. „Založil ášram nedaleko Rišikéše a milostivě nás vyučoval. Když jsme se konečně usadili a dosahovali v jeho přítomnosti rychlého duchovního pokroku, navrhl jednoho dne, že připraví hostinu pro velký zástup z Rišikéše. Zeptal jsem se ho, proč chce pozvat tolik lidí.

,Je to moje poslední slavnost,' odpověděl. Význam těchto slov jsem tehdy ještě plně nechápal. Pranabánandadží nám sám pomáhal uvařit ohromné množství jídla. Nasytili jsme asi dva tisíce hostí. Po jídle usedl na vysoké pódium a před zraky všech přednesl strhující řeč o Bohu. Nakonec se před zraky tisíců přítomných obrátil ke mě, který jsem seděl vedle něj na pódiu, a s neobyčejným důrazem pravil:

,Připrav se, Sanandane; nyní odložím schránku.'[6] Po chvilce ohromeného ticha jsem hlasitě zvolal: ,Nedělejte to, mistře! Nedělejte to, prosím!' Dav zaskočený mými slovy ani nedýchal. Pranabánandadží se na mě usmál, ale jeho oči už hleděly do Věčnosti.

,Nebuď sobecký,' řekl, ,a nermuť se pro mne. Dlouho jsem vám všem s radostí sloužil. Teď se veselte a přejte mi šťastnou cestu, neboť odcházím, abych se shledal se svým Kosmickým milovaným.' Nato dodal šeptem: ,Brzy se znovu zrodím. Jen co se krátce potěším nekonečnou blažeností, vrátím se a připojím se k Bábádžímu.[7] Brzy se dozvíš, kde a kdy má duše vstoupí do nového těla.'

Pak opět zvolal: ,Sanandane, teď odhazuji svou schránku druhou *krijájógou*.'[8] Pohlédl na moře tváří před námi a požehnal jim. Potom obrátil pohled dovnitř do duchovního oka a znehybněl. Zatímco se

---

[6] To znamená „odejdu ze svého těla".

[7] dosud žijící guru Láhiřího Mahášaje (viz kap. 33)

[8] Technika, kterou Pranabánanda použil, je známa zasvěcencům vyšší *krijájógy* na stezce SRF jako třetí zasvěcení. Když ji Láhirí Mahášaj Pranabánandovi předal, byla to v pořadí „druhá *krija*", kterou od Jógávatára obdržel. Tato *krija* umožňuje kdykoli vědomě opustit tělo a opět se do něj vrátit. Pokročilí jogíni tuto techniku používají při posledním odchodu z těla ve smrti – okamžiku, o kterém vždy vědí předem.

Velcí jogíni mohou vstupovat do nitra svým duchovním okem, pránickou hvězdou, „hlavní branou" spásy, a zase z ní vycházet. Kristus pravil: „Já jsem dveře. Kdo vejde skrze mne, bude zachráněn, bude vcházet i vycházet a nalezne pastvu. Zloděj přichází, jen aby kradl, zabíjel a ničil. Já jsem přišel, aby ovce měly život a měly ho v hojnosti." (Jan 10,9–10)

Založení školy jógy v Ráňčí

POBOČKA YOGODA SATSANGA MATH V RÁŇČÍ
Pobočku Yogoda Satsanga Math a ášram v Ráňčí založil Paramahansa Jógánanda poté, co sem v roce 1918 přesunul svou chlapeckou školu. Dnes tento Math slouží členům YSS a pokračuje v šíření Paramahansadžího učení krijájógy po celé Indii. Kromě duchovních aktivit toto centrum spravuje několik vzdělávacích institucí a charitativní lékárnu.

udivený zástup domníval, že medituje ve stavu vytržení, on již opustil svatostánek hmotného těla a ponořil svou duši do kosmické bezmeznosti. Žáci se dotýkali jeho těla posazeného v lotosové poloze, ale už bylo vychladlé. Zbyla jen ztuhlá schránka; její dočasný nájemník prchl k nesmrtelným břehům."

Když Sanandan dovyprávěl, pomyslel jsem si: „Smrt požehnaného ‚světce se dvěma těly' byla stejně dramatická jako jeho život!"

Zeptal jsem se, kde se má Pranabánanda znovu narodit.

„Toto sdělení považuji za posvátné tajemství," odpověděl Sanandan. „Nesmím ho nikomu prozradit. Možná to zjistíš nějak jinak."

O mnoho let později jsem se od svámího Kešabánandy[9] dozvěděl, že Pranabánanda pár let po svém zrození v novém těle odešel do Badrínárájanu v Himálaji, kde se připojil ke skupině světců kolem velkého Bábádžího.

---

[9] Mé setkání s Kešabánandou je popsáno na str. 401-04.

KAPITOLA 28

Znovuzrozený a znovuobjevený Káší

„Prosím vás, nechoďte do vody. Nabereme si vodu do kbelíků."

Takto jsem hovořil k mladým žákům z Ráňčí, kteří mě doprovázeli na dvanáctikilometrovém výletě na sousední kopec. Rybník před námi vypadal sice lákavě, ale má mysl se proti němu postavila s odporem. Většina chlapců začala nabírat vodu do kbelíků, pár z nich ale pokušení chladivé vody neodolalo. Jen co se do ní ponořili, začali se kolem nich hemžit velcí vodní hadi. To bylo křiku a cákání! S jak komickou horlivostí v ten moment z vody prchali!

Když jsme dorazili do cíle, dopřáli jsme si obědový piknik. Seděl jsem pod stromem a chlapci se shlukli kolem mne. Všimli si, že jsem v povznesené náladě, a tak mě zahrnovali otázkami.

„Povězte mi, pane," oslovil mě jeden hoch. „Zůstanu s vámi stále na cestě odříkání?"

„Kdepak," odpověděl jsem, „budeš přinucen vrátit se domů a později se oženíš."

Chlapec nevěřil a dušoval se: „Domů mě odvezou jen přes mou mrtvolu!" (Za pár měsíců si pro něj rodiče skutečně přijeli a navzdory slzavým protestům jej odvezli s sebou. Několik let poté se skutečně oženil.)

Když jsem zodpověděl mnoho otázek, obrátil se na mě asi dvanáctiletý hoch jménem Káší. Byl to bystrý a všemi oblíbený žák.

„A jaký bude můj osud, pane?" zeptal se.

„Brzy zemřeš," přinutila mě říci jakási nezadržitelná síla.

To odhalení mnou otřáslo a zarmoutilo mě stejně jako všechny ostatní. Mlčky jsem sám sebe pokáral jako nezbedné dítě a odmítl odpovídat na další otázky.

Po návratu do školy za mnou Káší přišel.

„Až zemřu a znova se narodím, najdete mě a přivedete zpátky na duchovní cestu?" zeptal se plačky.

Znovuzrozený a znovuobjevený Káší

Cítil jsem se nucen tuto velkou okultní zodpovědnost odmítnout. Káší na mě však celé týdny vytrvale naléhal. Když jsem viděl, že je na pokraji zhroucení, nechal jsem se nakonec obměkčit.

„Ano," přislíbil jsem. „Pokud mi Nebeský Otec dopomůže, pokusím se tě najít."

Během letních prázdnin jsem se vydal na krátkou cestu. Litoval jsem, že Kášího nemohu vzít s sebou, a tak jsem jej před odjezdem zavolal k sobě do pokoje a důrazně mu kladl na srdce, aby odolal jakémukoli přesvědčování a držel se duchovních vibrací školy. Měl jsem předtuchu, že když se nevrátí domů, mohl by neblahému osudu uniknout.

Sotva jsem odjel, dorazil do Ráňčí Kášího otec. Dva týdny se pokoušel zlomit synův odpor. Chtěl po něm, aby jen na čtyři dny odjel do Kalkaty navštívit svou matku. Pak se prý může vrátit. Káší vytrvale odmítal. Nakonec otec prohlásil, že chlapce odvede s pomocí policie. Ta pohrůžka s Kášim zatřásla, neboť nechtěl na školu obrátit žádnou nežádoucí pozornost. Neviděl proto jinou možnost než se podvolit.

Pár dní nato jsem se do Ráňčí vrátil. Jakmile jsem se dozvěděl, že Káší byl přinucen k odchodu, okamžitě jsem se vydal vlakem do Kalkaty. Tam jsem si najal drožku. Když projížděla po Háorském mostě přes Gangu, první, koho jsem spatřil, byl překvapivě Kášího otec a další příbuzní oděni do smutečního šatu. Křikl jsem na kočího, aby zastavil, seskočil jsem z vozu a zahleděl se nešťastnému otci přímo do očí.

„Vrahu!" zvolal jsem poněkud nerozumně. „To ty jsi zabil mého chlapce!"

Otec už věděl, co způsobil, když Kášího násilím odvlekl do Kalkaty. Během několika málo dnů, které tam strávil, snědl chlapec nějaké nakažené jídlo, onemocněl cholerou a zemřel.

Má láska ke Kášímu a slib, že ho po smrti najdu, mě pronásledovaly dnem i nocí. Ať jsem šel kamkoli, zjevovala se mi před očima jeho tvář. Pustil jsem se proto do památného hledání, tak jako jsem kdysi pátral po své ztracené matce.

Cítil jsem, že když už mě Bůh obdařil rozumem, musím ho využít a zapojit všechny své schopnosti, abych pronikl do skrytých zákonů a odhalil chlapcovo astrální působiště. Uvědomoval jsem si, že je to duše vibrující nenaplněnými touhami – masou světla, jež se vznáší někde mezi miliony jiných světelných duší v astrálních oblastech. Ale jak se na něj mezi tolika vibrujícími světly ostatních duší naladit?

Za pomoci tajné jógové techniky jsem ke Kášího duši vysílal svou lásku „mikrofonem" duchovního oka, vnitřním bodem mezi obočím.[1] Intuitivně jsem cítil, že se Káší brzy vrátí na zem, a pokud k němu nepřestanu vysílat, jeho duše brzy odpoví. Věděl jsem, že i ten nejslabší impulz, který mi Káší pošle, ucítím v nervech prstů, paží a páteře.

Se zdviženýma rukama jsem se jako s anténou často otáčel kolem dokola a snažil se zjistit, v jakém směru leží místo, kde se už Káší – jak jsem tušil – znovu vtělil do lidského plodu. Doufal jsem, že od něj zachytím odpověď v „rádiu" svého srdce, které jsem svou koncentrací pečlivě vyladil.

S neustávajícím zápalem jsem tuto jógovou metodu neúnavně prováděl po dobu asi šesti měsíců od Kášího smrti. Když jsem jednoho rána s několika přáteli procházel zalidněnou kalkatskou čtvrtí Baubázár, zvedl jsem ruce jako obvykle. Poprvé přišla odpověď. S nadšením jsem zaznamenal elektrické rázy, které procházely mými prsty a dlaněmi. Tyto proudy se poté proměnily v jedinou převládající myšlenku vycházející z hlubokých zákoutí mého vědomí: „Jsem Káší, jsem Káší. Pojď za mnou!"

Když jsem se soustředil do rádia svého srdce, stala se myšlenka téměř slyšitelnou. Kášího nezaměnitelný, lehce chraptivý šepot[2] se ozýval stále znovu a znovu. Chytil jsem Prakáše Dáse, jednoho ze svých společníků, za ruku a radostně se na něj usmál.

„Zdá se, že jsem Kášího našel!"

Začal jsem se otáčet kolem dokola, což u mých přátel i procházejícího davu vyvolalo nelíčené veselí. Elektrické impulzy mne šimraly v prstech, jen když jsem byl obrácen k nedaleké uličce, příhodně pojmenované Spletitá. Jakmile jsem se otočil jiným směrem, astrální signál se ztratil.

„Aha!" zvolal jsem, „Kášího duše se musí skrývat v lůně matky, která bydlí v této uličce."

---

[1] Vůle vyslaná z bodu mezi obočím je *vysílačem* myšlenek. Je-li pocitová či emoční síla člověka pokojně soustředěna v srdci, může srdce fungovat jako duševní rádiový *přijímač* zpráv od druhých osob, ať už se nacházejí nablízku či v dáli. V telepatii se jemné vibrace myšlenek v mysli jednoho člověka přenášejí skrze subtilní vibrace astrálního éteru a poté prostřednictvím hrubšího zemského éteru, čímž vytvářejí elektrické vlny, které se následně proměňují v myšlenkové vlny v mysli druhé osoby.

[2] Každá duše je ve svém čistém stavu vševědoucí. Kášího duše si pamatovala všechny vlastnosti chlapce Kášího, a tak napodobila jeho chraptivý hlas, abych ji dokázal lépe rozpoznat.

Znovuzrozený a znovuobjevený Káší

KÁŠÍ
žák školy v Ráňčí

Spolu se svými společníky jsem spěchal tím směrem; vibrace v mých zdvižených rukách zesílily a byly zřetelnější. Táhlo mne to k pravé straně uličky, jako by v sobě měla magnet. Když jsem došel ke vchodu jednoho z domů, s překvapením jsem zjistil, že se nemohu hnout. Se zatajeným dechem a ve stavu nezvladatelného vzrušení jsem zabušil na dveře. Cítil jsem, že mé dlouhé a neobvyklé hledání dospělo ke zdárnému konci.

Otevřela služebná, která mi sdělila, že pán je doma. Ten sešel z patra po schodech a tázavě se na mě usmál. Nevěděl jsem, jak svou příhodnou a současně nemístnou otázku formulovat.

„Pane, čekáte se svou ženou asi šest měsíců dítě?"[3]

---

[3] Ač mnoho lidí zůstává po fyzické smrti v astrálním světě 500 až 1000 let, pro dobu mezi jednotlivými inkarnacemi neexistuje žádné neměnné pravidlo (viz kapitola 43). Doba, která je člověku přidělena ve fyzickém či astrálním vtělení, je karmicky předurčena.

Smrt, stejně jako spánek, „malá smrt", je pro neosvícené smrtelníky nezbytností, neboť je dočasně vysvobozuje ze smyslových tenat. Jelikož základní podstatou člověka je Duch, dostává se mu ve spánku a ve smrti určitého obrodného připomenutí jeho netělesnosti.

Vyvažující zákon karmy, jenž je popsán v indických písmech, je zákonem akce a reakce, příčiny a následku, setby a sklízení. V působení přirozené spravedlnosti (*rita*) se

„Ano, čekáme." Když si všiml, že jsem svámí, mnich oděný v tradičním oranžovém rouše, zdvořile dodal: „Prozraďte mi, prosím, jak to víte?"

Když si ten užaslý muž vyslechl mé vyprávění o Káším a slibu, který jsem mu dal, celému mému příběhu uvěřil.

„Narodí se vám chlapec světlé pleti," oznámil jsem mu. „Bude mít široký obličej a pramen vlasů spadající do čela. Jeho sklony budou silně duchovní." Byl jsem si jist, že dítě, které se má narodit, se v těchto ohledech bude Kášímu podobat.

Později jsem chlapce navštívil. Rodiče mu dali jeho staré jméno Káší. Už jako nemluvně se neuvěřitelně podobal mému drahému žáku z Ráňčí. Od prvního okamžiku ke mně projevoval náklonnost; spojení z minulosti se probudilo s dvojnásobnou silou.

Mnoho let poté, když už jsem pobýval v Americe, mi dospívající Káší napsal dopis. Svěřil se mi s hlubokou touhou následovat mnišskou cestu. Poslal jsem ho k jednomu himálajskému mistrovi, který znovuzrozeného Kášího přijal za žáka.

---

každý člověk svými myšlenkami a činy stává tvůrcem vlastního osudu. Jakékoli vesmírné energie, které sám, ať už moudře, či nemoudře, uvede do pohybu, se k němu musí vrátit jako ke svému výchozímu bodu, tak jako se nevyhnutelně uzavírá kruh. „Svět vypadá jako matematická rovnice, která je vždy vyvážená, ať jí otáčíte, jak chcete. Každé tajemství je prozrazeno, každý zločin potrestán, každá ctnost odměněna, každé bezpráví napraveno, v tichosti a s jistotou." Emerson, *Compensation*. Chápání karmy jako zákona spravedlnosti, jež stojí za všemi nerovnostmi života, osvobozuje lidskou mysl od zášti vůči Bohu i člověku (viz str. 168).

KAPITOLA 29

Jak jsme s Rabíndranáthem Thákurem porovnávali školy

„Rabíndranáth Thákur nás učil přirozeně se vyjadřovat zpěvem, svobodně jako ptáci,"
vysvětlil mi Bholánáth, bystrý čtrnáctiletý žák mé školy v Ráňčí, když jsem jednou zrána projevil uznání nad jeho melodickými výlevy. Libozvučné tóny tento chlapec ze sebe vyluzoval často, i bez vyzvání. Dříve totiž navštěvoval slavnou Thákurovu školu Šántiniketan („Přístav míru") v Bolpuru.

„Rabíndranáthovy písně mám na rtech od nejútlejšího mládí," svěřil jsem se mu. „V jeho vznešených verších nacházejí zalíbení všichni Bengálci, dokonce i nevzdělaní venkované."

Zapěli jsme si s Bholou několik refrénů od tohoto národního barda, který zhudebnil tisíce básní; některé složil sám, jiné byly starobylého původu.

„Setkal jsem se s Rabíndranáthem krátce poté, co obdržel Nobelovu cenu za literaturu," poznamenal jsem, když jsme ztišili hlas. „Toužil jsem ho navštívit, protože jsem obdivoval tu nediplomatickou kuráž, s níž se vypořádal se svými literárními kritiky," zasmál jsem se.

Bhola zahořel zvědavostí a dožadoval se, abych mu o tom vyprávěl.

„Učenci Thákura tvrdě pranýřovali za to, že do bengálské poezie zavedl nový styl," začal jsem vyprávět. „Mísil totiž klasické výrazy s hovorovými a ignoroval tak všechny předepsané hranice, jež jsou srdci panditů tak drahé. Jeho písně vkládají hluboké filozofické pravdy do citově působivých obrazů a příliš nehledí na zavedené literární zvyklosti.

Jistý vlivný kritik Rabíndranátha pohrdavě označil za ‚naivního, holubičího poetu, který své vrkání prodává za rupii'. Thákurova pomsta však přišla záhy. Celý západní literární svět se před ním sklonil krátce poté, co přeložil do angličtiny své *Gítáňdžalí* („Obětní písně"). Tehdy

RABÍNDRANÁTH THÁKUR
inspirovaný bengálský básník a nositel Nobelovy ceny za literaturu

mu do Šántiniketanu přijel poblahopřát celý vlak panditů včetně těch, kteří ho předtím odsuzovali.

Rabíndranáth úmyslně nechal hosty dlouho čekat, načež si jejich chválu vyslechl s lhostejným mlčením. Nakonec obrátil jejich obvyklé zbraně proti nim.

‚Vážení pánové,' řekl, ‚vůně vašich poct, které mi nyní snášíte k nohám, se nepatřičně mísí se zápachem vašeho dřívějšího opovržení. Je snad nějaká spojitost mezi mou Nobelovou cenou a vaším náhlým uznáním? Přitom jsem stále týmž básníkem, který vás tolik popudil, když své skromné květy prvně položil na oltář Bengálska.'

O této smělé odvetě se psalo i v novinách. Obdivoval jsem přímá slova muže, který se nenechal obloudit lichotkami," pokračoval jsem. „V Kalkatě mě k Rabíndranáthovi uvedl jeho tajemník, pan C. F. Andrews,[1] oděný do prostého bengálského *dhótí*. Láskyplně o Thákurovi hovořil jako o svém gurudévovi.

---

[1] Anglický spisovatel a publicista, blízký přítel Mahátmy Gándhího. Pan Andrews je v Indii ctěn pro četné služby, jež své adoptivní zemi prokázal.

Jak jsme s Rabíndranáthem Thákurem porovnávali školy

Rabíndranáth mě přijal velmi vlídně. Vyzařovalo z něj silné osobní kouzlo, vzdělanost a až dvorská elegance. Na mou otázku ohledně jeho literární zkušenosti odpověděl, že ho zásadně ovlivnily naše náboženské eposy a dílo Vidjápatiho, oblíbeného básníka ze čtrnáctého století." Inspirován těmito vzpomínkami jsem začal notovat Thákurovu verzi staré bengálské písně *Rozsviť lampu své lásky*. Procházeli jsme se s Bholou po půdě naší vidjálaje a radostně si dvojhlasem prozpěvovali.

Asi dva roky po založení školy v Ráňčí jsem obdržel od Rabíndranátha pozvání do Šántiniketanu, abychom spolu podebatovali o našich vzdělávacích ideálech. S radostí jsem se vydal na cestu. Básníka jsem zastihl, zrovna když seděl ve své pracovně. Tehdy jsem stejně jako při našem prvním setkání získal dojem, že mám naproti sobě tu nejvěrnější předlohu dokonalého mužství, po jaké touží každý malíř. Jeho nádherně tesaný, ušlechtile patricijský obličej rámovaly dlouhé vlasy a splývavý vous. Velké oči plné něhy, andělský úsměv a hlas čistý jako flétna, jež dokázal každého uhranout. Byl statný, vysoký a vážný; spojoval v sobě téměř ženskou křehkost s rozkošnou dětskou bezprostředností. Žádná idealizovaná představa básníka nemohla být ztělesněna příhodněji než právě v tomto vznešeném pěvci.

Brzy jsme se s Thákurem ponořili do srovnávání našich škol, jež byly obě založeny na neortodoxních principech. Objevili jsme celou řadu shodných prvků – výuku pod širým nebem, jednoduchost, nutnost dostatečného prostoru pro tvořivost dětského ducha. Rabíndranáth však kladl obzvláštní důraz na studium literatury a poezie a spontánní vyjadřování formou hudby a zpěvu, jak jsem si všiml už u Bholy. Děti v Šántikinetanu dodržovaly pravidelné chvíle mlčení, ale nedostávalo se jim žádného zvláštního výcviku v józe.

Básník s lichotivou pozorností naslouchal mému popisu energetického cvičení *jogoda* a jógových koncentračních technik, kterým se učili všichni studenti v Ráňčí.

Thákur mi vyprávěl, jak sám v raném věku zápasil se vzděláním. „Ze školy jsem utekl po páté třídě," vzpomínal se smíchem. Nebylo těžké pochopit, jak těžce se jeho vrozená básnická citlivost střetávala s ubíjející kázeňskou atmosférou učeben.

„Proto jsem Šántiniketan otevřel pod stinnými stromy a velebnou oblohou." Výmluvně pokynul ke skupince studentů v překrásné zahradě. „Dítě je uprostřed květin a ptačího zpěvu ve svém přirozeném prostředí. V něm se může mnohem snáze projevit skryté bohatství jeho osobitého nadání. Skutečné vzdělání se nepěchuje ani nepumpuje zvenčí, má však pomáhat vynášet na povrch nekonečné zásoby niterné moudrosti."[2]

Přitakal jsem a dodal: „Dětský idealismus a obdiv k hrdinům v běžných školách živoří na přísné dietě ze statistických údajů a dějepisných dat."

Básník hovořil s láskou o svém otci Debendranáthovi, který byl inspirací Šántiniketanu v jeho počátcích.

„Otec mi daroval tuto úrodnou zem, kde předtím postavil dům pro hosty a svatyni," vyprávěl mi Rabíndranáth. „Svůj vzdělávací experiment jsem zde zahájil v roce 1901 s pouhými deseti chlapci. Všech osm tisíc liber, které jsem obdržel spolu s Nobelovou cenou, jsem věnoval na údržbu školy."

Thákur starší, Debendranáth, známý široko daleko jako Mahárši („Velký mudrc"), byl velmi pozoruhodný člověk, jak lze vyčíst z jeho *Autobiografie*. V dospělosti strávil dva roky života meditací v Himálaji. Jeho otec Dvárkánáth Thákur byl zase v celém Bengálsku proslulý svou velkorysou veřejnou dobročinností. Z tohoto význačného rodokmenu vzešla rodina géniů. Nejen Rabíndranáth; tvořivým duchem vynikali všichni příbuzní. Jeho synovci Gaganendra a Abanindra patří k předním indickým umělcům.[3] Rabíndranáthův bratr Dvidžendra byl filozofem s hlubokým vhledem, kterého milovali dokonce i ptáci a lesní zvěř.

Rabíndranáth mi nabídl, abych se zdržel přes noc v domě pro hosty. Toho večera mne okouzlil výjev s básníkem a skupinkou žáků na terase. Čas jako by se vrátil nazpátek: scéna přede mnou byla téměř vystřižená z nějaké starobylé poustevny – radostný bard v kruhu svých ctitelů, všichni obklopeni svatozáří Boží lásky. Thákur splétal každý přátelský vztah přízí harmonie. Nikdy nepůsobil průbojně, každé srdce přitahoval a získával svým neodolatelným magnetismem. Jak vzácný to květ poezie, jenž vypučel v Boží zahradě a vábil k sobě druhé svou přirozenou vůní!

Svým melodickým hlasem nám Rabíndranáth přečetl několik ze svých znamenitých básní, které právě složil. Většina jeho písní a her,

---

[2] „Duše se už zrodila mnohokrát nebo, jak říkají hinduisté, ‚putuje po cestě bytí tisíci zrody', takže není nic, o čem by nevěděla... Není nic, co by již nepoznala, a tak není divu, že si dokáže vzpomenout na to, co věděla už dřív... Neboť zkoumání a učení je jen vzpomínáním." Emerson, *Representative Men*

[3] Sám Rabíndranáth se po šedesátce začal vážně věnovat malířství. Jeho obrazy byly před několika lety vystaveny v evropských hlavních městech a v New Yorku.

sepsaných pro potěchu studentů, vznikla právě v Šántiniketanu. Půvab jeho veršů podle mne spočívá v umění zmiňovat se téměř v každé sloce o Bohu, a přece jen zřídka zmínit jeho svaté Jméno. „Zpitý blahem zpěvu," napsal, „zapomínám na sebe a nazývám přítelem Tebe, kterýž jsi mým Pánem."

Jen nerad jsem se na druhý den po obědě s básníkem rozloučil. K mé neskrývané radosti je dnes z jeho malé školy mezinárodní universita Višva Bháratí,[4] kde nacházejí ideální prostředí vzdělanci z celého světa.

> Tam, kde duch je bez bázně a hlava vztyčena,
> Kde vědění je svobodno,
> Kde svět není roztříštěn ve zlomky úzkými zdmi domácími,
> Kde slova vycházejí z hlubin pravdy,
> Kde neúnavné úsilí vzpíná své paže po dokonalosti,
> Kde jasný proud rozumu nezbloudil do vyprahlých písčin zvyku zmrtvělého,
> Kde duch je Tebou veden vpřed k myšlenkám a činům, jejichž šíře se neustále rozpíná:
> V takovém ráji svobody, Otče můj, dej procitnouti vlasti mé![5]

RABÍNDRANÁTH THÁKUR

---

[4] Přestože milovaný básník zemřel již v roce 1941, jeho instituce vzkvétá dodnes. V lednu roku 1950 poctilo školu Yogoda Satsanga v Ráňčí šedesát pět učitelů a studentů ze Šántiniketanu desetidenní návštěvou. Skupinu vedl Šrí S. N. Ghošál, vedoucí katedry pedagogiky university Višva Bháratí. Hosté žáky z Ráňčí nesmírně potěšili svou dramatizací Rabíndranáthovy půvabné básně *Púdžáriní*.

[5] *Gítáňdžalí* (Macmillan Co.). Hloubkovou studii díla tohoto básníka najdeme v díle *Philosophy of Rabindranath Tagore* („Filozofie Rabíndranátha Thákura"), jejímž autorem je věhlasný myslitel Sir S. Rádhakrišnan (Macmillan, 1918).

KAPITOLA 30

Zákon zázraků

Slavný romanopisec Lev Nikolajevič Tolstoj[1] napsal půvabnou lidovou povídku *O třech poustevnících*. Jeho přítel Nicholas Roerich ji převyprávěl následovně:

„Na jednom ostrově žili tři staří poustevníci. Byli tak prostí, že používali jedinou modlitbu: ,My jsme tři, Ty jsi Tři – smiluj se nad námi!' Při této prostoduché modlitbě se však děly velké zázraky.

Jednou se o třech poustevnících a jejich nepřípustné modlitbě doslechl místní biskup[2] a rozhodl se, že se za nimi vydá a naučí je náležité církevní pobožnosti. Když dorazil na ostrůvek, řekl poustevníkům, že jejich nebeská prosba je nedůstojná, a naučil je mnoha obvyklým modlitbám. Poté biskup nastoupil do člunu a vydal se na zpáteční cestu. Po chvíli si povšiml, že se za lodí nese zářivé světlo. Když se přiblížilo, rozeznal v něm tři poustevníky; drželi se za ruce a hnali se přes vlny, aby jej dohonili.

,Zapomněli jsme ty modlitby, které jste nás naučil!' zvolali, když konečně biskupa dostihli. ,A tak spěcháme za vámi, zda byste nebyl tak laskav a znovu nám je všechny nezopakoval!' Úžasem němý biskup však potřásl hlavou.

,Milí moji,' odpověděl pokorně, ,jen si dál žijte se svou starou modlitbou!'"

Jak se stalo, že ti tři svatí dokázali kráčet po vodě?
Jak je možné, aby Kristus vzkřísil své ukřižované tělo?
Jak činili své zázraky Láhirí Mahášaj a Šrí Juktéšvar?

---

[1] Tolstoj měl mnoho ideálů společných s Mahátmou Gándhím; oba si spolu dopisovali na téma nenásilí. Tolstoj považoval za těžiště Kristova učení zásadu „neodporujte zlu (zlem)" (Matouš 5,39). Zlu se má „odporovat" pouze jeho logicky účinným protikladem, tedy dobrem nebo láskou.

[2] Tento příběh má zřejmě historický základ; v ediční poznámce se uvádí, že zmíněný biskup se se třemi poustevníky setkal na své plavbě z Archangelska do Soloveckého kláštera při ústí řeky Dviny.

Soudobá věda zatím nezná odpověď, ačkoli se rozpětí lidských vědomostí s příchodem atomového věku nebývale rozšířilo. Slovo „nemožné" se v našem slovníku vyskytuje čím dál řidčeji.

Ve védských písmech se tvrdí, že hmotný svět se řídí jediným elementárním zákonem *máji*, jenž stojí na relativitě a dualitě. Bůh, Samojediný život, je absolutní Jednota; aby se mohl jevit jako oddělené, rozmanité projevy stvoření, musí se odít do falešného či neskutečného závoje. Onen iluzorní dualistický závoj se nazývá *mája*.[3] Toto prosté tvrzení starých ršiů potvrdilo již mnoho význačných vědeckých objevů moderní doby.

Newtonův pohybový zákon je vlastně zákonem *máji*: „Vzájemné síly působící mezi tělesy mají vždy stejnou velikost a opačný směr." Akce se tedy přesně rovná reakci. „Jedna síla nemůže existovat sama o sobě. Vždy musí existovat dvojice sil stejné velikosti a opačné orientace."

Všechny základní přírodní děje prozrazují, že mají svůj původ v *máji*. Například elektřina je jevem založeným na přitažlivosti a odporu; elektrony a protony jsou elektrickými protiklady. Nebo jiný příklad: atom neboli nejmenší částice hmoty je stejně jako zeměkoule magnetem s kladným a záporným pólem. Neúprosnému diktátu polarity podléhá celý jevový vesmír; žádný fyzikální, chemický či jiný přírodní zákon se ani na okamžik nevymaní z těchto vzájemně neoddělitelných protikladných principů.

Fyzika proto nemůže formulovat zákony za hranicemi *máji* – mimo samotné tkanivo a strukturu stvoření. Příroda sama je *mája*; přírodní vědy se tudíž nutně musí zabývat její všudypřítomnou podstatou. Ve svém vlastním poli působnosti je příroda věčná a nevyčerpatelná; budoucí badatelé mohou v její nekonečné rozmanitosti jen věčně zkoumat jednu její stránku po druhé. Věda tak zůstává v neustálém plynutí, neschopna dojít nějaké konečné platnosti; ač plně vybavena k odhalování zákonů již existujícího a fungujícího vesmíru, přece bezmocná rozpoznat Strůjce jejích zákonů a jediného Hybatele. Majestátní projevy gravitace a elektřiny jsou již známy, co však gravitace a elektřina ve skutečnosti je, není známo žádnému smrtelníku.[4]

---

[3] viz pozn. na str. 39 a pozn. na str. 42

[4] Nedostatečnost vědy v řešení konečných otázek připouští i slavný vynálezce Marconi: „Věda je neschopna najít odpověď na hádanku života, a to v jeho absolutním smyslu. Kdyby neexistovala možnost víry, byla by tato skutečnost vskutku děsivá. Tajemství života je nepochybně tím nejvzpurnějším problémem, před nímž kdy lidské myšlení stálo."

Překonat *máju* je úkol, který lidskému pokolení ukládají proroci již po tisíce let. Povznést se nad podvojnost stvoření a zakoušet jednotu se Stvořitelem bylo pojímáno za nejvyšší cíl člověka. Ti, kdo lnou ke kosmické iluzi, jsou nuceni přijmout i její zákon polarity, jež je její podstatou: příliv a odliv, vzestup a pád, den a noc, slast a bolest, dobro a zlo, zrození a smrt. Když jedinec projde několika tisíci zrody v lidské podobě, začne tento cyklický vzorec nabývat jisté skličující monotónnosti; a tehdy se jeho oči začnou s nadějí upínat za obzor, kam už nesahá puzení *máji*.

Sejmout závoj *máji* znamená odkrýt tajemství stvoření. Jedině ten, komu se podaří obnažit vesmír až na jeho samotnou podstatu, se může nazývat opravdovým monoteistou. Všichni ostatní se jen klaní pohanským modlám. Dokud člověk podléhá podvojným klamům přírody, zůstává jeho bohyní dvojtvářná *mája* a nemůže poznat jediného skutečného Boha.

Tento světaklam *máji* se v každém jednotlivci projevuje jako *avidja*, doslova „ne-vědění", tedy nevědomost, sebeklam. *Máju* či *avidju* nelze nikdy zničit pouhým rozumovým přesvědčením či rozborem, nýbrž výlučně dosažením vnitřního stavu *nirvikalpa samádhi*. Z této roviny vědomí promlouvali starozákonní proroci i jasnovidci všech zemí a věků.

Ezechiel pravil:[5] „Pak mě zavedl k bráně směřující na východ, a hle, od východu přicházela sláva Boha Izraele. Zvuk jeho příchodu byl jako zvuk mnohých vod a země zářila jeho slávou." Skrze božské oko na čele („na východě") vysílá jogín své vědomí do všudypřítomnosti a slyší přitom Slovo čili óm, božský zvuk „mnoha vod": vibrací světla, které utvářejí jedinou realitu stvořeného světa.

Světlo je tím nejpozoruhodnějším z myriád tajemství vesmíru. Na rozdíl od zvukových vln, jejichž přenos vyžaduje vzduch či jiné materiální prostředí, světelné vlny se volně šíří vzduchoprázdnem mezihvězdného prostoru. Dokonce i hypotetický éter, považovaný ve vlnové teorii světla za jeho prostorové médium, lze zavrhnout na základě einsteinovského předpokladu, že geometrické vlastnosti prostoru činí každou teorii éteru zbytečnou. Ať platí jedna nebo druhá hypotéza, zůstává světlo nejjemnějším a na hmotě nejméně závislým přírodním jevem.

Grandióznímu pojetí Einsteinovy teorie relativity vévodí rychlost světla – 300 tisíc kilometrů za vteřinu. Einstein matematicky dokazuje, že

---

[5] Ezechiel 43,1–2

Zákon zázraků

co se omezeného pohledu lidské mysli týče, je světlo jedinou konstantní veličinou v trvale se měnícím a plynoucím vesmíru. Na této jediné „absolutní hodnotě" závisí veškerá lidská časoprostorová měřítka. Čas a prostor, už nikoli abstraktně věčné, jak se doposud předpokládalo, jsou tedy ve skutečnosti relativními a omezenými činiteli. Svou podmíněnou vyměřovací platnost odvozují výhradně od měrné lati rychlosti světla.

Čas, jenž se řadí k prostoru jako relativní rozměrová veličina, je nyní vysvlečen do své skutečné podstaty – je to čirá a prostá nejednoznačnost. Několika početními črtami svého pera Einstein zahnal z tohoto vesmíru veškerou neměnnou realitu s výjimkou světla.

Ve své pozdější sjednocené teorii pole se geniální fyzik pokusil vtěsnat do jediného matematického vzorce zákon gravitace a zákon elektromagnetismu. Tím, že uspořádání vesmíru zredukoval na variace jediného zákona, se vrátil přes celé věky zpět k ršiům, kteří již dávno poukazovali na jedinou látku stvoření – proteovsky proměnlivou *máju*.[6]

Z epochální teorie relativity povstaly matematické možnosti zkoumání atomu, posledního dílku vesmírné skládanky. Významní vědci dnes směle trvají nejen na tom, že atom je spíše energií než částicí hmoty, ale tvrdí též, že atomová energie je ve své podstatě látkou duševní povahy.

„Jedním z nejvýznamnějších projevů pokroku ve fyzice je, že si dokázala otevřeně přiznat, že se zabývá světem stínů," napsal sir Arthur Stanley Eddington v díle *Povaha fyzikálního světa*.[7] „Ve světě fyziky sledujeme stínové provedení důvěrně známého dramatu života. Stín mého lokte se opírá o stín stolu a stínový inkoust plyne po stínovém papíře. Vše je symbolické a jako symbol to také fyzik všechno nechává. Pak přichází mysl-alchymista a tyto symboly přetváří... Zjednodušeně shrnuto: látka, z níž se skládá svět, je látkou duševní."

S nedávno sestrojeným elektronovým mikroskopem přišel nezvratný důkaz o světelné podstatě atomů a nevyhnutelné dualitě přírody. Deník *New York Times* přinesl v roce 1937 tuto zprávu o demonstraci elektronového mikroskopu před shromážděním Americké asociace pro vědecký pokrok:

---

[6] Einstein byl přesvědčen, že spojitosti mezi zákony elektromagnetismu a gravitace mohou být vyjádřeny matematickým vzorcem (sjednocenou teorií pole), na kterém v době psaní této knihy pracoval. Ačkoli zemřel dřív, než mohl práci na své rovnici dokončit, mnoho fyziků dnes sdílí Einsteinovo přesvědčení, že takováto spojitost jednou bude objevena. (*pozn. nakl.*)

[7] *The Nature of the Physical World*, Macmillan Company

Na fluorescenčním stínítku se hrdě ukázala krystalická struktura wolframu, dosud pozorovaná pouze nepřímo prostřednictvím rentgenových paprsků, v níž bylo možné rozpoznat devět atomů náležitě rozmístěných v prostorové mřížce ve tvaru krychle s jedním atomem v každém rohu a jedním atomem ve středu. Atomy v krystalické mřížce wolframu se na stínítku jevily jako světelné body uspořádané do geometrického obrazce. Na pozadí této světelné krychle bylo možno pozorovat bombardující molekuly vzduchu jako mihotající se záblesky podobné skvrnám slunečního světla, jež se třpytí na pohybující se vodní hladině.

Princip elektronového mikroskopu objevili jako první v roce 1927 dr. Clinton J. Davisson a dr. Lester H. Germer z newyorských Bellových laboratoří. Zjistili, že elektron má dvojakou povahu, neboť vykazuje vlastnosti jak částic, tak vlnění.[8] Vlnová kvalita propůjčuje elektronu vlastnosti světla a již byl započat výzkum, který by měl odhalit prostředky, jimiž by bylo možno „koncentrovat" elektrony podobným způsobem, jakým se koncentrují světelné paprsky pomocí optických čoček.

Za svůj objev vlastností elektronu, který se chová nevyzpytatelně jako pověstný doktor Jekyll a pan Hyde a který naznačil, že celá říše fyzické přírody má dvojí osobnost, získal dr. Davisson Nobelovu cenu za fyziku.

„Proud poznání směřuje k nadmechanické realitě," píše sir James Jeans v knize *Tajemný vesmír*.[9] Tento svět se začíná jevit spíše jako velkolepá myšlenka než jako velkolepý stroj."

Věda dvacátého století zní téměř jako stránka z prastarých véd.

Nemůže-li tedy člověk jinak, nechť se alespoň z vědy poučí o filozofické pravdě, že žádný hmotný vesmír neexistuje, neboť je utkán z prediva *máji*, iluze. Je-li *mája* podrobena přísné analýze, veškeré zdání reality z ní mizí. Jak se pod člověkem postupně jedna za druhou propadají konejšivé opory hmotného vesmíru, začne si mlhavě uvědomovat, jak modlářské byly jeho naděje, jak se zpronevěřil Božímu přikázání: „Nebudeš mít jiného boha mimo mne."[10]

Ve své proslulé rovnici vyjadřující rovnost hmoty a energie Einstein dokázal, že energie každé částice hmoty je rovna její hmotnosti násobené druhou mocninou rychlosti světla. K uvolnění energie atomů dochází se zničením částic hmoty. „Smrt" hmoty tak předznamenala zrod atomového věku.

[8] tj. jak hmoty, tak energie
[9] *Mysterious Universe,* Cambridge University Press
[10] Exodus 20,3

Zákon zázraků

Rychlost světla je matematickým kriteriem či konstantou nikoli proto, že oněch tři sta tisíc kilometrů za vteřinu je hodnotou absolutní, nýbrž proto, že žádné hmotné těleso, jehož hmotnost spolu s jeho rychlostí narůstá, nemůže rychlosti světla nikdy dosáhnout. Jinými slovy: rychlosti světla může dosáhnout pouze hmotné těleso, jehož hmotnost je nekonečná.

A toto poznání nás přivádí k zákonu zázraků.

Mistři, kteří dokážou zhmotnit a odhmotnit své tělo i jiná tělesa, pohybovat se rychlostí světla a využívat tvůrčích světelných paprsků k okamžitému zviditelnění jakéhokoli fyzikálního jevu, tuto nezbytnou podmínku splňují: jejich hmotnost je nekonečná.

Vědomí dokonalého jogína se bez námahy ztotožňuje nikoli s omezenou tělesnou schránkou, nýbrž s celou vesmírnou strukturou. Gravitace, ať je to Newtonova „síla" nebo einsteinovský „projev setrvačnosti", nemá moc přimět mistra k tomu, aby vykazoval „hmotnost", příznačnou to tíhovou podmínku všech hmotných těles. Ten, kdo rozpoznal, že je všudypřítomný Duch, nepodléhá více strnulým zákonitostem, jimž podléhá tělo v čase a prostoru. Onen „magický kruh", z nějž nelze vystoupit, se rozplyne pod jediným zaklínadlem: *Já jsem On.*

„I řekl Bůh: ‚Budiž světlo!' A bylo světlo."[11] První Boží příkaz při stvoření vesmíru dal vzniknout jeho základní stavební látce – světlu. Na paprscích tohoto nehmotného média se odehrávají všechny božské projevy. Zbožní mystici všech věků dosvědčují, že se Bůh zjevuje v podobě plamenů a světla. „Oči jeho jako plamen ohně," říká svatý Jan, „...jeho vzhled jako když slunce září v plné své síle."[12]

Jogín, jenž v dokonalé meditací nechá své vědomí splynout se Stvořitelem, zakouší kosmickou podstatu jako světlo (vibrace životní energie). Není pro něj rozdílu mezi světelnými paprsky tvořícími vodu a světelnými paprsky tvořícími pevninu. Mistr osvobozený od vědomí hmoty, tří prostorových rozměrů i čtvrtého rozměru času, přenáší své světelné tělo nad světelnými paprsky země, vody, ohně a vzduchu stejně snadno, jako jimi může volně prostupovat.

„Je-li tedy tvé oko čisté, celé tvé tělo *bude plné světla.*"[13] Dlouhé soustředění na osvobozující duchovní oko umožňuje jogínovi zničit všechny

[11] Genesis 1,3
[12] Zjevení Janovo 1,14–16
[13] Matouš 6,22

klamy vzniklé z hmoty a její gravitační hmotnosti; spatřuje vesmír takový, jaký jej Bůh stvořil: jako ve své podstatě nerozlišenou masu světla.

„Optické obrazy," uvádí dr. L. T. Troland z Harvardu, „jsou postaveny na stejném principu jako obyčejný polotónový tisk, to znamená, že jsou složeny z teček, jež jsou natolik nepatrné, že je nelze rozlišit pouhým okem. Citlivost sítnice je tak vysoká, že zrakový vjem může vyvolat i relativně nízké kvantum té správné světlosti."

Zákonem zázraků může vládnout každý, kdo dospěl k poznání, že podstatou stvoření je světlo. Mistr je schopen využívat svého božského vědění o světelných jevech a v okamžiku promítnout všudypřítomné atomy světla do projevu, jež je možné vnímat. Konkrétní podoba tohoto zviditelnění (ať už je to strom, lék či lidské tělo) je určována jogínovým přáním a silou jeho vůle a obrazotvornosti.

V noci člověk vchází do stavu snového vědomí a vymaňuje se z klamných mezí ega, jež ho svazují za dne. Ve spánku se mu dostává stále se opakujícího potvrzení všemohoucnosti jeho mysli. Hle! ve snu ožívají jeho druhové, kteří dávno zemřeli, nejvzdálenější končiny, zapomenuté výjevy z dětství.

Toto svobodné a ničím nepodmíněné vědomí, jež všichni krátce zažívají v určitých snech, je u mistra sladěného s Bohem trvalým stavem mysli. Jogín, jenž postrádá i tu nejmenší osobní pohnutku a využívá tvořivé síly vůle, jíž ho Stvořitel obdařil, přeskupuje atomy světla v tomto vesmíru, aby vyhověl upřímné prosbě věřícího.

„I řekl Bůh: ‚Učiňme člověka, aby byl naším obrazem podle naší podoby. Ať lidé panují nad mořskými rybami a nad nebeským ptactvem, nad zvířaty a nad celou zemí i nad každým plazem plazícím se po zemi.'"[14]

K tomuto účelu byl stvořen člověk i svět: aby člověk povstal jako vládce *máji* a poznal, že má moc nad celým vesmírem.

V roce 1915, krátce poté, co jsem vstoupil do řádu svámí, jsem měl zvláštní vidění. Díky němu jsem porozuměl relativitě lidského vědomí a jasně si uvědomil jednotu Věčného světla za všemi bolestnými podvojnostmi *máji*. Vidění se mne zmocnilo jednou zrána, když jsem seděl ve své podkrovní komůrce v otcově domě na Garparské ulici. V Evropě už měsíce zuřila první světová válka a já zrovna přemítal, proč musí lidstvo splácet smrti tak krutou daň.

[14] Genesis 1:26.

Když jsem zavřel oči a pohroužil se do meditace, mé vědomí se náhle přemístilo do těla velícího kapitána jakési válečné lodi. Dunění děl trhalo vzduch na kusy, když pobřežní baterie opětovávaly palbu lodních kanónů. Najednou velký granát zasáhl muniční sklad a mohutný výbuch rozerval naše plavidlo na kusy. Ještě s několika námořníky, kteří výbuch přežili, jsem se vrhl do vln.

S bušícím srdcem jsem bezpečně podplaval až ke břehu. Vtom ale zbloudilá kulka ukončila svůj hbitý let v mé hrudi. Zasténal jsem a padl k zemi. Celé mé tělo bylo ochromené, avšak stále jsem si jej uvědomoval podobně, jako člověk cítí odkrvenou nohu.

„Tak mne tajemná Smrt nakonec dostihla!" S posledním povzdechem jsem už upadal do bezvědomí, když vtom co nevidím: sedím v lotosové pozici ve svém pokojíku doma na Garparské.

Po tvářích mi tekly hysterické slzy a radostí bez sebe jsem plácal a štípal své znovunabyté bohatství – tělo s hrudí bez otvoru po kulce. Kolébal jsem se sem a tam, nadechoval a vydechoval, jen abych se ujistil, že jsem naživu. Zatímco jsem sám sobě blahopřál k úspěchu, mé vědomí se opět ocitlo v kapitánově mrtvém těle na krví zbroceném pobřeží. Má hlava propadla naprostému zmatku.

„Pane," modlil jsem se úpěnlivě, „jsem mrtev či živ?"

Celý obzor zalila oslňující hra světla. Slabé hřmící chvění se přetavilo ve slova:

„Co má život nebo smrt do činění se světlem? Stvořil jsem tě k obrazu svého světla. Relativita života a smrti patří k vesmírnému snu. Pohleď na své bezesné bytí! Procitni, mé dítě, procitni!"

Aby Bůh podnítil probouzení člověka, dává vnuknutí vědcům, kteří ve správný čas a na správném místě odhalují jednotlivá tajemství stvoření. Mnoho současných objevů napomáhá člověku k pochopení, že vesmír tvoří rozmanité projevy jedné jediné síly – světla, jejž řídí Boží rozum. Všechny ty zázraky filmového plátna, rozhlasu, televize, radaru, atomové energie, fotoelektrického článku – onoho pozoruhodného „elektrického oka" – to vše je založeno na elektromagnetickém jevu světla.

Umění filmového plátna dokáže předvést jakýkoli zázrak. Z působivého vizuálního pohledu není trikové kameře odepřen žádný div. Ve filmu můžeme spatřit, jak průsvitné astrální tělo vystupuje z hrubé hmotné podoby člověka, jak někdo chodí po vodě, křísí mrtvé, obrací přirozený sled událostí a působí hotovou spoušť v přirozeném běhu času a uspořádání prostoru. Zkušený kameraman může libovolně spojovat políčka filmového pásu a vytvářet zrakové divy podobné těm, které opravdový mistr provádí se skutečnými světelnými paprsky.

Biograf se svými oživenými obrazy objasňuje mnohé pravdy o stvoření. Kosmický režisér sepsal své vlastní scénáře a na svou podívanou věků svolal ohromné množství účinkujících. Z temné promítací místnosti věčnosti vysílá své světelné paprsky ve velkofilmech po sobě jdoucích epoch, jejichž dramatické výjevy dopadají na plátno prostoru.

Jako se filmové obrázky jeví skutečnými, ačkoli jsou pouhou směsicí světla a stínu, tak je i vesmírná mnohotvárnost jen klamavým zdáním. Soustavy planet s nesčíslnými podobami života jsou jen obrazci v kosmickém biografu. Jejich pomíjivé scény, jež se pěti smyslům dočasně jeví jako opravdové, jsou ve skutečnosti vrhané na plátno lidského vědomí nekonečným tvůrčím paprskem.

Když obecenstvo v sále zvedne hlavu a podívá se nad sebe, spatří, že všechny obrazy na plátně vznikají prostřednictvím jediného, bezbarvého proudu světla oproštěného od všech obrazů. Podobně i barvité vesmírné drama vychází z jediného čirého světla, jež vyzařuje z kosmického zdroje. S nedostižnou vynalézavostí uvádí Bůh na jeviště „superkolosální" podívanou pro své děti, z nichž ve svém planetárním divadle činí zároveň herce i diváky.

Jednou jsem zašel do biografu podívat se na zpravodaj z evropských bojišť. První světová válka na Západě doposud neustala; týdeník líčil to krvavé běsnění s takovou věrohodností, že jsem ze sálu odcházel s těžkým srdcem.

„Pane," modlil jsem se, „proč dopouštíš takové utrpení?"

K mému nevýslovnému překvapení se mi dostalo okamžité odpovědi ve vidění ze skutečných evropských bojišť. Scény, v nichž se kupili mrtví i ranění, svou úděsností dalece předčily všechny záběry z filmového zpravodajství.

„Dívej se pozorně," promluvil k mému niternému vědomí vlídný hlas. „Poznáš, že tyto výjevy, jež se právě odvíjejí ve Francii, nejsou nic než pouhá hra šerosvitu. Je to kosmický velkofilm, stejně skutečný a stejně neskutečný jako filmový týdeník, který jsi právě zhlédl – hra ve hře."

Mé srdce však stále volalo po útěše. Božský hlas pokračoval: „Stvoření je světlo i stín, neboť jinak by nebylo žádného obrazu. Nadvláda dobra a zla *máji* musí neustále přecházet z jedné strany na druhou. Cožpak kdyby v tomto světě neustále vládla jen radost, zatoužil by člověk po něčem jiném? Kdyby netrpěl, sotvakdy by si vzpomenul, že opustil svůj věčný domov. Bolest je ostrá pobídka k tomuto upamatování. Cestou úniku je moudrost. Tragédie smrti je neskutečná; kdo se před ní třese, je jako pomatený herec, který na jevišti umírá hrůzou, když na něj vystřelí slepým nábojem. Mí synové jsou synové světla; nebudou spát v klamu navěky."

Ačkoli jsem o *máji* předtím čítal v písmech různé výklady, nikdy mi nepřinesly tak pronikavé poznání, jakého jsem nabyl vlastními vizemi a ve slovech útěchy, jež je doprovázely. Hodnoty člověka se zásadně změní, když se konečně přesvědčí, že svět je jen jedno velkolepé filmové představení a vlastní realita nespočívá v tomto světě, nýbrž mimo něj.

Když jsem dopsal tuto kapitolu, posadil jsem se na lůžko do lotosové polohy. Místnost[15] jen spoře osvěcovaly dvě lampičky. Pozvedl jsem zrak a zpozoroval, že strop je celý poset drobnými, žlutavě zbarvenými světélky, která se třpytily a mihotaly fosforeskující září. Myriády tenounkých paprsků se slévaly jako nitky padajícího deště do průzračného světelného sloupu, který se na mne tiše snášel.

Mé fyzické tělo v krátkém okamžiku pozbylo svou tíhu a přeměnilo se v astrální konzistenci. Zakoušel jsem zvláštní pocit, jako bych byl nadnášen, zatímco se mé tělo zbavené hmotnosti sotva dotýkalo lůžka a zlehka se přenášelo střídavě doleva a doprava. Rozhlédl jsem se po místnosti; nábytek a stěny vypadaly jako obvykle, ta drobná řeka světla však zesílila natolik, že strop už nebylo vidět. Strnul jsem úžasem.

„Toto je mechanismus kosmického biografu," promluvil hlas, jakoby ze středu onoho světla. „Vrhá své paprsky na bělostné plátno prostěradla na tvém lůžku a vytváří obraz tvého těla. Pohleď, tvá podoba není nic než světlo!"

Pohlédl jsem na své ruce, hýbal jsem jimi sem a tam, jejich tíži jsem však necítil. Zaplavila mě extatická radost. Ten kosmický stonek světla, z nějž vypučel květ mého těla, se jevil jako božská reprodukce světelných paprsků, které vyzařují z promítací místnosti biografu a oživují obrazy na plátně.

Ještě dlouho jsem v šerém hledišti své ložnice zakoušel tento film o mém vlastním těle. Měl jsem v životě mnohá vidění, toto však bylo ze všech nejpůsobivější. Když se iluze pevného hmotného těla rozplývala

---

[15] v ášramu Self-Realization Fellowship v kalifornském Encinitas *(pozn. nakl.)*

a já si stále silněji uvědomoval, že světlo je podstatou všeho, pohlédl jsem do chvějícího se proudu životronů a zvolal jsem prosebně:

„Ó božské Světlo, pohlť do sebe tento skromný obraz mého těla, jako byl Elijáš vzat do nebe v ohnivém voze!"[16]

Má prosba byla zřejmě příliš troufalá; svazek paprsků se rozptýlil, mému tělu se vrátila obvyklá tíha a zabořilo se do lůžka. Roj oslňujících světel na stropě se zamihotal a zhasl. Můj čas k odchodu z tohoto světa zjevně ještě nenadešel.

„Kromě toho," hloubal jsem v duchu, „prorok Elijáš by asi mou troufalost dost nelibě nesl!"

---

[16] Druhá Královská 2,11

Za „zázrak" je obvykle pokládá jev či událost bez nějaké zákonitosti či mimo ni. Ovšem každá událost v našem dokonale uspořádaném vesmíru se děje podle jisté zákonitosti a je na jejím základě vysvětlitelná. Takzvané zázračné schopnosti velkých mistrů jsou jen přirozeným průvodním důsledkem jejich přesné znalosti subtilních zákonů, jimiž se řídí vnitřní vesmír vědomí.

Nic nelze oprávněně označit za „zázrak", snad jedině v hlubším smyslu, že všechno je zázrak. Už jen to, že jsme každý uzavřen v nepředstavitelně spletitém organismu těla a umístěni na planetě Zemi řítící se prostorem mezi hvězdami: může snad být něco obyčejnějšího? Nebo zázračnějšího?

Velcí proroci jako Kristus a Láhirí Mahášaj konají obvykle mnoho zázraků. Takoví mistři plní mezi lidmi velké a nesnadné duchovní poslání; ona zázračná pomoc lidem v nouzi zdá se být jeho součástí (viz str. 193 n.). Nevyléčitelné nemoci a nepřekonatelné životní nesnáze lze zvrátit jen z božského příkazu. Když jeden královský služebník v Kafarnaum požádal Krista, aby uzdravil jeho umírajícího syna, odpověděl mu Ježíš s trpkým humorem: „Neuvidíte-li znamení a zázraky, neuvěříte." Vzápětí však dodal: „Vrať se domů, tvůj syn je živ!" (Jan 4,46–54).

V této kapitole jsem podal védský výklad máji, magické moci iluze, jež je podstatou všech projevených světů. Západní věda již zjistila, že „hmotu" z atomů proniká „magie" neskutečnosti. Máji, principu relativity, kontrastu, duality, opaku a protikladných stavů, však nepodléhá pouze příroda, ale i sám člověk (ve svém smrtelném aspektu).

Bylo by omylem se domnívat, že pravdu o máji pochopili pouze ršiové. Starozákonní proroci nazývali máju Satanem (hebrejsky „žalobce, protivník"). V řeckém Novém zákoně je významový protějšek Satana označován slovem diabolos, ďábel. Satan či mája je Kosmický kouzelník, který vytváří mnohotvárnost, aby zakryl jedinou beztvarou pravdu. V Božím záměru a hře (líle) je jedinou úlohou Satana či máji snažit se odvracet člověka od Ducha k hmotě, od Skutečnosti k neskutečnému.

Kristus máju barvitě vylíčil jako ďábla, vraha a lháře. „On byl vrah od počátku a nestál v pravdě, poněvadž v něm pravda není. Když mluví, nemůže jinak než lhát, protože je lhář a otec lži." (Jan 8,44).

„Ďábel od počátku hřeší. Proto se zjevil Syn Boží, aby zmařil činy ďáblovy." (1. Janův 3,8). To znamená, že projeví-li se v lidském bytí s nenucenou samozřejmostí Kristovské vědomí, všechny iluze, ony „činy ďáblovy," zmizí.

Mája je od počátku, neboť je to strukturní danost všech jevových, hmotných světů. Tyto světy věčně plynou v proměnlivém proudu jako antiteze Božské neměnnosti.

KAPITOLA 31

Rozhovor se Svatou Matkou

„Ctěná Matko, jako dítě v plenkách jsem byl pokřtěn vaším manželem-prorokem. Byl mistrem mých rodičů a mého vlastního gurua, Šrí Juktéšvara. Mohla byste mi tedy učinit laskavost a pověděla mi něco málo ze svého svatého života?"

Takto jsem oslovil Šrímatí Kášímani, životní družku Láhirího Mahášaje. Ocitl jsem se nakrátko v Benáresu a rozhodl se naplnit svou dlouho pociťovanou touhu tuto ctihodnou osobu navštívit.

Přijala mě vlídně v domě rodiny Láhiríových ve čtvrti Garudéšvar Mahallá. Navzdory pokročilému věku působila jako rozkvetlý lotos a vyzařovala duchovní vůni. Byla střední postavy a světlé pleti, měla štíhlý krk a třpytivé široké oči.

„Buď vítán, synu. Pojď nahoru."

Kášímani mě zavedla do maličkého pokojíku, kde nějakou dobu žila se svým mužem. Cítil jsem se poctěn, že mohu nahlédnout do svatyně, v níž se tento neporovnatelný mistr uvolil sehrát lidské drama manželství. Laskavá dáma mi pokynula, abych se usadil na polštář vedle ní.

„Stalo se to mnoho let předtím, než jsem rozpoznala manželovu božskou velikost," dala se do vyprávění. „Jedné noci, přímo v tomto pokoji, jsem měla živý sen. S nepředstavitelnou velebností se nade mnou vznášeli překrásní andělé. Ten výjev byl tak opravdový, že jsem okamžitě procitla; k mému překvapení byl celý pokoj zalit oslňujícím světlem.

Můj manžel, sedící v lotosové pozici a obklopen anděly, levitoval uprostřed místnosti. S pokornou důstojností a sepjatýma rukama mu vzdávali úctu.

Byla jsem tím natolik ohromena, že jsem nabyla přesvědčení, že stále sním.

‚Ženo,' pravil Láhirí Mahášaj, ‚to není sen. Zanech spánku jednou provždy.' Pomalu se snesl na podlahu a já se mu poklonila k nohám.

‚Mistře,' zvolala jsem, ‚znovu a znovu se před tebou skláním! Odpustíš mi, že jsem tě považovala za svého manžela? Zmírám studem při pomyšlení, že jsem tak dlouho zůstávala v nevědomém spánku po boku božsky probuzeného. Od dnešní noci už nebudeš mým manželem, ale mým guruem. Přijmeš tuto bezvýznamnou osobu za svou žákyni?'[1]

Mistr na mne zlehka položil ruku. ‚Povstaň, svatá duše. Přijímám tě.' Pak ukázal na andělské postavy. ‚Teď se prosím na oplátku pokloň každému z těchto svatých.'

Po mém projevu nejhlubší úcty se jejich andělské hlasy společně rozezněly jako chór z nějaké starodávné legendy.

‚Družko Božského, buď požehnána. Zdravíme tě.' Poklonili se mi k nohám a hle, jejich zářivé podoby se rázem rozplynuly. Pokoj potemněl.

Guru se mne otázal, zda přijmu zasvěcení do *krijájógy*.

‚Zajisté,' odpověděla jsem. ‚Jen lituji, že se mi tohoto požehnání nedostalo dříve.'

‚Čas ještě nedozrál.' Láhirí Mahášaj se konejšivě usmál. ‚Skrytě jsem ti pomohl odčinit velkou část tvé karmy. Teď jsi svolná a připravená.'

Poté se dotkl mého čela. Znenadání se objevila záplava vířících světel. Záře se postupně slila v opálově modré duchovní oko, jež rámoval zlatý kruh a s bílou pěticípou hvězdou uprostřed.

‚Svým vědomím projdi hvězdou do říše nekonečného Bytí.' Guruův hlas zněl novým tónem, jemně jako vzdálená hudba.

Vize za vizí se valily jako mořské vlny na břehy mé duše. Širé, rozlehlé sféry nakonec splynuly v moři blaženosti. Ztratila jsem se v přívalech nepolevujícího blaha. Když jsem se po mnoha hodinách navrátila k vědomí tohoto světa, předal mi mistr techniku *krijájógy*.

Od oné noci už Láhirí Mahášaj nikdy nespal v mém pokoji. Vlastně už nikdy nespal. Ve dne v noci zůstával dole v předpokoji ve společnosti svých žáků."

Pozoruhodná žena se odmlčela. Když jsem si uvědomil, jak jedinečný měla vztah s božským jogínem, odvážil jsem se nakonec požádat o další vzpomínky.

„Jsi nenasytný, synu. Přesto se s tebou podělím ještě o jeden příběh." Stydlivě se usmála. „Přiznám se ti k hříchu, kterého jsem se vůči svému guruovi a manželovi dopustila. Několik měsíců po mém zasvěcení jsem

---

[1] „On Bohu jen, ona pro Boha v něm." Milton, *Ztracený ráj*

se začala cítit nešťastná a přehlížená. Jednou ráno přišel Láhirí Mahášaj do tohoto pokoje pro nějakou věc. Vyrazila jsem rychle za ním. Podlehla jsem klamu a nevybíravě jsem se na něj osočila.

‚Všechen čas trávíš se svými žáky. Co tvé povinnosti vůči ženě a dětem? Trápí mne, že se nesnažíš zajistit pro svou rodinu větší příjem.'

Mistr na mě pohlédl – a v tu ránu zmizel. V úžasu i hrůze jsem uslyšela hlas, který se ozýval ze všech částí pokoje zároveň:

‚Cožpak nevidíš, že je toto všechno nic? Jak by ti nic jako já mohlo přinést bohatství?'

‚Gurudží,' vykřikla jsem, ‚milionkrát tě prosím o odpuštění! Mé hříšné oči už tě nevidí. Zjev se mi prosím ve své svaté tělesné podobě!'

‚Tady jsem,' ozvalo se shůry. Vzhlédla jsem a spatřila, jak se mistr zhmotnil ve vzduchu a hlavou se dotýkal stropu. Oči měl jako oslepující plameny. Jen co se tiše snesl na zem, strachy celá bez sebe jsem mu s pláčem padla k nohám.

‚Ženo,' řekl mi, ‚usiluj o božské bohatství, nikoli o bezcenné pozlátko tohoto světa. Až získáš vnitřní poklad, zjistíš, že zevní pomoc je vždy po ruce.' Pak dodal: ‚Jeden z mých duchovních synů se o tebe postará.'

Guruova slova se samozřejmě vyplnila; jeden žák věnoval naší rodině nemalou částku."

Poděkoval jsem Kášímani za to, že se se mnou podělila o tyto podivuhodné zážitky.[2] Na druhý den jsem se do jejího domu vrátil a několik hodin se bavil filozofickou rozpravou s Tinkarim a Dukarim Láhiríovými. Tito dva zbožní synové velkého indického jógína kráčeli v jeho dokonalých šlépějích. Oba byli světlé pleti, vysocí a statní. Měli hustý plnovous, jemný hlas a rozkošné starosvětské způsoby.

Manželka Láhirího Mahášaje nebyla jedinou ženou mezi jeho žáky. Byly jich stovky a jednou z nich byla i moje matka. Jedna žačka požádala mistra o jeho fotografii. Když ji jednu věnoval, poznamenal: „Budeš-li ji považovat za ochranu, stane se jí. Jinak je to jen obrázek."

Pár dní nato tato žena spolu se snachou Láhirího Mahášaje studovala *Bhagavadgítu* u stolu, za nímž byla pověšena guruova fotografie. Náhle venku propukla neobyčejně prudká bouře.

---

[2] Ctihodná matka zesnula v Benáresu 25. března 1930.

„Láhirí Mahášaji, ochraňuj nás!" Ženy se před fotografií sklonily; knihu ležící na stole zasáhl blesk, obě oddané ctitelky však zůstaly ušetřeny.

„Cítila jsem, jako by kolem mě někdo rozprostřel ledový plášť, který mě chránil před spalujícím horkem," vyprávěla mistrova čéliní.

Láhirí Mahášaj vykonal dva zázraky v souvislosti s žačkou, která se jmenovala Abhaja. Tato žena se jednou vypravila do Benáresu navštívit svého gurua společně se svým manželem, kalkatským právníkem. Jejich drožku zdržel hustý provoz, takže když dorazili na háorské hlavní nádraží v Kalkatě, už jen slyšeli, jak vlak do Benáresu píská k odjezdu.

Abhaja se mlčky postavila vedle pokladen.

„Láhirí Mahášaji, prosím tě, zastav ten vlak!" modlila se v duchu. „Utrápím se, budu-li muset čekat další den, než tě spatřím!"

Kola supícího vlaku se roztáčela víc a víc, ale vlak stál na místě. Strojvůdce i cestující vystoupili na nástupiště, aby si ten div prohlédli. K Abhaje a jejímu muži přistoupil anglický drážní dozorce. Proti všem zvyklostem jim nabídl své služby. „Bábu," řekl, „dejte mi peníze. Nastupte si a já vám zatím dojdu koupit lístky."

Sotva se manželé posadili a obdrželi jízdenky, vlak se dal pomalu do pohybu. Strojvůdce a cestující se v panice opět vyšplhali na svá místa, aniž chápali, proč se vlak tak náhle rozjel a proč se předtím vůbec zastavil.

Když Abhaja dorazila k Láhirímu Mahášajovi, mlčky se mistrovi poklonila a pokusila se dotknout jeho nohou.

„Vzpamatuj se, Abhajo," podotkl mistr. „Jak ráda mě zaměstnáváš! Copak nemůžeš přijet dalším vlakem?"

Abhaja Láhirího Mahášaje navštívila ještě při jedné památné příležitosti. Tentokrát si vyžádala jeho zásah nikoli kvůli vlaku, ale kvůli čápovi.

„Požehnejte mi, prosím, aby mé deváté dítě přežilo," řekla. „Osm jsem jich přivedla na svět, ale všechny krátce po narození zemřely."

Mistr se soucitně usmál. „Tvé příští dítě bude žít. Jen se svědomitě drž mých pokynů. Tvé dítě, dívka, se narodí v noci. Dbej, aby olejová lampa hořela až do úsvitu. Nesmíš usnout a dopustit, aby světlo zhaslo."

Další dítě Abhaji byla dcera narozená v noci, přesně jak vševědoucí guru předpověděl. Matka přikázala chůvě, aby do lampy neustále přilévala olej. Obě ženy až do ranních hodin bděly, ale nakonec je přemohl spánek. Olej v lampě téměř dohořel a plamen jen slabě mihotal. Tu se nadzvedla petlice a dveře ložnice se s hlukem rozletěly. Překvapené ženy se probudily. S úžasem hleděly na postavu Láhirího Mahášaje.

„Pohleď, Abhajo, světlo již skoro zhaslo!" Nato ukázal na lampu a chůva spěchala doplnit olej. Jakmile se plamen znovu jasně rozhořel, mistr zmizel. Dveře se zavřely a petlice se opět zasunula, aniž by se jí někdo dotkl.

Abhajino deváté dítě přežilo; když jsem se na její dceru v roce 1935 ptal, stále žila.

Jeden z žáků Láhirího Mahášaje, ctihodný Kálikumár Ráj, mi vyprávěl mnoho strhujících podrobností ze svého života s mistrem.

„Často jsem býval hostem v jeho benáreském domově i několik týdnů po sobě," vyprávěl mi Ráj. „Všiml jsem si, že v tichu noci přicházelo mnoho svatých *dandi* svámích,[3] aby poseděli u mistrových nohou. Někdy se pouštěli do hovorů o meditačních a filozofických otázkách a za úsvitu odcházeli. Během mých návštěv Láhirí Mahášaj ani jednou neulehl ke spánku.

Na počátku mého vztahu k mistrovi jsem se musel potýkat s odporem svého zaměstnavatele," pokračoval Ráj. „Byl to přesvědčený materialista. ‚Nehodlám zaměstnávat žádné náboženské fanatiky,' prohlásil pohrdavě. ‚Jestli někdy toho tvého šarlatána potkám, povím mu něco, na co jen tak nezapomene.'

Tato výhrůžka však můj pravidelný rozvrh nenarušila; téměř každý večer jsem trávil v guruově přítomnosti. Jednou mě můj zaměstnavatel sledoval a pak nezdvořile vpadl do přijímacího pokoje. Nepochybně se chystal zasypat mistra slíbenými slovy. Než se však stačil usadit, obrátil se Láhirí Mahášaj ke skupince asi dvanácti žáků.

‚Chcete všichni vidět obrázek?'

Když jsme přikývli, vyzval nás, abychom místnost zatemnili. ‚Posaďte se jeden za druhým do kruhu,' řekl, ‚a rukama zakryjte oči toho, kdo sedí před vámi.'

Nepřekvapilo mě, že můj zaměstnavatel, ač neochotně, také plní mistrovy pokyny. Po několika minutách se nás Láhirí Mahášaj zeptal, co vidíme.

‚Mistře,' odpověděl jsem, ‚zjevuje se tu krásná žena. Na sobě má *sárí* s červeným lemem a stojí vedle vzrostlé alokázie.' Všichni ostatní

---

[3] Členové jistého mnišského řádu, kteří rituálně nosí *dandu* (bambusovou hůl) jako symbol *brahma-dandy* („Brahmovy hole"), kterou v člověku představuje páteř. Probuzení všech sedmi mozkomíšních center představuje skutečnou cestu k nekonečnému Bytí.

žáci uvedli stejný popis. Mistr se otočil na mého zaměstnavatele. ‚Poznáváš tu ženu?'

‚Ano.' Očividně v tu chvíli zápasil s emocemi, které byly jeho povaze zcela nové. ‚Pošetile za ni utrácím peníze, přestože mám dobrou manželku. Stydím se za pohnutky, které mě sem přivedly. Odpustíte mi a přijmete mě za žáka?'

‚Povedeš-li půl roku počestný život, přijmu tě.' Pak mistr záhadně dodal: ‚Když to nedokážeš, nebudu tě muset zasvěcovat.'

Tři měsíce odolával můj zaměstnavatel pokušení, ale pak se vrátil ke své staré známosti. Dva měsíce nato zemřel. Tak jsem pochopil mistrovo skryté proroctví, které naráželo na nepravděpodobnost zasvěcení pro toho člověka."

Láhirí Mahášaj měl slavného přítele, svámího Trailangu, o němž se říkalo, že je mu přes tři sta let. Tito dva jogíni spolu často sedávali v meditaci. Trailangův věhlas byl tak široký, že jen málo hinduistů by popřelo pravdivost nějaké z četných historek o jeho ohromujících zázracích. Kdyby se Kristus vrátil na zem, procházel se ulicemi New Yorku a dával najevo své božské schopnosti, vzbudilo by to mezi lidmi stejný úžas, jako když Trailanga před několika desetiletími procházel přeplněnými uličkami Benáresu. Byl jedním ze *siddhů* (dokonalých bytostí), kteří dali Indii sílu odolat zubu času.

Svámí byl mnohokrát pozorován, jak bez jakýchkoli následků vypil ten nejsmrtelnější jed. Tisíce lidí, z nichž někteří ještě žijí, vidělo Trailangu vznášet se na vlnách Gangy. Celé dny buď seděl na hladině nebo na dlouho zmizel pod ní. Na ghátu Manikarnika bylo běžně k vidění svámího nehybné tělo na žhnoucích dlažebních kostkách, vystavené nelítostnému indickému slunci.

Těmito skutky se Trailanga snažil lidem ukázat, že lidský život není závislý výhradně na kyslíku a určitých nezbytných podmínkách a opatřeních. Ať se tento velký mistr nacházel na vodní hladině či pod ní, ať se jeho tělo vystavovalo neúprosnému slunečnímu žáru či nikoli, dokazoval, že je stále živ z božského vědomí: smrt ho nemohla dostihnout.

Tento jogín byl nepřehlédnutelný nejen po duchovní, ale i po tělesné stránce. Vážil přes tři sta liber (téměř 140 kilogramů), tedy na každý rok života jedna libra! Jeho hmotnost byla o to větší záhadou, že jedl jen výjimečně. Skutečný mistr však může přehlížet všechny běžné zdravotní zásady, pokud tak činí z nějakého zvláštního důvodu, který je často znám pouze jemu samotnému.

Velcí světci, kteří se probudili z vesmírného snu *máji* a uvědomili si, že tento svět je jen myšlenka v Božské mysli, mohou se svým tělem zacházet, jak sami uznají za vhodné, neboť vědí, že je to snadno ovlivnitelná forma zhuštěné či zmrzlé energie. Fyzikové sice už vědí, že hmota není ničím jiným než ustrnulou energií, ovšem osvícení mistři na poli ovládnutí hmoty zdárně přešli od teorie k praxi.

Trailanga zůstával vždy zcela nahý. Stížnostmi zahlcená benáreská policie si jej zvykla brát jako nevyzpytatelné problémové dítě. Tento bezprostřední svámí si svou nahotu podobně jako Adam v Rajské zahradě vůbec neuvědomoval. Policie si jí však byla vědoma až příliš a bez okolků jej za ni poslala do vězení. To se však setkalo s veřejným pohoršením, neboť Trailanga se záhy zjevil ve své nevinnosti na střeše věznice. Jeho cela byla stále bezpečně uzamčena a nic ani náznakem neprozrazovalo, jak se mu z ní podařilo uniknout.

Zoufalí strážci zákona tedy opět konali svou povinnost. Tentokrát však před svámího celu postavili stráže. Světská moc se však opět musela sklonit před spravedlností: mistr byl zanedlouho spatřen, jak se nenuceně promenáduje po střeše.

Bohyně spravedlnosti má přes oči šátek; v Trailangově případě se bezradní policisté rozhodli následovat jejího příkladu.

Velký jogín setrvával obvykle v mlčení.[4] Navzdory buclaté tváři a břichu objemnému jako sud jedl Trailanga jen příležitostně. Po několika týdnech bez jídla svůj půst většinou ukončil několika hrnky zkyslého mléka, které mu věnovali jeho vyznavači. Jeden skeptik se rozhodl, že Trailangu usvědčí z podvodu, a tak položil před svámího velký kbelík vápna, které se používá k bělení zdí.

„Mistře," pronesl ten bezvěrec s předstíranou úctou, „přinesl jsem vám zákys. Vypijte jej, prosím."

Trailanga do sebe bez zaváhání nalil litry žíravého vápna, že nezůstala jediná kapka. Za pár minut se však sám ničemník začal svíjet na zemi v agónii.

„Pomoc, svámí, pomoc!" křičel. „Hořím! Odpusťte mi mou zlomyslnost!"

Velký jogín přerušil své obvyklé mlčení. „Ty škodolibý hlupáku," řekl, „když jsi mi nabízel jed, neuvědomil sis, že můj a tvůj život tvoří

---

[4] Byl *muni*, mnich dodržující *maunu*, duchovní mlčení. Sanskrtský výraz *muni* je příbuzný řeckému výrazu *monos*, „sám, jediný", z něhož jsou odvozena anglická slova jako *monk* (mnich) a *monism* (monismus).

Jogínka Šankarímájí džu, jediná žijící žačka Trailangy Svámího. Zde je zachycena (spolu se třemi zástupci školy YSS v Ráňčí) na kumbhaméle v Hardváru v roce 1938. Jogínce bylo v té době 112 let.

jednotu. Kdybych nevěděl, že Bůh přebývá v mém žaludku stejně jako v každém atomu stvoření, to vápno by mě zabilo. Když jsi konečně poznal smysl božského bumerangu, už nikdy si s nikým nezahrávej!"

Hříšník vyléčený Trailangovými slovy se schlíple odplížil.

Ono přenesení bolesti na druhého se nestalo z mistrovy vůle, ale bylo výsledkem působení zákona odplaty,[5] který platí i na tom nejvzdálenějším tělese ve vesmíru. U jedinců, kteří dosáhli božské realizace jako Trailanga, funguje božský zákon okamžitě, neboť se navždy zbavili všech třecích ploch ega.

Víra v automatické fungování spravedlnosti (jež často oplácí nečekanou mincí jako v případě Trailangy a snaživého traviče) tlumí naše ukvapené pohoršení nad lidskou nespravedlností. „Mně patří pomsta,

---

[5] Viz 2. Královská 2,19–24. Poté, co Elíša v Jerichu vykonal zázrak „uzdravení vody", skupina chlapců se mu posmívala. „Vtom vyběhly z křovin dvě medvědice a roztrhaly z nich čtyřicet dvě děti."

já odplatím, praví Pán."⁶ Nač spoléhat na omezené lidské prostředky, když vesmír již chystá náležitý trest?

Tupá mysl zpochybňuje možnost Boží spravedlnosti, lásky, vševědoucnosti a nesmrtelnosti. „Jen blouznivé náboženské představy!" Lidé s tímto necitlivým náhledem, kteří nedokážou pohlédnout s úžasem na toto velkolepé kosmické představení, uvádějí ve svém životě do chodu nesouladný běh událostí, který je nakonec donutí pátrat po moudrosti.

Ježíš se o všemohoucnosti duchovního zákona zmínil u příležitosti svého triumfálního příchodu do Jeruzaléma. Když učedníci a dav křičeli radostí a provolávali: „Na nebi pokoj a sláva na výsostech," někteří farizeové se nad tou nedůstojnou podívanou pohoršovali. „Mistře," namítali, „napomeň své učedníky!"

Ježíš však odpověděl, že budou-li jeho učedníci mlčet, „bude volat kamení".⁷

Touto výtkou farizejům poukázal Ježíš na to, že božská spravedlnost není žádná obrazná abstraktní představa a že syn pokoje, i kdyby mu byl vytržen jazyk, najde řeč a ochranu v základním principu stvoření, v samotném vesmírném řádu.

„Myslíte si snad," říkal Ježíš, „že můžete umlčet syny pokoje? To je, jako byste se pokusili zadusit hlas Boží, o jehož slávě a všudypřítomnosti zpívá i kamení. Budete žádat, aby lidé společně neslavili ve jménu nebeského pokoje? Poradíte jim, aby se shromažďovali a vyjadřovali svou jednotu, jen když na zemi vypukne válka? Pak se připravte, farizejové, že budete muset strhnout samotné základy tohoto světa; neboť mírumilovní lidé, stejně jako kamení a s ním země, voda, oheň i vzduch povstanou proti vám na svědectví božské harmonie stvoření."

Milosti tohoto kristovského jogína se dostalo jednou i mému *sedžomámovi* (strýci z maminčiny strany). Jednou ráno spatřil Trailangu v davu jeho stoupenců na jednom benáreském ghátu. Podařilo se mu protlačit až k němu a pokorně se dotknout jeho nohou. Strýc s úžasem zjistil, že byl na místě zbaven trýznivé chronické nemoci.⁸

---

6 Římanům 12,19
7 Lukáš 19,37–40
8 Životy Trailangy a dalších velkých mistrů nám připomínají Ježíšova slova: „Ty, kdo uvěří, budou provázet tato znamení: Ve jménu mém budou vyhánět démony a mluvit novými jazyky; budou brát hady do ruky, a vypijí-li něco smrtícího, nic se jim nestane; na choré budou vzkládat ruce a uzdraví je." (Marek 16,17–18)

Jediným známým žijícím žákem tohoto velkého jogína je žena, Šankarímájí džu.[9] Je dcerou jednoho z Trailangových žáků a svámí ji cvičil již od raného dětství. Čtyřicet let žila v několika odlehlých himálajských jeskyních poblíž Badrínáthu, Kédárnáthu, Amarnáthu a Pašupatináthu. Tato *brahmáčariní* (žena-asketa), narozená v roce 1826, je na živu již hodně přes jedno století. Na jejím vzhledu však stáří není znát: uchovala si černé vlasy, zářivý chrup a ohromující energii. Z ústraní vychází jednou za pár let a navštěvuje pravidelné *mély* neboli náboženské poutě.

Tato světice často navštěvovala Láhirího Mahášaje. Vyprávěla, jak jednou v bjárákpurské oblasti poblíž Kalkaty seděla po boku Láhirího Mahášaje, když do místnosti tiše vešel jeho velký guru Bábádží a dal se s oběma do řeči. „Nesmrtelný mistr měl na sobě mokrou bederní roušku," vzpomíná, „jakoby se právě vykoupal v řece. Požehnal mi několika duchovními radami."

Při jedné příležitosti porušil Trailanga své obvyklé mlčení, aby Láhirímu Mahášajovi vyjádřil veřejnou poctu. Jeden z jeho žáků proti tomu vznesl námitku.

„Pane," řekl, „proč vy, svámí, který se zřekl světa, prokazujete takovou úctu ženatému muži?"

„Synu," odvětil Trailanga, „Láhirí Mahášaj je jako božské kotě, které se zdržuje všude tam, kde jej vesmírná Matka položí. Zatímco řádně plnil svou roli světského člověka, dostalo se mu stejného stupně Seberealizace, pro nějž jsem se já vzdal všeho – dokonce i své bederní roušky!"

---

[9] bengálská obdoba přípony -*dží* vyjadřující úctu

KAPITOLA 32

Jak byl Ráma vzkříšen z mrtvých

„Byl nemocen jeden člověk, Lazar... Když to Ježíš uslyšel, řekl: ,Ta nemoc není k smrti, ale k slávě Boží, aby Syn Boží byl skrze ni oslaven.'"[1]
Jedno slunečné ráno vykládal Šrí Juktéšvar na balkoně svého šrírámpurského ášramu křesťanská Písma. Naslouchal jsem mu společně se skupinkou svých žáků z Ráňčí a několika dalšími mistrovými učedníky.
„V této pasáži nazývá Ježíš sám sebe Božím Synem. Ač byl skutečně s Bohem sjednocen, má zde tato jeho zmínka hluboký nadosobní význam," vysvětloval guru. „Syn Boží je kristovské či božské vědomí v člověku. Žádný smrtelník nemůže Boha oslavit. Jediná pocta, kterou svému Stvořiteli člověk může prokázat, je ta, že jej bude hledat; člověk totiž nemůže oslavit abstraktní Bytí, které nezná. Ona ,sláva' či svatozář kolem hlavy svatých je symbolickým svědectvím o jejich schopnosti skládat Bohu takovou poctu."

Šrí Juktéšvar pokračoval ve čtení podivuhodného příběhu o Lazarově vzkříšení. Když skončil, se svatou knihou otevřenou na klíně se nadlouho odmlčel.

„I mně se poštěstilo spatřit na vlastní oči podobný zázrak," promluvil nakonec se slavnostní vážností. „Jednoho mého přítele vzkřísil Láhirí Mahášaj z mrtvých."

Hoši sedící po mém boku se usmáli v očekávání. I ve mně stále zůstávalo dost chlapeckého nadšení, abych nacházel potěšení nejen v rozpravách o filozofii, ale zvláště v každém příběhu, v němž se Šrí Juktéšvar zmínil o zázračných zážitcích se svým guruem.

„Byli jsme s Rámou nerozlučná dvojice," pustil se mistr do vyprávění. „Ráma byl nesmělý, stranil se lidí, a proto se rozhodl navštěvovat našeho gurua Láhirího Mahášaje výhradně mezi půlnocí a svítáním, kdy u něj nebývaly tak početné zástupy žáků jako přes den. Byl jsem

[1] Jan 11,1–4

Rámův nejbližší přítel, takže se mi svěřoval s mnoha svými hlubokými duchovními prožitky. Jeho přátelství pro mne bylo velmi obohacující." Guruova tvář zjihla vzpomínkami.

„Ráma však musel nečekaně podstoupit těžkou zkoušku," pokračoval Šrí Juktéšvar. „Onemocněl totiž asijskou cholerou. Při vážné nemoci náš mistr nikdy nebránil lékařské péči, a tak byli přivoláni dva specialisté. Uprostřed horečného ošetřování churavého druha jsem se z hloubi srdce modlil k Láhirímu Mahášajovi o pomoc. Spěchal jsem k němu domů a s pláčem mu vypověděl, co se stalo.

‚Lékaři se o Rámu dobře starají. Bude v pořádku,' prohlásil mistr a bodře se usmál.

Vrátil jsem se tedy k přítelově lůžku s lehkým srdcem, jen abych ho nalezl na prahu smrti.

‚Zbývá mu hodina, nanejvýš dvě,' oznámil mi jeden z lékařů a bezmocně zalomil rukama. Znovu jsem se hnal za Láhirím Mahášajem.

‚Lékaři jsou svědomití lidé. Jsem si jistý, že Ráma bude v pořádku,' odbyl mě mistr.

Tentokrát jsem už lékaře u Rámy nezastihl. Jeden z nich mi zanechal vzkaz: ‚Dělali jsme, co bylo v našich silách, ale je to beznadějný případ.'

Můj přítel byl skutečně obrazem umírajícího člověka. Nechápal jsem, jak by se slova Láhirího Mahášaje mohla nesplnit, ovšem pohled na to, jak z Rámy rychle vyprchává život, mé mysli neodbytně našeptával: ‚Už je po všem.' Zmítán na prudkých vlnách víry a pochybností jsem dál pečoval o přítele, jak nejlépe jsem dovedl. Náhle se Ráma zvedl a zvolal:

‚Juktéšvare, utíkej za mistrem a pověz mu, že přišel můj konec. Požádej ho, aby před pohřbem požehnal mému tělu.' S těmito slovy Ráma ztěžka vydechl a vypustil duši.[2]

Hodinu jsem plakal u jeho lože. Ráma, který vždy miloval mlčení, nyní vstoupil do absolutního ticha smrti. Do domu vešel další žák. Požádal jsem ho, aby zůstal, dokud se nevrátím. Napůl v mrákotách jsem se dobelhal zpět k mistrovi.

‚Jak je daří Rámovi?' Láhirí Mahášaj byl samý úsměv.

‚To brzy sám uvidíte, pane,' vyhrkl jsem pln emocí. ‚Za pár hodin spatříte jeho tělo, až ho ponesou na pohřebiště.' Zhroutil jsem se a bez zábran se dal do pláče.

---

[2] Oběti cholery bývají často až do okamžiku smrti při smyslech a plně při vědomí.

Jak byl Ráma vzkříšen z mrtvých

‚Ovládej se, Juktéšvare. Tiše seď a medituj.' Guru se ponořil do *samádhi*. Odpoledne, večer i noc uplynuly v nepřerušeném mlčení. Marně jsem se snažil dosáhnout vnitřního klidu.

Za úsvitu na mě Láhirí Mahášaj konejšivě pohlédl. ‚Vidím, že jsi stále rozrušený. Proč jsi mi včera neřekl, že ode mne očekáváš hmatatelnou pomoc v podobě nějakého léku?' Mistr ukázal na lampu ve tvaru poháru se surovým ricinovým olejem. ‚Vezmi lahvičku a naplň ji olejem z lampy. Pak nalij Rámovi pár kapek do úst.'

‚Ale pane,' namítl jsem, , je mrtvý od včerejšího poledne. K čemu teď bude olej?'

‚Na tom nesejde; udělej, jak říkám.' Guruova veselá nálada pro mě byla zcela nepochopitelná; mnou však nepřestávala zmítat muka nepolevujícího zármutku. Přesto jsem se s trochou oleje vydal k Rámovi.

Tělo mého druha jsem našel ztuhlé ve spárech smrti. Nebral jsem ohled na jeho mrtvolný stav, pravým ukazováčkem jsem mu rozevřel rty a levou rukou mu s pomocí korkové zátky přes sevřené zuby nakapal olej do úst. Když se jeho studených rtů dotkla sedmá kapka, Ráma sebou prudce otřásl. Svaly se mu od hlavy až k patě zachvěly a on se překvapeně posadil.

‚Viděl jsem Láhirího Mahášaje v záři světla!' zvolal. ‚Zářil jako slunce. Povstaň, zanech spánku! přikázal mi. Přijďte s Juktéšvarem za mnou!'

Nemohl jsem uvěřit svým očím, když Ráma vstal a po smrtelné nemoci měl dost sil, aby došel až do mistrova domu. Tam se slzami vděčnosti v očích padl Láhirímu Mahášajovi k nohám.

Mistr se smíchy sotva držel na nohou. Když ke mně obrátil oči, zajiskřilo to v nich škodolibostí.

‚Juktéšvare,' řekl, ‚ode dneška budeš jistě s sebou stále nosit lahvičku ricinového oleje. Kdykoli uvidíš mrtvolu, postačí sedm kapek, abys zmařil Jamovu moc!'[3]

‚Vy se mi posmíváte, Gurudží. Nerozumím tomu; vysvětlete mi, prosím, v čem spočívá můj omyl.'

‚Dvakrát jsem ti řekl, že Ráma bude zdráv. Tys mi však nedokázal zcela věřit,' vysvětloval Láhirí Mahášaj. ‚Nechtěl jsem tím říci, že ho vyléčí doktoři; pouze jsem poznamenal, že se o něj starají. Nechtěl jsem se jim plést do řemesla; i oni musejí z něčeho žít.' Hlasem znějícím

---

[3] bůh smrti

radostí pak guru dodal: ‚Věz, že všemohoucí Paramátman[4] dokáže uzdravit každého, s doktorem i bez něj.'

‚Už svou chybu chápu,' přiznal jsem s lítostí. ‚Teď už vím, že pouhé vaše slovo je závazné pro celý vesmír.'"

Když Šrí Juktéšvar ten ohromující příběh dovyprávěl, jeden chlapec z Ráňčí mu položil otázku, která byla od dítěte víc něž pochopitelná.

„Pane," řekl, „proč vás guru poslal zrovna s ricinovým olejem?"

„Podání tohoto oleje nemělo samo o sobě žádný zvláštní význam, hochu. Protože jsem očekával něco hmotného, použil Láhirí Maháśaj to, co bylo právě po ruce, jako předmětný symbol, který měl povzbudit mou víru. Mistr nechal Rámu zemřít, protože jsem zapochyboval. Božský guru však věděl, že když jednou vyřkl, že se žák uzdraví, musí k tomu dojít, přestože musel Rámu vyléčit ze smrti, což je nemoc obvykle osudná!"

Šrí Juktéšvar skupinku rozpustil a pokynul mi, abych se posadil na deku k jeho nohám.

„Jógánando," pronesl s nezvyklou vážností, „od narození jsi byl obklopen přímými žáky Láhirího Maháśaje. Tento velký mistr prožil svůj vznešený život v částečném ústraní a vytrvale odmítal dovolit svým následovníkům, aby na jeho učení vystavěli nějakou organizaci. Učinil nicméně jednu významnou předpověď.

,Přibližně padesát let po mém odchodu,' řekl, ,bude díky hlubokému zájmu o jógu na Západě zapsán příběh mého života. Poselství jógy obletí svět. Napomůže budování lidského bratrství – jednoty založené na přímém vnímání Jediného Otce.'

Jógánando, můj synu," pokračoval Šrí Juktéšvar, „musíš k šíření tohoto poselství přispět svým dílem a jeho svatý život zaznamenat."

Padesát let od roku 1895, v němž Láhirí Maháśaj odešel, uplynulo v roce 1945, kdy jsem dokončil tuto knihu. Nevycházím z úžasu nad tou neuvěřitelnou shodou okolností, že tentýž rok 1945 také přivítal nový věk – éru revolučních atomových energií. Mysl všech soudných lidí se víc než kdy jindy obrací k naléhavým problémům míru a bratrství, neboť jinak hrozí, že neustálé spoléhání na hrubou sílu sprovodí ze světa spolu s problémy i celé lidstvo.

Ač výtvory člověka mizí působením času či bomb beze stopy, slunce se od své dráhy neodchyluje; i hvězdy dál nepohnutě bdí na obloze.

---

[4] doslova „Nejvyšší Duše"

Jak byl Ráma vzkříšen z mrtvých

Kosmický zákon nelze zastavit ani změnit a člověk by udělal lépe, kdyby s ním žil v souladu. Jestliže se vesmír staví proti hrubé síle, jestliže slunce na nebi neválčí, ale v pravý čas se uchýlí do ústraní, aby přenechalo vládu hvězdám, k čemu hrozíme železnou pěstí? Přinese to snad mír? Není to krutost, co drží vesmír pohromadě, nýbrž dobrá vůle; míruplné lidstvo okusí nekonečné ovoce vítězství, jež je sladší chuti než to, co vyrůstá z půdy kropené krví.

Fungující společenství národů bude přirozeným, bezejmenným společenstvím lidských srdcí. Široké porozumění a pronikavý vhled, jež jsou nezbytné k uzdravení z pozemské strasti, nemohou vyplynout z pouhého rozumového zřetele k lidským odlišnostem, nýbrž jedině z poznání nejhlubší lidské jednoty – naší spřízněnosti s Bohem. Nechť se jóga, věda o osobním splynutí s Bohem, včas rozšíří ke všem lidem světa a přispěje k uskutečnění tohoto nejvyššího pozemského ideálu – míru, jenž přichází skrze lidské bratrství.

Ač se Indie pyšní civilizací starší než jakýkoli jiný národ, jen málo historiků si povšimlo, že její přežití není žádnou náhodou, ale logickým důsledkem její oddanosti vůči věčným pravdám, které přinášela prostřednictvím svých největších představitelů v každé generaci. Pouhou kontinuitou svého trvání, svou neměnností v průběhu věků (dokážou nám suchopární učenci vůbec říci kolika?), podala Indie na výzvu času ze všech národů tu nejhodnotnější odpověď.

Biblický příběh o Abrahamovi, který prosil Boha, aby ušetřil Sodomu, pokud se v ní najde deset spravedlivých, a Boží odpověď, že ji pro těch deset nevyhladí,[5] nabývá nového smyslu ve světle toho, že ani Indie dosud neupadla v zapomnění. Kde je konec říším mocných národů sběhlých v umění války – starověkého Egypta, Babylonu, Řecka či Říma – které byly kdysi jejími současníky?

Tato Boží odpověď zřetelně dokazuje, že národ žije dál nikoli pro své hmotné úspěchy, ale díky svým lidským velikánům.

Nechť v tomto dvacátém století, již dvakrát skropeném krví, znovu zazní tato slova Páně: žádný národ, který dokáže zplodit deset lidí čistých v očích Neúplatného Soudce, nebude vyhlazen.

Díky tomuto přesvědčení dokázala Indie odolat tisícerým nástrahám času. Realizovaní mistři posvěcovali její půdu svými šlépějemi v každém století. Mudrci podobní Kristu, jako byli Láhirí Mahášaj

---

[5] Genesis 18,23–32

Autobiografie jogína

„Jsem Duch. Dokáže snad tvůj přístroj zachytit to, co je všudypřítomné a neviditelné?" Po několika neúspěšných pokusech o pořízení snímku na fotografické desky, na nichž nebyl Láhirí Mahášaj ani jednou zachycen, Jógavatár nakonec svolil, aby byl jeho „tělesný chrám" vyfotografován. Znovu už se mistr nikdy zvěčnit nenechal – alespoň jsem žádný jiný jeho snímek nespatřil," napsal Paramahansadží. (Viz str. 9.)

a Šrí Juktéšvar, povstávají i dnes, aby dosvědčovali, že znalost jógy, vědy o uvědomění Boha, je základem lidského štěstí i dlouhého života národů.

O životě Láhirího Mahášaje a jeho univerzálním učení se v tištěné podobě doposud objevilo jen velmi málo informací.[6] V Indii, Americe i Evropě jsem se po tři desetiletí setkával s hlubokým a upřímným zájmem o jeho osvobozující poselství jógy; na Západě, kde toho není

---

[6] V roce 1941 vyšel krátký životopis v bengálštině s názvem Šrí Šrí Šjámáčaran Láhirí Mahášaj, jehož autorem byl Svámí Satjánanda. Z jeho stránek jsem pro tento oddíl věnovaný Láhirímu Mahášajovi přeložil několik pasáží.

Jak byl Ráma vzkříšen z mrtvých

o životě velkých současných jogínů mnoho známo, je proto písemné vylíčení jeho života, jak sám předpověděl, skutečně potřebné.

Láhirí Mahášaj se narodil 30. září 1828 do rodiny zbožných bráhmanů ze starobylého rodu. Na svět přišel ve vesnici Ghurní, která leží v okrese Nadíja nedaleko bengálského Krišnagaru. Byl jediným synem Muktakáší, druhé manželky váženého Gaurmohana Láhirího. (První manželka mu porodila tři syny a pak zemřela během pouti.) O matku přišel ještě v dětství. Nevíme o ní téměř nic, až na jednu významnou skutečnost: byla horlivou vyznavačkou boha Šivy,[7] v náboženských spisech označovaného králem jogínů.

Chlapec, jehož celé jméno znělo Šjámáčaran Láhirí, strávil dětská léta v domě svých předků v Ghurní. Ve věku tří nebo čtyř let jej často vídali, jak sedí zahrabaný v písku v určité jógové pozici a ze země mu ční jen hlava.

V zimě roku 1833 byl statek rodiny Láhiríjů zničen, když nedaleká řeka Džalangí změnila svůj tok a slila se s řečištěm Gangy. Spolu s domem rodiny Láhiríjů byl proudem stržen i jeden z chrámů zasvěcených Šivovi, který rodina nechala postavit. Jeden z věřících tehdy zachránil z rozbouřených vod Šivovu kamennou sochu a umístil ji do nového chrámu v Ghurní, který je dnes známý široko daleko.

Gaurmohan Láhirí se svou rodinou z Ghurní odešel a usadil se v Benáresu, kde ihned nechal vystavět chrám zasvěcený Šivovi. Domácnost

---

[7] Jeden z božské trojice: Brahma, Višnu, Šiva, jejichž úkolem je tvoření, udržování a ničení-obnova vesmíru. Šiva (někdy psáno Siva), v mytologii zobrazovaný jako pán těch, kteří se zřekli světa, se svým věrným uctívatelům zjevuje ve viděních v různých podobách, například jako Mahádéva, asketa se zapletenými vlasy, nebo Natarádža, Kosmický tanečník.
Pro mnohé je Šiva čili Ničitel obtížně pochopitelnou představou. Šivův vyznavač Pušpadanta se ve svém chvalozpěvu *Mahimnastava* plačtivě ptá: „Proč jsi světy stvořil? Abys je ničil vzápětí?" Jedna sloka z *Mahimnastavy* říká:
„Tvé nohy zadupou a pevná zem otřásá se v základech.
Tvé paže silné jako pruty ocelové rozmáchnou se
a hvězdy po nebi se rozprchnou.
Dálavy vesmírné, šlehané Tvými rozpuštěnými kadeřemi
chvějí se strachem.
Toť tanec vskutku velkolepý!
Však sužovat svět, abys jej spasil?
– Jak tomu mám rozumět?"
Nakonec ale dávný básník dospívá k tomuto závěru:
„Což může se můj duch, tak nepatrný a trápením zkoušený,
srovnávat s Tvou bezmeznou slávou, jež vymyká se
všem rysům vznešeným, co lidé kdy Tobě přisoudili?"

vedl podle pravidel védské disciplíny s pravidelnými pobožnostmi, dobročinnými skutky a studiem posvátných spisů. Byl však také spravedlivý a otevřený, a tak se neodvracel ani od přínosného proudu moderních myšlenek.

V Benáresu se mladému Láhirímu dostalo výuky v hindštině a urdštině v místních vzdělávacích skupinách. Navštěvoval školu, kterou vedl Džajnárájan Ghošál a kde se vzdělával v sanskrtu, bengálštině, francouzštině a angličtině. Mladý jogín pečlivě studoval védy a nadšeně naslouchal debatám učených bráhmanů o náboženských spisech včetně maráthského pandita Nágbhatty.

Šjámáčaran byl laskavý, mírný a odvážný mladík oblíbený u všech svých společníků. Byl obdařen vyváženým, zdravým a silným tělem a vynikal v plavání i mnoha ručních pracích.

V roce 1846 Šjámáčarana oženili se Šrímatí Kášímani, dcerou Šrí Debnárájana Sanjála. Kášímani byla vzornou indickou hospodyní, která s radostí plnila své domácí povinnosti a příkladně hostila návštěvy i chudé. Jejich manželský svazek byl požehnán dvěma ctnostnými syny, Tinkarim a Dukarim, a dvěma dcerami. V roce 1851, ve věku třiadvaceti let, přijal Láhirí Mahášaj místo účetního odboru vojenského stavitelství pod britskou vládou. Během své služby byl mnohokrát povýšen. Nebyl tedy jen mistrem v očích Božích, ale dosáhl úspěchu i v malém lidském dramatu, v němž sehrál pokornou úlohu světského úředníka.

Odbor vojenského stavitelství Láhirího Mahášaje postupně přeložil do svých poboček v Gázípuru, Mirzápuru, Nainítálu, Dánápuru a Benáresu. Po otcově smrti přijal mladík zodpovědnost za členy celé rodiny a koupil jim dům v odlehlé benáreské čtvrti zvané Garudéšvar Mahallá.

V jeho třiatřicátém roce konečně došel naplnění účel, pro nějž se Láhirí Mahášaj[8] vtělil na zemi. Nedaleko Ráníkhétu v Himálaji se setkal se svým velkým guruem Bábádžím, který ho zasvětil do *krijájógy*.

Tato událost nepřinesla štěstí jen Láhirímu Mahášajovi; byl to také mezník, který znamenal naději pro celé lidstvo. Ztracené či na dlouho ukrývané nejvyšší umění jógy tak bylo opět vyneseno na denní světlo.

Stejně jako Ganga[9] sestoupila z nebe na zemi, jak se vypráví v puránských legendách, a nabídla božský doušek vyprahlému hrdlu věrnému

---

[8] Sanskrtský náboženský titul *Mahášaj* znamená „velkodušný".
[9] Vody Matky Gangy, posvátné řeky Indů, mají svůj počátek v ledové jeskyni uprostřed věčného sněhu a ticha Himálaje. Tisíce světců po staletí přebývalo v blízkosti Gangy a zanechalo na jejích březích auru požehnání. (Viz pozn. na str. 190)

Jak byl Ráma vzkříšen z mrtvých

Bhagírathovi, tak i v roce 1861 začala nebeská řeka *krijájógy* stékat z nepřístupných tvrzí Himálaje k prašným lidským příbytkům.

Neobyčejnou a možná výjimečnou vlastností řeky Gangy je její nezněčistitelnost. V její neměnné sterilitě nežijí žádné bakterie. Miliony Indů bez újmy využívají její vodu k osobní hygieně i k pití. Pro moderní vědce je tato skutečnost zarážející. Jeden z nich, John Howard Northrop, držitel Nobelovy ceny za chemii z roku 1946, nedávno prohlásil: „Víme, že Ganga je vysoce znečištěná. Indové z ní však pijí, koupají se v ní a očividně jim to nijak neškodí." Pak s nadějí dodal: „Možná že řeka za svou sterilitu vděčí nějakému bakteriofágu [viru hubícímu bakterie]."

Védy hlásají úctu ke všem přírodním jevům. Zbožný hinduista proto plně rozumí slovům chvály, jež vyjádřil svatý František z Assisi: „Díky Tobě, Pane, za naši Sestru Vodu, tak užitečnou, pokornou, cudnou a drahocennou."

KAPITOLA 33

Bábádží, jogín-Kristus moderní Indie

Strmé skalní útesy severního Himálaje nedaleko Badrínárájanu jsou stále požehnány živoucí přítomností Bábádžího, gurua Láhirího Mahášaje. Tento skrytý mistr si svou fyzickou podobu uchovává po celá staletí, možná i tisíciletí. Nesmrtelný Bábádží je *avatára*. Tento sanskrtský výraz znamená „sestoupení"; je složen z kořenů *ava*, „dolů", a *tr*, „přejít". V posvátných hinduistických spisech *avatára* vždy označuje sestoupení Božství do hmotného těla.

„Bábádžího duchovní úroveň přesahuje lidské chápání," vysvětlil mi Šrí Juktéšvar. „Zakrnělý lidský zrak nedohlédne k jeho transcendentální hvězdě. Marný je i pokus si jen představit, čeho všeho avatár dosáhl. Je to nepředstavitelné."

Upanišady podrobně rozlišují každý stupeň na duchovní cestě. *Siddha* („zdokonalená bytost") postoupil ze stavu *džívanmukty* („osvobozeného za života") do stavu *paramukty* („svrchovaně svobodného" – s úplnou mocí nad smrtí). Posledně jmenovaný se zcela vymanil z područí *máji* a jejího koloběhu reinkarnací. *Paramukta* se proto málokdy vrací do fyzického těla; pokud tak učiní, je avatárem, shůry pověřeným prostředníkem, jenž tomuto světu přináší božské požehnání. Avatár nepodléhá vesmírné ekonomice; jeho neposkvrněné tělo, viditelné jako světelný obraz, nemá vůči Přírodě žádné dluhy.

Běžný zrak nemusí na podobě avatára spatřovat nic zvláštního. Někdy se však stává, že nevrhá stín a nezanechává na zemi stopy. To jsou zevní symbolické důkazy vnitřního vysvobození z temnoty a hmotných pout. Jen takovýto bohočlověk zná Pravdu, jež se ukrývá za relativitou života a smrti. Omar Chajjám, tak hrubě nepochopen, opěvoval tohoto osvobozeného člověka v nesmrtelném díle nazvaném *Rubá'iját*:

> Ach, Luno mé Radosti, ty neznáš ubývání,
> to jen Měsíc na obloze vychází i zapadá.
> Kolikrát ještě vyjde, aby po mně pátral,
> v té samé Zahradě – však bez výsledku?

„Luna mé radosti, jež nezná ubývání" je Bůh, věčná Polárka, jíž nikdy nepohne čas. „Měsíc na obloze, jenž vychází i zapadá" je vnější vesmír, spoutaný zákonem opakujícího se vznikání a zanikání. Ve své vlastní realizaci se tento perský zřec navždy osvobodil od povinných návratů na zem, do „té samé Zahrady" čili *máji*.[1] „Po mně pátraje, však bez výsledku" – jak frustrující je pátrání udiveného vesmíru po tom, co bylo v absolutním smyslu zapomenuto!

Kristus svou svobodu vyjádřil jinak: „Jeden zákoník přišel a řekl mu: ,Mistře, budu tě následovat, kamkoli půjdeš.' Ale Ježíš mu odpověděl: ,Lišky mají doupata a ptáci hnízda, ale Syn člověka nemá, kde by hlavu složil.'"[2]

Může však Krista v jeho rozlehlé všudypřítomnosti kdokoli následovat jinak než v Duchu, jenž se klene nade vším?

Kršna, Ráma, Buddha a Pataňdžali patřili ke starověkým indickým avatárům. Kolem jihoindického avatára Agastji vznikla bohatá básnická literatura v tamilštině. Agastja vykonal celou řadu zázraků stovky let před počátkem křesťanské éry i po něm a věří se, že si svou tělesnou podobu uchovává dodnes.

Posláním Bábádžího v Indii je napomáhat prorokům v uskutečňování jejich zvláštních úkolů. Podle měřítek svatých písem tak splňuje rysy *Mahávatára* (Velkého avatára). Bábádží sám zmínil, že zasvětil do jógy Šankaru,[3] jenž dal novou podobu řádu svámí, i slavného středověkého mistra Kabíra. Jeho hlavním žákem v devatenáctém století byl, jak již víme, Láhirí Mahášaj, obroditel ztraceného umění *krijájógy*.

Bábádží je v trvalém spojení s Kristem; společně vysílají spásné vibrace a připravili duchovní techniku vykoupení pro tento věk. Úkolem těchto dvou plně osvícených mistrů – jednoho s tělem, druhého bez těla – je inspirovat národy k tomu, aby se zřekly válek, rasové nenávisti, náboženského sektářství a nástrah materialismu, jež se člověku vrací jako bumerang. Bábádží si je plně vědom směřování moderní doby, zejména vlivu a složitosti západní civilizace, a uvědomuje si, že je nutné šířit jógu vedoucí k osvobození sebe sama na Západě stejně jako na Východě.

---

[1] podle anglického překladu Edwarda FitzGeralda
[2] Matouš 8,19–20
[3] Šankara, jehož historicky známým guruem byl Góvinda Jati, přijal zasvěcení do *krijájógy* od Bábádžího v Benáresu. Když o tom Bábádží vyprávěl Láhirímu Mahášajovi a Svámímu Kebalánandovi, uvedl o svém setkání s tímto velkým šiřitelem monismu mnoho podrobností.

Autobiografie jogína

Nemělo by nás překvapovat, že o Bábádžím neexistují žádné historické záznamy. Tento velký guru v žádném století nevystoupil veřejně. Lesk publicity, která svádí k mylným dojmům, nemá v jeho tisíciletých plánech místo. Stejně jako Stvořitel – jediná, ale mlčenlivá Moc – působí Bábádží v pokorném ústraní.

Velcí proroci jako Kristus a Kršna přicházejí na tuto zem za zvláštním a mimořádným účelem; jakmile je tento účel splněn, odcházejí. Jiní avatáři jako Bábádží pracují spíše na pomalém vývoji člověka v průběhu staletí a nejsou spojováni s jednou význačnou událostí v lidských dějinách. Takoví mistři se vždy skrývají před hrubým zrakem veřejnosti a dokáží se stát kdykoli neviditelnými. Z těchto důvodů a také proto, že od svých žáků většinou požadují, aby o nich mlčeli, zůstává mnoho význačných duchovních postav světu neznámých. Na těchto stránkách o Bábádžím uvádím pouze náznak jeho života – jen pár skutečností, jejichž zveřejnění považuje za vhodné a prospěšné.

Žádné omezující údaje ohledně Bábádžího rodiny či místa narození, jež by tolik ocenilo srdce každého životopisce, nebyly nikdy zjištěny. Většinou promlouvá v hindštině, ale snadno se dorozumí jakýmkoli jiným jazykem. Přijal prosté jméno Bábádží (Ctihodný Otec). Další jména, která mu z projevu úcty dali žáci Láhirího Mahášaje, jsou Mahámuni Bábádží Maháráž (Nejvyšší extatický mistr), Mahájógí (Velký jogín) a Trambak Bába či Šiva Bába (tituly Šivových avatárů). Záleží však na tom, že neznáme rodné jméno plně osvobozeného mistra?

„Kdokoli s úctou vysloví Bábádžího jméno," řekl jednou Láhirí Mahášaj, „vztáhne na sebe okamžitě duchovní požehnání."

Tělo tohoto nesmrtelného gurua nenese žádné známky stáří; vypadá jako mladík, kterému není víc než pětadvacet let. Bábádží má světlou pokožku a střední postavu a jeho krásné, silné tělo vyzařuje viditelný jas. Jeho oči jsou tmavé, klidné a laskavé. Jeho dlouhé lesklé vlasy mají barvu mědi. Někdy se Bábádžího tvář natolik podobá Láhirímu Mahášajovi, a podobnost občas bývala natolik nápadná, že Láhirí Mahášaj v pozdějších letech mohl být považován za otce mladistvě vyhlížejícího Bábádžího.

Svámí Kebalánanda, můj ctihodný učitel sanskrtu, strávil s Bábádžím[4] nějakou dobu v Himálaji.

---

[4] Bábádží (ctihodný otec) je běžný titul; v Indii je jím oslovováno mnoho význačných učitelů. Žádný z nich však není oním Bábádžím, který byl guruem Láhirího Mahášaje. Existence tohoto Mahávatára byla veřejnosti poprvé odhalena v roce 1946 v *Autobiografii jogína*.

„Tento nesrovnatelný mistr se v horách stěhuje se svou skupinkou z místa na místo," vyprávěl mi Kebalánanda. „V jeho družině jsou i dva vysoce pokročilí američtí žáci. Když Bábádží stráví na jednom místě nějakou dobu, řekne: ,Déra danda uthágo.' (,Zvedněme svůj stan a hůl.') Nosí s sebou *dandu* (bambusovou hůl). Jeho slova jsou znamením, že se se svou skupinou okamžitě přenáší na jiné místo. Tuto metodu astrálního cestování nepoužívá vždy; jindy přechází i pěšky z jednoho štítu na druhý.

Druzí mohou Bábádžího spatřit nebo rozpoznat, jen když si to sám přeje. Je známo, že se zjevuje v mnoha mírně odlišných podobách různým jedincům – někdy s vousy a knírkem, jindy bez nich. Jeho tělo, jež nepodléhá rozkladu, nevyžaduje žádnou potravu; mistr proto jen zřídkakdy jí. Ze zdvořilosti vůči žákům, které navštíví, někdy přijme ovoce nebo rýži uvařenou v mléce s přepuštěným máslem.

„Znám dvě ohromující historky z Bábádžího života," pokračoval Kebalánanda. „Jeho žáci seděli jednou večer u velikého ohniště, jež bylo zapáleno pro jistý posvátný védský obřad. Guru náhle uchopil hořící klacík a lehce jím uhodil do obnaženého ramene čély sedícího u ohně.

,Jak kruté, pane!' ohradil se Láhirí Mahášaj, jenž byl tehdy přítomen.

,Byl bys raději, aby před tvými zraky shořel na popel, jak požaduje jeho minulá karma?'

S těmito slovy Bábádží položil svou uzdravující ruku na čélovo popálené rameno. ,Dnes jsem tě osvobodil od trýznivé smrti. Karmickému zákonu bylo učiněno zadost krátkou bolestí, jíž ti přivodil tento oheň.'

Jindy narušil poklid Bábádžího posvátného kruhu příchod cizince. S udivující obratností se vyšplhal na téměř nepřístupný převis nedaleko guruova tábora.

,Pane, vy musíte být velký Bábádží!' Z mužovy tváře vyzařovala nevýslovná úcta. ,Celé měsíce po vás nepřetržitě pátrám v těchto zlověstných skaliskách. Snažně vás prosím, přijměte mě za žáka.'

Když velký guru nijak neodpovídal, ukázal muž na kamenitou strž pod převisem. ,Jestli mě odmítnete, skočím dolů. Nemohu-li získat vaše vedení k Božství, nemá pro mne život žádnou cenu.'

,Tak skoč,' odvětil Bábádží chladně. ,Na tvém současném stupni vývoje tě nemohu přijmout.'

Muž se okamžitě vrhl z útesu. Bábádží svým otřeseným žákům přikázal, aby pro tělo neznámého muže došli. Když se s jeho znetvořeným tělem vrátili, položil mistr na mrtvého ruku. Hle! Muž otevřel oči a pokorně se před všemohoucím guruem poklonil.

‚Nyní jsi připraven stát se mým žákem.' Bábádží se na svého vzkříšeného čélu s láskou usmál. ‚Odvážně jsi prošel nelehkou zkouškou.[5] Smrt už se tě nedotkne. Patříš teď do našeho společenství nesmrtelných.' Pak pronesl obvyklá slova k odchodu, ‚*Déra danda utháo*', a celá skupina z hory zmizela."

Avatár žije ve všudypřítomném Duchu; jeho bezprostřední blízkost neslábne se čtvercem vzdálenosti. Existuje proto jen jediný důvod, který Bábádžího motivuje, aby po staletí udržoval svou fyzickou podobu: touha podat lidstvu konkrétní příklad jeho vlastních možností. Pokud by člověku nikdy nebylo umožněno alespoň letmo popatřit na Božství v těle, zůstával by dál v područí tíživého klamu *máji*, že svou smrtelnost nikdy nepřekoná.

Ježíš od samého počátku věděl, jak se bude jeho život odvíjet. Každou událostí prošel nikoli kvůli sobě, ani proto, že by jej k tomu nutila jeho karma, ale výhradně proto, aby duchovně pozvedl vnímavé lidské bytosti. Čtyři evangelisté Matouš, Marek, Lukáš a Jan toto nepostižitelné drama zaznamenali k prospěchu budoucích pokolení.

Ani pro Bábádžího neplatí relativita minulosti, přítomnosti a budoucnosti; už od počátku znal všechny fáze svého života. Aby se přiblížil omezenému chápání lidí, mnohá dějství svého božského života sehrál v přítomnosti jednoho či více svědků. Tak se stalo, že jeden z žáků Láhirího Mahášaje byl přítomen, když Bábádží usoudil, že nazrál čas, aby se svět dozvěděl, že tělesná nesmrtelnost je možná. Tento slib pronesl před Rámgopálem Mazumdárem, aby tato skutečnost konečně vešla ve známost pro inspiraci dalších hledajících duší. Velcí mistři pronášejí svá slova a účastní se zdánlivě přirozeného běhu událostí výhradně pro dobro člověka. Jak pravil Kristus: „Otče... Věděl jsem sice, že mě vždycky slyšíš, ale řekl jsem to kvůli zástupu, který stojí kolem, aby uvěřili, že ty jsi mě poslal."[6]

---

[5] Tato zkouška se týkala poslušnosti. Když osvícený mistr řekl: „Skoč," muž poslechl. Kdyby zaváhal, dokázal by nepravdivost svého tvrzení, že bez Bábádžího vedení je jeho život bezcenný. Zaváhání by prozradilo, že nemá naprostou důvěru v gurua. Proto byla tato zkouška, ač drastická a neobvyklá, za těchto okolností dokonalá.

[6] Jan 11,41–42

Když jsem Rámgopála, „světce, který nikdy nespí,"[7] navštívil v Ranbádžpuru, vyprávěl mi onen úchvatný příběh o svém prvním setkání s Bábádžím.

„Občas jsem opustil svou odlehlou jeskyni a odešel do Benáresu, abych usedl k nohám Láhirího Mahášaje," začal své vyprávění Rámgopál. „Když jsem jednou o půlnoci tiše meditoval se skupinou jeho žáků, vyslovil mistr překvapivou žádost.

‚Rámgopále,' řekl mi, ‚okamžitě běž ke ghátu Dašášvamédha.'

Brzy jsem na toto osamělé místo dorazil. Noc byla jasná, svítil měsíc a na nebi se třpytily hvězdy. Nějakou chvíli jsem trpělivě mlčky seděl, když mou pozornost upoutala mohutná kamenná deska u mých nohou. Postupně se zvedala a pod ní se objevila podzemní jeskyně. Když kámen působením jakési neznámé síly znehybněl ve vzduchu, vynořila se z jeskyně zahalená postava mladé, neobyčejně krásné ženy a vznášela se vysoko přede mnou, obklopená jemnou svatozáří. Pomalu se snesla dolů a zůstala přede mnou nehybně stát, ponořená v extázi. Nakonec se pohnula a vlídně promluvila.

‚Jsem Mátádží,[8] Bábádžího sestra. Požádala jsem jej společně s Láhirím Mahášajem, aby dnes večer přišli k mé jeskyni pohovořit o věci zásadního významu.'

Nad Gangou se objevilo rychle se pohybující, mlhavé světlo; jeho podivná záře se odrážela v temných vodách řeky. Světlo přicházelo blíž a blíž, až se náhle s oslepujícím zábleskem zjevilo po boku Mátádží a okamžitě se zhutnilo v lidskou podobu Láhirího Mahášaje. Ten se pokorně poklonil k nohám světice.

Než jsem se stačil vzpamatovat z úžasu, zaskočila můj zrak vířící masa mystického světla putující po obloze. Vír oslepujících plamenů začal rychle sestupovat, přiblížil se k naší skupině a zhmotnil se do podoby krásného mládence. Ihned jsem pochopil, že je to Bábádží. Vypadal jako Láhirí Mahášaj, ale zdál se být mnohem mladší než jeho žák a měl dlouhé lesklé vlasy.

Láhirí Mahášaj, Mátádží i já jsme se velkému guruovi poklonili až k nohám. Jakmile jsem se dotkl jeho božského těla, každý pór mé bytosti zaplavil nadpřirozený pocit blažené euforie.

---

[7] Všudypřítomný jogín, který poznal, že jsem se nepoklonil před oltářem v Tárakešvaru (kapitola 13).

[8] „Svatá Matka." I Mátádží žije již celá staletí. Je téměř stejně duchovně pokročilá jako její bratr. Spočívá v extázi v tajné podzemní jeskyni nedaleko ghátu Dašášvamédha.

‚Požehnaná sestro,' řekl Bábádží, ‚chystám se odložit svou tělesnou schránku a ponořit se do Nekonečného proudu.'

‚Už jsem tvůj záměr nahlédla, milovaný Mistře. Chtěla jsem o něm s tebou dnes večer mluvit. Proč bys opouštěl své tělo?' Překrásná žena na něj naléhavě pohlédla.

‚Jaký rozdíl je v tom, jsem-li oděn do viditelné či neviditelné vlny v oceánu svého Ducha?'

Mátádží odpověděla s osobitým zábleskem důvtipu. ‚Nesmrtelný guru, pokud v tom není žádného rozdílu, pak se prosím svého těla nikdy nezříkej.'[9]

‚Budiž,' pronesl Bábádží se vší vážností. ‚Nikdy své fyzické tělo neodložím. Zůstane stále viditelné alespoň pro malý počet lidí na této zemi. Tvými ústy vyslovil sám Bůh své vlastní přání.'

Když jsem v údivu naslouchal rozhovoru mezi těmito vznešenými bytostmi, velký guru se ke mně otočil s laskavým gestem.

‚Neměj strach, Rámgopále,' řekl mi, ‚je to požehnání, že jsi se stal svědkem tohoto nesmrtelného slibu.'

Když sladká melodie Bábádžího hlasu utichla, jeho postava se spolu s postavou Láhirího Mahášaje pomalu vznesla nad Gangu a obě se začaly vzdalovat. Jejich těla, zahalená svatozáří oslnivého světla, zmizela na noční obloze. Postava Mátádží se přenesla k jeskyni a opět do ní sestoupila. Kamenná dlaždice se snesla k zemi a uzavřela jeskyni, jako by jí pohybovaly nějaké neviditelné ruce.

Nekonečně povznesen jsem pomalu zamířil zpět k Láhirímu Mahášajovi. Když jsem se mu za svítání poklonil, guru se na mě chápavě usmál.

‚Mám radost spolu s tebou, Rámgopále,' řekl mi. ‚Tvé přání setkat se s Bábádžím a Mátádží, o němž jsi se mi často zmiňoval, konečně došlo svého zázračného naplnění.'

Ostatní žáci mě zpravili o tom, že Láhirí Mahášaj se od mého půlnočního odchodu nepohnul ze svého místa.

‚Když jsi odešel ke ghátu, přednesl úžasný výklad o nesmrtelnosti,' řekl mi jeden čéla. Tehdy jsem poprvé plně pochopil pravdu posvátných

---

[9] Tato příhoda mi připomíná jinou ze života Tháléta. Tento řecký filozof učil, že mezi životem a smrtí není žádný rozdíl.
„Proč tedy nezemřeš?" zeptal se ho jakýsi kritik.
„Protože to vyjde na stejno."

Bábádží, jogín-Kristus moderní Indie

veršů, které tvrdí, že člověk, který dosáhl Seberealizace, se může zjevovat na různých místech ve dvou či více tělech současně.

Láhirí Mahášaj mi později zodpověděl řadu metafyzických otázek týkajících se tajného božského plánu pro tuto zemi," řekl závěrem Rámgopál. „Bábádží byl vybrán Bohem, aby zůstal ve svém těle po dobu současného světového cyklu. Věky budou přicházet a odcházet, avšak nesmrtelný mistr,[10] hledě na drama staletí, bude stále přítomen na tomto pozemském jevišti."

---

[10] „Amen, amen, pravím vám, kdo zachovává mé slovo (spočívá nepřerušovaně v Kosmickém vědomí), nezemře navěky." (Jan 8,51)
Těmito slovy Ježíš nepoukazoval na nesmrtelný život ve fyzickém těle, který by znamenal monotónní vězení, k němuž bychom stěží odsoudili hříšníka, natožpak světce. Osvícený člověk, o němž Kristus mluvil, je ten, kdo se probudil ze smrtelného polospánku nevědomosti do Věčného života (viz kapitola 43).
Základní podstatou člověka je beztvarý, všudypřítomný Duch. Nevyhnutelné čili karmické vtělení je výsledkem *avidje*, nevědomosti. Indická svatá písma učí, že zrození a smrt jsou projevy *máji*, kosmické iluze. Zrození a smrt mají smysl pouze ve světě relativity.
Bábádží není omezen na fyzické tělo ani na tuto planetu, ale na přání Boha plní na zemi zvláštní poslání.
Velcí mistři jako Svámí Pranabánanda (viz str. 249), kteří se vracejí na zem v nových vtěleních, tak činí z důvodů, jež nejlépe znají jen oni sami. Jejich inkarnace na této planetě nepodléhají přísným omezením karmy. Takovéto dobrovolné návraty se nazývají *vjutthána* čili návrat k pozemskému životu poté, co *mája* již přestala člověka oslepovat.
Mistr, který plně realizoval Boha, dokáže vzkřísit své tělo a zjevit se v něm před zraky pozemšťanů bez ohledu na to, jestli zemřel běžnou, nebo neobyčejnou smrtí. Zhmotnění atomů fyzického těla může stěží omezit moc toho, kdo je sjednocen s Bohem – s tím, jehož sluneční soustavy nelze spočítat!
„Dávám svůj život, abych jej opět přijal," prohlásil Kristus. „Nikdo mi ho nebere, ale já jej dávám sám od sebe. Mám moc svůj život dát a mám moc jej opět přijmout." (Jan 10,17–18)

BÁBÁDŽÍ
Mahávatár, „Božská inkarnace"
Guru Láhirího Mahášaje

Tuto věrnou kresbu velkého kristovského jogína moderní Indie pomohl Jógánandadží vytvořit jednomu kreslíři.

Mahávatár Bábádží odmítá svým žákům prozradit jakékoli omezující skutečnosti týkající o místě a datu svého narození. Již po celá staletí žije mezi himálajskými sněhy.

„Kdykoli s úctou vysloví Bábádžího jméno," říkal Láhirí Mahášaj, „vztáhne na sebe okamžitě duchovní požehnání."

KAPITOLA 34

Zhmotnění paláce v Himálaji

„Bábádžího první setkání s Láhirím Mahášajem je fascinující příběh a jako jeden z mála nám dovoluje alespoň letmo tohoto nesmrtelného gurua zahlédnout zblízka."

Těmito slovy uvedl Svámí Kebalánanda své podivuhodné vyprávění. Když jsem ho od něj slyšel poprvé, doslova mě uhranulo. Ještě mnohokrát jsem pak svého laskavého učitele sanskrtu přemlouval, aby mi ten příběh znovu vyprávěl, a později jsem ho v podstatě stejnými slovy slyšel i od Šrí Juktéšvara. Oba žáci Láhirího Mahášaje si tuto ohromující historku vyslechli přímo z úst svého␣gurua.

„Poprvé jsem se s Bábádžím setkal, když mi bylo třiatřicet let," vyprávěl tenkrát Láhirí Mahášaj. „Na podzim roku 1861 jsem byl vyslán do Dánapuru jako účetní odboru vojenského stavitelství britské vlády. Jednou ráno si mě nechal zavolat můj nadřízený.

‚Láhirí,' řekl mi, ‚právě přišel telegram z ústředí. Máte být přeložen do Ráníkhétu, kde se právě buduje vojenská základna.'[1]

S jedním sluhou jsem se tedy vydal na 800 kilometrů dlouhou cestu. Putovali jsme koňmo i vozem a do himálajského Ráníkhétu jsme dorazili po třiceti dnech.[2]

Mé úřední povinnosti nebyly nijak vyčerpávající, a tak jsem mohl trávit mnoho hodin toulkami po úchvatných horách. Doneslo se mi, že tento kraj je požehnán přítomností velkých světců, a pocítil jsem silnou touhu se s nimi setkat. Jednou brzy odpoledne jsem při procházce náhle užasl, když jsem z dálky uslyšel, jak čísi hlas volá mé jméno. Pokračoval jsem tedy v usilovném výstupu na horu Dróngiri. Při pomyšlení, že se nestačím vrátit dřív, než se džungle zahalí do tmy, se mne zmocnila tíseň.

---

[1] Pozdější vojenské sanatorium. V roce 1861 už v Indii existovala telegrafní síť zřízená britskou vládou.
[2] Ráníkhét v okrese Almóra leží na úpatí Nandadéví, jednoho z nejvyšších himálajských štítů (7816 m).

Nakonec jsem došel až na malou mýtinu, kterou po stranách lemovalo několik jeskyní. Na jedné ze skalních říms stál usmívající se mladík a zvedal ruku na uvítanou. S překvapením jsem si povšiml, že až na vlasy měděného odstínu se mi neuvěřitelně podobá.

,Tak jsi přišel, Láhirí[3]!' oslovil mě světec vlídně v hindštině. ,Odpočiň si v této jeskyni. To já jsem tě volal.'

Vstoupil jsem do úhledné jeskyňky, v níž se nacházelo několik vlněných dek a *kamandalu* (nádob na vodu).

,Vzpomínáš si na toto sedátko, Láhirí?' ukázal jogín na složenou deku v koutě.

,Ne, pane.' Poněkud otřesen podivností celého tohoto dobrodružství jsem dodal: ,Musím jít, než se setmí. Ráno mám práci v úřadě.'

Záhadný světec odpověděl anglicky: ,Úřad je tu kvůli tobě, ne ty kvůli úřadu.'

Zarazilo mě, že tento lesní asketa nejenže hovoří anglicky, ale ještě dokáže činit narážky na Kristova slova.[4]

,Vidím, že se můj telegram neminul účinkem.'

Této jogínově poznámce jsem nerozuměl, a tak jsem jej požádal o vysvětlení.

,Mluvím o telegramu, který tě přivedl do těchto odlehlých končin. To já jsem mysli tvého nadřízeného tiše vnukl, abys byl přeložen do Ráníkhétu. Když člověk cítí jednotu s lidstvem, každá mysl se stane vysílací stanicí, již může libovolně používat.' Pak dodal: ,Už tuto jeskyni poznáváš, Láhirí?'

Jelikož jsem stále zmateně mlčel, světec ke mně přistoupil a zlehka mě klepl do čela. Při jeho magnetickém doteku proběhl mým mozkem zvláštní proud energie, který uvolnil milé zárodečné vzpomínky na můj předchozí život.

,Už si vzpomínám!' Můj hlas se zpola dusil radostnými vzlyky.

,Ty jsi můj guru Bábádží, který ke mně odevždy patří! V mé mysli se probouzejí živé výjevy z minulosti; zde v této jeskyni jsem ve své

[3] Bábádží jej ve skutečnosti oslovil „Gangádhare", tedy jménem, jímž byl Láhirí Mahášaj zván ve své předchozí inkarnaci. Gangádhar (doslova „ten, který drží Gangu") je jedním ze jmen boha Šivy. Podle puránské legendy sestoupila posvátná řeka Ganga z nebe. Aby země sílu jejího mohutného přívalu ustála, zachytil Šiva řeku Gangu do svých zcuchaných kadeří, odkud ji pak vypouštěl mírným proudem. Metafyzický význam jména Gangádhar je „ten, kdo má nadvládu nad ‚řekou' životní síly v páteři".

[4] „Sobota je učiněna pro člověka, a ne člověk pro sobotu." (Marek 2,27)

předchozí inkarnaci strávil mnoho let!' Přemohly mě nepopsatelné vzpomínky a se slzami v očích jsem mistrovi objal nohy.

‚Přes tři desetiletí jsem čekal, až se ke mně vrátíš.' V Bábádžího hlase zněla nebeská láska. ‚Vytratil ses a zmizel v bouřlivých vlnách života za hranicemi smrti. Dotkla se tě kouzelná hůlka tvé karmy a byl jsi pryč! Ač jsi mne ztratil z dohledu, já jsem od tebe nikdy zrak neodvrátil. Provázel jsem tě světélkujícím astrálním mořem, na němž se vznášejí vznešení andělé. Následoval jsem tě v temnotě, bouři, vichru i ve světle jako ptačí matka střežící své mládě. Zatímco jsi přečkával těhotenství v lidském lůně a přišel jsi na tento svět, nespouštěl jsem z tebe oči. Když jsi v Ghurní jako dítě své tělo v lotosovém sedu zasypával pískem, byl jsem neviditelně přítomen. Měsíc za měsícem, rok za rokem jsem na tebe trpělivě dohlížel a čekal na tento výjimečný den. Konečně jsi se mnou! Zde je tvá jeskyně, jíž jsi kdysi tak miloval. Udržoval jsem ji pro tebe stále čistou a připravenou. Zde je tvá posvěcená ásana – deka, na níž jsi dennodenně sedával, abys naplnil své rozpínající srdce Bohem. Zde je tvá miska, z níž jsi často pil nápoj, který jsem ti připravoval. Pohleď, jak je tvůj mosazný pohár vyleštěný, abys ses z něj jednoho dne mohl znovu napít. Už rozumíš, můj milý?'

‚Co na to mohu říct, můj guru?' vysoukal jsem ze sebe s pohnutím. ‚Kdo kdy slyšel o takové nehynoucí lásce?' Dlouho jsem jako u vytržení zíral na svůj věčný poklad, svého gurua v životě i ve smrti.

‚Láhirí, musíš se očistit. Vypij olej z této misky a jdi si lehnout k řece.' Bábádžího praktická moudrost, pomyslel jsem si s letmým nostalgickým úsměvem, byla vždy na prvním místě.

Uposlechl jsem jeho pokynu. Přestože se právě snášela mrazivá himálajská noc, začala ve mně pulzovat hřejivá, uklidňující zář. Podivil jsem se: byl snad ten neznámý olej nasycen kosmickým teplem?

Kolem mne šlehal štiplavý vítr a do tmy skučel své kruté hrozby. Ledové vlnky řeky Gagás se tu a tam přelily přes mé tělo, jež leželo na kamenitém břehu. Nedaleko se ozýval tygří řev, ale v mém srdci nebylo strachu; ta zářivá síla, která se ve mně právě probudila, mi dodávala jistotu nezdolné ochrany. Uběhlo několik hodin; vybledlé vzpomínky z jiného života se vplétaly do nynějšího oslňujícího obrazu shledání s božským guruem.

Mé osamocené přemítání přerušil zvuk blížících se kroků. Jakási mužská ruka mi ve tmě zlehka pomohla na nohy a podala mi suchý oděv.

‚Pojď, bratře,' řekl mi můj společník. ‚Mistr tě očekává.'

Vedl mě lesem. Když jsme došli k místu, kde se stezka stáčela, temnotu v dálce náhle zalila jakási rovnoměrná zář.

‚To už vychází slunce?' zeptal jsem se. ‚Vždyť ještě neuběhla celá noc!'

‚Je teprve půlnoc,' zasmál se tiše můj průvodce. ‚Ten jas vychází ze zlatého paláce, který tu právě zhmotnil náš nepřekonatelný Bábádží. Kdysi v dávné minulosti jsi vyslovil přání pokochat se nádherou paláce. Náš mistr teď tvé přání plní, čímž tě osvobozuje od posledního pouta tvé karmy.'[5] Pak dodal: ‚Tento skvostný palác se dnes stane dějištěm tvého zasvěcení do *krijájógy*. Všichni tví bratři společně pějí chvalozpěvy na uvítanou a oslavují konec tvého vyhnanství. Pohleď!'

Před námi stál obrovský palác z oslňujícího zlata. Byl zdobený bezpočtem drahokamů a zasazen vprostřed upravených zahrad, v jejichž klidných jezerních hladinách se odrážel – velkolepostí té podívané nebylo rovno! Klenuté chodby pnoucí se do výše byly umně vykládané velikými diamanty, safíry a smaragdy. U bran rudě se třpytících rubíny stály andělské stráže.

Následoval jsem svého společníka do prostorné přijímací síně. Vzduchem se linula vůně kadidla a růží; tlumené lampy vydávaly mnohobarevné světlo. Skupinky oddaných následovníků světlé i tmavé pleti tiše zpívaly nebo mlčky seděly v meditačních pozicích, pohrouženi do vnitřního míru. Ovzduší bylo prostoupeno pulsující radostí.

‚Nasyť se pohledem na toto vše; kochej se uměleckou krásou tohoto paláce, neboť byl stvořen výhradně na tvou počest,' poznamenal můj průvodce a chápavě se usmál, když jsem nedokázal zadržet svůj úžas.

‚Bratře,' řekl jsem, ‚úchvatnost této stavby překračuje hranice lidské představivosti. Vysvětli mi prosím tajemství jejího původu.'

‚Velmi rád.' Tmavé oči mého společníka zazářily moudrostí. ‚Na tomto zhmotnění není nic nevysvětlitelného. Celý vesmír je projevenou myšlenkou Stvořitele. I ta těžká zemská hrouda vznášející se prostorem je Boží sen. Všechny věci stvořil ze své mysli podobně, jako člověk ve svém snovém vědomí vytváří a oživuje svůj vlastní svět i s jeho tvory.

Bůh stvořil zemi nejprve jako představu. Tu probudil k životu; vznikla energie atomů a pak hmota. Atomy země uspořádal do pevného sférického tvaru. Všechny její molekuly drží pohromadě Boží vůlí. Až Bůh svou vůli odejme, promění se všechny zemské atomy v energii.

---

[5] Zákon karmy vyžaduje, aby každé lidské přání došlo konečného naplnění. Neduchovní přání jsou tedy řetězem, který člověka poutá ke kolu převtělování.

Zhmotnění paláce v Himálaji

BÁBÁDŽÍHO JESKYNĚ V HIMÁLAJI
Jeskyně nedaleko Ráníkhétu, kde mahávatár Bábádží příležitostně přebývá. Na této fotografii je při návštěvě tohoto posvátného místa zachycen pravnuk Láhirího Mahášaje Ánanda Mohan Láhirí (v bílém) spolu se třemi dalšími stoupenci.

Atomová energie se vrátí ke svému zdroji – vědomí. A představa země přestane být objektivní skutečností.

Předivo snu udržuje ve zhmotnělém stavu podvědomé myšlení snícího. Když soudržnost těchto myšlenek v bdělém stavu povolí, sen i jeho složky se rozplynou. Člověk zavírá oči a vytváří si snový svět, který se při probuzení samovolně opět odhmotní. Řídí se tedy podle archetypálního božského vzoru. Podobně když procitne v kosmickém vědomí, odhmotní se samovolně i iluze vesmíru, kosmického snu.

Bábádží je sladěn s nekonečnou všemocnou Vůlí, a proto dokáže přikázat atomům živlů, aby se spojily a projevily v jakékoli podobě. Tento zlatý palác, jenž vznikl v jediném okamžiku, je skutečný – ve stejném smyslu, v jakém je skutečná tato země. Bábádží toto velkolepé sídlo stvořil ze své mysli a drží její atomy pohromadě silou své vlastní vůle, jako Boží myšlenka stvořila tuto zemi a jeho vůle ji udržuje.' Pak dodal: ‚Až tato stavba splní svůj účel, Bábádží ji zase odhmotní.'

Jelikož jsem stále nebyl v ohromení schopen jediného slova, učinil můj průvodce rozmáchlé gesto. ‚Tento třpytící se palác, skvostně vykládaný drahokamy, nevznikl lidským úsilím; zlato ani kameny, z nichž je postaven, nebyly lopotně vytěženy z nitra země. A přece tu stojí pevně, jako monumentální výzva člověku.[6] Každý, kdo si uvědomí, že je Boží syn, tak jako to dokázal Bábádží, může prostřednictvím nekonečných sil ukrytých ve svém nitru dosáhnout jakéhokoli cíle. I v obyčejném kameni je obsaženo ohromující množství atomové energie;[7] dokonce i ten nejhorší ze smrtelníků je elektrárnou božství.'

Mudrc vzal z nedalekého stolu elegantní vázu, jejíž držadlo zářilo diamanty.

‚Náš veliký guru stvořil tento palác tím, že udělil pevnost nesčetným volným kosmickým paprskům,' pokračoval. ‚Sáhni si na tuto vázu a její diamanty; projde všemi zkouškami smyslových vjemů.'

Pozorně jsem si vázu prohlédl; byla osázena drahokamy hodnými královské sbírky. Přejel jsem rukou po mohutných stěnách místnosti z blyštivého zlata. V mé mysli se rozhostilo hluboké uspokojení. Dávná touha, skrytá v mém podvědomí z dávno minulých životů, jako by byla současně naplněna i uhašena.

Můj vznešený společník mě zavedl skrz bohatě zdobené klenby a chodby do několika komnat, honosně zařízených ve stylu císařského paláce. Potom jsme vstoupili do obrovské síně. Uprostřed stál zlatý trůn posetý drahokamy, které se třpytily oslepující směsicí barev. Na něm seděl v lotosové pozici veliký Bábádží. Poklekl jsem na zářící podlahu k jeho nohám.

‚Láhirí, stále se nemůžeš nabažit svých snových tužeb po zlatém paláci?' Guruovy oči se blýskaly jako safíry. ‚Procitni! Všechny tvé pozemské žízně budou zakrátko uhašeny jednou provždy.' Tiše pronesl jakési mystické požehnání. ‚Povstaň, synu. Přijmi zasvěcení do Božího království skrze *krijájógu*.'

---

[6] „Co je to zázrak? Je to výtka, / jen skrytá satira na lidstvo." Edward Young, „Noční rozjímání"

[7] Teorie atomové struktury hmoty je vyložena ve starověkých indických pojednáních *njáji* a *vaišéšiky*. „Uvnitř každého atomu leží obsáhlé světy, rozmanité jako zrnka prachu ve slunečním paprsku." *Jógavásištha*.

Zhmotnění paláce v Himálaji

Bábádží natáhl ruku; objevil se obětní oheň *hóma* a kolem něj ovoce s květinami. Před tímto plamenným oltářem jsem přijal osvobozující techniku jógy.

Obřady skončily až za ranního rozbřesku. Ve svém povzneseném stavu jsem vůbec necítil potřebu spánku. Procházel jsem se komnatami paláce plnými pokladů a skvostných uměleckých děl a pak jsem vstoupil do zahrad. Povšiml jsem si nedalekých jeskyní a holých skalních převisů, které jsem viděl předešlého dne; tehdy však ještě nepřiléhaly k honosné stavbě ani květinovým terasám.

Když jsem se vrátil do paláce, který se nadpozemsky třpytil v chladném himálajském slunci, vyhledal jsem svého mistra. Stále byl usazen na trůnu, kolem něho hlouček mlčících žáků.

,Láhirí, ty máš hlad,' řekl Bábádží a přikázal: ,Zavři oči.'

Když jsem oči znovu otevřel, úchvatný palác a jeho zahrady byly pryč. Mé vlastní tělo i postavy Bábádžího a jeho žáků teď seděly na holé zemi přesně v místě zmizelého paláce nedaleko sluncem zalitých vchodů do skalních jeskyní. Vzpomněl jsem si, jak můj průvodce poznamenal, že palác bude zase odhmotněn a atomy v něm spoutané budou opět propuštěny, aby se vrátily do své myšlenkové podstaty, z níž vzešly. Ač ohromen, s důvěrou jsem pohlédl na svého gurua. Netušil jsem, co dalšího mám v tento den zázraků očekávat.

,Účelu, pro nějž byl tento palác stvořen, bylo učiněno zadost,' vysvětlil Bábádží. Pak zvedl ze země hliněnou nádobu. ,Polož ruku dovnitř a vezmi si jídlo, jaké si přeješ.'

Když jsem se široké prázdné mísy dotkl, objevilo se horké *luči* na másle, kari a nějaké sladkosti. Zatímco jsem jedl, všiml jsem si, že nádoba zůstává stále plná. Po jídle jsem se začal poohlížet po vodě. Guru ukázal na mísu přede mnou. Jídlo zmizelo a místo něj se objevila voda.

,Jen málo smrtelníků ví, že Boží království v sobě zahrnuje i království splněných běžných přání,' poznamenal Bábádží. ,Božská říše se rozprostírá až k pozemské, která je však svou povahou iluzorní a neobsahuje podstatu Skutečnosti.'

,Můj nejdražší guru, tuto noc jsi mi ukázal, jak se krása v nebi pojí s krásou na zemi!' Usmál jsem se při vzpomínce na zmizelý palác; žádný obyčejný jogín dozajista nikdy neobdržel zasvěcení do tajů Ducha v okázalejším přepychu! S vyrovnaným pohledem jsem pozoroval ten příkrý kontrast s nynější scenérií. Pustá zem, obloha namísto střechy, jeskyně, jež poskytují to nejprostší přístřeší – to vše se zdálo být pro serafínské světce okolo vlídným přirozeným prostředím.

Téhož odpoledne jsem seděl na své dece posvěcené vzpomínkami na mé minulé životy. Můj božský guru ke mně přistoupil a přejel mi rukou po hlavě. Upadl jsem do *nirvikalpa samádhi* a v tomto blaženém stavu jsem setrval nepřerušovaně po sedm dní. Překračoval jsem jednotlivé úrovně sebepoznání a pronikal do nesmrtelných oblastí Skutečnosti. Všechna klamná omezení padla; má duše se plně ustálila na oltáři vesmírného Ducha.

Osmého dne jsem poklekl u guruových nohou a snažně ho prosil, aby mne navždy ponechal ve své blízkosti v této posvátné divočině.

‚Synu,' řekl Bábádží a objal mě, ‚svou úlohu v tomto vtělení musíš sehrát před zraky zástupů. Než jsi se narodil, bylo ti požehnáno mnoha životy, jež jsi strávil v osamělých meditacích; nyní nastal čas, abys znovu vstoupil do světa lidí.

Že jsi se se mnou tentokrát shledal až poté, co jsi se oženil a převzal na sebe rodinné a pracovní závazky, má svůj hluboký smysl. Myšlenky na to, že se přidáš k naší tajné družině v Himálaji, musí jít stranou. Tvůj život má své místo uprostřed městských davů, jimž budeš sloužit jako vzor dokonalého jogína-hospodáře a hlavy rodiny.

Uši velkých mistrů nezůstaly hluché vůči nářkům mnoha zmatených světských lidí,' pokračoval Bábádží. ‚Byl jsi vybrán, abys četným upřímným hledačům přinášel duchovní útěchu prostřednictvím *krijájógy*. Miliony lidí svázaných rodinnými pouty a náročnými světskými povinnostmi načerpají od tebe, jenž se také musíš starat o rodinu, čerstvou odvahu a povzbuzení. Měl bys je vést k pochopení, že ani člověku se světskými závazky nejsou nejvyšší cíle jógy odepřeny. Jogín, který bez osobních pohnutek a připoutanosti věrně plní své povinnosti, kráčí i v tomto světě po jisté stezce k osvícení.

Nic tě nenutí utíkat před světem, neboť vnitřně už jsi přeťal všechna jeho karmická pouta. Nejsi z tohoto světa, ale musíš v něm prodlévat. Ještě zbývá mnoho let, po která bys měl svědomitě plnit své rodinné, pracovní, občanské i duchovní povinnosti. Vyprahlá srdce světských lidí tak prostoupí svěží dech božské naděje. Z tvého vyrovnaného života poznají, že vysvobození závisí na vnitřním, nikoli vnějším odříkání.'

Jak vzdálená mi připadala má rodina, úřad i svět, když jsem v samotě himálajských výšin naslouchal svému guruovi! Z jeho slov však

Zhmotnění paláce v Himálaji

čišela nezdolná pravda; poslušně jsem tedy souhlasil, že tento posvátný přístav míru opustím. Bábádží mě poučil o prastarých přísných pravidlech, jimiž se řídí přenos umění jógy z gurua na žáka.

‚Klíč ke *kriji* předávej jen způsobilým čélům,' řekl Bábádží. ‚Jen ten, kdo se zaváže obětovat hledání Boha vše, bude schopen odhalit konečná tajemství života skrze meditaci.'

‚Andělský guru, když už jste lidstvu prokázal službu a vzkřísil k životu ztracené umění *krije*, nezvýšíte její přínos a nezmírníte přísné požadavky na přijímání žáků?' Prosebně jsem na Bábádžího pohlédl.

‚Prosím vás, abyste mi dovolil předávat *kriju* všem upřímné hledajícím, i když zpočátku možná nebudou schopni zavázat se k úplnému vnitřnímu odříkání. Muži i ženy sužovaní tímto světem a trýznění trojím utrpením[8] potřebují obzvláštní povzbuzení. Možná se nikdy k cestě za svobodou neodhodlají, bude-li jim zasvěcení do *krije* odepřeno.'

‚Budiž. Tvým prostřednictvím bylo vysloveno božské přání. Předávej tedy *kriju* všem, kteří tě pokorně požádají o pomoc,' odpověděl milosrdný guru.[9]

---

[8] Utrpení tělesné, duševní a duchovní. Projevuje se jako nemoc, psychické nedostatky či „komplexy" a nevědomost o duši.

[9] Povolení vyučovat *krijájógu* dal Bábádží nejprve jen Láhírímu Mahášajovi. Poté Jógávatár požádal, aby k výuce *krije* bylo zmocněno i několik jeho žáků. Bábádží souhlasil a nařídil, aby předávání *krije* bylo v budoucnu omezeno na ty, kteří na cestě *krijájógy* dosáhli pokroku a kteří dostali svolení od Láhiriho Mahášaje nebo od těch, kteří k tomu byli určeni Jógávatárem pověřenými žáky. Bábádží soucitně přislíbil přijímat zodpovědnost v tomto i dalších životech za duchovní zdar všech věrných a oddaných *krijájogínů*, kteří byli zasvěceni řádně autorizovanými učiteli *krije*.

Žáci, kteří přijímají zasvěcení do *krijájógy* od Self-Realization Fellowship a Yogoda Satsanga Society of India, musejí podepsat slib, že techniku *krije* nevyzradí druhým. Tímto způsobem je jednoduchá, ale přesná technika *krije* chráněna před změnami a zkomolením neoprávněnými učiteli a zůstává ve své původní, nepokřivené podobě.

Bábádží sice zrušil stará omezení vztahující se k askezi a odříkání, aby z *krijájógy* mohly mít prospěch i široké masy, nicméně vyžadoval po Láhírím Mahášajovi a všech nástupcích jeho duchovní posloupnosti (linii guruů SRF-YSS), aby každý zájemce o zasvěcení do *krijájógy* podstoupil období předběžné duchovní přípravy. Praxe tak pokročilé techniky, jakou je *krija*, je neslučitelná s nedůsledným duchovním životem. *Krijájóga* není jen meditační technika; je to i způsob života a vyžaduje, aby zasvěcený dodržoval určitou duchovní disciplínu a příkazy. Self-Realization Fellowship a Yogoda Satsanga Society of India tyto pokyny převzaté od Bábádžího, Láhiriho Mahášaje, Šrí Juktéšvara a Paramahansy Jógánandy věrně dodržují. Techniky *hong-só* a óm, které se vyučují prostřednictvím Lekcí SRF-YSS a pověřenými zástupci SRF-YSS jako příprava na *krijájógu*, představují nedílnou součást stezky *krijájógy*. Tyto techniky velmi účinně pozvedají vědomí k Seberealizaci a osvobozují duši z hmotného zajetí. *(pozn. nakl.)*

Po krátké odmlce Bábádží dodal: ‚Každému ze svých žáků zopakuj tento vznešený slib z *Bhagavadgíty*:[10] *Svalpamapjasja dharmasja trájaté maható bhaját.*' [I nepatrná část této *dharmy* (náboženského obřadu či spravedlivého konání) tě ochrání před velkým strachem (*maható bhaját*) – kolosálním utrpením, jež je nedílnou součástí koloběhu zrození a smrti.]

Když jsem příštího rána poklekl u guruových nohou, aby mi na rozloučenou požehnal, vycítil, jak těžce se zdráhám od něj odejít.

‚Mezi námi neplatí žádné odloučení, mé drahé dítě.' Láskyplně se dotkl mého ramene. ‚Kdykoli mě zavoláš, budu ihned u tebe, ať jsi kdekoli.'

Upokojen jeho zázračným slibem a obohacen nově nabytým zlatem Boží moudrosti jsem se vydal z hory dolů. V úřadu mě přivítali kolegové, kteří už deset dní žili v domnění, že jsem se ztratil v džunglích Himálaje. Krátce nato dorazil dopis z ústředí.

‚Láhirí nechť se vrátí do dánapurské pobočky,' psalo se v něm. ‚K jeho přeložení do Ráníkhétu došlo omylem. Měl tam být poslán někdo jiný.'

Usmál jsem se při pomyšlení na skryté protiproudy událostí, které mě zavedly až do tohoto zapadlého koutu Indie.

Než jsem se vrátil do Dánapuru,[11] strávil jsem několik dní u jedné bengálské rodiny v Murádábádu. Sešlo se tam šest mých přátel, kteří se se mnou chtěli pozdravit. Když jsem zavedl hovor na duchovní záležitosti, můj hostitel zasmušile poznamenal:

‚Žel, v dnešní době už Indie nemá žádné světce!'

‚Ale Bábu,' odporoval jsem zaníceně, ‚ovšemže jsou velcí mistři v této zemi stále přítomni!'

Ve své horlivosti jsem pak pocítil nutkání vyprávět jim o svých zázračných zážitcích z Himálaje. Všichni mi naslouchali se zdvořilou nevěřícností.

‚Láhirí,' řekl jeden z nich konejšivě, ‚tvou mysl zřejmě zmohl řídký horský vzduch. To, co nám tu vyprávíš, se ti nejspíš jen zdálo.'

V zápalu nadšení pro pravdu jsem ze sebe vyhrknul, aniž bych svá slova předem zvážil: ‚Když zavolám svého gurua, zjeví se přímo v tomto domě.'

[10] Bhagavadgíta 2,40
[11] město nedaleko Benáresu

Oči všech přítomných zasvítily zvědavostí; kdo by nechtěl spatřit takový div! Poněkud zdráhavě jsem tedy požádal o tichou místnost a dvě čisté vlněné přikrývky.

,Mistr se zhmotní z éteru,' řekl jsem. ,Čekejte tiše za dveřmi. Brzy vás zavolám.'

Pohroužil jsem se do meditace a pokorně gurua přivolal. Zšeřelý pokoj se zalil slabým, uklidňujícím jasem. Z něj se vynořila zářící postava Bábádžího.

,Láhirí, voláš mne sem pro nic za nic?' zadíval se na mě mistr přísně. ,Pravda je pro upřímné a snaživé hledače, ne pro zvědavé lenochy. Kdo vidí, ten snadno uvěří a nemá potřebu zpytovat svou duši. Nadsmyslovou pravdu po zásluze objeví jen ten, kdo překoná své vrozené materialistické pochybnosti.' Pak vážně dodal: ,Nech mě odejít!'

Prosebně jsem mu padl k nohám. ,Svatý guru, jsem si vědom svého vážného omylu a pokorně žádám o odpuštění. Odvážil jsem se tě zavolat jen proto, abych v těch duchovně zaslepených duších probudil víru. Když už jsi mou modlitbu milostivě vyslyšel a zjevil se, prosím neodcházej, aniž bys mým přátelům požehnal. I když nevěří, alespoň projevili ochotu ověřit si pravdivost mých podivných tvrzení.'

,Dobrá tedy, na chvíli se zdržím. Nepřeji si, aby tvé slovo u přátel ztratilo váhu.' Bábádžího tvář se obměkčila, ale ještě vlídně dodal: ,Od nynějška, můj synu, přijdu, kdykoli mne budeš opravdu potřebovat, nikoli pokaždé, když mne přivoláš.'[12]

Když jsem otevřel dveře, zavládlo mezi mými přáteli napjaté ticho. Zírali na zářící postavu sedící na složených přikrývkách, jako by nemohli uvěřit svým smyslům.

,To je davová hypnóza!' rozesmál se jeden z nich hlasitě. ,Do této místnosti přece nemohl bez našeho vědomí nikdo vejít!'

Bábádží se s úsměvem zvedl, přistoupil blíž a všechny pobídl, aby se dotkli jeho teplého, pevného těla. Pochyby mých přátel se rázem rozplynuly a všichni před ním v kajícném ohromení padli tváří k zemi.

,Dejte připravit *halvu*,'[13] požádal Bábádží; pochopil jsem, že tím chce přítomné ještě více ujistit o své fyzické reálnosti. Zatímco se kaše vařila, božský guru s nimi vlídně rozmlouval. Proměna těchto nevěřících

---

[12] Na cestě k nekonečnému Bohu mohou i osvícení mistři jako Láhirí Mahášaj trpět přemírou horlivosti, a musejí být proto ukázněni. I v *Bhagavadgítě* najdeme mnoho pasáží, v nichž božský guru Kršna kárá Ardžunu, prince mezi věrnými.

[13] hustý pudink z pšeničné krupice smažené na másle a poté vařené v mléce s cukrem

Tomášů ve zbožné svaté Pavly byla ohromující. Když jsme dojedli, Bábádží každému zvlášť požehnal. Najednou se objevil záblesk; stali jsme se svědky okamžitého chemického rozkladu elektrických částic Bábádžího těla ve světelný opar. Mistrova vůle sladěná s Bohem povolila sevření éterických atomů, které držely pohromadě jako jeho tělo; triliony nepatrných životronových jiskřiček se okamžitě rozptýlily ve své nekonečné zásobárně.

,Na vlastní oči jsem viděl pokořitele smrti,' pronesl se zbožnou úctou Maitra,[14] jeden z přítomných. Jeho tvář se radostí z nynějšího probuzení úplně proměnila. ,Tento nejvyšší guru si hraje s prostorem a časem jako dítě s bublinami. Spatřil jsem toho, jenž vlastní klíče od nebe i země.'

Brzy nato jsem se vrátil do Dánapuru," zakončil své vyprávění Láhirí Mahášaj. „Pevně zakotven v Duchu jsem se opět ujal svých rodinných a pracovních povinností."

Láhirí Mahášaj vyprávěl Svámímu Kebalánandovi a Šrí Juktéšvarovi ještě o jiném setkání s Bábádžím. Byla to jedna z mnoha příležitostí, při níž nejvyšší guru splnil svůj slib: „Přijdu, kdykoli mne budeš opravdu potřebovat."

„Stalo se to na *Kumbhamélé* v Iláhábádu," líčil svým žákům Láhirí Mahášaj. „Odjel jsem tam na krátkou dovolenou, abych si odpočinul od svých úředních povinností. Když jsem se procházel mezi zástupy mnichů a *sádhuů*, kteří se na tuto posvátnou slavnost sjeli z velké dálky, všiml jsem si popelem pomazaného askety s žebráckou miskou v ruce. Přišlo mi, že je to pokrytec, který nosí vnější symboly odříkání, aniž by bylo patrné z jeho vnitřní důstojnosti.

Když jsem asketu míjel, padl můj udivený zrak na Bábádžího. Klečel před jakýmsi poustevníkem se spletenými vlasy.

,Gurudží!' přispěchal jsem k němu. ,Co tu děláte?'

,Myji nohy tomuto kajícníkovi a potom mu půjdu umýt nádobí.' Bábádží se na mě usmál jako malé dítě. Věděl jsem, že mi tím naznačuje, abych nikoho nesoudil a abych pochopil, že Bůh sídlí stejně ve všech tělesných chrámech, ať jsou to lidé významní či bezvýznamní.

---

[14] Tento muž, později známý jako Maitra Mahášaj, dosáhl v Seberealizaci vysokého stupně pokročilosti. Setkal jsem se s ním krátce poté, co jsem dokončil studia na gymnáziu. Maitra navštívil ášram *Mahámandal* v Benáresu, zrovna když jsem tam pobýval. Tehdy mi vyprávěl o Bábádžího zhmotnění před skupinkou v Murádábádu. „Pod vlivem tohoto zázraku," řekl mi, „jsem se stal celoživotním žákem Láhirího Mahášaje."

Pak veliký guru dodal: ‚Službou moudrým i nevědomým *sádhuům* se zdokonaluji v té největší ze všech ctností, která těší Boha nade všechny jiné – pokoře.'"[15]

---

[15] Sestupuje níže, aby viděl na nebesa a na zemi." (Žalmy 113,6) „Kdo se povyšuje, bude ponížen, a kdo se ponižuje, bude povýšen." (Matouš 23,12)
  Pokořit ego čili falešné já znamená objevit svou věčnou identitu.

KAPITOLA 35

Kristovský život Láhirího Mahášaje

„Neboť tak je třeba, abychom naplnili všecko, co Bůh žádá."[1] Těmito slovy uznal Ježíš božská práva svého gurua, když požádal Jana Křtitele, aby ho pokřtil.

Z pokorného studia Bible z východního pohledu[2] a ze svého intuitivního vnímání jsem přesvědčen, že Jan Křtitel byl v minulých životech Kristovým guruem. Četné pasáže v Bibli naznačují, že Jan a Ježíš žili ve své poslední inkarnaci jako Elijáš a jeho žák Elíša.

V samém závěru Starého zákona je vyslovena předpověď Elijášovy a Elíšovy reinkarnace: „Hle, posílám k vám proroka Elijáše, dříve než přijde den Hospodinův veliký a hrozný."[3] Tak se stalo, že Jan (Elijáš), seslaný „dříve než přijde den Hospodinův", přišel na svět krátce před Kristovým narozením, aby posloužil jako jeho zvěstovatel. Jeho otci Zachariáši se zjevil anděl, aby dosvědčil, že jeho očekávaný syn Jan nebude nikdo jiný než Elijáš:

„Anděl mu řekl: ‚Neboj se, Zachariáši, neboť tvá prosba byla vyslyšena; tvá manželka Alžběta ti porodí syna a dáš mu jméno Jan... A mnohé ze synů izraelských obrátí k Pánu, jejich Bohu; sám půjde před ním[4] *v duchu a moci Elijášově*, aby obrátil srdce otců k synům a vzpurné k moudrosti spravedlivých a připravil Pánu lid pohotový.'"[5]

---

[1] Matouš 3,15

[2] Mnoho biblických pasáží odhaluje, že zákon reinkarnace byl v té době chápán a přijímán. Koloběh převtělování je smysluplnějším vysvětlením různých vývojových stadií lidstva než běžná západní teorie, která předpokládá, že něco (vědomí sebe sama) povstalo z ničeho, existovalo s proměnlivou mírou živosti po třicet či devadesát let a pak se navrátilo v původní prázdnotu. Nepředstavitelnost takové prázdnoty je problém, který by potěšil srdce každého středověkého scholastika.

[3] Malachiáš 3,23

[4] „před ním", tj. „před Pánem"

[5] Lukáš 1,13–17

Ježíš Elijáše dvakrát jednoznačně ztotožnil s Janem: „Elijáš již přišel, ale nepoznali ho... Tehdy učedníci pochopili, že mluvil o Janu Křtiteli."[6] A jinde říká: „Neboť všichni proroci i Zákon prorokovali až po Jana. A chcete-li to přijmout, on je Elijáš, který má přijít."[7]

Když Jan popřel, že je Elijáš,[8] chtěl tím sdělit, že v pokorném rouše Jana už nepřišel s vnější majestátností velikého gurua Elijáše. Ve své předchozí inkarnaci předal „plášť" své slávy a duchovního bohatství svému žáku Elíšovi. „Elíša řekl: ‚Ať je na mně dvojnásobný díl tvého ducha!' Elijáš mu řekl: ‚Těžkou věc si žádáš. Jestliže mě uvidíš, až budu od tebe brán, stane se ti tak...' Vzal Elijášův *plášť*, který z něho spadl."[9]

Role se obrátily, protože již nebylo třeba, aby Elijáš-Jan byl očividným guruem nyní již božsky dokonalého Elíši-Ježíše.

Když byl Kristus proměněn na hoře,[10] spatřil vedle Mojžíše právě svého gurua Elijáše. A opět ve své poslední hodině na kříži Ježíš zvolal: „*Eli, Eli, lema sabachthani*", to jest: ‚Bože můj, Bože můj, proč jsi mě opustil?' Když to uslyšeli, říkali někteří z těch, kdo tu stáli: ‚On volá Eliáše.... Nech ho, ať uvidíme, jestli přijde Eliáš a zachrání ho!'"[11]

Nadčasové pouto mezi guruem a žákem, které existovalo mezi Janem a Ježíšem, bylo přítomno i mezi Bábádžím a Láhirím Mahášajem. S něžnou starostlivostí se nesmrtelný guru přeplavil přes propastné vody, jež se prudce vzdouvaly mezi dvěma životy jeho čély, a vedl kroky Láhirího Mahášaje jako dítěte i jako dospělého muže. Až když jeho žák dosáhl třiatřicátého roku, usoudil Bábádží, že dozrál čas, aby otevřeně obnovil nikdy nepřerušené spojení.

Po krátkém setkání u Ráníkhétu si nezištný guru neponechal milovaného žáka po svém boku, ale vyslal jej, aby naplnil své poslání ve vnějším světě. „Synu, přijdu, kdykoli mne budeš opravdu potřebovat." Který smrtelník kdy dokáže dostát nekonečným důsledkům takového slibu?

Aniž si to tehdejší společnost uvědomovala, začala v roce 1861 v zapadlém koutě Benáresu velká duchovní renesance. Tak jako nelze potlačit vůni květin, nemohl ani Láhirí Mahášaj, poklidně žijící jako

[6] Matouš 17,12–13
[7] Matouš 11,13–14
[8] Jan 1,21
[9] 2. Královská 2,9–14
[10] Matouš 17,3
[11] Matouš 27,46–49

vzor ženatého muže starajícího se o rodinu, utajit před světem svou přirozenou velikost. Věrní stoupenci ze všech končin Indie se začali slétat jako včely za božským nektarem osvobozeného mistra.

Anglický nadřízený v úřadu byl jedním z prvních, kdo si u svého zaměstnance, jehož důvěrně oslovoval „Extatický Bábu", povšiml zvláštní, nadpozemské proměny.

„Vypadáte smutně, pane. Stalo se něco?" zeptal se ho jednu ráno Láhirí Mahášaj účastně.

„Má žena v Anglii je vážně nemocná. Jsem z toho zoufalý."

„Zjistím, jak na tom je." Láhirí Mahášaj odešel z místnosti a na chvíli se posadil v ústraní. Když se vrátil, konejšivě se usmíval.

„Vaší ženě se již daří lépe. Zrovna vám píše dopis." Vševědoucí jogín ocitoval z listu některé pasáže.

„Extatický Bábu, vím, že nejste jen tak obyčejný člověk. Nemohu však uvěřit, že se dokážete oprostit od času a prostoru, jak se vám zlíbí!"

Po nějaké době slíbený dopis konečně dorazil. Užaslý nadřízený zjistil, že obsahuje nejen dobré zprávy o uzdravení jeho ženy, ale dokonce přesně ty věty, které několik týdnů předtím veliký mistr vyslovil.

Po pár měsících přijela manželka do Indie. Když se setkala s Láhirím Mahášajem, pohlédla na něj s velikou úctou.

„Pane," řekla, „byla to vaše postava, kterou jsem spatřila obklopenou svatozáří nádherného světla, když jsem byla před několika měsíci v Londýně upoutána na lůžko. V ten okamžik jsem byla zcela uzdravena! Brzy poté jsem byla schopna vydat se na dlouhou plavbu přes oceán do Indie."

Den co den zasvěcoval božský guru jednoho či dva zájemce do *krijájógy*. Kromě těchto duchovních povinností a závazků svého pracovního a rodinného života se velký mistr nadchl pro vzdělávání. Zřídil mnoho studijních skupin a sehrál aktivní roli v rozvoji jedné velké střední školy v benáreské čtvrti Bengálítola. Na pravidelných týdenních setkáních, kterým se začalo říkat „shromáždění nad Gítou", vykládal guru náboženské spisy mnoha horlivým hledačům pravdy.

Těmito různorodými činnostmi se Láhirí Mahášaj snažil zodpovědět častou otázku: „Když člověk splní všechny své pracovní a společenské povinnosti, kde mu zbývá čas na meditaci?" Harmonicky vyrovnaný život tohoto velikého gurua a hlavy rodiny v jedné osobě se stal inspirací pro tisíce mužů i žen. Mistr pobíral jen skromný plat, byl spořivý,

LÁHIRÍ MAHÁŠAJ (1828-1895)
Jógavatár, „Inkarnace jógy"
žák Bábádžího a guru Šrí Juktéšvara, obroditel starověké vědy krijájógy
v moderní Indii

neokázalý, všem přístupný, a tak přirozeně a spokojeně kráčel po cestě ukázněného světského života.

Ač usazen na trůnu Nejvyššího, choval Láhirí Mahášaj v úctě každého člověka bez ohledu na jeho zásluhy. Když se mu jeho ctitelé klaněli, poklonil se jim také. S dětskou pokorou se mistr často dotýkal nohou druhých, ale málokdy jim dovolil prokázat stejnou úctu jemu, přestože taková pocta guruovi je prastarým orientálním obyčejem.

K významným rysům života Láhirího Mahášaje patřilo, že dar zasvěcení do *krijájógy* předával lidem všech vyznání. K jeho předním žákům nepatřili jen hinduisté, ale i muslimové a křesťané. Monisty i dualisty, lidi různé víry i bezvěrce – tento univerzální guru přijímal a vyučoval všechny bez rozdílu. Jedním z jeho vysoce pokročilých čélů byl muslim Abdul Džaffar Chán. Láhirí Mahášaj, sám příslušník nejvyšší kasty bráhmanů, nebojácně usiloval o zrušení strnulých kastovních předsudků své doby. Pod mistrovými všudypřítomnými křídly nacházeli útočiště lidé každého společenského postavení. Jako všichni Bohem inspirovaní proroci dával i Láhirí Mahášaj novou naději vyděděncům a utlačovaným.

„Pamatujte, že nikomu nepatříte a nikdo nepatří vám. Přemítejte o tom, že jednoho dne budete muset všechno na tomto světě náhle opustit, a tak se s Bohem raději seznamujte už teď," říkal veliký guru svým žákům. „Každý den se vznášejte v balónu božského vnímání a připravujte se na nadcházející posmrtnou cestu astrálem. Pod vlivem klamu vnímáte sami sebe jako ranec masa a kostí, které jsou přinejlepším hnízdem starostí.[12] Bez ustání meditujte, abyste brzy spatřili sami sebe jako nekonečnou Podstatu, jež je osvobozená od všech druhů útrap. Přestaňte být vězni svého těla; s pomocí tajného klíče *krije* se naučte unikat do Ducha."

Láhirí Mahášaj všechny své žáky podněcoval, aby se drželi osvědčené tradiční disciplíny svého náboženství. Zdůrazňoval sice všezahrnující podstatu *krije* jako praktickou techniku k vysvobození, ale jinak dával svým žákům volnost, aby se v životě projevovali v souladu se svým prostředím a výchovou.

„Muslim má pětkrát denně provádět *namáz*,"[13] říkal mistr. „Hinduista by měl několikrát denně usednout k meditaci. Křesťan má několikrát denně pokleknout, modlit se k Bohu a pak číst Bibli."

---

[12] „Kolik podob smrti se skrývá v našem těle! Není v něm nic než smrt." Martin Luther, *Table-Talk*

[13] Hlavní muslimská modlitba, která se opakuje pětkrát denně.

S moudrým rozlišováním vedl guru své žáky k cestě *bhaktijógy* (jógy zbožné oddanosti), *karmajógy* (jógy činnosti), *džňánajógy* (jógy moudrosti) nebo *rádžajógy* (královské či úplné jógy), každého podle jeho přirozených sklonů. Mistr nikdy nespěchal, když jej někteří následovníci žádali o svolení ke vstupu na formální cestu odříkání, a vždy je nejprve varoval, aby dobře zvážili, co vše jim bude v mnišském životě odepřeno.

Veliký guru své žáky učil, aby se vyhýbali teoretickým debatám o posvátných knihách. „Moudrým je ten, kdo o starých zjeveních nejen čte, ale snaží se je na sobě uskutečnit," říkával. „Všechny své nesnáze řešte meditací.[14] Neužitečné dohady vyměňte za skutečné spojení s Bohem.

Zbavte svou mysl dogmatického teologického smetí a vpusťte do ní svěží, léčivé vody přímého vnímání. Nalaďte se na vnitřní vedení; božský Hlas má odpověď na každé životní dilema. I když se zdá, že vynalézavost, s níž se člověk dostává do potíží, nezná mezí, bezmezný Pomocník není o nic méně nápaditý."

Mistrova všudypřítomnost se jednou názorně projevila před skupinou žáků, kteří naslouchali jeho výkladu *Bhagavadgíty*. Zrovna když vysvětloval význam pojmu *kútastha čaitanja* čili kristovského vědomí v celém vibrujícím vesmíru, zalapal mistr náhle po dechu a zvolal:

„Topím se v tělech mnoha duší u pobřeží Japonska!"

Na druhý den ráno si čélové v novinách přečetli telegrafickou zprávu o smrti mnoha lidí, jejichž loď se den předtím potopila nedaleko japonských břehů.

Mnoho vzdálených žáků Láhirího Mahášaje si bylo vědomo jeho obklopující přítomnosti. „Těm, kdo praktikují *kriju*, jsem stále nablízku," uklidňoval čély, kteří se nemohli zdržovat v jeho blízkosti. „Povedu vás do kosmického Domova skrze vaše neustále se rozpínající duchovní vnímání."

Jeden z guruových význačných žáků, Šrí Bhupéndranáth Sanjál,[15] vyprávěl, že když jako mladík nemohl v roce 1892 odjet za Láhirím Mahášajou do Benáresu, modlil se k němu a žádal o duchovní pokyny. Láhirí Mahášaj se Bhupéndrovi zjevil ve snu a udělil mu *dikšu* (zasvěcení). Později se Bhupéndra do Benáresu vydal a požádal gurua o *dikšu*.

„Už jsem tě zasvětil ve snu," odvětil Láhirí Mahášaj.

---

[14] „Pravdu hledej v meditaci, ne v zatuchlých knihách. Chceš-li najít měsíc, hleď na nebe, ne do rybníka." perské přísloví

[15] Šrí Sanjál zemřel v roce 1962. *(pozn. nakl.)*

Jestliže žák zanedbával jakékoli ze svých světských povinností, mistr ho jemně pokáral a ukáznil.

„Slova Láhirího Mahášaje byla mírná a léčivá i tehdy, když byl nucen otevřeně hovořit o nedostatcích nějakého čély," řekl mi jednou Šrí Juktéšvar. Pak dodal zádumčivě: „Před mistrovými ostrými připomínkami žádný žák nikdy neunikl." Nemohl jsem se ubránit smíchu, ale upřímně jsem svého gurua ujistil, že každé jeho slovo, ať ostré, či mírné, je hudbou pro mé uši.

Láhirí Mahášaj *kriju* pečlivě rozčlenil do čtyř postupných zasvěcení.[16] Tři vyšší techniky předával jen tehdy, když žák dosáhl zjevného duchovního pokroku. Jistý čéla, přesvědčený o tom, že jeho výsledky nebyly řádně doceněny, jednou hlasitě vyjádřil svou nespokojenost.

„Mistře," řekl, „nepochybně jsem již připraven na druhé zasvěcení." V tu chvíli se otevřely dveře a vešel pokorný žák jménem Brinda Bhagat, listonoš z Benáresu.

„Posaď se vedle mne, Brindo," usmál se na něj veliký guru laskavě. „Pověz mi, jsi již připraven na druhou *kriju*?"

Nevelký listonoš prosebně sepjal ruce. „Gurudévo," řekl se zjevným znepokojením, „prosím už žádná zasvěcení! Cožpak mohu vstřebat ještě nějaké vyšší poučení? Dnes jsem za vámi přišel pro požehnání, protože první *krija* mě naplňuje takovým božským opojením, že ani nemohu doručovat dopisy!"

„Hleďme, Brinda už plave v moři Ducha." Po těchto mistrových slovech ten druhý žák jen kajícně svěsil hlavu.

„Mistře," řekl, „vidím, že jsem byl špatným dělníkem, který hledal chyby ve svém nářadí."

Ten prostý pošťák, ač nevzdělaný, později prostřednictvím *krije* rozvinul tak hluboký vhled, že ho někteří učenci občas žádali, aby jim vyložil sporná místa v náboženských spisech. Malý Brinda, nezatížen hříchem ani mluvnickými pravidly, tak získal uznání dokonce i mezi učenými pandity.

Vedle četných žáků z Benáresu měl Láhirí Mahášaj stovky dalších, kteří za ním přijížděli ze vzdálených koutů Indie. On sám několikrát cestoval do Bengálska, aby navštívil tcháry svých dvou synů. Bengálsko, jež bylo takto požehnané jeho přítomností, se brzy pokrylo medovými

---

[16] *Krijájóga* má mnoho větví; Láhirí Mahášaj rozlišoval čtyři hlavní stupně – ty, které mají největší praktickou hodnotu.

plástvemi malých skupinek *krijájógy*. Zejména v okresech Krišnagar a Bišnupur udržuje mnoho tichých následovníků neviditelný proud duchovní meditace dodnes při životě.

Mezi mnoha světci, kteří od Láhirího Mahášaje obdrželi *kriju*, stojí za zmínku Svámí Bháskaránanda Sarasvatí z Benáresu a vážený asketa Bálánanda Brahmačárí z Dévgharu. Po nějakou dobu působil Láhirí Mahášaj jako soukromý učitel syna mahárádži Íšvarínárájana Sinhy Bahádura z Benáresu. Maharádža i jeho syn rozpoznali mistrovu duchovní velikost a požádali o zasvěcení do *krijájógy*, podobně jako později i mahárádža Džjotíndramohan Thákur.

Řada žáků Láhirího Mahášaje s vlivným světským postavením toužila rozšířit povědomí o *kriji* pomocí různých sdělovacích prostředků. Guru k tomu však odmítl dát svolení. Jeden čéla, dvorní lékař rádži z Benáresu, začal soustavně a veřejně šířit mistrovo jméno jako Káší Bába („Vznešený z Benáresu").[17] Guru to opět zakázal.

„Ať se *krijájóga* šíří sama od sebe jako vůně květiny," říkal. „Její semena bezpečně zakoření v půdě duchovně úrodných srdcí."

Ač velký mistr nešířil své učení prostřednictvím organizace ani knihtisku, dobře věděl, že síla jeho poselství bude mohutnět jako povodeň, jíž nic nezastaví a jež zaplaví břehy lidských myslí. Jedinou zárukou věčné životnosti *krije* byly očištěné a proměněné životy jejích následovníků.

V roce 1886, dvacet pět let po svém zasvěcení v Ráníkhétu, odešel Láhirí Mahášaj do výslužby.[18] Byl tedy k zastižení i přes den, a tak ho vyhledávalo čím dál více žáků. Velký guru teď po většinu času tiše seděl v nehybné lotosové pozici. Málokdy vycházel ze svého nevelkého přijímacího pokoje, byť jen na procházku nebo do jiných částí domu. Tiché zástupy čélů za ním přicházely pro *daršan* (posvátný guruův pohled) téměř nepřetržitě.

K úžasu všech, kteří jej měli možnost spatřit, se v běžné fyziologii Láhirího Mahášaje často projevovaly nadlidské rysy: neměl potřebu dýchat ani spát, jeho pulz a tlukot srdce na dlouho ustávaly, jeho nehybné oči celé hodiny ani nemrkly a obklopovala jej hluboká aura míru. Žádný

---

[17] Další tituly, které Láhirímu Mahášajovi udělili jeho žáci, byly *Jógívar* („Největší z jogínů"), *Jógírádž* („Král jogínů") a *Munivar* („Největší ze svatých"). Já jsem k tomu přidal přízvisko *Jógávatár* („Inkarnace jógy").

[18] Celkem sloužil v jednom vládním úřadu třicet pět let.

z návštěvníků neodcházel bez povznesení ducha; všichni věděli, že se jim dostalo tichého požehnání pravého Božího člověka.

Mistr nyní dovolil svému žáku Paňčánanu Bhattáčárjovi, aby v Kalkatě otevřel středisko jógy nazvané Arya Mission Institution. Centrum distribuovalo bylinné léky připravované podle zásad jógy[19] a tisklo první levná vydání *Bhagavadgíty* v Bengálsku. Tato *Gíta* tištěná v hindštině a bengálštině si našla cestu do tisíců domovů.

V souladu s pradávným obyčejem mistr lidem na různé nemoci většinou dával *nimbový*[20] olej. Když guru požádal některého z žáků, aby olej destiloval, snadno úkol splnil. Pokud to ovšem zkusil někdo jiný, potýkal se s podivnými překážkami; když nechal olej projít požadovaným destilačním procesem, zjistil, že se téměř všechna tekutina vypařila. Mistrovo požehnání bylo očividně nezbytnou přísadou.

Na protější straně je otištěna ukázka mistrova rukopisu a jeho vlastnoruční podpis v bengálském písmu. Tyto řádky pocházejí z dopisu jednomu čélovi, v němž veliký mistr takto vyložil jistý sanskrtský verš: „Ten, kdo dosáhl stavu zklidnění, v němž oči nemrkají, dosáhl *šámbhaví mudry*."[21]

[*podepsáno vlevo dole:*] Šrí Šjámáčaran Dévašarman.

Tak jako mnoho jiných velkých proroků ani Láhirí Mahášaj sám nenapsal žádnou knihu, ale své výklady náboženských spisů učil různé žáky. Můj drahý přítel, již zesnulý mistrův pravnuk Šrí Ánandamohan Láhirí, k tomu napsal:

„*Bhagavadgíta* a další části eposu *Mahábhárata* obsahují několik spletitých pasáží (*vjásakúta*). Přejdeme-li je bez povšimnutí, čteme jen podivné mýtické příběhy, které si lze snadno mylně vyložit. Pokud tato

---

[19] Indická lékařská pojednání se nazývají Ájurvéda. Védští lékaři používali jemné chirurgické nástroje, prováděli plastické operace, věděli, jak působit proti účinkům jedovatých plynů, prováděli císařský řez i operace mozku a uměli dovedně zvyšovat účinnost léků. Hippokratova Materia medica (4. století př. n. l.) čerpá velkou část z indických pramenů.

[20] Zederach indický (Azadirachta indica, ním). Léčivé účinky tohoto stromu jsou dnes uznávány i na Západě, kde se hořká nimbová kůra používá jako posilující přípravek a olej ze semen a plodů se předepisují na lepru a další choroby.

[21] *Šámbhaví mudra* spočívá v upření pohledu na bod mezi obočím. Když jogín dosáhne určitého stupně vnitřního klidu, přestanou jeho oči mrkat a pohrouží se do svého nitra. *Mudra* („symbol") obvykle označuje rituální gesto prstů a rukou. Mnohé *mudry* působí na určité nervy a vedou tak ke zklidnění. Staroindická pojednání do detailu popisují *nádí* (72 tisíc nervových drah v těle) a jejich vztahy k mysli. *Mudry* používané při obřadech a v józe tak mají vědecký základ. Propracovaný jazyk *muder* najdeme také v indické ikonografii a rituálním tanci.

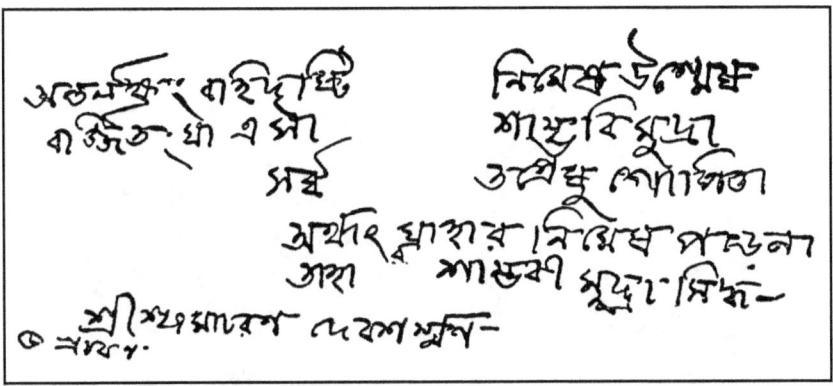

problematická místa ponecháme bez vysvětlení, připravíme se o vědu, kterou si Indie po mnoha tisících let experimentování s nadlidskou trpělivostí stále uchovává.[22]

Láhirí Mahášaj vynesl na světlo vědu o náboženství oproštěnou od všech alegorií, jež byla důmyslně skryta před zraky lidí v tajemné obraznosti svatých písem. Mistr dokázal, že védské obřadní formule nejsou žádným nesrozumitelným žonglováním se slovy, nýbrž že jsou plné exaktních významů.

Víme, že vůči zhoubným vášním bývá člověk obvykle bezmocný. Když v něm ale působením *krijájógy* povstane vědomí vyšší a trvalé blaženosti, ztratí tyto vášně svou moc a člověk již nenachází jediný důvod, proč jim propadat. Toto zříkání, odmítnutí nižší přirozenosti, se děje současně s nabýváním, prožíváním dokonalého blaha. Bez takového přístupu jsou nám morální zásady, jež stojí na pouhých záporech, zcela k ničemu.

Za všemi jevy a projevy tohoto světa se ukrývá nekonečný Bůh, Oceán Moci. Naše zaujetí pro světskou činnost v nás zabíjí smysl pro duchovní úžas. Moderní věda nám říká, jak využívat sílu přírody, a proto nechápeme onen větší Život, jenž je skryt na pozadí všech jmen a tvarů. Důkladná znalost přírody s sebou přinesla i přezíravost,

---

[22] „Mnoho pečetí, jež byly nedávno objeveny při vykopávkách na archeologických nalezištích v údolí Indu a které se datují do 3. tisíciletí př. n. l., obsahuje vyobrazení postav v meditačních pozicích dnes používaných v systému jógy a naznačuje, že základy jógy byly známé již v této době. Můžeme tak celkem oprávněně vyvozovat, že systematická introspekce za pomoci studovaných metod se v Indii praktikuje již pět tisíc let." Profesor W. Norman Brown, *Bulletin of the American Council of Learned Societies*, Washington.

Indická svatá písma nicméně dokládají, že věda o józe je v Indii známa po mnoha a mnoho tisíciletí.

PAŇČÁNAN BHATTAČÁRJA
žák Láhirího Mahášaje

k jejím nejhlubším tajemstvím. Náš vztah k ní se omezuje na praktický obchod. Svým způsobem ji dráždíme, neboť se snažíme přijít na to, jak ji přinutit, aby posloužila našim cílům. Využíváme její energii, jejíž Zdroj stále neznáme. Ve vědě náš vztah k přírodě připomíná chování povýšence ke sluhovi; ve filozofickém smyslu je příroda jako zadržený na lavici obžalovaných. Podrobujeme ji křížovému výslechu, obviňujeme ji a pedantsky poměřujeme její důkazy na lidských vahách, které však neumí vážit její skryté hodnoty.

Na druhé straně ovšem – souzní-li naše já s vyšší mocí – poslouchá příroda vůli člověka sama od sebe, bez úsilí a bez nátlaku. Tuto nenucenou nadvládu nad přírodou považuje nechápající materialista za cosi ‚zázračného'.

Život Láhirího Mahášaje ukázal příklad, který změnil mylnou představu o józe jako tajemných praktikách. Navzdory věcnosti přírodních věd může díky *krijájóze* každý člověk najít cestu k pochopení svého vztahu k přírodě a cítit duchovní úctu ke všem jevům,[23] ať už jsou mystické, či všední. Měli bychom mít na paměti, že mnoho věcí, které byly před tisíci lety nevysvětlitelné, dnes vysvětlit dokážeme, a věci, které dnes považujeme za záhady, se mohou za pár let stát snadno srozumitelnými.

Věda o *krijájóze* je věčná. Je stejně pravdivá jako matematika; zákon *krij*ájógy nemůže být nikdy zničen, jako nelze zničit prosté zákony sčítání a odčítání. Spalte všechny knihy o matematice na popel; lidé schopní logického myšlení tyto pravdy pokaždé objeví znovu. Zakažte všechny knihy o józe, a její základy budou opět odhaleny, kdykoli se objeví mudrc s ryzí zbožností, a tudíž i s ryzím poznáním."

Jako je Bábádží *Mahávatárem* mezi největšími avatáry a jako může být Šrí Juktéšvar po právu zván *Džňánávatárem* neboli Vtělením moudrosti, tak byl Láhirí Mahášaj *Jógávatárem,* Vtělením jógy.[24]

Tento veliký mistr povznášel duchovní úroveň společnosti podle měřítek kvalitativního i kvantitativního dobra. Svou schopností pozvedat své nejbližší žáky ke kristovské velikosti i tím, jak šířil pravdy mezi širokými masami, se Láhirí Mahášaj zařadil mezi spasitele lidstva.

Jeho jedinečnost jakožto proroka spočívá v praktickém důrazu na jednoznačnou metodu, *kriju,* která všem lidem poprvé otevřela brány svobody, jež je dosažitelná prostřednictvím jógy. Vedle zázraků svého vlastního života tento *Jógávatár* bezpochyby dosáhl vrcholu všech zázraků tím, že prastaré složitosti jógy vtiskl efektivní jednoduchost, kterou je schopen pochopit každý běžný člověk.

K zázrakům Láhirí Mahášaj často říkal: „O působení skrytých zákonitostí, jež jsou lidem povětšinou neznámé, by se nemělo veřejně hovořit ani psát bez důkladného uvážení." Pokud se zdá, že jsem jeho

---

[23] „Člověk, který nedokáže žasnout, který obvykle nežasne (a nemá úctu), i kdyby byl předsedou bezpočtu Královských společností a v hlavě nosil výsledky ze všech laboratoří, je jen obyčejnými brýlemi, za nimiž není žádné oko." Carlyle, *Sartor Resartus.*

[24] Šrí Juktéšvar označil svého čélu Paramahansu Jógánandu za vtělení božské lásky. Po Paramahansadžího odchodu mu jeho hlavní žák a duchovní nástupce Rádžarši Džanakánanda (James J. Lynn) oficiálně udělil titul *Prémávatár* neboli Vtělení lásky. *(pozn. nakl.)*

výzvy k opatrnosti na těchto stránkách nedbal, je to proto, že mi udělil vnitřní souhlas. Když jsem však sepisoval životní příběhy Bábádžího, Láhirího Mahášaje a Šrí Juktéšvara, považoval jsem za vhodné o některých zázračných událostech pomlčet. Sotva bych je sem mohl zahrnout, aniž bych napsal další svazek na vysvětlení těžko srozumitelné filozofie.

Láhirí Mahášaj, jenž byl současně jogínem i starostlivou hlavou rodiny, přinesl současnému světu praktické poselství, jež je přizpůsobené jeho potřebám. Výjimečné hospodářské a náboženské podmínky z dob starověké Indie jsou minulostí. Tento velký mistr proto nepodněcoval ke starosvětskému ideálu jogína jako potulného askety s žebráckou miskou. Naopak zdůrazňoval výhody toho, když si jogín sám zaopatřuje své živobytí, není závislý na podpoře těžce zkoušené společnosti a cvičí jógu v soukromí svého domova. Toto doporučení Láhirí Mahášaj povzbuzoval svým vlastním příkladem. Byl vzorem moderního, „efektivního" jogína. Jeho způsob života, jenž mu uložil Bábádží, měl být ideálem pro všechny snaživé jogíny na celém světě.

Nová naděje pro nové lidi! „Božské jednoty," prohlašoval *Jógávatár*, „je možné dosáhnout vlastním úsilím, neboť nezávisí na teologickém přesvědčení ani svévoli nějakého vesmírného diktátora."

Kdo nedokáže uvěřit v božství každého člověka, díky klíči *krijájógy* nakonec spatří plné božství v sobě samém.

KAPITOLA 36

Bábádžího zájem o Západ

„Mistře, setkal jste se někdy s Bábádžím?"
Byla klidná letní noc v Šrírámpuru; seděl jsem po boku Šrí Juktéšvara na balkoně v prvním patře poustevny a nad našimi hlavami se mihotaly velké tropické hvězdy.
„Ano." Mistr se po této přímé otázce usmál a oči se mu rozzářily hlubokou úctou. „Hned třikrát se mi dostalo požehnání tohoto nesmrtelného gurua spatřit. K našemu prvnímu setkání došlo na *kumbhaméle* v Iláhábádu."

Kumbhamély jsou velké náboženské pouti, které se v Indii pořádají od nepaměti; po celou tu dobu pomáhaly udržovat duchovní cíle před zraky zástupů obyčejných lidí. Každých dvanáct let se miliony zbožných hinduistů sjíždějí, aby se setkali s tisíci sádhuy, jogíny, svámími a askety všeho druhu. Mnozí z nich jsou poustevníci, kteří nikdy nevycházejí ze svých odlehlých příbytků, s výjimkou účasti na *mélách*,[1] kde světským mužům a ženám udělují své požehnání.

„V době, kdy jsem se s Bábádžím setkal, jsem ještě nebyl svámí," pokračoval Šrí Juktéšvar. „Už jsem však obdržel zasvěcení do *krijájógy* od Láhirího Mahášaje. Ten mi doporučil, abych se zúčastnil *mély* v Iláhábádu, která připadla na leden roku 1894. Byla to moje první *kumbha*; byl jsem poněkud omráčen vším tím povykem a náporem davů. Pátravě jsem se rozhlížel kolem sebe, ale neviděl jsem žádný osvícený obličej nějakého mistra. Když jsem přecházel po mostě přes Gangu, všiml jsem si jednoho známého, který stál poblíž a natahoval žebráckou misku.

,Tahle pouť je jen změť hluku a žebráků,' pomyslel jsem si v rozčarování. ,Co když západní vědci, kteří trpělivě rozšiřují říši vědění pro praktické dobro lidstva, působí Bohu větší radost než tito lenoši, kteří hlásají náboženství, ale nejvíc je zajímá almužna?'

---

[1] viz pozn. na str. 396-97

Mé doutnající úvahy o společenské reformě přerušil hlas vysokého *sannjásina*, který se zastavil přímo přede mnou.

,Pane,' řekl, ,volá vás jeden světec.'

,Kdo je to?'

,Pojďte a uvidíte sám.'

Váhavě jsem jeho stručného pokynu uposlechl a brzy se ocitl u stromu, jehož větve se skláněly nad guruem se skupinkou sympatických žáků. Mistr, neobyčejná, zářivá postava s jiskřivýma tmavýma očima, při mém příchodu vstal a objal mě.

,Buď vítán, svámídží,' řekl vřele.

,Ale pane,' odporoval jsem důrazně, ,já nejsem svámí.'

,Ti, kterým z božského popudu udělím titul *svámí*, jej nikdy neodkládají.' Světec ke mně promlouval prostě, ale v jeho slovech znělo hluboké přesvědčení o jejich pravdivosti; okamžitě mě zaplavila vlna duchovního požehnání. Usmál jsem se nad svým náhlým povýšením do starobylého mnišského řádu[2] a poklonil se k nohám této očividně vznešené, andělské bytosti v lidské podobě, která mě takto poctila.

Bábádží – neboť to byl skutečně on – mi pokynul, abych si k němu přisedl pod strom. Byl silný a mladý a vypadal jako Láhirí Mahášaj; přesto mne tato skutečnost nezarazila, ačkoli jsem o neobyčejné podobnosti vzhledu těchto dvou mistrů často slýchal. Bábádží má moc, jíž dokáže zabránit tomu, aby v mysli člověka povstala jakákoli konkrétní myšlenka. Tento veliký guru očividně chtěl, abych se v jeho přítomnosti choval zcela přirozeně a nebyl vylekán jeho odhalenou totožností.

,Co si myslíš o této *kumbhaméle*?'

,Jsem velmi zklamán, pane,' řekl jsem, ale spěšně dodal: ,dokud jsem nepotkal vás. Zdá se mi, jako by svatost nešla s tímto pozdvižením dohromady.'

,Dítě,' řekl mistr, ač jsem byl očividně téměř dvakrát starší než on, ,pro chyby mnohých nesuď celek. Všechno na zemi je smíšené povahy, jako směs písku a cukru. Buď jako moudrý mravenec, který si vybírá jen cukr a písku se ani nedotkne. Ač nejeden z těchto sádhuů stále bloudí v klamu, je tato *méla* požehnána několika světci, kteří realizovali Boha.'

Vzhledem k nynějšímu setkání s jedním takovým vznešeným mistrem jsem ihned přitakal.

---

[2] Šrí Juktéšvar byl do řádu svámí později formálně zasvěcen *mahantem* (představeným) kláštera v Bódhgaji ve státě Bihár.

‚Pane,' poznamenal jsem, ‚přemýšlel jsem právě o významných vědcích daleko na Západě, v Evropě a Americe, kteří svým rozumem dalece převyšují většinu zde shromážděných lidí, avšak hlásí se k jinému vyznání a neznají skutečnou hodnotu *mél,* jako je tato. Pro ně by setkání s indickými mistry mohlo být obrovským přínosem. Navzdory své rozumové vyspělosti jsou však mnozí obyvatelé Západu spoutáni tím nejhrubším materialismem. Jiní, co nabyli věhlasu ve vědě či filozofii, zase nedokážou rozpoznat základní jednotu všech náboženství. Jejich přesvědčení před ně staví nepřekonatelné překážky, které hrozí, že nás budou navzájem navždy oddělovat.'

‚Viděl jsem, že se zajímáš o Západ i o Východ.' Bábádžího tvář zářila souhlasem. ‚Cítil jsem soužení tvého srdce, v němž je dost místa pro všechny lidi. Proto jsem tě sem přivolal. Východ a Západ musí najít zlatou střední cestu, jež spojuje činorodost s duchovností,' pokračoval. ‚Indie se od Západu může mnohému naučit, pokud jde o hmotný rozvoj; na oplátku může Indie učit univerzální metody, díky nimž Západ bude moci stavět svá náboženská přesvědčení na neotřesitelných základech jógy.

Ty, svámídží, sehraješ v nadcházející přátelské výměně mezi Východem a Západem svou úlohu. Za několik let ti pošlu žáka, kterého vychováš, aby mohl šířit jógu na Západě. Vibrace mnoha tamních hledajících duší mě zaplavují jako povodeň. Cítím v Americe a Evropě potenciální světce, kteří čekají na probuzení.'"

V tomto bodě svého vyprávění na mě Šrí Juktéšvar zpříma pohlédl.

„Synu," řekl a usmíval se v jasném měsíčním svitu, „tím žákem, kterého mi Bábádží před lety slíbil poslat, jsi ty."

Byl jsem šťasten, když jsem se dozvěděl, že sám Bábádží vedl mé kroky ke Šrí Juktéšvarovi, ale těžko jsem si dokázal představit sebe samého na dalekém Západě, vzdálen svému guruovi a pokojné atmosféře jeho poustevny.

„Potom Bábádží promluvil o *Bhagavadgítě,*" pokračoval Šrí Juktéšvar. „K mému překvapení několika pochvalnými slovy naznačil, že ví o mém výkladu, jejž jsem sepsal k několika kapitolám *Gíty.*

‚Svámídží, ujmi se prosím na mou žádost ještě jednoho úkolu,' řekl velký mistr. ‚Můžeš napsat krátkou knihu o skryté sounáležitosti mezi křesťanskými a hinduistickými svatými písmy? Jejich základní jednota je nyní zatemněna lidskými sektářskými neshodami. Ukaž na obdobných verších, že inspirovaní Boží synové vyslovili stejné pravdy.'

‚Mahárádžo,'³ odpověděl jsem nesměle, ‚jaký úkol! Budu vůbec schopen jej splnit?'

Bábádží se tlumeně zasmál. ‚Proč pochybuješ, synu?' řekl konejšivě. ‚Vždyť čí je toto všechno práce, kdo je konatelem všech činů? Vše, co mě Bůh přiměl vyslovit, nemůže jinak než se zhmotnit jako skutečnost.'

Cítil jsem se světcovým požehnáním zmocněn a souhlasil jsem, že knihu napíši. Poznal jsem, že nastal čas k odchodu, a neochotně jsem se zvedl ze sedátka z listí.

‚Znáš Láhirího?' zeptal se mistr. ‚Je to velká duše, nemám pravdu? Pověz mu o našem setkání.' Pak mi předal pro Láhirího Mahášaje vzkaz.

Když jsem se pokorně poklonil na rozloučenou, světec se laskavě usmál. ‚Až bude tvá kniha hotová, navštívím tě,' slíbil. ‚Prozatím sbohem.'

Příštího dne jsem z Iláhábádu odjel vlakem do Benáresu. Když jsem dorazil ke svému guruovi, celý příběh o zázračném světci na *kumbhaméle* jsem mu vypověděl.

‚Copak tys ho nepoznal?' Oči Láhirího Mahášaje tančily smíchem. ‚Vím, že jsi nemohl, protože ti v tom zabránil. To byl můj guru, s nikým nesrovnatelný, nebeský Bábádží!'

‚Bábádží!' opakoval jsem ohromeně. ‚Kristovský jogín Bábádží! Neviditelný-viditelný spasitel Bábádží! Kdybych tak mohl vrátit čas a být znovu v jeho přítomnosti, abych mohl projevit svou úctu u jeho lotosových nohou!'

‚Nic si z toho nedělej,' poznamenal Láhirí Mahášaj útěšně. ‚Slíbil přece, že za tebou zase přijde.'

‚Gurudévo, božský mistr mě požádal, abych vám předal vzkaz. Pověz Láhirímu, řekl mi, že síly vymezené pro tento život ubývá. Už je téměř vyčerpána.'

Když jsem tato záhadná slova pronesl, tělo Láhirího Mahášaje se otřáslo, jako by jím projel blesk. V jediném okamžiku v něm všechno ztichlo; jeho usmívající se tvář strašlivě zvážněla. Z jeho vzezření se vytratila všechna barva; vypadal jako nehybná, zasmušilá socha ze dřeva. Byl jsem zděšen a zmaten. Nikdy předtím jsem neviděl, aby tato radostná duše projevila tak děsivou vážnost. I ostatní přítomní žáci na něj zírali s obavami.

---

³ „Velký králi" – uctivé oslovení

Bábádžího zájem o Západ

V tichu uplynuly tři hodiny. Pak se Láhirí Mahášaj vrátil ke svému přirozeně veselému chování a laskavými slovy promluvil ke každému čélovi. Všichni si s úlevou oddechli.

Z mistrovy reakce jsem pochopil, že Bábádžího vzkaz byl neklamným znamením, z nějž Láhirí Mahášaj vyrozuměl, že jeho tělo brzy zůstane bez nájemníka. Jeho hrozivé mlčení bylo dokladem, že okamžitě ovládl svou bytost, přeťal poslední pouto náklonnosti k hmotnému světu a prchl do své věčně živé totožnosti v Duchu. Bábádží mu svou poznámkou vlastně sděloval: ‚Už s tebou zůstanu navždy.'"

Přestože byli Bábádží i Láhirí Mahášaj vševědoucí a nepotřebovali se dorozumívat přese mě ani přes žádného jiného prostředníka, mistři jejich velikosti se často uvolí k tomu, aby sehráli svou roli v lidském dramatu. Příležitostně si tak předávají svá proroctví běžným způsobem přes posly, aby pozdější naplnění jejich slov dodalo ještě větší víru širokému okruhu lidí, kteří se o tomto příběhu dozví.

„Brzy jsem z Benáresu odjel a v Šrírámpuru začal pracovat na knize, jak ode mě žádal Bábádží," pokračoval Šrí Juktéšvar. „Sotva jsem se pustil do práce, byl jsem inspirován k napsání básně o nesmrtelném guruovi. Melodické verše se bez úsilí linuly z mého pera, ač jsem se nikdy dřív o psaní poezie v sanskrtu nepokoušel.

V tichu noci jsem se ponořil do srovnávání Bible s posvátnými spisy *sanátana dharmy*.[4] S pomocí citátů požehnaného Pána Ježíše jsem dokládal, že jeho učení je ve své podstatě shodné se zjevením véd. Milostí svého *paramgurua*[5] jsem knihu pod názvem *Svatá věda*[6] rychle dokončil.

---

[4] Doslova „věčné náboženství", název používaný pro celý soubor védského učení. *Sanátana dharma* byla později označena za *hinduismus*, protože Řekové, kteří pod vedením Alexandra Velikého pronikli do severozápadní Indie, pojmenovali obyvatelstvo žijící na březích řeky Indus *Indové* či *Hindové*. Výraz *hinduista* se přesněji řečeno vztahuje pouze k následovníkům *sanátana dharmy* neboli *hinduismu*. Pojem *Indové* označuje hinduisty i muslimy a ostatní obyvatele indického území.
Starověké jméno Indie zní Árjavarta, doslova „příbytek Árjů". Sanskrtský kořen árja znamená „ctihodný, posvátný, ušlechtilý". Pozdější, etnologicky nesprávné používání výrazu árijský k označení nikoli duchovních, ale tělesných rysů vedlo velkého orientalistu Maxe Müllera ke svéráznému výroku: „Etnolog, který hovoří o árijské rase, árijské krvi, árijských očích a vlasech, je v mých očích stejně velkým hříšníkem jako jazykovědec, který by hovořil o dolichocefalickém slovníku či brachycefalické mluvnici."

[5] Výraz *paramguru* označuje gurua něčího gurua. Bábádží, *guru* Láhirího Mahášaje, je tedy *paramguruem* Šrí Juktéšvara.

[6] Vydala Self-Realization Fellowship, Los Angeles.

Jakmile jsem své literární snahy završil," pokračoval mistr, „jsem šel hned ráno na Rájghát ke Ganze, abych se vykoupal. Ghát byl zcela opuštěný. Chvíli jsem tam stál bez hnutí a vychutnával si ten sluneční klid. Když jsem se smočil v jiskřivé vodě, zamířil jsem domů. Jediným zvukem v tom tichu bylo šustění mého mokrého roucha při každém kroku. Když jsem procházel kolem vzrostlého fíkovníku kousek od břehu, silné nutkání mě přimělo ohlédnout se zpět. Ve stínu fíkovníku tam v hloučku několika žáků seděl velký Bábádží!

‚Buď zdráv, svámídží!' ozval se mistrův nádherný hlas, aby mě ujistil, že nesním. ‚Vidím, že jsi úspěšně dokončil svou knihu. Jak jsem slíbil, jsem tu, abych ti poděkoval.'

S bušícím srdcem jsem padl na zem k jeho nohám. ‚Paramgurudží,' řekl jsem prosebně, ‚poctil byste návštěvou i se svými čély můj nedaleký domov?'

Velký guru mou prosbu s úsměvem odmítl. ‚Nikoli, dítě,' řekl. ‚Jsme z těch, kteří mají v oblibě přístřeší stromů; toto místo nám skýtá veškeré pohodlí.'

‚Zdržte se prosím na chvíli, mistře,' naléhal jsem úpěnlivě svýma očima. ‚Hned se vrátím a přinesu pár vzácných sladkostí.'[7]

Když jsem se za pár minut vrátil s mísou plnou lahůdek, nebeská společnost už pod ztepilým fíkovníkem neseděla. Hledal jsem je po celém ghátu, ale v hloubi srdce jsem věděl, že ta skupinka již odlétla na křídlech éteru neznámo kam.

Byl jsem hluboce raněn. ‚I kdybychom se potkali znovu, už s Bábádžím nepromluvím,' říkal jsem si. ‚Bylo od něj bezcitné mě tak náhle opustit.' Byl to samozřejmě jen hněv lásky, nic víc. Pár měsíců nato jsem navštívil Láhirího Mahášaje v Benáresu. Když jsem vstoupil do místnosti, usmál se na uvítanou.

‚Vítej, Juktéšvare,' řekl mi. ‚Pozdravil jsi se ve dveřích s Bábádžím?'

‚Nepozdravil,' odpověděl jsem překvapeně.

‚Pojď sem,' Láhirí Mahášaj se lehce dotkl mého čela; okamžitě jsem na prahu spatřil stát Bábádžího postavu, která se rozvinula jako dokonalý lotos.

Vzpomněl jsem si na svůj starý šrám na duši a nepoklonil se. Láhirí Mahášaj na mě udiveně pohlédl.

---

[7] Nenabídnout guruovi jídlo k občerstvení je v Indii považováno za nezdvořilé.

Božský guru se na mě zahleděl svýma bezednýma očima. ,Ty se na mě zlobíš.'

,Jak bych se mohl nezlobit, pane?' odpověděl jsem. ,Odnikud jste se zjevil se svou tajemnou družinou a stejně tak jste zase zmizel.'

,Říkal jsem ti, že se uvidíme, ale neřekl jsem, jak dlouho zůstanu.' Bábádží se měkce zasmál. ,Byl jsi velmi rozrušen. Měl bys vědět, že mne z éteru zaplašil poryv tvého neklidu.'

Toto nelichotivé vysvětlení mě okamžitě přesvědčilo. Poklekl jsem mu k nohám; nejvyšší guru mě vlídně poplácal po rameni.

,Musíš víc meditovat, dítě,' řekl. ,Tvůj zrak ještě není bezchybný – neviděl jsi mě schovaného za slunečním svitem.' S těmito slovy, jež zněla jako nebeská flétna, Bábádží zmizel ve své skryté záři. To byla jedna z mých posledních návštěv mého gurua v Benáresu," uzavřel Šrí Juktéšvar své vyprávění. „Přesně jak Bábádží předpověděl na *kumbhaméle*, inkarnace Láhirího Mahášaje v roli ženatého hospodáře se blížila ke konci. V létě roku 1895 se na jeho statných zádech utvořil malý vřídek. Odmítl si ho nechat vyříznout; rozhodl se na vlastním těle odčinit špatnou karmu některých svých žáků. Několik čélů na mistra nakonec začalo neodbytně naléhat; odpověděl jim tajemně:

,Toto tělo si musí najít nějakou příčinu k odchodu; budu svolný ke všemu, co se rozhodnete podniknout.'

Nedlouho poté v Benáresu tento nesrovnatelný guru své tělo opustil. Už jej nemusím vyhledávat v jeho malém přijímacím pokoji; zjišťuji, že každý můj den je požehnán jeho všudypřítomným vedením."

O mnoho let později jsem z úst Svámího Kešabánandy,[8] jednoho z pokročilých žáků Láhirího Mahášaje, vyslechl několik strhujících podrobností o jeho skonu.

„Pár dní předtím, než se můj guru vzdal svého těla," vyprávěl mi Kešabánanda, „se přede mnou zhmotnil, když jsem seděl ve svém ášramu v Hardváru.

,Okamžitě přijeď do Benáresu,' pronesl Láhirí Mahášaj a zmizel.

Ihned jsem se tedy vydal vlakem na cestu. V guruově domě již bylo shromážděno mnoho žáků. Toho dne[9] mistr celé hodiny vykládal *Bhagavadgítu*. Potom nám prostě řekl:

,Odcházím domů.'

---

[8] Má návštěva Kešabánandova ášramu je popsána na str. 401-04

[9] Láhirí Mahášaj opustil své tělo 26. září 1895. Za pár dní by oslavil šedesáté sedmé narozeniny.

Nato propukl nezastavitelný příval našich srdceryvných vzlyků. ‚Upokojte se. Zase vstanu.' Po těchto slovech se Láhirí Mahášaj zvedl, třikrát se otočil kolem dokola, zaujal lotosovou pozici čelem k severu a slavně vstoupil do *mahásamádhi*.[10]

Krásné tělo Láhirího Mahášaje, tak drahé jeho věrným následovníkům, bylo spáleno na ghátu Manikárnika u posvátné Gangy za velkolepého obřadu, který přísluší hlavě rodiny," pokračoval Kešabánanda. „Na druhý den v deset hodin ráno, když jsem byl ještě v Benáresu, prozářilo můj pokoj jasné světlo. Přímo přede mnou se zjevila postava Láhirího Mahášaje z masa a kostí! Vypadala navlas stejně jako jeho staré tělo, jen mladší a zářivější. Můj božský guru ke mně promluvil:

‚Kešabánando, jsem to já. Z rozpadlých atomů svého spáleného těla jsem vzkřísil k životu svou novou, přetvořenou podobu. Mé působení v tomto světě v roli ženatého muže je dovršeno, neopouštím však zemi úplně. Strávím teď nějaký čas s Bábádžím v Himálaji a s Bábádžím ve vesmíru.'

S několika slovy požehnání můj nadpozemský mistr zmizel. Mé srdce se naplnilo nesmírnou inspirací; cítil jsem se povznesen na Duchu stejně jako učedníci Krista a Kabíra,[11] kteří spatřili svého gurua živého i po jeho tělesné smrti.

Když jsem se vrátil do své odlehlé poustevny v Hardváru," pokračoval Kešabánanda, „měl jsem u sebe hrst svatého popela Láhirího Mahášaje. Věděl jsem, že vylétl z klece času a prostoru; pták všudypřítomnosti

---

[10] Trojí otočení kolem své osy a usazení se čelem k severu je součástí védského rituálu užívaného mistry, kteří předem vědí, kdy nadejde poslední hodina jejich fyzického těla. Poslední meditace, při níž mistr splyne s kosmickým óm, se nazývá *mahá* čili velké *samádhi*.

[11] Kabír byl významný světec z 16. století, mezi jehož početné následovníky patřili jak hinduisté, tak muslimové. Po Kabírově smrti se žáci nemohli shodnout na tom, jak má být proveden pohřební obřad. Zoufalý mistr se vzbudil z věčného spánku a řekl jim, co mají udělat: „Polovinu mých ostatků pohřběte s muslimským obřadem," řekl, „a druhou polovinu pohřběte po hinduistickém způsobu." Nato zmizel. Když žáci odstranili rubáš zakrývající jeho tělo, nenašli nic než hromadu nádherných květin. Polovinu z nich v Magharu poslušně pohřbili muslimové, kteří jeho svatyni dodnes uctívají. Druhá polovina byla spálena s hinduistickým obřadem v Benáresu. Na tom místě Kabírovi vystavěli chrám, který dodnes přitahuje obrovské zástupy poutníků.

V mládí za Kabírem přišli dva žáci, kteří od něj žádali podrobné filozofické poučení o mystické cestě. Mistr odpověděl prostě:

> Cesta předpokládá vzdálenost;
> je-li Bůh nablízku, nepotřebuješ cestu.
> Vpravdě mám nutkání k úsměvu,
> slyším-li o rybě, která v moři žízní!

byl konečně volný. Mé srdce však cítilo útěchu, když mohlo uchovávat jeho svatý popel."

Dalším, komu se dostalo požehnání spatřit svého vzkříšeného gurua, byl jeho ctihodný žák Paňčánan Bhattáčárja.[12] Navštívil jsem ho v jeho domě v Kalkatě a s nadšením si vyslechl příběhy z mnoha let strávených v mistrově přítomnosti. Na závěr mi vyprávěl o nejúžasnější události svého života.

„Zde v Kalkatě," pravil Paňčánan, „v deset hodin dopoledne, den poté, co bylo jeho tělo spáleno, se mi Láhirí Mahášaj zjevil ve své živoucí slávě."

S podrobnostmi svého nadpřirozeného zážitku se mi svěřil i Svámí Pranabánanda, „světec se dvěma těly", když navštívil mou školu v Ráňčí.

„Pár dní před tím, než Láhirí Mahášaj opustil své tělo," vyprávěl mi tehdy Pranabánanda, „jsem od něj dostal dopis, v němž mě žádal, abych okamžitě přijel do Benáresu. Kvůli neodkladným záležitostem jsem se však nemohl na cestu vydat hned. Zrovna když jsem se kolem desáté hodiny dopolední chystal k odjezdu, spatřil jsem ve svém pokoji ke své nevýslovné radosti zářící postavu svého gurua.

,Nač ten spěch?' řekl guru s úsměvem. ,V Benáresu už mě nenajdeš.'

Když mi došel význam jeho slov, se zlomeným srdcem jsem propukl v pláč, neboť jsem se domníval, že je to pouze vidění.

Mistr ke mně učinil několik kroků. ,Sáhni si na mé tělo,' řekl konejšivě. ,Jsem živ jako vždy. Nezoufej; cožpak nejsem s tebou navěky?'"

Z úst těchto tří velkých žáků vyšlo svědectví o ohromující skutečnosti: o desáté hodině dopolední, den poté, co bylo tělo Láhirího Maháaje svěřeno plamenům, se vzkříšený mistr ve skutečném, avšak proměněném těle zjevil třem žákům, kteří se nacházeli každý v jiném městě.

„A když pomíjitelné obleče nepomíjitelnost a smrtelné nesmrtelnost, pak se naplní, co je psáno: ,Smrt je pohlcena, Bůh zvítězil! Kde je, smrti, tvé vítězství? Kde je, smrti, tvá zbraň?'"[13]

---

[12] Viz str. 320. Paňčánan postavil na sedmnácti akrech v bihárském Dévgarhu chrám zasvěcený Šivovi, v němž je uložena olejomalba Láhirího Maháaje. *(pozn. nakl.)*

[13] 1. Korintským 15,54–55. „Což se vám zdá neuvěřitelné, že Bůh křísí mrtvé?" (Skutky apoštolů 26,8)

KAPITOLA 37

Odjíždím do Ameriky

„Amerika! Ti lidé musí být Američané!" Právě tato myšlenka mne napadla, když se před mým vnitřním zrakem zjevil zástup západních tváří.[1]

Seděl jsem pohroužen do meditace za zaprášenými bednami ve skladišti školy v Ráňčí.[2] Najít klidné místo v ústraní býval v oněch rušných letech skutečný oříšek.

Vize pokračovala; početný dav na mě upřeně hleděl a jako plejáda herců přecházel po jevišti mého vědomí.

Dveře skladiště se náhle otevřely. Jeden z chlapců mou skrýš jako obvykle odhalil.

„Pojď sem, Bimale," zvolal jsem zvesela. „Mám pro tebe zprávu: Bůh mě volá do Ameriky!"

„Do Ameriky?" Chlapec má slova zopakoval tónem, jako bych řekl „na Měsíc".

„Ano! Vydám se objevit Ameriku jako Kryštof Kolumbus. On si tenkrát myslel, že našel Indii; mezi oběma pevninami jistě existuje nějaké karmické spojení!"

Bimal odběhl; zanedlouho ten dvounohý věstník roznesl novinu po celé škole.

Svolal jsem zmatený učitelský sbor a školu jim svěřil do opatrování.

„Jsem si jist, že ideály jógy, které šířil Láhirí Mahášaj, pro vás budou stále prvořadé," řekl jsem. „Budu vám často psát. Dá-li Bůh, jednou se vrátím."

Oči se mi zalily slzami, když jsem naposled pohlédl na malé chlapce a sluncem zalitou krajinu Ráňčí. Věděl jsem, že právě skončila jedna

---

[1] Řadu z nich jsem pak na Západě skutečně spatřil a okamžitě poznal.
[2] U příležitosti sedmdesátého pátého výročí příchodu Paramahansy Jógánandy do Ameriky v roce 1995 byla na místě bývalého skladiště v Ráňčí, kde k Paramahansadžího vizi došlo, zbudována krásná pamětní svatyně Smriti Mandir. *(pozn. nakl.)*

Odjíždím do Ameriky

část mého života; od nynějška se budu zdržovat v dalekých zemích. Pár hodin po svém vidění jsem už seděl ve vlaku do Kalkaty. Den poté jsem obdržel pozvánku, abych se jako indický delegát zúčastnil mezinárodního kongresu náboženských liberálů v Americe. Ten se toho roku konal v Bostonu pod záštitou asociace amerických unitářů.

Točila se mi z toho všeho hlava, a tak jsem odjel do Šrírámpuru za Šrí Juktéšvarem.

„Gurudží, právě jsem byl pozván, abych vystoupil na náboženském kongresu v Americe. Mám tam jet?"

„Všechny dveře jsou ti otevřené," odpověděl mistr prostě. „Teď, nebo nikdy."

„Ale pane," namítal jsem s obavami, „co já vím o veřejných proslovech? Párkrát jsem někde přednášel, ale nikdy v angličtině."

„Tvá slova o józe si na Západě najdou cestu ke svým posluchačům a je jedno, budou-li v angličtině, nebo nebudou."

To mě rozesmálo. „Drahý gurudží, pochybuji, že se Američané začnou učit bengálsky! Požehnejte mi, prosím, abych se přenesl přes překážky anglického jazyka."[3]

Když jsem se se svými plány svěřil otci, byl zdrcen. Amerika mu připadala neuvěřitelně vzdálená; bál se, že už mě možná nikdy neuvidí.

„Jak se tam dostaneš?" ptal se stroze. „Kdo ti zaplatí cestu?" Jelikož láskyplně hradil všechny výdaje na mé vzdělání a celý život mne finančně podporoval, nepochybně doufal, že jeho otázka přivede můj záměr k neslavnému konci.

„Bůh mě jistě podpoří." Když jsem vyslovil tu větu, vzpomněl jsem si ihned na jinou, kterou jsem kdysi dávno odpověděl bratru Anantovi v Ágře. A ještě jsem bezelstně dodal: „Otče, možná ti Bůh vnukne, abys mi pomohl."

„V žádném případě!"

Proto mne udivilo, když mi otec na druhý den předal šek na vysokou částku.

„Dávám ti tyto peníze," řekl mi, „nikoli jako tvůj otec, ale jako věrný žák Láhirího Mahášaje. Vydej se tedy do té daleké země a šiř tam učení *krijájógy*, jež ční nad všechna náboženství."

Nesmírně mě dojal ten nesobecký duch, díky němuž můj otec dokázal tak rychle dát stranou svá osobní přání. Přes noc dospěl ke

---

[3] Se Šrí Juktéšvarem jsme obvykle hovořili bengálsky.

správnému závěru, že za mými plány nestojí žádná světská touha navštěvovat cizí země.

„Možná se v tomto životě již nesetkáme," pronesl smutně otec, jemuž v té době bylo šedesát sedm let.

Intuitivní přesvědčení mě přimělo hned odpovědět: „Bůh nás jistě ještě jednou svede dohromady."

Když jsem se připravoval na to, že opustím svého mistra i rodnou zem a vydám se k neznámým břehům, prožíval jsem nemalé obavy. Zaslechl jsem už mnoho zpráv o „materialistickém Západu" – světě tak odlišném od Indie, jež je zahalena staletou aurou světců.

„Má-li se učitel z Orientu odvážit do západního ovzduší," pomyslel jsem si, „musí být schopný snášet útrapy daleko větší než himálajské mrazy!"

Jednou časně ráno, bylo to v našem domě na Garparské ulici, jsem se začal modlit s nezlomným odhodláním vytrvat, dokud neuslyším Boží hlas, i kdybych měl při modlitbě zemřít. Toužil jsem po Božím požehnání a ujištění, že nezbloudím v mlhách moderní honby za bezprostředním prospěchem. Mé srdce bylo odhodláno vydat se do Ameriky, ale ještě silněji bylo odhodláno slyšet útěchu z Božího svolení.

Modlil jsem se a modlil, dusil v sobě vzlyky. Žádná odpověď nepřicházela. V poledne jsem byl blízko konce; z náporu zoufalství jsem se sotva držel na nohou. Měl jsem pocit, že kdybych ještě jednou zaplakal a mé vnitřní zanícení se ještě prohloubilo, rozskočí se mi hlava.

V tu chvíli se ozvalo zaklepání na dveře. Šel jsem otevřít a spatřil mladého muže oděného jako asketa. Vešel dovnitř.

„To musí být Bábádží!" napadlo mne v úžasu, neboť muž stojící přede mnou měl rysy mladého Láhirího Mahášaje. Odpověděl na mou myšlenku melodickou hindštinou: „Ano, jsem Bábádží," řekl. „Náš nebeský Otec vyslyšel tvou modlitbu. Pověřil mne, abych ti sdělil toto: uposlechni pokynu svého gurua a jeď do Ameriky. Neměj strach, dostane se ti ochrany."

Po dramatické odmlce ke mně Bábádží opět promluvil. „Jsi to ty, koho jsem vybral, aby šířil poselství *krijájógy* na Západě. Před mnoha lety jsem se na *kumbhaméle* setkal s tvým guruem Juktéšvarem. Řekl jsem mu tehdy, že tě pošlu, aby tě vycvičil."

Nebyl jsem schopen jediného slova; zalykal jsem se zbožnou bázní z jeho přítomnosti a byl jsem hluboce dojat, že z jeho vlastních úst slyším, že to byl on, kdo vedl mé kroky ke Šrí Juktéšvarovi. Padl jsem před nesmrtelným guruem na tvář. Vlídně mě zvedl. Když mi prozradil mnoho podrobností o mém životě, předal mi několik osobních pokynů a vyslovil několik tajných proroctví.

„*Krijájóga*, exaktní metoda realizace Boha," řekl nakonec s vážností, „se rozšíří do všech zemí a napomůže k dosažení souladu mezi národy, neboť člověka dovede k osobnímu, nadsmyslovému poznání Nekonečného Otce."

Svým pohledem, v němž se zračila majestátní moc, mě mistr doslova zelektrizoval zábleskem svého kosmického vědomí.

> „Kdyby na nebi naráz vzplála
> záře tisíce sluncí,
> podobala by se záři
> onoho velebného ducha."[4]

Pak Bábádží vykročil ke dveřím se slovy: „Nesnaž se mě následovat. Nebudeš toho schopen."

„Bábádží, prosím, neodcházej!" volal jsem opakovaně. „Vezmi mě s sebou!" Bábádží odpověděl: „Nyní ne. Až jindy."

Přemožen emocemi jsem nedbal jeho varování. Když jsem se ho však pokusil následovat, nemohl jsem pohnout nohama; byly jako přibité k podlaze. Bábádží na mě ode dveří naposledy láskyplně pohlédl. Mé oči se k němu toužebně upínaly, když zvedl ruku na znamení požehnání a odešel.

Po několika minutách jsem se opět mohl pohnout. Posadil jsem se a pohroužil se do hluboké meditace, v níž jsem děkoval Bohu nejen za to, že vyslyšel mou modlitbu, ale i za požehnání v podobě setkání s Bábádžím. Celé mé tělo se zdálo být posvěceno dotykem tohoto pradávného, avšak stále mladého mistra. Již dlouho jsem hořel touhou ho spatřit.

Až do dnešního dne jsem tento příběh o setkání s Bábádžím nikomu nevyprávěl. Choval jsem jej v srdci jako nejposvátnější ze svých lidských zážitků. Nakonec jsem si ale řekl, že čtenáři této autobiografie budou více nakloněni uvěřit v existenci Bábádžího a jeho zájem o tento svět, když zde dosvědčím, že jsem jej spatřil na vlastní oči. Jednomu výtvarníkovi jsem pak pro tuto knihu pomohl s kresbou věrné podobizny tohoto kristovského jogína moderní Indie.

---

[4] *Bhagavadgíta* 11,12 (překlad Jan Filipský, Jaroslav Vacek)

PARAMAHANSA JÓGÁNANDA
pasová fotografie pořízená v Kalkatě v roce 1920

Odjíždím do Ameriky

Skupinka delegátů Mezinárodního kongresu náboženských liberálů konaném v říjnu 1920 v Bostonu ve státě Massachusetts, na němž Jógánandadží přednesl svou vůbec první řeč v Americe. (Zleva doprava) Rev. T. R. Williams, Prof. S. Ushigasaki, Rev. Jabez T. Sunderland, Šrí Jógánanda a Rev. C. W. Wendte.

Předvečer odjezdu do Spojených států mne zastihl v posvátné přítomnosti Šrí Juktéšvara. „Zapomeň, že ses narodil jako Ind, ale nepřejímej všechny způsoby Američanů. Vezmi si od obou to nejlepší," řekl mi se svou klidnou moudrostí. „Buď vpravdě sám sebou, dítětem Božím. Vyhledávej a osvojuj si ty nejlepší vlastnosti všech svých bratří, kteří jsou rozptýlení po zemi ve všech rasách."

Pak mi požehnal: „Všem, kteří za tebou přijdou s vírou a touhou nalézt Boha, bude pomoženo. Když na ně pohlédneš, bude z tvých očí vyzařovat duchovní proud, vstoupí do jejich mozku a změní jejich pozemské návyky, aby si mohli Boha lépe uvědomovat." S úsměvem ještě dodal: „Máš mimořádnou schopnost přitahovat upřímné duše. Ať půjdeš kamkoliv, dokonce i v divočině najdeš přátele."

Obě jeho požehnání se víc než bohatě naplnila. Do Ameriky jsem přijel sám a neměl tam jediného přítele; přesto jsem zde našel tisíce lidí připravených přijmout nadčasovou nauku o duši.

Z Indie jsem odplul v srpnu roku 1920 na *City of Sparta*, první lodi, která se vypravila s pasažéry do Ameriky po skončení první světové

Jógánandadží ve své kajutě na parníku cestou na Aljašku při svém přednáškovém turné napříč Spojenými státy (1924)

války. Palubní lístek jsem získal až po téměř zázračném zdolání spousty byrokratických překážek, jež se pojily s vydáním mého cestovního pasu.

Během dvouměsíční plavby zjistil jeden ze spolucestujících, že jsem indickým delegátem na bostonském kongresu.

„Svámí Jógánando," oslovil mě s kuriózní výslovností mého jména, jež byla vůbec první z těch, které jsem později musel z úst Američanů vyslechnout. „Počtěte prosím příští čtvrtek večer cestující svým proslovem. Myslím, že výklad na téma ‚Jak svádět boj se životem' by nás všechny obohatil."

Běda! Jak jsem zjistil den před svým vystoupením, čekal mne boj s mým vlastním životem. Zoufale jsem se pokoušel uspořádat své úvahy do angličtiny, až jsem nakonec veškeré snahy vzdal. Mé myšlenky se

BĚHEM 32 LET STRÁVENÝCH NA ZÁPADĚ ZASVĚTIL VELKÝ GURU DO JÓGY PŘES STO TISÍC ŽÁKŮ
Jógánandadží na pódiu při hodině jógy v Denveru ve státě Colorado, 1924. Ve stovkách měst učil nejnavštěvovanější lekce jógy na světě. Prostřednictvím knih a lekcí pro domácí studium a mnišských center pro výcvik učitelů zajistil Paramahansa Jógánanda pokračování světové mise, kterou ho pověřil Mahavatár Bábádží.

PARAMAHANSA JÓGÁNANDA, FILHARMONICKÉ AUDITORIUM, LOS ANGELES

Los Angeles Times dne 28. ledna 1925 napsaly: „Filharmonické auditorium nabídlo neobyčejnou podívanou na tisíce lidí, kteří museli odejít s prázdnou, když byl hodinu před ohlášeným zahájením přednášky sál s kapacitou 3000 osob již zcela zaplněn. Oním neodolatelným lákadlem byl Svámí Jógánanda, Ind, který vpadl do Spojených států, aby vnesl Boha do srdce křesťanského společenství a hlásal esenci křesťanského učení."

Odjíždím do Ameriky

S pomocí štědrých studentů zakoupil Šrí Jógánanda v roce 1925 pozemek na Mt. Washingtonu. Ještě před dokončením transakce uspořádal na místě, které se brzy mělo stát světovým sídlem jeho organizace, své první setkání – velikonoční bohoslužbu za úsvitu.

zatvrzele odmítaly podřizovat pravidlům anglické gramatiky jako divoké hříbě, když spatří sedlo. Choval jsem však naprostou důvěru v mistrova dřívější ujištění a ve čtvrtek předstoupil před publikum v salónku parníku. Z mých úst ovšem nevyšel ani hlásek; stál jsem před shromážděním jako němý. Po desetiminutovém soutěžení, kdo to vydrží déle, publikum pochopilo, v jak ošemetné situaci se nacházím, a dalo se do smíchu.

Mně ovšem situace v tu chvíli nijak zábavná nepřipadala; rozhořčeně jsem k mistrovi vyslal tichou modlitbu.

„Dokážeš to! Mluv!" rozezněl se okamžitě v mém vědomí jeho hlas.

Mé myšlenky se s angličtinou ihned spřátelily. I po čtyřiceti pěti minutách obecenstvo stále dávalo pozor. Díky tomuto proslovu jsem získal řadu pozvání, abych později přednášel různým skupinám v Americe.

Nikdy jsem si nedokázal vzpomenout na jediné slovo, které jsem tehdy pronesl. Nenápadným dotazováním jsem se od mnoha cestujících dozvěděl: „Vedl jste plamennou řeč v bezchybné angličtině." Po této příjemné zprávě jsem svému guruovi pokorně poděkoval za jeho včasnou pomoc a znovu si uvědomil, že je stále se mnou a nic si nedělá z překážek prostoru a času.

Paramahansa Jógánanda klade květiny v kryptě George Washingtona na Mt. Vernon ve státě Virginia (22. února 1927).

Tu a tam mě po zbytek cesty přes oceán zachvátily obavy z nadcházejícího jazykového martyria, které mě čekalo na bostonském kongresu.

„Pane," modlil jsem se z hloubi duše, „nechť jsi Ty mou jedinou inspirací."

Na sklonku září zakotvila *City of Sparta* nedaleko Bostonu. Krátce nato, 6. října 1920, jsem vystoupil na kongresu se svou panenskou řečí na americké půdě. Přijata byla příznivě a já jsem si mohl s úlevou oddechnout. Velkodušný tajemník Asociace amerických unitářů napsal do kongresového sborníku, který byl posléze vydán,[5] tuto poznámku:

„Svámí Jógánanda, delegát z Brahmačarja ášramu v Ráňčí, vyřídil kongresu pozdravy od svého spolku. Plynnou angličtinou a s přesvěd-

[5] *New Pilgrimages of the Spirit* (Boston: Beacon Press, 1921)

Odjíždím do Ameriky

PARAMAHANSA JÓGÁNANDA V BÍLÉM DOMĚ
Paramahansa Jógánanda a John Balfour odcházejí z Bílého domu po přijetí u prezidenta Calvina Coolidge, který vyhlíží z okna.
Deník Washington Herald dne 25. ledna 1927 napsal: „Svámímu Jógánandovi se dostalo vřelého přivítání od prezidenta Coolidge, který se mu svěřil, že o něm mnoho četl. Jedná se o první oficiální přijetí svámího u amerického prezidenta v dějinách Indie."

čivým projevem přednesl řeč filozofického charakteru na téma Náboženství jako věda, který byl vytištěn jako brožura pro širší veřejnost. Náboženství je podle Svámího univerzální a je jen jedno. Nemůžeme zevšeobecňovat konkrétní zvyky a obyčeje, ale společný prvek všech náboženství zevšeobecnit lze a můžeme vyzvat všechny, aby ho přijali a řídili se jím."

Díky otcově štědrému šeku jsem v Americe mohl zůstat i po skončení kongresu. Ve skromných podmínkách jsem strávil tři šťastné roky v Bostonu. Vystupoval jsem na veřejných přednáškách, vyučoval a napsal sbírku básní nazvanou *Písně duše* s předmluvou dr. Fredericka B. Robinsona, prezidenta Newyorské městské univerzity.[6]

---

[6] *Songs of the Soul*. Vydalo Self-Realization Fellowship. Dr. Robinson s chotí navštívil v roce 1939 Indii, kde byli čestnými hosty na setkání společnosti Yogoda Satsanga.

V roce 1924 jsem zahájil přednáškové turné napříč Spojenými státy. Promlouval jsem před tisícihlavými sály v mnoha velkých městech. Ze Seattlu jsem se pak vydal za odpočinkem na krásnou Aljašku.

S pomocí velkorysých žáků jsem koncem roku 1925 založil americké ústředí SRF na Mount Washingtonu v Los Angeles. Byla to ona budova, kterou jsem spatřil mnoho let předtím ve vizi v Kašmíru. Spěšně jsem Šrí Juktéšvarovi poslal fotografie svých činností ze vzdálené Ameriky. Odpověděl pohlednicí v bengálštině, jejíž překlad zde uvádím:

11. srpna 1926

Dítě mého srdce, ó Jógánando!

Ani nedokážu slovy vyjádřit, jaká radost vstupuje do mého života, když vidím fotografie tvé školy a tvých studentů. Rozplývám se radostí při pohledu na tvé žáky jógy v mnoha městech.

Když slyším o tvých metodách zpívaných afirmací, léčivých vibrací a modlitbách za božské uzdravení, nemohu než ti z celého srdce poděkovat.

Když vidím tu bránu, cestu vinoucí se do kopce a úchvatnou scenérii, jež se rozprostírá pod Mount Washingtonem, toužím to vše spatřit na vlastní oči.

Zde je vše v pořádku. Kéž jsi z Boží milosti navždy blažený.

ŠRÍ JUKTÉŠVAR GIRI

Roky ubíhaly. Přednášel jsem ve všech částech své nové domoviny a promlouval ke stovkám klubů, univerzit, církevních sborů a skupin všemožného vyznání. V letech 1920 až 1930 navštívily mé lekce jógy desetitisíce Američanů. Jim všem jsem věnoval novou knihu modliteb a duchovních myšlenek nazvanou *Šepoty z věčnosti*[7] s předmluvou Amelity Galli-Curciové.

Občas (většinou první den v měsíci, kdy se na stůl nahrnuly účty za provoz centra na Mount Washingtonu, v němž sídlilo ústředí Self-Realization Fellowship) jsem toužebně vzpomínal na prostý poklid Indie. Každý den jsem ale pozoroval, jak porozumění mezi Západem a Východem narůstá, a má duše jásala.

George Washington, „otec vlasti", který mnohdy cítil, že jeho kroky vede Bůh, pronesl ve své Řeči na rozloučenou tato slova duchovní inspirace pro Ameriku:

---

[7] *Whispers from Eternity*. Vydalo Self-Realization Fellowship.

Mexický prezident, Jeho Excelence Emilio Portes Gil, hostil Šrí Jógánandu při jeho návštěvě Mexico City v roce 1929.

Paramahansadží medituje na člunu na jezeře Xochimilco, Mexiko 1929.

„Bude přínosné, aby svobodný, osvícený a v brzké době také veliký národ ukázal lidstvu velkolepý a zcela nový příklad lidu, jenž je vždy veden vznešenou spravedlností a shovívavostí. Kdo by mohl pochybovat o tom, že v běhu času a okolností plody takového záměru bohatě převýší každou dočasnou výhodu, jíž je možno pozbýt při jeho důsledném naplňování? Je snad možné, aby Prozřetelnost nesesnoubila trvalé štěstí národa s jeho ctností?"

WALT WHITMAN: CHVÁLA AMERICE
(Z básně Ty, matko, se svým rovným potomstvem)

Tebe ve tvé vlastní budoucnosti,
Tebe ve tvém četnějším, příčetnějším potomstvu žen, mužů
 – tebe v tvých atletech, mravných, duchovních; na jihu, na severu, na západě, na východě;
Tebe ve tvém mravním bohatství a kultuře (dokud nepřijde, musí i tvá nejpyšnější kultura hmoty jen přežívat v marnosti),
Tebe ve tvé všenaplňující, všezahrnující zbožné úctě – tebe ne v jediné bibli ani spasiteli jediném,
ale Tebe s bezpočtem spasitelů, již v tobě zatím dřímají, rovné všem jiným a stejně tak božské...
Tyto všechny já v tobě (a oni se dozajista zrodí) v dnešní den zvěstuji!

KAPITOLA 38

Luther Burbank – světec mezi růžemi

„Tajemstvím dokonalejšího šlechtění rostlin je vedle vědeckých poznatků láska." Tato moudrá slova pronesl Luther Burbank, když jsme se spolu procházeli po jeho zahradě v kalifornském Santa Rose. Zastavili jsme se u záhonu jedlých kaktusů.

„Když jsem prováděl pokusy, jak vyšlechtit kaktusy bez ostnů," pokračoval, „často jsem k rostlinám promlouval, abych mezi námi vytvořil vibraci lásky. ‚Nemáte se čeho bát,' říkal jsem jim. ‚Nemusíte se bránit trny. Já vás ochráním.' A tato užitečná pouštní rostlina se postupně přeměnila v bezostnatou odrůdu."

Byl jsem tím zázrakem okouzlen. „Drahý Luthere, věnujte mi prosím několik listů kaktusu, abych je mohl zasadit ve své zahradě na Mount Washingtonu."

Pomocník stojící opodál se chystal listy utrhnout. Burbank ho však zastavil.

„Utrhnu je pro svámího sám." Podal mi tři listy, které jsem později vsadil do půdy a s radostí sledoval, jak rostou do obřích rozměrů.

Tento věhlasný pěstitel mi svěřil, že jeho prvním významným úspěchem byla velká brambora, dnes známá pod jeho jménem. S neúnavností génia předkládal světu stovky nových odrůd rajčat, kukuřice, dýní, třešní, švestek, máku, lilií či růží, jimiž zdokonalil dílo přírody.

Zaostřil jsem svůj fotoaparát, když mě Luther zavedl ke slavnému ořešáku, na jehož příkladu dokázal, že přirozený vývoj lze dramaticky urychlit.

„Za pouhých šestnáct let," řekl, „začal tento ořešák hojně plodit ořechy. Bez pomoci by k tomu příroda potřebovala dvakrát tolik času."

Do zahrady přiskotačila Burbankova adoptivní dcerka se svým psíkem.

„To je moje lidská rostlinka." Luther jí láskyplně zamával. „Vnímám dnes celé lidstvo jako jednu obrovskou rostlinu, která ke svému nejvyššímu naplnění potřebuje jen lásku, dar přirozeného přírodního prostředí a moudré křížení a výběr. Za svůj život jsem mohl pozorovat tak ohromný pokrok ve vývoji rostlin, že vzhlížím optimisticky k budoucímu zdravému a šťastnému světu, který se dostaví hned, jen co se jeho potomstvo naučí dodržovat zásady prostého a racionálního způsobu života. Musíme se navrátit k přírodě a k Bohu přírody."

„Luthere, měl byste radost z mé školy v Ráňčí, kde se vyučuje venku, i z tamní atmosféry radosti a prostoty."

Má slova se dotkla struny, jež byla Burbankově srdci nejbližší: výchovy dětí. Zasypal mě otázkami a z jeho hlubokých, klidných očí vyzařoval nepředstíraný zájem.

„Svámídží," řekl nakonec, „školy jako ta vaše jsou pro budoucí tisíciletí jedinou nadějí. Vzpírám se současnému vzdělávacímu systému, který je odtržený od přírody a potlačuje v dětech veškerou osobitost. Z celého srdce i duše s vašimi praktickými výchovnými ideály souhlasím."

Když jsem se s vlídným mudrcem loučil, podepsal útlou knížku a podal mi ji.[1]

„To je *Průprava lidské rostliny*,"[2] řekl. „Potřebujeme nové metody výcviku dětí – odvážné experimenty. Ty nejodvážnější pokusy tu a tam vedou k těm nejlepším plodům a květům. Inovace ve výchově a vzdělávání dětí by také měly být početnější, smělejší."

Ještě ten večer jsem si jeho knížku s velkým zájmem přečetl. S pohledem upřeným do slavné budoucnosti lidského pokolení napsal: „Tím nejméně poddajným živým tvorem na tomto světě, kterého je nejtěžší ohnout, je rostlina pevně zakořeněná v určitých zvycích. Pamatujte, že tato rostlina si uchovává svou jedinečnost po celé věky, možná už z dob kamenů, aniž by se kdy za to předlouhé období výrazně změnila. Myslíte si, že za tento nesmírně dlouhý čas, po který se rostlině neustále opakuje, se v ní nevyvine vlastní vůle nebo, chceme-li to tak nazvat, výjimečnáhouževnatost? Skutečně existují rostliny, například některé druhy palem, jež jsou tak neústupné, že je žádná lidská moc dosud

---

[1] Burbank mi dal také svou podepsanou fotografii. Opatruji ji jako poklad, stejně jako kdysi opatroval jistý hinduistický obchodník obrázek Lincolna. Tento Ind, který pobýval v Americe během občanské války, choval k Lincolnovi takový obdiv, že se odmítal vrátit do Indie, dokud nezíská portrét tohoto velkého osvoboditele. Postavil se tedy před Lincolnův práh a zarputile odmítal odejít, dokud mu zaskočený prezident nedovolil, aby si najal slavného newyorského malíře Daniela Huntingtona. Když byl portrét hotov, odvezl si ho hinduista vítězoslavně s sebou do Kalkaty.

[2] New York: Century Co., 1922

nebyla schopna změnit. Ve srovnání s vůlí této rostliny je vůle člověka příliš slabá. Ale všimněte si, jak se celá tato celoživotní houževnatost rostliny zlomí jednoduše tím, že ji sloučíme s novým životem a zkřížením vytvoříme v jejím životě zásadní a naprostou změnu. Když pak nastane ten zlom, upevněte jej těmito generacemi trpělivého dohledu a výběru, a nová rostlina se vydá na svou novou cestu, aby se už nikdy nevrátila ke starému, neboť její zarputilá vůle je konečně zlomena a změněna.

Když dojde na něco tak citlivého a ohebného, jako je povaha dítěte, problém se výrazně zjednoduší."

Byl jsem k tomuto velkému Američanovi magneticky přitahován a často jsem jej navštěvoval. Jednou ráno jsem dorazil současně s listonošem, který v Burbankově studovně vysypal snad tisíc dopisů. Psali mu pěstitelé ze všech koutů světa.

„Svámídží, vaše přítomnost je přesně ta záminka, kterou potřebuji, abych se mohl vytratit do zahrady," poznamenal Luther vesele. Otevřel velkou zásuvku v psacím stole, která byla plná cestovních brožur.

„Vidíte," řekl, „takhle já cestuji. Jsem tu svázaný svými rostlinami a korespondencí, a tak svou touhu po cizích zemích uspokojuji alespoň tím, že si tyto obrázky občas prohlížím."

Mé auto stálo před bránou; projeli jsme se s Lutherem ulicemi městečka, v jehož zahrádkách zářily růže jeho vlastních odrůd Santa Rosa, Peachblow a Burbank.

Při jedné ze svých dřívějších návštěv jsem velikému vědci udělil zasvěcení do *krijájógy*. „Věrně tu techniku cvičím, svámídží," sdělil mi. Po mnoha hloubavých otázkách o různých aspektech jógy poznamenal Luther rozvážně:

„Východ skutečně uchovává obrovské poklady poznání, které Západ teprve začíná objevovat."[3]

Důvěrné spojení s přírodou, která mu odemkla mnohá ze svých žárlivě střežených tajemství, obdařilo Burbanka bezmeznou duchovní úctou.

---

[3] Dr. Julian Huxley, slavný britský biolog a předseda UNESCO, nedávno prohlásil, že západní vědci „by se měli naučit orientálním technikám," jež umožňují vstoupit do transu a ovládat dýchání. „Co se v tom stavu děje? A jak je vůbec možné, že nastane?" řekl. Zpráva agentury *Associated Press* z Londýna z 21. srpna 1948 uváděla: „Dr. Huxley nové Světové federaci pro duševní zdraví navrhl, že by se také mohla zabývat i mystickými tradicemi Východu. Odborníkům na duševní zdraví radil, že pokud by byl tento odkaz vědecky zkoumán, mohlo by to v jejich oborech znamenat obrovský skok vpřed."

LUTHER BURBANK A PARAMAHANSA JÓGÁNANDA
Santa Rosa, Kalifornie, 1924

„Někdy cítím, že jsem velice blízko Nekonečné Moci," svěřil se mi nesměle. Jeho citlivý, půvabně tvarovaný obličej se rozzářil vzpomínkami. „Pak dokážu léčit nemocné kolem sebe i mnoho trpících rostlin."

Vyprávěl mi o své matce, upřímné křesťance. „Od té doby, co zemřela," řekl, „se mi mnohokrát dostalo požehnání spatřit ji ve vizích, v nichž ke mně promlouvala."

Neochotně jsme zamířili zpátky k jeho domovu a tisícům čekajících dopisů.

„Luthere," podotkl jsem, „příští měsíc začnu vydávat časopis, který bude lidem předkládat pravdy Východu a Západu. Pomozte mi prosím vybrat pro něj vhodný název."

Chvíli jsme o tom rozmlouvali a nakonec se shodli na jménu *East--West*.[4] Když jsme opět vešli do jeho pracovny, předal mi Burbank svůj článek na téma Věda a civilizace.

„Otisknu ho v prvním čísle *East-West*," řekl jsem vděčně.

---

[4] V roce 1948 byl časopis přejmenován na *Self-Realization*.

Jak se naše přátelství prohlubovalo, začal jsem Burbankovi přezdívat „můj americký světec". „Hle, pravý člověk," parafrázoval jsem, „v němž není lsti."[5] Jeho srdce bylo nezměrně hluboké a dobře obeznámené s pokorou, trpělivostí a sebeobětováním. Jeho domek mezi růžemi byl až asketicky prostý; chápal zbytečnost luxusu a radost z vlastnictví nevelkého majetku. Skromnost, s jakou snášel svou vědeckou slávu, mi opakovaně připomínala stromy, které se ohýbají pod tíhou zrajícího ovoce; jen strom, který nerodí, vypíná hlavu do výše v prázdném vychloubání.

Byl jsem zrovna v New Yorku, když můj drahý přítel v roce 1926 skonal. V slzách jsem přemítal: „S radostí bych se vydal pěšky odsud až do Santa Rosy, jen abych jej naposled spatřil!" Zavřel jsem se před tajemníky a návštěvami a následujících čtyřiadvacet hodin strávil o samotě.

Příští den jsem před velkou Lutherovou fotografií provedl védský pohřební obřad. Skupina mých amerických žáků v indickém obřadním oděvu zpívala staré hymny, zatímco byly předkládány obětiny květin, vody a ohně – symbolů prvků tvořících tělo a jejich návratu do nekonečného Zdroje.

Přestože Burbankovo tělo spočívá v Santa Rose pod libanonským cedrem, který před mnoha lety zasadil ve své zahradě, pro mne se jeho duše schovává v každé pučící květině, která vyrůstá u cesty. Není to snad Luther, který se na nějaký čas stáhl do rozlehlého ducha přírody a teď šeptá ve větru a prochází se úsvitem?

Jeho jméno už přešlo i do běžné řeči. Websterův nový mezinárodní slovník uvádí přechodné sloveso „burbankovat," které definuje takto: „Křížit či roubovat (rostlinu). Obrazně řečeno též vylepšit (cokoli, např. proces či instituci) výběrem dobrých rysů a odmítnutím špatných, nebo jen přidáním dobrých."

„Drahý Burbanku," zvolal jsem, když jsem si tu definici přečetl, „samo tvé jméno je teď synonymem dobra!"

---

[5] Jan 1,47

LUTHER BURBANK
SANTA ROSA, CALIFORNIA
U.S.A.

22. prosince 1924

    Přezkoumal jsem systém Jogody Svámího Jógánandy a podle mého názoru je ideální pro trénink a harmonizaci tělesné, duševní i duchovní stránky člověka. Svámího cílem je zakládat po celém světě školy, kde by se lidé mohli učit, jak žít a kde se vzdělání nebude omezovat pouze na intelektuální rozvoj, ale také na výcvik těla, vůle a citů.
    Prostřednictvím systému Jogoda, jenž se zaměřuje na tělesný, duševní a duchovní rozvoj pomocí jednoduchých a exaktních metod koncentrace a meditace, je možné vyřešit většinu složitých problémů života a dosáhnout míru a dobré vůle na zemi. Svámího idea správné výchovy je založena na zdravém rozumu a je prostá všeho mystického či nepraktického; jinak by nezískala můj souhlas.
    Jsem upřímně vděčný za možnost připojit se ke Svámího výzvě k zakládání mezinárodních škol, jež budou vyučovat umění života a jež nás přiblíží tisíciletému království více než cokoli jiného, s čím jsem obeznámen.

KAPITOLA 39

Terezie Neumannová, katolická stigmatička

„Vrať se do Indie. Patnáct let jsem na tebe trpělivě čekal. Brzy odpluji z tohoto těla do Zářícího příbytku. Přijeď, Jógánando!"

Hlas Šrí Juktéšvara se naléhavě rozléhal v mém vnitřním uchu, když jsem seděl v meditaci ve svém sídle na Mount Washingtonu. Jeho zpráva v mžiku překonala deset tisíc mil a projela mou bytostí jako blesk z čistého nebe.

Patnáct let! Ano, uvědomil jsem si, už se píše rok 1935. Patnáct let jsem strávil šířením učení svého gurua v Americe a teď mě volá zpátky.

Krátce poté jsem svůj zážitek vylíčil svému drahému příteli Jamesi J. Lynnovi. Jeho duchovní pokrok díky každodenní praxi *krijájógy* byl tak pozoruhodný, že mu často říkávám „svatý Lynn". V něm a mnoha dalších západních žácích s radostí spatřuji naplnění Bábádžího předpovědi, že i na Západě povstanou světci, kteří skrze prastarou cestu jógy dosáhnou skutečné Seberealizace.

James Lynn velkoryse trval na tom, že přispěje na mou cestu. Finanční problém byl tedy vyřešen a já jsem se začal připravovat na plavbu přes Evropu do Indie. V březnu roku 1935 jsem nechal Self-Realization Fellowship zaregistrovat podle zákonů státu Kalifornie jako nesektářskou neziskovou organizaci s trvalým působením. Této společnosti jsem odkázal veškerý svůj majetek včetně všech autorských práv. Tak jako většina ostatních náboženských a vzdělávacích institucí je i Self-Realization Fellowship podporována příspěvky a dary svých členů i veřejnosti.

„Vrátím se," řekl jsem svým žákům. „Nikdy na Ameriku nezapomenu."

Na slavnostní rozlučkové hostině, kterou pro mě v Los Angeles uspořádali mí draží přátelé, jsem dlouho pozoroval jejich tváře a vděčně

Autobiografie jogína

si říkal: „Pane, kdo na tebe pamatuje jako na jediného dárce, ten nikdy nebude trpět nedostatkem čistého přátelství mezi smrtelníky."

Dne 9. června 1935 jsem na lodi *Europa* vyplul z New Yorku. Doprovázeli mě dva žáci: můj tajemník C. Richard Wright a postarší dáma z Cincinnati, paní Ettie Bletschová. Užívali jsme si dny oceánské pohody, což byl vítaný kontrast k uplynulým uspěchaným týdnům. Náš odpočinek však trval příliš krátce; rychlost moderních lodí má i své stinné stránky!

Jako každá jiná skupina zvídavých turistů jsme se procházeli po rozlehlých starých čtvrtích Londýna. Den po mém příjezdu jsem byl pozván, abych promluvil na velkém shromáždění v Caxton Hall, kde mě londýnským posluchačům představil sir Francis Younghusband.

Poté jsme strávili příjemný den jako hosté sira Harryho Laudera na jeho statku ve Skotsku. O pár dní později už naše skupinka přeplula La Manche na evropskou pevninu, kde jsem chtěl uskutečnit pouť do Bavorska. Cítil jsem, že toto je má jediná šance setkat se s velkou katolickou mystičkou Terezií Neumannovou z Konnersreuthu.

O Terezii jsem před mnoha lety četl pozoruhodný článek. Psaly se v něm následující informace:

1. Terezie, narozená na Velký pátek roku 1898, se ve dvaceti letech zranila při nehodě. Následkem zranění oslepla a ochrnula.
2. V roce 1923 se jí díky modlitbám ke svaté Terezii z Lisieux zvané „Terezička" zázračně vrátil zrak. Později se náhle uzdravily i její končetiny.
3. Od toho léta Terezie s výjimkou každodenní eucharistie nejí a nepije.
4. V roce 1926 se jí na hlavě, hrudi, rukou a nohou objevila stigmata, Kristovy svaté rány. Každý pátek[1] prožívá Kristovo umučení a ve svém vlastním těle zažívá všechna jeho historická muka.
5. Ač zná jen jednoduchou venkovskou němčinu, při pátečních transech pronáší Terezie věty, v nichž odborníci rozpoznali

---

[1] Od válečných let Terezie neprožívá Pašije každý pátek, ale jen v některé sváteční dny v roce. O jejím životě pojednávají knihy *Therese Neumann: A Stigmatist of Our Day* nebo *Further Chronicles of Therese Neumann*, obě od Friedricha Rittera von Lamy; *The Story of Therese Neumann* od A. P. Schimberga (1947), všechny z nakladatelství Bruce Pub. Co., Milwaukee; a *Therese Neumann* od Johannese Steinera vydaná nakladatelstvím Alba House, Staten Island, N.Y.

starou aramejštinu. V určitých okamžicích své vize promlouvá také hebrejsky nebo řecky.
6. Se svolením církve byla Terezie několikrát podrobně zkoumána vědci. Dr. Fritz Gerlich, redaktor jednoho protestantského německého listu, se do Konnersreuthu vypravil „odhalit ten katolický podvod", ale místo toho nakonec v hluboké úctě napsal její životopis.

Na Východě i na Západě jsem se vždycky toužil setkat se světci. Proto jsem měl velkou radost, když naše skupinka 16. července vstoupila do svérázné vesničky Konnersreuthu. Bavorští rolníci se živě zajímali o náš automobil značky Ford, který jsme si s sebou přivezli z Ameriky, i jeho smíšenou posádku – mladého Američana, postarší dámu a Orientálce s olivovou pletí a dlouhými vlasy zastrčenými pod límec kabátu.

Terezin domek, čistý a upravený, s rozkvetlými muškáty u primitivní studny, byl však tichý a zamčený. Sousedé ani listonoš, který právě procházel kolem, nám nedokázali poradit. Začalo pršet; mí společníci navrhli, abychom odjeli.

„Ne," trval jsem na svém. „Zůstanu tady, dokud mě k Terezii něco nedovede."

O dvě hodiny později jsme stále ještě seděli v autě uprostřed ponurého deště. „Bože," povzdychl jsem si nespokojeně, „proč jsi mě sem zavedl, když je pryč?"

Vtom vedle nás zastavil anglicky hovořící muž a zdvořile nám nabídl pomoc.

„Nevím jistě, kde se Terezie nachází," řekl, „ale často navštěvuje profesora Franze Wutze. Je to učitel cizích jazyků na univerzitě ve sto třicet kilometrů vzdáleném Eichstättu."

Následující ráno dorazila naše skupinka vozem do poklidného městečka Eichstätt. Dr. Wutz nás vřele přivítal ve svém domě. „Ano, Terezie je tady." Vzkázal jí, že má návštěvu. Brzy se objevil poslíček s její odpovědí:

„Ačkoli mě biskup vyzval, abych se bez jeho svolení s nikým nestýkala, Božího muže z Indie přijmu."

Hluboce dojat těmito slovy jsem dr. Wutze následoval nahoru do obývacího pokoje. Terezie do něj vstoupila hned po nás a vyzařovala z ní aura míru a radosti. Na sobě měla černé roucho a bílý šátek bez poskvrny. Ačkoli jí v té době bylo třicet sedm let, vypadala mnohem mladší; měla v sobě dětskou čistotu a půvab. Zdravá, urostlá, růžolící – taková je světice, která nejí!

Terezie mě pozdravila velice jemným potřesením ruky. Radostně jsme se na sebe oba usmívali v tichém souznění a každý z nás o tom druhém věděl, že miluje Boha.

Dr. Wutz se laskavě nabídl, že se ujme tlumočení. Když jsme se posadili, všiml jsem si, že na mě Terezie hledí s naivní zvědavostí; Indové zřejmě nebyli v Bavorsku často k vidění.

„Opravdu vůbec nic nejíte?" Chtěl jsem slyšet odpověď z jejích vlastních úst.

„Ne, pouze hostii[2] o šesté hodině ranní."

„Jak velká je ta hostie?"

„Je tenká jako papír a velká jako mince." Pak dodala: „Přijímám ji jako svátost; není-li posvěcena, nedokážu ji polknout."

„Z toho přece nemůžete žít celých dvanáct let."

„Žiji z božího světla."

Jak prostá odpověď, jak einsteinovská!

„Vidím, že si uvědomujete, že energie do vašeho těla proudí z prostoru, ze slunce a ze vzduchu."

Její obličej se rozsvítil úsměvem. „Jsem ráda, že rozumíte, z čeho žiji."

„Váš svatý život je každodenním potvrzením pravdy, kterou vyslovil Kristus: ,Ne jenom chlebem bude člověk živ, ale každým slovem, které vychází z Božích úst.'"[3]

Mé vysvětlení ji opět potěšilo.

„Je to skutečně tak. Jeden z důvodů, proč jsem dnes na zemi, je dokázat, že člověk může žít z neviditelného Božího světla, nejen výlučně z potravy."

---

[2] eucharistická oplatka z mouky

[3] Matouš 4,4. Baterie lidského těla není sycena pouze hrubou stravou (chlebem), ale i vibrující kosmickou energií (Slovem neboli zvukem óm). Tato neviditelná síla vstupuje do těla branou prodloužené míchy (*medulla oblongata*). Toto šesté tělesné centrum je umístěno v horní části šíje nad pěti páteřními čakrami (sanskrtský název pro „kola" čili centra vyzařující životní síly).

Prodloužená mícha, hlavní bod přísunu univerzální životní energie (óm), je polaritou spojena s centrem kristovského vědomí (*Kútastha*) v oku mezi obočím – sídle lidské vůle. Kosmická energie se poté ukládá v sedmém centru, mozku, jako zásoba nekonečných možností (o nichž se ve védách hovoří jako o „lotosu světla s tisíci okvětními lístky"). Bible se zmiňuje o zvuku óm jako o Duchu svatém či neviditelné životní síle, která dokonale udržuje veškeré stvoření. „Či snad nevíte, že vaše tělo je chrámem Ducha svatého, který ve vás přebývá a jejž máte od Boha? Nepatříte sami sobě!" (1. Korintským 6,19)

Terezie Neumannová, katolická stigmatička

„Můžete životu bez potravy učit i druhé?"
Vypadala poněkud překvapeně. „To nemohu; Bůh si to nepřeje."
Když můj pohled padl na její silné, půvabné ruce, ukázala mi Terezie čerstvě zhojené čtvercové rány na zadní straně obou rukou. Na každé dlani měla menší ranky ve tvaru srpku, také čerstvě zhojené. Všechny rány procházely skrz ruku. Při tom pohledu jsem si hned vzpomněl na velké čtvercové železné hřeby se srpkovitým zakončením, které se na Východě dodnes používají, ale nepamatuji se, že bych se s nimi kdy setkal na Západě.

Světice se rozpovídala o svých pravidelných vytrženích. „Jako bezmocný přihlížející sleduji celé Kristovo umučení." Každý týden od čtvrteční půlnoci do páteční jedné hodiny odpolední se její rány otevírají a krvácejí. Pokaždé přitom ztratí pět ze svých obvyklých pětapadesáti kilogramů váhy. Ač Terezie ve své soucitné lásce nesmírně trpí, velmi se na tyto pravidelné vize Pána těší.

Ihned jsem pochopil, že jejím podivuhodným životem chce Bůh všechny křesťany ujistit o historické autenticitě Ježíšova života a ukřižování, jak jsou zaznamenány v Novém zákoně, a dramatickým způsobem ukázat na ono stále živé pouto mezi galilejským mistrem a jeho věřícími.

Profesor Wutz pak vyprávěl o některých svých zážitcích se světicí.

„S Terezií a pár dalšími přáteli často podnikáme několikadenní výlety po Německu," řekl mi. „Je to příkrý kontrast – Terezie za celou dobu nic nepozře, zatímco my ostatní jíme třikrát denně. Je stále svěží jako růže a nezná únavu. Kdykoli my ostatní dostaneme hlad a začneme hledat hostinec u cesty, Terezie se jen vesele směje."

Profesor také doplnil pár zajímavých fyziologických detailů: „Vzhledem k tomu, že Terezie nepřijímá potravu, se jí scvrkl žaludek. Nic nevylučuje, ale její potní žlázy fungují. Její kůže je stále hladká a pevná."

Když nadešel čas odchodu, svěřil jsem se Terezii se svým přáním být přítomen jejímu vytržení.

„Ano, přijeďte prosím příští pátek do Konnersreuthu," řekla vlídně. „Biskup vám vydá povolení. Jsem velice ráda, že jste mě v Eichstättu vyhledal."

Terezie mi mnohokrát něžně potřásla rukou a doprovodila nás k k brance. Richard Wright zapnul v automobilu rádio. Světice si ho s nadšeným chichotáním prohlížela. Nato se kolem seběhl tak početný zástup mladíků, že se Terezie raději ukryla v domě. Viděli jsme ji za oknem, kde na nás vykukovala jako dítě a mávala nám.

Od dvou milých a přívětivých Tereziiných bratrů jsme se na druhý den dozvěděli, že světice spí jen jednu až dvě hodiny denně. Navzdory všem ranám na těle je činorodá a plná energie. Miluje ptáky, stará se o akvárium s rybičkami a často pracuje na své zahrádce. Také musí vyřizovat rozsáhlou korespondenci; katoličtí věřící ji prosí o modlitby a uzdravující požehnání. Mnoho hledajících bylo její zásluhou vyléčeno z vážných nemocí.

Její asi třiadvacetiletý bratr Ferdinand mi vysvětlil, že Terezie dokáže skrze modlitbu prožívat ve svém těle choroby druhých, a tak jim od nich pomoci. Světice přestala přijímat potravu, když se jednou modlila, aby onemocnění krku, kterým trpěl mladý muž z její farnosti chystající se vstoupit do kněžského řádu, přešlo na její vlastní tělo.

Ve čtvrtek odpoledne dorazila naše výprava k biskupovi, který poněkud překvapeně hleděl na mé vlající kadeře. Ochotně nám však napsal potřebné povolení. Nemuseli jsme za něj nic platit; církev toto pravidlo stanovila jen proto, aby Terezii ochránila před zástupy zvědavých turistů, kteří se v předchozích letech každý týden do Konnersreuthu sjížděli po tisících.

Do vesnice jsme dorazili v pátek kolem půl desáté ráno. Všiml jsem si, že Tereziin domek má část střechy prosklenou, aby měla dostatek světla. Potěšilo nás, že dveře už nebyly zavřené, nýbrž pohostinně otevřené dokořán. Připojili jsme se k řadě asi dvaceti dalších návštěvníků s povolením. Někteří z nich přijeli z velké dálky, aby zhlédli Terezino mystické vytržení.

První zkoušku v mých očích složila Terezie v profesorově domě, když intuitivně poznala, že se s ní chci setkat z duchovních důvodů, nikoli pro uspokojení chvilkové zvědavosti.

Moje druhá zkouška souvisela s tím, že jsem těsně předtím, než jsem vyšel nahoru do jejího pokoje, vstoupil do jogínského transu, abych s ní navázal telepatické a televizní spojení. Vešel jsem do místnosti plné návštěvníků; Terezie oděná v bílém rouše ležela na posteli. Pan Wright stál těsně za mnou, když jsem se zastavil na prahu, ohromen zvláštní a nanejvýš děsivou podívanou.

Z Tereziiných spodních víček nepřetržitě stékal řídký, přes dva centimetry široký potůček krve. Její pohled byl obrácený vzhůru k duchovnímu oku uprostřed čela. Látka, kterou měla ovázanou kolem hlavy, byla zbrocena krví od stigmat trnové koruny. Bílým rouchem v místě

Terezie Neumannová, katolická stigmatička

TEREZIE NEUMANNOVÁ, C. RICHARD WRIGHT, ŠRÍ JÓGÁNANDA
Eichstätt, Bavorsko, 17. července 1935

jejího srdce prosakovala krev z rány v boku, kde Kristovo tělo před dávnými časy utrpělo poslední ponížení od hrotu kopí římského vojáka.

Její ruce byly rozpřaženy v mateřském, prosebném gestu; ve tváři se jí zračil zmučený a současně božský výraz. Vypadala pohubleji a mnohé její zevní i vnitřní znaky se téměř neznatelně proměnily. Mumlala slova v jakémsi neznámém jazyce a s jemně se chvějícími rty hovořila k osobám, které viděla svým nadvědomým zrakem.

Jelikož jsem s ní byl ve spojení, viděl jsem výjevy z její vize. Sledovala Ježíše, jak uprostřed pokřikujícího davu nese dřevěný kříž.[4] Náhle zvedla hlavu zděšením: Pán pod krutou tíhou upadl. Vize zmizela. Vyčerpaná svým horoucím soucitem, klesla Terezie těžce do polštáře.

V tu chvíli jsem za sebou uslyšel tupou ránu. Na vteřinu jsem se ohlédl a spatřil dva muže, jak vynášejí bezvládné tělo. Jelikož jsem se právě navracel z hlubokého nadvědomého stavu, nepoznal jsem hned člověka, který se skácel k zemi. Znovu jsem upřel zrak na Tereziinu tvář, mrtvolně bledou pod potůčky krve, nyní však už klidnou, vyzařující

---

[4] V hodinách předcházejících mému příjezdu již Terezie prošla mnoha vizemi posledních dnů Kristova života. Její trans většinou začíná událostmi, které následovaly po poslední večeři, a končí Ježíšovou smrtí na kříži, někdy jeho uložením do hrobu.

čistotu a svatost. Když jsem se později podíval za sebe, uviděl jsem pana Wrighta, jak si drží ruku na zkrvavené tváři.

„Dicku," zeptal jsem se ustaraně, „to ty jsi spadl?"

„Ano, z té hrůzostrašné podívané jsem omdlel."

„To je mi líto," řekl jsem útěšně, „ale máš odvahu, že ses vrátil a díváš se dál."

Vzpomněli jsme si s panem Wrightem na dlouhou řadu venku trpělivě čekajících poutníků, a tak jsme se s Terezií mlčky rozloučili a opustili její svatou přítomnost.[5]

Nazítří pokračovala naše skupinka autem na jih. Byli jsme vděční, že nejsme závislí na vlacích a můžeme s naší fordkou zastavit, kdekoli se nám zachce. Užívali jsme si každou minutu jízdy přes Německo, Nizozemsko, Francii a Švýcarské Alpy. V Itálii jsme podnikli výlet do Assisi, abychom vzdali úctu apoštolovi pokory, svatému Františkovi. Naše evropská pouť skončila v Řecku, kde jsme si prohlédli athénské chrámy a spatřili vězení, v němž byl mírumilovný Sokrates[6] donucen vypít smrtelný jed. Mistrovství, s jakým staří Řekové dokázali své představy převést do alabastru, nás naplnilo obdivem.

Pokračovali jsme lodí přes slunné Středozemní moře a další zastávku jsme učinili v Palestině. Den za dnem jsme se toulali Svatou zemí a já jsem si víc než kdy dřív uvědomoval význam náboženské pouti. Pro citlivé srdce je duch Krista v Palestině všudypřítomný. Uctivě jsem kráčel po jeho boku v Betlémě, Getsemanské zahradě, na Golgotě, Olivové hoře, u řeky Jordán i Galilejského jezera.

[5] Zpráva INS z Německa, datovaná 26. března 1948, uváděla: „Německá venkovanka ležela o tomto Velkém pátku na svém lůžku. Hlavu, ruce a ramena měla od krve v místech, kde Kristovo tělo krvácelo od hřebů a trnové koruny. Kolem postele v domku Terezie Neumannové prošly mlčky již tisíce užaslých Němců i Američanů."
Tato velká stigmatička zemřela v Konnersreuthu 18. září 1962. *(pozn. nakl.)*

[6] Jedna pasáž v Eusebiovi popisuje zajímavé setkání mezi Sokratem a jedním indickým mudrcem. Píše se v ní: „Hudebník Aristoxénes vypráví o Indech následující příběh. Jeden z těch mužů se v Athénách setkal se Sokratem a zeptal se ho, jakou oblast pokrývá jeho filozofie. ‚Zkoumání lidských jevů,' odpověděl Sokrates. Nato se Ind neudržel smíchy a pravil: ‚Jak může člověk zkoumat lidské jevy, když nemá ponětí o těch božských?'"
Řeckým ideálem, který zaznívá i v západních filozofiích, je tato výzva: „Člověče, poznej sám sebe." Ind by řekl: „Člověče, poznej své skutečné Já." Descartův výrok „Myslím, tedy jsem", nemá filozofickou platnost. Rozum není schopen osvětlit absolutní Bytí člověka. Lidská mysl se stejně jako jevový svět, který rozpoznává, nachází v neustálém proudu změn, a nemůže proto dojít k žádným konečným závěrům. Uspokojení rozumu není tím nejvyšším cílem. Skutečným milovníkem *vidji*, neměnné pravdy, je ten, kdo hledá Boha; vše ostatní je *avidja*, relativní poznání.

Navštívili jsme jesle, Josefovu tesařskou dílnu, Lazarův hrob, dům Marty a Marie i síň poslední večeře. Před našimi zraky se odvíjel starověk; scénu za scénou jsem sledoval to božské drama, které Kristus kdysi odehrál pro příští věky.

A pak dál až do Egypta s jeho moderní Káhirou a starobylými pyramidami. Poté plachetnicí po úzkém Rudém moři přes rozlehlé Arabské moře a hle! – Indie!

KAPITOLA 40

Vracím se do Indie

Vděčně jsem vdechoval posvátný indický vzduch. Naše loď *Rádžpútána* zakotvila 22. srpna roku 1935 v obrovském bombajském přístavu. Hned první den po vylodění naznačil, jak ustavičně zaneprázdněný bude nadcházející rok. Na molu se sešli přátelé, aby nás přivítali květinovými věnci; brzy nato jsme v našem apartmá v hotelu Tádž Mahal přijali několik skupinek novinářů a fotografů.

Bombaj pro mě byla novým městem; připadala mi energicky moderní s mnoha západními novotami. Prostorné bulváry zde lemují řady palem; nádherné státní budovy soupeří o pozornost se starobylými chrámy. Na objevování místních krás jsme však měli jen málo času; byl jsem netrpělivý a nemohl se dočkat, až spatřím svého milovaného gurua a další osoby blízké mému srdci. Fordku jsme naložili do nákladního vagónu a pospíchali vlakem na východ do Kalkaty.[1]

Když jsme přijeli na Háorské nádraží, čekaly tam na nás takové davy, že jsme v první chvíli ani nemohli vystoupit z vlaku. Uvítací výbor vedl mladý kásimbázárský mahárádža a můj bratr Bišnu. Na tak vřelé a velkolepé uvítání jsem nebyl vůbec připraven.

V průvodu s kolonou automobilů a motocyklů v čele a za radostných zvuků bubnů a mušlí jsme společně se slečnou Bletschovou a panem Wrightem, od hlavy až k patě ověšení věnci z květin, pomalu dojeli až k mému rodičovskému domu.

Můj zestárlý otec mě sevřel v objetí, jako bych vstal z mrtvých; dlouho jsme jeden na druhého hleděli oněmělí radostí. Kolem se shlukli mí bratři a sestry, strýcové a tety, bratranci a sestřenice, žáci a přátelé; jediné oko nezůstalo suché. Ta scéna láskyplného shledání, již jsem si uložil do archivů své paměti, zůstává v mém srdci stále živá

---

[1] V Centrálních provinciích, na půli cesty přes vnitrozemí, jsme cestu přerušili, abychom ve Vardhá navštívili Mahátmu Gándhího. Tyto dny jsou popsány v kapitole 44.

ŠRÍ JUKTÉŠVAR A JÓGÁNANDADŽÍ, KALKATA 1935
„Vzhledem k mistrovu neokázalému zevnějšku v něm jen málo současníků rozpoznalo víc než člověka," řekl Šrí Jógánanda. „Ač se jako všichni ostatní zrodil na tomto světě coby smrtelník, dosáhl Šrí Juktéšvar jednoty s Vládcem času a prostoru. Neznal žádnou nepřekonatelnou překážku, jež by bránila splynutí lidského s božským. Jak jsem později pochopil, takové překážky platí pouze pro člověka, jenž nemá dostatek duchovní odvahy."

a nezapomenutelná. Pro své shledání se Šrí Juktéšvarem marně hledám slova; zde musí postačit následující zápis mého tajemníka:

„Naplněn tím nejvyšším očekáváním jsem dnes odvezl Jógánandadžího z Kalkaty do Šrírámpuru," zapsal si pan Richard Wright do svého cestovního deníku.

„Projížděli jsme kolem svérázných obchůdků – u jednoho z nich se Jógánandadží za studií často zastavoval na jídlo – až jsme konečně vjeli do úzké, zídkou lemované uličky. Najednou jsme zahnuli doleva a před námi se objevil mistrův jednopatrový cihlový ášram s mřížovaným balkonem, který vyčníval z prvního patra do ulice. Celé místo bylo prostoupeno pocitem pokojné samoty.

S důstojnou pokorou jsem následoval Jógánandadžího do dvora za zdmi poustevny. S bušícím srdcem jsme vystoupali po několika starých betonových schodech, po nichž před námi nepochybně přešel již bezpočet hledačů pravdy. S každým krokem jsme byli napjatější a dychtivější. Na samém konci schodiště se před námi tiše zjevil On, veliký Svámí Šrí Juktéšvar, jenž tam stál v ušlechtilé póze mudrce.

Mé srdce se dmulo a vzdouvalo požehnáním v jeho svaté přítomnosti. Můj toužebný pohled se zamlžil slzami, když Jógánandadží padl na kolena a se skloněnou hlavou nabídl vděčnost a pozdravy své duše; rukou se dotkl guruových nohou a pak k nim v pokorné poslušnosti přitiskl i čelo. Potom vstal a Šrí Juktéšvar ho z obou stran sevřel v objetí na své hrudi.

Zpočátku mezi nimi nepadlo jediné slovo; všechen ten intenzivní cit se vyjadřoval němou řečí duše. Jak jim z toho opětovného shledání zářily oči radostí ! Tichou terasu zaplavily něžné vibrace, i slunce se náhle vymanilo z mraků, aby přispělo zábleskem slávy.

Na kolenou před mistrem jsem vyjádřil svou vlastní nevyslovenou lásku a díky; dotkl jsem se jeho nohou, zrohovatělých časem a službou, a přijal požehnání. Pak jsem vstal a pohlédl do jeho nádherných očí, hluboce zahleděných do vlastního nitra, a přece zářících radostí.

Vešli jsme do jeho pokoje, jehož celá jedna strana ústí na balkon, který jsme předtím viděli z ulice. Mistr se posadil na látkou pokrytou matraci, jež ležela na betonové podlaze, a opřel se o omšelou pohovku. S Jógánandadžím jsme si sedli ke guruovým nohám na slaměnou rohož s oranžovými polštáři, o které jsme se mohli opřít.

Marně jsem se snažil pochopit smysl rozhovoru obou svámích v bengálštině (neboť jak jsem zjistil, nikdy spolu nehovoří anglicky, přestože Svámídží Mahárádž, jak velikému guruovi říkají, angličtinu zná a často ji používá). Snadno jsem však ze srdečného úsměvu a jiskřících očí vyčetl svatost tohoto velikána. Z jeho veselého i vážného hovoru se dá brzy vyrozumět jistota, s níž promlouvá: znamení mudrce – toho, jenž ví, že ví, neboť zná Boha. Mistrova veliká moudrost, síla záměru a rozhodnost jsou po všech stránkách zjevné.

Oděn byl prostě; jeho *dhótí* a košile, kdysi obarvené naokrovo, jsou nyní vybledle oranžové. S posvátnou úctou jsem si ho tu a tam pozorně prohlížel a všiml si, že je statné, atletické postavy, s tělem zoceleným mnoha zkouškami a oběťmi života v odříkání. Jeho vyrovnanost je vskutku majestátní. Pohybuje se vzpřímeně a důstojnou chůzí. Z hloubi jeho hrudi vychází bodrý a zvučný smích, při němž se celé jeho tělo chvěje a otřásá.

Jeho přísná tvář působí ohromujícím dojmem božské síly. Vlasy, uprostřed rozdělené pěšinkou, má kolem čela bílé, jinde protkané stříbřitě zlatým a stříbřitě černým odstínem, a končí loknami na jeho ramenou. Jeho vous i knír jsou prořídlé a zdá se, jako by zvýrazňovaly jeho rysy. Má příkře se svažující čelo, které jako by se domáhalo nebes. Jeho tmavé oči jsou lemovány éterickým modravým prstencem. Má docela velký a nápadný nos, s nímž si ve volných chvílích pohrává: mne si ho a tře prsty jako dítě. Když nemluví, jsou jeho ústa přísná, a přesto v sobě mají sotva znatelný dotek něhy.

Když jsem se rozhlédl kolem sebe, zjistil jsem, že ona poněkud zchátralá místnost prozrazuje, že její obyvatel nijak nelpí na hmotném pohodlí. Omšelé bílé stěny dlouhého pokoje jsou potaženy vrstvou vybledlé modré omítky. Na jednom konci místnosti visí unikátní podobizna Láhirího Mahášaje, uctivě ozdobená prostým věncem z květin. Je zde i fotografie zachycující Jógánandadžího po příjezdu do Bostonu s dalšími delegáty náboženského kongresu.

Povšiml jsem si svérázné směsice starého a nového. Obrovský křišťálový lustr na svíčky, očividně dlouho nepoužívaný, pokrývají pavučiny, zatímco na zdi visí křiklavě barevný současný kalendář. Z celé místnosti vyzařuje vůně míru a spokojenosti.

Za balkonem se nad poustevnu vypínají kokosové palmy, jako by ji tiše střežily.

Autobiografie jogína

V ÁŠRAMU ŠRÍ JUKTÉŠVARA
Jídelní balkon ve druhém patře ášramu Šrí Juktéšvara ve Šrírámpuru (1935).
Šrí Jógánanda (uprostřed) sedí poblíž svého gurua (stojícího vpravo).

Stačí, aby mistr tleskl, a ještě než dá ruce dolů, už má u sebe některého z nejmladších žáků. Jeden z nich, hubený chlapec jménem Praphulla,[2] má dlouhé černé vlasy, jiskřivě černé oči a nebeský úsměv; když zvedne koutky úst, jeho oči se zamihotají, jako by se za soumraku náhle zjevily dvě hvězdy a srpek měsíce.

Svámí Šrí Juktéšvar má samozřejmě obrovskou radost z návratu svého ‚díla' (a zdá se, že ho zajímám i já, ‚dílo jeho díla'). Převaha moudrosti v povaze tohoto velikého mistra mu však brání vyjadřovat navenek své city.

Jógánandadží mu předal několik darů, jak bývá zvykem, když se žák navrátí ke svému guruovi. Později jsme zasedli k prostému, ale

[2] Praphulla je onen hoch, který byl s mistrem, když se k němu připlazila kobra (viz str. 114).

PARAMAHANSA JÓGÁNANDA
Fotografie pořízená 18. prosince 1935 v indickém Dámódaru při návštěvě jeho první chlapecké školy, kterou založil v roce 1917 v nedaleké Dihice. Paramahansadží medituje ve vchodu do rozpadající se věže, která byla kdysi jeho oblíbeným útočištěm.

výtečnému jídlu, které se skládalo ze zeleniny a rýže. Šrí Juktéšvar byl potěšen, že dodržuji různé indické zvyky jako například ‚jezení prsty‘.

Po několika hodinách, během nichž poletovaly sem a tam bengálské věty a vyměňovaly se vřelé úsměvy a laskavé pohledy, jsme se poklonili u mistrových nohou, rozloučili se *pranámem*[3] a odjeli do Kalkaty s věčnou vzpomínkou na toto posvátné setkání. Přestože zde píši převážně o svých zevních dojmech z tohoto mistra, přece jsem si neustále uvědomoval jeho duchovní velikost. Cítil jsem jeho moc a tento pocit si navždy uchovám jako své božské požehnání."

Z Ameriky, Evropy a Palestiny jsem Šrí Juktéšvarovi přivezl mnoho darů. Přijal je všechny s úsměvem, ale beze slov. Pro svou vlastní potřebu

---

[3] Doslova „úplný pozdrav", ze sanskrtského kořene *nám*, pozdravit či poklonit se, a předpony *pra*, plně. Pozdrav *pranám* se vzdává zejména mnichům a jiným ctihodným osobám.

průvod učitelů a žáků školy v Ráňčí při každoroční připomínce založení školy (březen 1938)

Žáci chlapecké školy Yogoda Satsanga Society v Ráňčí v roce 1970. V souladu s Jógánandadžího ideály probíhá velká část výuky venku a chlapcům se dostává výcviku v józe i akademického a odborného vzdělání.

Šrí Jógánanda (uprostřed) a jeho tajemník C. Richard Wright (sedící vpravo) v Ráňčí 17. července 1936 obklopemi učitelkami, učiteli a žákyněmi Šrí Jógánandovy školy pro domorodé dívky.

Šrí Jógánanda s učiteli a žáky chlapecké školy Yogoda Satsanga Society v Ráňčí (1936). Tato škola, kterou Jógánandadží založil, byla na své současné místo přesunuta v roce 1918 z bengálské Dihiky s podporou kásimbazárského mahárádži.

jsem si v Německu pořídil deštník složený do vycházkové hole. V Indii jsem se rozhodl jej věnovat mistrovi.

„Tohoto daru si skutečně cením!" S touto nečekanou poznámkou na mě guru pohlédl s laskavým vděkem. Ze všech darů to byla právě tato hůl, kterou se rozhodl ukazovat svým návštěvníkům.

„Mistře, dovolte mi prosím, abych vám do pokoje pořídil nový koberec." Všiml jsem si, že guruova tygří kůže spočívá na otrhaném kusu látky.

„Pokud ti to učiní radost." Mistrův hlas nezněl zrovna nadšeně. „Pohleď, moje tygří kůže je pěkná a čistá; jsem pánem svého malého království. Za ním leží širý svět, který se zajímá jen o zevnějšek."

Když vyřkl ta slova, cítil jsem, jak se roky vracejí nazpátek; znovu jsem byl tím mladým žákem, jenž byl denně očišťován v plamenech jeho pokárání!

Hned jak jsem se dokázal odpoutat od Šrírámpuru a Kalkaty, vydal jsem se spolu s panem Wrightem do Ráňčí. Jaké mě tam čekalo uvítání, jak dojemné ovace! Do očí mi vstoupily slzy, když jsem se objímal s obětavými učiteli, kteří po celou dobu mé patnáctileté nepřítomnosti dál nesli vlající prapor školy. Rozzářené tváře a šťastné úsměvy trvale sídlících i docházejících žáků byly víc než dostačujícím svědectvím jejich pečlivého školního a jógového výcviku.

Vzdělávací zařízení v Ráňčí se však dostalo do vážných finančních potíží. Sir Maníndračaran Nandí, onen starý mahárádža, jehož kásimbázárský palác byl přeměněn v hlavní školní budovu a který nás mnohokrát štědře obdaroval, už nežil. Mnoho bezplatných, dobročinných aktivit školy bylo proto nyní vážně ohroženo nedostatkem veřejné podpory.

Za ta léta strávená v Americe jsem pochytil leccos z její praktické moudrosti a nezdolného ducha tváří v tvář překážkám. Zůstal jsem v Ráňčí celý týden a zápolil s těžkými problémy. Pak následovaly schůzky s význačnými osobnostmi a pedagogy v Kalkatě, dlouhý rozhovor s mladým mahárádžou z Kásimbázáru, prosba o příspěvek adresovaná mému otci a hle – vratké základy školy v Ráňčí se začaly zpevňovat. Zakrátko dorazilo také mnoho darů od mých amerických žáků.

Už pár měsíců po mém návratu do Indie byla škola v Ráňčí k mé radosti oficiálně zaregistrována. Můj celoživotní sen o vzdělávacím středisku jógy se zajištěným trvalým financováním se naplnil. Touto ambicí jsem se řídil již v jeho skromných počátcích v roce 1917, kdy jsem začínal se skupinkou sedmi chlapců.

Škola Jogoda Satsanga Brahmačarja Vidjálaja poskytuje výuku předmětů základního a středního vzdělání, která probíhá venku na čerstvém vzduchu. Internátní i docházející studenti také dostávají určitou průpravu pro světská povolání.

Velkou část činností si chlapci řídí sami prostřednictvím samosprávných výborů. Velice záhy jsem ve své učitelské kariéře zjistil, že mladí hoši, kteří si rozpustile libují v tom, když mohou svého učitele přelstít, se ochotně podvolí kázeňským pravidlům, které ustanoví jejich spolužáci. Sám jsem nikdy nebyl příkladným studentem, a tak jsem měl pochopení pro všechny jejich klukoviny a problémy.

Na škole se podporují různé sporty a hry; hřiště žijí pozemním hokejem i kopanou. Ze soutěžních utkání studenti z Ráňčí často vozí poháry. Chlapci se učí nabíjet svaly energií silou vůle pomocí metody *Jogoda*, tj. mentálním nasměrováním životní síly do jakékoli části těla. Také se učí ásany (pozice) a cvičení s mečem a *láthí* (holí). Jsou vyškoleni v poskytování první pomoci a své provincii již několikrát chvályhodně posloužili v tragických obdobích povodní či hladomorů. Chlapci také pracují v zahradě a pěstují si vlastní zeleninu.

Místním domorodým kmenům – Kólům, Santálcům a Mundům – je poskytována výuka předmětů prvního stupně v hindštině. V nedalekých vesnicích existují i dívčí třídy.

Jedinečným rysem Ráňčí je zasvěcování do *krijájógy*. Chlapci se denně věnují svým duchovním cvičením a přednesu *Gíty*, prostřednictvím poučení a příkladu jsou jim vštěpovány ctnosti prostoty, sebeobětování, cti a pravdy. Zlo je jim vysvětlováno jako to, co je příčinou útrap, zatímco dobro jako skutky, které vedou k opravdovému štěstí. Zlo je připodobňováno k otrávenému medu, který je sice lákavý, ale tají v sobě smrt.

Překonávání tělesného a duševního neklidu pomocí technik soustředění přináší překvapivé výsledky: v Ráňčí není ničím neobvyklým spatřit rozkošnou drobnou postavu ve věku devíti či desíti let, jak hodinu i déle sedí v nehybné pozici s pohledem upřeným bez mrknutí do duchovního oka.

V sadu stojí Šivův chrám se sochou svatého mistra Láhiřího Mahášaje. V zahradě pod mangovníkovým loubím se každý den konají modlitby a studium posvátných textů.

YOGODAMATH, DAKŠINEŠVAR, INDIE

Sídlo Yogoda Satsanga Society of India na břehu Gangy nedaleko Kalkaty, které Paramahansa Jógánanda založil v roce 1939.

Vracím se do Indie

Nemocnice nazvaná Jogoda Satsanga Sevášram („Dům služby") v areálu školy v Ráňčí poskytuje bezplatnou chirurgickou a lékařskou péči tisícům indických chudých.

Ráňčí leží v nadmořské výšce 650 metrů; podnebí je zde mírné a stálé. Součástí pětadvacetiakrového areálu, jež se rozkládá u velkého rybníka, je i jeden z nejkrásnějších soukromých sadů v Indii s pěti sty ovocnými stromy plodícími manga, datle, kvajávy, liči a plody chlebovníku.

Šrí Jógánanda během plavby po řece Jamuně v Mathuře, posvátném městě spojeném s narozením a dětstvím Bhagavána Kršny (1935). (Sedící, druhá zleva) Dcera Anantalála Ghoše (staršího bratra Šrí Jógánandy), vedle ní Sanandalál Ghoš (Jógánandadžího mladší bratr) a C. Richard Wright.

Knihovna v Ráňčí obsahuje mnoho časopisů a tisíc svazků v angličtině a bengálštině, které pocházejí z darů Východu i Západu. Je zde taktéž sbírka svatých náboženských knih z celého světa. V pečlivě uspořádaném muzeu jsou vystaveny drahé kameny a archeologické, geologické a antropologické exponáty, jež jsou z velké části trofejemi z mých cest po tomto rozmanitém Božím světě.[4]

Později byly otevřeny i další školy nabízející střední vzdělání, jež jsou pobočkami školy v Ráňčí a zachovávají její internátní a jógové rysy. Jsou to Jogoda Satsanga Vidjápíth („škola") pro chlapce v Lakšmanpuru v Západním Bengálsku a gymnázium s ášramem v Ismáličaku v bengálském Medinípuru.[5]

V roce 1939 byl na břehu Gangy v Dakšinešvaru postaven majestátní ášram *Jogodamath*. Je vzdálen jen pár kilometrů severně od Kalkaty a skýtá obyvatelům velkoměsta útočiště míru.

Dakšinešvarský ášram je zároveň hlavním sídlem Yogoda Satsanga Society a jejích škol, center a ášramů v různých částech Indie. Yogoda Satsanga Society of India je právně přičleněna k mezinárodnímu ústředí Self-Realization Fellowship v kalifornském Los Angeles. K činnostem společnosti Yogoda Satsanga[6] patří vydávání čtvrtletníku *Yogoda Magazine* a lekcí, které jsou každé dva týdny rozesílány studentům po celé Indii. Tyto lekce poskytují podrobnou výuku energetizačních, koncentračních a meditačních metod Self-Realization Fellowship. Jejich

---

[4] Podobné muzeum s exponáty sesbíranými Paramahansou Jógánandou se nachází i na Západě v jezerní svatyni Self-Realization Fellowship v Pacific Palisades v Kalifornii. *(pozn. nakl.)*

[5] Tyto původní instituce se časem rozrostly o mnoho dalších vzdělávacích zařízení YSS pro chlapce i dívky, které dnes působí na několika místech Indie.

[6] Název „Jogoda" je odvozen ze slov *jóga*, jednota, harmonie, rovnováha, a *da*, to, co předává. Výraz „Satsanga" je složen ze *sat*, pravda, a *sanga*, společenství.

Slovo „Jogoda" poprvé použil Paramahansa Jógánanda v roce 1916, když objevil principy nabíjení lidského těla energií z kosmického zdroje. (viz str. 243-44)

Šrí Juktéšvar nazval svou ášramovou organizaci Satsanga (Společenství s pravdou); Paramahansadží, jeho žák, toto označení přirozeně převzal.

Yogoda Satsanga Society of India je nezisková instituce, jež má působit trvale. Pod tímto názvem Jógánandadží sjednotil svou práci a organizace v Indii, které nyní schopně spravuje správní rada Jogodamath v západobengálském Dakšinešvaru. V různých koutech Indie se dnes zdárně rozvíjí mnoho meditačních center YSS.

Na Západě dal Jógánandadží své práci a organizaci anglický název Self-Realization Fellowship (Společenství Seberealizace). Prezidentkou Yogoda Satsanga Society of India a Self-Realization Fellowship byla od roku 1955 do své smrti v roce 2010 Šrí Dajámáta. Nynějším prezidentem je Bratr Čidánanda. *(pozn. nakl.)*

poctivé cvičení představuje základní východisko pro pokročilejší výuku *krijájógy*, kterou v následných lekcích obdrží způsobilí studenti.

Vzdělávací, náboženská a humanitární činnost Jogody závisí na službě a oddanosti mnoha učitelů a pracovníků. Nemohu je zde zmínit jmenovitě, neboť je jich příliš mnoho; v mém srdci však každý z nich zaujímá své vznešené místo.

Pan Wright uzavřel s chlapci z Ráňčí nejedno přátelství a oděn do prostého *dhótí* žil nějakou dobu mezi nimi. Všude, kde se ocitl – v Bombaji, Ráňčí, Kalkatě, Šrírámpuru – si můj tajemník s darem barvitého vyjadřování zaznamenával svá dobrodružství do cestovního deníku. Jednou večer jsem mu položil otázku.

„Jaký máš z Indie dojem, Dicku?"

„Mír," řekl zamyšleně. „Aurou tohoto národa je mír."

KAPITOLA 41

Idyla v jižní Indii

„Dicku, jsi první člověk ze Západu, který kdy vstoupil do této svatyně. Řada jiných se o to pokoušela marně."

Při mých slovech se pan Wright zatvářil nejdříve překvapeně, vzápětí spokojeně. Právě jsme vyšli z jednoho nádherného chrámu stojícího v kopcích nad Maisúrem v jižní Indii. Uvnitř jsme se poklonili před zlatým a stříbrným oltářem bohyně Čámundí, patronky vládnoucího maisúrského rodu.

„V upomínku na tuto jedinečnou poctu," řekl pan Wright, zatímco opatrně balil několik okvětních plátků růže, „si navždy uchovám tyto lístky, které kněz posvětil růžovou vodou."

Spolu s mým společníkem[1] jsme trávili listopad roku 1935 jako hosté knížecího státu Maisúr. Mahárádžův[2] dědic, Jeho Výsost Juvarádža Šrí Kanthírava Narasinharádž Odejár, pozval mě a mého tajemníka na návštěvu svého osvíceného a pokrokového panství.

Během uplynulých dvou týdnů jsem promlouval k tisícům maisúrských občanů a studentů na radnici, mahárádžově koleji, lékařské fakultě tamní univerzity a třech shromážděních v Bengalúru na státním gymnáziu, intermediální koleji a radnici v Čéti, kde se sešly tři tisíce lidí.

Nedokážu posoudit, zda dychtiví posluchači dokázali uvěřit tomu nadšenému obrazu Ameriky, který jsem jim vykreslil. Nejhlasitější potlesk se však ozýval pokaždé, když jsem hovořil o tom, jak prospěšná může být vzájemná výměna toho nejlepšího z Východu a Západu.

Spolu s panem Wrightem jsme nyní odpočívali v tropickém klidu. V jeho cestovním deníku jsou zaznamenány následující dojmy z Maisúru:

„Mnoho nadšených chvil jsem strávil téměř nepřítomným zíráním na stále se proměňující Boží plátno, jež se rozprostíralo přes celou

---

[1] Slečna Bletschová zůstala u mých příbuzných v Kalkatě.
[2] Mahárádža Šrí Kršna Radžéndra Odejár IV

Idyla v jižní Indii

nebeskou klenbu, neboť pouze dotek Boha je s to dát vzniknout barvám, v nichž může vibrovat sama svěžest života. Její barevný jas se vytrácí, když se ji člověk snaží napodobit štětcem, neboť Bůh se uchyluje k prostšímu a účinnějšímu prostředku – nepotřebuje ani olej, ani pigment, jen obyčejné paprsky světla. Tu stříkne trochu světla a ono odráží červenou; znovu zamává štětcem a barvy se poznenáhlu slijí v oranžovou a zlatou. Pak purpurovým hrotem prorazí mraky a z té rány se hned vyřine doruda zbarvený prstenec. A tak si hraje znovu a znovu, večer i ráno, ani na chvíli není stejný, je stále nový a svěží. Žádné kopie, žádné předlohy či opakující se barvy. Nádhera, s jakou se v Indii proměňuje den v noc a noc v den, se nedá srovnat s žádným jiným místem na světě; nebe vypadá často tak, jako by Bůh vzal všechny barvy ze své palety a udělal s nimi jeden velký kaleidoskopický tah štětcem přes celou oblohu.

Musím se zmínit o našem úžasném výletu, který jsme za soumraku podnikli k obrovské přehradě Krišnarádža Ságar[3] asi dvacet kilometrů od města Maisúr. S Jógánandadžím jsme nasedli do malého autobusu a společně s jedním hošíkem, který měl za úkol nahazovat klikou motor pokaždé, když se vybila baterie, jsme vyrazili po hladké nezpevněné cestě právě ve chvíli, kdy začalo zapadat slunce a roztékat se po obzoru jako přezrálé rajče.

Naše cesta vedla přes všudypřítomná čtvercová rýžová políčka a hájem stinných fíkovníků, mezi nimiž se tyčily kokosové palmy; téměř všude byla zeleň hustá jako v džungli. Když jsme se přiblížili k hřebenu jednoho kopce, spatřili jsme obrovské umělé jezero, v němž se odrážely hvězdy a siluety palem a dalších stromů, obklopené nádhernými terasovými zahradami a řadami elektrických světel.

Pod hrází přehrady se nám nabídl pohled na oslňující podívanou: pestrobarevné paprsky pohrávající si na chrlících fontánách, jež připomínaly záplavu křiklavých tiskařských barev – úchvatné modré, červené, zelené a žluté vodopády a gejzíry vody tryskající z majestátních kamenných slonů. Nádrž (jejíž osvětlené fontány mi připomněly ty ze Světové výstavy v Chicagu v roce 1933) v tomto starobylém kraji rýžovišť a prostých venkovanů vyniká svou moderností. Indové nás

---

[3] Zavlažovací přehrada postavená v roce 1930 pro maisúrskou oblast, která je proslulá svým hedvábím, mýdly a olejem ze santalového dřeva.

přivítali s takovou vřelostí, až se obávám, že bude nad moje síly přimět Jógánandadžího k návratu do Ameriky.

Dalším vzácným privilegiem byla má první jízda na slonu. Včera nás Juvarádža pozval do svého letního paláce, abychom se projeli na jednom z jeho slonů, vskutku ohromném exempláři. Po žebříku jsem vylezl na *haudu* čili sedlo, které je vystláno hedvábím a připomíná bednu; následovalo převalování, zmítání, prudké zvedání a vyklánění nad stoku – byl jsem až příliš unešen, než abych se stačil strachovat nebo křičet, ale držel jsem se jako o život!"

Jižní Indie, bohatá na historické a archeologické památky, je zemí nezpochybnitelného, přitom však neuchopitelného kouzla. Na sever od Maisúru leží Haidarábád, malebná rovina přeťatá mohutnou řekou Gódávarí. Rozlehlé úrodné pláně, půvabné Nílgiri neboli Modré hory, krajina s holými kopci z vápence či žuly. Historie Haidarábádu je dlouhý, barvitý příběh, který začíná před třemi tisíci lety za panování králů z Ándhry a pokračuje hinduistickými dynastiemi až do roku 1294 n. l., kdy nadvládu nad oblastí převzali muslimští panovníci.

Nejúchvatnější přehlídka architektury, sochařství a malířství v celé Indii se nachází v okolí Haidarábádu, ve starobylých jeskynních chrámech v Ellóře a Adžantě. Kailása v Ellóře, obrovská monolitická svatyně, obsahuje kamenné postavy bohů, lidí a zvířat ohromných proporcí, jako by je vytesal sám Michelangelo. V Adžantě se nachází dvacet pět klášterů a pět jeskynních katedrál, jež jsou všechny vyhloubeny do skály a podepřeny obrovskými sloupy s freskami, na nichž umělci a sochaři zvěčnili svého génia.

Město Haidarábád bylo poctěno velkolepou budovou Osmanské univerzity a impozantní mešitou Makka Masdžid, v níž se schází k modlitbě deset tisíc muslimů.

Maisúrské knížectví, které se se rozprostírá v nadmořské výšce 900 metrů, překypuje hustými tropickými lesy, jež jsou domovem divokých slonů, buvolů, medvědů, levhartů a tygrů. Obě hlavní města, Bengalúru i Maisúr, jsou čistá a půvabná díky mnoha krásným parkům a veřejným zahradám.

Architektura a sochařství dosáhly v Maisúru nejvyšší dokonalosti pod patronátem hinduistických králů mezi 11. a 15. stoletím. Chrám v Bélúru, mistrovské dílo z 11. století dokončené za vlády krále Višnuvardhany, je ve světě nepřekonaným dílem pro svou jemnost detailů a bujnou obraznost.

Idyla v jižní Indii

Kamenné sloupy s královskými výnosy v severním Maisúru pocházejí z 3. století př. n. l. Představují světlou památku na krále Ašóku,[4] jehož obrovská říše zahrnovala Indii, Afghánistán a Balúčistán. Ašókova „kamenná kázání" vytesaná v různých dialektech jsou důkazem toho, jak byla v jeho době rozšířena gramotnost. Sloupový výnos XIII odsuzuje války: „Za skutečné vítězství nepovažuj nic než náboženství." Výnos X zase hlásá, že skutečná sláva krále závisí na mravní výši jeho lidu, k níž mu sám pomáhá dospět. Výnos XI definuje „pravý dar" nikoli jako věc, ale jako dobro v podobě šíření pravdy. Na sloupovém výnosu VI milovaný císař vyzývá své poddané, aby se na něj obraceli s veřejnými záležitostmi „v jakoukoli denní i noční hodinu" a dodává, že věrným plněním svých královských povinností „se vykupuje z dluhu, který má vůči svým bližním."

Ašóka byl vnukem neporazitelného Čandragupty Maurji, který rozprášil všechny vojenské posádky založené na indickém území Alexandrem Velikým a který v roce 305 př. n. l. porazil vojsko makedonských nájezdníků vedené Seleukem I. Čandragupta poté na svém dvoře v Pátaliputře[5] přijal řeckého vyslance Mégasthéna, který nám zanechal líčení spokojené a sebevědomé Indie tehdejší doby.

V roce 298 př. n. l. předal vítězný Čandragupta otěže vlády nad Indií svému synovi. Čandragupta odešel do jižní Indie a posledních dvanáct let svého života strávil jako chudý asketa usilující o Sebereralizaci ve skalní jeskyni v Šravanabélgóle, kde se nyní nachází jedna z maisúrských svatyní. Stejná oblast se chlubí také největší monolitickou sochou na světě, kterou do obrovského kusu skály nechali vytesat džinisté v roce 983 n. l. na počest mudrce Gómatéšvary.

[4] Císař Ašóka nechal v různých částech Indie postavit 84 tisíc náboženských *stúp* (svatyní). Do dnešní doby se zachovalo čtrnáct kamenných výnosů a deset kamenných sloupů. Každý sloup je triumfem inženýrství, architektury a sochařství. Ašóka nechal zbudovat mnoho umělých nádrží, přehrad a zavlažovacích kanálů, důležitých cest a silnic lemovaných stromy a odpočívadly, botanických zahrad pro lékařské účely i nemocnic pro lidi a zvířata.

[5] Město Pátaliputra (dnešní Patna) má fascinující historii. Buddha toto místo navštívil v 6. století př. n. l., kdy zde stála pouze bezvýznamná pevnost. Tehdy pronesl tuto předpověď: „Kam až se árijský lid uchýlí, kam až obchodníci doputují, tam bude Pátaliputra jejich hlavním městem, střediskem výměny všech druhů zboží" (*Mahápárinirvánasútra*). O dvě století později se Pátaliputra stala hlavním městem obrovské říše Čandragupty Maurji. Jeho vnuk Ašóka dovedl tuto metropoli k ještě většímu blahobytu a velkolepostí. (viz str. xxv)

Nejen řečtí dějepisci, ale i další, kteří Alexandra na výpravě do Indie doprovázeli nebo tam přišli později, pečlivě zaznamenali mnoho pozoruhodných příběhů. Dr. J. W. McCrindle[6] přeložil vyprávění Arriana, Diodóra, Plutarcha a Strabóna, která na starověkou Indii vrhají nové světlo. Nejobdivuhodnějším rysem Alexandrova neúspěšného vpádu byl jeho hluboký zájem o indickou filozofii, jogíny a svaté muže, které občas potkával a jejichž společnost horlivě vyhledával. Krátce poté, co tento dobyvatel ze západu dorazil do Takšašily v severní Indii, poslal Onésikrita (žáka Diogénovy helénské školy) pro velkého takšašilského *sannjásina* Dandamise.

„Buď pozdraven, učiteli *bráhmanů*!" pozdravil Onésikritos, když Dandamise vyhledal v jeho lesním příbytku. „Syn mocného boha Dia jménem Alexandr, jenž je svrchovaným pánem všech lidí, tě žádá, abys za ním přišel. Poslechneš-li, odmění tě skvělými dary. Odmítneš-li, setne ti hlavu!"

Jogín toto dosti nucené pozvání vyslechl s klidem a „ani nezvedl hlavu ze svého lože z listí".

„I já jsem synem Diovým, je-li jím Alexandr," odvětil. „Netoužím po ničem, co je Alexandrovo; jsem spokojen s tím, co mám, zatímco on, nespokojen, se se svými muži trmácí po souši i po moři a jeho trmácení nebere konce.

Jdi a řekni Alexandrovi, že Bůh, Nejvyšší Král, nikdy nepáchá nestoudné příkoří, nýbrž je Stvořitelem světla, míru, života, vody, lidského těla i duše. Přijímá každého, až jej smrt vysvobodí, neboť nikdy nepodléhá nemoci zla. Jen ten je Bohem hodným mé úcty, kdo nenávidí zabíjení a nepodněcuje války.

Alexandr není žádný bůh, protože musí zakusit smrt," pokračoval mudrc s tichým opovržením. „Jak může být pánem všehomíra, když se ještě sám neusadil na trůnu panství nad světem svého nitra? Ani ještě nevstoupil živý do Hádu, a dokonce ani nezná cestu slunce nad rozlehlými končinami této země. Většina národů nikdy neslyšela jeho jméno!"

Po těchto výtkách – nepochybně těch nejdrásavějších, jaké kdy dolehly k sluchu „pána světa" – mudrc ironicky dodal: „Jestliže Alexandra

---

[6] šest svazků o *Starověké Indii* (*Ancient India*. Kalkata: Chuckervertty, Chatterjee & Co., 15 College Square, 1879; druhé vydání z r. 1927)

jeho nynější dobytá území svou rozlohou neuspokojují, ať překročí řeku Gangu. Tam najde zemi, jež uživí všechen jeho lid.[7]

Dary, které mi Alexandr slibuje, jsou pro mě bezcenné," pokračoval Dandamis. „To, čeho si vážím a co má pro mne skutečnou cenu, jsou stromy, které jsou mi přístřeším; plodící rostliny, které mi každý den poskytují potravu, a voda, která zahání mou žízeň. Majetek nahromaděný s úzkostnými myšlenkami obvykle přináší zkázu tomu, kdo jej nastřádal, a vede jen k trýzni a roztrpčení, jež jsou údělem všech neosvícených lidí.

Pokud jde o mne, uléhám do listí lesa, a jelikož nemám co střežit, zavírám oči ke klidnému odpočinku. Kdybych však vlastnil něco, co má pro svět cenu, rušilo by mne takové břímě ve spaní. Země mi dává vše, co potřebuji, tak jako matka dává mléko svému dítěti. Jdu, kam chci, prost všech hmotných starostí.

I kdyby mi Alexandr sťal hlavu, mou duši nezničí. Má mlčící hlava a mé tělo zůstanou jako roztržený oděv ležet na zemi, z níž vzešly. Já se pak stanu Duchem a vystoupám k Bohu. On nás všechny uzavřel do těla z masa a kostí a poslal na zem, abychom ukázali, zda jsme schopni zde dole žít v poslušnosti k jeho přikázáním. Až odsud budeme odcházet, vyžádá si od nás účet za náš život. On je Soudcem všech provinění; nářky utlačovaných rozhodují o trestu utlačovatele.

Ať Alexandr děsí výhrůžkami ty, kteří prahnou po bohatství a bojí se smrti. Proti *bráhmanům* jsou však jeho zbraně bezzubé. Nemilujeme zlato ani se netřeseme před smrtí. Jdi tedy a vyřiď Alexandrovi: Dandamis netouží po ničem, co je tvé, a proto za tebou nepůjde. Pokud ty chceš něco po Dandamisovi, přijď za ním sám."

Onésikritos vzkaz řádně vyřídil. Alexandr si jej pozorně vyslechl a „víc než kdy dřív zatoužil setkat se s Dandamisem, který, ač starý a nahý, byl jediným protivníkem, v němž on, dobyvatel mnoha národů, našel víc než sobě rovného".

Alexandr pozval do Takšašily mnoho bráhmanských asketů proslulých tím, že dokázali s pronikavou moudrostí odpovídat na filozofické otázky. O jedné takové slovní půtce vypráví Plutarchos; všechny otázky kladl samotný Alexandr.

„Koho je víc: živých, nebo mrtvých?"

---

[7] Alexandr ani žádný z jeho generálů Gangu nikdy nepřekročil. Když makedonská armáda narazila na severozápadě na odhodlaný odpor, vzbouřila se a odmítla pokračovat dál; Alexandr byl přinucen z Indie odejít. Vydal se tedy dobývat další území Persie.

„Živých, protože mrtví nejsou."

„Kde se rodí větší zvířata,:v moři, nebo na souši?"

„Na souši, protože moře je jen částí souše."

„Které zvíře je nejchytřejší?"

„To, které člověk doposud nepoznal." (Člověk se bojí neznámého.)

„Co bylo dřív, den: či noc?"

„Den byl o den dřív." Při této odpovědi Alexandr nedokázal skrýt překvapení; *bráhman* dodal: „Nemožné otázky si žádají nemožné odpovědi."

„Jak člověk nejlépe dosáhne toho, aby jej druzí milovali?"

„Druzí jej budou milovat, až v nich, ač obdařen velkou mocí, nebude vzbuzovat strach."

„Jak se člověk může stát bohem?"[8]

„Tím, že dělá to, co člověk nedokáže."

„Co je mocnější: život, nebo smrt?"

„Život, protože dokáže snést tolik zla."

Alexandrovi se podařilo přivést z Indie jako svého učitele skutečného jogína. Byl jím Kaljána (svámí Sphinés), Řeky nazývaný Kalanos. Tento mudrc Alexandra doprovázel až do Persie. V předem stanovený den se Kalanos v perských Súzách vzdal svého zestárlého těla tak, že před zraky celé makedonské armády vstoupil do hořící pohřební hranice. Dějepisci zaznamenali úžas vojáků, když viděli, že jogín nemá strach z bolesti ani ze smrti. Ani jedenkrát se nepohnul, když jej stravovaly plameny. Než se odevzdal ohni, objal se Kalanos s mnoha svými blízkými druhy, jen s Alexandrem se nerozloučil. Jemu tento hinduistický mudrc pouze vzkázal:

„Setkáme se později v Babylonu."

Alexandr odešel z Persie a o rok později v Babylonu zemřel. Tímto proroctvím indický guru vyjádřil, že bude s Alexandrem v životě i ve smrti.

Řečtí dějepisci nám zanechali řadu pronikavých a podnětných pohledů na indickou společnost. Arriános uvádí, že hinduistické právo ochraňuje lid a „přikazuje, že se nikdo z obyvatel za žádných okolností nemůže stát otrokem, nýbrž že každý, kdo se sám těší svobodě, má

---

[8] Z této otázky se můžeme domýšlet, že „Diův syn" občas zapochyboval, zda dokonalosti opravdu dosáhl.

Idyla v jižní Indii

uznávat právo na svobodu ostatních, neboť náleží stejnou měrou lidem všem."[9] "Indové," píše se v jiném spise, "nedávají peníze na úrok ani si je nepůjčují. Je také v rozporu se zavedeným obyčejem činit či trpět příkoří; proto neuzavírají smlouvy ani nevyžadují záruky." K uzdravování se používaly, jak se dozvídáme, prosté a přírodní prostředky. "Léčba se provádí spíše úpravou stravy než podáváním léků. Nejvíce ceněnými léčivy jsou masti a hojivé náplasti. Vše ostatní je považováno za velice škodlivé." Účast ve válce je omezena na *kšatrije* neboli příslušníky válečnické kasty. "Kdyby nepřítel narazil na rolníka pracujícího na poli, nijak by mu neublížil. Lidé této společenské třídy jsou totiž považováni za veřejné dobrodince a jsou chráněni před vší újmou. Půda tak není pleněna, poskytuje hojnou úrodu a zaručuje obyvatelům podmínky pro dobrý život."

Všudypřítomné náboženské chrámy v Maisúru jsou neustálou připomínkou na mnohé jihoindické světce. Jeden z těchto mistrů, Tájumánavar, nám zanechal tuto provokativní báseň:

> Můžeš zkrotit rozzuřeného slona,
> holýma rukama zavřít tlamu medvědovi či tygru.
> Můžeš osedlat lva či hrát si s kobrami,
> alchymií si obstarávat živobytí.
> Můžeš nepoznán putovat vesmírem,
> být věčně mladý a podrobit si bohy.
> Můžeš chodit po vodě i polykat oheň:
> však ovládnout mysl je nade vše cennější a obtížnější.

V krásném a úrodném knížecím státě Tiruvidángúr na nejjižnějším cípu Indie, kde k přepravě slouží ponejvíce řeky a kanály, plní zdejší mahárádža každý rok svou dědičnou povinnost, aby odčinil dávné hříchy způsobené válkami a násilným připojením několika okolních státečků. Každoročně tedy mahárádža třikrát denně po dobu 56 dní navštěvuje chrám, kde naslouchá védským hymnům a recitacím; tento

---

[9] Všichni řečtí pozorovatelé se zmiňují o neexistenci otroctví v Indii, což je v příkrém kontrastu s uspořádáním helénské společnosti.
    Dílo *Creative India* prof. Benaje Kumára Sárkára nabízí podrobný obraz o úspěších starověké i moderní Indie a jejím zvláštním přínosu v oblasti ekonomiky, politologie, literatury, umění a sociální filozofie. (Láhaur: Motilal Banarsidass Publishers, 1937, 714 str.)
    Další doporučenou publikací je *Indian Culture Through the Ages* od S. V. Vénkatéšvary (New York: Longmans, Green & Co.).

obřad za odčinění křivd končí *lakšadípamem* neboli osvětlením chrámu sto tisíci světly.

V Madráské presidencii na jihovýchodním pobřeží Indie se nachází rovinaté, rozlehlé, mořem obklopené město Madrás a „Zlaté město" Káňčípuram, sídlo pallavské dynastie, jejíž králové vládli v prvních staletích křesťanské éry. V této moderní provincii se výrazně prosazují nenásilné ideály Mahátmy Gándhího; typické bílé „gándhíovské čapky" jsou k vidění téměř všude. Na jihu se Mahátmovi podařilo prosadit řadu důležitých chrámových reforem pro „nedotknutelné" i změny kastovního systému.

Původní kastovní systém, jejž zformuloval velký zákonodárce Manu, byl vskutku obdivuhodný. Manu zřetelně rozpoznal, že lidé se vlivem přirozeného vývoje dělí do čtyř tříd: na ty, kteří mohou sloužit společnosti tělesnou prací (šúdrové); na ty, kteří přispívají svými duševními schopnostmi, dovednostmi, obděláváním půdy, obchodem a podnikáním (*vaišjové*); na ty, kdo jsou schopni zajišťovat správní a výkonnou moc v zemi a postarat se o její bezpečí – vládci a válečníci (*kšatrijové*); a konečně na ty, kdo jsou rozjímavé povahy, duchovně povznesení a schopní duchovně povznášet druhé (*bráhmani*). „O tom, zda je člověk dvojzrozeným (tj. *bráhmanem*), nerozhoduje zrození, obřadní sliby, vzdělání ani předkové," prohlašuje *Mahábhárata*, „rozhodují toliko povahové rysy a chování."[10] Manu společnost učil prokazovat úctu svým

[10] „Zařazení do jedné z těchto čtyř kast původně nezáviselo na společenském původu člověka, ale na přirozených vlohách, o nichž vypovídal jím zvolený životní cíl," píše Táramáta v lednovém vydání časopisu East-West z roku 1935. „Tímto cílem mohla být 1. *káma*, touha, aktivní smyslový život (úroveň šúdry), 2. *artha*, zisk, naplňování ale současné krocení tužeb (úroveň *vaišji*), 3. *dharma*, sebekázeň, život založený na zodpovědnosti a správném jednání (úroveň *kšatriji*) nebo 4. *mókša*, vysvobození, duchovní život a náboženské učení (úroveň *bráhmana*). Tyto čtyři kasty slouží lidstvu svým tělem, myslí, silou vůle a duchem.

Těmto čtyřem úrovním či stadiím odpovídají věčné *guny* čili kvality přírody *tamas*, *radžas* a *sattva*: odpor, činnost a rozpínání, nebo také hmota, energie a rozum. Čtyři přirozené kasty se podle působení gun označují jako 1. *tamas* (nevědomost), 2. *tamas- -radžas* (sloučení nevědomosti a činnosti), 3. *radžas-sattva* (sloučení správné činnosti a osvícení) a 4. *sattva* (osvícení). Příroda tedy každého člověka označila jeho kastou, tj. převahou jedné či sloučením některých dvou *gun*. V každé lidské bytosti se vyskytují všechny tři *guny*, jen v různém poměru. Kastu daného člověka či jeho vývojové stadium dokáže správně určit jen guru.

V praxi zachovávají určitý kastovní systém všechny rasy a národy. Kde panuje velká volnost či takzvaná svoboda, zejména pokud jde o sňatky mezi příslušníky vzdálených přirozených kast, tam daná rasa upadá a vymírá. *Puránasamhita* přirovnává potomky takových manželství k neplodným kříženců, jako je mula, která nedokáže šířit dál

Idyla v jižní Indii

členům, jsou-li obdařeni moudrostí, ctnostmi, vysokým věkem, spřízněností či bohatstvím. Ve védské Indii bylo bohatství vždy předmětem opovržení, jestliže bylo nashromážděno s chamtivostí nebo nepřispívalo na dobročinné účely. Bohatí lidé, kteří neprojevovali štědrost, měli ve společnosti velmi nízké postavení.

Když kastovní systém v průběhu staletí upadal a stávala se z něj jen dědičná ohlávka, způsobilo to velkou pohromu. Indie, jež je od roku 1947 nezávislým státem, se pomalu ale jistě navrací ke starobylému systému kast založeném výhradně na přirozených vlohách, nikoli na rodovém původu. Každý národ na světě se musí vyrovnávat se svou zvláštní karmou, jež vyvolává jeho utrpení a s níž se musí čestně vypořádat. Indie se svým všestranným a nezranitelným duchem dokazuje, že úkolu své kastovní obrody dostojí.

Jižní Indie byla tak okouzlující, že jsme s panem Wrightem zatoužili si tuto idylu prodloužit. Čas nám však se svou odvěkou nesmlouvavostí nenabízel žádné zdvořilé odklady. Brzy jsem měl promluvit na závěrečném shromáždění Indického filozofického kongresu, jejž pořádala univerzita v Kalkatě. Na závěr návštěvy Maisúru jsem si příjemně pohovořil se sirem Č. V. Ramanem, předsedou Indické akademie věd. Tento význačný indický fyzik obdržel v roce 1930 Nobelovu cenu za tzv. „Ramanův jev", významný objev světelné difuze.

Spolu s panem Wrightem jsme tedy neochotně zamávali na rozloučenou zástupu madráských studentů i přátel a vydali se na cesty. Krátkou zastávku jsme učinili u malé svatyně zasvěcené památce Sadášivy Brahmy z 18. století,[11] jehož životní příběh je nabitý zázraky. Větší Sadášivův chrám v Nerúru, který nechal postavit rádža z Puttukkóttai, je poutním místem, kde se odehrálo mnoho božských uzdravení. Místní panovníci po generace střeží jako poklad náboženské pokyny, které Sadášiva v roce 1750 sepsal pro vládnoucího knížete.

---

svůj vlastní druh. Umělé druhy nakonec samy vyhynou. Dějiny nám poskytují dostatek důkazů o mnoha velkých rasách, které již nemají žádné žijící zástupce. Ti nejpronikavější myslitelé považují indický kastovní systém za pojistku či ochranné opatření proti bezuzdné volnosti, díky němuž se uchovala čistota rasy a bezpečně přestála tisíce let zvratů, zatímco mnoho jiných starověkých ras zcela vymizelo."

[11] Jeho formální titul zněl Svámí Šrí Sadášivéndra Sarasvatí a tímto jménem se podepisoval pod svá díla (komentáře k *Brahmasútrám* a Pataňdžaliho *Jógasútrám*). Současní indičtí filozofové jej chovají v hluboké úctě.

Šankaráčárja ze Šringerímath, Jeho Svatost Šrí Saččidánanda Šivábhinava Narasinha Bháratí, věnoval Sadášivovi inspirativní Ódu.

Autobiografie jogína

Mezi jihoindickými venkovany stále koluje o Sadášivovi, rozkošném a zcela osvíceném mistrovi, plno svérázných historek. Jednou byl například Sadášiva spatřen na břehu řeky Kávérí, jak jej v *samádhi* strhl proud náhlé povodně. O mnoho týdnů později byl nalezen hluboko pod hromadou hlíny poblíž města Kodumudi v okrese Kójamputtúr. Když lopaty vesničanů zavadily o jeho tělo, světec vstal a svižným krokem se vzdálil.

Poté, co jej jeho guru pokáral za to, že v dialektické rozpravě potupil staršího učence *védanty*, se Sadášiva stal *munim* (mlčícím světcem). „Kdypak se, mladíku, naučíš držet jazyk za zuby?" poznamenal guru.

„S vaším požehnáním hned na tomto místě."

Sadášivovým guruem byl Svámí Šrí Paramašivéndra Sarasvatí, autor *Daharavidjáprakášiky* a hlubokého komentáře k *Uttaragítě*. Někteří světští lidé se pohoršovali, že Bohem opojeného Sadášivu často vídají „nedůstojně" tančit v ulicích, a stěžovali si proto u jeho učeného gurua. „Mistře," říkali, „Sadášiva se už úplně zbláznil."

Paramašivéndra se však radostně usmál. „Ach," zvolal, „kéž by ostatní byli také takoví blázni!"

Sadášivův život poznamenalo mnoho podivných a podivuhodných zásahů Prozřetelnosti. V tomto světě se děje mnoho zdánlivé nespravedlnosti, ale Bohu věrní a oddaní lidé mohou doložit bezpočet případů, kdy se jeho spravedlnost dostavila okamžitě. Jednou v noci se Sadášiva v *samádhi* zastavil nedaleko sýpky bohatého hospodáře. Tři sluhové, kteří právě pátrali po zlodějích, pozvedli hole a chystali se světci uštědřit pár ran. Vtom ale jejich ruce znehybněly a trojice nehybně stála jako sousoší s rukama ve vzduchu jako nějaký živý obraz, dokud se Sadášiva za svítání nezvedl a neodebral jinam.

Jindy byl zase tento velký světec hrubě přinucen k práci kolemjdoucím předákem, jehož dělníci nesli otop. Mlčenlivý světec pokorně nesl svůj náklad až na požadované místo a tam ho složil na velkou hromadu. Všechen otop okamžitě vzplál.

Sadášiva stejně jako Trailanga Svámí nenosil šaty. Jednou ráno nahý jogín roztržitě vešel do stanu jistého muslimského klanového náčelníka. Dvě ženy vyděšeně vykřikly; náčelník se po Sadášivovi prudce ohnal mečem a uťal mu ruku. Mistr bezstarostně odešel. Muslim zmatený úžasem a výčitkami zvedl ruku ze země a běžel za Sadášivou. Jogín s ledovým klidem připojil ruku ke krvácejícímu pahýlu. Když náčelník pokorně požádal o duchovní ponaučení, napsal Sadášiva prstem do písku:

Idyla v jižní Indii

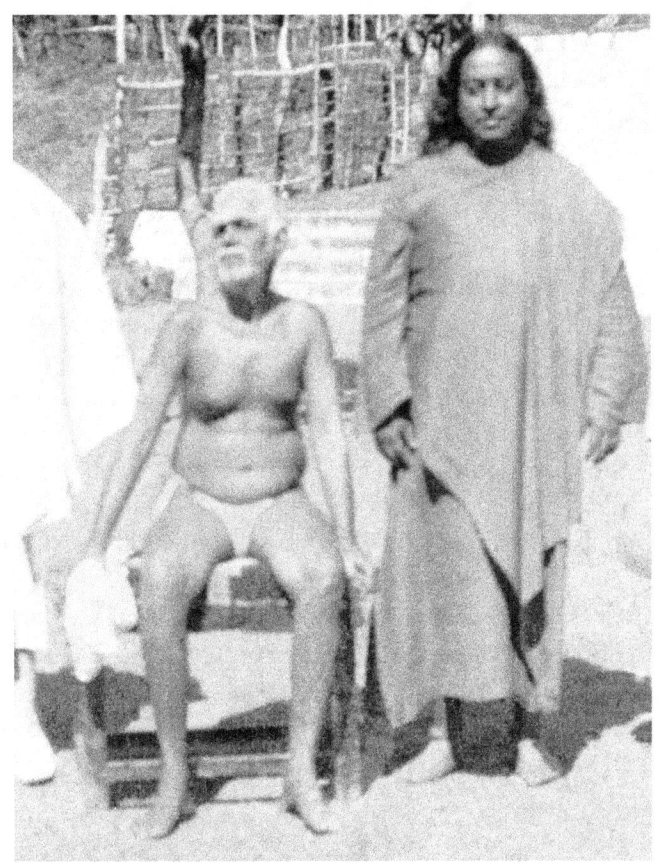

Ramana Mahárši a Paramahansa Jógánanda v ášramu Šrí Ramany v Tiruvannamalai (viz str. 390)

„Nedělej si, co chceš, a pak budeš moci dělat, co bys chtěl."

Muslim byl povznesen do očištěného stavu mysli a pochopil, že je tato paradoxní rada vodítkem ke svobodě duše prostřednictvím ovládnutí ega. Duchovní dopad těch několika málo slov byl tak veliký, že se z válečníka stal ctihodný žák; ke svým dřívějším způsobům se už nikdy nevrátil.

Vesnické děti jednou v Sadášivově přítomnosti vyjádřily přání navštívit náboženskou slavnost v Maduře, která byla nějakých 250 kilometrů daleko. Jogín dětem naznačil, aby se dotkly jeho těla, a hle – celá skupina se okamžitě přenesla do Madury! Děti se spokojeně procházely mezi tisíci poutníků. Po několika hodinách jogín svým prostým dopravním prostředkem přenesl své malé svěřence zpět. Užaslí rodiče

si vyslechli barvité vyprávění o procesí chrámových soch v Maduře a viděli, že si děti přinesly sáčky s madurskými sladkostmi.
Jeden nevěřící mladík se světci a celému příběhu vysmíval. Když se pořádala další velká náboženská slavnost, tentokrát v Šrírangamu, přišel za Sadášivou.
„Mistře," řekl pohrdavým tónem, „co kdybyste mě vzal na slavnost ve Šrírangamu, jako jste vzal děti do Madury?"
Sadášiva poslechl a mladík se okamžitě ocitl uprostřed davu v dalekém městě. Jenže ouha: když se chtěl hoch vrátit domů, světec nebyl nikde k nalezení! Celý unavený se pak doplahočil domů po svých.
Ještě než jsme opustili jižní Indii, podnikli jsme s panem Wrightem pouť ke svaté hoře Arunáčale nedaleko Tiruvannamalai, abychom se zde setkali se Šrí Ramanou Maháršim. Mudrc nás ve svém ášramu vlídně přivítal a ukázal na stoh výtisků časopisu *East-West*. Během několika hodin, které jsme s ním a jeho žáky strávili, většinou mlčel a jeho laskavý obličej vyzařoval božskou lásku a moudrost.
Aby Šrí Ramana lidstvu pomohl znovu nabýt ztracené dokonalosti, učí, že bychom se měli bez ustání ptát sami sebe: „Kdo jsem?" Vskutku těžká otázka! Přísným odmítáním všech ostatních myšlenek člověk brzy začne pronikat stále hlouběji ke svému pravému Já a zmatek ostatních myšlenek, jež odváděly jeho pozornost, nakonec ustane. Tento osvícený jihoindický rši napsal:

> Dvojnosti a trojnosti vždy na něčem visí,
> bez opory nemohly by nikdy být;
> Po opoře tedy pátrej a ony se podvolí a zřítí.
> Toto je Pravda; kdo ji vidí, ten nikdy neklopýtne.

Svámí Šrí Juktéšvar a Paramahansa Jógánanda v náboženském průvodu v Kalkatě (1935). Sanskrtské verše na korouhvi hlásají: (Nahoře) „Následuj cestu velkých." (Dole, slova Svámího Šankary) „Společnost božské osoby, byť jen krátkodobá, nás může zachránit a spasit."

KAPITOLA 42

Poslední dny s mým guruem

„Gurudží, jsem rád, že jsem vás dnes ráno zastihl o samotě." Právě jsem dorazil do Šrírámpuru i s voňavým nákladem ovoce a růží. Šrí Juktéšvar na mě pokorně pohlédl.

„Co máš za otázku?" Mistr těkal očima po pokoji, jako by hledal, kudy utéct.

„Gurudží, přišel jsem k vám jako student. Teď je ze mě dospělý muž, dokonce už mám i pár šedin. Přestože jste mě od první hodiny až doteď zahrnoval tichou náklonností, uvědomujete si, že jste mi jen jednou, v den našeho setkání, řekl: Miluji tě?" Prosebně jsem se na něj zahleděl.

Mistr sklopil zrak. „Jógánando, musím převádět do chladné řeči vřelé city, jež nejlépe střeží mlčenlivé srdce?"

„Gurudží, vím, že mě milujete, ale mé smrtelné uši to od vás touží slyšet."

„Budiž po tvém. Když jsem žil v manželství, často jsem si přál mít syna, kterého bych cvičil na cestě jógy. Jakmile jsi však do mého života vstoupil ty, byl jsem šťasten; v tobě jsem našel svého syna." V mistrových očích se zaleskly dvě zřetelné slzy. „Jógánando, vždycky tě budu milovat."

„Vaše odpověď je mi vstupenkou do nebe." Cítil jsem, jak se z mého srdce zvedlo břemeno, které po jeho slovech navždy zmizelo. Věděl jsem sice, že je věcný a zdrženlivý, ale stejně jsem se nad jeho mlčením často zamýšlel. Někdy jsem si dělal starosti, že se mnou není zcela spokojen. Měl zvláštní povahu, které nebylo možné nikdy bezvýhradně porozumět; povahu hlubokou a klidnou, neproniknutelnou pro vnější svět, jehož hodnoty již dávno překročil.

Pár dní nato jsem promluvil k početnému publiku v kalkatské Albert Hall. Šrí Juktéšvar se uvolil, že bude sedět na pódiu vedle mahárádži Santoše a starosty města. Mistr se nijak nevyjádřil, ale občas jsem během svého projevu pohlédl jeho směrem a zdál se být spokojen.

Poslední slavnost slunovratu, kterou Svámí Šrí Juktéšvar oslavil (prosinec 1935). Paramahansa Jógánanda sedí vedle Šrí Juktéšvardžího (uprostřed) u stolu na dvoře šrírámpurského ášramu. V tomto ášramu se odehrála velká část desetiletého duchovního výcviku Jógánandadžího pod vedením velkého gurua.

Šrí Jógánanda (uprostřed v tmavém rouchu) s některými žáky krijájógy, kteří navštěvovali jeho hodiny Jogody (realizace Já) v domě jeho otce v Kalkatě (1935). Vzhledem k velkému počtu studentů se hodiny konaly v nedaleké tělocvičně pod širým nebem, která patřila Jógánandadžího mladšímu bratrovi Bišnuovi Ghošovi, uznávanému kulturistovi.

Poslední dny s mým guruem

Následovala přednáška pro absolventy Šrírámpurské koleje. Když jsem hleděl na své bývalé spolužáky a oni na svého „Bláznivého mnicha", beze studu jsme uronili pár slz radosti. Přišel mě pozdravit i můj výřečný profesor filozofie dr. Ghošál; všechna naše dávná nedorozumění mezitím rozpustil alchymista Čas.

Koncem prosince se v šrírámpurském ášramu konala slavnost zimního slunovratu. Jako vždy se sjeli žáci zblízka i zdaleka. Zbožné *sankírtany*, Kristodovy sólové zpěvy sladké jako nektar, hostina podávaná mladými žáky, mistrova působivá řeč pod hvězdnou oblohou na dvoře ášramu zaplněném posluchači – ach ty vzpomínky! Radostné slavnosti z let dávno minulých! Toho večera se však měl přidat jeden nový prvek.

„Jógánando, promluv prosím ke shromážděným... anglicky." Mistrovi se zajiskřilo v očích, když pronesl tuto hned dvakrát nezvyklou žádost. Myslel snad na těžké chvilky, které předcházely mé první přednášce v angličtině? Vyprávěl jsem ten příběh přítomným a zakončil jej vroucím holdem našemu guruovi.

„Jeho neomylné vedení mne provázelo nejen na tom zaoceánském parníku," řekl jsem na závěr, „ale každý den po celých těch patnáct let, jež jsem v té obrovské a pohostinné Americe strávil."

Když hosté odešli, zavolal si mě Šrí Juktéšvar do stejné ložnice, kde jsem měl tu výsadu (pouze jednou, po podobné slavnosti) spát v jeho posteli. Dnes v noci tam guru tiše seděl s žáky v půlkruhu u nohou.

„Jógánando, odjíždíš do Kalkaty? Zítra se sem prosím vrať. Musím ti sdělit jisté věci."

Následující odpoledne mi Šrí Juktéšvar s několika prostými slovy požehnání udělil další mnišský titul *Paramahansa*.[1]

„Tento titul nyní formálně nahrazuje tvůj předchozí titul *svámí*," řekl, když jsem před ním klečel. V duchu jsem se usmál při představě, jak budou mí západní žáci bojovat s výslovností, když mě teď budou muset oslovovat *Paramahansadží*.[2]

---

[1] Doslova *parama*, nejvyšší, *hansa*, labuť. Bílá labuť je mytologicky zobrazována jako jízdní zvíře Brahmy Stvořitele. Posvátná *hansa*, která prý dokáže oddělit mléko z jeho směsi s vodou, je proto symbolem duchovního rozlišování.
Aham-sah či *han-sa* (vysl. *hong-so*) doslova znamená „Já jsem on". Tyto mocné sanskrtské slabiky mají vibrační spojitost s nádechem a výdechem. S každým svým dechem tak člověk nevědomky potvrzuje pravdu o svém bytí: *Já jsem on!*

[2] Obvykle tuto potíž obcházeli tím, že mě oslovovali „pane" (*sir*).

„Můj úkol na této zemi je nyní dovršen; pokračovat už musíš ty," řekl mistr tiše s klidnýma a laskavýma očima. Srdce se mi rozbušilo obavami.

„Pošli prosím někoho, aby se postaral o náš ášram v Purí," pokračoval Šrí Juktéšvar. „Všechno nechávám ve tvých rukou. Svůj život i organizaci úspěšně převezeš k božským břehům."

V slzách jsem mu líbal nohy. Mistr vstal a s láskou mi požehnal.

Hned příštího dne jsem z Ráňčí přivolal věrného svámího Sebánandu a poslal ho do Purí, aby převzal péči o tamní ášram. Později se mnou guru probíral právní detaily svého majetkového vyrovnání; obával se, že po jeho smrti by se jeho příbuzní mohli soudit o vlastnictví obou jeho ášramů a dalších nemovitostí, které chtěl odkázat výhradně na dobročinné účely.

„Nedávno jsme domluvili mistrovu návštěvu v Kedárpuru, ale on nejel," řekl mi jednou odpoledne Mistrův žák Amúlja Bábu. Pocítil jsem chladný záchvěv předtuchy. Na mé naléhavé dotazy Šrí Juktéšvar stručně odpověděl: „Do Kedárpuru už nepojedu." Na okamžik se otřásl jako vyděšené dítě.

(„Připoutanost k tělesné schránce, jež povstává z její přirozenosti,[3] je v nepatrné míře přítomná i u velkých světců," píše Pataňdžali. V některých promluvách o smrti můj guru obvykle dodával: „Tak jako pták, který byl dlouho zavřený v kleci, váhá opustit domov, na který byl zvyklý, když se dvířka otevřou.")

„Gurudží," žádal jsem ho mezi vzlyky, „to neříkejte! Už nikdy ta slova přede mnou nepronášejte!"

Tvář Šrí Juktéšvara se uvolnila do klidného úsměvu. Ač se blížily jeho jednaosmdesáté narozeniny, vypadal zdravě a silně.

Den za dnem jsem se vyhříval v paprscích guruovy lásky, nevyslovené, ale zřetelně pociťované, a ze své vědomé mysli jsem vytěsnil veškeré jeho narážky na blížící se odchod.

„Pane, tento měsíc se chystá *kumbhaméla* v Illáhábádu." Ukázal jsem mistrovi termín konání *mély* v bengálském kalendáři.[4]

---

[3] Tj. povstává z jeho pradávných kořenů, minulých prožitků smrti. Tato pasáž pochází z Pataňdžaliho *Jógasúter* 2,9.

[4] Náboženské *mély* jsou zmiňovány už ve starověké *Mahábháratě*. Čínský cestovatel Süan-cang nám zanechal písemnou zmínku o velké *kumbhaméle* konané roku 644 n. l. v Illáhábádu. *Kumbhaméla* se koná každé tři roky postupně v Hardváru, Illáhábádu, Násiku a Udždžainu, načež se vrací zpět do Hardváru, kde se ukončí její dvanáctiletý

Poslední dny s mým guruem

„Opravdu tam chceš jet?"

Nevycítil jsem mistrovo přání, abych ho neopouštěl, a tak jsem pokračoval: „Kdysi se vám na *kumbhaméle* v Illáhábádu poštěstilo spatřit Bábádžího. Možná že tentokrát budu mít i já to štěstí."

„Neřekl bych, že se tam s ním potkáš." Po těchto slovech se můj guru odmlčel a rozhodl se do mých plánů více nevměšovat.

Když jsem se příštího dne vydal s malou skupinkou do Illáhábádu, mistr mi obvyklým způsobem beze slova požehnal. Očividně jsem byl i nadále slepý k důsledkům mistrova chování, neboť mě Bůh chtěl ušetřit toho, abych byl nucen bezmocně přihlížet guruovu odchodu. V mém životě Bůh soucitně zařídil, že v okamžiku smrti mých nejdražších jsem byl od nich pokaždé daleko.[5]

Naše výprava dorazila na *kumbhamélu* 23. ledna 1936. Pohled na téměř dvoumilionový vlnící se dav byl vskutku působivý, možná až ohromující. Svérázným nadáním indického lidu je hluboká úcta, vrozená i těm nejprostším rolníkům, již chovají k hodnotě Ducha a k mnichům a sádhuům, kteří odhodili světská pouta, aby hledali záchytný bod v něčem božštějším. Jistě, jsou mezi nimi i podvodníci a pokrytci; Indie však respektuje všechny pro těch několik málo z nich, kteří tuto zemi osvětlují nadpozemským požehnáním. Lidé ze Západu, kteří tu obsáhlou podívanou sledovali, měli jedinečnou možnost pocítit samotný tep národa, to duchovní zanícení, jemuž Indie vděčí za svou neuhasitelnou vitalitu pod náporem času.

První den jsme strávili v němém úžasu. Tisíce poutníků se koupaly v posvátné Ganze, aby ze sebe smyly své hříchy; bráhmanští kněží prováděli slavnostní rituály; zbožné obětiny byly sypány k nohám tichých *sannjásinů*; kolem míjely řady slonů, nazdobených koní a líných rádžputánských velbloudů, za nimiž následoval svérázný náboženský průvod nahých sádhuů mávajících zlatými a stříbrnými žezly či prapory z hebkého sametu.

---

cyklus. Každé město pořádá šestý rok po své *kumbze* poloviční *(ardha) kumbhu*; každé tři roky se tak v různých městech koná *kumbha* i *ardha kumbha*.

Süan-cang vypráví, že král severní Indie Harša rozdal mnichům a poutníkům na *kumbhaméle* veškeré bohatství královské pokladnice (nahromaděné za pět let). Když Süan-cang odjížděl do Číny, odmítl Haršovy dary na rozloučenou, ale odvezl si 657 náboženských rukopisů, jichž si cenil daleko více.

[5] Nebyl jsem přítomen ani smrti mé matky, staršího bratra Ananty, nejstarší sestry Romy, otce a mnoha dalších blízkých. (Otec zemřel v Kalkatě v roce 1942 ve věku osmdesáti devíti let.)

Svámí Krišnánanda na kumbhaméle v Illáhábádu v roce 1936 se svou ochočenou vegetariánskou lvicí, která hlubokým, přitažlivým vrněním pronáší zvuk óm (viz str. 399).

Poustevníci odění pouze bederní rouškou tiše posedávali v malých skupinkách s těly potřenými popelem, který je chrání před horkem a zimou. Na čelech měli jednou tečkou santálové pasty křiklavě vyznačeno duchovní oko. Svámíové s oholenou hlavou se objevovali po tisících, na sobě měli okrová roucha a v rukách bambusovou hůl s žebráckou miskou. Když procházeli kolem nebo vedli filozofické rozpravy se svými žáky, z jejich tváří vyzařoval klid těch, kdo se zřekli světa.

Tu a tam se pod stromy kolem velkých hromad hořících polen vyskytli malební sádhuové[6] se spletenými, na temeni svinutými vlasy.

[6] Stovky tisíc indických sádhuů řídí výkonný výbor sedmi vůdců zastupujících sedm velkých oblastí Indie. Současným *mahámandaléšvarou* čili představeným je Džajéndra Purí. Tento svatý muž je nesmírně rezervovaný a jeho řeč se často omezuje na tři slova - Pravda, Láska a Práce. Dostačující konverzace!

Někteří měli vousy dlouhé několik desítek centimetrů, vlnité a svázané do uzlu. Tiše meditovali nebo s nataženýma rukama žehnali procházejícímu davu – žebrákům, mahárádžům na slonech, ženám v pestrobarevných sárí s cinkajícími náramky na zápěstích a kotnících, fakírům s vyhublými pažemi, které drželi legračně ve vzduchu, *brahmačárinům* nesoucím meditační opěrky na lokty, pokorným mudrcům, za jejichž vážností se skrývala vnitřní blaženost. Vysoko nad tou vřavou bylo slyšet nepřetržité svolávání chrámových zvonů.

Druhý den *mély* jsme s mými společníky navštěvovali četné ášramy a dočasné přístřešky a skládali *pranámy* k nohám svatých osob. Dostali jsme požehnání od představeného větve *Giri* řádu svámí – hubeného asketického mnicha s očima jako smějící se oheň. Poté naše výprava navštívila poustevnu, jejíž guru dodržoval už devět let slib mlčení a živil se výhradně ovocnou stravou. V síni tohoto ášramu seděl na vyvýšeném stupínku slepý sádhu Prádžňačakšu[7] hluboce znalý šáster a vysoce ctěný všemi náboženskými skupinami.

Poté, co jsem přednesl krátkou řeč v hindštině na téma *védanty*, odebrala se naše skupinka z klidného ášramu pozdravit nedaleko pobývajícího svámího Krišnánandu, pohledného růžolícího mnicha s působivými rameny. Kousek od něj ležela ochočená lvice. Tato dravá šelma z džungle podlehla mnichovu duchovního šarmu (jsem si jist, že ne jeho statné postavě!), odmítá jíst jakékoli maso a živí se jen rýží a mlékem. Svámí toto zvíře se žlutohnědou srstí naučil vrčet hluboké a přitažlivé óm – a učinil z něj vskutku zbožnou kočku!

Naše další setkání a rozhovor s jedním učeným mladým sádhuem do svého barvitého cestovního deníku je výstižně zaznamenal pan Wright:

„Po rozvrzaném pontonovém mostě jsme naší fordkou přejeli přes Gangu, jejíž hladina byla velmi nízko, načež jsme se hlemýždím tempem sunuli mezi davy lidí úzkými, klikatými uličkami a minuli místo na břehu řeky, kde se podle Jógánandadžího setkal Šrí Juktéšvar s Bábádžím. Krátce poté jsme vystoupili z auta, ušli kus cesty skrz houstnoucí kouř z ohnišť sádhuů a přes kluzké písky, až jsme dorazili ke shluku drobných, velice prostých chýší z bláta a slámy. Zastavili jsme před jedním z těchto přehlédnutelných dočasných přístřešků s titěrným vchodem bez dveří,

---

[7] Titul, jehož doslovný význam je „ten, který vidí svým rozmyslem" (nemaje fyzického zraku).

který byl příbytkem Karapátrího, mladého potulného sádhua proslulého svou výjimečnou inteligencí. Seděl tam se zkříženýma nohama na kupce slámy, zahalen do jediného kusu oděvu – okrového roucha přehozeného přes ramena, které mimochodem bylo jeho jediným majetkem.

Když jsme po čtyřech vlezli do chýše a složili *pránam* u nohou této osvícené duše, usmál se na nás vskutku božský obličej, zatímco petrolejová lampa u vchodu vrhala na slaměné stěny mihotavé, podivně tančící stíny. Jeho tvář, zejména pak jeho oči a dokonalý chrup, se leskly a zářily. Ačkoli jsem nerozuměl hindsky, jeho výraz byl velmi výmluvný; byl plný zápalu, lásky a duchovní vznešenosti. O jeho velikosti nemohl nikdo zapochybovat.

Představte si spokojený život člověka nepřipoutaného k hmotnému světu, který nemá starost o to co si obléct, je oproštěn od touhy po jídle, nikdy nežebrá, vařené jídlo si dopřává jen obden a nemá ani talíř, je osvobozen od všech starostí o peníze, kterých se ani nedotkne, nikdy nic neskladuje a vždy důvěřuje Bohu; nemá starosti s dopravou a nikdy nepoužívá dopravní prostředky, ale vždy se pohybuje jen po březích posvátných řek; na žádném místě nezůstává déle než týden, aby k němu nestačil přilnout.

Jaká skromná duše, tak vzácně zběhlá ve védách, honosící se tituly magistra i šastrího (znalce písem) z Benáreské univerzity. Když jsem seděl u jeho nohou, zaplavil mě úchvatný pocit; to všechno se zdálo být odpovědí na mou touhu spatřit skutečnou, pradávnou Indii, neboť on je opravdovým představitelem této země a jejích duchovních obrů."

Zeptal jsem se Karapátrího na jeho potulný život. „Máte ještě nějaké oblečení na zimu?"

„Ne, tohle mi stačí."

„Nosíte s sebou nějaké knihy?"

„Ne; kdo si přeje slyšet má slova, toho učím zpaměti."

„Co ještě děláte?"

„Procházím se kolem Gangy."

Při těchto tichých slovech mě přemohla touha po jeho prostém životě. Vzpomněl jsem si na Ameriku a všechny povinnosti a odpovědnost, které mi ležely na bedrech.

„Kdepak, Jógánando," pomyslel jsem si na okamžik s povzdechem, „v tomto životě není potloukání kolem Gangy nic pro tebe."

Poté, co mi sádhu svěřil několik svých duchovních realizací, uhodil jsem na něj jsem příkrou otázkou:

„Pochází to, co jste mi právě popsal, z náboženských spisů, nebo z vašich vnitřních zkušeností?"

„Napůl z knih," odpověděl s přímočarým úsměvem, „a napůl ze zkušenosti."

Chvíli jsme spokojeně seděli pohrouženi do ticha. Když jsme se vzdálili z jeho svaté přítomnosti, řekl jsem panu Wrightovi: „Je to král sedící na trůnu ze zlaté slámy."

Toho večera jsme pojedli pod hvězdami z misek zhotovených z listů spletených klacíky. Mytí nádobí je v Indii omezeno na minimum!

Po dalších dvou dnech strhující *kumbhy* jsme zamířili na severozápad podél břehu řeky Jamuny do Ágry. Znovu jsem spatřil Tádž Mahál; v mých vzpomínkách stál po mém boku Džitendra, užaslý nad tím snem z mramoru. Pak jsme pokračovali do Brindávanu na návštěvu ášramu Svámího Kešabánandy.

Důvod, proč jsem Kešabánandu vyhledal, souvisí s touto knihou. Nikdy jsem nezapomněl na prosbu Šrí Juktéšvara, abych sepsal životní příběh Láhirího Maháaje. Během svého pobytu v Indii jsem využíval každé příležitosti k tomu, abych kontaktoval Jógávatárovy přímé žáky a příbuzné. Jejich vyprávění jsem si zaznamenával do objemných poznámek, ověřoval fakta a data, sbíral fotografie, staré dopisy a dokumenty. Má složka o Láhirím Maháajovi bytněla; se zděšením jsem si uvědomil, že přede mnou leží namáhavá spisovatelská práce. Modlil jsem se, abych své úloze životopisce tohoto kolosálního gurua dostál. Několik jeho žáků se obávalo, že na papíře bude jejich mistr znevážen nebo nesprávně pochopen.

„Chladnými slovy lze jen těžko věrně zachytit život božského vtělení," podotkl jednou Pančánan Bhattáčárja.

I další blízcí žáci se spokojili s tím, že si Jógávatára uchovali ve svém srdci jako nesmrtelného učitele. Měl jsem však stále na paměti předpověď Láhirího Maháaje o tom, že jeho život bude jednou zaznamenán, a tak jsem učinil, co bylo v mých silách, abych získal a potvrdil fakta o jeho zevním životě.

Svámí Kešabánanda naši výpravu vřele přivítal ve svém ášramu Kátjájani píth, impozantní cihlové budově s masivními černými sloupy stojící v krásné zahradě. Hned nás zavedl do přijímací místnosti zdobené zvětšeninou portrétu Láhirího Maháaje. Svámí se blížil k devadesátce,

devadesátiletý žák Láhirího Mahášaje Svámí Kešabánanda (stojící vlevo), Jógánandadží a jeho tajemník C. Richard Wright v Kešabánandově ášramu v Brindávanu (1936)

jeho svalnaté tělo však stále zářilo silou a zdravím. S dlouhými vlasy, sněhobílým vousem a očima jiskřícíma radostí byl hotovým ztělesněním patriarchy. Řekl jsem mu, že bych jeho jméno rád zmínil ve své knize o indických mistrech.

„Vyprávějte mi prosím o svém dřívějším životě," usmál jsem se prosebně, neboť velcí jogíni nebývají příliš výřeční.

Kešabánanda učinil pokorné gesto. „Toho vnějšího je pramálo. Prakticky celý život jsem strávil v himálajské samotě a pěšky přecházel od jedné odlehlé jeskyně k druhé. Po nějaký čas jsem udržoval malý ášram nedaleko Hardváru, ze všech stran obklopený hájem vzrostlých stromů. Bylo to klidné místo, kam málokdy zavítali návštěvníci, a to

Poslední dny s mým guruem

díky všudypřítomným kobrám." Kešabánanda se pousmál. „Potom se Ganga vylila z břehů a vzala s sebou ášram i kobry. Moji žáci mi pak pomohli postavit toto brindávanské útočiště."

Jeden z nás se svámího zeptal, jak se chránil před himálajskými tygry. Kešabánanda zavrtěl hlavou. „V tak závratných duchovních výškách," řekl, „divoké šelmy jen zřídkakdy jogíny obtěžují. Jednou jsem se v džungli setkal s tygrem tváří v tvář. Po mém nenadálém výkřiku zvíře ztuhlo, jako kdyby zkamenělo." Svámí nad svými vzpomínkami opět nezadržel smích.[8]

„Někdy jsem vyšel ze své samoty, abych navštívil svého gurua v Benáresu. Obvykle se mnou vtipkoval o mém neutuchajícím putování himálajskou divočinou.

,Máš na nohou známky toulavé povahy,' řekl mi jednou. ,Jsem rád, že posvátný Himálaj je dost velký, aby tě udržel.'

Před svou smrtí i po ní se přede mnou Láhirí Mahášaj mnohokrát zjevil ve svém těle," pokračoval Kešabánanda. „Pro něj nejsou žádné himálajské výšiny nepřístupné!"

Dvě hodiny poté nás zavedl na jídelní terasu. V tichém zděšení jsem si povzdychl. Další hostina o patnácti chodech! Za necelý rok indické pohostinnosti jsem přibral přes dvacet kilogramů. Bylo by však nanejvýš nezdvořilé odmítnout byť jen jedinou ze všech těch lahůdek, pečlivě připravených na mou počest. V Indii (žel, nikde jinde!) je pohled na tělnatého svámího považován za něco žádoucího.

Po večeři mě Kešabánanda vzal stranou.

„Tvůj příjezd není nečekaný," řekl mi. „Mám pro tebe vzkaz."

Byl jsem překvapen. O mém plánu tohoto svámího navštívit nikdo nevěděl.

„Když jsem se loni toulal severním Himálajem poblíž Badrínárájanu," pokračoval, „zabloudil jsem. Narazil jsem na přístřeší v prostorné jeskyni, která byla prázdná, přestože v jámě ve skalnaté podlaze doutnaly

---

[8] Zdá se, že způsobů, jak vyzrát na tygra, je celá řada. Australský cestovatel Francis Birtles vyprávěl, že mu indické džungle připadaly „rozmanité, nádherné a bezpečné". Tajemstvím jeho pocitu bezpečí byla obyčejná mucholapka. „Každý večer jsem kolem tábořiště rozprostřel velké množství mucholapek a nikdy jsem nebyl vyrušen," vysvětloval. „Důvod je psychologický. Tygr je zvíře s důstojností, které si je velice dobře vědom. Přikrade se a chystá se ve vhodný okamžik skočit na člověka, až narazí na mucholapku: pak se odplíží. Žádný tygr se sebeúctou by se neodvážil postavit tváří v tvář člověku potom, co si sedl na lepkavou past na mouchy!"

žhavé uhlíky. Posadil jsem se k ohni, pohled upřel na vchod do jeskyně a přemítal, kdo asi tento osamělý úkryt obývá.

,Jsem rád, že jsi tady, Kešabánando,' ozvalo se za mými zády. Překvapeně jsem se otočil a s úžasem spatřil Bábádžího! Veliký guru se zhmotnil v jednom výklenku jeskyně. Byl jsem radostí bez sebe, že se s ním po tolika letech zase setkávám, a poklonil jsem se jeho svatým nohám.

,Přivolal jsem tě sem,' pokračoval Bábádží. ,To proto jsi zabloudil a byl jsi přiveden do mého dočasného příbytku v této jeskyni. Od našeho posledního setkání uplynula dlouhá doba. Jsem rád, že tě mohu opět pozdravit.'

Nesmrtelný mistr mi požehnal několika duchovními radami a pak dodal: ,Předám ti vzkaz pro Jógánandu. Po svém návratu do Indie tě navštíví. Bude velmi zaneprázdněn mnoha záležitostmi spojenými s jeho guruem a Láhirího žijícími žáky. Vyřiď mu pak, že jej tentokrát nenavštívím, ač v to pevně doufá, ale učiním tak při jiné příležitosti.'"

Tento konejšivý slib od Bábádžího, kterého se mi dostalo z Kešabánandových úst, mě hluboce dojal. Z mého srdce zmizela jistá bolest; přestal jsem se rmoutit, že se Bábádží neobjevil na *kumbhaméle*, jak ostatně předpověděl i Šrí Juktéšvar.

Strávili jsme v ášramu jednu noc jako hosté a na druhý den odpoledne se naše výprava vydala do Kalkaty. Když jsme přejížděli po mostě přes řeku Jamunu, naskytl se nám překrásný pohled na panoráma Brindávanu zrovna ve chvíli, kdy obloha vzplála sluncem – učiněná výheň vulkánu v živých barvách, jež se pod námi zrcadlila na tiché hladině.

Pláž na břehu Jamuny je ozářena vzpomínkami na Šrí Kršnu v dětské podobě. Zde se s roztomilou nevinností oddával svým *lílám* (hrám) s *gópími* (pannami) a zosobnil tak příklad nadpozemské lásky, která vždy panuje mezi božským vtělením a jeho vyznavači. Mnozí komentátoři ze Západu si Kršnův život vyložili nesprávně. Duchovní alegorie je pro mysl, jež lpí na doslovnosti, jen stěží pochopitelná. Dokládá to vtipný omyl jistého překladatele. Objevil se v básni inspirovaného středověkého světce, ševce Ravidáse, který prostým slovníkem svého řemesla opěvoval duchovní slávu ukrytou v celém lidstvu:

> Pod širou klenbou blankytnou
> žije božství v kůži oděné.

Poslední dny s mým guruem

Jen stěží dokáže čtenář potlačit úsměv, když naslouchá topornému výkladu tohoto Ravidásova verše v podání jistého západního autora:

> Nato si postavil chýši, vztyčil v ní modlu, již si zhotovil z kůže, a tu se jal uctívat.

Ravidás byl žákem stejného mistra jako jiný velký světec Kabír. Jedním z Ravidásových urozených čélů byla i rání z Čittúru. Na hostinu pořádanou na počest svého učitele pozvala mnoho bráhmanů, ti ale odmítli stolovat s obyčejným ševcem. Když se s povýšenou odtažitostí usadili stranou, aby pojedli svůj neposkvrněný pokrm, spatřil náhle každý bráhman po svém boku postavu Ravidáse. Tato hromadná vize rozpoutala v Čittúru velké duchovní obrození.

Do Kalkaty naše skupinka dorazila za několik dní. Nemohl jsem se dočkat, až uvidím Šrí Juktéšvara, a byl jsem zklamán, když jsem se dozvěděl, že odjel ze Šrírámpuru do Purí, téměř pět set kilometrů na jih.

„Okamžitě přijeď do Purí," stálo v telegramu, který 8. března poslal jeden spoluučedník Atulčandrovi Rájovi Čaudhurímu, mistrovu čélovi v Kalkatě. Jen co jsem se o té zprávě doslechl, v hrůze z toho, co znamená, jsem padl na kolena a prosil Boha, aby život mého gurua ušetřil. Právě jsem se chystal odejít z otcova domu na vlak, když v mém nitru promluvil božský hlas.

„Nejezdi dnes do Purí. Tvá modlitba nemůže být vyslyšena."

„Pane," volal jsem, zdrcený žalem, „jak se zdá, nepřeješ si utkat se se mnou v přetahované v Purí, kde bys mi musel odpírat neustálé modlitby za mistrův život. Musí tedy na tvůj příkaz odejít za vyššími povinnostmi?"

Poslušen vnitřního příkazu jsem toho dne do Purí neodjel. Na nádraží jsem se vydal až na druhý den večer; když jsem byl na cestě, zakryl náhle oblohu v sedm hodin černý astrální mrak.[9] Později, když se vlak blížil k Purí, zjevil se přede mnou obraz Šrí Juktéšvara. Seděl s velmi vážným výrazem a na každé jeho straně hořela světla.

„Už je po všem?" Úpěnlivě jsem zvedl ruce.

Přikývl a pak pomalu zmizel.

Když jsem následujícího rána stanul na nástupišti v Purí a stále doufal v nemožné, přistoupil ke mně neznámý muž.

---

[9] V ten čas Šrí Juktéšvar zemřel – v 7 hodin večer 9. března 1936.

VZPOMÍNKOVÁ SVATYNĚ ŠRÍ JUKTÉŠVARA
v zahradě jeho ášramu v Purí (viz str. 146)

„Už jste slyšel, že váš mistr zemřel?" Bez jediného dalšího slova odešel; nikdy jsem nezjistil, kdo to byl ani jak věděl, kde mě najde.

Zdrceně jsem se opřel o nádražní zeď a uvědomil si, že guru se mi tu zdrcující zprávu snažil sdělit různými způsoby. Má duše se však bouřila a vřelo to v ní jako v sopce. Když jsem dorazil do ášramu, byl jsem na pokraji zhroucení. Vnitřní hlas mi konejšivě opakoval: „Vzchop se. Zachovej klid."

Vstoupil jsem do pokoje, kde mistrovo tělo, až nepředstavitelně živoucí, sedělo v lotosové pozici – dokonalý obraz zdraví a půvabu. Krátce před skonem gurua krátce zachvátila horečka, ale než nastal onen den, kdy vystoupil k nekonečnému Bohu, se jeho tělo zcela uzdravilo.

Poslední dny s mým guruem

Ať jsem se na jeho drahou podobu díval sebevíc, nedokázal jsem pochopit, že z ní už odešel život. Jeho kůže byla hladká a hebká; ve tváři měl blažený výraz pokoje. V hodině, kdy byl mysticky povolán, své tělo s plným vědomím opustil.

„Bengálský lev je pryč!" naříkal jsem jako v mrákotách.

Dne 10. března jsem vykonal pohřební obřad. Šrí Juktéšvar byl uložen do země[10] v zahradě svého ášramu v Purí podle prastarého obyčeje řádu svámí. Později dorazili žáci zblízka i z daleka, aby svému guruovi vzdali hold při vzpomínkovém obřadu v den jarní rovnodennosti. Významný kalkatský deník *Amritabázár patriká* otiskl Šrí Juktéšvarovu fotografii a tuto zprávu:

> V Purí se 21. března konal zádušní obřad *Bhandara* pro Šrímat Šrí Juktéšvara Giriho Mahárádže, jenž zesnul ve věku 81 let. Do Purí se na obřad sjelo mnoho jeho žáků.
>
> Svámí Mahárádž byl jedním z největších vykladačů *Bhagavadgíty* a význačným žákem Jógírádže Šrí Šjámáčarana Láhirího Mahášaje z Benáresu. Svámí Mahárádž založil v Indii několik center společnosti Yogoda Satsanga (Self-Realization Fellowship) a byl velkou inspirací hnutí jógy, které jeho hlavní žák Svámí Jógánanda přenesl na Západ. Šrí Juktéšvardžího prorocké schopnosti a hluboká realizace podnítily Svámího Jógánandu k tomu, aby se vydal přes oceán a šířil poselství indických mistrů až v Americe.
>
> Šrí Juktéšvarovy výklady *Bhagavadgíty* a dalších posvátných spisů svědčí o hloubce jeho znalosti východní i západní filozofie a otevírají oči k jednotě mezi oběma kulturami. Šrí Juktéšvar Mahárádž věřil v jednotu všech náboženství, a proto ve spolupráci s představiteli různých škol a vyznání založil *Sádhusabhu* (Společenství svatých), jehož cílem je propojit náboženství s vědeckým duchem. Při svém odstoupení z funkce předsedy *Sádhusabhy* jmenoval svým nástupcem Svámího Jógánandu.
>
> Indie je dnes s odchodem této mimořádné osobnosti viditelně chudší. Nechť si všichni, kdo měli to štěstí se k němu přiblížit, vštípí pravého ducha indické kultury a *sádhanu*, které ztělesňoval.

Vrátil jsem se do Kalkaty. Ještě jsem se necítil dost silný na to, abych jel do Šrírámpuru se všemi jeho posvátnými vzpomínkami, a tak jsem dal zavolat Praphullu, mladičkého mistrova žáka ze šrírámpurské poustevny, a zařídil, aby mohl nastoupit do školy v Ráňčí.

---

[10] Hinduistické pohřební obyčeje vyžadují u ženatých mužů zpopelnění; svámíové a mniši jiných řádů se nespalují, ale pohřbívají (ačkoli existují občasné výjimky). U mnichů se má za to, že jejich těla již symbolicky shořela v plamenech moudrosti, když přijímali mnišský slib.

„To ráno, kdy jste odjel na *mélu* do Illáhábádu," řekl mi Praphulla, „mistr ztěžka klesl na pohovku.

‚Jógánanda je pryč!' zvolal. ‚Jógánanda je pryč!' Nato záhadně dodal: ‚Budu mu to muset sdělit nějak jinak.' A pak mlčky seděl několik hodin."

Mé dny byly zaplněny přednáškami, výukou, rozhovory a opětovným setkáváním se starými přáteli. Potok temné zádumčivosti skrytý za prázdným úsměvem a nepřetržitou prací kalil mou vnitřní řeku blaženosti, která se tolik let vinula pod písky všech mých vjemů.

„Kam odešel ten božský mistr?" volal jsem tiše z hloubi své zmučené duše.

Žádná odpověď nepřicházela.

„Je lepší, aby mistr konečně dovršil svou jednotu se svým kosmickým Milovaným," ujišťovala mě má mysl. „Navěky září v říši nesmrtelnosti."

„Už ho nikdy neuvidíš v tom starém domě ve Šrírámpuru," naříkalo mé srdce. „Už k němu nemůžeš vodit své přátele ani hrdě říkat: Pohleďte, zde sedí *Džňánávatár* Indie!"

Pan Wright zařídil, aby se naše výprava mohla začátkem června vydat na plavbu z Bombaje na Západ. Po čtrnácti květnových dnech v Kalkatě zaplněných hostinami a proslovy na rozloučenou jsme společně se slečnou Bletschovou a panem Wrightem vyrazili fordkou z Kalkaty do Bombaje. Po příjezdu jsme byli lodním úřadem vyzváni, abychom plavbu zrušili, protože na lodi se už nenašlo místo pro náš automobil, který jsme s sebou potřebovali na cesty po Evropě.

„Nevadí," řekl jsem zachmuřeně panu Wrightovi, „chci se ještě jednou vrátit do Purí." A tiše jsem dodal: „Ať ještě naposled svými slzami skropím hrob mého gurua."

KAPITOLA 43

Zmrtvýchvstání Šrí Juktéšvara

„Šrí Kršna!" Překrásná podoba avatára se zjevila v mihotavé záři světla, když jsem seděl ve svém pokoji hotelu Regent v Bombaji. Tato nepopsatelná vize, zářící nad střechou protější vysoké budovy, náhle vyvstala před mým zrakem, když jsem se díval z otevřeného okna ve druhém patře.

Usmívající se božská postava mi zamávala a pokynula hlavou na pozdrav. Když jsem nedokázal Kršnově vzkazu přesně porozumět, s žehnajícím gestem se rozplynul. Byl jsem nesmírně povznesen a cítil jsem, že je to předzvěst něčeho duchovně významného.

Má cesta na Západ byla prozatím zrušena. Před plánovanou opětovnou návštěvou Bengálska jsem slíbil, že několikrát promluvím k bombajské veřejnosti.

Když jsem ve tři hodiny odpoledne 19. června roku 1936, týden po Kršnově vizi, v onom bombajském hotelu seděl na posteli, probralo mě z meditace oblažující světlo. Před mýma otevřenýma a užaslýma očima se celá místnost přetvořila ve zvláštní svět a sluneční svit se proměnil v nadpozemský jas.

Zaplavily mě vlny vytržení, když jsem spatřil postavu Šrí Juktéšvara z masa a kostí!

„Můj synu!" promluvil mistr láskyplně s úsměvem, který by uhranul i anděly.

Poprvé v životě jsem nepoklekl na pozdrav u jeho nohou, ale okamžitě jsem k němu vykročil, abych ho dychtivě sevřel v objetí. Chvíle všech chvil! Trýzeň minulých měsíců byla daní, která ve srovnání s tou záplavou blaha, jež na mě právě hrnula, pozbyla veškerou svou váhu.

„Můj mistře, nejdražší mému srdci, proč jste mě opustil?" Přemožen radostí jsem ani nevěděl, co říkám. „Proč jste mě nechal odjet na *kumbhamélu*? Jak hořce jsem si vyčítal, že jsem se od vás vzdálil!"

„Nechtěl jsem kazit tvé radostné očekávání, že spatříš poutní místo, kde jsem se poprvé setkal s Bábádžím. Opustil jsem tě jen na chvíli; nejsem snad opět s tebou?"

„Ale jste to vy, mistře, tentýž Boží lev? Oděl jste se do stejného těla, jaké jsem pohřbil pod tím krutým pískem v Purí?"

„Ano, dítě, jsem tentýž. Toto tělo je z masa a krve. Ač ho vidím jako éterické, tvému zraku se jeví jako hmotné. Z kosmických atomů jsem stvořil zcela nové tělo, zcela totožné s oním fyzickým tělem z kosmického snu, které jsi ve svém snovém světě pochoval pod snový písek v Purí. Vpravdě jsem vstal z mrtvých – nikoli však na zemi, ale na jisté astrální planetě. Její obyvatelé dokáží lépe vyhovět mým vysokým nárokům než pozemšťané. Ty i tví nejbližší tam jednoho dne přijdete za mnou."

„Povězte mi víc, nesmrtelný guru!"

Mistr se srdečně rozesmál. „Můj milý," pravil, „nemohl bys trochu povolit své sevření?"

„Ale jen trochu!" Celou dobu jsem ho svíral jako chobotnice. Cítil jsem tutéž nenápadnou, příjemnou, přirozenou vůni, jíž se vyznačovalo jeho dřívější tělo. Kdykoli na tyto nádherné chvíle pomyslím, cítím na vnitřní straně paží a v dlaních vzrušující dotek jeho božského těla.

„Jako jsou proroci posíláni na zem, aby lidem pomáhali odčinit jejich tělesnou karmu, tak i mě Bůh poslal, abych na jedné astrální planetě působil jako spasitel," vysvětloval Šrí Juktéšvar. „Jmenuje se Hiranjalóka neboli ‚Osvícená astrální planeta'. Tam pomáhám pokročilým bytostem zbavit se astrální karmy a osvobodit se od astrálních znovuzrození. Obyvatelé Hiranjalóky jsou duchovně vysoce vyvinutí; všichni ve své poslední pozemské inkarnaci dosáhli meditací schopnosti vědomě opustit své tělo v okamžiku smrti. Nikdo nemůže vstoupit na Hiranjalóku, pokud na zemi nevystoupil za stav *savikalpa samádhi* do vyššího stavu *nirvikalpa samádhi*.[1]

Obyvatelé Hiranjalóky už prošli běžnými astrálními sférami, kam musí po smrti odejít téměř všechny bytosti ze země; tam se zbavili mnoha zárodků karmy spojené s jejich minulými skutky v astrálních

---

[1] Viz str. 234-35. V *savikalpa samádhi* dosáhl jógín uvědomění své jednoty s Duchem, ale nedokáže udržet toto kosmické vědomí i mimo stav nehybného transu. Nepřetržitou meditací dospěje k vyššímu stavu *nirvikalpa samádhi*, v němž se může volně pohybovat ve světě, aniž by ztrácel vědomí Boha.

V *nirvikalpa samádhi* jógín rozpustí poslední zbytky své hmotné či pozemské karmy. Může mu však ještě zbývat astrální a příčinná karma, kterou je třeba odčinit, a proto prochází astrálním a poté kauzálním zrozením ve vyšších vibračních sférách.

světech. Pouze pokročilí jedinci se mohou v astrálních sférách takto účinně očišťovat.² Aby se jejich duše plně osvobodily od všech stop astrální karmy, zrodí se tyto usilující bytosti působením kosmického zákona v nových astrálních tělech na Hiranjalóce, v astrálním slunci či nebi, kde jsem připraven jim pomoci. Na Hiranjalóce jsou i téměř dokonalé bytosti, které přišly z vyššího světa příčin."

Má mysl byla nyní v tak dokonalém souznění s guruovou, že mi své slovní obrazy předával částečně řečí a částečně přenosem myšlenek. Tímto způsobem jsem rychle přejímal jeho sdělení.

„V písmech jsi četl," pokračoval mistr, „že Bůh uzavřel lidskou duši postupně do tří těl – do těla idejí neboli těla příčin, do jemného astrálního těla, jež je sídlem lidské duševní a citové přirozenosti, a do hrubého hmotného těla. Na zemi je člověk vybaven hmotnými smysly. Astrální bytost se projevuje vědomím a pocity a tělem složeným z životronů.³ Bytost s příčinným tělem spočívá v blažené sféře idejí. Já pracuji s těmi astrálními bytostmi, které se připravují na vstup do světa příčin."

„Ctihodný mistře, řekněte mi prosím víc o astrálním vesmíru."

Ač jsem mírně povolil své sevření, stále jsem Šrí Juktéšvara nepouštěl z náruče. Poklad nad poklady, mého gurua, který se vysmál smrti, aby za mnou přišel!

„Existuje mnoho astrálních planet, které jsou zabydlené astrálními bytostmi," začal mistr. „Jejich obyvatelé používají astrální vznášedla, zvláštní shluky světla, k cestování z jedné planety na druhou a pohybují se rychleji než elektřina či radioaktivní síly.

Astrální vesmír, tvořený z různorodých vibrací jemnohmotného světla a barev, je mnohasetkrát větší než hmotný vesmír. Celé fyzické stvoření visí jako pevně spletený košík pod obrovským světelným balónem astrální sféry. Tak jako vesmírem putuje mnoho hmotných sluncí a hvězd, existuje i bezpočet astrálních slunečních a hvězdných soustav. Jejich planety mají svá astrální slunce a měsíce, krásnější než jejich hmotné protějšky. Astrální nebeská tělesa připomínají polární záři,

---

² Je tomu tak proto, že většina lidí je unesena nádherou astrálních světů a necítí sebemenší potřebu náročného duchovního úsilí.

³ Šrí Juktéšvar použil slovo *prána*, které zde překládám jako „životrony". Indické spisy se zmiňují nejen o *anu*, „atomu", a *paramanu*, „o tom, co je za atomem", tedy ještě jemnějších elektrických energiích, ale také o *práně*, „tvůrčí životronové síle". Atomy a elektrony jsou slepé síly; *prána* je energie obdařena inteligencí. Pránické životrony ve spermiích a vajíčkách například řídí vývoj embrya podle karmického vzorce.

přičemž astrální sluneční záře je oslnivější než mírná záře měsíčních paprsků. Astrální den a noc jsou delší než na zemi.

Astrální svět je nekonečně krásný, průzračně čistý a uspořádaný. Nejsou v něm žádné mrtvé planety ani neúrodné pustiny. Pozemské vady jako plevel, bakterie, hmyz či hadi se zde nevyskytují. Na rozdíl od proměnlivých podnebí a ročních dob na zemi se na astrálních planetách udržuje stálá teplota věčného jara s občasnou zářivě bílou sněhovou pokrývkou a pestrobarevným světelným deštěm. Astrální planety překypují opálovými jezery, průzračnými moři a duhovými řekami.

Běžný astrální vesmír – nikoli jemnější astrální nebe Hiranjalóky – je obydlen miliony astrálních bytostí, které přišly více méně nedávno ze země, a také bezpočtem víl, mořských panen, ryb, zvířat, skřítků, trpaslíků, polobohů a duchů, kteří přebývají na různých astrálních planetách v souladu se svými karmickými předpoklady. Existují různé sférické příbytky či vibrační oblasti pro dobré a zlé duchy. Ti dobří se mohou pohybovat volně, zatímco zlí jsou vykázáni do omezených prostor. Tak jako lidé žijí na povrchu země, červi v půdě, ryby ve vodě a ptáci ve vzduchu, je i astrálním bytostem různých řádů přiděleno prostředí s příslušnými vibracemi.

Mezi padlými temnými anděly vyhnanými z jiných světů probíhají nesváry a války s životronovými bombami a mantrickými[4] vibračními paprsky. Tyto bytosti přebývají v ponurých oblastech nižšího astrálního vesmíru, kde odžívají svou špatnou karmu.

V rozsáhlých říších nad tímto temným astrálním vězením je vše zářivé a krásné. Astrální kosmos je ve srovnání se zemí v přirozenějším souladu s božskou vůlí a plánem dokonalosti. Každý astrální předmět zde vzniká především z Boží vůle a z části i z vůle astrálních bytostí. Ty jsou obdařeny schopností pozměňovat či zvýrazňovat půvab a podobu čehokoli již stvořeného Bohem. On dal svým astrálním dětem svobodu a výsadu jejich vesmír libovolně měnit či vylepšovat. Na zemi se musí pevná látka změnit v kapalinu či v jiné skupenství působením přírodních či chemických pochodů, avšak astrální pevné látky se mění v astrální kapaliny, plyny či energii okamžitě jen působením vůle tamních obyvatel.

---

[4] Přídavné jméno od slova *mantra*, vyslovovaných zárodečných zvuků, vystřelovaných z děla soustředěné mysli. Tyto mantrické války mezi *dévy* a *asury* (bohy a démony) jsou líčeny v *puránách* (starobylých šástrách či pojednáních). Jeden *Asura* se kdysi pokusil setnout hlavu *dévovi* s pomocí mocné *mantry*. Jelikož ji však vyslovil nesprávně, zapůsobila tato duševní bomba jako bumerang a démona zabila.

Země je zatemněna válčením a vražděním v moři, na souši i ve vzduchu," pokračoval můj guru, „astrální oblasti se však vyznačují spokojeným souladem a rovností. Astrální bytosti mohou libovolně odhmotňovat a zhmotňovat svou podobu. Květiny, ryby či zvířata se mohou na určitý čas proměnit v astrální lidské bytosti. Všichni astrální tvorové mají svobodu nabýt jakékoli podoby a mohou se spolu snadno dorozumívat. Nesvazují je žádné pevné, jasně dané přírodní zákony – jakýkoli astrální strom může být například požádán, aby vyplodil astrální mango či jiné požadované ovoce, květ nebo dokonce jakýkoli předmět. Platí sice jistá karmická omezení, v astrálním světě však není rozdílů ve vhodnosti té či oné podoby. Vše vibruje Božím tvůrčím světlem.

Nikdo se nerodí z ženy; potomstvo zhmotňují astrální bytosti pomocí své kosmické vůle do astrálně zhuštěných podob podle zvláštního vzoru. Bytost, která nedávno opustila fyzické tělo, vstupuje do astrální rodiny na pozvání, přitahována podobnými duševními a duchovními sklony.

Astrální tělo nepodléhá chladu, horku ani jiným přírodním podmínkám. Jeho anatomická stavba zahrnuje astrální mozek, světelný lotos s tisíci okvětními plátky, a šest probuzených center v *sušumně* čili astrálním mozkomíšním provazci. Srdce čerpá kosmickou energii i světlo z astrálního mozku a rozvádí je do nervů a buněk astrálního těla, životronů. Astrální bytosti jsou schopny měnit svou podobu pomocí životronové síly a posvátných mantrických vibrací.

Ve většině případů je astrální tělo přesným protějškem poslední fyzické podoby. Tvář a postava astrální osoby odpovídají jejímu vzhledu z mládí z předchozí pozemské pouti. Občas se někdo, jako například já, rozhodne uchovat si vzhled, jaký měl ve stáří." Mistr, z něhož vyzařovala sama esenci mládí, se vesele rozesmál.

„Na rozdíl od prostorového, trojrozměrného hmotného světa, jejž lze vnímat pouze pěti smysly, jsou astrální sféry dostupné všepojímajícímu šestému smyslu – intuici," pokračoval Šrí Juktéšvar. „Všechny astrální bytosti vidí, slyší, cítí, ochutnávají a vnímají dotek pouhým intuitivním vnímáním. Mají tři oči, z nichž dvě jsou částečně zavřené. To třetí a hlavní, takzvané astrální oko umístěné svisle na čele, je otevřené. Astrální bytosti mají všechny zevní smyslové orgány – uši, oči, nos, jazyk a pokožku – avšak prostřednictvím intuitivního vnímání přijímají vjemy každou částí těla; mohou tak vidět uchem, nosem nebo pokožkou. Mohou slyšet očima i jazykem nebo vnímat chutě ušima či kůží a tak dále.[5]

Fyzické tělo člověka je vystaveno bezpočtu nebezpečí, snadno se zraní nebo zmrzačí; nadpozemské astrální tělo se někdy může pořezat či pohmoždit, ale pouhou vůlí se okamžitě zhojí."

„Gurudévo, jsou všechny astrální bytosti krásné?"

„Krása je v astrálním světě považována za duchovní vlastnost, nikoli rys zevnějšku," odpověděl Šrí Juktéšvar. „Astrální bytosti proto přikládají vzhledu obličeje jen malý význam. Mají nicméně výsadu, že se mohou podle své libosti odívat do nových, barevných, astrálně zhmotněných těl. Stejně jako se světští lidé oblékají do nových šatů ke slavnostní příležitosti, tak si i astrální bytosti mohou vybrat, kdy se ozdobit zvláštně zvolenou podobou.

Když nějaká bytost dosáhne díky duchovnímu pokroku vysvobození z astrálního světa, a je tudíž připravena vstoupit do nebe kauzálního světa, konají se na vyšších astrálních planetách, jako je Hiranjalóka, radostné oslavy. Při takových příležitostech se neviditelný nebeský Otec a světci, kteří s ním splynuli v jedno, zhmotňují v tělech podle svého výběru a připojují se k astrální oslavě. Bůh na sebe může vzít jakoukoli podobu, aby v ní potěšil své drahé ctitele. Jestliže jej někdo uctíval zbožnou láskou, spatří Boha jako božskou Matku. Ježíšovi byl víc než jakákoli jiná představa blízký nekonečný Bůh v podobě Otce. Individualita, jíž Stvořitel obdařil každého ze svých tvorů, klade na Boží vynalézavost všechny myslitelné i nemyslitelné požadavky!" Oba jsme se tomu radostně zasmáli.

„Přátelé z jiných životů se v astrálním světě snadno poznají," pokračoval Šrí Juktéšvar svým krásným hlasem zvučným jako flétna. „Radují se z nesmrtelnosti přátelství a uvědomují si nezničitelnost lásky, o níž často pochybujeme v okamžicích smutného, iluzorního loučení v pozemském životě.

Intuice astrálních bytostí proniká i za dělicí závoj a pozoruje lidské dění na zemi, zatímco člověk astrální svět vidět nemůže, pokud nemá výrazně rozvinutý šestý smysl. Tisíce obyvatel země alespoň na chvíli zahlédly nějakou astrální bytost či astrální svět.[6]

---

[5] Příklady takovýchto schopností nechybějí ani na zemi, jak dokládá případ Helen Kellerové a dalších výjimečných jedinců.

[6] Pozemské děti s čistou myslí jsou někdy schopné vidět půvabná astrální těla víl. Pod vlivem drog či omamných látek, jejichž užití zapovídají všechna náboženská písma, může člověk narušit své vědomí natolik, že začne vnímat ohavné postavy v astrálních peklech.

Pokročilé bytosti na Hiranjalóce setrvávají po čas dlouhého astrálního dne a noci většinu doby v extatickém bdění a pomáhají řešit spletité problémy vesmírné vlády i vykoupení marnotratných synů, pozemských duší. Když bytosti na Hiranjalóce spí, mívají někdy snové astrální vize. Jejich mysl je obvykle pohroužena ve vědomém stavu nejvyšší blaženosti *nirvikalpa samádhi*.

Ve všech částech astrálních světů obyvatelé stále podléhají duševnímu utrpení. Citlivá mysl vyšších bytostí na planetě jako Hiranjalóka zažívá prudkou bolest, když dojde k nějakému nedorozumění v chování či chápání pravdy. Tyto pokročilé bytosti se usilovně snaží každý svůj čin a myšlenku uvádět do souladu s dokonalostí duchovního zákona.

Komunikace mezi astrálními obyvateli probíhá výhradně prostřednictvím astrálního přenosu myšlenek a obrazů; nedochází tu k žádným nedorozuměním ani nepochopení psaného a mluveného slova, s nimiž se musejí smiřovat pozemšťané. Tak jako se postavy na filmovém plátně zdánlivě pohybují a jednají díky sledu světelných obrazů a ve skutečnosti nedýchají, tak i astrální bytosti chodí a pracují jako inteligentně řízené a sladěné světelné obrazy, aniž by potřebovaly čerpat svou sílu z kyslíku. Život člověka je závislý na přísunu pevných, kapalných a plynných látek i energie; astrální bytosti žijí především z kosmického světla."

„Mistře můj, jedí astrální bytosti něco?" Hltal jsem jeho strhující výklad všemi svými prostředky – myslí, srdcem i duší. Nadvědomé vnímání pravdy je trvale a neměnně skutečné, zatímco prchavé smyslové vjemy a dojmy jsou vždy pravdivé jen dočasně či relativně a z paměti se jejich živost brzy vytrácí. Mistrova slova se však na pergamen mého bytí otiskla s takovou pronikavostí, že kdykoli svou mysl přenesu do nadvědomého stavu, mohu tuto božskou zkušenost prožít ve vší jasnosti znovu.

„V astrální půdě roste hojnost zářivých druhů zeleniny podobné paprskům," odpověděl mistr. „Astrální bytosti jedí zeleninu a pijí nektar prýštící ze skvostných světelných fontán a astrálních potoků či řek. Jako je na zemi možné z éteru vyjmout neviditelné obrazy osob pomocí televizního přijímače a poté je opět rozptýlit do prostoru, tak mohou být i Bohem stvořené, neviditelné astrální předlohy zeleniny a rostlin, jež se vznášejí v éteru, kdykoli přivolány na astrální planetu pouhou vůlí jejích obyvatel. Stejným způsobem se jen na základě bujných představ těchto bytostí zhmotňují celé zahrady vonných květin, aby se později rozplynuly v éterické neviditelnosti. Přestože obyvatelé nebeských planet, jako je Hiranjalóka, jsou téměř osvobozeni od potřeby jíst, ještě výše stojí ničím nepodmíněná existence téměř plně vysvobozených duší ve světě příčin, které nejedí nic než manu blaženosti.

Astrální bytost vysvobozená ze země se setkává s řadou příbuzných, otců, matek, manželek, manželů a přátel, které získala v průběhu mnoha pozemských inkarnací[7] a s nimiž se čas od času setkává v různých astrálních oblastech. Proto bývá na rozpacích, koho z nich by měla milovat víc; takto se učí projevovat božskou, totožnou lásku ke všem, neboť všichni jsou dětmi a osobitými projevy Boha. Ač se zevnějšek našich blízkých může měnit podle toho, do jaké míry se v posledním životě u dané duše rozvinuly nové vlastnosti, astrální bytost pomocí své neomylné intuice rozpozná všechny, kdo jí byli kdysi v jiných rovinách existence blízcí, a uvítá je v jejich novém astrálním domově. Jelikož každý atom ve stvoření je obdařen nezničitelnou individualitou,[8] rozpozná duše svého astrálního přítele bez ohledu na převlek, který má právě na sobě, tak jako na zemi pozorné oko odhalí totožnost herce v jakémkoli přestrojení.

Život v astrálním světě je mnohem delší než na zemi. Průměrná doba života u běžně vyspělé astrální bytosti se pohybuje mezi pěti sty a tisícem let, měřeno podle pozemských časových měřítek. Jako některé sekvoje přežívají většinu stromů o tisíciletí nebo jako se někteří jogíni dožívají několika set let, přestože většina lidí umírá před dovršením šedesátky, tak i některé astrální bytosti žijí mnohem déle, než je pro astrální existenci obvyklé. Pozemští návštěvníci přebývají v astrálním světě kratší nebo delší dobu podle tíhy své fyzické karmy, která je v určený čas opět přitáhne na zem.

V okamžiku, kdy se astrální bytost musí vzdát svého světelného těla, nemusí se bolestně potýkat se smrtí. Mnohé z těchto bytostí se nicméně cítí poněkud nesvé při pomyšlení, že budou muset svou astrální formu vyměnit za jemnější příčinnou. V astrálním světě neexistuje nedobrovolná smrt, nemoc ani stáří. Tyto tři strasti jsou prokletím země, kde člověk dopustil, aby se jeho vědomí téměř zcela ztotožnilo s křehkým

---

[7] Jednou se zeptali Buddhy, proč by měl člověk milovat všechny stejně. Velký učitel odpověděl: „Protože v nesčetných a rozmanitých minulých životech každého člověka mu byla každá bytost v té či oné době blízká."

[8] Osm elementálních vlastností, které vstupují do každé stvořené formy života od atomu po člověka, je země, voda, oheň, vzduch, éter, smyslové vědomí (*manas*), rozmysl (*buddhi*) a individualita čili jáství (*ahamkára*). (Viz *Bhagavadgíta* 7,4)

fyzickým tělem, jež vyžaduje neustálý přísun vzduchu, potravy a spánku, aby vůbec mohlo existovat.

Fyzická smrt je spojena se zástavou dechu a rozpadem tělesných buněk. Astrální smrt spočívá v rozptýlení životronů, oněch projevených jednotek energie, které utvářejí život astrálních bytostí. V okamžiku fyzické smrti bytost ztrácí vědomí hrubého těla a začíná si uvědomovat své jemné tělo v astrálním světě. Když bytost v určený čas prožije astrální smrt, přechází od vědomí astrálního zrození a smrti k vědomí fyzického zrození a smrti. Tyto opakující se cykly upoutání k astrálnímu a fyzickému tělu jsou nevyhnutelným údělem všech neosvícených bytostí. Líčení nebe a pekla v písmech někdy u člověka probouzí vzpomínky na dlouhou řadu prožitků v radostných astrálních a pochmurných pozemských světech, jež jsou uloženy hlouběji než v podvědomí."

„Drahý mistře," zeptal jsem se, „můžete prosím podrobněji popsat rozdíl mezi znovuzrozením na zemi a v astrálních a příčinných sférách?"

„Člověk jako samostatná duše je ve své podstatě příčinné tělo," vysvětloval guru. „Toto tělo je souborem třiceti pěti idejí, které Bůh potřeboval jako základní či příčinné myšlenkové síly, aby z nich později utvořil jemné astrální tělo z devatenácti prvků a hrubé fyzické tělo z šestnácti prvků.

Devatenáct prvků astrálního těla tvoří duševní, emoční a životronovou stránku člověka. K těmto devatenácti složkám patří rozmysl, jáství, cítění, mysl (smyslové vědomí), dále pět nástrojů poznávání, jimiž jsou astrální protějšky smyslů zraku, sluchu, čichu, chuti a hmatu, pět nástrojů činnosti, jež na duševní rovině představují obdobu fyzických schopností rozmnožovat se, vylučovat, mluvit, pohybovat se a tvořit rukama, a konečně pět nástrojů životní síly, které v těle umožňují všechny krystalizační, vstřebávací, vylučovací, metabolické a oběhové pochody. Tento semknutý soubor devatenácti jemnohmotných astrálních prvků přežívá smrt fyzického těla, jež je složeno ze šestnácti hrubohmotných chemických prvků.

Bůh dal v sobě vzniknout různým idejím a promítl je do snů. Tak se zrodila Královna Kosmického Snu, ověnčená bezpočtem svých ohromujících klenotů relativity.

V pětatřiceti myšlenkových kategoriích příčinného těla nechal Bůh rozvinout veškerou složitost devatenácti astrálních a šestnácti fyzických protějšků člověka. Zhuštěním vibračních sil, nejprve těch jemných a později hrubých, vytvořil člověku astrální tělo a nakonec i jeho fyzickou podobu. Podle zákona relativity, jehož přičiněním se z oné prapůvodní Jednoduchosti stala matoucí mnohočetnost, se příčinný vesmír a příčinné tělo liší od astrálního vesmíru a astrálního těla; fyzický vesmír a fyzické tělo se taktéž svým charakteristickým způsobem odlišují od jiných forem stvoření.

Tělo z masa a kostí je utvořeno ze zpevněných, zpředmětněných snů Stvořitele. Na zemi jsou duality věčně přítomné: nemoc a zdraví, bolest a radost, ztráta a zisk. Lidské bytosti narážejí v trojrozměrné hmotě na omezení a odpor. Když lidskou touhu po životě vážně zasáhne nemoc či jiná příčina, dostaví se smrt; onen těžký kabát hmotného těla je tak dočasně odložen. Duše však dál zůstává uzavřena v astrálním a příčinném těle.[9] Soudržnou silou, která drží všechna tři těla pohromadě, je touha. Moc nenaplněných tužeb je kořenem veškerého lidského otroctví.

Tělesné touhy jsou soustředěny v osobivosti a smyslových rozkoších. Nutkání či pokušení smyslových prožitků je mocnější než touha spojená s astrálními pouty nebo vjemy z oblasti příčin.

Astrální touhy jsou zaměřeny na požitek z vibrací. Astrální bytosti se kochají nadpozemskou hudbou sfér a jsou uchváceny pohledem na vše stvořené jako na nevyčerpatelný projev proměnlivého světla. Astrální bytosti také dokážou světlo vnímat čichem, chutí a hmatem. Astrální touhy jsou tedy spojeny se schopností astrálních bytostí vyvolávat všechny předměty a prožitky v podobách světla nebo zhuštěných myšlenek či snů.

Příčinné touhy jsou naplňovány pouze vnímáním. Téměř osvobozené bytosti, které jsou uzavřeny pouze v příčinném těle, vidí celý vesmír jako uskutečnění snových idejí Boha; mohou zhmotnit vše pouhou myšlenkou. Bytosti ze světa příčin proto považují uspokojení z tělesných pocitů či astrálních rozkoší za hrubé a dusivé pro ryzí citlivost duše. Příčinné bytosti naplňují své touhy tím, že je okamžitě zhmotní.[10] Ti, kdo jsou zahaleni pouze jemným závojem příčinného těla, mohou stejně jako Stvořitel dát vzniknout celým vesmírům. Jelikož se všechno stvoření skládá z tkaniny kosmického snu, duše jen lehce oděná závojem příčin zažívá projevy obrovské moci.

---

[9] „Tělo" označuje jakékoli uzavření duše ve tvaru, ať hrubém, či jemném. Všechna tři těla jsou tedy pro tohoto rajského ptáka klecí.

[10] Jako když Bábádží pomohl Láhirímu Mahášajovi zbavit se podvědomé touhy po paláci z jednoho minulého života, jak je popsáno v kapitole 34.

Duše, jež je ze své podstaty neviditelná, může být rozpoznána pouze přítomností svého těla či těl. Samotná přítomnost některého těla znamená, že jeho existence je umožněna nenaplněnými touhami.[11] Dokud je duše člověka uvězněna v jedné, dvou či třech tělesných nádobách a pevně utěsněna korkem nevědomosti a tužeb, nemůže člověk splynout s mořem Ducha. Když je hrubá tělesná nádoba zničena kladivem smrti, další dva obaly – astrální a příčinný – dál trvají a znemožňují duši vědomě se spojit se všudypřítomným Životem. Teprve až je dosaženo vyhasnutí tužeb prostřednictvím moudrosti, obě zbývající nádoby se pod její vahou rozpadnou. Poté se vynoří ona nepatrná lidská duše, konečně volná, a splyne v jednotu s Nezměrností."

Požádal jsem svého božského gurua, aby mi více osvětlil onen vysoký a záhadný svět příčin.

„Příčinný svět je nepopsatelně jemný," odpověděl. „Aby ho člověk pochopil, musel by být obdařen natolik ohromnou schopností soustředění, že by zavřel oči a dokázal si v duchu vybavit astrální a fyzický vesmír v celé jejich šíři – onen světelný balón s pevným košem pod ním – jako to, co existuje pouze v podobě idejí. Pokud by se člověku díky takovému nadlidskému soustředění podařilo proměnit či rozložit oba vesmíry ve vší jejich složitosti na pouhé ideje, dosáhl by příčinného světa a stanul na hranici splynutí ducha a hmoty. Tam člověk vnímá všechny stvořené věci – pevné, kapalné a plynné látky, elektřinu, energii, všechny bytosti, bohy, lidi, zvířata, rostliny, bakterie – jako tvary vědomí, podobně jako když člověk zavře oči a uvědomuje si, že existuje, i když je jeho tělo pro jeho fyzické oči neviditelné a přítomné pouze jako idea, představa.

Vše, co člověk může učinit v představách, může příčinná bytost činit ve skutečnosti. I ta nejbujnější lidská představivost dokáže pouze v myšlenkách přecházet od jedné krajnosti ke druhé, v duchu přeskakovat z planety na planetu nebo se propadat do bezedné jámy věčnosti, jako raketa stoupat k nebeské klenbě galaxií či jako světlomet pátrat v mléčných drahách a hvězdných prostorech. Avšak bytosti v příčinném světě mají mnohem větší svobodu a dokáží bez námahy proměnit své

---

[11] „Řekl jim: Kde bude tělo, tam se slétnou i supi." (Lukáš 17,37) Všude tam, kde je duše uvězněna ve fyzickém, astrálním nebo příčinném těle, slétají se i supi tužeb, kteří se živí lidskou slabostí k smyslům nebo astrálním či příčinným lpěním, aby duši dál drželi ve vězení.

myšlenky v okamžitou objektivní skutečnost, aniž by musely překonávat nějaké hmotné či astrální překážky nebo karmická omezení.

Bytosti ze světa příčin si uvědomují, že fyzický vesmír se ve své podstatě neskládá z elektronů ani astrální svět z životronů; obojí je ve skutečnosti vytvořeno z těch nejmenších částic Boží myšlenky, rozkouskované působením *máji*, zákona relativity, který stvoření zdánlivě odděluje od jeho Stvořitele.

Duše v příčinném světě se vnímají jako navzájem odlišené body radostného Ducha; obsahy jejich myšlenek jsou jedinými předměty, které je obklopují. Kauzální bytosti vědí, že rozdíl mezi jejich tělem a myšlenkou je v pouhé ideji. Jako když člověk zavře oči a představí si oslňující bílé světlo nebo namodralý opar, tak jsou příčinné bytosti schopné pouhou myšlenkou vidět, slyšet, cítit, ochutnávat a dotýkat se; mohou cokoli stvořit nebo cokoli zrušit silou kosmické mysli.

Smrt i znovuzrození se ve světě příčin dějí v myšlenkách. Bytosti v kauzálním těle se živí pouze božským pokrmem věčně nového poznání. Pijí z pramenů pokoje, procházejí se po neprošlapané krajině vjemů, plavou v oceánech nekonečné blaženosti. Hleď, jak jejich zářivá těla z myšlenek prolétají kolem miliard planet zrozených z Ducha, kolem čerstvých bublin vesmírů, hvězd povstalých z moudrosti, zlatých mlhovin, jež jako přízračné sny spočívají v nebeské náruči Nekonečna!

Mnoho bytostí setrvává v příčinném vesmíru po tisíce let. Hlubší ponory do extatických stavů umožní osvobozené duši odpoutat se od drobného příčinného těla a obléknout se do rozlehlosti příčinného vesmíru. Všechny ty odtržené víry idejí, osamostatněné vlny moci, lásky, vůle, radosti, míru, intuice, klidu, sebeovládání a soustředění se slévají ve věčně radostné moře Blaženosti. Duše už nemusí prožívat svou radost jako odlišená vlna vědomí, ale splývá s jediným kosmickým Oceánem, se všemi jeho vlnami – ve věčném smíchu, rozechvění, tepu.

Když se duše vymaní z kukly tří těl, navždy unikne zákonu relativity a stává se nepopsatelným, věčně jsoucím Bytím.[12] Pohleď na motýla Všudypřítomnosti, do jehož křídel jsou vepsány hvězdy, měsíce a slunce! Duše rozprostřená v Duchu zůstává samotná v oblasti světla bez světla, tmy beze tmy, myšlenky bez myšlenky, opojena extází radosti v Božím snu kosmického stvoření."

---

[12] „Kdo zvítězí, toho učiním sloupem v chrámě svého Boha a chrám již neopustí (tj. už se nebude převtělovat). (...) Kdo zvítězí, tomu dám usednout se mnou na trůn, tak jako já jsem zvítězil a usedl s Otcem na jeho trůn." (Zjevení 3,12, 21)

"Svobodná duše!" zvolal jsem v úžasu.

„Když se duše konečně vymaní ze všech tří nádob klamné tělesnosti," pokračoval mistr, „splyne s nekonečným Bohem bez nejmenší ztráty své individuality. Kristus nabyl této konečné svobody ještě předtím, než se narodil jako Ježíš. Ve třech úsecích své minulosti, které byly v jeho pozemském životě symbolizovány ve třech dnech jeho zkušenosti smrti a zmrtvýchstání, získal moc plného vzkříšení v Duchu.

Nevyvinutý člověk musí projít nesčetnými pozemskými, astrálními a kauzálními inkarnacemi, aby se ze svých tří těl vysvobodil. Mistr, který dosáhl této konečné svobody, se může rozhodnout vrátit se na zem jako prorok a přivádět ostatní lidské bytosti zpět k Bohu, nebo může jako já přebývat v astrálním vesmíru. Tam na sebe spasitel převezme část karmy zdejších obyvatel[13] a pomáhá jim tak ukončit koloběh zrození a umírání v astrálním vesmíru, aby navždy přešli do kauzálních sfér. Osvobozená duše může také vstoupit do světa příčin, aby jeho bytostem pomáhala zkrátit dobu života v příčinném těle a tím dosáhnout Absolutní svobody."

„Vzkříšený mistře, chci vědět víc o karmě, která duše nutí navracet se do těchto tří světů." Mohl bych svého vševědoucího mistra poslouchat do nekonečna. Za jeho pozemského života jsem nikdy nedokázal pojmout tolik jeho moudrosti najednou. Teď jsem poprvé získával jasný, jednoznačný vhled do tajemných meziprostor na šachovnici života a smrti.

„Než bude člověk moci trvale obývat astrální světy, musí se zcela zbavit své fyzické karmy, tedy lidských tužeb," objasňoval guru svým strhujícím hlasem. „V astrálních sférách žijí dva druhy bytostí. Ty, které se stále potřebují zbavit pozemské karmy a musejí se tedy vrátit do hrubého fyzického těla, aby splatily své karmické dluhy, lze po jejich fyzické smrti označit za dočasné návštěvníky astrálního světa, nikoli za jeho stálé obyvatele.

Bytostem s neodčiněnou pozemskou karmou není po astrální smrti dovoleno odejít do vyšší, kauzální sféry vesmírných idejí, nýbrž jsou nuceny stěhovat se sem a tam pouze mezi fyzickými a astrálními světy a postupně si uvědomovat své fyzické tělo z šestnácti hrubých prvků

---

[13] Šrí Juktéšvar tím chtěl říci, že tak jako ve své pozemské inkarnaci na sebe občas přebíral břemeno nemoci, aby ulehčil karmě svých žáků, tak i v astrálním světě mu jeho poslání spasitele umožňuje brát na sebe astrální karmu obyvatel Hiranjalóky a uspíšit tak jejich vývoj a přechod do vyššího kauzálního světa.

a astrální tělo z devatenácti jemných prvků. Po každé ztrátě fyzického těla však nevyvinutá bytost ze země zůstává po většinu času v hlubokém bezvědomí spánku smrti a úchvatnou astrální sféru sotva zaznamená. Po astrálním odpočinku se takový člověk vrací na hmotnou úroveň pro další ponaučení a prostřednictvím svých opakovaných návratů si postupně zvyká na jemnou strukturu astrálních světů.

Naproti tomu běžní či dlouhodobí obyvatelé astrálního vesmíru jsou bytosti navždy osvobozené od veškerých hmotných tužeb a nemusejí se již vracet do hrubých vibrací země. Takové bytosti musejí odčinit pouze svou astrální a kauzální karmu. Po astrální smrti tyto bytosti přecházejí do nesrovnatelně jemnějšího a citlivějšího světa příčin. Po určité době, kterou stanoví kosmický zákon, se pak tyto vyspělé bytosti vracejí na Hiranjalóku či podobnou vyspělou astrální planetu, kde se rodí v novém astrálním těle, aby odčinily svou nesplacenou astrální karmu.

Můj synu, teď už snad lépe rozumíš, že jsem byl vzkříšen z mrtvých božským výnosem," pokračoval Šrí Juktéšvar, „jako spasitel těch astrálně se převtělujících duší, které se vracejí ze sfér příčin, nikoli spasitel astrálních bytostí, které přicházejí ze země. Pozemské bytosti, mají-li stále zbytky hmotné karmy, na tak vysoké astrální planety, jako je Hiranjalóka, nikdy nevystoupají.

Většina lidí na zemi nezíská v meditací potřebný vhled a nenaučí se oceňovat vyšší radosti ani výhody astrálního života, a proto se po smrti touží vrátit k omezeným a nedokonalým pozemským požitkům; stejně tak i mnoho astrálních bytostí si při obvyklém rozpadu svého astrálního těla nedokáže představit vyšší stav duchovní radosti ve světě příčin, a protože se zdržují u myšlenek na hrubší a blyštivější astrální prožitky, touží se vrátit do astrálního ráje. Takové bytosti se musejí nejprve zbavit své těžké astrální karmy, než budou po astrální smrti moci nepřerušovaně pobývat v kauzálním světě idejí, jenž je jen tence oddělen od Stvořitele.

Teprve až daná bytost přestane chovat touhu po prožívání astrálního kosmu, který je tak lákavý na pohled, a nemůže tedy podlehnout pokušení se do něj vrátit, zůstává natrvalo v kauzálním světě. Až se tam očistí i od veškeré příčinné karmy či zárodků minulých tužeb, odstraní uvězněná duše poslední ze tří zátek nevědomosti, vyvleče se z poslední nádoby kauzálního těla a splyne s Věčným. Už tomu rozumíš?" Jak kouzelně se mistr usmál!

„Ano, díky vaší milosti. Ze samé radosti a vděčnosti se mi nedostává slov."

Z žádné písně ani příběhu jsem nikdy nenačerpal tak inspirativní poznání. Indická písma se sice zmiňují o kauzálním a astrálním světě i o třech lidských tělech, jak vzdálené a bezobsažné však byly jejich stránky ve srovnání s tou vřelou opravdovostí mého vzkříšeného mistra! Pro něj opravdu neexistovala žádná „neznámá krajina, z níž se poutníci nevracejí"![14]

„Výklad tří lidských těl je mnoha způsoby vyjádřen jeho trojí povahou," pokračoval můj velký guru. „V bdělém stavu na zemi si člověk svá tři těla více či méně uvědomuje. Když je svými smysly zaměřen na chuť, čich, dotek, sluch či zrak, funguje především skrze své fyzické tělo. Když si něco představuje nebo chce, funguje převážně ve svém astrálním těle. Jeho se kauzální bytí se projevuje ve chvílích, kdy přemýšlí nebo se noří do hluboké introspekce či meditace. Mimořádně hluboké kosmické myšlenky přicházejí k člověku, který je zvyklý spočívat ve svém příčinném těle. V tomto smyslu lze každého jednotlivce obecně označit za člověka materiálního, energetického nebo intelektuálního.

Člověk se přibližně šestnáct hodin denně identifikuje se svou fyzickou schránkou. Pak usne; jestliže sní, spočívá ve svém astrálním těle a bez úsilí vytváří světy stejně jako astrální bytosti. Je-li jeho spánek tvrdý a bezesný, přenáší své vědomí či pocit jáství na několik hodin do příčinného těla; takový spánek je pak oživující. Snící člověk je ve styku se svým astrálním, nikoli kauzálním tělem; jeho spánek už není tak občerstvující."

Zatímco Šrí Juktéšvar podával svůj zázračný výklad, já jsem z něj celou tu dobu láskyplně nespouštěl oči.

„Andělský guru," řekl jsem, „vaše tělo vypadá úplně stejně, jako když jsem jej naposled oplakával v Purí."

„Ach ano, mé nové tělo je dokonalou kopií toho starého. Tuto podobu mohu kdykoli zhmotnit a odhmotnit, a to mnohem častěji, než jsem činil na zemi. Díky rychlému odhmotnění teď okamžitě cestuji světelným expresem z planety na planetu nebo z astrálního do kauzálního či fyzického vesmíru." Můj božský guru se usmál. „I když se v poslední době pohybuješ velmi rychle, nebylo pro mě nijak těžké tě v Bombaji najít!"

---

[14] *Hamlet* (dějství III, scéna 1., překlad Martin Hilský)

„Ó mistře, tolik jsem truchlil nad vaší smrtí!"

„Copak já jsem zemřel? Není tu nějaký rozpor?" Mistrovy oči jiskřily láskou i pobavením.

„Jenom jsi snil na zemi; na té zemi jsi viděl moje snové tělo," pokračoval. „Potom jsi ten snový obraz pohřbil. Teď je mé jemnější hmotné tělo – to, které vidíš a stále tak těsně svíráš – vzkříšeno na jiné, jemnější snové Boží planetě. Jednou toto jemnější snové tělo i jemnější snová planeta pominou; ani ony nejsou věčné. Všechny snové bubliny nakonec splasknou při posledním doteku probuzení. Rozlišuj, můj synu Jógánando, mezi sny a Skutečností!"

Tato představa védántského[15] vzkříšení mě naplnila ohromením. Styděl jsem se, že jsem pociťoval lítost, když jsem se v Purí díval na mistrovo tělo bez života. Konečně jsem pochopil, že můj guru byl vždy plně bdělý v Bohu a svůj život a pobyt na zemi i své současné zmrtvýchstání vnímal jako projevy relativity božských idejí v kosmickém snu.

„Teď jsem ti, Jógánando, pověděl pravdu o svém životě, smrti a vzkříšení. Netruchli pro mne. Raději všude rozšiřuj zprávu o mém odchodu z Bohem vysněné země lidí a zmrtvýchstání na jiné Bohem vysněné planetě duší v astrálním oděvu! Do srdcí trápením sužovaných, smrti se děsících snílků tohoto světa tak vdechneš novou naději."

„Ano, mistře!" Jak ochotně budu s ostatními sdílet svou radost z jeho zmrtvýchstání!

„Na zemi byla má měřítka příliš vysoká, nehodila se pro povahu většiny lidí. Často jsem tě káral víc, než jsem měl. V mé zkoušce jsi ale obstál; tvá láska vždy přezářila mraky všech napomenutí." Pak něžně dodal: „Dnes jsem přišel i proto, abych ti řekl: už nikdy na tebe nepohlédnu přísnýma očima. Už ti nikdy nevyčiním."

Tolik mi guruovy výtky chyběly! Každá z nich byla mým strážným andělem, který nade mnou držel ochrannou ruku.

„Nejdražší mistře! Pokárejte mne třeba milionkrát – vyčiňte mi hned teď!"

„S tím už je konec." Jeho božský hlas byl vážný, ale na jeho pozadí zaznívalsmích. „My dva se spolu budeme usmívat, dokud se naše podoby budou v Božím snu *máji* jevit odděleně. Nakonec splyneme v kosmickém Milovaném; naše úsměvy se stanou jeho úsměvem, naše

---

[15] Život a smrt jako pouhé relativní jevy. *Védanta* hlásá, že jedinou Skutečností je Bůh. Veškeré stvoření či oddělená existence je *mája* čili iluze. Tato monistická filozofie dosáhla nejvyššího vyjádření v Šankarových komentářích *upanišad*.

jednotná píseň radosti, rozléhající se po celé věčnosti, bude vysílána k duším naladěným na Boha!"

Šrí Juktéšvar mi ještě osvětlil některé záležitosti, které zde nemohu odhalit. Během dvou hodin, které se mnou strávil v hotelovém pokoji, zodpověděl všechny mé otázky. Mnoho proroctví ohledně tohoto světa, která v Bombaji onoho červnového dne roku 1936 pronesl, se již naplnilo.

„Nyní tě opustím, můj milý!" Po těchto slovech jsem ucítil, jak se mistr rozplývá a mizí z mé náruče.

„Mé dítě," zazněl jeho hlas, jenž rozechvíval samu klenbu mé duše, „kdykoli vstoupíš dveřmi *nirvikalpa samádhi* a zavoláš mě, přijdu za tebou v těle z masa a kostí jako dnes."

S tímto nebeským slibem mi Šrí Juktéšvar zmizel z očí. Hlas dunící jako mrak melodicky opakoval: „Pověz to všem! Každý, kdo dospěje ke stavu *nirvikalpa* a pozná, že tato země je Boží sen, může přijít na jemnější, ze snu stvořenou planetu Hiranjalóka a tam mě potká vzkříšeného ve zcela stejném těle jako na zemi. Pověz to všem, Jógánando!"

Tentam byl smutek z odloučení. Lítost a zármutek nad jeho smrtí, které mě dlouho okrádaly o klid, zmizely v potupné hanbě. Blaženost prýštila jako fontána nesčentnými, čerstvě otevřenými póry mé duše. Dlouho byly ucpané zahálkou, teď se však pročistily v prudkém přílivu extáze. Před mým vnitřním zrakem se jedna za druhou objevovaly mé předchozí inkarnace jako políčka filmového pásu. Dobrá a špatná karma minulosti se rozpustila v kosmickém světle, které zůstávalo všude kolem rozptýlené po mistrově božské návštěvě.

V této kapitole své autobiografie jsem uposlechl guruovy žádosti a předávám dál onu radostnou zvěst, ač tuto netečnou generaci opět uvede do rozpaků. Ponížení je člověku dobře známé a zoufalství je cizí jen málokomu; obojí je však pouhá úchylka, nikoli nevyhnutelná součást lidského údělu. V den, kdy se k tomu člověk odhodlá, může vykročit na cestu ke svobodě. Příliš dlouho naslouchal zatuchlému pesimismu svých rádců, co mu tvrdili „prach jsi", aniž něco tušili o nepřemožitelné duši.

Nebyl jsem jediný, komu bylo dáno spatřit vzkříšeného gurua.

Jednou ze Šrí Juktéšvarových žaček byla jistá stará žena, všemi láskyplně oslovovaná *Má* (matka), která žila nedaleko poustevny v Purí. Mistr se u ní často zastavoval na kus řeči během svých ranních procházek. Dne 16. března 1936 večer přišla Má do ášramu na návštěvu za guruem.

„Vždyť mistr před týdnem zemřel!" Svámí Sebanánanda, který měl ášram na starosti, se na ni smutně podíval.

„To není možné!" odporovala mu s úsměvem.

„Bohužel, je to tak." Sebanánanda jí vyprávěl podrobnosti z pohřbu. „Pojďte," řekl jí, „zavedu vás do přední zahrady k jeho hrobu."

Má zavrtěla hlavou. „On nemá žádný hrob! Dnes ráno v deset hodin na své obvyklé procházce prošel kolem mých dveří! Několik minut jsem s ním za denního světla rozmlouvala.

,Přijď dnes večer do ášramu,' řekl mi.

Tak jsem tady! Požehnání se vylévá na tuto starou šedivou hlavu! Nesmrtelný guru chtěl, abych pochopila, v jakém nadpozemském těle mě dnes ráno navštívil!"

Udivený Sebanánanda před ní poklekl.

„Má," řekl, „ani nevíte, jaké břímě zármutku jste právě sňala z mého srdce! On vstal z mrtvých!"

KAPITOLA 44

S Mahátmou Gándhím ve Vardhá

„Vítejte ve Vardhá!" Těmito srdečnými slovy a věnci z *khaddaru* (ručně tkané bavlněné látky) nás společně se slečnou Bletschovou a panem Wrightem přivítal tajemník Mahátmy Gándhího Mahádév Désáí. Naše skupinka ono časné srpnové ráno dorazila na nádraží ve Vardhá a s úlevou opustila prašné dusno vlaku. Zavazadla jsme svěřili buvolímu povozu a sami jsme nasedli do otevřeného automobilu spolu s panem Désáíem a jeho společníky, Bábásáhibem Déšmukhem a dr. Pingalem. Krátká jízda po blátivých venkovských cestách nás přivedla do Maganvádí, ášramu indického politického světce.

Pan Désáí nás hned zavedl do pracovny, kde na zemi se zkříženýma nohama seděl Mahátma Gándhí – v jedné ruce pero, ve druhé kus papíru a na tváři široký, podmanivě srdečný úsměv.

„Buďte vítáni!" napsal na papír v hindštině. Bylo pondělí, tedy den, kdy pravidelně zachovával mlčení.

Ač šlo o naše první setkání, oba jsme se na sebe srdečně usmívali. V roce 1925 poctil Mahátma Gándhí svou návštěvou naši školu v Ráňčí a do knihy hostů vepsal vlídné uznání.

Tento drobný světec, jenž vážil sotva padesát kilogramů, překypoval tělesným, duševním i duchovním zdravím. Jeho mírné hnědé oči prozrazovaly inteligenci, upřímnost a rozlišovací schopnost; svůj důvtip musel tento státník poměřovat v tisíci právních, sociálních a politických bitvách a pokaždé z nich vyšel jako vítěz. Žádný jiný světový vůdce se tak pevně neusadil v srdcích svého lidu, jako to dokázal Gándhí u milionů nevzdělaných Indů. Odvděčili se mu spontánně tím, že jej oslovují titulem *Mahátma*, „Velká duše".[1] Jen kvůli nim Gándhí svůj oděv omezuje na proslulou bederní roušku, s níž je často vyobrazován

---

[1] Jeho rodné jméno zní Móhandás Karamčand Gándhí. Sám sebe „Mahátmou" nikdy neoznačuje.

a jež se stala symbolem jeho sounáležitosti se zástupy utiskovaných, kteří si víc nemohou dovolit.

„Obyvatelé ášramu jsou vám plně k dispozici. Neváhejte se na ně obrátit, když budete něco potřebovat." Tuto narychlo napsanou poznámku mi Mahátma předal se svou příznačnou zdvořilostí, zatímco pan Désáí už nás odváděl z pracovny do domu pro hosty.

Náš průvodce nás přes sady a rozkvetlé záhony zavedl do budovy pokryté střešními taškami a opatřené zamřížovanými okny. Jak nás pan Désáí poučil, studna na předním dvorku, širokém asi osm metrů, sloužila k napájení dobytka; opodál se otáčelo betonové kolo na mlácení rýže. Každá z našich ložnic obsahovala jen to nejnutnější – lůžko ručně spletené z provazů. Vápnem vybílená kuchyň se pyšnila vodovodním kohoutkem v jednom rohu a ohništěm na vaření v druhém. K našim uším doléhaly idylické zvuky venkova – křik vran a vrabců, bučení dobytka a údery dlát odlamujících kamení.

Když si pan Désáí všiml cestovního deníku pana Wrighta, otevřel ho a na prázdnou stránku vypsal seznam slibů *satjágrahy*,[2] které skládají všichni Mahátmovi upřímní následovníci (*satjágrahinové*):

> „Nenásilí, pravda, nekradení, celibát, nevlastnění, tělesná práce, ovládání chuti k jídlu, nebojácnost, stejná úcta ke všem náboženstvím, *svadéší* (využívání domácích řemesel), osvobození od nedotknutelnosti. Těchto jedenáct slibů má být dodržováno v duchu pokory."

(Příštího dne Gándhí tuto stránku podepsal a připojil k ní datum 27. srpna 1935.)

Dvě hodiny po příjezdu nás zavolali k obědu. Mahátma již seděl na verandě, jež se nachází na opačné straně dvora než jeho pracovna. U mosazných pohárků a talířů sedělo na zemi asi pětadvacet bosých *satjágrahinů*. Po společné modlitbě se z velkých mosazných nádob podávalo jídlo – čapátí (nekvašené placky z celozrnné pšeničné mouky) potřené *ghí*, *talsari* (vařená krájená zelenina) a citrónový džem.

Mahátma pojedl čapátí, vařenou řepu, trochu syrové zeleniny a pomeranče. Na kraji talíře měl velkou porci pasty z velmi hořkých nímových listů, které znamenitě čistí krev. Odebral z ní trochu lžicí a dal mi na talíř. Rychle jsem ji hodil do sebe a zapil vodou. Připomnělo mi to dětská léta, kdy mě matka tento nevábný léčivý prostředek také

---

[2] *Satjágraha* doslovně znamená „přidržování se pravdy" a představuje Gándhího proslulé nenásilné hnutí.

nutila polykat. Gándhí z něj však jídal kousek po kousku bez známek nejmenšího znechucení.

Při této bezvýznamné příhodě jsem poprvé zaznamenal Mahátmovu schopnost kdykoli odpoutat svou mysl od smyslů. Vzpomněl jsem si na jeho operaci slepého střeva, které se podrobil před několika lety a o níž se tehdy hodně psalo v tisku. Světec tehdy odmítl umrtvení, během celé operace vesele rozmlouval se svými příznivci a jeho klidný úsměv prozrazoval, že bolest nevnímá.

Odpoledne jsem měl možnost pohovořit s Gándhího známou žačkou, slečnou Madeleine Sladeovou, dcerou anglického admirála, která si nyní říkala Mírábén.[3] Její sebejistá, klidná tvář zářila nadšením, když mi bezchybnou hindštinou vyprávěla o svých každodenních činnostech.

„Práce na obnově venkova je nesmírně naplňující! Každé ráno v pět hodin navštěvujeme obyvatele přilehlých vesnic a učíme je základní hygieně. Čistíme jim latríny a doškové hliněné chatrče. Venkované jsou negramotní, takže jediný způsob, jak je vzdělávat, je jít jim příkladem," zasmála se vesele.

Hleděl jsem s obdivem na tuto urozenou Angličanku, které opravdová křesťanská pokora umožnila ujmout se špinavé práce, jež zpravidla bývá vyhrazena „nedotknutelným".

„Do Indie jsem přijela v roce 1925," vyprávěla. „Mám tu pocit, že jsem konečně doma. Ke svému dřívějšímu životu a zájmům bych se už vrátit nemohla."

Chvíli jsme hovořili o Americe. „Vždycky mě těší a udivuje," poznamenala slečna Sladeová, „jak hluboký zájem o duchovní otázky mají mnozí Američané, kteří přijíždějí do Indie."[4]

Ruce Mírábén se brzy chopily čarkhy (kolovrátku). Mahátmovou zásluhou jsou tyto domácí nástroje rozšířené po celém indickém venkově.

---

[3] Madeleine Sladeová vydala sbírku Mahátmových dopisů, které dávají nahlédnout do výcviku v disciplíně, jemuž ji její guru podroboval (*Gandhi's Letters to a Disciple*; Harper & Bros., New York, 1950).

V pozdější knize (*The Spirit's Pilgrimage*; Coward-McCann, N.Y., 1960) zmiňuje, že Gándhího ve Vardhá navštěvovalo velké množství lidí: „S tak velkým časovým odstupem si již na mnohé z nich nevzpomínám, avšak dva hosté jsou v mé mysli zapsáni nesmazatelně: slavná turecká spisovatelka Halide Edip Adıvarová a svámí Jógánanda, zakladatel Self-Realization Fellowship." *(pozn. nakl.)*

[4] Madeleine Sladeová mi připomínala jinou významnou ženu ze Západu, nejstarší dceru velkého amerického prezidenta Margaret Woodrow Wilsonovou, kterou jsem poznal v New Yorku. Velmi živě se tehdy zajímala o Indii. Později odjela do Puttučč̌éri, kde strávila posledních pět let života na cestě vnitřní disciplíny u nohou osvíceného mistra Šrí Aurobinda Ghoše.

Gándhí má pro podporu obnovy venkovských řemesel pádné ekonomické a kulturní důvody, ale rozhodně fanaticky nezatracuje veškerý moderní pokrok. Vždyť stroje, vlaky, automobily nebo telegraf sehrály významnou úlohu i v jeho vlastním neobyčejném životě! Padesát let veřejné služby na svobodě i ve vězení, během nichž musel každodenně zápolit s praktickými starostmi a tvrdou realitou světa politiky, jen posílilo jeho vyrovnanost, svobodomyslnost, zdravý rozum a odlehčený pohled na celé to svérázné lidské drama.

Na šestou hodinu byla naše trojice pozvána na večeři k Bábásáhibovi Déšmukhovi. O sedmé – v čase modlitby – jsme už byli zpět v ášramu Maganvádí, kde jsme vystoupali na jednu z plochých střech, na níž již kolem Gándhího seděla v půlkruhu asi třicítka *satjágrahinů*. Mahátma byl uveleben na slaměné rohoži a před ním ležely starodávné kapesní hodinky. Slábnoucí slunce naposledy ozářilo palmy i posvátné fíkovníky; nocí se začal rozléhat koncert cvrčků. Ovzduší bylo prosyceno hlubokým mírem; byl jsem tím zcela unesen.

OBĚD V ÁŠRAMU MAHÁTMY GÁNDHÍHO VE VARDHÁ
Jógánanda čte vzkaz, který mu Gándhí (vpravo) právě napsal (bylo pondělí, tedy den, kdy Mahátma vždy zachovával mlčení). Následujícího dne, 27. srpna 1935, zasvětil Šrí Jógánanda Gándhího na jeho vlastní žádost do krijájógy.

Pan Désáí se dal do zpěvu vznešené písně, k níž se přítomní žáci postupně přidávali; následovalo čtení z *Gíty*. Poté mi Mahátma pokynul, abych pronesl závěrečnou modlitbu. Jaké to božské souznění myšlenek a snah! A pak jedna nesmazatelná vzpomínka: meditace na střeše ve Vardhá pod vycházejícími hvězdami.

Úderem osmé ukončil Gándhí své celodenní mlčení. Herkulovská námaha, jakou po něm jeho život vyžaduje, ho nutí rozvrhnout si čas na minutu přesně.

„Buďte vítán, svámídží!" Tentokrát už Mahátmův pozdrav nebyl na papíře. Právě jsme sestoupili ze střechy do jeho pracovny, prostě zařízené čtvercovými rohožemi k sezení (žádné židle), nízkým psacím stolkem s knihami, archy papíru a několika pery (nikoli plnicími). V rohu tikaly prosté nástěnné hodiny. Místnost byla prodchnuta aurou míru a zbožnosti. Gándhí nám věnoval jeden ze svých okouzlujících, širokých, téměř bezzubých úsměvů.

„Před mnoha lety," vysvětloval, „jsem začal jeden den v týdnu dodržovat naprosté mlčení, abych získal čas k vyřizování korespondence. Dnes je však těch čtyřiadvacet hodin pro mne životně důležitou duchovní potřebou. Takovýto pravidelný závazek není mučením, ale požehnáním."

Z celého srdce jsem s ním souhlasil.[5] Mahátma se mě vyptával na Ameriku a Evropu; rozmlouvali jsme i o poměrech v Indii a ve světě.

„Mahádévo," řekl Mahátma, když do místnosti vešel pan Désáí, „zařiď prosím, aby svámídží mohl zítra večer na radnici promluvit o józe."

Když jsem Mahátmovi přál dobrou noc, ohleduplně mi podal lahvičku oleje z citronové trávy.

„To víte, svámídží, zdejší komáři nemají o *ahinse*[6] ani ponětí!" zasmál se.

Následující den ráno naše skupinka časně posnídala celozrnnou pšeničnou kaši s melasou a mlékem. O půl jedenácté nás zavolali na verandu ášramu, abychom poobědvali s Gándhím a *satjágrahiny*. Oběd sestával z hnědé rýže, směsi zeleniny a semínek kardamomu.

---

[5] I já jsem v Americe celou řadu let dodržoval období mlčení, což u mých sekretářů i návštěv vyvolávalo nemalé rozpaky.

[6] Neubližování, nenásilí; základní kámen Gándhího přesvědčení. Byl hluboce ovlivněn džinisty, kteří *ahinsu* považují za základní ctnost. Džinismus, jednu z vedlejších větví hinduismu, v 6. století př. n. l. rozšířil Buddhův současník Mahávíra. Nechť Mahávíra („Velký hrdina") shlíží napříč věky na svého hrdinského syna Gándhího!

Poledne mě zastihlo na procházce po ášramu, která mě zavedla až k louce, kde se poklidně páslo několik krav. Ochrana dobytka je Gándhího vášeň.

„Kráva pro mě představuje celý podlidský svět, na nějž člověk vztahuje svůj soucit za hranice vlastního druhu," vysvětloval Mahátma. „Díky kravám je člověku dáno, aby si uvědomil jednotu se vším živým. Rozumím, proč starověcí ršiové vybrali ke zbožštění právě krávu. Kráva představovala v Indii to nejlepší, co člověk může mít; byla zdrojem hojnosti. Nejenže dávala mléko, umožňovala člověku i obdělávat půdu. Kráva je básní o soucitu; z tohoto vlídného zvířete soucit přímo čiší. Pro miliony lidí je druhou matkou. Chránit krávy znamená ochraňovat všechny ostatní němé Boží tváře. Půvab nižšího řádu tvorů je o to podmanivější, že nevládne řečí."[7]

Pravověrný hinduista má povinnost provádět každý den několik obřadů. Jedním z nich je *bhútajadžňa*, obětování potravy říši zvířat. Tento obřad symbolizuje, že člověk si je vědom svých závazků vůči méně vyvinutým formám stvoření, pudově poutaným k tělu (tedy klamu, jemuž podléhá i člověk), ovšem postrádajícím onen osvobozující dar rozumu, který je dán pouze člověku.

Bhútajadžňa tedy posiluje odhodlání člověka pomáhat slabým, tak jako se on sám těší bezpočtu projevů starostlivé péče neviditelných vyšších bytostí. Lidstvo je také zavázáno za občerstvující a oživující dary přírody, jimiž oplývá země, moře i obloha. Každodenní *jadžni* (obřady) konané v tiché lásce tak překonávají vývojovou překážku spočívající v tom, že přírodě, zvířatům, lidem a astrálním andělům je znemožněno se navzájem dorozumívat.

Dalšími dvěma každodenními rituály jsou *pitrjadžňa* a *nrjadžňa*. *Pitrjadžňa* je obětování předkům, jímž člověk symbolicky uznává svůj dluh vůči předešlým pokolením, jejichž moudrý odkaz dnes lidem svítí na cestu. *Nrjadžňa* je nabídnutí potravy neznámým nebo chudým lidem; symbolizuje současné závazky člověka vůči jeho bližním.

Brzy odpoledne jsem vykonal přátelskou *nrjadžňu* – navštívil jsem nedaleký Gándhího ášram pro dívky. Na desetiminutové jízdě

---

[7] Gándhí je autorem celé řady inspirativních úvah na nespočet témat. O modlitbě například píše: „Je pro nás připomínkou toho, že bez Boží pomoci jsme bezmocní. Žádné úsilí není úplné bez modlitby, bez jednoznačného uznání, že ani ten nejlepší lidský počin nemá žádný efekt, pokud za ním nestojí Boží přízeň. Modlitba je výzvou k pokoře. Je voláním po sebeočištění, po vnitřním hledání."

automobilem mě provázel i pan Wright. Líbezné dívčí obličejíky se skvěly jako kvítky na protáhlých stoncích pestrobarevných *sárí*. Po krátké promluvě v hindštině,[8] kterou jsem přednesl pod širým nebem, se náhle spustil prudký liják. Se smíchem jsme se spolu s panem Wrightem spěchali schovat do vozu a mezi stříbrnými provazy ujížděli zpět do Maganvádí. Tropická průtrž mračen, jak má být!

Když jsme se vrátili do domu pro hosty, znovu mě ohromila strohá prostota a projevy sebeobětování, jež jsou zde všudypřítomné. Slib zřeknutí se majetku složil Gándhí krátce po svatbě. Vzdal se tehdy své rozsáhlé advokátní praxe, která mu do té doby vynášela přes 20 000 dolarů ročně, a všechen svůj majetek rozdal chudým.

Šrí Juktéšvar s oblibou často žertoval o nepřiměřených představách o tom, co je to odříkání.

„Žebrák se nemůže zříci bohatství," říkával mistr. „Když člověk naříká: ,Má živnost zkrachovala; žena mě opustila; všeho se vzdám a odejdu do kláštera,' o jaké světské oběti to hovoří? Nezřekl se žádného bohatství ani lásky; to ony se zřekly jeho!"

Naproti tomu světci jako Gándhí přinášejí nejen konkrétní hmotné oběti, ale podstupují mnohem obtížnější odříkání: vzdávají se také sobeckých motivů a soukromých cílů, neboť jejich nejniternější bytí splynulo s proudem celého lidstva.

Mahátmova pozoruhodná manželka Kasturbái nic nenamítala, když její muž nevyhradil ani část majetku pro ni či jejich potomky. Gándhí a jeho žena vstoupili do manželství v raném mládí a po narození čtyř synů společně složili slib zdrženlivosti.[9] Jako tichá hrdinka v bouřlivém dramatu jejich společného života následovala Kasturbái svého manžela

---

[8] Hindština je indo-árijský jazyk vycházející převážně ze sanskrtských kořenů. Je to lingua franca severní Indie.
Hlavním dialektem západní hindštiny je hindustánština, k jejímuž zápisu se používá jak *dévanágarské* (sanskrtské), tak arabské písmo. Jejím dialektem je urdština, kterou hovoří muslimové a Indové na severu Indie.

[9] Gándhí popsal svůj život s šokující upřímností v díle *The Story of My Experiments with Truth* (Ahmedabad: Navajivan Press, 1927–28, 2 sv.). Shrnutí této autobiografie představuje kniha *Mahatma Gandhi, His Own Story* s předmluvou Johna Haynese Holmese, kterou připravil C. F. Andrews (New York: Macmillan Co., 1930).
Mnoho autobiografií, v nichž se to jen hemží slavnými jmény a barvitými událostmi, téměř výhradně mlčí o jakémkoli stadiu vnitřního přehodnocování či přerodu. Každou takovou knihu člověk odkládá s jistým zklamáním, jako by si říkal: „Ten člověk poznal tolik význačných osobností, ale nikdy nepoznal sám sebe." V případě Gándhího je však tato reakce zhola nemožná: své chyby a poklesky líčí s nadosobní věrností k pravdě, jaká je v kronikách každé doby velmi vzácná.

do vězení, připojovala se k jeho třítýdenním půstům a na svých bedrech nesla svůj díl jeho nekonečných povinností. Gándhímu složila tento hold:

> Děkuji ti, že jsem měla tu čest být tvou celoživotní družkou a pomocnicí. Děkuji ti za nejdokonalejší manželství na světě, založené na *brahmačarji (sebeovládání)* a nikoli na pohlavní žádosti. Děkuji ti, že jsi mne ve svém životním díle ve prospěch Indie považoval za sobě rovnou. Děkuji ti, že jsi nebyl jedním z těch manželů, kteří tráví čas hazardem, na dostizích, s milenkami, vínem či zpěvem a které jejich žena a vlastní děti brzy omrzí, jako malého chlapce omrzí jeho dětské hračky. Jsem ti nesmírně vděčná, že jsi nebyl jedním z těch manželů, kteří zasvětí svůj život tomu, aby bohatli na práci druhých.
>
> Jsem ti vděčná, že jsi dal přednost Bohu a vlasti před úplatky, že jsi byl odvážný ve svých přesvědčeních a měl naprostou a bezvýhradnou víru v Boha. Jsem vděčná za manžela, který dal přednost Bohu a své vlasti přede mnou. Jsem ti vděčná, že jsi byl shovívavý ke mně i k nedostatkům mého mládí, když jsem reptala a bouřila se proti tomu, jak jsi změnil způsob našeho života v hojnosti k nejnutnějšímu málu.
>
> Jako dítě jsem žila u tvých rodičů. Tvá matka byla ušlechtilá a dobrá žena. Vychovávala mě, učila mě být statečnou, odvážnou manželkou a udržet si lásku a úctu svého syna, mého budoucího manžela. Jak léta míjela a ty ses stal nejdražším indickým vůdcem, netrpěla jsem žádnými obavami, které přepadají manželky odsunuté stranou, když jejich manžel šplhá po žebříku úspěchu, jak se často stává v jiných zemích. Věděla jsem, že i v okamžiku smrti si budeme mužem a ženou.

Kasturbáí po mnoho let plnila úlohu správce veřejných financí, které ke zbožňovanému Mahátmovi proudily po milionech. V indických domácnostech dodnes kolují humorné historky o tom, jak manželé zneklidněli, když se jejich ženy chystaly na setkání s Gándhím ozdobené šperky; Mahátmův kouzelný jazyk hájící utiskované zástupy dokázal očarovat zlaté náramky a diamantové náhrdelníky tak silně, že z paží a krků bohatých žen klouzaly rovnou do košů na dary.

Jednoho dne Kasturbáí jakožto správkyně veřejných financí nedokázala doložit útratu čtyř rupií. Gándhí následně zveřejnil účetní zprávu, v níž svou ženu za tuto nesrovnalost nelítostně pokáral.

Často jsem ten příběh vyprávěl svým americkým žákům. Jednou si jistá studentka pohoršeně povzdychla: „Mahátma nemahátma, kdyby to byl můj manžel, dala bych mu za takovou zbytečnou veřejnou urážku pořádně za vyučenou!"

Po krátké a mírumilovné slovní přetahované na téma amerických a indických manželek jsem podal zevrubnější vysvětlení.

„Paní Gándhíová nepovažuje Mahátmu za svého manžela, ale za svého gurua, který má právo volat ji k zodpovědnosti i za bezvýznamný poklesek," zdůraznil jsem. „Nějaký čas poté, co byla Kasturbáí takto veřejně vyplísněna, byl Gándhí kvůli nějakému politickému obvinění odsouzen k vězení. Když se pokojně loučil se svou ženou, padla mu k nohám. ,Mistře,' řekla pokorně, ,pokud jsem se proti tobě někdy provinila, prosím o odpuštění.'"

Ve tři hodiny odpoledne jsem se dostavil na předem smluvené setkání do pracovny světce, jenž dokázal učinit neochvějnou žačku i ze své vlastní ženy – jaký výjimečný zázrak! Gándhí ke mně vzhlédl se svým nezapomenutelným úsměvem.

„Mahátmadží," řekl jsem a posadil se vedle něj na tvrdou rohož, „buďte tak hodný a poděltě se se mnou o svou definici *ahinsy*."

„Zdržet se ubližování jakémukoli živému stvoření v myšlenkách i činech."

„Nádherný ideál! Ale svět se vždycky bude ptát: nesmí snad člověk zabít kobru, aby ochránil sebe či své dítě?"

„Nemohl bych zabít kobru, aniž bych tím porušil dva ze svých slibů – chovat se nebojácně a nezabíjet. Raději bych se hada snažil vnitřně uklidnit vibracemi lásky. Je vyloučeno, abych ze svých zásad ustupoval podle okolností." Pak s okouzlující upřímností dodal: „Musím však přiznat, že kdybych stál tváří v tvář kobře, zřejmě bych v tomto rozhovoru nedokázal klidně pokračovat!"

Poukázal jsem na několik nově vydaných západních knih o stravě, které ležely na jeho pracovním stole.

„Ano, strava je v hnutí *satjágraha* důležitá – tak jako ostatně všude jinde," řekl a krátce se zasmál. „Jelikož vedu *satjágrahiny* k naprosté pohlavní abstinenci, stále se snažím nalézt pro osoby žijící v celibátu tu nejlepší stravu. Než člověk ovládne svůj rozmnožovací pud, musí si nejprve podmanit chuť. Trápení hladem ani nevyvážená strava nejsou řešením. Po překonání vnitřní nenasytnosti musí *satjágrahin* dodržovat vyváženou vegetariánskou stravu se všemi nezbytnými vitamíny, minerály, kaloriemi a tak dále. Díky vnitřní a vnější moudrosti ohledně potravy může *satjágrahin* snadno přeměnit pohlavní tekutinu v životní energii pro celé tělo."

Potom jsme s Mahátmou porovnávali své poznatky o vhodných náhražkách masa. „Výborné je avokádo," řekl jsem. „V okolí mého centra v Kalifornii je mnoho avokádových sadů."

Gándhího tvář se rozzářila zaujetím. „Myslíte, že by se dalo pěstovat i ve Vardhá? *Satjágrahinové* by novou potravinu jistě uvítali."

„Pošlu vám z Los Angeles několik sazenic." Pak jsem dodal: „Hodně bílkovin mají také vejce. Ta však mají *satjágrahini* zakázaná, je to tak?"

„Neoplodněná vejce nikoli." Mahátma se zasmál, jako by mu vytanula na mysli nějaká vzpomínka. „Řadu let jsem jejich používání neschvaloval a já sám je dodnes nejím. Jedna z mých snach ale kdysi umírala na podvýživu a lékař na vejcích trval. Nesouhlasil jsem a navrhl, aby jí dal nějakou náhražku.

,Gándhídží,' řekl mi tehdy lékař, ,neoplodněná vejce neobsahují živé zárodky, takže nejde o zabití.'

S radostí jsem tedy svolil, aby má snacha vejce dostala. Brzy se uzdravila."

Večer předtím vyjádřil Gándhí přání přijmout zasvěcení do *krijájógy* Láhirího Mahášaje. Mahátmova otevřenost a zvídavost mě překvapily. Ve svém božském hledání je jako dítě a projevuje onu čistou vnímavost, kterou Ježíš chválil u dětí: „Takovým patří království nebeské."

Když nadešla hodina mého slíbeného poučení, sešlo se v místnosti několik *satjágrahinů* – pan Désáí, dr. Pingalé a pár dalších, kteří po technice *krije* také zatoužili.

Nejprve jsem tuto malou třídu naučil tělesná cvičení *jogody*. Člověk si při nich představuje, že je jeho tělo rozděleno na dvacet částí; vůlí pak postupně zaměřuje energii do každé z nich. Zanedlouho všichni přítomní přede mnou vibrovali jako lidský motor. Na oněch dvaceti částech Gándhího těla bylo snadné toto chvění pozorovat, neboť bylo vždy téměř celé odhalené! Ač je velice hubený, pohled na něj není nijak nepříjemný; jeho kůže je hladká a bez vrásek.[10]

Poté jsem skupinku zasvětil do osvobozující techniky *krijájógy*.

Mahátma se zbožnou úctou studoval všechna světová náboženství. Hlavními prameny jeho nenásilného přesvědčení jsou džinistické

---

[10] Gándhí podstoupil mnoho kratších i delších půstů. Těší se výjimečně dobrému zdraví. Jeho knihy *Diet and Diet Reform*, *Nature Cure* a *Key to Health* vydalo nakladatelství Navajivan Publishing House, Ahmedabad, Indie.

spisy, biblický Nový zákon a sociologická díla Tolstého.[11] Své krédo formuloval takto:

> Věřím, že Bible, Korán i Avesta[12] jsou stejně božsky inspirovány jako védy. Věřím v instituci guruů, ale v této době se musejí miliony lidí bez gurua obejít, neboť nalézt soulad dokonalé čistoty a dokonalého vědění je dnes velmi vzácné. Člověk si však nemusí zoufat, zda se vůbec někdy dobere pravdy svého náboženství, neboť základy hinduismu jakož i každého jiného velkého náboženství jsou neměnné a snadno pochopitelné.
>
> Jako každý hinduista věřím v Boha a jeho jedinost, ve znovuzrození a spásu. City, které mě k hinduismu vážou, nedokážu popsat o nic víc než city, jež chovám vůči vlastní ženě. Okouzluje mě víc než kterákoli jiná žena na světě. Ne že by neměla své chyby; dokonce se odvažuji tvrdit, že jich má mnohem víc, než dokážu rozpoznat. Existuje však mezi námi pocit jistého nezničitelného pouta. Totéž cítím k hinduismu se všemi jeho nedostatky a omezeními. Nic mi nepůsobí větší potěšení než hudba *Bhagavadíty* či Tulsídásovy *Rámájany*. Když se mi zdálo, že nadešla má poslední hodina, byla mi útěchou právě Gíta.
>
> Hinduismus není výlučné náboženství. Je v něm prostor pro uctívání všech proroků světa.[13] Není to ani misionářské náboženství v obvyklém slova smyslu. Nepochybně pohltilo ve své náruči mnoho různých odnoží, ale toto pohlcení má evoluční rysy, je téměř nepostřehnutelné. Hinduismus nabádá, aby každý uctíval Boha podle své vlastní víry či *dharmy*,[14] a tak žije v míru se všemi ostatními náboženstvími.

O Kristu Gándhí napsal: „Jsem si jist, že kdyby žil nyní mezi lidmi, požehnal by životu mnohých, kteří možná nikdy neslyšeli jeho jméno... Právě jak je psáno: ‚Ne každý, kdo mi říká Pane, Pane, vejde do království nebeského; ale ten, kdo činí vůli mého Otce v nebesích.'[15] Na svém vlastním osudu ukázal Ježíš lidstvu velkolepý smysl života a jediný cíl,

---

[11] Dalšími třemi západními spisovateli, jejichž sociálněkritickými názory se Gándhí zevrubně zabýval, jsou Thoreau, Ruskin a Mazzini.

[12] Posvátný spis, který věnoval Zarathuštra kolem roku 1000 př. n. l. Peršanům.

[13] Jedinečným rysem hinduismu ve srovnání s ostatními světovými náboženstvími je fakt, že se neodvozuje od osobnosti jednoho zakladatele, ale z nadosobních védských spisů. Hinduismus tak poskytuje prostor pro zbožnou úctu ke všem prorokům všech dob i zemí. Védskými spisy nejsou ustanoveny pouze náboženské praktiky, ale i všechny důležité společenské zvyklosti, čímž je veškeré lidské jednání uváděno do souladu s božským zákonem.

[14] Všeobecný sanskrtský pojem pro zákon; soulad se zákonem či přirozenou spravedlností; povinnost vnitřně spjatá s okolnostmi, v nichž se člověk v daný okamžik ocitá. Písma *dharmu* definují jako „přirozené, všeobecně platné zákony, jejichž dodržování člověku umožňuje uchránit se před úpadkem a utrpením".

[15] Matouš 7,21

o který bychom všichni měli usilovat. Věřím, že Kristus nepatří pouze křesťanstvu, ale celému světu, všem zemím a rasám."

Poslední večer ve Vardhá jsem promluvil ke shromáždění na radnici, které svolal pan Désáí. V sále se tísnily asi čtyři stovky lidí, kteří si přišli poslechnout přednášku o józe. Mluvil jsem nejprve hindsky a pak anglicky. Naše skupinka se vrátila do ášramu právě včas, aby na dobrou noc stačila zahlédnout Gándhího pokojně zabraného do své korespondence.

Ještě doznívala noc, když jsem o páté hodině ranní vstal. Vesnice už byla na nohou: nejprve volský povoz u bran ášramu, potom venkovan vratce balancující s obrovským břemenem na hlavě. Po snídani naše trojice naposledy vyhledala Gándhího, abychom se s ním rozloučili *pranámem*. Světec vstává k ranní modlitbě už ve čtyři.

„Sbohem, Mahátmadží!" Poklekl jsem a dotkl se jeho nohou. „ Ve vašich rukou je Indie v bezpečí."

Od idyly ve Vardhá uplynulo mnoho let; země, oceány i obloha potemněly hrůzami světové války. Gándhí jako jediný z velkých vůdců nabídl praktickou nenásilnou alternativu k ozbrojené moci. K nápravě křivd a odstranění bezpráví používal Mahátma nenásilné prostředky, které znovu a znovu prokazují svou účinnost. Svou nauku formuloval těmito slovy:

> Zjistil jsem, že život přetrvává i uprostřed zkázy. Musí proto existovat vyšší zákon než zákon zkázy. Jedině pod takovým zákonem je myslitelná uspořádaná lidská společnost a život bude hoden žití.
>
> Je-li toto zákon života, musíme jej uplatňovat ve své každodenní existenci. Všude, kde zuří válka, pokaždé, kdy se střetneme s protivníkem, přemáhejme je láskou. Zjistil jsem, že neochvějný zákon lásky v mém vlastním životě působí tak, jak by to zákon zkázy nikdy nedokázal.
>
> V Indii se nám dostalo nepřehlédnutelné ukázky fungování tohoto zákona v tom největším rozsahu. Netvrdím, že nenásilí proniklo do srdcí všech 360 milionů obyvatel Indie, ale stojím si za tím, že v neuvěřitelně krátkém čase proniklo hlouběji než jakékoli jiné přesvědčení.
>
> Dosažení stavu nenásilí vyžaduje poměrně usilovný duševní výcvik. Je to disciplinovaný život, podobně jako život vojáka. Dokonalého stavu je dosaženo teprve tehdy, když jsou mysl, tělo a řeč v náležitém souladu. Každý problém lze vyřešit, jsme-li odhodláni přijmout zákon pravdy a nenásilí jako zákon života.

Chmurný sled světových politických událostí neúprosně poukazuje na skutečnost, že lidé bez duchovní vize hynou. Když ne náboženství, alespoň vědě se daří v lidstvu probouzet nejasný pocit nejistoty až iluzornosti všech hmotných věcí. Kam jinam se má člověk nyní obracet než ke svému Zdroji a Počátku, k Duchu v nás?

Při pohledu na dějiny lze oprávněně konstatovat, že problémy lidstva nikdy nevyřešila hrubá síla. První světová válka spustila lavinu mrazivé, hrůzyplné karmy, která přerostla v ještě strašlivější druhou světovou válku. Jedině vřelost bratrství dokáže rozpustit ten nynější obrovský ledový příkrov krvelačné karmy, která jinak může přerůst ve třetí světovou válku. Nesvatá trojice dvacátého století! Budeme-li při řešení sporů používat zákon džungle namísto lidského rozumu, svět se opět promění v džungli. Když ne bratry v životě, tak tedy bratry v násilné smrti. Pro takovou potupu lidství Bůh člověku jistě neumožnil přijít na to, jak uvolnit energii z atomů!

Válka a zločin se nikdy nevyplácí. Ty miliardy dolarů, které vylétly komínem v dýmu výbušné nicoty, by stačily k vybudování nového světa téměř zbaveného nemocí a zcela zbaveného bídy. Nikoli světa strachu, chaosu, hladomorů a epidemií, toho děsivého tance smrti, ale jediné širé země míru, blahobytu a stále se rozšiřujícího poznání.

Gándhího nenásilný hlas promlouvá k tomu nejvyššímu svědomí člověka. Ať národy konečně přestanou uzavírat spojenectví se smrtí a spojí se se životem; nikoli se zkázou, ale s budováním; nikoli s nenávistí, ale s tvůrčími zázraky lásky.

„Člověk by měl odpouštět, ať mu bylo ublíženo sebevíc," píše se v *Mahábháratě*. „Bylo řečeno, že lidský druh trvá, neboť člověk je schopen odpouštět. Odpuštění je svatost; odpuštění drží vesmír pohromadě. Odpuštění je mocí mocných; odpuštění je oběť; odpuštění je klid mysli. Odpuštění a laskavost jsou přednosti vyrovnaného člověka; jsou to věčné ctnosti."

Přirozeným důsledkem zákona odpuštění a lásky je nenásilí. „Jde-li ve spravedlivém boji o život," hlásá Gándhí, „má být člověk připraven položit jako Ježíš svůj vlastní, nikoli brát jej druhým. Časem se bude ve světě prolévat mnohem méně krve."

Jednou se budou psát eposy o indických *satjágrahinech*, kteří čelili nenávisti láskou a násilí nenásilím, kteří se raději nechávali nelítostně zabít, než aby u sebe nosili zbraň. Při několika památných historických událostech se dokonce stalo, že protivníci odhazovali pušky a prchali, zostuzení a hluboce šokovaní pohledem na ty, kteří si života druhých cenili více než svého vlastního.

„Raději budu čekat, i kdyby to mělo trvat věky," říká Gándhí, „než abych o svobodu své vlasti usiloval krvavými prostředky." I Bible varuje: „Všichni, kdo se chápou meče, mečem zajdou."[16] Mahátma píše:

> Označuji se za nacionalistu, ale můj nacionalismus je širý jako vesmír. Do své náruče pojímá všechny národy této země.[17] Můj nacionalismus pamatuje na blaho celého světa. Nechci, aby má Indie vstávala z popela jiných národů. Nechci, aby vykořisťovala byť jen jediného člověka. Chci, aby byla silná, aby svou silou dokázala nakazit i ostatní národy. V dnešní Evropě tomu tak není; žádný národ nedává sílu jiným.
>
> Prezident Wilson zmínil svých čtrnáct krásných bodů, ale řekl: „Jestliže toto naše úsilí o dosažení míru selže, vždycky se nakonec můžeme chopit svých zbraní." Já bych tento postoj rád obrátil a řekl: „Naše zbraně již selhaly. Hledejme nyní něco nového. Zkusme sílu lásky a Boha, který je pravdou." Až toho dosáhneme, nic víc nám už nebude potřeba.

Výchovou tisíců opravdových *satjágrahinů* (těch, kdo složili jedenáct přísných slibů zmíněných v první části této kapitoly), kteří dál šíří toto poselství; trpělivým vzděláváním indických mas, aby pochopily duchovní a v konečném důsledku i hmotný přínos nenásilí; vyzbrojením svého lidu nenásilnými zbraněmi – nespoluprací s bezprávím, ochotou snášet příkoří, věznění i smrt, než aby se uchýlili k použití zbraně; získáváním sympatií celého světa nesčetnými příklady hrdinského sebeobětování – tím vším Gándhí dramaticky vykreslil praktickou povahu nenásilí a jeho ušlechtilou moc řešit spory bez války.

Nenásilnými prostředky získal Gándhí pro svou vlast více politických výsad, než se bez použití střeliva podařilo jakémukoli jinému vůdci. Nenásilné metody proti všemu bezpráví a zlu byly pozoruhodným způsobem využity nejen v politické aréně, ale i v citlivé a složité oblasti indických společenských reforem. Gándhímu a jeho stoupencům se podařilo vymýtit mnohé z pradávné nevraživosti mezi hinduisty a muslimy; statisíce vyznavačů islámu dnes k Mahátmovi vzhlížejí jako ke svému vůdci. Nedotknutelní v něm nalezli svého neohroženého a vítězného zastánce. „Pokud mě ještě čeká nějaké znovuzrození," napsal

---

[16] Matouš 26,52. Jde o jednu z četných pasáží v Bibli, která zjevně předpokládá reinkarnaci člověka (viz pozn. na str. 167-68). Mnohé složitosti života lze vysvětlit jedině pochopením karmického zákona spravedlnosti.

[17] „Člověk nemá být hrdý na to, že miluje svou zem. Má být hrdý, že miluje svůj druh." *Perské přísloví*

S Mahátmou Gándhím ve Vardhá

> RUKOPIS MAHÁTMY GÁNDHÍHO V HINDŠTINĚ
>
> इस संस्था ने मुझ पर गहरा प्रभाव डाला है इस संस्था
> की मैं महान आशा करता हूँ. चरखे की प्रचार में और भी
> सहयोग देगी आशा रखता हूँ.
>
> १७.९.२५   मोहनदासगांधी
>
> Mahátma Gándhí navštívil střední školu Jogoda Satsanga Brahmačarja Vidjálaja v Ráňčí. Do knihy návštěv laskavě zapsal uvedené řádky:
> „Tato instituce na mě učinila hluboký dojem. Chovám velkou naději, že tato škola ještě více podpoří používání kolovrátku."
> 17. září 1925   [podepsán] Móhandás Gándhí

Gándhí, „chci se narodit jako pária mezi párii, protože tak jim budu moci lépe sloužit."

Mahátma je vskutku „velkou duší", ale byly to zástupy negramotných, které ji v něm dokázaly rozpoznat. Tento vlídný prorok je ve své vlastní zemi oslavován a ctěn. Právě prostí venkované dokázali dostát Gándhího náročné výzvě. Mahátma z celého srdce věří ve vrozenou ušlechtilost člověka. O tyto ideály ho nepřipravily ani nevyhnutelné porážky. „I když protivník *satjágrahina* dvacetkrát obelstí," píše Gándhí, „je ochoten důvěřovat mu i po jedenadvacáté, neboť tato bezvýhradná důvěra v lidskou přirozenost je samotnou podstatou jeho přesvědčení."[18]

„Mahátmadží, jste výjimečný člověk. Nemůžete od lidí očekávat, že budou jednat jako vy," poznamenal jednou jistý kritik.

„Je s podivem, jak klameme sami sebe a představujeme si, že tělo lze vylepšit, ale probudit skryté síly duše je nemožné," odpověděl mu Gándhí. „Snažím se ukázat, že mám-li některou z těchto sil, jsem stále křehkým smrtelníkem jako kdokoli z vás a nikdy jsem se nevyznačoval

---

[18] „Tehdy přistoupil Petr k Ježíšovi a řekl mu: ,Pane, kolikrát mám odpustit svému bratru, když proti mně zhřeší? Snad až sedmkrát?' Ježíš mu odpověděl: ,Pravím ti, ne sedmkrát, ale až sedmdesátkrát sedmkrát.'" (Matouš 18,21-22) Z hloubi duše jsem se modlil, abych tuto nesmlouvavou radu pochopil. „Pane," namítal jsem, „je to vůbec možné?" Boží hlas nakonec odpověděl pokořující záplavou světla:
„Kolikrát ti, člověče, já denně odpouštím?"

ničím zvláštním; není tomu tak ani teď. Jsem obyčejný člověk, náchylný k pochybení jako všichni smrtelníci. Mám však dost pokory k tomu, abych svá pochybení dokázal přiznat a vracel se na začátek. Mám nezlomnou víru v Boha a jeho dobrotu a nezničitelnou vášeň pro pravdu a lásku. Není však totéž skrytě přítomno v každém člověku? Jestliže dokážeme stále přicházet s novými objevy a vynálezy v tomto jevovém světě, znamená to snad, že máme v duchovní oblasti vyhlásit úpadek? Cožpak je nemožné násobit výjimky, aby se staly pravidlem? Musíme snad být vždy nejprve bezcitní a až poté – jestli vůbec kdy – člověkem?"[19]

Američané mohou s hrdostí vzpomínat na úspěšný nenásilný experiment Williama Penna, který v 17. století zakládal pennsylvánskou kolonii. Nebyly tam „žádné pevnosti, žádní vojáci, žádná domobrana, dokonce ani neměli žádné zbraně". Uprostřed zuřivých pohraničních válek a krveprolití, k nimž docházelo mezi novými osadníky a domorodými indiány, zůstali pennsylvánští kvakeři jako jediní ušetřeni. „Ostatní byli pobíjeni a hromadně vyvražďováni; oni však zůstali v bezpečí. Jediná kvakerská žena nebyla znásilněna, jediné kvakerské dítě nebylo zabito, jediný kvaker nebyl mučen." Když byli kvakeři nakonec přinuceni vzdát se vlády nad svým územím, „vypukla válka a nemálo Pennsylvánců v ní bylo zabito. Z kvakerů však zemřeli jen tři – ti, kteří tak dalece odpadli od své víry, že u sebe drželi zbraně na svou obranu."

„Použití síly v první světové válce nepřineslo mír," konstatoval Franklin D. Roosevelt. „Vítězství bylo stejně prázdné jako porážka. To je ponaučení, které by si svět měl odnést."

„Čím víc zbraní, tím víc bídy pro lidstvo," učil Lao-c'. „Triumf násilí končí slavností truchlení."

„Nebojuji za nic menšího než za světový mír," prohlásil Gándhí. „Dojde-li toto indické hnutí k úspěchu na nenásilném základě *satjágrahy*, vtiskne tak nový význam vlastenectví, a smím-li to se vší pokorou říci, i životu samému."

[19] Roger W. Babson se jednou zeptal význačného elektroinženýra Charlese P. Steinmetze: „Kterou oblast výzkumu čeká v příštích padesáti letech největší rozvoj?" „Domnívám se, že největší objevy budou učiněny v duchovní sféře," odpověděl Steinmetz. „Dějiny jasně ukazují, že právě v ní leží síla, která byla ve vývoji člověka tou nejvýznamnější. Doposud jsme si s ní však jen pohrávali a nikdy jsme ji nestudovali tak důkladně jako síly fyzikální. Lidé jednou pochopí, že hmotné statky nepřinášejí štěstí a jejich přínos pro jejich tvořivost a vliv je jen malý. Pak vědci na celém světě propůjčí své laboratoře studiu Boha, modlitby a duchovních sil, kterých jsme se zatím sotva dotkli. Až tato doba nastane, bude svět za jedinou generaci svědkem většího pokroku než za uplynulé čtyři."

Než Západ zavrhne Gándhího program jako ideál nepraktického snílka, ať se nejprve zamyslí nad definicí *satjágrahy* z úst Mistra z Galileje: „Slyšeli jste, že bylo řečeno: ‚Oko za oko a zub za zub.' Já však vám pravím, abyste se zlým nejednali jako on s vámi; ale kdo tě uhodí do pravé tváře, nastav mu i druhou."[20]

Gándhího epocha zasáhla s obdivuhodnou přesností kosmického načasování do století již zničeného a zpustošeného dvěma světovými válkami. Na žulové zdi jeho života stojí psáno Boží rukou varování před dalším bratrovražedným krveprolitím.

---

[20] Matouš 5,38–39

MAHÁTMA GÁNDHÍ
IN MEMORIAM

„Byl v pravém slova smyslu otcem národa a nyní skonal rukou jakéhosi šílence. Miliony a miliony lidí truchlí, protože jeho světlo zhaslo... To světlo, jež zazářilo v této zemi, nebylo obyčejné. Ještě tisíc let tu bude zářit a uvidí ho celý svět." Takto promluvil indický premiér Džaváharlál Néhrú krátce po zavraždění Mahátmy Gándhího v Novém Dillí 30. ledna roku 1948.

O pět měsíců dříve dosáhla Indie mírovou cestou nezávislosti. Dílo 78letého Gándhího bylo dokonáno; byl si dobře vědom, že se jeho čas nachýlil. „Abho, přines mi všechny důležité dokumenty," řekl své pravnučce onoho tragického rána. „Musím odepsat ještě dnes. Možná že zítřek už nepřijde." Četné náznaky svého osudného konce Gándhí zmínil i ve svých spisech.

Když se umírající Mahátma po zásahu tří kulek do křehkého a půsty vyčerpaného těla pomalu sesouval k zemi, sepjal ruce v tradičním hinduistickém pozdravu a mlčky beze slova udělil své odpuštění. Onen bezelstný umělec, jímž byl Gándhí ve všech oblastech svého života, se stal největším umělcem v okamžiku své smrti. Toto poslední láskyplné gesto bylo umožněno všemi oběťmi jeho nezištného života.

„Příští generace možná sotva uvěří," napsal na Gándhího počest Albert Einstein, „že takovýto člověk z masa a krve vůbec kdy kráčel po této zemi." V depeši z Vatikánu stálo: „Tato vražda v nás vyvolala hluboký zármutek. Oplakáváme Gándhího jako věrozvěsta křesťanských hodnot."

Životy všech velkých osobností, které přicházejí na zem, aby zde naplnily určitou spravedlnost, v sobě ukrývají symbolický význam. Gándhího dramatická smrt za jednotu Indie vyzdvihla jeho poselství určené světu rozervanému na všech kontinentech nejednotou. Sám Gándhí své poselství vyjádřil těmito prorockými slovy:

„Nenásilí vstoupilo mezi lidi a bude žít. Je poslem míru ve světě."

KAPITOLA 45

Bengálská „Matka prostoupená radostí"

„Neodjíždějte prosím z Indie, dokud nespatříte Nirmalu Déví. Její svatost je ohromující. Široko daleko je známá pod jménem Ánandamají Má (Matka prostoupená radostí)." Moje neteř Amija Bosová se na mě zaujatě zahleděla.

„Ale ovšem! Velmi rád se s touto světicí setkám," řekl jsem. „Už jsem o jejím pokročilém stavu realizace Boha četl. Před lety o ní vyšel krátký článek v časopise *East-West*."

„Já už se s ní setkala," pokračovala Amija. „Nedávno navštívila naše městečko Džamšédpur. Na naléhavou prosbu jednoho svého žáka zašla Ánandamají Má do domu jistého umírajícího muže. Postavila se k jeho loži, a když se rukou dotkla jeho čela, jeho předsmrtný chrapot ustal. Nemoc okamžitě zmizela a muž se ke svému údivu a radosti zcela uzdravil."

Pár dní nato jsem se doslechl, že Blažená Matka pobývá u jedné své žačky v kalkatské čtvrti Bhabánípur. Spolu s panem Wrightem jsme ihned vyrazili z otcova domu v Kalkatě, kde jsme právě pobývali. Když se naše fordka blížila k onomu místu, stali jsme se svědky nevšední pouliční scény.

Ánandamají Má stála v automobilu s odkrytou střechou a žehnala zástupu asi stovky svých učedníků. Očividně se právě chystala k odjezdu. Pan Wright zaparkoval fordku opodál a pak mě doprovodil k tichému shromáždění. Světice pohlédla naším směrem, vystoupila z auta a vydala se nám vstříc.

„Vy jste přišel, otče!" S těmito vroucími slovy pronesenými v bengálštině mi dala ruku kolem krku a hlavu položila na rameno. Pan Wright, kterému jsem právě řekl, že světici neznám, se tímto neobyčejným uvítáním náramně bavil. Také oči asi stovky čélů se s jistým překvapením upíraly na tento cituplný výjev.

Ihned jsem poznal, že je světice ve vysokém stavu *samádhi*. Nevnímala své zevní roucho ženy, neboť se znala jako neměnná duše; z této úrovně radostně zdravila jiného Božího ctitele. Vzala mě za ruku a odváděla ke svému automobilu.

„Nechci vás zdržovat, Ánandamají Má!" protestoval jsem.

„Otče, je to poprvé, co se s vámi v tomto životě[1] setkávám; jsou to už celé věky!" pravila. „Prosím, neodcházejte ještě."

Posadili jsme se na zadní sedadla. Blažená Matka záhy upadla do nehybné extáze. Její nádherné oči se obrátily k nebesům a pootevřené znehybněly, když se zahleděly do dalekého, a přece blízkého vnitřního Elysia. Její žáci tiše provolávali: „Sláva Božské Matce!"

Poznal jsem v Indii mnoho mužů, kteří dosáhli realizace Boha, ale s tak vznešenou světicí jsem se ještě nesetkal. Její vlídný obličej byl vyhlazen do krásy nevýslovnou radostí, jíž vděčila za své jméno Blažená Matka. Za nezahalenou hlavou jí volně splývaly dlouhé černé kadeře. Červená tečka ze santálové pasty na jejím čele symbolizovala duchovní oko, které v ní bylo neustále otevřené. Drobná tvář, drobné ruce, drobné nožky – jaký protiklad k její duchovní velikosti!

Zatímco Ánandamají Má setrvávala v transu, položil jsem několik otázek jedné z jejích žaček, jež stály poblíž.

„Blažená Matka hojně cestuje po Indii; v mnoha částech země má stovky *čélů*," pověděla. „Její odvážné úsilí přineslo mnoho žádoucích společenských změn. Ač je sama bráhmanského původu, neuznává žádné kastovní rozdíly. Několik z nás ji vždy doprovází na cestách a dbá o její pohodlí. Musíme se o ni starat s mateřskou péčí, protože si vůbec nevšímá svého těla. Když jí nikdo nepodá jídlo, nejí a o žádné si neřekne. I když položíme talíř přímo před ní, ani se ho nedotkne. Aby se z tohoto světa neztratila, musíme ji my, její žáci, vlastnoručně krmit. Často celé dny nepřetržitě spočívá v božském transu, kdy téměř nedýchá ani nemrká. Jedním z jejích hlavních žáků je její manžel Bholanáth. Před mnoha lety, krátce po jejich svatbě složil slib mlčení."

Žákyně ukázala na muže jemných rysů s širokými rameny, dlouhými vlasy a šedivým vousem. Stál tiše uprostřed zástupu s rukama sepjatýma v uctivém postoji žáka.

---

[1] Ánandamají Má se narodila v roce 1896 ve vesnici Kheora ve východobengálském okrese Tripura.

setkání Ánandamají Má, jejího manžela Bholanátha a Paramahansy Jógánandy v Kalkatě

Když se Ánandamají Má osvěžila ponořením v nekonečném Božství, obrátila své vědomí opět k hmotnému světu.

„Otče, povězte mi prosím, kde bydlíte." Její hlas byl jasný a melodický.

„Momentálně v Kalkatě nebo v Ráňčí, brzy se však budu vracet do Ameriky."

„Do Ameriky?"

„Ano. Tamní duchovní hledači by indickou světici jistě přijali s nadšením. Nechtěla byste jet se mnou?"

„Pokud mě s sebou otec vezme, pojedu."

Tato slova vzbudila v kolem stojících učednících rozruch.

„S Blaženou Matkou nás vždy cestuje nejméně dvacet," řekl mi jeden z nich rozhodně. „Nemohli bychom bez ní žít. Kam jde ona, tam musíme i my."

Neochotně jsem tedy od svého plánu upustil, když jsem viděl, jak náhle neprakticky nabobtnal.

„Přijeďte tedy se svými následovníky alespoň do Ráňčí," navrhl jsem světici, když jsem se s ní loučil. „Sama jste Božím dítětem, a tak se vám děti v mé škole jistě budou líbit."

„Pojedu, kam mě otec vezme."

Nedlouho poté se vidjálaja v Ráňčí začala halit do svátečního hávu v očekávání slíbené návštěvy světice. Chlapci se radovali z každého slavnostního dne, protože znamenal zrušení výuky, dlouhé hodiny hudby a na závěr ještě hostinu!

„Sláva! Ánandamají Má kí džaj!" Tímto provoláním vítal bezpočet nadšených hrdélek světici s její družinou, když vcházela školní bránou. Za deště měsíčkových květů, cinkotu činelů, hlasitého troubení lastur a dunění *mrdang* se Blažená Matka s úsměvem procházela po sluncem zalité půdě školy a všude si v srdci nesla svůj přenosný ráj.

„Máte to tu krásné," řekla Ánandamají Má vlídně, když jsem ji zavedl do hlavní budovy. S dětským úsměvem se posadila po mém boku. Člověk se vedle ní cítil jako s nejdražším přítelem, přitom ji stále halila aura nepřístupnosti – ona paradoxní osamocenost Všudypřítomnosti.

„Povězte mi, prosím, něco o svém životě."

„Otec o něm ví všechno; nač to opakovat?" Očividně cítila, že věcná historie jedné krátké inkarnace nestojí za zmínku.

Zasmál jsem se a laskavě svou prosbu zopakoval.

„Je toho málo, co stojí za řeč, otče," pohodila ladnýma rukama v omluvném gestu. „Mé vědomí se nikdy neztotožnilo s tímto dočasným

Bengálská „Matka prostoupená radostí"

tělem. Než jsem přišla[2] na tento svět, byla jsem tatáž. Jako malé děvče jsem byla tatáž. Vyrostla jsem v ženu, ale stále jsem zůstávala tatáž. Když rodina, do které jsem se narodila, zařídila tomuto tělu sňatek, byla jsem tatáž. I teď, otče, zde před vámi, jsem stále tatáž. Přestože se ten tanec stvoření v síni věčnosti kolem mne neustále proměňuje, budu stále tatáž."

Poté se Ánandamají Má pohroužila do hlubokého meditativního stavu. Její tělo znehybnělo jako socha. Unikla do svého království, které ji stále volalo. Tmavé tůně jejích očí vypadaly nepřítomně a bez života. Tento výraz lze často pozorovat, když světci odpoutají své vědomí z fyzického těla, které pak zůstává sotva něčím víc než hromádkou bezduché hlíny. Hodinu jsme společně seděli v extatickém transu. Do tohoto světa se pak vrátila s veselým smíchem.

„Ánandamají Má, pojďte se mnou do zahrady," požádal jsem. „Pan Wright nás vyfotografuje."

„Jistě, otče. Vaše přání je i mým přáním." Když pak pózovala pro mnoho snímků, její nádherné oči si nadále uchovávaly neměnný božský jas.

Nadešel čas hostiny. Ánandamají Má seděla na složené dece vedle jedné žačky, která ji krmila. Poslušně jako dítě polykala světice jídlo, které jí bylo vkládáno do úst. Nebylo možné přehlédnout, že pro Blaženou Matku není mezi pálivým kari a sladkostmi žádného rozdílu!

Když se přiblížil soumrak, odcházela světice se svou družinou uprostřed deště růžových plátků a zdviženýma rukama žehnala malým chlapcům. Tváře jim zářily pohnutím, které v nich během své návštěvy samovolně probudila.

„Miluj Hospodina, Boha svého, z celého svého srdce, z celé své duše, z celé své mysli a z celé své síly," prohlásil Kristus. „To je první přikázání."[3]

Ánandamají Má zanechala všech nižších vztahů a svou věrnost nabízí jedině Bohu. Nikoli pedantskými rozepřemi s učenci, ale sebejistou logikou víry vyřešila tato nevinně dětská světice jediný problém lidského života – jak navázat jednotu s Bohem.

---

[2] Ánandamají Má o sobě nehovoří v první osobě. Namísto toho používá skromná opisná vyjádření jako „toto tělo", „tato dívka" nebo „vaše dcera". Stejně tak o nikom nemluví jako o svém „žáku". S nadosobní moudrostí zahrnuje rovným dílem všechny lidské bytosti božskou láskou Vesmírné Matky.

[3] Marek 12,30

Paramahansa Jógánanda se svými společníky při návštěvě Tádž Mahálu, „snu z mramoru" (1936)

Člověk zapomněl na tuto strohou, absolutní prostotu, kterou nyní znesnadňuje milion komplikací. Národy se vyhýbají monoteistické lásce ke Stvořiteli a svou nevíru zakrývají úzkostlivým respektem před vnějšími svatyněmi dobročinnosti. Lidumilná gesta mají svou hodnotu, neboť na okamžik odvádějí pozornost člověka od sebe samého; neosvobozují jej však od jeho prvořadé povinnosti v životě, o níž hovoří Ježíš jako o „prvním přikázání". Ten povznášející závazek milovat Boha na sebe člověk bere s prvním vdechnutím vzduchu, jejž mu nezištně poskytuje jeho jediný Dobrodinec.[4]

Po návštěvě v Ráňčí jsem měl příležitost spatřit Ánandamají Má ještě jednou. Bylo to o pár měsíců později, když uprostřed svých učedníků stála na nástupišti šrírampurského nádraží a čekala na vlak.

„Odjíždím do Himálaje, otče," řekla mi tehdy. „Laskaví lidé nám postavili poustevnu v Déhrádúnu."

[4] „Mnozí cítí nutkání vytvářet stále nový a lepší svět. Než abyste nechávali své myšlenky zabývat se takovými záležitostmi, soustřeďte se na To, v jehož kontemplaci lze dosáhnout dokonalého míru. Je povinností člověka stát se hledačem Boha, Pravdy." Ánandamají Má

Bengálská „Matka prostoupená radostí"

Když nastupovala, s úžasem jsem sledoval, že ať se nacházela uprostřed davu, ve vlaku, na hostině či jen tiše seděla, její zrak se nikdy neodvrátil od Boha.

Ve svém nitru dosud slyším její hlas, tu nezměrně sladkou ozvěnu: „Hleďte, teď i provždy v jednotě s věčným Bohem, jsem stále tatáž."

KAPITOLA 46

Jogínka, která nikdy nejí

„Kam vyrazíme dnes?" Pan Wright, který řídil naši fordku, odvrátil zrak od silnice jen na tak dlouho, aby na mě stačil tázavě zamrkat. Většinou neměl tušení, kterou část Bengálska se další den vydá objevovat.

„Dá-li Bůh," odvětil jsem se zbožným nadšením, „spatříme dnes osmý div světa – světici, která je živa pouze ze vzduchu!"

„Divy se opakují – už jsme navštívili Terezii Neumannovou." Přesto se pan Wright dychtivě zasmál a šlápl na plyn. Další dávka nevšednosti pro jeho cestovní deník! Takový mu musí závidět každý běžný turista!

Školu v Ráňčí jsme nechali za sebou. Vstávali jsme ještě před svítáním a kromě mého tajemníka s námi cestovali ještě tři bengálští přátelé. Hltali jsme doušky opojného vzduchu, toho přirozeného jitřního vína. Náš řidič se obezřetně proplétal mezi časnými rolníky a dvoukolovými kárami, líně taženými hrbatými voly, kteří měli sklon se přetahovat s plechovým troubícím vetřelcem o cestu.

„Rádi bychom se o té zvláštní světici dozvěděli víc."

„Jmenuje se Giribála," informoval jsem své společníky. „Poprvé jsem o ní slyšel před mnoha lety od vzdělaného džentlmena Sthitilála Nandího. Často jezdil do našeho domu na Garparské ulici vyučovat mého bratra Bišnua.

,Dobře Giribálu znám,' vyprávěl mi tehdy Sthitibábu. ,Používá jistou jógovou techniku, díky níž dokáže žít bez potravy. Bydlela nedaleko od nás v Navábgaňdži u Ičchápuru.[1] Záměrně jsem ji bedlivě sledoval; nikdy jsem však nezaznamenal jediný náznak, že by něco pozřela či vypila. Moje zaujetí nakonec dosáhlo takové míry, že jsem navštívil mahárádžu z Bardvánu[2] a požádal ho, aby dal věc prozkoumat. Mé vyprávění ho zaujalo natolik, že ji pozval do svého paláce. Souhlasila se

---

[1] v severním Bengálsku
[2] Jeho Výsost sir Bidžajčand Mahtáb; rodina tohoto již zesnulého mahárádži jistě vlastní záznamy o oněch třech zkouškách, kterým Giribálu podrobil.

zkouškou a dva měsíce žila zamčená v malém křídle jeho sídla. Později se vrátila na dalších dvacet dní a nakonec ještě na třetí, patnáctidenní zkoušku. Mahárádža mi sám řekl, že ho tato přísná pozorování nade vší pochybnost přesvědčila o její výjimečné schopnosti.'

Jeho vyprávění mi zůstalo v paměti přes pětadvacet let," řekl jsem na závěr. „V Americe jsem si občas říkal, jestli tuto jóginí[3] neodplaví řeka času dřív, než se s ní budu moci setkat. Teď už jí musí být hodně let. Ani nevím, kde a jestli vůbec žije. Za pár hodin však dorazíme do Purulije, kde bydlí její bratr."

O půl jedenácté už naše skupinka hovořila se zmíněným bratrem, jímž byl purulijský právník Lambódar Dé.

„Ano, má sestra stále žije. Někdy pobývá u mě, ale momentálně se zdržuje v našem rodinném domě v Biuru." Lambódar Bábu se pochybovačně zadíval na naši fordku. „Svámídží, nemyslím si, že se nějakému automobilu kdy podařilo proniknout tak hluboko do bengálského vnitrozemí. Možná bude nejlepší, když se smíříte s kodrcáním v buvolím povoze."

Celá naše výprava však jednohlasně odpřisáhla věrnost chloubě Detroitu.

„Tato fordka přijela až z Ameriky," řekl jsem právníkovi. „Byla by škoda připravit ji o možnost nahlédnout do srdce Bengálska."

„Ať vás tedy provází Ganéša!"[4] zasmál se Lambódar Bábu a vzápětí zdvořile dodal: „Pokud se tam skutečně dopravíte, pak jsem si jist, že vás Giribála ráda přivítá. Brzy jí bude sedmdesát, ale stále se těší výtečnému zdraví."

„Povězte mi, je skutečně pravda, že nic nejí?" Pohlédl jsem mu zpříma do očí, těch výmluvných oken do duše.

„Je to pravda." Jeho pohled byl otevřený a čestný. „Po více než padesát let jsem ji neviděl pozřít jediné sousto. I kdyby náhle nastal konec světa, nepřekvapilo by mě to víc než vidět, jak má sestra jí!"

Společně jsme se zasmáli nepravděpodobnosti obou těchto kosmických událostí.

„Giribála se své jógové praxi nikdy nevěnovala v nepřístupné samotě," pokračoval Lambódar Bábu. „Celý život prožila v kruhu rodiny a přátel. Všichni už si na její zvláštní stav zvykli a pro všechny by bylo

---

[3] jogínku
[4] „ten, který odstraňuje překážky," bůh štěstěny

ohromným překvapením, kdyby se Giribála náhle rozhodla něco sníst. Sestra je přirozeně skromná, jak se na hinduistickou vdovu sluší, ale všichni její blízcí v Puruliji i v Biuru dobře vědí, že je to žena do slova a do písmene výjimečná."

Bratrova upřímnost byla zcela neskrývaná. Srdečně jsme mu poděkovali a vydali se do Biuru. V pouličním stánku jsme se zastavili na kari a *luči*. čímž jsme k sobě přilákali houf drobotiny, která si nenechala ujít pohled na to, jak se pan Wright snaží po indickém způsobu jíst holýma rukama.[5] Byli jsme při chuti, a tak jsme se řádně posilnili před nadcházejícím odpolednem, o němž jsme ovšem v tu chvíli ještě netušili, jak bude úmorné.

Naše cesta teď směřovala na východ přes vyprahlá rýžoviště do bardhamánské části Bengálska. Ujížděli jsme po cestách lemovaných hustou vegetací; ze stromů, jejichž větve se nad námi klenuly jako deštníky, se linul zpěv loskutáků a bulbulů s pruhovanými hrdly. Tu a tam se ozvalo rytmické „rini rini mandžu mandžu", to když zavrzala okovaná dřevěná kola na nápravách buvolích povozů, jež vzbuzovaly příkrý kontrast se svištěním pneumatik automobilů na aristokratickém asfaltu měst.

„Dicku, zastavte!" Můj náhlý povel přiměl fordku k nesouhlasnému škubnutí. „Ten obtěžkaný mangovník nás přímo volá k sobě!"

Jako pět malých kluků jsme se vrhli na zem posetou mangy; strom své plody velkoryse shodil, jen co dozrály.

„Manga mnohý plod na tento svět vchází," parafrázoval jsem jistého anglického básníka, „jen aby nikým nespatřen svou sladkou vůni na kamenité zemi promarnil."

„O něčem takovém si v Americe můžete jen nechat zdát, viďte, svámídží," zasmál se Šaileš Mazumdár, jeden z mých bengálských žáků.

„To tedy ano," připustil jsem napěchovaný ovocem a uspokojením. „Manga mi na Západě opravdu chyběla! Hinduistický ráj bez manga je sotva myslitelný!"

Vzal jsem kámen a shodil hrdého krasavce z nejvyšší větve.

„Dicku," zeptal jsem se mezi dvěma sousty tohoto nebeského pokrmu ohřátého tropickým sluncem, „jsou všechny fotoaparáty v autě?"

„Ano, leží vzadu v kufru."

---

[5] Šrí Juktéšvar říkával: „Bůh nám dal plody dobré země. Rádi se na své jídlo díváme, čicháme k němu, chutnáme ho – a Indové se ho i rádi dotýkají." A jsou-li u jídla sami, rádi mu i naslouchají!

„Pokud se ukáže, že Giribála je opravdová světice, chci o ní na Západě napsat. Indická jogínka s tak pozoruhodnými schopnostmi nesmí žít a zemřít nepoznána – jako většina těchto mangových plodů."

O půl hodiny později jsem se ještě stále procházel po tomto rajsky poklidném místě.

„Pane," poznamenal pan Wright, „měli bychom ke Giribále dorazit před setměním, aby bylo dost světla na pořízení fotografií." Pak s úsměškem dodal: „Lidé na Západě jsou hodně skeptičtí; nemůžeme čekat, že budou zprávám o té ženě věřit bez jediného obrázku!"

Na této úvaze bylo něco nepopiratelného; obrátil jsem se proto zády k pokušení a nasedl do auta.

„Máte pravdu, Dicku," povzdychl jsem si, když jsme opět uháněli krajinou. „Obětuji tento mangový ráj na oltář západního realismu. Fotografie prostě mít musíme!"

Cesta začínala být čím dál sešlejší: vrásky z vyjetých kolejí, puchýře ze zatvrdlé hlíny – smutné to neduhy stáří. Občas jsme museli vysednout, aby pan Wright mohl snadněji manévrovat s fordkou, kterou jsme my čtyři zezadu tlačili.

„Lambódar Bábu měl pravdu," uznal Šaileš. „To auto nás na místo nedopraví; spíš ho tam dopravíme my!"

Naše motoristické galeje s neustálým vystupováním a nastupováním nám tu a tam zpříjemnila nějaká vesnička, z nichž každá byla malebným obrazem prostoty.

„Naše cesta se klikatila palmovými háji mezi starobylými, neporušenými vesnicemi ukrytými ve stínu lesa," poznamenal si pan Wright do svého cestovního deníku s datem 5. května 1936. „Ty shluky hliněných chýší s doškovými střechami a dveřmi zdobenými některým z Božích jmen, jsou vskutku fascinující; kolem si nevinně hrají spousty nahých malých dětí, které němě zírají nebo splašeně prchají před tím obrovským černým vozem bez volů, jenž se bláznivě řítící jejich osadou. Ženy jen vykouknou ze stínů, zatímco muži, líně posedávající pod stromy podél cesty, pod maskou nenucenosti skrývají svou zvědavost. Na jednom místě se všichni vesničané vesele koupali v šatech ve velké vodní nádrži; do suchých šatů se převlékali tak, že si je navlékli a ty mokré pod nimi jednoduše stáhli. Ženy nosily domů vodu v ohromných mosazných džbánech.

Silnice nás vesele naháněla přes kopce i hřebeny; zmítali jsme se ze strany na stranu a nadskakovali nad hrboly a výmoly, brodili se přes potůčky, museli objíždět jeden nedokončený kus cesty a smýkat sebou ve vyschlém písčitém řečišti, až jsme se konečně kolem páté hodiny odpolední ocitli v blízkosti našeho cíle. Biur, víska v srdci bánkurského okresu, skrytá v hustém listoví, je prý v období dešťů cestovatelům nepřístupná, protože potoky se promění v divoké bystřiny a cesty plivají bahno jako hadi svůj jed.

Cestou jsme narazili na skupinu věřících, kteří se vraceli domů z modlitby, k níž se sešli na poli pod širým nebem. Když jsme je požádali, zda by nám někdo z nich mohl dělat průvodce, oblehlo nás tucet spoře oděných mládenců, kteří se z obou stran pověsili na auto, dychtiví dovést nás ke Giribále.

Cesta vedla k háji datlových palem, v jejichž stínu stálo několik hliněných chýší, ale ještě než jsme k němu stačili dojet, fordka se na okamžik naklonila v nebezpečném úhlu, vymrštila se a dopadla na zem. Úzká cesta se vinula mezi stromy a kolem rybníka, přes hluboké vyježděné brázdy a výmoly. Automobil nejprve uvízl v hustém křovisku a pak zase na pahorku, odkud ho bylo nutno vyprostit. Postupovali jsme vpřed jen pomalu a s velkou opatrností; znenadání se nám do cesty postavil křovinatý podrost, který si vynutil objížďku po strmém svahu vedoucí dolů až na dno vyschlé vodní nádrže; vyprošťování z něj se neobešlo bez pomoci teslic a lopat. Znovu a znovu se cesta zdála neprůjezdná, ale naše pouť se nesměla zastavit: ochotní mládíci přinesli rýče a za přihlížení stovek dětí a jejich rodičů (s požehnáním Ganéši) odstraňovali překážky.

Zakrátko jsme si už razili cestu dvěma kolejemi vyjetými snad už od starověku. Ženy na nás ze dveří hliněných chýší zíraly s očima dokořán, muži nás doprovázeli zboku i zezadu a děti cupitaly za nimi, čímž celé procesí ještě nabývalo. Náš automobil byl zřejmě vůbec první, jenž se na těchto cestách kdy objevil. ‚Odborový svaz volských potahů' tu zřejmě vládne pevnou rukou! Způsobili jsme hotové pozdvižení – družina pilotovaná Američanem a klestící si cestu ve funícím voze přímo přes jejich vesnickou tvrz, jež se odvážila narušit jejich pradávné, posvátné soukromí.

Zastavili jsme v úzké uličce asi třicet metrů od rodového stavení, v němž žila Giribála. Po všech těch silničních peripetiích korunovaných drsnou cílovou rovinkou jsme se chvěli pocitem zadostiučinění. Došli jsme k velkému, jednopatrovému domu z cihel a malty, který čněl nad

Jogínka, která nikdy nejí

okolními hliněnými chatrčemi. Dům byl právě opravován, jak prozrazovalo typicky tropické lešení z bambusových kmenů.

V horečném očekávání a s potlačovaným jásotem jsme stanuli před otevřenými dveřmi té, jíž Boží dotek navždy zbavil hladu. Vesničané – staří i mladí, nazí i odění, ženy postávající nesměle opodál, avšak očividně zvědavé, muži a chlapci bez rozpaků se nám lepící na paty a přihlížející tomu nevídanému výjevu – ti všichni tu teď stáli s námi s vyjevenýma očima.

Zakrátko se ve dveřích objevila drobná postava – Giribála! Byla zahalena do roucha z vybledlého, zlatavého hedvábí. Typicky indickým způsobem k nám učinila několik nesmělých, zdráhavých kroků a vykoukla na nás zpod horního záhybu svého podomácku tkaného sárí. Oči jí zářily jako doutnající uhlíky ze stínu závoje, který jí zakrýval hlavu. Byli jsme okouzleni její tváří, z níž vyzařovala dobrota a Seberealizace bez nejmenší stopy pozemského lpění.

Pokorně k nám přistoupila a mlčky svolila, abychom s ní pořídili několik záběrů s pomocí aparátů na „nehybné i pohyblivé obrázky".[6] Trpělivě a plaše přestála všechno naše fotografické aranžování a nasvěcování. Nakonec se nám pro příští generace podařilo několikrát zvěčnit jedinou ženu na světě, o níž je známo, že žila přes padesát let bez jídla a pití. (Terezie Neumannová se postila teprve od roku 1923.) Výraz Giribály byl nanejvýš mateřský, když před námi stála zcela zahalená do svého splývavého roucha, takže z jejího těla nebylo vidět nic než tvář se sklopenýma očima, ruce a drobná chodidla. Její obličej se vyznačoval neobyčejnou vyrovnaností a neposkvrněným klidem – širokými, dětskými, chvějícími se rty, ženským nosem, úzkýma, zářivýma očima a tklivým úsměvem."

S dojmy pana Wrighta jsem se plně ztotožňoval: aura duchovnosti ji halila jako jemně zářící závoj. Učinila přede mnou *pranám*, jímž se tradičně rodinný člověk klaní mnichovi. Její prostý půvab a tichý úsměv nás uvítaly mnohem výřečněji než medová slova: v ten okamžik jsme zapomněli na celou tu strastiplnou, prašnou cestu, která nás zavedla až sem.

---

[6] Pan Wright nafilmoval také Šrí Juktéšvara při jeho poslední slavnosti zimního slunovratu ve Šrírampuru.

Drobná světice se posadila se zkříženýma nohama na verandu. Ač se na ní již podepisoval věk, nevypadala vyzáble; její olivová pleť si uchovávala viditelný a zdravý lesk.

„Matko," řekl jsem bengálsky, „na tuto pouť jsem se těšil přes pětadvacet let! O vašem svatém životě jsem se dozvěděl od Sthitilála Nandího."

Světice přikývla. „Ano, to je můj dobrý soused z Navábgaňdže."

„Během těch let jsem se plavil přes oceány, ale nikdy jsem se nevzdal svého úmyslu, že vás jednou navštívím. Božské drama, které zde tak nenápadně sehráváte, by mělo vyjít na světlo světa, který dávno zapomněl na vnitřní božský pokrm."

Světice na okamžik zvedla zrak a s nevzrušeným zájmem se usmála.

„Bába (ctěný otec) ví nejlépe," odvětila pokorně.

Byl jsem rád, že se neurazila; u joginů a joginek člověk nikdy neví, jak na zmínku o publicitě zareagují. Zpravidla se jí vyhýbají a touží v tichosti pokračovat v hlubokém zkoumání duše. Až nadejde vhodný čas, sami dostanou vnitřní svolení svůj život odhalit pro dobro hledajících.

„Matko," pokračoval jsem, „jistě mi potom odpustíte, když vás zahrnu otázkami. Zodpovězte prosím jen ty, které uznáte za vhodné. Pochopím i vaše mlčení."

Půvabně rozhodila rukama. „Ráda odpovím, pokud může tak bezvýznamná osoba jako já dát uspokojivé odpovědi."

„Bezvýznamná rozhodně ne!" ohradil jsem se upřímně. „Jste velká duše."

„Jsem jen pokorná služebnice všech," řekla a pak překvapivě dodala: „Moc ráda vařím a hostím lidi."

Zvláštní záliba pro světici, která nejí, pomyslel jsem si.

„Povězte mi, Matko, svými vlastními ústy – opravdu žijete bez potravy?"

„Je to tak." Na okamžik se odmlčela. Její další slova prozradila, že v duchu zápasila s čísly. „Od svých dvanácti let a čtyř měsíců až do nynějších osmašedesáti let, tedy přes padesát šest let, jsem nic nepozřela ani nevypila."

„Necítíte někdy pokušení něco sníst?"

„Kdybych měla chuť na jídlo, musela bych se najíst," vyslovila prostě a přece královsky onu axiomatickou pravdu, až příliš dobře známou světu, jenž se točí okolo tří jídel denně!

„Něco přece jíst musíte!" V mém tónu zazněla nota protestu.

Jogínka, která nikdy nejí

„Ale ovšem!" Usmála se s okamžitým porozuměním.

„Vaše výživa pochází z jemnějších energií vzduchu, slunečního světla[7] a kosmické síly, které nabíjí vaše tělo přes prodlouženou míchu."

„Bába ví," přikývla opět klidně a nevzrušeně.

„Matko, povězte mi prosím něco o svém mládí. Bude to zajímat celou Indii, a dokonce i naše bratry a sestry za mořem."

Giribála odložila svou obvyklou rezervovanost a přešla do hovornější nálady.

„Dobrá tedy." Její hlas byl hluboký a pevný. „Narodila jsem se v tomto lesnatém kraji. Mé dětství se nevyznačovalo ničím zvláštním, až na neukojitelnou chuť k jídlu. Asi v devíti letech mě zasnoubili. ,Dítě,' varovala mě často má matka, ,snaž se svou nenasytnost krotit. Až přijde čas a budeš žít mezi cizími lidmi v rodině tvého manžela, co si o tobě pomyslí, když budeš trávit celé dny u jídla?'

Pohroma, kterou předpověděla, skutečně nastala. Bylo mi teprve dvanáct, když jsem se přestěhovala k manželově rodině do Navábgaňdže. Tchyně mě za můj zlozvyk plísnila ráno, v poledne i večer. Její výtky však byly skrytým požehnáním; probudily totiž mé dřímající duchovní sklony. Jednoho rána už byl její výsměch k nesnesení.

,Brzy vám dokážu,' řekla jsem, raněná na tom nejcitlivějším místě, ,že dokud budu živa, už se jídla nedotknu.'

Tchyně se pohrdavě zasmála. ,Vážně? Jak chceš žít bez jídla, když neumíš žít bez přejídání?'

---

[7] „Živíme se zářením; naše potrava jsou kvanta energie," prohlásil dr. George W. Crile z Clevelandu na shromáždění lékařů 17. května 1933 v Memphisu. Z jeho proslovu bylo mimo jiné zaznamenáno následující:
„Toto veledůležité záření, které uvolňuje proud do elektrického obvodu těla, tj. nervové soustavy, je do naší potravy dodáváno slunečními paprsky. Dr. Crile tvrdí, že atomy jsou miniaturní sluneční soustavy, jakési akumulátorové cívky naplněné slunečním zářením. Bezpočet těchto atomů plných energie přijímáme jako potravu. V lidském těle se tyto nosiče napětí (tj. atomy) vybijí v protoplazmě a jejich uvolněné záření nám dodá novou chemickou energii, nový elektrický proud. ,Vaše tělo se skládá z takových atomů,' řekl dr. Crile. ,Ony jsou vaše svaly, mozek i oči, uši a další smyslové orgány.'"
Jednou vědci přijdou na to, jak může člověk žít přímo ze sluneční energie. „Jedinou známou látkou v přírodě, která dokáže fungovat jako lapač slunečního světla, je chlorofyl," napsal v *New York Times* William L. Laurence. „Chlorofyl odchytává energii slunečního světla a ukládá ji v rostlinné tkáni. Bez toho by život nemohl existovat. Energii, kterou potřebujeme k životu, získáváme ze sluneční energie uložené v rostlinné potravě, kterou konzumujeme, nebo z masa zvířat, která se rostlinami živí. Energie, kterou získáváme z uhlí či ropy, je sluneční energie zachycená chlorofylem v rostlinách před miliony let. Žijeme ze slunce s pomocí chlorofylu."

Autobiografie jogína

GIRIBÁLA, SVĚTICE, KTERÁ NEJÍ
S pomocí jisté jógové techniky nabíjí tato světice své tělo kosmickou energií z éteru, slunce a vzduchu. „Nikdy jsem nebyla nemocná," tvrdí Giribála. „Spím velice málo, neboť spánek a bdění je pro mne totéž."

Na tu poznámku jsem neměla odpověď. Do mého srdce však vstoupilo železné odhodlání. O samotě jsem se pak obrátila na svého Nebeského Otce.

‚Pane,' modlila jsem se bez ustání, ‚sešli mi prosím gurua, který mě naučí žít místo z jídla jen z tvého světla.'

Náhle se mě zmocnilo vytržení. V blaženém opojení jsem se vydala k navábganžskému ghátu u Gangy. Cestou jsem potkala kněze manželovy rodiny.

‚Ctihodný pane,' naléhala jsem na něj s důvěrou, ‚prozraďte mi prosím, jak žít bez jídla.'

Mlčky se na mě zadíval. Nakonec řekl, aby mě utěšil: ,Přijď dnes večer do chrámu, dítě. Vykonám za tebe zvláštní védský obřad.'

Tato nejasná odpověď nebyla, co jsem hledala. Pokračovala jsem tedy ke ghátu. Ranní slunce pronikalo pod vodní hladinu. Očistila jsem se v Ganze, jako bych se připravovala na nějaké posvátné zasvěcení. Když jsem od břehu odcházela zavinutá do mokré látky, zhmotnil se přede mnou v jasném denním světle můj mistr.

,Maličká,' řekl mi hlasem plným laskavého soucitu, ,jsem guru, kterého ti Bůh seslal na tvou naléhavou modlitbu. Byl hluboce dojat její velmi nezvyklou povahou! Ode dneška budeš živa jen z astrálního světla. Atomy tvého těla bude dobíjet nevyčerpatelný proud.'"

Giribála se odmlčela. Vzal jsem tužku a blok pana Wrighta a napsal mu pár poznámek v angličtině.

Po chvíli světice svým jemným, sotva slyšitelným hlasem pokračovala ve vyprávění. „Ghát byl liduprázdný, ale guru kolem nás rozprostřel auru ochranného světla, aby nás později nerušil nikdo z těch, kdo se přijdou vykoupat. Pak mě zasvětil do *krije*, která osvobozuje tělo od závislosti na hmotné potravě smrtelníků. Tato technika zahrnuje použití jisté *mantry*[8] a dechového cvičení, jehož obtížnost přesahuje možnosti běžného člověka. Není v tom žádné kouzlo ani magie; jen *krija.*"

Po způsobu amerických reportérů, kteří mě této proceduře nevědomky naučili, jsem se Giribály vyptával na mnoho věcí, o nichž jsem se domníval, že budou svět zajímat. Kousek po kousku se mi od ní podařilo získat tyto informace:

---

[8] Mocná vibrační průpověď. Doslovný překlad sanskrtského výrazu *mantra* je „nástroj myšlení". Označuje „ideální, neslyšitelné zvuky, které představují jistý aspekt stvoření; *mantra* pronesená v podobě slabik tvoří univerzální pojmosloví." (Websterův nový mezinárodní slovník, 2. vydání) Nekonečná moc zvuku je odvozena od óm, „Slova" či tvůrčího chvění kosmického Motoru.

Stav, jehož Giribála dosáhla, je jednou z jogínských schopností popsaných v Pataňdžaliho *Jógasútrách* 3,31. Giribála používá určité dechové cvičení, které působí na *višuddha čakru*, páté centrum jemných energií umístěné v páteři. *Višuddha čakra* se nachází v krku a ovládá pátý prvek – *ákášu* neboli éter, jenž vyplňuje prostor uvnitř atomů tělesných buněk. Soustředění na tuto čakru umožňuje jogínům žít z éterické energie.

Terezie Neumannová nežije z hmotné potravy ani nepraktikuje žádnou exaktní techniku jógy. Vysvětlení je ukryto ve složitostech osobní karmy. Bytosti jako Terezie Neumannová a Giribála mají za sebou mnoho životů zasvěcených Bohu, avšak projevují se odlišnými způsoby. Z křesťanských světic, které žily bez potravy (a byly též nositelkami stigmat) lze vzpomenout svatou Lidwinu, svatou Alžbětu od Nejsvětější Trojice, svatou Kateřinu Sienskou, Dominicu Lazarri, svatou Andělu z Foligna nebo Louise Lateauovou, která žila v 19. století. Svatý Mikuláš z Flüe (bratr Klaus, poustevník žijící v 15. století, jehož úpěnlivá modlitba za jednotu zachránila Švýcarskou konfederaci) nejedl dvacet let.

„Nikdy jsem neměla děti; před mnoha lety jsem ovdověla. Spím velice málo, neboť spánek a bdění je pro mě totéž. V noci medituji a ve dne se starám o domácnost. Změny ročních období pociťuji jen málo. Nikdy mi nebylo špatně a nikdy jsem nestonala. Když se náhodou poraním, cítím jen mírnou bolest. Mé tělo nic nevyměšuje. Umím ovládat tep svého srdce i svůj dech. Ve vizích často vídám svého gurua a další velké duše."

„Matko," zeptal jsem se, „proč této metodě, která umožňuje žít bez potravy, neučíte i druhé?"

Má ambiciózní naděje na pomoc pro miliony hladovějících se záhy rozplynula.

„Nemohu," zavrtěla hlavou. „Můj guru mi přísně zakázal toto tajemství odhalit. Nepřeje si zasahovat do dramatu Božího stvoření. Rolníci by mi jistě nepoděkovali, kdybych to učila na potkání! Lahodné ovoce by zbytečně leželo na zemi. Zdá se, že bída, hlad a nemoci jsou jako rány karmického biče, které nás nakonec přimějí hledat pravý smysl života."

„Matko," zeptal jsem se pomalu, „proč jste tedy jako jediná byla vybrána, abyste žila bez potravy?"

„Abych podala důkaz, že člověk je Duch." Její tvář se rozzářila moudrostí. „Abych ukázala, že duchovním pokrokem se může postupně naučit žít z Věčného světla a nikoli z jídla."[9]

Světice se pohroužila do hlubokého meditativního stavu. Její pohled se obrátil do nitra: z laskavých tůní jejích očí se vytratil všechen výraz. Vydala zvláštní vzdech, který předznamenává extatický trans, v němž nastává zástava dechu. Na nějakou chvíli unikla do světa, v němž nejsou žádné otázky, jen ráj vnitřní radosti.

[9] Stav, jehož Giribála dosáhla, je jednou z jogínských schopností popsaných v Pataňdžaliho *Jógasútrách* 3,31. Giribála používá určité dechové cvičení, které působí na *višuddha čakru*, páté centrum jemných energií umístěné v páteři. *Višuddha čakra* se nachází v krku a ovládá pátý prvek – *ákášu* neboli éter, jenž vyplňuje prostor uvnitř atomů tělesných buněk. Soustředění na tuto čakru umožňuje jogínům žít z éterické energie.

Terezie Neumannová nežije z hmotné potravy ani nepraktikuje žádnou exaktní techniku jógy. Vysvětlení je ukryto ve složitostech osobní karmy. Bytosti jako Terezie Neumannová a Giribála mají za sebou mnoho životů zasvěcených Bohu, avšak projevují se odlišnými způsoby. Z křesťanských světic, které žily bez potravy (a byly též nositelkami stigmat) lze vzpomenout svatou Lidwinu, svatou Alžbětu od Nejsvětější Trojice, svatou Kateřinu Sienskou, Dominicu Lazarri, svatou Andělu z Foligna nebo Louise Lateauovou, která žila v 19. století. Svatý Mikuláš z Flüe (bratr Klaus, poustevník žijící v 15. století, jehož úpěnlivá modlitba za jednotu zachránila Švýcarskou konfederaci) nejedl dvacet let.

Jogínka, která nikdy nejí

Padla tropická tma. Světlo malé petrolejové lampy se divoce mihotalo nad hlavami mnoha vesničanů mlčky sedících v šeru. Poletující světlušky a vzdálené olejové lucerny chýší vetkávaly do sametové noci přízračně zářivé vzory. Nadešla hodina bolestného loučení: na naši skupinku čekala pomalá, úmorná cesta.

„Giribálo," řekl jsem, když světice opět otevřela oči, „dejte mi prosím na památku proužek z vašeho *sárí*."

Brzy se vrátila s kouskem benáreského hedvábí, a když mi jej podávala, padla přede mnou na zem.

„Matko," řekl jsem se zbožnou úctou, „dovolte raději vy mně, abych se dotkl vašich svatých nohou!"

KAPITOLA 47

Vracím se na Západ

„Vyučoval jsem už jógu mnohokrát v Indii i v Americe; musím však přiznat, že jako Ind jsem neobyčejně šťasten, když mohu vést výuku pro anglické studenty."

Účastníci mých londýnských přednášek se uznale zasmáli; žádné politické bouře nikdy nedokázaly narušit náš jógový mír.

Indie byla pro mne nyní už jen hýčkanou vzpomínkou. Píše se září roku 1936; pobývám v Anglii, abych splnil slib daný o šestnáct měsíců dříve, že budu opět přednášet v Londýně.

I Anglie je k nadčasovému poselství jógy vnímavá. V mém apartmá hotelu Grosvenor House se to hemžilo reportéry a kameramany filmových týdeníků. Britská národní rada Světového společenství náboženských vyznání uspořádala 29. září setkání v kostele kongregační církve ve Whitefieldu, kde jsem promluvil na závažné téma „Jak může víra ve společenství zachránit civilizaci". Mé pravidelné přednášky o osmé v Caxton Hall lákaly takové davy, že po dva večery museli ti, kdo se nedostali dovnitř, čekat v auditoriu Windsor House na mou druhou přednášku o půl desáté. Kurzy jógy se v následujících týdnech tak rozrostly, že byl pan Wright nucen zařídit jejich přesun do většího sálu.

Co se duchovní věrnosti týče, projevuje se anglická houževnatost až obdivuhodně. Londýnští žáci jógy založili po mém odjezdu ze svého vlastního podnětu centrum Self-Realization Fellowship a po všechna trpká válečná léta se každý týden scházeli na pravidelných meditačních setkáních.

Týdny strávené v Anglii byly nezapomenutelné: nejprve jsme objevovali Londýn, pak cestovali po malebném venkově. S panem Wrightem a naší spolehlivou fordkou jsme navštěvovali rodiště a hrobky velkých básníků i hrdinů britských dějin.

Koncem října vyplula naše nepočetná výprava na parníku *Bremen* ze Southamptonu do Ameriky. Pohled na majestátní Sochu svobody v newyorském přístavu v nás vzbudil radostné dojetí.

Vracím se na Západ

Fordka, ač poněkud otlučená z cest po dávných krajinách, byla stále při síle; teď s námi uháněla přes celý kontinent až do Kalifornie. Koncem roku 1936 jsme konečně spatřili náš domov na Mount Washingtonu. Svátky na konci roku se v losangeleském centru slaví každý rok 24. prosince (v den duchovních Vánoc)[1] osmihodinovou skupinovou meditací, po níž se následující den pořádá slavnostní banket (společenské Vánoce). Oslavy onoho roku byly ozvláštněny přítomností drahých přátel a žáků ze vzdálených měst, kteří přijeli přivítat tři navrátivší se světoběžníky.

Vánoční hostina zahrnovala pochoutky, které pro tuto radostnou příležitost urazily plných čtyřiadvacet tisíc kilometrů: houby *gučchi* z Kašmíru, konzervované *rasagully* a mangovou dřeň, sušenky *pápar* a olej z květů indického pandánu neboli *kévary* na ochucení zmrzliny. Večer jsme se shromáždili kolem velikého rozsvíceného vánočního stromu, zatímco v krbu opodál praskala polínka vonného cypřiše.

Čas na dárky! Tentokrát pocházely ze všech koutů světa – z Palestiny, Egypta, Anglie, Francie i Itálie. Jak pracně přepočítával pan Wright na každém hraničním přechodu kufry, aby se žádná nenechavá ruka nezmocnila pokladů určených pro naše blízké v Americe! Upomínkové plakety z posvátného olivovníkového dřeva ze Svaté země, jemné krajky a výšivky z Belgie a Holandska, perské koberce, jemně tkané kašmírské šály, podnosy z věčně vonícího santálového dřeva z Maisúru, Šivovy kameny zvané „buvolí oko" z Centrálních provincií, mince dávno zašlých indických dynastií, šperkované vázy a číše, miniatury, tapisérie, chrámové kadidlo a parfémy, potištěná, ručně tkaná bavlněná sukna, předměty z lakovaného dřeva, maisúrské slonovinové řezby, perské střevíce s všetečnými dlouhými špičkami, starobylé iluminované rukopisy, samet, brokát, gándhíovské čapky, keramika, kachlíky, mosazné předměty, modlitební koberečky – kořist ze tří světadílů!

[1] Od roku 1950 se tato celodenní meditace koná 23. prosince. Tímto způsobem slaví Vánoce členové Self-Realization Fellowship po celém světě a věnují tak ve svých domovech, chrámech a centrech SRF jeden den vánočních svátků hluboké meditaci a modlitbě. Mnozí z nich dosvědčují, že dodržování tohoto zvyku, který zavedl Paramahansa Jógánanda, jim přineslo velkou duchovní pomoc a požehnání.

Paramahansadží také v centru na Mount Washingtonu zřídil modlitební radu, která tvoří jádro celosvětového modlitebního kruhu SRF a která každý den vede modlitby za všechny, kdo požádají o pomoc při řešení či odstranění nějakého svého problému. *(pozn. nakl.)*

Jeden po druhém jsem rozdával pestrobarevné balíčky z obrovské hromady pod stromem.

„Sestra Džňánamáta!" Podal jsem podlouhlou krabici andělské americké dámě s půvabnou tváří a hlubokou realizací, která se za mé nepřítomnosti starala o centrum na Mount Washingtonu. Z papíru vybalila *sárí* ze zlatého benáreského hedvábí.

„Děkuji vám. Jako by se mi před očima zjevila celá nádhera Indie!"

„Pan Dickinson!" Další balíček obsahoval dárek, který jsem pořídil na kalkatském bazaru. „Tohle se bude líbit panu Dickinsonovi," pomyslel jsem si tenkrát. Můj drahý žák E. E. Dickinson byl přítomen na každé vánoční oslavě od založení centra na Mount Washingtonu v roce 1925.

Na tomto jedenáctém výročním setkání stál přede mnou a rozvazoval stuhu na svém balíčku.

„Stříbrný pohár!" Přemáhán dojetím zíral na svůj dárek – protáhlou stříbrnou číši. Posadil se stranou a byl jako omámen. Vřele jsem se na něj usmál a znovu se ujal role Santa Clause.

Večer plný dojatých výkřiků zakončila modlitba k Dárci všech darů, po níž následoval společný zpěv vánočních koled.

O něco později jsme se s panem Dickinsonem dali do řeči.

„Pane," řekl, „dovolte mi, abych vám konečně poděkoval za tu stříbrnou číši. Prve u vánočního stromu jsem nebyl schopen slova."

„Přivezl jsem ten dárek speciálně pro vás."

„Třiačtyřicet let jsem na ten stříbrný pohár čekal! Je to dlouhý příběh, který jsem v sobě celou tu dobu ukrýval." Pan Dickinson na mě plaše pohlédl. „Jeho začátek byl dramatický: topil jsem se. Starší bratr mě tehdy v jednom nebraském městečku z legrace strčil do čtyři metry hlubokého rybníka. Bylo mi teprve pět. Když jsem se podruhé nořil pod hladinu, objevilo se náhle oslnivé, mnohobarevné světlo a zaplnilo celý prostor. Uprostřed stála postava muže s klidnýma očima a konejšivým úsměvem. Mé tělo se potřetí potopilo pod hladinu, když vtom jeden z bratrových kamarádů ohnul vysokou tenkou vrbu a já se jí dokázal svými zoufalými prsty zachytit. Chlapci mě vytáhli na břeh a poskytli mi první pomoc.

Dvanáct let poté jsem jako sedmnáctiletý mladík navštívil se svou matkou Chicago. Bylo to v září roku 1893 a právě zasedal velký Světový parlament náboženství. Šli jsme zrovna po hlavní třídě, když jsem opět spatřil onen mocný záblesk. Pár kroků od nás nenuceně kráčel tentýž muž, kterého jsem před lety spatřil ve vidění. Došel k velkému přednáškovému sálu a zmizel ve dveřích.

,Mami,' zvolal jsem, ,to je ten muž, který se mi zjevil, když jsem se topil!'

Spěchali jsme do budovy. Ten muž tam seděl na pódiu. Brzy jsme se dozvěděli, že je to Svámí Vivékánanda[2] z Indie. Když skončil svou řeč, která pronikala hluboko do duše, vykročil jsem za ním. Vlídně se na mě usmál, jako bychom byli staří přátelé. Byl jsem mladý, a tak jsem nevěděl, jak vyjádřit své pocity, ale v hloubi srdce jsem doufal, že se stane mým učitelem. Četl mi myšlenky a pravil:

,Nikoli, synu, já nejsem tvůj guru.' Vivékánanda se do mých očí zahleděl svým krásným, pronikavým pohledem. ,Tvůj učitel přijde až později. Daruje ti stříbrnou číši.' Po krátké odmlce s úsměvem dodal: ,Vylije na tebe víc požehnání, než jsi nyní schopen pojmout.'

Po pár dnech jsem z Chicaga odjel," pokračoval pan Dickinson, „a nikdy už jsem velkého Vivékánandu nespatřil. Každé slovo, které pronesl, se však nesmazatelně zapsalo do mého nejniternějšího vědomí. Léta míjela a žádný učitel se neobjevoval. Jednou v noci, to bylo v roce 1925, jsem se vroucně modlil, aby mi Bůh seslal gurua. Pár hodin nato mě ze spánku probudily tiché tóny jakési melodie. Před mým zrakem se zjevila skupina nebeských bytostí s flétnami a dalšími nástroji. Andělé zaplnili vzduch nádhernou hudbou a pak se pomalu rozplynuli.

Následující den jsem se poprvé zúčastnil jedné z vašich večerních přednášek zde v Los Angeles a poznal jsem, že má modlitba byla vyslyšena."

Mlčky jsme se na sebe usmáli.

„Už jedenáct let jsem vaším žákem *krijájógy*," pokračoval pan Dickinson. „Občas jsem si na ten stříbrný pohár vzpomněl; skoro se mi podařilo sebe samého přesvědčit, že Vivékánandova slova byla myšlena obrazně.

Ale když jste mi dnes podal ten dárek zpod vánočního stromu, potřetí v životě jsem spatřil onen oslepující záblesk. A v příštím okamžiku už jsem hleděl na dar od svého gurua, který mi Vivékánanda předpověděl před třiačtyřiceti lety[3] – stříbrnou číši!"

---

[2] hlavní žák kristovského mistra Rámakrišny Paramahansy
[3] Pan Dickinson se se svámím Vivékánandou setkal v září 1893, tedy v roce, kdy se (5. ledna) narodil Paramahansa Jógánanda. Vivékánanda očividně věděl, že Jógánanda se opět inkarnoval a že přijede do Ameriky vyučovat indickou filozofii.

V roce 1965, ve svých 89 letech, obdržel zdravý a činorodý pan Dickinson stále během ceremonie v sídle Self-Realization Fellowship v Los Angeles titul *jógáčárja* (učitel jógy). Často dlouhé hodiny meditoval s Paramahansadžím a nikdy nevynechal cvičení *krijájógy*, které prováděl třikrát denně.

Dva roky před svým odchodem, dne 30. června 1967, promluvil *jógačárja* Dickinson k mnichům SRF. Svěřil se jim se zajímavým detailem, o kterém se Paramahansadžímu zapomněl zmínit: „Když jsem šel tehdy v Chicagu na pódium za Svámím Vivékánandou, řekl mi ještě než jsem jej stačil oslovit: ‚Mladý muži, držte se dál od vody!'" *(pozn. nakl.)*

KAPITOLA 48

V kalifornském Encinitas

„Překvapení, pane! Zatímco jste byl pryč, nechali jsme postavit tento ášram v Encinitas. Dárek pro vás na uvítanou!" James Lynn, sestra Džňánamáta, Durgámá a pár dalších věrných žáků mě s úsměvem vedlo branou a pak po chodníku ve stínu stromů.

Spatřil jsem budovu čnící jako velký bílý zaoceánský parník na pozadí modrých vod. Nejprve beze slova, pak s neskrývanými „och" a „ach" a nakonec s nedostatečným lidským slovníkem k vyjádření radosti a vděku jsem si prohlížel tuto novou poustevnu – šestnáct nezvykle prostorných místností a každá útulně zařízená.

Impozantní hlavní sál s okny až ke stropu vyhlíží ven na oltář trávy, oceánu a oblohy – symfonii ve smaragdové, opálové a safírové barvy. Na římse velkého krbu stojí obrazy Krista, Bábádžího, Láhirího Mahášaje a Šrí Juktéšvara, kteří žehnají tomuto tichému západnímu ášramu.

Hned pod sálem se nacházejí dvě meditační jeskyně vyhloubené do skály, jež nabízejí výhled na nekonečné rozlohy oblohy a moře. Přilehlý pozemek ukrývá slunná zákoutí, dlážděné cestičky vedoucí k tichým altánkům, zahrady plné růží, eukalyptový háj a ovocný sad.

„Nechť sem přicházejí dobré a hrdinné duše svatých," hlásá „Modlitba za obydlí" ze Zend-Avesty připevněná na jedněch dveřích ášramu, „a nechť kráčejí ruku v ruce s námi a předávají nám hojivou moc svých požehnaných darů, širých jako země a sahajících do nebeských výšin!"

Tento velký areál v kalifornském Encinitas daroval Self-Realization Fellowship pan James J. Lynn, od svého zasvěcení v lednu roku 1932 věrný *krijájogín*. Přestože je to americký podnikatel s nesčetnými povinnostmi (jakožto správce rozsáhlých majetkových podílů v ropném průmyslu a prezident největší světové burzy pojistných kontraktů pro případy požáru), najde si každý den čas na dlouhou a hlubokou meditaci *krijájógy*. Díky tomuto vyrovnanému životu dosáhl v *samádhi* milosti neochvějného vnitřního pokoje.

Paramahansa Jógánanda a James J. Lynn, pozdější Šrí Rádžarši Džanakánanda (viz fotografie na str. 196). Guru a jeho žák meditují v mezinárodním sídle SRF-YSS v Los Argeles (1933). „Někteří lidé tvrdí, že lidé ze Západu neumějí meditovat. Není to pravda," řekl Jógánandadží. „Od té doby, co James J. Lynn obdržel krijájógu, jsem ho nikdy neviděl ve stavu, kdy by nebyl ve vnitřním spojení s Bohem."

Paramahansadží a Faye Wrightová, později Šrí Dajámáta (viz fotografie na str. 196) v ášramu SRF v kalifornském Encinitas (1939). Brzy poté, co v roce 1931 přišla do ášramu, jí guru řekl: „Jsi můj poklad. Když jsi přišla, poznal jsem, že tato cesta přiláká mnoho dalších skutečných následovníků." Jednou láskyplně poznamenal: „Má Faye, ta učiní tolik dobrého! Vím, že mohu působit skrze ni, protože je vnímavá."

V kalifornském Encinitas

Během mého pobytu v Indii a Evropě (od června 1935 do října 1936) se pan Lynn[1] vůči mně dopustil láskyplného spiknutí a přiměl mé dopisovatele v Kalifornii, aby se přede mnou o stavbě ášramu v Encinitas ani slovem nezmínili. Jaké nečekané překvapení! Jaká radost!

Během svých prvních let v Americe jsem pročesával kalifornské pobřeží ve snaze nalézt kousek půdy, který by byl vhodný pro přímořský ášram. Kdykoli jsem nějaké takové místo objevil, vyskytla se pokaždé překážka, která mé plány zmařila. Když jsem však hleděl na sluncem zalité pozemky v Encinitas, s pokorou jsem si uvědomil, že dávné proroctví Šrí Juktéšvara o „ášramu na břehu oceánu" se konečně naplnilo.[2]

Pár měsíců nato, o Velikonocích roku 1937, jsem na trávníku nového ášramu odsloužil první z mnoha velikonočních bohoslužeb za východu slunce. Jako staří mágové hleděly stovky žáků ve zbožném vytržení na ten každodenní zázrak – sluneční obřad probuzení na východní obloze. Na západě se rozprostíral Tichý oceán, jenž hřímal svůj působivý chvalozpěv; v dálce se na vlnách houpala bílá plachetnice a tu a tam proletěl nad hladinou osamělý racek. „Kriste, ty jsi vstal!" Nejen se sluncem o jarní rovnodennosti, ale i ve věčném úsvitu Ducha.

Uplynulo mnoho šťastných měsíců. V dokonalé kulise úchvatného prostředí ášramu v Encinitas jsem dokončil dlouho zamýšlenou sbírku *Kosmických zpěvů*.[3] Obsahuje řadu indických písní, které jsem opatřil anglickým textem a západní notací. Do tohoto zpěvníku jsem zahrnul Šankarovu píseň *Žádné zrození, žádná smrt*, sanskrtský *Chvalozpěv na Brahma*, Thákurovu píseň *Kdo je v mém chrámu* a několik svých vlastních skladeb: *Budu navždy tvůj, V zemi za mými sny, Z duše své k Tobě volám, Přijď a vyslyš píseň mé duše* nebo *V chrámu ticha*.

V předmluvě jsem vylíčil svou první neobyčejnou zkušenost s reakcí obyvatel Západu na zpěvy Východu. Došlo k ní u příležitosti jedné veřejné přednášky. Datum: 18. duben 1926. Místo: Carnegie Hall v New Yorku.

---

[1] Po Paramahansadžího odchodu se James Lynn (Rádžarši Džanakánanda) stal prezidentem Self-Realization Fellowship i Yogoda Satsanga Society of India. O svém guruovi pan Lynn řekl: „Jak božská je společnost světce! Ze všeho, čeho se mi dostalo, si nejvíce cením požehnání, které mi udělil Paramahansadží."
James Lynn dosáhl *mahásamádhi* v roce 1955. *(pozn. nakl.)*

[2] viz str. 116-17

[3] *Cosmic Chants*; vydalo Self-Realization Fellowship. Mnoho písní z *Kosmických zpěvů* v podání Paramahansy Jógánandy bylo zaznamenáno na zvukovou stopu; tyto nahrávky lze objednat u Self-Realization Fellowship. *(pozn. nakl.)*

Letecký pohled na ášram Self-Realization Fellowship na pobřeží Tichého oceánu v kalifornském Encinitas. Na jeho rozsáhlých pozemcích se nachází obytná část s prostory, kde mohou zájemci strávit nějakou dobu v ústraní. Nedaleko stojí svatyně SRF.

V kalifornském Encinitas

Paramahansa Jógánanda na pozemku ášramu SRF v Encinitas, který se nachází na útesu s výhledem na Tichý oceán (1940)

Dne 17. dubna jsem se svěřil svému americkému žákovi, Alvinu Hunsickerovi: „Chystám se posluchače vyzvat, aby zazpívali starou indickou píseň *Ó Bože krásný*."[4]

Pan Hunsicker namítal, že orientální písně budou pro Američany příliš nesrozumitelné.

„Hudba je univerzální jazyk," odpověděl jsem. „I Američané z této vznešené písně jistě dokážou vycítit duchovní touhu."

Následující večer se zbožné tóny písně Ó Bože krásný linuly déle než hodinu ze tří tisíc hrdel. Přece jen nejsou vaše srdce lhostejná, mí draží Newyorčané, když na tomto prostém chvalozpěvu radosti dokázala vystoupat do tak závratných výšek! Onoho večera se mezi těmito

---

[4] Zde jsou slova oné písně, jejímž autorem je Guru Nának:
Ó Bože krásný, ó Bože krásný!
V lese jsi zelený,
v horách jsi vysoký,
v řekách jsi neklidný
v oceánu hluboký.
Služebným jsi službou,
milencům jsi láskou,
trpícím soucitem,
jogínům jsi blahem.
Ó Bože krásný, ó Bože krásný,
k tvým nohám se skláním!

zbožnými dušemi, jež s láskou pěli požehnané Boží jméno, událo nejedno zázračné uzdravení.

V roce 1941 jsem navštívil centrum Self-Realization Fellowship v Bostonu. Vedoucí tamního centra dr. M. W. Lewis mě ubytoval ve vkusně zařízeném apartmá. „Pane," řekl mi dr. Lewis s úsměvem, „během svých raných let v Americe jste v tomto městě obýval jeden pokoj bez koupelny. Chtěl jsem vám ukázat, že Boston se může pochlubit i luxusnějším ubytováním!"

Šťastná léta v Kalifornii ubíhala ve víru činorodé práce. V roce 1937 byla v Encinitas založena kolonie Self-Realization Fellowship.[5] Početné aktivity konané v této kolonii poskytují žákům mnohostranný výcvik v souladu s ideály Self-Realization Fellowship. Také se zde pěstuje ovoce a zelenina pro potřeby obyvatel center v Encinitas a Los Angeles.

„On stvořil z jednoho člověka všechno lidstvo."[6] „Světové bratrství" je široký pojem, pokud se však člověk cítí být světoobčanem, musí svůj soucit a spřízněnost s druhými rozšiřovat. Kdo skutečně chápe, že „toto je moje Amerika, moje Indie, moje Filipíny, moje Evropa, moje Afrika," ten nikdy nebude trpět nedostatkem příležitostí ke smysluplnému a šťastnému životu.

Ač tělo Šrí Juktéšvara nikdy nevkročilo na půdu za hranicemi rodné Indie, dobře této pravdě lidského bratrství rozuměl, neboť říkával:

„Mým domovem je celý svět."

---

[5] Nyní vzkvétající ášramové středisko, k jehož budovám patří původní hlavní poustevna, ášramy pro mnichy a mnišky, jídelna a příjemné útočiště v ústraní pro členy a přátele. Řada vysokých bílých sloupů umístěná na tomto rozlehlém pozemku u hlavní silnice nese na svém vrcholu lotosy z pozlaceného kovu. V indickém umění je lotos symbolem centra Kosmického vědomí v mozku (*sahasrára*), „světelného lotosu s tisíci okvětními lístky".

[6] Skutky apoštolů 17,26

KAPITOLA 49
Léta 1940–1951

„Pochopili jsme skutečný význam meditace a poznali, že náš vnitřní mír nemůže nic narušit. V posledních týdnech jsme při setkáních slýchali výstrahy před bombardováním a výbuchy časovaných bomb, ale naši studenti se přesto dál scházejí a radostně prožívají naše krásné bohoslužby."

Tato odvážná zpráva zaslaná vedoucím londýnského centra Self-Realization Fellowship byla v jednom z mnoha dopisů, které mi přicházely z válkou pustošené Anglie a Evropy v letech před vstupem Spojených států do druhé světové války.

Dr. L. Cranmer-Byng z Londýna, věhlasný redaktor edice *Moudrost Východu*, mi v roce 1942 napsal:

„Při čtení vašeho časopisu *East-West*[1] jsem si uvědomil, jak zdánlivě daleko od sebe žijeme – jakoby ve dvou odlišných světech. Z Los Angeles ke mně přichází krása, řád, klid a mír, které vplouvají do přístavu jako plavidlo obtěžkané požehnáním a útěchou svatého grálu pro naše obležené město.

Jako ve snách vidím váš palmový háj, svatyni v Encinitas, oceán táhnoucí se do nedohledna a panoramata hor, ale především to společenství duchovně souznících mužů a žen – komunitu spjatou v jednotě, ponořenou do tvůrčí práce a podněcovanou kontemplací. Přijměte pozdravy celému společenství od obyčejného vojáka, který píše na strážní věži při čekání na úsvit."

V kalifornském Hollywoodu zbudovali členové SRF Chrám všech náboženství, který byl vysvěcen v roce 1942. Rok poté byl založen další chrám v kalifornském San Diegu, a v roce 1947 ještě jeden, opět v Kalifornii – v Long Beach.[2]

---

[1] Časopis dnes vychází pod názvem *Self-Realization*.
[2] Kaple v Long Beach přestala být svou kapacitou dostačující, a tak se sbor v roce 1967 přesunul do prostornějšího chrámu SRF v kalifornském Fullertonu. *(pozn. nakl.)*

PARAMAHANSA JÓGÁNANDA
Fotografie pořízená 20. srpna 1950 při svěcení jezerní svatyně Self-Realization Fellowship v Pacific Palisades v Kalifornii.

JEZERNÍ SVATYNĚ SELF-REALIZATION FELLOWSHIP A GÁNDHÍHO PAMÁTNÍK SVĚTOVÉHO MÍRU

Jezerní svatyni, která se rozkládá na deseti akrech v Pacific Palisades nedaleko kalifornského Los Angeles, vysvětil Paramahansa Jógánanda 20. srpna 1950. Když během roku 1949 dohlížel na stavební práce, přebýval někdy Paramahansadží na hausbótu (fotografie vlevo). Na druhém obrázku mezi středovými sloupy je vidět kamenný sarkofág, v němž je uložena část popela Mahátmy Gándhího. Na protějším břehu jezera je kaple Větrný mlýn (fotografii vlevo). V Jezerní svatyni, která je přístupná veřejnosti, se každý týden konají bohoslužby, meditace a kurzy Self-Realization Fellowship.

V roce 1949 dostalo Self-Realization Fellowship darem jeden z nejkrásnějších pozemků na světě, květinovou říši divů v losangeleském okrsku Pacific Palisades. Tento desetiakrový pozemek je přírodním amfiteátrem, jejž obklopují zelenající se vrcholky. Jméno Lake Shrine neboli Jezerní svatyně dostalo toto místo podle velkého přírodního jezera, modrého klenotu zasazeného v diadému hor. Součástí starobylého holandského větrného mlýna je i tichá kaple. Vedle zahrady, jež se rozprostírá pod úrovní terénu, zní uklidňující šplouchání velkého vodního kola. Areálu vévodí dvě mramorové sochy Buddhy a Kuan-jin (čínské podoby Božské Matky) pocházející z Číny. Na pahorku nad vodopádem se tyčí socha Krista v životní velikosti, jehož poklidná tvář a splývavý šat jsou v noci působivě nasvíceny.

V roce 1950 byl u příležitosti třicátého výročí[3] založení organizace Self-Realization Fellowship v Americe odhalen v Jezerní svatyni Památník světového míru Mahátmy Gándhího. V sarkofágu z tisíce let starého kamene byla uložena část Mahátmova popela, jenž byl zaslán z Indie.

Roku 1951 bylo v Hollywoodu založeno „Indické centrum".[4] Slavnostního vysvěcení se zúčastnil i kalifornský viceguvernér Goodwin J. Knight a generální konzul Indie M. R. Ahudža. Součástí centra je i „Indický sál", auditorium s kapacitou 250 míst.

Návštěvníci našich center se často chtějí dozvědět víc o józe. Někdy slýchám otázku: „Je pravda to, co tvrdí některé organizace – že jógu nelze úspěšně studovat v tištěné formě, ale pouze pod osobním vedením učitele?"

Aby tato osvobozující věda nezůstala v dnešním atomovém věku vyhrazena jen pro několik málo vyvolených, měla by se jóga předávat takovou učební metodou, jakou představují například *Lekce Self-Realization Fellowship*.[5] Bylo by skutečně nedocenitelnou výhodou, kdyby každý žák mohl mít po svém boku gurua plně znalého božské moudrosti; tento svět se však skládá z mnoha „hříšníků" a hrstky světců. Jak jinak

---

[3] U příležitosti oslav tohoto výročí jsem 27. srpna 1950 vykonal v Los Angeles posvátný obřad, při kterém jsem pěti stům žáků předal zasvěcení do *krijájógy*.

[4] Hlavní objekt velkého ášramového centra s přilehlým chrámem spravovaný oddanými žáky, kteří zasvětili svůj život službě lidstvu a naplňování ideálů Paramahansy Jógánandy ve svém vlastním životě. *(pozn. nakl.)*

[5] Tento kompletní soubor tištěných lekcí pro domácí studium je možné objednat v mezinárodním ústředí společnosti Self-Realization Fellowship, kterou Paramahansa Jógánanda založil za účelem šíření *krijájógové nauky* o meditaci a duchovním životě. (viz str. 498)

Kalifornský viceguvernér Goodwin J. Knight (uprostřed) s Jógánandadžím a A. B. Rosem při otevření Indického centra Self-Realization Fellowship sousedícího se svatyní SRF níže, Hollywood, Kalifornie (8. dubna 1951).

svatyně Self-Realization Fellowship (Chrám všech náboženství), Hollywood

tedy může jóga pomoci početným zástupům, nebudou-li moci v klidu domova studovat pokyny sepsané opravdovými jogíny?

Jedinou alternativou je ignorovat „běžného člověka" a nechat jej žít bez znalosti jógy. To však není Boží plán pro nový věk. Bábádží slíbil, že bude ochraňovat a vést všechny upřímné *krijájogíny* na cestě k Cíli.[6] Ne pár desítek, ale statisíce *krijájogínů* jsou třeba k tomu, aby vznikl svět míru a dostatku, jenž na lidstvo čeká, až vynaloží potřebné úsilí a znovu se stane potomstvem božského Otce.

Založení organizace Self-Realization Fellowship na Západě, tohoto „úlu na duchovní med", bylo závazkem, kterým mne pověřili Šrí Juktéšvar a Mahavatár Bábádží. Splnění tohoto posvátného úkolu se ovšem neobešlo bez překážek.

„Řekněte mi po pravdě, Paramahansadží, stálo to vůbec za to?" Tuto lakonickou otázku mi jednou večer položil dr. Lloyd Kennell, vedoucí chrámu v San Diegu. Pochopil jsem, že se mě vlastně ptá: „Jste v Americe šťastný? A co ty nepravdy šířené pomýlenými jedinci, kteří mají z rozšíření jógy obavy? A co všechna ta zklamání, zármutek, vedoucí center, kteří nedokázali vést, a žáci, kteří se ukázali jako nepoučitelní?"

„Požehnaný je ten, koho Bůh podrobuje zkouškám!" odpověděl jsem. „Čas od času si na mě vzpomněl a naložil mi nějaké to břímě." V tu chvíli jsem pomyslel na všechny ty, kdo zůstali věrní, na lásku, oddanost a pochopení, jež osvěcuje srdce Ameriky. S pomalým důrazem jsem pokračoval: „Má odpověď však zní: ano, tisíckrát ano! Víc, než jsem si vůbec dokázal představit, stálo za to vidět na vlastní oči, jak se Východ a Západ spojují jediným trvalým poutem – poutem duchovním."

Velcí indičtí mistři, kteří projevují o Západ živý zájem, dobře rozumějí podmínkám moderní doby. Vědí, že dokud všechny národy nebudou účelněji vstřebávat zvláštní přednosti Východu i Západu, situace ve světě se nezlepší. Každá polokoule potřebuje ty nejlepší dary té druhé.

---

[6] Také Paramahansa Jógánanda své žáky na Východě i na Západě ujistil, že po svém odchodu bude nadále dohlížet na duchovní pokrok všech *krijábánů* (studentů *Lekcí Self-Realization Fellowship*, kteří přijali zasvěcení do *krijájógy*, viz pozn. na str. 307). Pravdivost tohoto nádherného slibu po jeho *mahásamádhi* již potvrdily dopisy od četných *krijájogínů*, kteří jsou si jeho všudypřítomného vedení vědomi. *(pozn. nakl.)*

Léta 1940–1951

Na cestách po světě jsem byl bohužel svědkem mnohého utrpení:[7] na Východě, který trpí zejména na hmotné rovině, i na Západě, kde je bída především v rovině duševní a duchovní. Bolestné dopady nevyvážených civilizací pociťují všechny národy světa. Indii a dalším zemím Orientu velice prospěje, když budou následovat praktický přístup a materiální efektivitu západních národů – například Ameriky. Západní národy zase potřebují hlouběji chápat duchovní základ života a zejména exaktní metody pro vědomé spojení člověka s Bohem, které Indie vyvinula už dávno.

Ideál vyvážené, všestranné civilizace není pouhou fantazií. Po tisíce let byla Indie zemí jak duchovního světla, tak všeobecného hmotného blahobytu. Chudoba posledních dvou set let je v dlouhé historii Indie jen přechodnou karmickou fází. Po mnoho staletí se ve světě užívalo úsloví „všechny poklady Indie".[8] Hojnost – hmotná i duchovní – je nedílným

---

[7] Hluk vzrůstá, ten Hlas mnou třese,
jak poryv mořský hřímá tajemně:
‚Což je tvůj svět jen tříšť
úlomků rozsetých?
Hle, vše uniká tobě, jenž unikáš Mně!
Nechtěl jsem trápit tě, když vše, co máš,
přísně jsem ti bral.
Já chtěl, bys mnohem víc z mé náruče si vzal!
Dětinskou tu chybu smaž
neb vše, co za ztracené máš,
pro tebe já doma uschoval.
Tak vstaň a za mnou pojď, zde má dlaň!'
   Francis Thompson, „*Nebeský ohař*" (překlad Josef Hrdlička)

[8] Historické záznamy vykreslují Indii až do konce 18. století jako nejbohatší zemi světa. V indické literatuře ani tradici prakticky nic nepotvrzuje současnou teorii západních historiků o tom, že raní Árjové „vpadli" do Indie z nějaké jiné části Asie, či dokonce z Evropy. Že vzdělanci nejsou schopni stanovit výchozí bod této smyšlené cesty, je zcela pochopitelné. Vnitřní důkazy obsažené ve védách, jež poukazují na to, že pradávným domovem Indů je Indie, jsou podány v neobyčejném a velmi čtivém spise Abináše Čandradáse *Rig-Vedic India*, jejž v roce 1921 vydala Kalkatská univerzita. Profesor Čandradás tvrdí, že indičtí vystěhovalci se usazovali v různých částech Evropy a Asie a šířili tak árijskou řeč a obyčeje. Například litevština se v mnoha ohledech pozoruhodně podobá sanskrtu. Filozof Immanuel Kant, který neměl o sanskrtu ponětí, žasl nad systematickou strukturou litevštiny. Prohlásil o ní, že „v sobě ukrývá klíč, který jednou odemkne všechny záhady nejen filologické, ale i historické".

O bohatství Indie se zmiňuje i Bible, která vypráví o tom, jak „zámořské lodě" přivážely králi Šalamounovi „zlato a stříbro, slonovinu, opice a pávy" a „algumímové (santalové) dřevo a drahokamy" z Ofíru (Sopary na bombajském pobřeží; 2. Paralipomenon 9,21,10). Řecký vyslanec Megasthenés (4. stol. př. n. l.) zanechal detailní popis blahobytné indické společnosti. Plinius (1. stol. n. l.) nás zpravuje o tom, že Římané vynakládali na zboží

Autobiografie jogína

projevem *rty*, kosmického zákona či přirozené spravedlnosti. Bůh není nijak skoupý a totéž platí o jeho projevené bohyni, nespoutané Přírodě.

---

dovážené z Indie, která byla v té době námořní velmocí, ročně až padesát milionů sestercií (5 milionů dolarů).

Čínští cestovatelé barvitě líčili zámožnou indickou civilizaci, její všeobecné vzdělání a vynikající vládu. Čínský mnich Fa-sien (5. století) uvádí, že indický lid je šťastný, čestný a bohatý. Viz také kniha *Buddhist Records of the Western World* („Buddhistické záznamy o západním světě"; Indie byla pro Číňany „západní svět"!) Samuela Beala, Trubner, Londýn, a *On Yuan Chwang's Travels in India, A.D. 629-45* Thomase Watterse (Royal Asiatic Society).

Když Kolumbus objevil v 15. století Nový svět, ve skutečnosti hledal kratší obchodní cestu do Indie. Evropa po staletí prahla po indickém vývozním zboží – po hedvábí, jemných látkách (tak průsvitných, že si právem zasloužily přízviska jako „tkaný vzduch" a „neviditelný opar"), potištěné bavlně, brokátu, výšivkách, kobercích, příborech, brnění, slonovině a výrobcích z ní, parfémech, kadidlu, santalovém dřevu, keramice, léčivech a hojivých mastech, indigu, rýži, koření, korálu, zlatu, stříbru, perlách, rubínech, smaragdech a diamantech.

Portugalští a italští obchodníci nám zanechali záznamy o svém údivu nad pohádkovou velkolepostí celé Vidžajanagarské říše (1336–1565). Oslňující krásu jejího hlavního města popsal perský vyslanec Abd Ar-Razzák coby „skvostnou nádheru, jakou oko nevidělo, ucho neslyšelo a jaké se žádné místo na zemi nevyrovná".

V 16. století celá Indie poprvé ve své dlouhé historii upadla pod cizí nadvládu. Do země v roce 1524 vtrhl turecký chán Bábur, který založil dynastii zdejších muslimských panovníků. Noví vládci se na starobylé půdě trvale usadili a neměli důvod její bohatství drancovat. Bohatá Indie však byla oslabena vnitřními sváry, a tak se v 17. století stala kořistí několika evropských národů, z nichž se vládnoucí mocností nakonec stala Anglie. Až 15. srpna roku 1947 dosáhla Indie mírumilovnou cestou znovu nezávislosti.

Stejně jako mnoho Indů mám i já svůj příběh, který „konečně mohu vyprávět". Za první světové války mě oslovila skupina mladíků, které jsem znal z univerzity, a vyzvala mě, abych se stal vůdcem revolučního hnutí. Odmítl jsem jejich návrh s těmito slovy: „Zabíjením našich anglických bratrů nelze Indii přinést nic dobrého. Její svobodu nepřinesou kulky, ale pouze duchovní síla." Potom jsem své přátele varoval, že zbraněmi naložené německé lodě, na nichž jejich boj závisel, zadrží Britové v bengálském přístavu Diamond Harbour. Ti mladí muži se přesto drželi svých plánů, které však byly záhy zmařeny přesně tak, jak jsem předpověděl. Po několika letech byli mí přátelé propuštěni z vězení. Někteří z nich se zřekli víry v násilí a přidali se ke Gándhího idealistickému politickému hnutí. Nakonec se dočkali toho, že Indie dosáhla čistě mírumilovnými prostředky „vítězství ve válce".

Smutné rozdělení území na Indii a Pákistán a krátké, leč krvavé mezidobí, které v několika částech země následovalo, bylo způsobeno zejména ekonomickými faktory, nikoli náboženským fanatismem (jenž byl pouze druhotným důvodem, avšak často mylně označovaným za rozhodující). Bezpočet hinduistů a muslimů dnes žije stejně jako v minulosti vedle sebe jako přátelé. Ohromné počty příslušníků obou těchto náboženství se staly učedníky Kabíra „mistra bez vyznání" (1450–1518), který má dodnes miliony následovníků (*kabírpanthinů*). Za muslimské vlády Akbara Velikého platila v celé Indii ta nejširší možná svoboda vyznání. Ani dnes neexistují mezi 95 procenty prostých lidí žádné závažné náboženské sváry. Tu opravdovou Indii, která dokázala pochopit a následovat někoho, jako byl Mahátma Gándhí, nenajdeme ve velkých neklidných městech, ale v sedmi stech tisících vesnicích, kde od nepaměti vládne jednoduchá a spravedlivá samospráva v podobě *pančajat* (místních rad). Problémy, které dnes sužují čerstvě osvobozenou Indii, jistě včas vyřeší velké osobnosti, jejichž nedostatkem Indie nikdy netrpěla.

Indická písma učí, že člověk je přitahován k této konkrétní zemi, aby poznával – v každém dalším životě ve větší a větší plnosti – nekonečné způsoby, jimiž se Duch může vyjadřovat v hmotných podmínkách a jak nad nimi může vládnout. Východ a Západ se této velké pravdě učí různými způsoby, a proto by jejich obyvatelé měli své objevy mezi sebou ochotně sdílet. Boha nade vší pochybnost těší, když jeho pozemské děti usilují o dosažení celosvětové civilizace, jež by byla oproštěná od chudoby, nemocí a nevědomosti duše. Prvotní příčinou všech podob utrpení je to, že člověk zapomíná na své duchovní zdroje (neboť zneužívá své svobodné vůle).[9]

Neduhy připisované zosobnělé abstrakci nazývané „společnost" mohou být mnohem realističtěji připsány na vrub obecného člověka.[10] Utopie musí nejprve vyrašit v srdci jedince, než může vykvést v občanskou ctnost, neboť vnitřní proměny přirozeně vyúsťují v ty vnější. Ten, kdo změní sám sebe, změní tisíce dalších.

Časem prověřená náboženská písma celého světa jsou ve své podstatě stejná a inspirují člověka na jeho cestě vzhůru. Jedno z nejšťastnějších období života jsem strávil diktováním svých výkladů k části Nového zákona, které vycházely v časopise *Self-Realization Magazine*.[11] Vroucně jsem tehdy vzýval Krista, aby mě vedl a pomohl mi rozpoznat pravý smysl jeho slov, z nichž mnohá zůstala za dvě tisíciletí bolestně nepochopena.

Jedné noci, kdy jsem byl zabrán do tiché modlitby, zaplavilo můj obývací pokoj v ášramu v Encinitas opálově modré světlo. Spatřil jsem

[9] „Dobrovolně pykáme,
neboť volnou láskou milujeme, jen jak
nám se zachce; s tím stojíme a padáme.
I padli již někteří, v neposlušnost padli
z nebes až do pekla nejhlubšího; a pád ten
z jak závratného blaha v jakou strast!"
Milton, „Ztracený ráj"

[10] Plán božské *líly* čili „radostné hry", skrze niž vznikly světy jevů, je plánem *vzájemnosti* mezi stvořením a Stvořitelem. Jediným darem, který člověk může dát Bohu, je láska; ta je zcela postačující k přivolání jeho zaplavující štědrosti. „Jste stiženi kletbou proto, že mě okrádáte, celý ten pronárod! Přinášejte do mých skladů úplné desátky. Až bude ta potrava v mém domě, pak to se mnou zkuste, praví Hospodin zástupům: „Neotevřu vám snad nebeské průduchy a nevyleji na vás požehnání? A bude po nedostatku." Malachiáš 3,9–10.

[11] Úplný výklad všech čtyř evangelií podle Paramahansy Jógánandy vydalo Self-Realization Fellowship v knižní podobě s názvem *The Second Coming of Christ: The Resurrection of the Christ Within You*. (pozn. nakl.)

Paramahansa Jógánanda v ášramu SRF v kalifornském Encinitas
(červenec 1950)

zářící postavu požehnaného Pána Ježíše. Vypadal jako mladý, asi pětadvacetiletý muž s řídkými vousy a knírem; dlouhé tmavé vlasy rozdělené uprostřed pěšinkou byly zahaleny zlatě se třpytící aurou. Jeho oči v sobě měly něco nevýslovně uchvacujícího; když jsem do nich hleděl, nekonečně se proměňovaly. S každou změnou jejich božského výrazu jsem intuitivně pochopil moudrost, která mi jejich prostřednictvím byla sdělována. Z jeho nádherného pohledu jsem cítil moc, která drží pohromadě nespočet světů. Náhle se u jeho úst objevil svatý grál; spustil se k mým rtům a pak se vrátil k němu. Po chvíli Ježíš pronesl krásná, natolik osobní slova, že si je uchovávám jen ve svém srdci.

Velkou část let 1950 a 1951 jsem strávil v klidném útočišti nedaleko Mohavské pouště v Kalifornii. Zde jsem přeložil *Bhagavadgítu* a napsal k ní podrobný komentář,[12] jenž objasnil různé cesty jógy.

Tento nejvýznamnější indický duchovní spis na dvou místech[13] výslovně odkazuje na specifickou techniku jógy (jedinou, která je v *Bhagavadgítě* zmiňována, a stejnou jako ta, jíž Bábádží pojmenoval jednoduše *krijájóga*), a nabízí tedy nejen mravní, ale i praktickou nauku. V oceánu našeho snového světa je dech zvláštní bouří klamu, která vyvolává uvědomování jednotlivých vln – osob a všech ostatních hmotných objektů. Kršna ví, že pouhé filozofické a etické vědění nepostačuje k tomu, aby se člověk probudil z bolestného snu oddělené existence, a proto vyložil posvátnou vědu, s jejíž pomocí může jogín ovládnout své tělo a kdykoli jej přetvářet v čistou energii. Možnost tohoto jogínského počinu se nevymyká teoretickému chápání současných vědců, průkopníků atomového věku. Bylo již prokázáno, že veškerou hmotu lze redukovat na energii.

Indická písma velebí vědu o józe, protože ji může využít celé lidstvo. Je pravda, že záhada dechu bývá čas od času vyřešena i bez použití formálních jógových technik, jako v případě neindických mystiků, kteří získali transcendentální schopnosti ze své vroucí lásky k Bohu. U těchto křesťanských, muslimských a dalších světců byl skutečně pozorován

---

[12] *God Talks With Arjuna: The Bhagavadgita – Royal Science of God Realization*, vydalo Self-Realization Fellowship. Bhagavadgíta je nejoblíbenější duchovní spis Indie. Spočívá v dialogu boha Kršny (symbolizujícího Ducha) a jeho žáka Ardžuny (symbolizujícího duši dokonalého oddaného): slova duchovního vedení, jež jsou ve své nadčasovosti použitelná všemi hledači pravdy. Ústředním poselstvím Gíty je, že člověk se může osvobodit skrze lásku k Bohu, moudrost a vykonávání správných činů v duchu nepřipoutanosti.

[13] *Bhagavadgíta* 4,29 a 5,27–28.

stav nehybného, bezdechého transu (*savikalpa samádhi*),[14] bez něhož žádný člověk nikdy nevstoupil do prvních stupňů uvědomování Boha. (Když však světec dosáhne *nirvikalpa*, čili nejvyššího *samádhi*, je již nenávratně ustálen v Bohu bez ohledu na to, zda dýchá, či nedýchá, hýbe se, či nehýbe).

Bratr Vavřinec, křesťanský mystik 17. století, vyprávěl, že první záblesk uvědomění Boha u něj vyvolal pohled na obyčejný strom. Téměř všichni lidé někdy viděli strom, leč málo je těch, kteří při tom spatřili i jeho Stvořitele. Většina lidí v sobě není schopna shromáždit ty ohromující síly vroucí zbožnosti, jimiž je přirozeně obdařeno jen několik málo *ékántinů*, světců zaměřených na „jeden jediný cíl", které nacházíme na všech náboženských cestách Východu i Západu. Ani obyčejný člověk[15] však není ochuzen o možnost splynout s Bohem. Aby se rozpomenul na svou duši, nemusí dělat nic víc než techniku *krijájógy*, denně dodržovat mravní zásady a být schopen upřímně volat: „Pane, toužím tě poznat!"

Univerzální působnost jógy tak spočívá v tom, že k Bohu přistupuje prostřednictvím každodenně použitelné exaktní metody, a nikoli skrze zbožné zanícení, které dalece přesahuje citové hranice průměrného člověka.

Mnozí indičtí džinističtí učitelé byli nazýváni *tírthankary*, „staviteli brodů", protože odhalovali cestu, po níž může zmatené lidstvo přejít přes rozbouřené moře *samsáry* (karmického kola, koloběhu života a smrti). *Samsára* (doslova „plynutí s" proudem jevů) člověka nutí, aby se vydal cestou nejmenšího odporu. „Kdo chce být přítelem světa, stává se nepřítelem Božím."[16] Aby se člověk stal přítelem Božím, musí překonat ďábly čili zlo své vlastní karmy – skutků, které ho neustále nutí k slabošskému podléhání máji, klamu tohoto světa. Upřímného hledače však znalost železného zákona karmy podněcuje k hledání cesty ke konečnému vysvobození z jejích pout. Jelikož karmické otroctví lidí spočívá v tužbách jejich vlastní mysli zatemněné *májou*, soustředí se

---

[14] Viz kapitola 26. Z křesťanských mystiků, kteří byli pozorováni v *savikalpa samádhi*, lze zmínit sv. Terezu z Ávily, jejíž tělo bylo tak nehybné, že užaslé řádové sestry v klášteře nedokázaly změnit její polohu ani ji probudit k vnějšímu vědomí.

[15] „Obyčejný člověk" musí svou duchovní cestu někde a někdy zahájit. „Cesta dlouhá tisíc mil začíná jedním krokem," poznamenal Lao-c'. A Buddha pravil: „Ať žádný člověk nebere na lehkou váhu dobro a neříká si v srdci: ,Ke mně stejně nepřijde.' Kapky vody nakonec naplní džbán, a tak se i moudrý člověk naplní dobrem, i když ho sbírá kousek po kousku."

[16] List Jakubův 4,4

jogín právě na ovládnutí své mysli.[17] Odkládá tak postupně jednotlivé závoje karmické nevědomosti a vidí sám sebe ve své přirozené podstatě.

Záhada života a smrti, jejíž rozluštění je jediným smyslem pobytu člověka na zemi, je úzce spjata s dechem. Kde není dechu, tam není ani smrti. Indičtí ršiové dávnověku si této pravdy byli vědomi, a proto se chopili tohoto výlučného klíče dechu a vyvinuli přesnou a účelnou nauku o bezdechém stavu.

I kdyby Indie nedala světu nic jiného než *krijájógu*, byla by sama o sobě darem vpravdě královským.

V Bibli najdeme pasáže, z nichž lze rozpoznat, že hebrejští proroci si byli dobře vědomi, že Bůh stvořil dech proto, aby sloužil jako jemné pojítko mezi tělem a duší. V Genesis se píše: „I vytvořil Hospodin Bůh člověka, prach ze země, a vdechl mu v chřípí dech života. Tak se stal člověk živým tvorem."[18] Lidské tělo se skládá z chemických látek a kovových prvků, které najdeme i v „prachu ze země". Nikdy by nemohlo konat žádnou činnost ani projevovat energii či pohyb, nebýt životních proudů, které u neosvícených lidí předává duše tělu prostřednictvím dechu (plynné energie). Životní proudy, jež v lidském těle působí v podobě pěti *prán* neboli jemných životních energií, jsou projevem vibrace óm všudypřítomné duše.

Zrcadlení či autentičnost života, které vyzařují z tělesných buněk a které pocházejí z duše jako jeho zdroje, je jedinou příčinou připoutanosti člověka k tělu; hroudě hlíny by zajisté tak pečlivou poctu neskládal.

---

[17] Netěká, stejně jako netěká plamínek lampy v závětří –
tento příměr se užívá o jogínovi, jenž ovládá myšlenky
a hrouží se do ukázňování svého já.
Ustanou-li myšlenky potlačené cvičením jógy,
nahlíží-li Já skrze já a je ve svém já spokojen,
pozná-li ono bezmezné nadsmyslové blaho,
jež lze postihnout rozmyslem,
je-li stálý a nevzdaluje se od pravdy,
nepokládá-li poté, co toho dosáhl,
jiný zisk za vyšší než toto,
a pokud v něm spočine,
nepohlne-li jím ani krutý zármutek;
nechť je takové rozpojení pouta se strastí
známo pod jménem jóga.
Tuto jógu je třeba provádět s rozhodností
a neklesat přitom na mysli.
Bhagavadgíta 6,19–23 (přel. Jan Filipský, Jaroslav Vacek)

[18] Genesis 2,7

Člověk se však mylně ztotožňuje se svou fyzickou podobou, protože životní proudy z duše jsou prostřednictvím dechu přenášeny do těla s tak intenzivní silou, že mylně považujeme následek za příčinu a modlářsky věříme, že tělo žije svým vlastním životem.

Vědomý stav člověka se vyznačuje tím, že si uvědomuje tělo a dýchání. Jeho podvědomý stav, jenž se aktivuje ve spánku, je spojen s duševním a dočasným oddělením od těla a dechu. Nadvědomý stav je pak osvobozením od iluze, že „existence" závisí na těle a dechu.[19] Bůh žije bez dechu, a tak i duše, stvořená k jeho obrazu, si samu sebe poprvé uvědomí až ve stavu, v němž dech ustane.

Když je dechové spojení mezi duší a tělem přerušeno evoluční karmou, dochází k náhlé změně stavu zvané „smrt"; buňky fyzického těla se navrátí ke své přirozené nemohoucnosti. V případě *krijájogína* je však spojení s dechem přerušeno záměrně na základě exaktního poznání, nikoli hrubým zásahem karmické nutnosti. Jogín si svou bytostnou netělesnost již uvědomuje prostřednictvím vlastní zkušenosti a nepotřebuje, aby mu smrt poněkud nevybíravě naznačovala, že není moudré tolik spoléhat na vlastní fyzické tělo.

Každý člověk život za životem postupuje (svým vlastním tempem, které je zcela nepředvídatelné) k cíli svého vlastního zbožštění. Smrt, která na této cestě vpřed nepředstavuje žádné přerušení, člověku jednoduše nabízí příznivější prostředí astrálního světa, v němž se může očistit od všech strusek. „Vaše srdce ať se nechvěje úzkostí.... V domě mého Otce je mnoho příbytků."[20] Je skutečně nepravděpodobné, že by se Boží vynalézavost, s níž uspořádal tento svět, vyčerpala nebo že by nám na onom světě nenabídl nic zajímavějšího než brnkání na harfu.

Smrt není vymazáním z existence, konečným únikem ze života ani bránou k nesmrtelnosti. Ten, kdo utekl před svým Já k pozemským radovánkám, jej nezíská zpět uprostřed mámivých lákadel astrálního

---

[19] „Nikdy nebudeš skutečně zakoušet tento svět, dokud ti v žilách nebude proudit samo moře, dokud nebudeš oděn nebesy a korunován hvězdami a dokud nebudeš vnímat sám sebe jako jediného dědice celého světa, ba víc než to, neboť jsou v něm i druzí, kteří jsou jedinými dědici stejně jako ty; dokud nebudeš zpívat a radovat se a těšit se v Bohu, jako se lakomci radují ze zlata a králové z žezla... dokud nebudeš natolik obeznámen s Božími cestami, jako jsi obeznámen se svou chůzí a svým stolem; dokud nebudeš důvěrně obeznámen s tím nicotným stínem, z něhož byl stvořen tento svět."
Thomas Traherne, „Staletí meditací"

[20] Jan 14:1–2.

Indický velvyslanec ve Spojených státech Binaj Randžan Sen se Šrí Jógánandou v mezinárodním sídle Self-Realization Fellowship v Los Angeles dne 4. března 1952 – tři dny před skonem velkého jogína.
Ve své smuteční řeči na pohřbu konaném 11. března velvyslanec Sen řekl: „Kdybychom dnes měli v Organizaci spojených národů člověka jako Paramahansa Jógánanda, bylo by na světě lépe. Pokud vím, nikdo se nepřičinil a neobětoval víc, aby lid Indie a Ameriky spojil dohromady."

světa. Tam bude jen hromadit jemnější vjemy a citlivější reakce na krásu a dobro, jež jsou jedno a totéž. Na kovadlině tohoto hmotného světa však musí člověk v potu tváře tvarovat nezničitelné zlato své duchovní identity. S tímto těžce vydobytým zlatým pokladem v ruce, jenž je jediným přijatelným darem pro hrabivou Smrt, dospívá pak člověk ke konečnému vysvobození z koloběhu tělesné reinkarnace.

Několik let jsem v Encinitas a Los Angeles pořádal přednášky o Pataňdžaliho *Jógasútrách* a dalších významných dílech indické filozofie.

„Proč Bůh spojil duši a tělo?" zeptal se mě jednou jeden žák. „S jakým záměrem uvedl do chodu evoluční drama stvoření?" Podobné otázky si pokládali mnozí lidé už od nepaměti, bezpočet filozofů se na ně marně snažilo odpovědět.

„Nechte si pár tajemství ke zkoumání na věčnost," říkával s úsměvem Šrí Juktéšvar. „Cožpak mohou omezené schopnosti lidského rozumu pochopit nepředstavitelné pohnutky Nestvořeného Absolutna?[21] Lidský rozum, svázaný principem příčiny a následku jevového světa, je před záhadou Boha, jenž nemá počátku ani příčiny, zcela bezradný. I když lidský rozum nedokáže hádankám stvoření přijít na kloub, každé tajemství svým věrným nakonec vyjeví sám Bůh."

Ten, kdo upřímně touží po moudrosti, neváhá začít své hledání pokorným osvojováním jednoduchých základů božského schématu a nedožaduje se předčasně přesného matematického vzorce „Einsteinovy teorie" života.

„*Boha nikdy nikdo neviděl* (žádný smrtelník pod vlivem ‚času' a relativity *máji*[22] si nedokáže uvědomovat nekonečné Božství); *jednorozený Syn, který je v náruči Otcově* (odražené Kristovské vědomí čili navenek projevená dokonalá Inteligence, která řídí všechny strukturní jevy prostřednictvím vibrace óm a která povstala z ‚náruče', hlubin nestvořeného Božství, aby vyjádřila mnohost v Jednotě), *nám jej dal poznat* (umožnil mu projevit se ve tvaru)."[23]

„Ježíš jim řekl: ‚Amen, amen, pravím vám: Syn nemůže sám od sebe činit nic než to, co vidí činit Otce. Co činí Otec, stejně činí i jeho Syn.'"[24]

Trojí podstatu Boha, jenž se projevuje ve světě jevů, symbolizuje v hinduistických spisech trojice Brahma stvořitel, Višnu udržovatel

---

[21] „Mé úmysly nejsou úmysly vaše a vaše cesty nejsou cesty moje, je výrok Hospodinův. Jako jsou nebesa vyšší než země, tak převyšují cesty mé cesty vaše a úmysly mé úmysly vaše." Izajáš 55,8–9. Jak dosvědčuje Dante v *Božské komedii*:
Já v nebi, v němž se nejvíc světla rojí,
byl, věci zřel jsem, o nichž dáti zvěsti,
kdo odtamtud se vrací, neobstojí.
Neb u cíle své touhy, všeho štěstí,
duch člověka se v takou hloubku noří,
že vzpomínka zpět nemůže se vznésti.
Co z říše svaté v upomínek moři
jak poklad moje duše zachovala,
ať nyní v látku mojí písně tvoří!
(přel. Jaroslav Vrchlický)

[22] Pozemský cyklus dne a noci, střídání světla a tmy, člověku neustále připomíná, jak hluboce je toto stvoření vtaženo do máji, do protikladných stavů. (Svítání a soumrak, přechodové či vyvážené úseky dne, se proto považují za příznivé pro meditaci.) Když jogín protrhne tento dvouvrstvý závoj *máji*, vnímá všepřesahující Jednotu.

[23] Jan 1,18

[24] Jan 5,19

a Šiva ničitel-obnovovatel. Jejich trojjediné působení je neustále patrné v celém vibrujícím stvoření. Absolutno leží mimo pojmové chápání člověka, a proto ho zbožný hinduista uctívá v těchto vznešených osobách Trojice.[25]

Univerzální aspekt tvořivé, udržovací a ničící moci Boha však není jeho nejvyšší, ba ani základní podstatou (neboť kosmické tvoření je pouze jeho *lílou*, tvořivou zábavou).[26] Jeho niternou podstatu nelze uchopit ani pochopením všech tajů Trojice, neboť ve své vnější přirozenosti, která se projevuje v uspořádaných proměnách atomů, se Bůh pouze vyjadřuje, aniž by se odhalil. Konečnou podstatu Boha je možné poznat až tehdy, když „Syn vystoupí k Otci".[27] Osvobozený člověk překonává oblasti vibrací a vstupuje do svého nehybného Počátku.

Všichni velcí proroci mlčeli, když byli vyzváni, aby odhalili to nejvyšší tajemství. Když se Pilát zeptal: „Co je pravda?"[28] Kristus neodpověděl. Okázalé otázky intelektuálů, jako byl Pilát, jen zřídkakdy vyvěrají z vroucnosti hloubavého ducha. Takoví lidé hovoří často s prázdnou domýšlivostí, která považuje chybějící přesvědčení o duchovních hodnotách[29] za známku „nepředpojatosti".

„Já jsem se proto narodil a proto jsem přišel na svět, abych vydal svědectví pravdě. Každý, kdo je z pravdy, slyší můj hlas."[30] Těmito několika málo slovy Kristus sdělil mnoho věcí. Boží dítě „vydává svědectví" *svým životem*. Je ztělesněním pravdy; pokud ji navíc i vykládá, je to velkorysý přídavek.

---

[25] Toto pojetí se liší od trojiční Reality *Sat, Tat, Óm* čili Otec, Syn, Duch svatý. Brahma--Višnu-Šiva představuje trojjediné vyjádření Boha v aspektu *Tat* čili Syna, Kristovského vědomí prostupujícího celým vibrujícím stvořením. Tři Šakti, energie či „družky" Trojice, jsou symboly óm čili Ducha svatého, jediné příčinné síly, která drží kosmos pohromadě prostřednictvím vibrace. (viz pozn. na str. 144 a 190)

[26] „Jsi hoden, Pane a Bože náš, přijmout slávu, čest i moc, neboť ty jsi stvořil všechno a tvou vůlí všechno povstalo a jest." Zjevení Janovo 4,11

[27] Jan 14,12

[28] Jan 18,38

[29] Milujte Ctnost,
neb ta jediná je svobodná;
jen ona učí jak se vznést
výš než zní hudba jasných hvězd;
a kdyby snad už na kolenou byla,
nebesa sama by se před ní poklonila.
    Milton, „Comus"

[30] Jan 18,37

PARAMAHANSA JÓGÁNANDA – „POSLEDNÍ ÚSMĚV"
Fotografie pořízená hodinu před mahásamádhi (jogínovo poslední vědomé vystoupení z těla) na recepci konané dne 7. března roku 1952 v Los Angeles na počest indického velvyslance Binaje R. Sena.

Fotograf zde zachytil láskyplný úsměv, který jako by znamenal požehnání na rozloučenou milionům mistrových přátel, studentů a žáků. Oči, které již hledí do Věčnosti, jsou přesto plné lidské vřelosti a pochopení.

Smrt neměla nad tímto neporovnatelným Božím ctitelem žádnou rozkladnou moc; jeho tělo spočinulo ve fenomenálním stavu neporušitelnosti. (viz str. 495)

Pravda není žádná teorie, není to spekulativní filozofie ani intelektuální uchopení skutečnosti. Pravda je přesná shoda s realitou. Pro člověka je pravda neotřesitelným poznáním jeho vlastní podstaty, jeho Já, duše. Ježíš každým skutkem i slovem svého života dokazoval, že zná onu *pravdu* o svém bytí – o svém zdroji v Bohu. Byl zcela ztotožněn s všudypřítomným Kristovským vědomím, a tak mohl říci s jasnou jednoznačností: „Každý, kdo je z pravdy, slyší můj hlas."

I Buddha odmítl objasnit poslední metafyzické pravdy a suše konstatoval, že těch několik krátkých okamžiků, které člověk stráví na zemi, je nejlépe využít ke zdokonalování své mravní podstaty. Čínský mystik Lao-c' správně učil: „Ten, kdo ví, o tom nemluví; kdo o tom mluví, ten neví." Konečná Boží tajemství nejsou „témata k diskuzi". Rozluštění jeho tajného kódu je umění, které nemůže jeden člověk sdělit druhému; zde je jediným učitelem Bůh.

„Upokojte se a vězte, že já jsem Bůh."[31] Bůh se nikdy nechlubí svou všudypřítomností, a proto je slyšet jen v nedotčeném tichu. Celým vesmírem zní tvůrčí vibrace óm a tento Prvotní zvuk se v uchu věrného žáka, jenž je na něj vyladěný, okamžitě převádí do srozumitelných slov.

Božský záměr stvoření je v míře, jakou jej lidský rozum dokáže pochopit, vyložen ve védách. Ršiové učili, že každého člověka stvořil Bůh jako duši, která bude neopakovatelným způsobem vyjadřovat nějaký z nekonečných přívlastků Boha, načež pak opět nabude své původní Absolutnosti. Všichni lidé, kteří jsou takto obdařeni některým z rysů Božské jedinečnosti, jsou Bohu stejně drazí.

Moudrost, kterou Indie – nejstarší sestra mezi národy – k dnešnímu dni nashromáždila, je dědictvím celého lidstva. Védská pravda, stejně jako veškerá pravda, patří Bohu, nikoli Indii. Ršiové, jejichž mysl byla čistou nádobou schopnou pojmout duchovní hloubku véd, patřili k příslušníkům lidského rodu a narodili se právě na této zemi a nikde jinde, aby sloužili celému lidstvu. Rozdělování na rasy a národy postrádá smyslu v říši pravdy, kde je jediným předpokladem je duchovní způsobilost přijímat.

Bůh je Láska; jeho plán pro stvoření může vyrůstat jedině z lásky. Nenabízí snad tato prostá myšlenka lidskému srdci větší útěchu než

---

[31] Žalmy 46,10 (Bible kralická). Cílem nauky jógy je dosáhnout onoho nezbytného vnitřního ztišení, v němž může člověk vpravdě „poznat Boha."

učené úvahy? Každý světec, který kdy pronikl k jádru Reality, potvrzuje, že Boží vesmírný plán existuje a je krásný a plný radosti.

Proroku Izajášovi odhalil Bůh své úmysly těmito slovy:

> Tak tomu bude s mým slovem [tvůrčím óm], které vychází z mých úst: Nenavrátí se ke mně s prázdnou, nýbrž vykoná, co chci, vykoná zdárně, k čemu jsem je poslal. S radostí vyjdete a budete vedeni v pokoji. Hory a pahorky budou před vámi zvučně plesat a všechny stromy v poli budou tleskat (Izajáš 55,11–12).

„S radostí vyjdete a budete vedeni v pokoji." Lidé těžce zkoušeného dvacátého století tomuto nádhernému slibu toužebně naslouchají. Plnost jeho pravdy může uskutečnit každý člověk oddaný a věrný Bohu, který statečně usiluje o to, aby se opět ujal svého duchovního dědictví.

Posvátná úloha *krijájógy* na Východě i Západě teprve započala. Nechť všichni lidé poznají, že k překonání veškerého lidského utrpení existuje jasná, vědecky přesná metoda Seberealizace!

Když vysílám láskyplné vibrace tisícům *krijájogínů, kteří jsou* jako zářivé klenoty rozeseti po celém světě, často si s vděčností pomyslím: „Pane, dal jsi tomuto mnichovi opravdu velkou rodinu!"

PARAMAHANSA JÓGÁNANDA: JOGÍN V ŽIVOTĚ A VE SMRTI

Dne 7. března roku 1952, po projevu na banketu pořádaném na počest indického velvyslance J. E. Binaje R. Sena v Los Angeles, vstoupil Paramahansa Jógánanda do *mahásamádhi* (jogínovo poslední vědomé vystoupení z těla).

Význam jógy (vědeckých technik pro realizaci Boha) demonstroval tento význačný světový učitel nejen za života, ale i ve smrti. Ještě několik týdnů po jeho skonu zářil mistrův nezměněný obličej božským leskem neporušitelnosti.

Harry T. Rowe, ředitel losangeleského hřbitova Forest Lawn (kde je tělo tohoto velkého mistra dočasně uloženo), zaslal společnosti Self-Realization Fellowship notářsky ověřený dopis, v nějž bylo mimo jiné uvedeno:

„Absence jakýchkoli viditelných známek rozkladu na mrtvém těle zesnulého Paramahansy Jógánandy je v naší dosavadní praxi zcela nevídaným úkazem. Ani dvacet dní po smrti nebyly na jeho těle pozorovatelné žádné projevy fyziologického rozpadu. Na kůži nebyla zaznamenány žádné stopy hniloby a tělesné tkáně nebyly postiženy žádným viditelným vysycháním. Takový dokonalý stav zachování těla je dle našich záznamů něčím naprosto ojedinělým. Když k nám bylo Jógánandovo tělo přivezeno, naši zřízenci očekávali, že přes skleněné víko rakve spatří obvyklé známky postupujícího tělesného rozkladu. Náš údiv pak vzrůstal s každým dalším uplynulým dnem, kdy se na pozorovaném těle neprojevily žádné viditelné změny. Jógánandovo tělo bylo očividně ve fenomenálním stavu neměnnosti.

Jeho tělo po celou dobu nevydávalo žádný rozkladný zápach. Fyzický vzhled Jógánandy těsně před tím, než bylo 27. března na rakev položeno bronzové víko, byl stejný jako 7. března. Ani 27. března nebylo možno konstatovat, že by v jeho těle nastal jakýkoli viditelný rozklad. Z těchto důvodů opět připomínáme, že případ Paramahansy Jógánandy je v naší praxi zcela výjimečný."

PAMĚTNÍ ZNÁMKY A MINCE NA POČEST PARAMAHANSY JÓGÁNANDY A LÁHIRÍHO MAHÁŠAJE

Na počest života a díla Paramahansy Jógánandy vydala indická vláda při dvou příležitostech zvláštní pamětní známky: v roce 1977 u příležitosti 25. výročí jeho mahásamádhi (vlevo); v roce 2017 na památku stého výročí založení Yogoda Satsanga Society of India (vpravo).

V roce 2019 vzdala indická vláda hold Paramahansovi Jógánandovi vydáním zvláštní mince v hodnotě 125 rupií na počest 125. výročí jeho narození. V doprovodné brožuře se mimo jiné zmiňuje toto: „Nesektářská a vědecká nauka jógy, kterou Paramahansa Jógánanda vyučoval, oslovuje jedince všech vyznání, profesí a postavení po celém světě."

V roce 2020 také indická vláda vydala zvláštní minci v hodnotě 125 rupií na počest 125. výročí mahásamádhi Láhirího Mahášaje, zvěstovatele krijájógy.

DALŠÍ MATERIÁLY KE KRIJÁJÓGOVÉ NAUCE PARAMAHANSY JÓGÁNANDY

Společnost Self-Realization Fellowship poskytuje dobrovolnou a otevřenou pomoc hledačům pravdy po celém světě. Máte-li zájem o informace ohledně našich každoročních veřejných přednášek a lekcí, meditací a inspirativních bohoslužeb v našich chrámech a centrech po celém světě, termínů duchovních pobytů a dalších aktivit, doporučujeme vám navštívit naše internetové stránky nebo kontaktovat naše mezinárodní ústředí:

www.yogananda.org

Self-Realization Fellowship
3880 San Rafael Avenue
Los Angeles, CA 90065-3219. USA
(+1) 323-225-2471

LEKCE SELF-REALIZATION FELLOWSHIP

Osobní vedení a pokyny Paramahansy Jógánandy k učení o jógové meditaci a principech duchovního života.

Pokud vás duchovní pravdy popsané v *Autobiografii jogína* oslovily, doporučujeme vám přihlásit se k odběru *Lekcí Self-Realization Fellowship*, které jsou dostupné v angličtině, španělštině a němčině.

Tento soubor materiálů pro domácí studium Paramahansa Jógánanda vytvořil proto, aby upřímným hledačům poskytl příležitost naučit se prastarou techniku jógové meditace, o níž se ve své knize zmiňuje, a provádět ji včetně vědy *krijájógy*. Tyto lekce obsahují také jeho praktická ponaučení pro dosažení vyrovnaného tělesného, duševního a duchovního štěstí.

Lekce Self-Realization Fellowship jsou zasílány za nominální poplatek (pokrývající náklady na tisk a poštovné). Všichni žáci jsou ve své praxi bezplatně a osobně vedeni mnichy a mniškami Self-Realization Fellowship.

Bližší informace:

Navštivte prosím stránky www.srflessons.org nebo kontaktujte mezinárodní ústředí Self-Realization Fellowship, kde můžete požádat o bezplatný informační balíček o Lekcích SRF.

DÍLA PUBLIKOVANÁ V ČEŠTINĚ ORGANIZACÍ SELF-REALIZATION FELLOWSHIP

*Dostupná na www.srfbooks.org
nebo v jiných online knihkupectvích*

Autobiografie jogína

Jak můžete mluvit s Bohem

Zákon úspěchu

KNIHY PARAMAHANSY JÓGÁNANDY V ANGLIČTINĚ

K dostání v knihkupectvích nebo přímo u vydavatele:
Self-Realization Fellowship
3880 San Rafael Avenue • Los Angeles, California 90065-3219
Tel +1 (323) 225-2471 • Fax +1 (323) 225-5088
www.srfbooks.org

Autobiography of a Yogi
(Autobiografie jogína)

The Second Coming of Christ:
The Resurrection of the Christ Within You
(Druhý příchod Krista: vzkříšení Krista ve vás)
Objevný komentář k původním Ježíšovým učením.

God Talks with Arjuna; The Bhagavad Gita
(Bůh rozmlouvá s Ardžunou: Bhagavadgíta)
Nový překlad a komentář.

Man's Eternal Quest
(Věčné lidské hledání)
Přednášky a neformální promluvy Paramahansy Jógánandy, Díl I.

The Divine Romance
(Božská romance)
Přednášky, neformální promluvy a eseje Paramahansy Jógánandy, Díl II.

Journey to Self-Realization
(Cesta k seberealizaci)
Přednášky a neformální promluvy Paramahansy Jógánandy, Díl III.

Wine of the Mystic:
The Rubaiyat of Omar Khayyam — A Spiritual Interpretation
(Víno mystikovo: Rubáiját Omara Chajjáma – duchovní výklad)
Podnětný komentář, který vnáší světlo do mystické vědy o spojení s Bohem, ukryté za tajemnou obrazností Rubáijátu.

Where There Is Light:
Insight and Inspiration for Meeting Life's Challenges

Whispers from Eternity
Sbírka modliteb a duchovních prožitků Paramahansy Jógánandy z hlubokých meditativních stavů.

The Science of Religion

The Yoga of the Bhagavad Gita:
An Introduction to India's Universal Science of God-Realization

The Yoga of Jesus: *Understanding the Hidden Teachings of the Gospels*

In the Sanctuary of the Soul: *A Guide to Effective Prayer*

Inner Peace: *How to Be Calmly Active and Actively Calm*

To Be Victorious in Life

Why God Permits Evil and How to Rise Above It

Living Fearlessly: *Bringing Out Your Inner Soul Strength*

How You Can Talk With God

Metaphysical Meditations
Přes 300 duchovně povznášejících meditací, modliteb a afirmací.

Scientific Healing Affirmations
Paramahansa Jógánanda zde předkládá hluboký výklad vědy o afirmacích.

Sayings of Paramahansa Yogananda
Sbírka výroků a moudrých rad vycházejících z upřímných a laskavých odpovědí těm, kdo za Paramahansadžím přišli žádat o radu.

Songs of the Soul
Mystická poezie Paramahansy Jógánandy.

The Law of Success
Objasnění dynamických principů pro dosažení životních cílů.

Cosmic Chants
Anglické texty a notový zápis k šedesáti náboženským písním s výkladem, jak může duchovní zpěv navodit spojení s Bohem.

AUDIONAHRÁVKY PARAMAHANSY JÓGÁNANDY

Beholding the One in All
The Great Light of God
Songs of My Heart
To Make Heaven on Earth
Removing All Sorrow and Suffering
Follow the Path of Christ, Krishna, and the Masters
Awake in the Cosmic Dream
Be a Smile Millionaire
One Life Versus Reincarnation
In the Glory of the Spirit
Self-Realization: The Inner and the Outer Path

DALŠÍ PUBLIKACE SELF-REALIZATION FELLOWSHIP

Kompletní katalog všech publikací Self-Realization Fellowship a audio/video nahrávek je k dostání na vyžádání.

Svámí Šrí Juktéšvar: **The Holy Science**

Šrí Dajamáta: **Only Love: Living the Spiritual Life in a Changing World**

Šrí Dajamáta: **Finding the Joy Within You: Personal Counsel for God-Centered Living**

Šrí Gjanamáta: **God Alone: The Life and Letters of a Saint**

Sánandalál Ghoš: **"Mejda": The Family and the Early Life of Paramahansa Yogananda**

Self-Realization
(čtvrtletník založený Paramahansou Jógánandou v roce 1925)

DVD (DOKUMENT)

AWAKE: The Life of Yogananda.
Cenami ověnčený dokumentární film o životě a díle Paramahansy Jógánandy.

LINIE GURUŮ

Mahávatár Bábádží je Nejvyšším guruem v indické linii mistrů, kteří přijímají zodpovědnost za duchovní blaho všech členů Self-Realization Fellowship a Yogoda Satsanga Society of India věrně praktikujících *krijájógu*. „Zůstanu v těle na této zemi," slíbil, „dokud neskončí tento světový cyklus." (viz kapitoly 33 a 37.)

V roce 1920 sdělil Mahavatár Bábádží Paramahansovi Jógánandovi: „Tebe jsem si vyvolil pro šíření poselství *krijájógy* na Západě. Tato vědecká technika realizace Boha se nakonec rozšíří do všech zemí a pomůže nastolit soulad mezi národy skrze osobní, transcendentní vnímání Nekonečného Otce člověkem."

Mahávatár znamená „Velká inkarnace" či „Božská inkarnace"; *Jógávatár* je „Inkarnace jógy"; *Džňánávatár* značí „Inkarnace moudrosti".

Prémávatár znamená „Inkarnace lásky" – tento titul udělil Paramahansovi Jógánandovi jeho význačný žák Rádžarši Džanakánanda (James J. Lynn). (viz pozn. na str. 323)

CÍLE A IDEÁLY
SELF-REALIZATION FELLOWSHIP

Formuloval Paramahansa Jógánanda, zakladatel
Bratr Čidánanda, prezident

Šířit mezi národy znalost konkrétních vědeckých metod pro dosažení přímé osobní zkušenosti Boha.

Učit, že smyslem života je evoluce lidského, smrtí omezeného vědomí na úroveň božského vědomí prostřednictvím vlastního úsilí a za tímto účelem zakládat po celém světě chrámy Self-Realization Fellowship pro spojení s Bohem a podporovat zakládání individuálních svatyní Boha v lidských domovech a srdcích.

Odhalovat úplnou harmonii a základní jednotu původního křesťanství, jak je vyučoval Ježíš, a původní jógy, jak ji učil Bhagaván Kršna, a poukazovat na to, že tyto principy pravdy jsou společným vědeckým základem všech pravých náboženství.

Ukazovat hlavní božskou přímou cestu, v níž nakonec ústí všechny stezky pravdivých náboženských přesvědčení: cestu každodenní, vědecké, oddané meditace o Bohu.

Osvobozovat člověka od jeho trojího utrpení: fyzických nemocí, duševní disharmonie a duchovní nevědomosti.

Podporovat „prosté žití a ušlechtilé myšlení" a šířit ducha bratrství mezi všemi lidmi prostřednictvím učení o věčném základu jejich jednoty – spřízněnosti s Bohem.

Demonstrovat nadřazenost mysli nad tělem a duše nad myslí.

Překonávat zlo dobrem, zármutek radostí, krutost laskavostí, nevědomost moudrostí.

Sjednocovat vědu a náboženství skrze uvědomění jednoty principů, jež jsou základem obou.

Zasazovat se o kulturní a duchovní porozumění mezi Východem a Západem a o vzájemnou výměnu jejich nejlepších osobitých rysů.

Sloužit lidstvu jako svému většímu Já.

www.ingramcontent.com/pod-product-compliance
Lightning Source LLC
Chambersburg PA
CBHW071935220426
43662CB00009B/909